Kröners Taschenausgabe Band 342

Mensch und Tier
in der Geschichte Europas

herausgegeben von
Peter Dinzelbacher

ALFRED KRÖNER VERLAG STUTTGART

Peter Dinzelbacher (Hg.)
**Mensch und Tier
in der Geschichte Europas**
Stuttgart: Kröner 2000
(Kröners Taschenausgabe; Bd. 342)
ISBN 3-520-34201-4

© 2000 by Alfred Kröner Verlag, Stuttgart
Printed in Germany · Alle Rechte vorbehalten
Druck und Einband: Druckhaus Beltz, Hemsbach

Inhalt

Vorwort IX

I. Urgeschichte (von Norbert Benecke) 1
1. Alt- und Mittelsteinzeit 1
2. Jungsteinzeit 12
3. Bronze- und Eisenzeit 21
4. Epochentypische Grundeinstellung 26

II. Griechische Antike (von Wolfram Martini unter Mitarbeit von Jochem Küppers und Manfred Landfester) 29
1. Ernährung und Jagd 29
2. Arbeitskraft (von Manfred Landfester) 36
3. Militärische Nutzung 40
4. Vergnügen 45
5. Religion und Kult 52
6. Literatur (von Jochem Küppers) 59
7. Bildende Kunst 70
8. Wissenschaft (von Manfred Landfester) 74
9. Epochentypische Grundeinstellung 80

III. Römische Antike (von Wolfram Martini unter Mitarbeit von Jochem Küppers und Manfred Landfester) 87
1. Ernährung und Jagd 87
2. Arbeitskraft (von Manfred Landfester) 95
3. Militärische Nutzung 99
4. Vergnügen (von Jochem Küppers) 102
5. Religion und Kult 112
6. Literatur (von Jochem Küppers) 118
7. Bildende Kunst 130
8. Wissenschaft (von Manfred Landfester) 133
9. Epochentypische Grundeinstellung (von Manfred Landfester) . . 140

IV. Germanisch-keltisches Altertum (von Bernhard Maier) ... 145
1. Ernährung und Jagd 145
2. Arbeitskraft 149
3. Militärische Nutzung 153
4. Vergnügen 156
5. Religion 159
6. Bildende Kunst 166
7. Erfahrungswissen 170
8. Epochentypische Grundeinstellung 173

V. Mittelalter (von Peter Dinzelbacher) 181
1. Ernährung und Jagd 181
2. Handwerkliche Produktion 192
3. Arbeitskraft 194
4. Militärische Nutzung 198
5. Vergnügen 202
6. Religion 211
7. Profane Literatur 230
8. Bildende Kunst 243
9. Musik 254
10. Wissenschaft 255
11. Epochentypische Grundeinstellung 266

VI. Frühe Neuzeit (von Heinz Meyer) 293
1. Ernährung, Jagd und handwerkliche Produktion 293
2. Arbeitskraft 307
3. Militärische Nutzung 316
4. Vergnügen 324
5. Religion 336
6. Philosophie 343
7. Bildende Kunst 356
8. Literatur 362
9. Musik 366
10. Wissenschaft 367
11. Epochentypische Grundeinstellung 379

VII. 19./20. Jahrhundert (von Heinz Meyer) 404
1. Nutzung und Jagd 404
2. Arbeitskraft 441
3. Militärische Nutzung 448
4. Vergnügen 455
5. Religion 473
6. Literatur 479
7. Musik 487
8. Bildende Kunst 488
9. Umgangssprache 491
10. Wissenschaft 492
11. Epochentypische Grundeinstellung 522

Abkürzungen im Anhang 569

Anmerkungen 571
Vorwort 571
Urgeschichte 571
Griechische Antike 572
Römische Antike 578
Germanisch-keltisches Altertum 584
Mittelalter 586
Frühe Neuzeit 605
19. und 20. Jahrhundert 610

Literatur 617
Allgemeines 617
Urgeschichte 620
Griechische und römische Antike 622
Germanisch-keltisches Altertum 626
Mittelalter 628
Frühe Neuzeit und 19./20. Jahrhundert 636

Register 649
Tiere 649
Personen 655

Die Autoren 669

Friedrich Harrer
facultatis iuridicae
Iuvavensis ordinario dedicatum

Vorwort

»Es ist nicht bloß die äußere menschenähnlichkeit der thiere, der glanz ihrer augen, die fülle und schönheit ihrer gliedmaßen, was uns anzieht, auch die wahrnehmung ihrer mannigfalten triebe, kunstvermögen, begehrungen, leidenschaften und schmerzen zwingt in ihrem innern ein analogon von seele anzuerkennen.« Mehr als 150 Jahre sind vergangen, seitdem Jacob Grimm[1] mit diesen Worten eine menschliche Haltung den Tieren gegenüber umriß, die wohl von vielen in Europa auch heute unterschrieben würde. Über den Graben der biologischen und mentalen Divergenzen werden Tiere hier nicht distanziert als Objekte gesehen, sondern als »Mitsubjekte«,[2] deren Geschick uns berührt und unsere Teilnahme hervorruft. Der berühmte deutsche Gelehrte hatte dies in einer Epoche formuliert, in der das Thema Tierschutz zum ersten Mal eine größere Zahl von Menschen zu beschäftigen begann, in der die ersten Vereine zu diesem Zweck gegründet wurden. Zum ersten Mal: denn wie hätte in den vorhergehenden Epochen, die kein Mitleid mit Menschen anderer Hautfarbe kannten, sondern sie sich als Sklaven hielten, mit Tieren Mitgefühl entwickelt werden sollen? Nicht zufällig folgte die Tierschutzbewegung zeitlich rasch auf die Sklavenbefreiung.

Es spricht vieles dafür, daß mit der Empfindsamkeit des 19. Jh.s im Bereich der westlichen Kultur eine langsame, sehr langsame, aber grundsätzliche Wandlung in der Einstellung des Menschen zum Tier anhob, die – wenigstens vom Anspruch her – mehr und mehr zum Standard zu werden tendiert, obwohl der Widerstand der von rein ökonomischen Interessen geleiteten Kreise vielfach noch nicht überwunden ist. Jahrtausendelang war die Tierwelt fast nur unter den Aspekten von Nützlichkeit und religiöser Potenz oder Symbolik – also rein objekthaft – gesehen worden, erst seit dem 19. Jh. gibt es Ansätze, ihr einen gewissen subjekthaften Status zuzuerkennen, eben den von »Mitsubjekten«. Daß Tierschutz aufgrund von Empathie sehr weitgehend eine ganz junge Entwicklung in der europäischen Kultur darstellt, läßt sich sowohl an der Praxis als auch an der Gesetzgebung feststellen. Als ethische Maxime erscheint er uns als ein spezifisch westliches Phänomen, wiewohl es auch außerhalb Europas, namentlich im Hinduismus, das Ideal der Schonung der belebten Welt gibt. In den anderen asiatischen Kulturen herrschte und herrscht dagegen eine völlig mitleidlose Einstellung dem Tier gegenüber, wie Berichte in den Medien und namentlich den Tierschutzzeitschriften bis zum Unerträglichen wiederholen.

Wie und warum haben sich die grundsätzlichen Einstellungen der Europäer gegenüber der Tierwelt nun im Verlauf der Geschichte geändert? Schon in der primär eher vernunftgeleiteten Antike verloren die Tiere weitestgehend jene numinosen Aspekte, die ihnen in den Zeiten der vorschriftlichen Kulturen vielfach zugekommen waren. Ein Einbezug der Fauna in die Ethik in einer Weise, die für diese zu positiven Konsequenzen führte, blieb im Altertum auf einige Strömungen wie den Pythagoräismus beschränkt, nicht weil man an Tierseelen glaubte, sondern weil man damit rechnete, tierische Körper könnten menschliche Seelen beherbergen. Diese Vorstellung verschwand mit dem Siegeszug des Christentums. Für das Europa der letzten 2000 Jahre entscheidend wurden dessen Lehren. Das *Neue Testament* zeigt kein freundliches Interesse an der Tierwelt. Vielmehr wußte schon der Religionsstifter mit einer Legion Dämonen nichts anderes anzufangen, als sie in Schweine zu bannen, die sich daraufhin zu Tode stürzen mußten (Mt 8,28 ff.). Genau dieses Verhalten nahm der einflußreichste der Kirchenväter, der hl. Augustinus, zum Anlaß, ausdrücklich zu erklären, daß es zwischen Mensch und Tier keine gemeinsamen Rechte gebe, ja daß es Aberglaube wäre, Tiere nicht zu töten. Die Qualen der Tiere gehen den Menschen ausdrücklich nichts an![3] Für diesen Geist könnte man bis zur Gegenwart eine überlange Traditionskette präsentieren. Ein so geschätzter Theologe wie Kardinal Newman leugnete jede Verantwortlichkeit der Kreatur gegenüber, die wir nach Belieben gebrauchen oder zerstören dürfen.[4] Noch Papst Pius IX. (reg. 1939–1958) weigerte sich, einen Tierschutzverein in Rom zu befürworten, da nach katholischer Lehre der Mensch keine Verpflichtung Tieren gegenüber besitzt.[5] Das offiziöse katholische *Lexikon für Theologie und Kirche* kennt keinen Artikel »Tierschutz«, lehrt dafür aber: »Wissenschaftlich geordnete Tierversuche sind sittlich einwandfrei.«[6]

Dieser eben skizzierten religiös sanktionierten Haltung verband sich am Beginn der Neuzeit eine philosophische, die die vom Christentum verlangte Einstellung noch durch die Rezeption antiker Traditionen verstärkte: Die Natur verlor durch das anthropozentrische Weltbild der Renaissance-Humanisten den Rest von Sakralität, den sie im Mittelalter aufgrund unmittelbaren Erlebens und mittelbarer Reflexion als Schöpfung Gottes noch besitzen konnte. Der Mensch als Maß aller Dinge bereitete den Grund für eine nur mehr naturwissenschaftliche Betrachtung auch der Fauna als Objekt des Studiums und der Ausbeutung. Erst mit dem Aufschwung der Medizin und Biologie konnte es zum rücksichtslosen Tierversuch als Erkenntnismethode kommen, erst mit der Industrialisierung zur qualvollen Massentierhaltung.

Auf der Desakralisierung der Schöpfung basiert auch die Philosophie der Aufklärung, die i.d.R. keine Verpflichtung dem Tier gegenüber anerkannte, da nur vernunftbegabte Wesen Träger von Rechten sein können. Kant z.B. erklärte den Menschen zur Person, »d.i. ein von Sachen, dergleichen die vernunftlosen Tiere sind, mit denen man nach Belieben schalten und walten kann, durch Rang und Würde ganz unterschiedenes Wesen«.[7] Daß das Tier nur soviel wie ein lebloses Ding gelte, ist eine ungemein folgenschwere Tradition, die v.a. auf das römische Recht zurückgeht.[8] Nur weil Grausamkeit gegen Tiere ein gleiches Verhalten gegen Menschen vorbereiten könne, wurde sie von Kant und anderen Denkern des 18. Jh.s stigmatisiert. Aber eben in diesem »anthropozentrischen Tierschutz« der Aufklärung – mag seine unbewußte Wurzel auch Emphase gewesen sein – lag der Keim für ein neues Verhalten. Seine Sanktionierung fand es zuerst in England, wo 1822 erstmals ein Gesetz zur Verhütung von Tierquälerei erlassen wurde; 16 Jahre später folgte Sachsen als erstes deutsches Land.[9]

Die Geschichte der Einstellung zur Tierwelt kann freilich nicht isoliert bloß von der Philosophiehistorie, der Religions- oder Rechtsgeschichte her verstanden werden. Vielmehr müssen alle Bereiche des Lebens, in denen Tier und Mensch aufeinandertreffen, bedacht werden. Denn allein schon die faktische Präsenz der einzelnen Tierarten war im Laufe der Geschichte völlig verschieden. Hierzu nur ein Beispiel: Im Jahre 1136 wandte sich der Abt des größten Klosterverbands Europas, Petrus von Cluny, mit einem Schreiben an den Prior Guigo I., den Leiter des Kartäuserordens. Petrus bittet da den Amtskollegen, ihm eine Handschrift mit der Korrespondenz zweier Kirchenväter zuzusenden, denn die eigene »hat ein Bär in einem unserer Häuser großteils aufgefressen«.[10] Mittelalterliche Manuskripte bestanden meist aus Schafshaut und konnten damit durchaus so attraktiv für einen Bären sein, daß er sich die darauf aufgezeichnete Wissenschaft und Theologie durch den Magen gehen ließ. Diese wahre Geschichte illustriert zweierlei: Das Zusammenleben zwischen Mensch und Tier war in den vergangenen Epochen nolens volens wesentlich enger, als wir uns das im allgemeinen vergegenwärtigen, und dieses Zusammenleben brachte ganz andere Situationen mit sich, als wir sie heute kennen.

Unsere Darstellung will daher, ausgehend von den materiellen Gegebenheiten, die Haupttendenzen der Beziehungen von Tier und Mensch möglichst vielseitig nachzeichnen und durch konkrete Beispiele illustrieren. Sie erfolgt zunächst faktengeschichtlich, dann kultur- und mentalitätsgeschichtlich. Dabei ist das Tier vor allem in der Vorstellungswelt – Religion, Kunst, Dichtung, Musik – ausführlich thematisiert.

Ausgangspunkt jeder historischen Betrachtung ist die Situation der Gegenwart. Geht man die einzelnen Bereiche durch, in denen sich die Tier-Mensch-Beziehungen abspielen, so kann man manche Konstanten, aber ebenso gravierende Veränderungen, ja die Umkehr grundsätzlicher Strukturen, beobachten. Vorab ist zu konstatieren, daß die Präsenz vieler Tierarten, wie sie schon die agrarische Lebensform der meisten Menschen Alteuropas implizierte, für die meisten von uns durch den Kontakt zu wenigen Rassen, v.a. Hunden und Katzen, ersetzt ist. Artenvielfalt kann der Städter an lebenden Beispielen wenigstens bei den Primaten nur mehr im Zoo kennenlernen. Immer noch ernähren wir uns zu einem guten Teil von tierischen Körpern und Tierprodukten, wobei der Anteil der verschiedenen Arten in der Geschichte vielen Schwankungen unterworfen war, ganz abgesehen von den stets existenten regionalen Besonderheiten. Tierische Arbeitskraft dagegen – und damit die Präsenz von Tieren in der Gesellschaft – war vom Mittelalter bis zur Industrialisierung ein zentraler Faktor im Wirtschaftsleben Europas, in der Gegenwart ist sie praktisch bedeutungslos. Das Militärwesen vor dem Ersten Weltkrieg war ohne Pferde undenkbar; heute gibt es nur mehr eine Garde-Kavallerie als Aufputz von Festlichkeiten. Tiere dienen immer noch der Unterhaltung, jedoch nicht mehr in so großem Maßstab und mit so viel Blutvergießen wie in der Antike. Heute gilt ihre Qual – anders als noch im 18. Jh., als darin eine ganz legitime Vergnügung gesehen wurde – den meisten nicht mehr als amüsant (obwohl Stier-, Hahnen- und Hundekämpfe in bestimmten Ländern noch enthusiastisch praktiziert werden). Aus der Religion, in der das Tier in der Vorgeschichte ziemlich wichtig gewesen zu sein scheint, auch noch später in Form theriomorpher Gottheiten auftrat und erst nach dem Mittelalter aus diesem Bereich der Vorstellungswelt verschwand, ist es praktisch zur Gänze verbannt. In der Kunst und der Literatur könnte man für die Gegenwart, verglichen mit Altertum und Mittelalter, ebenso eine Marginalisierung von Tier-Themen konstatieren. Während einst ganze Textsorten, nämlich Fabeln und Epen, Tiere in den Mittelpunkt rückten, freilich um durch ihr Verhalten menschliches darzustellen, kommt das Tier im 19. und 20. Jh. zwar immer wieder einmal als Objekt vor (H. Melville, *Moby-Dick*), nur recht selten dagegen als »sprechendes« Wesen, auch hier v.a. in der Funktion der Ironisierung, wie etwa bei Kafka, wo sehr menschenähnliche Tiere ihre Reflexionen vorlegen, etwa ein Hund, ein Affe, ein (Mensch gewesener) Käfer.[11] Daß mehrfach Tiere im Mittelpunkt erfolgreicher Filme und Fernsehserien stehen (*Lassie*, *Ein Hund namens Beethoven* etc.), ist eine interessante Entwicklung erst der letzten Jahrzehnte, die auf der Basis der oben angesprochenen zunehmenden »Mitsubjektivität« erklärbar sein dürfte. Völlig geändert hat sich auch der Bestand objektiven Wissens über die Tierwelt, wobei die biologisch-medizinische Forschung zu einer in früheren Epochen unbekannten Tortur im Tierversuch, die verhaltenspsychologische Forschung dagegen zu einem einst ebenso unbekannten Verständnis für die Bedürfnisse jener Lebewesen geführt hat.

So gibt es viel zu entdecken in der langen Geschichte der Beziehungen von Tier und Mensch. Der Band will alle generell an Tieren interessierten Leser ansprechen, aber auch alle an Mentalitäts-, Umwelt-, Literatur- und Geistesgeschichte interessierten, insofern Tiere in diesen Bereichen überall eine Rolle spielen. Die zahlreichen Details, die dieses Buch ausbreitet, beruhen vielfach auf Quellenstudien der Verfasser, die sowohl traditionelle als auch neue mentalitätsgeschichtliche Fragestellungen verfolgen. In einer Zeit, in der es energische, wenn auch nur teilweise erfolgreiche Bemühungen um einen behutsameren Umgang mit der Umwelt und vor allem der belebten Mitwelt gibt, ist es sicher anregend zu betrachten, welche Modelle des Umgangs mit dem Tier die westlichen Kulturen bislang entwickelt haben. Dies kann dazu dienen, sich bewußt in seit langem üblichen Bahnen weiterzubewegen, kann aber auch dazu führen, sich von ihnen zu distanzieren und neue Modelle zu entwickeln.

Salzburg, im Oktober 1998
Peter Dinzelbacher

I. Urgeschichte
von Norbert Benecke

Vor etwa einer Million Jahren besiedelten erstmals Menschen den europäischen Kontinent.[1] Seit dieser Zeit kann man von einer Geschichte der Beziehungen zwischen Mensch und Tier in Europa sprechen. Den längsten Abschnitt nimmt dabei die als Urgeschichte bezeichnete Periode ein. Sie umspannt den Zeitraum vom ersten Auftreten des Menschen bis in die vorchristlichen Metallzeiten. Für diesen langen, Jahrhunderttausende umfassenden Zeitabschnitt erschließen sich die Beziehungen zwischen Mensch und Tier allein aus den bei archäologischen Ausgrabungen freigelegten Hinterlassenschaften des Menschen. So geben Tierreste im Bereich seiner Wohn- und Siedlungsplätze Hinweise auf die Nutzung verschiedener Tierarten für die Ernährung in urgeschichtlicher Zeit. Darüber hinaus erlauben derartige Funde bei sorgfältiger Analyse Vermutungen über die Art und Weise der Bewirtschaftung tierischer Nahrungsquellen, sei es im Rahmen eines Wildbeutertums mit Jagen und Sammeln oder durch die Haltung von domestizierten Tieren. Knochen-, Zahn- und Geweihgeräte bzw. Abfallprodukte ihrer Herstellung geben wiederum Einblicke in die universelle Nutzung tierischer Rohstoffe durch den Menschen. Seltener sind dagegen direkte Belege für die Stellung von Tieren im Denken und im Kult jener Zeit. Hier können mitunter Funde von Tieren in Gräbern, in Opfergruben und auf Kultplätzen wichtige Hinweise liefern. Seit dem ausgehenden Eiszeitalter treten Tierdarstellungen als neue Quellengruppe zum Verhältnis von Mensch und Tier hinzu.

1. Alt- und Mittelsteinzeit

Die Alt- und Mittelsteinzeit umfassen den langen Zeitraum vom ersten Auftreten des Menschen in Europa am Beginn des Pleistozäns bis in die ersten Jahrtausende der nacheiszeitlichen Klimaphase

(Holozän). In jener Zeit lebten die Menschen ausschließlich als Wildbeuter, d.h. die Jagd auf Tiere, der Fischfang und das Sammeln von eßbaren Pflanzen sowie von Schnecken, Muscheln und anderen Kleintieren bildeten die Grundlage des Nahrungserwerbs. Die mit dem mehrmaligen Wechsel von Kalt- und Warmzeiten in dieser Zeit einhergehenden Veränderungen von Fauna und Flora zwangen die Menschen, sich dabei auf ganz unterschiedliche Tier- und Pflanzengemeinschaften einzustellen.[2]

Archäologisch wird die Altsteinzeit (Paläolithikum) in drei Abschnitte gegliedert: das Altpaläolithikum (ca. 1 000 000–250 000), das Mittelpaläolithikum (ca. 250 000–35 000) und das Jungpaläolithikum (ca. 35 000–10 000 v.Chr.). Die anschließende Mittelsteinzeit (Mesolithikum) ist die Periode der nacheiszeitlichen Jäger-, Sammler- und Fischergruppen. Sie erstreckt sich in Mitteleuropa von ca. 8 500 bis 5 500 v.Chr.

Eine der ältesten Fundstellen des Altpaläolithikums, auf der Tierreste gefunden worden sind, die sich eindeutig als Jagd- bzw. Nahrungsreste von Menschen zu erkennen geben, ist Bilzingsleben (Deutschland).[3] Es handelt sich um einen Lagerplatz des Urmenschen (Homo erectus), der hier vor ca. 350 000–300 000 Jahren in der Holstein-Warmzeit, am Ufer eines Sees bestanden hat. Die freigelegten Tierreste belegen, daß der Urmensch vorrangig Großwildjäger war. So nehmen Waldelefanten, Wald- und Steppennashörner, Wildrinder, Wildpferde und Bären 60% seiner Jagdbeute ein. Mittelgroßes Wild (Hirsch, Reh, Wildschwein) hat einen Anteil von 17%, während auf Arten des Niederwildes, vor allem auf Biber sowie kleinere Raubtiere, etwa 23% der Beute entfallen. Neben der Jagd diente der Fischfang dem Nahrungserwerb, wie einige Überreste von Wels und Schleie belegen. Vereinzelt hier angetroffene Eier- und Muschelschalen gehen dagegen offenbar auf gesammelte Nahrung zurück. Neben Bilzingsleben zeigen auch die Ausgrabungsbefunde von den annähernd zeitgleichen Rastplätzen Terra Amata (Frankreich) und Vértesszöllös (Ungarn), daß die Urmenschen überwiegend unspezialisierte Großwildjäger waren. Insgesamt kann für das Altpaläolithikum bereits eine entwickelte Jagd angenommen werden. So verfügten die Urmenschen mit der hölzernen Stoßlanze schon über eine einfache Jagdwaffe. Der bislang einzige Fund einer solchen Lanze stammt aus Clacton-on-Sea (England) und wird in das ausgehende Altpaläolithikum datiert. Das Fundmaterial altpaläolithischer Siedlungsplätze, so etwa von Bilzingsleben, läßt bereits eine umfangreiche Nutzung tierischer Rohstoffe (Knochen, Geweih, Elfenbein) für die Herstellung von Geräten erkennen. Aus Geweihen stellte man einfache hacken- und keulenartige Hiebgeräte her. Aus der dicken Kompakta großer Säugerknochen fertigte man meißel-, schaber- und hobelartige Geräte sowie Pfrieme, Messer und Keulen.

Der Übergang zum nachfolgenden Mittelpaläolithikum ist durch das Auftreten des Altmenschen (Homo sapiens neanderthalensis) und der mit ihm verbundenen Kulturen gekennzeichnet. Ähnlich wie im Altpaläolithikum bildeten die Jagd, der Fischfang und das Sammeln die Grundlage des Lebensunterhaltes der Menschen. Gejagt wurden vor allem mittelgroße und große Arten der Säugetierfauna. Der Fischfang ist zwar nachgewiesen, spielte jedoch, nach dem Anteil von Fischresten in den Faunen einiger Fundstellen zu urteilen, eine untergeordnete Rolle.

Das Artenspektrum der Jagdtierfauna auf den zahlreich untersuchten mittelpaläolithischen Plätzen ist durch die jeweils vorherrschende Klimaphase bestimmt. Auf Fundstellen der Kaltzeiten (Saale-Kaltzeit, frühe Weichsel-Kaltzeit) dominieren unter den Jagdtieren Mammut, Wollhaarnashorn, Steppenwisent, Wildpferd und Rentier. Eine entsprechende Fauna stammt z.B. aus Salzgitter-Lebenstedt (Deutschland), einem Siedlungsplatz der Saale-Eiszeit.[4] Unter den tierartlich bestimmten Resten nimmt hier das Rentier mit 75% den ersten Platz ein, gefolgt von Mammut mit 11%, Wildpferd mit 8% und Steppenwisent mit 2%. An größeren Säugetieren sind noch Wollhaarnashorn, Riesenhirsch, Höhlenlöwe und Wolf belegt. Für Plätze der nachfolgenden Eemwarmzeit, wie z.B. Taubach bei Weimar (Deutschland), sind dagegen Fauneninventare typisch, in denen Waldelefant, Waldnashorn, Rothirsch, Ur, Bär, Wildpferd, Elch, Reh und Wildschwein zu den häufig belegten Jagdtieren gehören.[5] Im Übergang zur Weichsel-Kaltzeit bestimmen dann wieder die großen Säugetierarten der Kaltsteppenfauna die Zusammensetzung der Jagdbeute. Dies zeigen beispielhaft die Tierreste von Königsaue (Deutschland).[6] Am Abkauungsgrad der Zähne junger Rentiere konnte man feststellen, daß sich die Jägergruppen an diesem Platz vorzugsweise nur im Frühling oder Sommer zur Jagd, vor allem auf Mammute, Nashörner, Wisente und Pferde, aufhielten.

Im Mittelpaläolithikum, vor allem in seinem späteren Abschnitt, wurden die Gebirgsgegenden Europas als Lebensraum dauerhaft erschlossen. Hier spielten neben Steinböcken, Gemsen und anderen Säugetieren auch Höhlenbären als Jagdwild eine gewisse Rolle. Das belegen Funde z.B. aus der Drachenhöhle bei Mixnitz und aus der in knapp 2 000 m Höhe gelegenen Ramesch-Knochenhöhle im Toten Gebirge (beide Österreich).[7] Auffällig deponierte Skelettreste des Höhlenbären in einigen hochalpinen Höhlen (Salzofenhöhle, Wildkirchli u.a.) wurden lange Zeit als Hinweise auf Tiermagie und Tierkult interpretiert. Neuere Untersuchungen lehnen jedoch die Existenz eines Bärenkultes im jüngeren Mittelpaläolithikum ab.[8]

Die wichtigste Waffe der Jäger war in dieser Epoche die Stoßlanze. Einzigartig ist der in die Eemwarmzeit datierte Fund von Lehringen an der Aller (Deutschland), wo eine 2,5 m lange Eibenholzlanze mit feuergehärteter Spitze zwischen den Rippen eines Waldelefanten-Skeletts steckte.[9] Im Bereich des Kopfes gefundene Feuersteinabschläge dienten hier wahrscheinlich dem Aufbrechen des Tieres und dem Herausschneiden des Fleisches. Mit diesem bisher einmaligen Beleg einer Angriffsjagd auf einen Waldelefanten haben wir zugleich auch einen der selten überlieferten Schlachtplätze vor uns. Ähnliche Befunde für Schlachtplätze von Waldelefanten stammen aus Torralba (Spanien) sowie aus Gröbern (Deutschland). Möglicherweise wurde im Mittelpaläolithikum die Stoßwaffe bereits zum Wurfspeer weiterentwickelt. Andere Waffen wie angespitzte Pfähle, Keulen, Schlagstöcke und Wurfhölzer können nur vermutet werden.

Auch im Jungpaläolithikum, d.h. in dem Zeitraum zwischen dem Hochstand der letzten Eiszeit (Würmeiszeit) bis zu deren Ausklingen, sicherten sich die Menschen – es handelt sich um den Jetztmenschen (Homo sapiens sapiens) – ihre Nahrung durch Jagen und Sammeln. Bemerkenswerte Fortschritte erreichte die Entwicklung der Jagdwaffen. So treten jetzt Wurfspeer mit Speerschleuder, Harpune sowie Pfeil und Bogen als neue Jagdgeräte auf. Pfeil und Bogen waren bis ins Mittelalter die wichtigste Fernwaffe, die gegenüber Lanze und Speer die Vorteile größerer Reichweite und Durchschlagskraft, höherer Treffsicherheit und dichterer Schußfolge hatte. Es ist zu vermuten, daß die neuen Waffen und damit veränderte Jagdmethoden den Erfolg der Jagd bedeutend erhöhten und vor allem sicherer machten. Die Tierreste jungpaläolithischer Fundstellen repräsentieren eine Vielzahl von Arten der eiszeitlichen Tierwelt und dokumentieren verschiedene Bereiche jagdlicher Tätigkeit, so die Großwildjagd auf Mammut, Wollhaarnashorn, Steppenwisent, Wildpferd und Rentier, die Jagd auf Pelztiere (Eisfuchs, Wolf, Bär, Schneehase), die Vogeljagd insbesondere auf Schneehühner sowie den Fischfang vor allem auf Lachse, Äschen und verschiedene Arten der Karpfenfische.

Im Vergleich zu den vorangegangenen Perioden ist im Jungpaläolithikum eine Spezialisierung der Großwildjagd auf wenige Tierarten zu beobachten. So lassen die Knochenfunde aus Stationen in den Lößsteppengebieten Osteuropas, so z.B. Meziric, Mezin (Ukraine) und Kostenki (Rußland), eine vorrangig auf das Mammut ausgerichtete Jagd erkennen.[10] Dagegen waren in weiten Teilen Mittel- und Westeuropas das Rentier und das Wildpferd von dominierender Bedeutung als Hauptjagdwild.[11] Zahlreiche Stationen mit einer Dominanz des Rentieres unter den Faunenresten finden sich u.a. in der Dordogne, in Süd- und Südwestdeutschland sowie im unteren Elbtal. Als Stationen von Wildpferdjägern gelten u.a. Andernach, Gönnersdorf, Bad Frankenhausen und Oelknitz (alle Deutschland). Die auffällige Spezialisierung der Großwildjagd, insbesondere die auf das Rentier, hat Anlaß zu Vermutungen darüber gegeben, daß sich am Ende der Eiszeit enge, haustierähnliche Nutzungsbeziehungen zu dieser Hirschart entwickelt haben. So soll bei den Rentierjägern West- und Mitteleuropas eine wildfeste Jagd mit Herdenbegleitung zwischen den Winter- und Sommerweideplätzen der Rentiere entstanden sein, die zu einem immer festeren Anschluß einzelner Jägergruppen an bestimmte Herden geführt habe (»Herdenfolge-Theorie«).[12] Neuere Untersuchungen zum Wildbeutertum im Jungpaläolithikum widersprechen einer Nutzbeziehung zum Rentier im Sinne einer Herdenfolge bzw. einer Herdenkontrolle. Sie belegen vielmehr eine jahreszeitlich differenzierte Bewirtschaftung der verfügbaren tierischen Nahrungsquellen. Für das obere Rhein-Donau-Gebiet[13] hat man einen Jahreszyklus der Ressourcennutzung ermittelt, der als wesentliche Aktivitäten vom Herbst bis zum Frühjahr die Jagd auf an festen Punkten entlang ihrer Wanderwege in den großen Flußtälern sowie im Sommer die Bejagung von Wildpferden auf der Schwäbischen Alb umfaßte. Daneben hatten hier noch die Jagd auf Schneehühner und Schneehasen sowie der Fischfang eine gewisse Bedeutung für den Nahrungserwerb.

Die enge Beziehung zwischen Mensch und Tier findet im Jungpaläolithikum auch erstmals ihren Niederschlag in der Kunst, wovon Tausende von Malereien, Gravierungen und Plastiken Zeugnis geben.[14] Häufigste Motive bildeten jene Jagdtiere, von deren Erbeutung die Sicherung des Lebens in erster Linie abhing. So dominieren unter den Darstellungen Pferde, Wildrinder (Steppenwisent, Ur), Mammute, Rentiere, Steinböcke und Rothirsche. Tierarten, die für den Menschen gefährlich waren wie Löwen, Bären, Hyänen und Wölfe, wurden seltener abgebildet, ebenso Fische, Reptilien und Vögel. Die Tiere wurden auf vielfältigste Weise, meistens in realistischer Weise einzeln oder in Gruppen dargestellt. Aufgrund ihrer naturnahen Wiedergabe und ihres hohen Symbolgehaltes berühmt geworden sind u.a. die Tierbilder aus der Lascaux-Höhle (s. Abb. 1), der Trois-Frères-Höhle und der Les-Combarelles-Höhle (Frankreich) sowie aus der Höhle von Altamira (Spanien).

Die Tier- und Jagddarstellungen an Wänden, Geräten und Skulpturen weisen auf eine genaue Kenntnis vom Tier und seinen Verhaltensweisen durch die jungpaläolithischen Menschen hin. Es waren in erster Linie Erlebnisbilder. Einige von ihnen offenbaren jedoch auch kultisch-magische Vorstellungsinhalte. Dazu gehören z.B. Tierbilder, auf die von den Betrachtern mit Speeren geworfen worden ist bzw. in die »magische Wunden« eingeritzt wurden. Beispiele dafür sind der Bison mit »Wunden« aus Niaux (Frankreich) und Pferdekopfdarstellungen mit Einstichen am Hals auf einer Schieferplatte von Groitzsch (Deutschland). Mit der hier zum Ausdruck kommenden symbolischen Tötung von Abbildern der Tiere haben sich die Menschen wahrscheinlich auf die Jagd eingestimmt. Eine solche Form der Jagdmagie ist unter rezenten Jägergemeinschaften weit verbreitet.

Abb. 1 *Tierdarstellungen aus der Höhle von Lascaux (Frankreich)*

Im Jungpaläolithikum erreicht die Herstellung von Geräten aus Knochen, Elfenbein und Geweih ein hohes Niveau. Das Rohmaterial lieferte vor allem die Jagdbeute. Daneben wurden Knochen auch als Baumaterial zum Errichten von Hütten verwendet. Solche Behausungen sind insbesondere aus Osteuropa bekannt geworden, so u.a. aus Meziric (Ukraine) und Kostenki (Rußland). Es waren kreis- und kuppelförmige Konstruktionen aus Mammutknochen, über die dann Felle oder Tierhäute gelegt wurden.

Am Ende des Pleistozäns gingen weltweit große Veränderungen des Klimas vor sich. Die eiszeitlichen Tundrengebiete und die Steppen der ehemals eisnahen Zonen verwandelten sich in bewaldete Landschaften. Mehrere Arten der pleistozänen Großsäugerfauna starben aus, so u.a. das Mammut, das Wollhaarnashorn und der Riesenhirsch. An diesem Aussterbeprozeß hatte die Jagdtätigkeit des Menschen als Ursache offenbar einen Anteil.[15] Andere Arten, wie Rentier, Moschusochse, Eisfuchs und Schneehase, zogen sich mit den Tundren nach Norden zurück. Mit dem aufkommenden Wald hielt eine neue Fauna Einzug, darunter solche Arten wie Rothirsch, Wildschwein, Ur, Elch und Reh. Diese Tierarten stellten während des Mesolithikums in weiten Teilen Europas das wichtigste Jagdwild dar, wie die Fauneninventare bekannter Fundplätze wie Star Carr (England), Sværdborg (Dänemark) und Hohen Viecheln (Deutschland) belegen (s. Abb. 2).[16] Der Fischfang war in bestimmten Gebieten, so an größeren Binnenseen und entlang der Küsten, von großer Bedeutung für die Nahrungsgewinnung. Als Fanggeräte sind hier Speer, Angel und Netz überliefert. Andere Spezialisierungen betrafen zum einen die Jagd auf Meeressäuger (Robben) und zum anderen das Sammeln von Meeresmuscheln, insbesondere von Austern.

Im ausgehenden Pleistozän und frühen Holozän werden erstmals Beziehungen zwischen Mensch und Tier sichtbar, die weit über das ursprüngliche Jäger-Beute-Nutzungsverhältnis hinausgehen. Es ist die Zeit, in der sich in Europa und darüber hinaus die älteste Tierdomestikation vollzieht – die Entstehung des Haushundes aus dem Wolf. Nach heutiger Kenntnis handelte es sich dabei um einen längeren, graduellen Prozeß. An dessen Anfang stand die gelegentliche Zähmung von Wölfen. Entsprechende morphologische Hinweise auf gezähmte Wölfe liegen für mehrere jungpaläolithische Stationen

Mittel- und Osteuropas (Predmostí, Dolní Vestonice, Mezin und Kostenki) vor.[17] Die Zähmung erfolgte wahrscheinlich über die Aufzucht von Wolfswelpen, die von Jagdzügen mitgebracht worden waren. Man kann davon ausgehen, daß die späteiszeitlichen Menschen immer wieder einmal Jungtiere verschiedener Tierarten aufgezogen haben. Wenn die Tiere ausgewachsen waren und die Geschlechtsreife erreicht hatten, dürfte ihre Haltung zunehmend schwieriger gewesen sein. In der Regel tötete man die Tiere dann und verspeiste sie. Die Chance, diesem Schicksal zu entgehen, war um so größer, je besser sich ein Tier in die Sozialstruktur der Jägergruppe einfügen konnte. Dazu war vor allen anderen Tierarten allein der Wolf aufgrund der eigenen hochentwickelten sozialen Organisation im Rudel in der Lage. Die Prägung der Tiere auf Einzelpersonen in der Aufzuchtphase ließ wohl auch enge emotionale Beziehungen zwischen Mensch und Wolf entstehen. Das führte nicht zwangsläufig zur dauerhaften Bindung an die Wohnstätte des Menschen und damit über eine genetische Isolation der gezähmten Tiere unmittelbar zur Domestikation. Wie verschiedene Aufzuchtversuche mit Wölfen zeigen, können einzelne Individuen gleichzeitig in engstem Kontakt mit Menschen und wilden Artgenossen leben. Darin wird ein wesentlicher Grund dafür liegen, daß die bereits für das mittlere Jungpaläolithikum (ca. 25000–18000 v.Chr.) belegte Phase der gelegentlichen Wolfszähmung erst in der Zeit zwischen 13000 und 9000 v.Chr. allmählich in eine Domestikation umschlug.

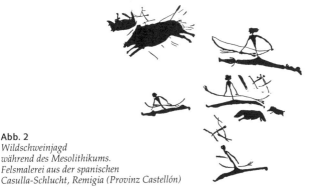

Abb. 2
Wildschweinjagd
während des Mesolithikums.
Felsmalerei aus der spanischen
Casulla-Schlucht, Remigia (Provinz Castellón)

Der bislang älteste, morphologisch eindeutig als Haushund anzusprechende Fund stammt aus Bonn-Oberkassel.[18] Es handelt sich dabei um ein nur noch in wenigen Stücken erhaltenes Skelett, das zusammen mit anderen Tierknochen in einem magdalénienzeitlichen Doppelgrab eines mindestens 50jährigen Mannes und einer 20–25jährigen Frau gefunden wurde. Das Grab wird in die Zeit um 12 000 v.Chr. datiert. Weitere Knochenfunde von Hunden aus dem Spätpaläolithikum sind u.a. vom Abri Bettenroder Berg I bei Göttingen, aus einigen magdalénienzeitlichen Stationen in Thüringen (Kniegrotte, Teufelsbrücke und Oelknitz) sowie aus Eralla (Spanien) beschrieben worden.[19] In größerer Zahl treten Haushunde in Europa dann erst im Übergang zum Frühholozän auf, d.h. in Fundzusammenhängen des Präboreals und Boreals. Es handelt sich um Tiere mit noch weitgehend wolfsähnlicher Schädelgestalt und mit Schulterhöhen zwischen 50 und 60 cm.

Über die Nutzung der ältesten Haushunde durch den Menschen ist wenig bekannt, da die Knochenfunde selbst kaum Anhaltspunkte zu dieser Frage liefern. So werden der Gebrauch von Hunden zur Jagd, ihre Nutzung als Zugtiere vor dem Schlitten sowie ihre Verwendung zur Gewinnung von Fellen und zu Nahrungszwecken als primäre Haltungsziele erwogen.[20] Auch die Rolle des Hundes als Freund und Begleiter spielt vermutlich eine wichtige Rolle, wenn sie nicht sogar die entscheidende Wurzel für die Wolfsdomestikation darstellt. Hervorzuheben ist in diesem Zusammenhang der Befund, wonach einige der ältesten Nachweise von Hunden aus Gräbern bzw. aus grabähnlichen Fundzusammenhängen stammen, so u.a. in Bonn-Oberkassel, Hornborgasjön und Skateholm (beide Schweden; s. Abb. 3). Es handelt sich hier um Beisetzungen von Hunden in Gräbern des Menschen. Möglicherweise dokumentieren diese Fälle eine enge emotionale Beziehung zwischen dem Verstorbenen und seinem (?) Hund. In den nachfolgenden Perioden sind gemeinsame Bestattungen von Menschen und Hunden ein häufig zu beobachtendes Phänomen.[21]

Für das Jungpaläolithikum und das Mesolithikum liegen erstmals Befunde zur Verwendung von Tieren im Kult vor. Gelegentlich sind Beigaben von Tieren in Gräbern dokumentiert. So fanden sich in dem bereits erwähnten Grab von Bonn-Oberkassel neben dem

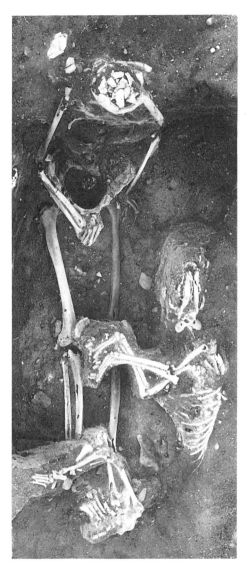

Abb. 3
Hunde in menschlichen Bestattungen. Skateholm (Schweden), etwa 5000 v.Chr.

Hundeskelett noch Zahn- bzw. Knochenreste von Ur, Wisent, Hirsch, Reh, Bär und Luchs. Bei einem Teil dieser Funde könnte es sich um Überreste von Speisebeigaben handeln, wie sie für die jüngeren Perioden dann zahlreich belegt sind. Bekannt sind auch Beigaben von Muschel- oder Tierzahnschmuck. Frühe Beispiele sind die jungpaläolithischen Gräber von Dolní Vestonice (Tschechien) und Sungir (Rußland).[22] In einem spätmesolithischen Grab von Bad Dürrenberg (Deutschland) wurden durchbohrte und undurchbohrte Zähne von Wildrindern, Hirsch, Reh, und Wildschwein sowie einige Muschelschalen gefunden.[23] Auch hier handelt es sich wohl um Beigaben von Schmuck. Tiere oder Teile von ihnen wurden ebenfalls außerhalb des Bestattungsritus bei kultischen Handlungen verwendet.[24] Das gilt z.B. für die Niederlegung eines etwa zehnjährigen Mammuts in den Weinberghöhlen bei Mauern (Deutschland) sowie für niedergelegte Rentiere bzw. auf Holzpfählen aufgespießte Rentierköpfe von Stellmoor und Meiendorf im unteren Elbtal. Eine andere interessante Erscheinung sind die Hirschgeweihmasken des Mesolithikums. Entsprechende Funde stammen aus Star Carr (England), Hohen Viecheln, Bedburg-Königshoven, Plau und Berlin-Biesdorf (alle Deutschland).[25] Es handelt sich um eine Art Kopfschmuck, der vermutlich mit Teilen des Felles auf den Kopf einer ausgewählten Person, vielleicht eines Schamanen oder Zauberers, befestigt wurde. In ähnlicher Aufmachung tanzten im 18. Jh. die Schamanen der sibirischen Tungusen, um Krankheiten zu heilen oder das Jagdglück zu beschwören.

2. Jungsteinzeit

Die Jungsteinzeit (Neolithikum) ist durch eine neue Form der Nahrungswirtschaft und damit auch durch völlig neue Beziehungen zu Tieren charakterisiert: An die Stelle des Wildbeutertums mit Jagen und Sammeln tritt jetzt der Anbau von Kulturpflanzen und die Haltung von Haustieren. Der Übergang zur bäuerlichen Wirtschaftsweise, der wegen seiner großen Tragweite auch häufig als »neolithische Revolution« bezeichnet wird, vollzog sich vor etwa 10 000 Jahren.

Nach heutigem Kenntnisstand ist die Nahrungsgewinnung durch Pflanzenanbau und Tierhaltung in den Randzonen der Bergländer Vorderasiens, im Gebiet des sogenannten Fruchtbaren Halbmondes, entstanden.[26] Hier hatte sich im 10.–9. Jahrtausend v.Chr. zunächst eine seßhafte, auf der Erntewirtschaft mit Vorratshaltung basierende Wirtschaftsform herausgebildet, zu der auf dem Sektor der Tiernutzung noch die Jagd- und Sammeltätigkeit gehörte. Vor allem der Übergang zur seßhaften Lebensweise stellte offenbar die entscheidende Voraussetzung für den Beginn der Tierdomestikation dar, die hier an der Wende vom 9. zum 8. Jahrtausend v.Chr. mit der Domestikation der Kleinwiederkäuer Schaf und Ziege ihren Anfang nahm. Die Haltung von Schafen und Ziegen ist die älteste und damit ursprünglichste Stufe der Tierhaltung mit Wirtschaftshaustieren. Noch im 8. Jahrtausend v.Chr. kommen Rind und Schwein als neue Haustiere hinzu. Damit waren jene vier Arten im Haustierbestand vereinigt, auf deren Grundlage zusammen mit den ältesten Kulturpflanzen (Getreide, Hülsenfrüchte) die Ausbreitung der Landwirtschaft von Vorderasien aus erfolgt ist. Die Durchsetzung von Tierhaltung und Pflanzenanbau als neue Formen der Nahrungsgewinnung vollzog sich in mehreren Etappen und über einen längeren Zeitraum.[27]

Noch an der Wende vom 8. zum 7. Jahrtausend v.Chr. breitete sich die agrarische Wirtschaftsweise nach Europa aus, wobei zuerst die Balkanhalbinsel und das Mittelmeergebiet von diesem Prozeß (Neolithisierung) erfaßt wurden. Etwa ab der Mitte des 7. Jahrtausends v.Chr. gelangte sie in den unteren und mittleren Donauraum bis in das Gebiet des Ungarischen Tieflandes. Etwa seit der Mitte des 6. Jahrtausends v.Chr. setzten sich Tierhaltung und Pflanzenanbau auch in Zentraleuropa durch; etwas später schließlich in Westeuropa. Im nördlichen Mitteleuropa fand die neue Form der Nahrungswirtschaft erst zu Beginn des 4. Jahrtausends v.Chr., d.h. mit einer Verzögerung von etwa 1500 Jahren, endgültig Eingang. Hier siedelten in enger Nachbarschaft zu bäuerlichen Gemeinschaften mesolithische Jäger-, Sammler- und Fischergruppen. Ihre Nahrungswirtschaft war den spezifischen naturräumlichen Gegebenheiten jener Gebiete (Küsten- und Seenlandschaften) so gut angepaßt, daß sie über diesen langen Zeitraum neben der neuen Wirtschaftsform mit Tierhaltung und Pflanzenanbau erfolgreich bestehen konnte. Die Neolithisierung der sich nördlich anschließenden Gebiete Skandinavien sowie des Ostbaltikums erfolgte in einem sehr langsamen Tempo. Je weiter die agrarische Wirtschaftsweise nach Norden vordrang, desto ungünstiger wurden die klimatischen Bedingungen für Tierhaltung und Pflanzenanbau. Traditionelle Wirtschaftsformen, wie z.B. Großwildjagd, Robbenfang und Fischerei, blieben daher in vielen Gebieten der borealen Nadelwaldzone bis in die frühgeschichtliche Zeit von großer Bedeutung. So hatte sich z.B. die Landwirtschaft in Mittel- und Südfinnland erst im Zeitraum zwischen 500 und 1500 n.Chr. vollständig durchsetzen können.

Mit der Neolithisierung Europas gewannen die aus Vorderasien eingeführten Haustiere Rind, Schwein, Schaf und Ziege zunehmend Bedeutung für die Versorgung der Bevölkerungen mit tierischem Eiweiß und Fett. Ursprüngliche Formen des Nahrungserwerbs wie die Jagd, der Fischfang und die Sammelwirtschaft spielten überwiegend nur noch eine geringe Rolle. Über regionale und zeitliche Unterschiede in der Nutzung tierischer Ressourcen für die Nahrungsgewinnung während des Neolithikums geben uns die zahlreich bekannt gewordenen Faunenreste aus jungsteinzeitlichen Siedlungen Auskunft.[28]

In den frühesten neolithischen Siedlungen auf dem europäischen Kontinent, die man in Thessalien gefunden hat, dominieren unter den Haustieren Schafe und Ziegen. So errechnen sich z.B. für die Knochenfunde aus den unteren Schichten der Tellsiedlung Argissa Magula folgende Häufigkeiten: Schaf und Ziege 85%, Schwein 10% und Rind 5%. Diese Zusammensetzung unter den Haustieren, mit dem deutlichen Überwiegen der Kleinwiederkäuer, entspricht noch weitgehend den Verhältnissen in den ältesten agrarischen Siedlungen Vorderasiens. Die Ausbreitung der Tierhaltung nach Südosteuropa hatte also zunächst keine Strukturveränderungen im Tierbestand zur Folge, was wohl vor allem auf ähnliche Umweltbedingungen (Klima, Vegetation) in beiden Gebieten zurückzuführen ist. Fundplätze mit einer durchgehenden Schichtenfolge vom frühen Neolithikum bis zur Bronzezeit, wie z.B. Argissa Magula (Thessalien) und Sitagroi (Thrakien), lassen erkennen, daß die Schaf- und Ziegenhaltung in Griechenland bis in die Bronzezeit ein wichtiger

Bereich der Haustierhaltung war. Die Jagd hatte in den frühneolithischen Siedlungen Südosteuropas nur eine untergeordnete Bedeutung, denn der Wildtieranteil unter den Faunenresten beträgt hier in der Regel weniger als 10%. Auch für das mittlere und westliche Mittelmeergebiet lassen die bislang untersuchten Knochenfunde eine vorrangige Nutzung von Schafen und Ziegen zur Fleischgewinnung in frühneolithischer Zeit erkennen. Die Bejagung von Wildtieren bzw. die Sammeltätigkeit spielte nur eine geringe Rolle für die Nahrungsgewinnung.

Die Ausbreitung der Tierhaltung nach Mitteleuropa hatte größere Veränderungen in der Struktur des Haustierbestandes zur Folge. An die Stelle einer hauptsächlich von Schafen und Ziegen dominierten Tierhaltung kleinasiatisch-südosteuropäischer Provenienz trat eine von der Rinderhaltung geprägte Tierwirtschaft. So belegen z.B. die Knochenfunde aus frühneolithischen Siedlungen Mitteldeutschlands (Linienbandkeramik-Kultur) folgende mittlere Mengenanteile der Wirtschaftshaustiere: Rind 55%, Schaf/Ziege 33% und Schwein 12%. Diese Veränderungen sind Ausdruck einer nachhaltigen Anpassung der Tierbestände an die Klima- und Vegetationsverhältnisse im mitteleuropäischen Binnenland. In den nachfolgenden Jahrhunderten nahm hier der Umfang der Rinderhaltung noch weiter zu, während die Haltung der Kleinwiederkäuer insgesamt stark rückläufig war. Wie die geringen Wildtieranteile (weniger als 5%) zeigen, spielte die Jagd für die Nahrungswirtschaft im Frühneolithikum Mitteleuropas nur eine geringe Rolle. Lediglich für Süd- und Südwestdeutschland belegen die Knochenfunde für jene Zeit eine Wirtschaftsform mit einer entwickelten jägerischen Komponente. Der Wildtieranteil variiert in den Siedlungen dieser Gebiete zwischen 30 und 60%. Zu den hauptsächlich bejagten Wildarten gehörten hier Rothirsch, Wildschwein und Ur.

Für das mittlere und späte Neolithikum lassen die Knochenfunde aus Siedlungen in weiten Teilen West-, Nord-, Mittel- und Osteuropas eine hauptsächlich auf der Rinderhaltung basierende Haustierwirtschaft erkennen. Davon abweichende lokale Entwicklungen betreffen z.B. die umfangreiche Schweinehaltung in Süd- und Südwestdeutschland (Michelsberger und Schussenrieder Kultur) sowie im Gebiet der Ostschweiz (Horgener Kultur). Ein anderes Beispiel ist die Intensivierung der Haltung von Schafen und Ziegen im Karpatenbecken während der spätneolithischen Badener Kultur.

Im Übergang zum Mittelneolithikum kam es nach den vorliegenden zoologischen Befunden in einigen Gebieten Mitteleuropas, so im Ungarischen Tiefland und im Alpenraum, zu einer deutlichen Verschiebung des Schwerpunktes der Ernährungswirtschaft zugunsten der Jagd. Im Karpatenbecken nimmt der Wildtieranteil, gemessen an den frühneolithischen Kulturen (Bandkeramik), um das 3–5fache zu. Lange Zeit glaubte man, daß diese Entwicklung, d.h. insbesondere die stärkere Bejagung von Ur und Wildschwein, im Dienste einer umfangreichen Neu- und Nachdomestikation bei Rindern und Schweinen gestanden hat. Da zahlreiche Befunde gegen lokale Tierdomestikationen im Ungarischen Tiefland während des Mittelneolithikums sprechen, muß eher angenommen werden, daß die Jagd in der Wirtschaftsform jener Zeit einen festen Platz einnahm und überwiegend der Nahrungsbeschaffung diente. Für weite Gebiete der Schweiz (Cortaillod- und Pfyner Kultur) belegen die Faunenreste ebenfalls eine Nahrungswirtschaft mit einer entwickelten jägerischen Komponente. Im Übergang zum Spätneolithikum nimmt jedoch in beiden Gebieten die Bedeutung der Jagd für die Fleischversorgung wieder ab.

Während der Jahrtausende des Neolithikums unterlag die Nutzung der Wirtschaftshaustiere vielfältigen Veränderungen, wobei in der Tendenz die Nutzungsbreite, d.h. die Vielfalt in der Verwendung von Haustieren, zugenommen hat. Zu Beginn des Neolithikums wurden Rinder, Schweine, Schafe und Ziegen zunächst noch ausschließlich in derselben Weise genutzt wie vordem ihre wildlebenden Vorfahren oder andere Wildtiere durch paläo- und mesolithische Jägergruppen. Im Vordergrund des Interesses standen allein das Fleisch und das Fett der Tiere für die menschliche Ernährung. Erst in der Folgezeit traten andere Nutzungsformen hinzu, so u.a. die Gewinnung von Milch und Wolle, die Verwendung von Tieren zum Ziehen und Tragen von Lasten sowie das Reiten. Diese neuen Nutzungsarten gehen zurück auf gezielte züchterische Veränderungen bestimmter Eigenschaften der Tiere, z.B. des Haarkleides beim Schaf, oder sie sind das Ergebnis umfassender Erfahrungen im engeren Umgang mit den Haustieren (Zug- und Tragdienst, Reiten).

Im Gegensatz zu den primären Nutzungszielen (Fleisch, Fett) handelt es sich hier um Leistungen, die die Tiere zu Lebzeiten erbringen. Sie werden daher auch als Sekundärnutzung bezeichnet.[29]
Für die Milchgewinnung wurden und werden in Europa im wesentlichen drei Haustierarten genutzt, das Rind, das Schaf und die Ziege. Erste Versuche des Melkens sind bereits in der Frühphase der Domestikation zu vermuten. Zu dieser Zeit wird die Milchleistung der Rinder, Schafe und Ziegen noch genau so hoch gewesen sein wie die der jeweiligen Stammarten, d.h. die weiblichen Tiere gaben nur soviel Milch, wie zur Ernährung der Kälber, Lämmer und Kitze in der Säugezeit notwendig war. Eine Nutzung der Milch der Muttertiere war daher zunächst allein durch Schlachtung der Jungtiere möglich oder indem man ihnen einen Teil der Milch durch Abmelken vorenthielt. In der Folgezeit wird man versucht haben, den Milchertrag zu steigern, vor allem durch die vermehrte Haltung von Kühen im fortpflanzungsfähigen Alter und später auch auf dem Wege der Tierzucht (Verbesserung der Milchleistung). Nach den zoologischen Befunden aus Mittel- und Südosteuropa hat sich die Milchgewinnung bei Rindern und Kleinwiederkäuern im 5. Jahrtausend v.Chr. als eigenständige Nutzungsrichtung herausgebildet. Auf Fundplätzen dieser Zeitstellung, wie z.B. Künzing-Unternberg (Deutschland), Obre (Bosnien) und Poljanitza (Bulgarien), weist die Herdenstruktur dieser Arten erstmalig eine deutliche Dominanz weiblicher Tiere unter den adulten Individuen auf. Auch archäologische Funde scheinen die Herausbildung der Milchnutzung im Übergang zum 5. Jahrtausend v.Chr. zu bestätigen. So treten unter den Keramikfunden jener Zeit verstärkt Überreste sogenannter Siebgefäße auf. Derartige Gefäße sind aus beinahe allen nachfolgenden Kulturen belegt und werden im allgemeinen mit der Milchverarbeitung in Verbindung gebracht. Wie die zoologischen Befunde aus dem Mittel- und Spätneolithikum zeigen, war die Milchgewinnung in der Folgezeit ein fester Bestandteil der Rinder- und Kleinwiederkäuerhaltung.
Über die Anfänge der Wollnutzung von Schafen in Europa ist erst wenig bekannt. Die ältesten Schafe, die unseren Kontinent im Zuge der Neolithisierung an der Wende zum 7. Jahrtausend v.Chr. erreichten, besaßen noch das typische Haarkleid des Wildschafes. Jene

sogenannten Haarschafe bestimmten auch in der Folgezeit das Bild unter den Hausschafen in Europa, denn unter den Textilresten des Früh- und Mittelneolithikums sind ausschließlich Pflanzenfasern, vor allem Flachs, nachweisbar. Die Entwicklung des als Wolle bezeichneten Vliestypes, der in einem langen Prozeß züchterischer Veränderungen entstanden ist, erfolgte nicht in Europa, sondern vermutlich in Vorderasien. Für das 4. Jahrtausend v.Chr. mehren sich hier Hinweise auf das Vorkommen von Wollschafen. Solche Schafe wurden im Übergang vom 4. zum 3. Jahrtausend v.Chr. nach Europa verbreitet, und zwar zunächst nach Südost- und dann nach Mitteleuropa. Aus dieser Zeit stammen jedenfalls die ältesten Funde von Schafwolle in unserem Gebiet. Wie Untersuchungen an Textilresten aus Seeufersiedlungen der Schweiz zeigen, scheint in der ersten Hälfte des 3. Jahrtausends v.Chr. Leinen bereits zu einem großen Teil durch Wolle ersetzt gewesen zu sein. Dies spricht für eine weite Verbreitung und umfangreiche Haltung von Wollschafen in dieser Zeit.

Eine Neuerung in der Nutzung von Haustieren, die im Neolithikum ihren Anfang nahm und von weitreichender Bedeutung u.a. für die Entwicklung der Landwirtschaft, des Transport- und Militärwesens war, stellt die Nutzbarmachung der Muskelkraft von Tieren zum Ziehen, Tragen und als Reittiere dar. Sie vollzog sich in enger Wechselbeziehung mit der Entwicklung neuer Geräte, wie dem Pflug und dem Wagen, und war begleitet von Erfindungen, wie dem Joch und der Trense, die zur Kontrolle und Lenkung der Tiere notwendig waren.

Die Verwendung von Rindern als Zugtiere nahm vermutlich ihren Anfang in Vorderasien; sie entstand dort offenbar in enger Verbindung mit der Entwicklung von Pflug und Wagen. Direkte Hinweise auf die Anfänge der Zugnutzung des Rindes in Europa geben vor allem bildliche Darstellungen und Jochfunde. Zu den ältesten Bildwerken, die eine Verwendung von Rindern als Zugtiere zu erkennen geben, gehören die Wiedergabe eines Rinderpaares in Jochanspannung in Form eines Gefäßhenkels aus Kreznica Jara bei Lublin sowie Rinderfiguren aus Kupfer mit Nackenjoch aus Bytyn (Polen). Beide Funde stammen aus der Trichterbecherkultur (ca. 3700–3100 v.Chr.). Die Verbindung von Zugtieren (Rinder) und Wagen ist erstmals als Wandbild im Galeriegrab von Züschen in Hessen dargestellt. Auch zahlreiche Wagendarstellungen von Fundplätzen der Badener Kultur (ca. 3500–2800 v.Chr.) und der späten Trichterbecherkultur geben wohl in erster Linie Hinweise auf die Zugnutzung des Rindes, da in dieser Zeit das Hauspferd als zweites mögliches Zugtier in Mitteleuropa noch fehlte bzw. noch selten war. Eine andere Fundgruppe zur Rinderanspannung stellen Jochfunde dar. Das wohl älteste Stück, ein Joch aus Ahornholz für zwei Rinder, stammt aus der Pfahlbausiedlung in Vinelz (Fénil) am Bielersee (Schweiz). Es gehört in die ältere Phase der Schnurkeramik (Anfang 3. Jahrtausend v.Chr.). Jene Joche waren wohl überwiegend Nackenjoche, die mittels einer Schnürung an den Hörnern der Zugrinder befestigt waren. Einen indirekten Hinweis auf die Verwendung von Zugtieren vor dem Pflug geben auch Pflugspuren auf der Oberfläche begrabener neolithischer Böden, wie sie in Dänemark häufig nachgewiesen worden sind. Ihre oft beachtliche Tiefe spricht dafür, daß jene Pflüge wohl in der Regel von Rindern gezogen wurden. Insgesamt zeigen die verschiedenartigen Befunde, daß die Nutzung von Rindern als Zugtiere vor Pflug und Wagen mit der Ausbreitung dieser Geräte nach Europa spätestens in der ersten Hälfte des 4. Jahrtausends v.Chr. einsetzte.

Noch im Neolithikum, und zwar an dessen Ende, vollzog sich in Europa eine Tierdomestikation, die von großer Bedeutung für die Entwicklung des Personen- und Warentransports war. Es handelt sich um die Domestikation des Pferdes. Auf dem Rücken des Pferdes konnte der Mensch die Grenzen in der Geschwindigkeit seiner Fortbewegung, die ihm durch seine Physis gesetzt sind, erstmalig deutlich überschreiten. Daneben stellten die Nutzung des Pferdes als Zugtier vor dem leichten Kampfwagen bzw. als Reittier des bewaffneten Kriegers bedeutende Neuerungen im Militärwesen dar. Die vorliegenden archäozoologischen Befunde sprechen für eine gleichzeitige Entstehung der europäischen Hauspferde ab dem 4. Jahrtausend v.Chr. in verschiedenen Regionen.[30] So werden neben Osteuropa bzw. Mittelasien auch Mittel- und Südwesteuropa als eigenständige Domestikationsgebiete des Pferdes angesehen. Von diesen Gebieten aus wurden Hauspferde im Laufe des 3. Jahrtausends v.Chr. in den Norden, Westen und Süden des Kontinents verbreitet. Über die Anfänge der Reitnutzung von Pferden ist sehr wenig bekannt, da sich Teile des Zäumungsapparates, die zunächst wohl ausschließlich aus organischen Materialien hergestellt worden sind, kaum erhalten haben. Auch ist damit zu rechnen, daß Pferde anfänglich ohne jegliche Zäumung geritten wurden. Mehrfach sind Geweih- bzw. Knochenknebel aus dem späten Neolithikum als Seitenstücke von Trensen beschrieben worden. Die Interpretation dieser Funde als Trensenbestandteile ist allerdings umstritten.[31] Mit dem Aufkommen der Bronze wurden Trensen aus diesem Material hergestellt, wobei jetzt der gesamte Trensenkomplex mit Seitenstücken und Mundstück aus Metall gefertigt war. Bronzene Trensen sind aus vielen Teilen Europas in großer Zahl bekannt geworden.[32] Sie belegen damit die weitverbreitete Nutzung des Pferdes als Reit- bzw. Zugtier im Übergang zur Bronzezeit. Aus der Bronzezeit liegen dann auch bildliche Darstellungen vor, die das Pferd unzweideutig als Reittier und als Zugtier vor dem leichten Wagen zeigen.

Neben der wirtschaftlichen Nutzung kam Tieren während des Neolithikums eine wichtige Rolle auch in der Religion und im Kult zu. Davon zeugen Funde von Tieren in menschlichen Bestattungen, in Tiergräbern, in Opfergruben und auf Kultplätzen jener Zeit. In vielen neolithischen Kulturen ist das Phänomen der Speisebeigabe von Tieren in Menschengräbern, im Sinne einer »Wegzehrung« für den Toten, anzutreffen. So sind z.B. in Gräbern der spätneolithischen Schönfelder Kultur in größerer Zahl Reste von Speisebeigaben gefunden worden.[33] Nach der zoologischen Analyse stammen sie überwiegend von Rindern, Schafen und Ziegen. Diese Arten dominieren auch unter den Speisebeigaben aus mittelneolithischen Großsteingräbern in Mecklenburg-Vorpommern.[34] Hier hat man noch zwei andere Formen von Grabbeigaben mit Tieren feststellen können, die sich auch anderswo hin und wieder haben finden lassen. Ein Teil der Tierreste aus den Steingräbern stellen zweifelsfrei Überreste von Mahlzeiten dar, die offenbar Bestandteil der Beisetzung des Toten waren. Eine andere Gruppe von Tierresten aus jenen Gräbern sind Artefakte, vor allem durchlochte Zähne und Metapodien von Hund und Wolf. Hier könnte es sich um Schmuckelemente gehandelt haben. Auch in den Gräbern der spätneolithischen Schnurkeramik-Kultur kommen als Beigabe häufig in großer Zahl Knochen- und Geweihgeräte sowie Tierzahn- und Muschelschmuck vor.[35] Eine bemerkenswerte Erscheinung des Neolithikums, vor allem seiner späten Phase, sind selbständige Tierbestattungen. So sind aus dem Bereich der Badener Kultur sowie der Trichterbecher- und Kugelamphorenkultur zahlreiche Bestattungen insbesondere von Rindern, seltener von Schafen, Ziegen und Hunden, bekannt geworden.[36] Unter den Rindergräbern sind wiederum solche mit paarweise bestatteten Tieren hervorzuheben. Bei den Tieren handelt es sich um Opfertiere, die an einer Kultstätte getötet und anschließend entsprechend dem Opferbrauch bestattet worden sind. Bei den erwähnten Doppelbestattungen sollten im Kult offenbar Rindergespanne angedeutet werden. Daß das Rind als bevorzugtes Opfertier auftritt, erklärt sich aus seiner Stellung als wirtschaftlich wichtigstes Haustier während des Neolithikums. Auch in Opfergruben jener Zeit, in denen Skelette von Tieren mit solchen von Menschen vergesellschaftet sind, ist das Rind in der Regel die häufigste Tierart. Dies belegen z.B. die Funde aus Opfergruben der Baalberger Kultur von Weißenfels (Deutschland).[37] In Grube 27 dieses Fundplatzes, in der zwei Erwachsene und zwei Kinder bestattet worden waren, fanden sich Skelettreste von 24 Rindern und 20 Hunden. Vermutlich sollten die Rinder den Bestatteten das Weiterleben im Jenseits erleichtern. Gleiches galt vielleicht für die Hunde, auf deren Begleitung ein Verstorbener in der anderen Welt nicht verzichten sollte.

3. Bronze- und Eisenzeit

In der Bronze- und Eisenzeit basierte die Nutzung von Tieren für die Nahrungsgewinnung überwiegend auf der Haltung von Haustieren.[38] Vor allem Rinder, Schweine, Schafe und Ziegen finden sich in der Regel mit großen Anteilen unter den Nahrungsresten in Siedlungen jener Zeit. In welchem Umfang jene Arten gehalten und für die Erzeugung von Fleisch genutzt wurden, war in hohem Maße von den regionalen Klima- und Vegetationsverhältnissen abhängig. In weiten Teilen Südeuropas stellten Schafe und Ziegen zusammen mit den Rindern die wichtigsten Fleischlieferanten dar. In den waldreichen Gebieten Mitteleuropas wiederum spielte das Schwein eine wichtige Rolle für die Bereitstellung von tierischem Eiweiß und Fett. Unter den Tierresten nimmt es hier in der Häufigkeit nach dem Rind oft den zweiten Platz ein. In den Küstengebieten Westeuropas und des nördlichen Mitteleuropas trifft man in der Bronze- und Eisenzeit eine entwickelte Rinderhaltung an. In Siedlungen dieser Regionen stammen bis zu 80% der Knochenfunde von Rindern. Neben dem Fleisch spielten hier offensichtlich die Milch bzw. aus ihr hergestellte Produkte eine wichtige Rolle als Nahrungsmittel. In einigen Gebieten sind auch Pferde in größerem Umfang für die Fleischgewinnung genutzt worden. Für die Bronzezeit trifft dies für das Karpatenbecken und die osteuropäischen Gebiete zu. In der Steppenzone nördlich des Schwarzen Meeres sind Pferde mit durchschnittlich 25% unter den Nahrungsresten aus Siedlungen vertreten. Inwieweit bereits in der Bronzezeit die Milchnutzung von Pferden praktiziert wurde, ist eine noch offene Frage. Erst für die nachfolgende Eisenzeit sind Hinweise aus dem Schwarzmeergebiet überliefert, wonach die Skythen die Stuten gemolken haben, um aus der Milch ein alkoholisches Getränk (Kumys) herzustellen. Eine umfangreiche Pferdehaltung zum Zwecke der Fleischnutzung belegen archäozoologische Befunde auch für eisenzeitliche Siedlungen in der Nordseeküstenmarsch. Hunde spielten keine Rolle für die Ernährung. Hin und wieder angetroffene Hundeknochen mit Schnittspuren deuten darauf hin, daß das Fleisch von Hunden gelegentlich einmal, wahrscheinlich in Notzeiten, gegessen wurde.

Während der vorchristlichen Metallzeiten treten in Europa einige neue Haustierarten auf: der Esel, das Huhn, die Gans und die Taube.[39] Der Hausesel ist bereits seit der frühen Bronzezeit in Europa nachweisbar, allerdings nur im östlichen Mittelmeergebiet. Die ältesten Funde stammen aus Südgriechenland sowie von den ägäischen Inseln und datieren in die 2. Hälfte des 3. Jahrtausends v.Chr. Als Herkunftsgebiete dieser Tiere kommen Nordafrika und der Vordere Orient in Betracht. Hier wurden Esel bereits seit dem 4. Jahrtausend v.Chr. gehalten. In Italien und auf der Iberischen Halbinsel ist der Esel seit der Mitte des 1. Jahrtausends v.Chr. belegt. Bis zum Ende des ersten vorchristlichen Jahrtausends blieb seine Haltung jedoch im wesentlichen auf das Mittelmeergebiet beschränkt.

Das Huhn, ein Hausgeflügel mit Ursprung in Ost- bzw. Südostasien, wurde am Ende des 2. Jahrtausends v.Chr. zunächst nach Südosteuropa (Griechenland) und im Zuge der phönizischen Kolonisation (11.–6. Jh. v.Chr.) bald darauf auch in das westliche Mittelmeergebiet verbreitet. Nach Zentraleuropa gelangten Haushühner erstmals in der späten Hallstattzeit (7.–6. Jh. v.Chr.). Hier wurden sie nach Ausweis der Funde im Laufe der Latènezeit (5.–1. Jh. v.Chr.) zu einem bereits recht häufigen Haustier.

Über die Anfänge der Gänsehaltung in Mitteleuropa ist erst wenig bekannt. Im Gegensatz zum Huhn, bei dem es sich um ein eingeführtes Haustier handelt, muß man bei der Hausgans wahrscheinlich davon ausgehen, daß sie überwiegend aus der Domestikation lokaler Graugänspopulationen an verschiedenen Stellen in Europa entstanden ist. Zu den ältesten sicheren Belegen von Hausgänsen im mitteleuropäischen Raum gehören Knochenfunde aus eisenzeitlichen Gräberfeldern auf dem Gebiet der Westslowakei. Es ist wohl kein Zufall, daß der Beginn der Gänsehaltung in Mitteleuropa zeitlich in etwa mit der Ausbreitung des Haushuhns in dieses Gebiet zusammenfällt. Es ist gut vorstellbar, daß das Bekanntwerden des Huhns die Domestikation der heimischen Graugans, die vordem jagdlich genutzt wurde, ausgelöst hat. Noch Jahrhunderte später, in der Römischen Kaiserzeit, hat man die Eier von Graugänsen gesammelt, um sie von Hühnern ausbrüten und die Gänseküken von ihnen aufziehen zu lassen. Dieser Weg könnte auch am Beginn der Gänsedomestikation in Mitteleuropa gestanden haben.

Für die Anfänge der Taubenhaltung liegen ebenfalls erst wenige Anhaltspunkte vor. Antike Quellen weisen auf die Haltung von Tauben in Griechenland spätestens seit dem 8. Jh. v.Chr. und in Italien seit dem 5. Jh. v.Chr. hin. Die weitere Verbreitung der Taube nach Mitteleuropa erfolgte jedoch erst zu Beginn des ersten nachchristlichen Jahrtausends.

Die Geflügelzucht vor allem mit Hühnern und Gänsen, die sich in der Eisenzeit als neuer Bereich der Haustierhaltung entwickelt hat, war für die Nahrungswirtschaft jener Zeit nur von marginaler Bedeutung. Unter den Faunenresten aus eisenzeitlichen Siedlungen stellen Knochen des Hausgeflügels lediglich einen Anteil von durchschnittlich weniger als einem Prozent.

Im Hinblick auf die Sekundärnutzung von Haustieren lassen die vorliegenden Funde und Befunde eine weitgehende Kontinuität im Übergang vom Neolithikum zur Bronze- und Eisenzeit erkennen.[40] Bei den Rindern spielten die Milchgewinnung und ihre Nutzung als Zugtiere eine wichtige Rolle. Pferde dienten als Reit- und Zugtiere. Im Süden Europas fand erstmalig der Esel als Lasttier Verwendung. Schafe dienten der Gewinnung von Wolle und Milch. Letzterer Nutzungsaspekt dürfte auch in der Ziegenhaltung während der Bronze- und Eisenzeit wichtig gewesen sein, vor allem im südlichen Europa. Die Überreste von Hunden belegen überwiegend mittelgroße und große Tiere mit Schulterhöhen zwischen 45 und 60 cm. Es sind Gebrauchshunde breiter Variabilität, die wohl hauptsächlich als Hof-, Hirten- und Jagdhunde eingesetzt worden sind. Von den großen Haustieren nutzte man auch die bei der Schlachtung anfallenden Rohstoffe wie Felle, Häute, Sehnen, Därme, Knochen und Horn. Sie dienten zur Herstellung von Bekleidung, Geräten, Schmuck u.a. Die Verfügbarkeit von Metall hatte zur Folge, daß im Vergleich zum Neolithikum Geräte aus Knochen sowie aus Geweih in weit geringerem Umfang hergestellt worden sind.

Aus der wildlebenden Tierwelt bezogen die Menschen der Bronze- und Eisenzeit Nahrungsmittel und diverse Rohstoffe. Gegenüber dem späten Neolithikum ist als Tendenz eine geringere Jagdtätigkeit zu beobachten.[41] Im Fundmaterial der meisten bronzezeitlichen Siedlungen beträgt der Anteil der Wildtiere weniger als 10%. Lediglich aus dem Karpatenbecken sowie aus Südwestdeutschland sind vereinzelt Fundkomplexe mit Anteilen der Jagdtiere von 20–40% bekannt geworden. Unter ihnen dominieren Rothirsch, Wildschwein, Ur und Reh. Im Hinblick auf den Ur belegen die bronzezeitlichen Funde einen starken Rückgang der Art, der sich in den nachfolgenden Perioden fortsetzt und schließlich im Mittelalter zur vollständigen Ausrottung dieses Wildrindes führt. Auch in der Eisenzeit spielten Wildtiere des Waldes für die Ernährung keine große Rolle; im Vergleich zur Bronzezeit zeigt sich sogar ein weiterer Rückgang jagdlicher Tätigkeit.

Der Beitrag des Fischfangs für die Ernährung während der Bronze- und Eisenzeit ist aus verschiedenen Gründen bislang nur punktuell erfaßt. Soweit bislang erkennbar, spielten Fische als Nahrung in den

Küstengebieten eine größere Rolle. Dagegen ist der Beitrag der Binnenfischerei für die Ernährung als gering einzuschätzen.

Wie im Neolithikum spielten Tiere eine wichtige Rolle in der Religion und im Kult. Das belegen Funde von Tieren in menschlichen Bestattungen, in Opfergruben und auf Kultplätzen der Bronze- und Eisenzeit. Tierische Speisebeigaben sind von zahlreichen Gräberfeldern der in Mitteleuropa verbreiteten Lausitzer Kultur (ca. 1600–700 v.Chr.) bekannt geworden. Sie stammen in erster Linie von Haustieren, so vor allem von Rind, Schaf/Ziege und Pferd, seltener von Hund und Schwein.[42] Wildtiere kommen hier nur in Ausnahmefällen vor. Eine ganz andere Häufigkeitsrangfolge zeigen Beigaben in Gräbern der Latènezeit (5.–1. Jh. v.Chr.), wie sie z.B. in der Slowakei bereits von mehreren Fundplätzen untersucht sind.[43] Hier dominiert mit Abstand das Schwein, gefolgt vom Rind, vom Hausgeflügel (Huhn, Gans) sowie von Schaf und Ziege. Während von Huhn und Gans vollständige Tiere niedergelegt wurden, sind von den Säugetieren immer nur Teile des Körpers in die Gräber gelangt.

Ein im europäischen Raum einzigartiger Befund, der die Verwendung von Tieren im Rahmen eines Fruchtbarkeitskultes zeigt, ist vom Kosakenberg bei Bad Frankenhausen im südlichen Kyffhäusergebirge bekannt geworden.[44] Für die Kultmahlzeit und die nachfolgende Opferung sind hier gezielt sehr junge sowie hochträchtige Tiere, vor allem Schafe und Ziegen, ausgewählt worden. Unter den Wildtierknochen fanden sich überwiegend Reste von jungen Hasen.

Eine anderer bekannter Opferplatz der Bronze-/Eisenzeit, an dem Tieropfer eine wichtige Rolle spielen, ist Lossow bei Frankfurt an der Oder. Hier wurden auf dem Hochuferplateau 3–7,5 m tiefe Schächte angelegt und darin neben Menschen- zahlreiche Tieropfer, und zwar sowohl vollständige Tiere als auch nur bestimmte Körperteile, versenkt.[45] Unter den Opfertieren fanden sich vor allem Rinder, gefolgt in der Häufigkeit von Pferd, Schaf/Ziege und Hund. Bemerkenswert ist die Opferung eines (wahrscheinlich gefesselten) jungen Hirsches. Die Verwendung von Hirschen im Rahmen von Kulthandlungen ist bereits mehrfach belegt, so u.a. aus Stillfried (Niederösterreich) und Nowa Cerekwia (Polen).

Während der Eisenzeit treten in Mitteleuropa Opferplätze häufig im

Randbereich von Seen bzw. Mooren auf. Intensiv untersucht wurde das Moor-, See- und Quellheiligtum von Oberdorla (Thüringen), das seit dem 6. Jh. v.Chr. als Opferstätte diente. Hier wurden im Bereich von hölzernen Götteridolen bzw. in umzäunten Heiligtümern in großem Umfang Haus- und Wildtiere geopfert.[46] Dabei sind entweder vollständige Tiere niedergelegt worden, oder es wurden nur Teile, sogenannte Pars-pro-toto-Opfer, deponiert. Das mit Abstand häufigste Opfertier war das Rind, wobei im Hinblick auf das Alter und das Geschlecht der geopferten Tiere offenbar keine besondere Auslese stattgefunden hat. In der Häufigkeit folgen Schaf/Ziege, Hund, Pferd und Schwein. Vergleicht man diese Funde mit jenen anderer Siedlungen dieser Zeit, so zeigt sich als wesentlicher Unterschied der hohe Anteil von Hunden und Pferden unter den Opferfunden. Eine Häufung gerade dieser Arten ist auch an den Knochenfunden aus den Opfermooren von Skedemosse (Öland, Schweden) sowie von Rislev (Dänemark) beobachtet worden.

4. Epochentypische Grundeinstellung

Für den langen Zeitraum der Urgeschichte erschließen uns die archäologischen Quellen im Hinblick auf die Beziehungen zwischen Mensch und Tier vor allem die vielseitige Nutzung der Tierwelt für die Ernährung früher Bevölkerungen. Die Jahrhunderttausende der Alt- und Mittelsteinzeit sind durch ein Wildbeutertum charakterisiert, d.h., die naturgegebenen tierischen Ressourcen wurden seitens des Menschen durch Aktivitäten wie Jagen, Fischfang und Sammeltätigkeit genutzt. Entsprechend den vorherrschenden Klimaverhältnissen mußte sich der Mensch dabei auf ganz unterschiedliche Tiergemeinschaften einstellen. Die Grundlage des Nahrungserwerbs bildete die Jagd auf große Säugetiere wie Elefanten, Nashörner, Rinder, Hirsche, Pferde und Schweine. Aus der Jagdbeute bezogen die Menschen auch wichtige Rohstoffe (Geweih, Knochen, Felle u.a.) für die Herstellung von Werkzeugen, Schmuck und Bekleidung sowie als Baumaterial für Behausungen. Der Fischfang gewann erst in einem späten Abschnitt der Altsteinzeit eine größere Bedeutung für die Bereitstellung von Nahrung. Aus der nachfolgenden Mittelsteinzeit sind Bevölkerungsgruppen bekannt, die sich auf diesen Zweig der Nahrungswirtschaft spezialisiert hatten. Für die Sammeltätigkeit gibt es aus der Altsteinzeit nur wenige Belege. Während der mittelsteinzeitlichen Jahrtausende spielte dann das Sammeln von Meeresmuscheln an den europäischen Küsten eine gewisse Rolle. Die für die Jagd und den Fischfang benutzten Geräte sind im Laufe der Zeit immer weiter verbessert worden, wodurch die Nahrungsbeschaffung effizienter wurde. Für den Zeitraum der Alt- und Mittelsteinzeit ist die Beziehung zwischen Mensch und Tier überwiegend als Jäger-Beute-Nutzungsverhältnis zu charakterisieren. Die Jagdtätigkeit trug mit zum Aussterben von einigen Tierarten am Ende der Eiszeit (z.B. Mammut) sowie in der Nacheiszeit (z.B. Ur und Wildpferd) bei.

Die Abhängigkeit des Menschen von der ihn umgebenden Tierwelt spiegelt sich in der späteiszeitlichen Kunst wider. Dargestellt sind überwiegend Tierarten, von deren Erbeutung die Sicherung des Lebens abhing. Unter den Bildern finden sich einzelne Hinweise auf Tiermagie. In der Spät- und frühen Nacheiszeit setzt die Verwendung von Tieren im Kult ein. Sie betrifft sowohl Beigaben von Tieren in Gräbern in Form von Speise und Schmuck als auch die kultische Niederlegung bzw. Bestattung von Tieren. Welche religiösen Inhalte damit verbunden waren, ist unbekannt.

Im Übergang vom Pleistozän zum Holozän vollzieht sich mit der Entstehung des Hundes die älteste Tierdomestikation in Europa. Eingeleitet wird sie durch einen längeren Prozeß gelegentlicher Zähmungen von Wolfswelpen, in dessen Verlauf sich wohl enge emotionale Beziehungen zwischen Mensch und Tier herausbildeten. Die Rolle des Hundes als Freund und Begleiter stellte offenbar die entscheidende Wurzel für die Wolfsdomestikation dar. Die Bestattungen von Menschen zusammen mit Hunden, wie sie in Europa bereits sehr früh auftreten, sind daher wohl auch als Dokumente der Tierliebe anzusehen.

In der Jungsteinzeit trat an die Stelle des Wildbeutertums die bäuerliche Wirtschaftsweise mit der Haltung von Haustieren und dem Anbau von Kulturpflanzen. Sie war vor etwa 10 000 Jahren in Vorderasien entstanden und hatte sich von hier an der Wende vom 8. zum 7. Jahrtausend v.Chr. nach Europa ausgebreitet. Die Tierhaltung begründete völlig neue Beziehungen zwischen Mensch und

Tier: Der Mensch gestaltet den Lebensraum der Tiere, beeinflußt deren Fortpflanzung und sorgt für ihre Ernährung; er wird zum Besitzer von Tieren. Mit der Verfügbarkeit über Haustiere erlangte die Ernährung des Menschen im Vergleich zum Wildbeutertum eine größere Sicherheit.

Im Zuge der Ausbreitung der bäuerlichen Wirtschaftsweise in Europa gewannen die aus Vorderasien eingeführten Haustiere Rind, Schwein, Schaf und Ziege zunehmend Bedeutung für die Versorgung der Bevölkerung mit tierischem Eiweiß und Fett. Ursprüngliche Formen des Nahrungserwerbs wie die Jagd, der Fischfang und die Sammelwirtschaft spielten überwiegend nur noch eine untergeordnete Rolle. Im Laufe der Jungsteinzeit traten bei den Haustieren neue Nutzungsformen hinzu, so die Gewinnung von Milch und Wolle sowie der Einsatz von Rindern als Zugtiere. Sie gingen zurück auf gezielte züchterische Veränderungen bestimmter Eigenschaften bzw. waren das Ergebnis umfassender Erfahrungen im engeren Umgang mit Haustieren. In der ausgehenden Jungsteinzeit erfolgte die Domestikation des Hauspferdes in Europa. Es wurde hier vor allem als Reittier genutzt, in geringerem Maße als Zugtier vor dem leichten Wagen. In der Bronze- und Eisenzeit ist der Bestand an Haustieren durch neue Tierarten wie Esel, Huhn, Gans und Taube erweitert worden.

Neben der wirtschaftlichen Nutzung kam Tieren während der Jungsteinzeit und der vorchristlichen Metallzeiten auch eine wichtige Rolle in der Religion und im Kult zu. Davon zeugen Funde von Tieren in menschlichen Bestattungen, in Tiergräbern, in Opfergruben und auf Kultplätzen jener Zeiten. Mit ihnen verband sich die Vorstellung von einem Weiterleben nach dem Tode bzw. es handelte sich um Opfer an verehrte Gottheiten.

II. Griechische Antike
von Wolfram Martini unter Mitarbeit von Jochem Küppers und Manfred Landfester

Nach vorherrschendem Sprachgebrauch wird hier mit »Griechische Antike« der Zeitraum nach dem Zusammenbruch der mykenischen Kultur vom 11. Jh. v.Chr. bis zum endgültigen Ende der politischen Autonomie der Griechen mit der Schlacht bei Actium 31 v.Chr. bezeichnet. Da die Epocheneinteilung trotz der kunsthistorischen Begriffe primär an Daten der politischen Geschichte orientiert ist, ergibt sich folgende Einteilung:

- Geometrische Epoche/Zeit (1050–700 v.Chr.)
- Archaische Epoche/Zeit (700–480 v.Chr.)
- Klassische Epoche/Zeit (480–330 v.Chr.)
- Hellenistische Epoche/Zeit (330–31 v.Chr.)

Die Geschichte des griechischsprachigen Kulturraums ist nach der politischen Neuordnung der Mittelmeerwelt durch Kaiser Augustus (seit 31 v.Chr.) Teil der Geschichte der römischen Antike bzw. des Imperium Romanum.

1. Ernährung und Jagd

Wie die antiken Schriftquellen seit Homer[1] (Ende 8. Jh. v.Chr.) und die antiken Bildwerke seit archaischer Zeit[2] veranschaulichen, war das Fleisch domestizierter und wilder Tiere wichtiger Bestandteil der Ernährung der Griechen. Während Fisch, eßbare Vögel und kleine Säugetiere von jedermann gejagt und auch jederzeit verspeist werden konnten, war der Genuß des Fleisches großer Tiere jedoch grundsätzlich ein religiöser Akt.[3] Als Teil der kultischen Verehrung der meisten Gottheiten wurde auf dem herdartigen Brandaltar ein Tieropfer dargebracht, von dem die Götter den aufsteigenden Duft des verbrannten Fetts und der Eingeweide und die Kultteilnehmer das geröstete Fleisch vornehmlich von Rindern, Schafen und Ziegen erhielten.[4] In dieser Beschränkung auf das kultische Fleischmahl äußert sich die hohe Wertschätzung der für den Verzehr geeigneten Haustiere ebenso wie in der vielfachen mythischen Erwähnung großer Herden. So bezeugt der Diebstahl der Rinderherde Apollons durch den eben geborenen und noch in seinen Windeln steckenden Hermes nicht nur dessen Gewitztheit, um sein »starkes Verlangen nach Fleischkost«[5] als urmännliches Bedürfnis zu befriedigen, sondern spiegelt auch in dem Rinderbesitz Apollons die hohe Bedeutung der Viehhaltung in der griechischen Gesellschaft, über die Hermes als göttlicher Hirte und Schützer der Herden wacht. Auch für Paris, Sohn des Königs Priamos, war das Hüten der königlichen Herden eine angemessene Aufgabe.[6]

Die weitgehende Beschränkung des Fleischverzehrs auf kultische Feste in Verbindung mit dem Opfer, der Darbringung an eine Gottheit, resultiert gewiß auch aus einem Begründungszwang für das Töten dieser mit dem Menschen in einer »Hausgemeinschaft« lebenden und an sich unverletzlichen Tiere.[7] Auch erlegtes Wild (u.a. Damhirsche, Hirsche, Eber) war ein wesentlicher Bestandteil der Ernährung der griechischen Gesellschaft und konnte ebenfalls Teil der Kultmähler sein, doch die Tötung wild lebender Tiere bedurfte in historischer Zeit keiner religiösen Begründung. Wilde Tiere wurden noch in klassischer Zeit als Gefährdung der menschlichen Ordnung angesehen[8] und durften daher gejagt und getötet werden. Ihr Opfer an Artemis oder Pan diente eher dem Dank oder der Versöhnung mit diesen für die wilde Natur zuständigen Gottheiten.

Die herausragende Bedeutung der Jagd für die griechische Gesellschaft manifestiert sich in ihrer Zuordnung zu einer eigenen Gottheit, der Artemis, der Herrin der Tiere, die zu den zwölf griechischen Hauptgottheiten zählt.[9] Noch deutlicher wird der Stellenwert der Jagd, wenn man berücksichtigt, daß die wichtigsten anderen Bereiche, die durch weibliche Hauptgottheiten repräsentiert wurden, die Liebe und die Fortpflanzung (Aphrodite), das Wachsen und Vergehen in der Natur (Demeter und Persephone), die Weisheit und das Handwerk (Athena) und die Ehe und Familie (Hera) waren.

Diese hohe Wertschätzung der Jagd spiegelt sich auch in den zahlreichen schriftlichen und bildlichen Darstellungen von menschlichen, mythischen und göttlichen Jägern (und selten Jägerinnen, die auf den Mythos beschränkt bleiben); grundsätzlich war die Jagd seit der Frühzeit eine Angelegenheit der Männer: »Helden waren Jäger, und Jäger waren Helden«.[10]

Die ursprüngliche Funktion der Jagd beinhaltete einerseits den Gewinn von Nahrung, von Knochen für Werkzeuge, von Häuten für Geräte und von Fellen für die Bekleidung, andererseits galt sie dem Schutz der Herden domestizierter Tiere, des landwirtschaftlich genutzten Landes und der menschlichen Individuen und Gemeinschaften ganz allgemein. Darüber hinaus diente die Jagd schon in mykenischer Zeit (15.–11. Jh. v.Chr.) als sportliches adeliges Vergnügen, das nach orientalischem Vorbild offenbar auch vom Wagen aus genossen wurde.[11] In der griechischen Antike im hier verwandten Sinne wurde anfangs überwiegend vom Pferd aus, seit dem 5. Jh. v.Chr. zu Fuß, sowohl durch einzelne als auch durch Jagdgesellschaften gejagt; zur kanonischen Begleitung der Jäger gehörten die Hunde.

Über Schonzeiten zum Schutz des Nachwachsens junger Tiere ist nichts bekannt, doch spiegeln sich in der mythischen Überlieferung von Jagdfreveln offenkundig gewisse Schutzvorschriften wider. So sollte Agamemnon der Artemis seine Tochter Iphigenie als Sühne für einen Jagdfrevel opfern; im letzten Augenblick jedoch substituierte die dem Menschenopfer abholde Göttin Iphigenie durch eine Hirschkuh. Auch die dramatische Tötung des Jägers Aktaion durch seine eigenen, von Artemis verwirrten Jagdhunde (s. Abb. 1), die seit klassischer Zeit durch das unsittliche Begehren Aktaions gegenüber der keuschen Artemis begründet wurde, dürfte ursprünglich auf einen Jagdfrevel zurückgehen, dessen Bedeutung jedoch in klassischer Zeit hinter das Liebesmotiv zurücktrat.[12]

Natürlich waren die Heiligtümer der Artemis und ihr geweihte Flüsse, Quellen und andere Wasserstellen für die Jagd tabu, doch ist wenig Genaues bekannt. Junge Hasen überließ man ohnehin der Artemis, d.h. man schonte sie, obwohl grundsätzlich alles Getier im Wald und freien Gelände gejagt wurde.

Abb. 1
*Der Tod des Aktaion. Mischgefäß für Wein aus Athen, um 460 v.Chr.
Paris, Louvre (Foto: Archäolog. Inst. Gießen)*

Da die Jagd sehr hohes gesellschaftliches Ansehen in der wettkampforientierten griechischen Gesellschaft genoß, gehörte ihre Ausbildung zur Erziehung des jungen Mannes.[13] Im mythischen Vorbild lehrt der weise Kentaur Chiron, der selbst von Artemis das Jagen erlernt hat, den jungen Achilleus, den griechischen Helden par excellence, neben geistiger Bildung und den sportlichen Wettkampfdisziplinen auch das Jagen. Als hohes adeliges und durchaus gefährliches Vergnügen ist die Jagd seit der frühen schriftlichen Überlieferung z.B. in der *Odyssee* Homers[14] überliefert. In fast 40 Versen werden detailliert die

Suche nach dem Eber im idyllischen waldigen Gebirgstal und das gefahrvolle Erlegen des mächtigen Tieres geschildert, das Odysseus mit seinen mächtigen Hauern eine tiefe Wunde beibringt.

Ursprünglich hing der hohe Stellenwert der ehrenhaften Jagd, wie ihn diese Schriftquellen bezeugen, auch mit dem Notwendigen zusammen. Das hohe Ausmaß der empfundenen Gefährdung deutet sich seit dem 7. Jh. v.Chr. insbesondere in den zahlreichen furchtbaren tiergestaltigen Fabelwesen an, in denen durch ihre meist dem vorderasiatischen Bildgut entnommene fremdartige Gestaltung das Bedrohliche der wilden Tiere noch gesteigert wurde. So verlieh die Beflügelung dem Löwen noch zusätzliche Kräfte,[15] während die feuerspeiende löwenköpfige Chimäre mit Ziegenkopf im Rücken und schlangenköpfigem Schwanz[16] die unheilvollen Kräfte dreier Tiere verkörperte. Ihre Tötung war die Voraussetzung für die Aufrechterhaltung der menschlichen Ordnungen.

In den Heldentaten des Meleagros gegen den kalydonischen Eber,[17] der die Felder verwüstet, oder des Herakles gegen den nemeischen Löwen, der unschuldige Lämmer reißend die Hirten und Herden bedroht, wird das hohe Lied auf den tapferen Jäger gesungen. Und es ist bezeichnend, daß Herakles durch diesen siegreichen Löwenkampf als Erstlingstat seinen künftigen Ruhm begründet.[18] Während Herakles durch seinen göttlichen Beistand, die Göttin Athena, geschützt wurde, versicherte sich der normal sterbliche Jäger des Schutzes durch Artemis, Herrin der Tiere, indem er ihr einen Teil der Jagdbeute gelobte, den er häufig an einem der vielen einfachen Altäre oder in kleinen Heiligtümern im Wald opferte.

Die bevorzugten heimischen Jagdtiere waren Dam- und Rotwild und Eber, die mit indischen, kretischen, lokrischen oder lakonischen Hunden gejagt, mit Netzen oder Fußangeln gefangen oder, nachdem sie durch die Hunde gestellt worden waren, mit Speeren und Wurfspießen erlegt wurden. Bei der Jagd auf das leichtfüßige schnelle Wild empfahl Xenophon[19] (ca. 425–355 v.Chr.), zuerst das unerfahrene Rehkitz im Frühling mit Hunden und Netz einzufangen, um durch sein Schreien die Mutter anzulocken und mit dem Speer zu erlegen; auch Fußangeln mit spitzen, einwärts gebogenen Eisen eigneten sich, um das Wild zu stellen. Beliebt war wenigstens seit dem späten 8. Jh. v.Chr. auch die Hasenjagd mit vielen Hunden, wobei der Hase mit dem Lagobolon, einem gekrümmten Wurfholz, oder durch Steinwürfe erlegt, oder auch mit Netzen gefangen werden konnte.[20]

Aus der Seltenheit von Bildern des Auslegens von Netzen oder Schlingen oder des Aufstellens von Fallen wird man diese Formen der Jagd zwar als unheroische, aber nicht als verächtliche, weil nutz- oder erwerbsorientierte Tätigkeit von Unfreien betrachten dürfen. In der vermutlich von dem Historiker Xenophon verfaßten, an den jungen Jäger mit pädagogischer Absicht adressierten Schrift *Kynegetikos* (»Jäger«) werden detailliert auch diese Jagdtechniken beschrieben, die von Platon[21] allerdings einschließlich des Wilderns und des Fischfangs als für den sportlichen Jäger unwürdig erachtet werden, während er sie den Berufsjägern zugesteht; das dürfte auch für die Vogeljagd mit Lockvogel und Leimrute gelten.[22]

Den gesellschaftlichen Wert der Jagd hat Xenophon für die klassische Zeit treffend formuliert: »Jagen fördert die körperliche Gesundheit, verbessert das Sehen und das Gehör, schützt vor den Gebrechen des Alters und ist eine ausgezeichnete Vorbereitung für den Krieg«.[23] Zweifellos förderte das Training jagdlicher Fähigkeiten in Friedenszeiten in einer permanent mit dem Krieg konfrontierten Gesellschaft auch die militärische Kampffähigkeit der jungen Adeligen und freien Bürger. Aus diesem Kontext erwuchs in Verbindung mit dem agonalen Bedürfnis der Griechen, dem gegenseitigen Messen der Kräfte und Fähigkeiten, die hohe Bedeutung des heldenhaften Kampfes gegen größere Tiere, die sich ja in zahlreichen Mythen und bildlichen Darstellungen manifestiert. Außerdem betont Xenophon wie auch Platon neben der körperlichen Ertüchtigung besonders den erzieherischen Wert des waidmännischen Jagens für die Bildung des jungen Mannes.

Die eher schlichte Jagd auf heimische Tiere, deren Aufwand sich allenfalls in einer größeren Anzahl von Helfern, kostbaren Hunden oder auch teuren Netzen aus bestem importierten Flachs aus Karthago oder vom Schwarzen Meer, die bis zu 60 m Länge aufweisen konnten, äußerte, gewann in hellenistischer Zeit durch Alexander den Großen (356–323 v.Chr.) eine neue Dimension. Auf seinem großen Feldzug in den Orient erlebten er und seine adelige Begleitung die im vorderasiatischen Raum beliebte Löwenjagd und die Jagd in großen ummauerten Tierparks, über die uns antike Schriftsteller[24] und Bilddenkmäler[25] informieren. Seine Begeisterung für diese herrscherlichen Jagdsitten fand unter seinen Begleitern und Nachfolgern viele Nachahmer, und somit wurden diese orientalischen Jagdformen Teil der griechisch-hellenistischen Kultur. Daß gerade die makedonischen Fürsten die seit Jahrhunderten im Orient praktizierte herrscherliche Löwenjagd übernahmen, hängt sicher mit der traditionell makedonischen adeligen Bewährungsprobe der Tötung eines wilden Ebers zusammen: Erst dann war das Lagern unter den Männern beim festlichen Bankett erlaubt.[26]

Das Jagen wilder Tiere, vor allem des Löwen in orientalischer Tradition, wurde geradezu zum Signum des hellenistischen Herrschers, das seine überlegene physische Stärke und heroische Haltung verkündete. Zugleich beginnt bereits unter Alexander dem Großen durch die bildliche Angleichung an Herakles mit dem Löwenkopf die Gleichsetzung des Herrschers mit dem göttlichen Heros und seine Heroisierung nach dem Tode.[27] Dadurch wurde die Jagd zu einem wichtigen Teil der königlichen Lebenshaltung.

Im Zusammenhang mit dieser herrscherlichen Symbolik der Jagd wuchs das Ausmaß jagdlichen Aufwands außerordentlich. Er deutet sich z.B. in der Schilderung eines prachtvollen Festzuges des Königs Ptolemaios Philadelphos (285–246 v.Chr.) durch Athenaios[28] an, in dem zahlreiche Jäger mit vergoldeten Jagdspießen 2400 indische, hyrkanische und Molosserhunde mit sich führen und Äste mit herabbaumelnden Wildtieren und Vögeln tragen. Die Vielzahl der bei diesem Umzug zur Schau gestellten verschiedenen exotischen Tiere, darunter 24 Gespanne von Elefanten, 8 von Straußen, 6 von Kamelen, viele von Antilopen, 24 riesige Löwen, 14 Leoparden, 16 Panther, 4 Luchse, 3 Pantherjungen, 1 große weiße Bärin, 1 Strauß, 1 Rhinozeros und noch weitere, veranschaulicht darüber hinaus einen in hellenistischer Zeit wichtigen Aspekt der Jagd: Das Einfangen exotischer Tiere für herrscherliche Tierparks und seit dem 2. Jh. v.Chr. – z.B. unter Antiochos IV. (175–164 v.Chr.) – auch für inszenierte Jagden vor einem Publikum, die später bei den Römern zu einem sehr beliebten Spektakel werden sollten.[29]

2. Arbeitskraft
von Manfred Landfester

Planmäßige Züchtung und wachstumsfördernde Fütterung haben seit dem 2. Jahrtausend v.Chr. nicht nur im Alten Orient, sondern auch im Mittelmeerraum und im übrigen Alteuropa dazu geführt, daß Haustiere vielfältig als Arbeitstiere eingesetzt werden konnten. Die Art des Einsatzes hat sich in den folgenden Jahrhunderten weder in der griechischen noch in der römischen Antike wesentlich geändert. Die ältesten Schriftquellen sind zugleich die ausführlichsten; es sind die Homerischen Epen *Ilias* (um 730 v.Chr.) und *Odyssee* (um 700 v.Chr.) sowie Hesiods Lehrgedicht für den Bauern *Werke und Tage* (um 700 v.Chr.). Die Bildquellen der archaischen Zeit bestätigen und veranschaulichen den literarischen Befund.

Vor allem wurden Maultier und Rind, mit einigem Abstand auch Maulesel und Esel zur Arbeit eingesetzt; das Pferd ist dagegen nur sehr begrenzt zum Arbeitstier geworden. Mit der Ausdehnung der griechischen Kultur nach Vorderasien und Ägypten seit dem Ende des 4. Jh. v.Chr. wurde dann auch das Kamel zu einem »griechischen« Arbeitstier.

Das Maultier, die Kreuzung von Eselhengst und Pferdestute, war nicht nur für vielfältige Arbeiten geeignet, sondern war auch ausdauernd. Wegen seiner geringeren Leistungsfähigkeit hat der Maulesel, der Bastard aus Eselstute und Pferdehengst, keine vergleichbare wirtschaftliche Bedeutung erhalten können. Die große Verbreitung des Maultiers setzte bereits in frühachaischer Zeit eine planmäßige Zucht voraus. Sie war mit einigem Aufwand verbunden, weil es nicht zur spontanen Paarung von Pferd und Esel kommt. Zwar war das Maultier schwer abzurichten, aber die Mühe lohnte sich, weil das abgerichtete Tier leicht lenkbar war. Selbst Kinder konnten es führen. Der Schwierigkeit der Zucht und Abrichtung sowie der wirtschaftlichen Bedeutung entsprach der finanzielle Wert, der sogar den des Rindes übertraf.

Das Maultier eignete sich zum Ziehen, Schleppen, Tragen und Reiten. Maultiergespanne zum Ziehen von Wagen waren so beliebt wie Rinder. Der Trojaner Priamos transportiert so auf einem vierrädrigen Lastwagen Lösegeschenke ins Lager der Griechen, um seinen gefallenen Sohn Hektor abzuholen.[30] Zum Ziehen von Leichenwagen sind sie in der griechischen Antike vielfältig nachweisbar: 64 Maultiere wurden etwa benötigt, um den Leichnam Alexanders des Großen im Jahre 323 v.Chr. nach Alexandrien zu bringen.[31] Und Nausikaa läßt Maultiere vor einen vierrädrigen Wagen spannen, um die Wäsche zur Reinigung an die Flußmündung zu transportieren. Sie selbst ergreift Peitsche und Zügel. Auch fahren Maultiere auf Wagen Holz heran.[32] In Übereinstimmung mit ihrer Verwendung im Alltag wurden in spätarchaischer Zeit (500 v.Chr.) an den Olympischen Spielen Rennen eingeführt, in denen Maultiere im Zweigespann einen vierrädrigen Wagen zogen. Allerdings wurden diese Rennen bald wieder abgeschafft (444 v.Chr.), da sie offensichtlich einen erheblich geringeren Prestigewert als Pferderennen hatten. Zum Schleppen von Bäumen aus dem Gebirge waren die Maultiere nicht weniger geeignet als zum Ziehen des Pfluges.[33] Zum Pflügen leichterer Böden wurden sie Rindern vorgezogen, weil sie offensichtlich schneller waren. Wegen ihrer guten Lenkbarkeit und Trittsicherheit hatten sie sich in gebirgigem Gelände zum Tragen von Lasten und Reitern bewährt. Daher ist es nicht verwunderlich, wenn Dionysos den betrunkenen Hephaistos auf einem Maultier auf den Olymp zurückbringt.[34] Allerdings war das Reiten nicht nur eine Lust, da der Gebrauch von Sattel und Steigbügel unbekannt war. Nur gelegentlich wurden Maultiere zum Dreschen (durch Austreten der Körner aus den Ähren) gebraucht. Ihre Arbeitskraft war an anderer Stelle wertvoller. Rinder und Esel wurden für diese Tätigkeit bevorzugt. Der Esel erreichte als Arbeitstier nie die Bedeutung des Maultiers, da er wegen seiner geringeren Leistungsfähigkeit als Zugtier nicht gut zu verwenden war. Trotz Dressur und Zähmung blieb er störrisch. Allerdings hatte er den Vorzug, ausdauernd und genügsam zu sein. In frührarchaischer Zeit ist er als Haustier noch nicht nachweisbar; offensichtlich war er zunächst nur zur Zucht von Maultieren notwendig. Seit dem 7. Jh. v.Chr. wurde er dann auch als Lasttier[35] in der Landwirtschaft und als Reittier verwendet. Er war das Transporttier der Unterschichten. Seine Aufgabe als vielgeprügeltes Mühlentier hat er erst in späthellenistischer Zeit (seit dem 2. Jh. v.Chr.) beginnen müssen, als die Drehmühle erfunden wurde.

Das wichtigste Wirtschaftstier der Antike wurde das Rind, da es nicht nur Nahrungsmittel (vor allem Fleisch; die Milchprodukte des Rindes waren weniger geschätzt als diejenigen von Schaf und Ziege) und die Häute für die Lederherstellung lieferte, sondern auch wegen seiner Arbeitskraft vielfältig einsetzbar war. Als Arbeitstier wurde der Ochse, das kastrierte männliche Rind, bevorzugt: Er vereinte die Vorzüge von Stier (Kraft) und Kuh (Lenkbarkeit). Das Arbeitsrind war vor allem für das Pflügen unersetzbar (s. Abb. 2), wenn auch das Maultier hier mit ihm konkurrierte. Daneben zogen Rinder Transportwagen mit schweren Lasten, gelegentlich auch mit Personen,[36] dann auch Kähne auf Treidelpfaden. Zum Dreschen wie zum Schleppen von Bäumen bei der Waldarbeit waren sie ebenso geeignet. Beim Ziehen und Schleppen unterschied sich das Rind vom Maultier vor allem durch seine größere Leistung, war diesem aber an Schnelligkeit unterlegen. In der Arbeitswelt sind Rinder weder als Reit- noch als Tragtiere nachweisbar, obwohl die phönikische Königstochter Europa auf dem in einen Stier verwandelten Gott Zeus reitet. Hier ist jedoch der Stier vor allem als Träger göttlicher Kräfte verstanden.

Abb. 2
Landleben.
Athenische Trinkschale
aus Vulci, um 530 v.Chr.
Berlin, Staatl. Museen, Antikenabteilung (Foto: Berlin, SMPK, Antikenabt.)

Das Pferd war primär nicht Arbeitstier, sondern Prestigeobjekt des Adels, das der Repräsentation diente. Im Kampf wurde es weder als Reittier noch als Zugtier eines Streitwagens in nennenswertem Umfang genutzt, sieht man von einigen regionalen Besonderheiten ab. Es beförderte nur – vor allem als Zweigespann – den adligen Kämpfer auf einem zweirädrigen Wagen zum Schlachtort. Dort kämpfte man dann zu Fuß. In der Landwirtschaft war das Pferd praktisch unbekannt; weder zog es einen Lastwagen noch trug es Lasten. Auch nutzte es der Adel in früharchaischer Zeit noch nicht zum Reiten. Erst seit hocharchaischer Zeit wurde das Pferd als Reittier entdeckt; zwar blieb es in dieser Funktion nicht Adelsprivileg, behielt aber immer die Konnotation von Arroganz.[37] Praktische Bedeutung hatte das Pferd vor allem als Zugtier eines Reisewagens. So fährt Telemachos, der Sohn des Odysseus, auf einem zweirädrigen – von einem Zweigespann gezogenen – Reisewagen von Pylos nach Pherai, um über das Schicksal seines Vaters Nachforschungen anzustellen: »Und Telemach stieg auf den gar schönen Wagen, und ihm zur Seite bestieg der Sohn des Nestor, Peisistratos [...] den Wagenstuhl und ergriff die Zügel mit den Händen und führte die Peitsche und trieb, und die beiden Pferde flogen gar willig dahin, ins freie Feld hinein [...] Und den ganzen Tag schüttelten sie das Joch, das sie um ihre Nacken hatten.«[38] Auf einem von Pferden gezogenen Wagen ist auch Laios, der König von Theben, unterwegs, als sein ihm unbekannter Sohn Ödipus auf ihn trifft und ihn wegen seiner rücksichtslosen Fahrweise tötet.[39]

In Übereinstimmung mit den Schriftquellen fährt der Adel in archaischer Zeit nach Ausweis der Bildquellen bei Feiern auf zweirädrigen Wagen mit dem Zwei- oder Viergespann vor. Allerdings war diese praktische Verwendung von Pferden vielerorts eingeschränkt, da das Gelände häufig felsig und das Straßennetz sehr begrenzt war. Dieser Mangel minderte aber nicht die Lust am Umgang mit Pferden, denn die differenzierte Ausbildung der Pferdesportarten an den panhellenischen Spielen und während des Festes der Panathenäen in Athen bot der Oberschicht genug Möglichkeiten, ihre Liebhaberei zur Schau zu stellen. Vor allem hatten die Rennen der Zwei- und Viergespanne (mit zweirädrigen Wagen) hohen Prestigewert.

Als im Zuge der Hellenisierung Vorderasiens und Ägyptens seit dem Ende des 4. Jh. v.Chr. neue hellenisierte politische Gebilde (Reich der Seleukiden, Reich der Ptolemäer) entstanden, behielt in diesen Gebieten natürlich das Kamel seine traditionelle Bedeutung als Reit- und Transporttier. Von Karawanen für Alexander den Großen berichtet etwa Curtius Rufus in seiner Alexandermonographie.[40]

Bestimmungen zum Schutz der Arbeitstiere sind aus der griechischen Antike nur spärlich überliefert. Nach einer Reihe von untereinander abhängigen Quellen soll das Ackerrind, der Gefährte (socius) der Menschen bei der Feldarbeit und der Diener (minister) der Demeter, grundsätzlich schutzwürdig gewesen sein. In Attika und auf der Peloponnes soll derjenige mit dem Tode bestraft worden sein, der ein Arbeitsrind getötet habe.[41] Der apodiktische Charakter der Aussage darf jedoch nicht darüber hinwegtäuschen, daß die Wirklichkeit anders aussah. Was sich als Realität ausgibt, ist in Wahrheit wohl der Versuch, durch Hinweis auf ein vermeintlich ursprüngliches Verhalten des Menschen dem Rind gegenüber den Schutz von Tieren durchzusetzen. Damit verweisen diese Quellen auf die Auffassungen der Philosophen Pythagoras (6. Jh. v.Chr.) und Empedokles (5. Jh. v.Chr.), die Töten und Mißhandeln von Tieren verwarfen, weil die Tiere durch die Seelenwanderung tatsächlich Verwandte des Menschen seien. Diese philosophische Bewegung mit der Forderung des Vegetarismus ist zwar in der ganzen Antike nachweisbar, blieb aber von relativ geringer Reichweite.

3. Militärische Nutzung

Die militärische Bedeutung von Tieren ist bei den Griechen zeitlich und regional sehr unterschiedlich und meist unbedeutend gewesen, wenn man einmal von der Nutzung des Pferdes als Reittier absieht. Kavallerie existierte allgemein vielleicht schon seit dem 10. Jh., also vor Beginn der im 7. Jh. v.Chr. entwickelten Hoplitenphalanx,[42] doch im Vordergrund steht der Kampf zu Fuß, wie er in der *Ilias* immer wieder detailliert beschrieben wird. Die zahllosen Bilder bewaffneter Krieger in Zwei- oder Viergespannen und seltener hoch zu Roß seit geometrischer Zeit (9.–8. Jh. v.Chr.) schildern nur gelegentlich und erst seit dem 6. Jh. v.Chr. Kampfsituationen.

Im allgemeinen ritten die Schwerbewaffneten (Hopliten) wegen ihrer schweren Rüstung aufs Schlachtfeld und kämpften dann zu Fuß, während ein Bursche sich um das Pferd kümmerte.[43] Dennoch bezeugen die Bilder, daß es auch im griechischen Kernland während der Hoplitenzeit (7.–5. Jh. v.Chr.) Kavallerie gegeben hat, obwohl die fehlende Kenntnis von Steigbügel und Hufeisen den sicheren Sitz und die sichere Bewegung im rauhen Gelände erschwerten, wie auch aus den Schriftquellen hervorgeht.[44] Berühmt dagegen war die thessalische Reiterei seit archaischer Zeit, die sich ohne metallene Rüstung von Mensch und Pferd als leichte Kavallerie aufgrund ihrer raschen Beweglichkeit auszeichnete.[45] Warum die Athener trotz schlechter Erfahrungen im Kampf mit der thessalischen Kavallerie ihr Heer nicht entsprechend verstärkten, entzieht sich unserer Kenntnis. Jedenfalls wurde die katastrophale Niederlage der Athener durch die Syrakusaner im Jahr 415 v.Chr. wesentlich durch die überlegene Beweglichkeit der syrakusanischen Reiterei gegenüber der schwerfälligen athenischen Hoplitenphalanx verursacht, wie aus der Beschreibung des Historikers Thukydides (ca. 460–400 v.Chr.) hervorgeht.[46]

In Sizilien hatte die Kavallerie bereits eine längere Tradition; so verfügte der Tyrann Gelon von Syrakus (um 480 v.Chr.) über 2 000 schwer gerüstete und ebenso viele leichte Reiter, während Dionysios I. von Syrakus etwa ein Jahrhundert später angeblich sogar 14 000 Reiter einsetzen konnte.[47] Schnelle Patrouillenritte und plötzliche Attacken gegen die ungeschützten Seiten der Infanterie sowie die rasche Verfolgung ungeordnet Fliehender waren dem Historiker Xenophon (ca. 430/25–355)[48] zufolge die Spezialität der leichten, mit Wurfspeeren bewaffneten Kavallerie.

Daneben existierte aber auch eine schwere Kavallerie seit klassischer Zeit[49], wie ebenfalls aus Xenophon[50] hervorgeht, der Pferd wie Reiter einen möglichst umfassenden Schutz durch metallene Rüstung empfiehlt; derartige Pferderüstungen sind vor allem aus Sizilien und Süditalien erhalten. Die bildlichen Darstellungen reitender Krieger geben allerdings selten konkrete Hinweise auf die Ausrüstung von Pferd und Mensch, da ihr Ziel nicht die Wiedergabe der Realität, sondern bestimmter Wertvorstellungen war. So zeigt das berühmte Relief des Dexileos aus Thorikos (s. Abb. 3), der 393 v.Chr. zwanzigjährig bei Korinth gefallen war, einen jungen Reiter, dessen durchscheinendes Gewand seine jugendliche Schönheit hervorhebt, über einem zusammengebrochenen Krieger, dessen ebenso unwirkliche völlige Nacktheit die Schutzlosigkeit seines schönen, aber dem Tod geweihten Körpers spiegelt.

Abb. 3
Reiter und Gefallener. Grabmal aus der Kerameikos-Nekropole in Athen, 394/3 v.Chr., Athen, Kerameikosmuseum (Foto: Athen, Kerameikosmuseum)

In der Realität der vielen Kriege auch in der Zeit dieses Reliefs trugen sowohl Infanterie als auch Kavallerie Rüstung, wobei von den Reitern statt des üblichen metallenen Körperpanzers die leichteren Leinen- oder Lederpanzer bevorzugt wurden, doch zeigt das berühmte Alexandermosaik in Pompeji, das auf ein griechisch-hellenistisches Original zurückgeht, den vom Pferd aus kämpfenden Alexander den Großen im traditionellen Kompositpanzer mit großen Schulterklappen.[51]

Schilde für die Reiter wurden erst im 3. Jh. v.Chr. üblich, als der Einsatz von Kavallerie bereits wieder stark zurückging. Während unter Alexander dem Großen das Verhältnis von Infanterie zu Kavallerie ca. 2:1 war, machte die Reiterei 100 Jahre später nur noch ein Zehntel der Phalanx aus.[52] Die Bewaffnung der Reiter bestand meist aus zwei Wurfspeeren und dem Schwert, mit dem weiter gekämpft werden konnte, wenn das Pferd getötet worden war. Seltener sind reitende Lanzenwerfer und Bogenschützen, mit denen Alexander der Große experimentierte, deren letztere auf den Bilddenkmälern jedoch überwiegend Barbaren bezeichnen.

Gemäß der Nutzung des Pferdes als Zugtier von leichten Personenwagen liegt auch eine militärische Verwendung von Pferd und Wagen nahe, zumal jedenfalls in Athen seit dem späten 6. Jh. v.Chr. das sog. Apobatenrennen sehr beliebt und Teil der großen sportlichen Wettbewerbe anläßlich der alle vier Jahre veranstalteten Großen Panathenäen, dem Kultfest für Athena als Stadtgöttin Athens, war. Bei diesem Rennen mußte ein Krieger in voller Rüstung oder wenigstens mit Helm und Schild auf den fahrenden Wagen auf- und wieder abspringen.[53] Diese Übung hat ausgesprochen paramilitärischen Charakter, jedoch sprechen die antiken Quellen gegen einen militärischen Einsatz des Zwei- oder Viergespanns. Der bildlich bezeugte Streitwagen nach orientalischem Vorbild diente in kretischer und frühmykenischer Zeit vermutlich ebenso wie in geometrischer Zeit (ab 800 v.Chr.) nur der repräsentativen Fahrt aufs Schlachtfeld, aber nicht dem kriegerischen Einsatz. Die vielen Wagenkolonnen anläßlich der aristokratischen Totenfeiern auf den Vasenbildern der geometrischen Zeit spiegeln den hohen Rang der zwei- oder auch vierspännig vorfahrenden waffentragenden Aristokratie.[54] In der Folgezeit kam wahrscheinlich im Zusammenhang mit der strategischen und damit verknüpften sozialen Umstrukturierung vom Einzelkämpfer zur Hoplitenphalanx die Wagenfahrt in den Kampf in Griechenland außer Gebrauch. Auch in der Zeit Alexanders des Großen wurde die bei den Persern beliebte und durch sie bekannte Nutzung des Streitwagens durch den Herrscher nicht mehr übernommen.

Im Gefolge der Göttinnen in der gewaltigen Gigantomachie, dem Kampf gegen die aufbegehrenden Giganten, an den Außenseiten des Großen Altars von Pergamon (180–160 v.Chr.) finden sich mehrfach kräftige breitköpfige Hunde, die ihren Herrinnen beistehen, indem sie sich in die schlangenleibigen Gegner verbeißen. Wie bei dem Löwen der Kybele im gleichen Fries handelt es sich bei den Hunden von Artemis, Hekate und Asteria jedoch nicht um Kriegshunde, sondern um das Begleittier der jeweiligen Göttin. Das gilt auch für die sog. ionischen Kriegshunde, die man in Bildwerken der archaischen Zeit aus dieser Region zu erkennen glaubte. Tatsächlich handelt es sich bei diesen Hunden, die stets gemeinsam mit Pferden auftreten und nie einen Menschen attackieren, um eine aus dem Orient übernommene künstlerische Konvention, die den aristokratischen Kontext solcher Darstellungen hervorhebt. Auch aus den diesbezüglichen antiken Schriftquellen kann nur entnommen werden, daß Hunde untereinander, aber nicht gegen Menschen kämpften.[55]

Mit militärisch genutzten Tieren wurden die Griechen erst unter Alexander dem Großen auf seinem Feldzug gegen Osten in der Schlacht von Gaugamela (331 v.Chr.) konfrontiert.[56] Der persische Großkönig führte in seinem Heer Kriegselefanten mit, die bei den Indern schon seit Jahrhunderten militärisch trainiert und eingesetzt wurden. Bei Gaugamela kamen die Elefanten offenbar nicht zum Einsatz oder stellten keine nennenswerte Gefahr dar. Eine große Rolle spielten sie dagegen in der Schlacht am indischen Hydaspes (326 v.Chr.), wo die Elefanten seines Gegners Poros das Flußufer anfangs erfolgreich sicherten, da die Pferde vor ihnen scheuten.[57] Im weiteren Verlauf seines Feldzugs sammelte sich in Alexanders Heer durch Eroberungen und Schenkungen eine Herde von ca. 200 Elefanten an, die jedoch in den Schlachten nicht eingesetzt wurden.

Erst unter seinen Nachfolgern wurden die Elefanten für den Kampfeinsatz trainiert und erlangten im 3. Jh. v.Chr. militärische Bedeutung, da sie aufgrund ihrer Dickhäutigkeit den Waffen weitgehend standhielten, mit ihrer Masse die gegnerische Phalanx durchbrachen, mit dem Rüssel den Gegner überwältigten und schließlich auf ihrem breiten Rücken den gelegentlichen Aufbau einer Brustwehr für einen Kämpfer ermöglichten. Darüber hinaus ließ Perdikkas, der Verweser des Alexanderreichs, durch sie Palisaden einreißen[58] oder nutzte die gewaltigen Tiere, um die Strömung des Nils zu verlangsamen. Die erste große Konfrontation zweier Heere mit 60–70 Elefanten auf Seiten des Antigonos und 125 im Heer des Eumenes fand bei Parataikene (317 v.Chr.) im iranischen Hochland (nahe dem heutigen Isaphan) statt.[59] Nach der Kampfbeschreibung bei Diodoros wurden Infanterie (Mitte) und Kavallerie (Flügel) hinter den großen Dickhäutern als Schutzwehr aufgestellt. Bereits bei der Schlacht von Ipsos (301 v.Chr.) verfügte Seleukos über 480 Kriegselefanten und besiegte durch diese Übermacht Antigonos, der nur 75 Elefanten entgegenstellen konnte.

Neben der Anzahl der Elefanten war für den erfolgreichen Ausgang des Kampfes auch ihre Herkunft bedeutsam, wie z.B. aus der Schlacht bei Raphia in Palästina im Jahr 217 v.Chr. hervorgeht. Die 73 afrikanischen Elefanten von Ptolemaios IV. waren den in langer Tradition offenbar besser trainierten 102 indischen Tieren von Antiochos III. deutlich unterlegen, zumal die afrikanischen Waldelefanten kleiner und die indischen Elefanten mit Türmen und Bewaffneten bestückt waren.[60] Nach dieser Schlacht scheint das Interesse an dem militärischen Einsatz der gewaltigen Tiere nachgelassen zu haben. Zu oft verursachten die Elefanten, falls ihr unmittelbar hinter dem Kopf sitzender Treiber getötet worden war, führungslos ein Chaos in den eigenen Reihen.[61]

4. Vergnügen

So schillernd wie der Begriff selbst ist das Vergnügen der Griechen an den Tieren gewesen, das hauptsächlich, aber nicht nur aus heiterem Spiel und intensiv ausgeübtem Sport gewonnen wurde. Die verschiedensten Varianten von Vergnügen scheinen in der parodistischen Verfremdung der Tiere bzw. der Tierchöre auf Vasenbildern oder in der Komödie, dem kindlich-grausamen oder abartig sexuellen Umgang mit Tieren und der Darbringung von Liebesgeschenken an die jugendlichen Geliebten oder die Götter auf. Die Tiere konnten sowohl Subjekt wie Objekt des menschlich-unmenschlichen Vernügens sein.

So war die Jagd für den Adel nicht nur eine Verpflichtung, die Bevölkerung vor wilden Tieren zu schützen, nicht nur eine Aufgabe der Nahrungsbeschaffung, nicht nur eine Gelegenheit, männliche Tüchtigkeit unter Beweis zu stellen, sondern auch ein sportliches, bisweilen leidenschaftliches Vergnügen, wie es exemplarisch durch Alexander den Großen verkörpert wird.[62] Zugleich aber spiegeln die Schilderungen heroischer Jagden seit Homer[63] den Ernst und die Gefahren im Kampf gegen die wilden starken Tiere; gelegentlich müssen nach dem Kampf sogar Tote bestattet werden.[64] Auch aus den Bildern des Kampfes gegen Tiere kann kein Hinweis auf ein Vergnügen der Jäger entnommen werden; verwundete oder getötete Jagdgefährten verdeutlichen den blutigen Ernst der heroischen Jagd gegen Eber oder Löwen (s. Abb. 4). Doch ist die Freude über den Sieg über das Untier groß, und die Jagdgefährten beglückwünschten den, der das Tier getötet hatte.[65] Das Ansehen des erfolgreichen, heldischen Jägers war der Lohn der Gefahr.

Abb. 4
Die Eberjagd des Meleagros. Athenische Trinkschale aus Vulci, um 550 v.Chr. München, Antikensammlung (Foto: München, Antikensammlung)

Eine andere Art des Vergnügens an Tieren suchten vor allem privilegierte Gesellschaftskreise durch das Anlegen von privaten Tiergehegen (therotropheia) mit zum Teil exotischer Fauna. Diese seit ältester Zeit von orientalischen und asiatischen Vornehmen und Königen geübte Praxis übernahmen erst hellenistische Herrscher wie Ptolemaios II. (285–246 v.Chr.), ohne daß dies aber im griechischen Bereich in größerem Umfang nachgeahmt wurde. Gegenüber der heroischen Jagd auf wilde Tiere in freier Wildbahn mit dem Einsatz des eigenen Lebens, wie sie z.B. für Alexander den Großen als leidenschaftlichen Jäger von Löwen bezeugt ist, war dies freilich ein harmloses Vergnügen.

Dagegen waren Ernsthaftigkeit und Gefährdung der einzelnen beim Sport des Wettreitens oder Wagenrennens nicht minder groß, wie es mit großer Begeisterung in all seinen Facetten von Freude bis Gefahr schon in Homers *Ilias* geschildert wird.[66] Bereits die antike Theorie führte die großen Wettspiele der Griechen auf die Leichenspiele bzw. Spiele anläßlich der Bestattung von Helden zurück, wofür paradigmatisch die bei Homer und Hesiod geschilderten Wettkämpfe stehen.[67] In der Folgezeit (8.–6. Jh. v.Chr.) ist mit der Verbindung von Kultfesten zu Ehren bestimmter Götter und gymnischen und hippischen Wettspielen zu rechnen, wobei es zwischen 583 und 566 v.Chr. zur Neuordnung und Ausgestaltung derartiger Veranstaltungen in vielen städtischen Zentren und Heiligtümern kam, von denen Olympia, Delphi, Isthmia und Nemea die bedeutendsten waren. Auch bei den großen Panathenäen in Athen trafen die Athleten der ganzen griechischen Welt aufeinander, um sich im sportlichen Wettkampf zu messen. In zwei- oder vierjährigem Rhythmus fanden diese großen mehrtägigen Kultfeste statt, in deren Rahmen die athletischen und gelegentlich musischen Agone veranstaltet wurden. Es ergingen Einladungen an alle griechischen Staaten unter Verkündigung des Waffenstillstands für die Dauer der Spiele. Art und Umfang der Wettkampfarten, die zum Teil kriegerischen Ursprungs waren und offenkundig dem militärischen Training angehörten, wie z.B. der Lauf eines gewappneten Kriegers mit Waffen, schwankte im Laufe der Zeit.

Neben den gymnischen Agonen, athletischen Wettkämpfen, die unbekleidet (gymnos) durchgeführt wurden, spielten wie bei den Leichenspielen frühgriechischer Zeit die hippischen Agone, Wettkämpfe mit Pferden (hippoi) eine zentrale Rolle. Die Königsdisziplin bildeten als beredter Ausdruck der Adelskultur die Wagenrennen, die zunächst vermutlich mit den gewöhnlichen Streitwagen gefahren wurden. So ist auch bei den Spielen in Olympia das Wagenrennen einer der frühen Agone, und zwar wohl ursprünglich mit Zwei-, dann mit Viergespannen. Diese Wagenrennen wurden allgemein als ein Höhepunkt der Spiele angesehen, wobei neben den Rennen mit Pferdegespannen auch solche mit Fohlenzweigespannen ausgetragen wurden. Erstere hatten zwölf Runden um die Wendepfeiler zu fahren, letztere drei Runden, wobei die Zahl der Gespanne am Start sehr groß sein konnte.[68]

Die Pferderennen fanden in eigens dafür errichteten Hippodromen statt, die bei Bedarf auf ebenem Gelände vor Abhängen, die als Zuschauersitze dienten, angelegt wurden; von den großen Anlagen ist archäologisch meist sehr wenig nur erhalten, doch ist z.B. das Hippodrom in Olympia durch die Beschreibung des Pausanias bekannt.[69] Neben den Pferderennen waren bei den griechischen Agonen weitere Tiere üblicherweise nicht vertreten.

Die Begeisterung der Zuschauer an Wagenrennen, der Königsdisziplin der überall veranstalteten athletischen und hippischen Wettkämpfe, ist nicht nur literarisch seit Homer, sondern auch bildlich seit archaischer Zeit bezeugt.[70] Das Tier ist dabei zwar nur mittelbar Teil des sportlichen Vergnügens, denn geehrt wurden natürlich die Besitzer und nicht die Pferde, aber aus der toposhaften Bezeichnung der »schnellen trefflichen Rosse« spricht die Begeisterung für die edlen Tiere. Die hohe Wertschätzung der Pferde dokumentiert auch ein Fragment des archaischen Staatsmanns Solon: »Glücklich preis' ich den Mann mit lieben Kindern, mit Rossen, guten Hunden zur Jagd, einem auswärtigen Freund«.[71] Aus Anlaß des Sieges Hierons von Syrakus mit dem Rennpferd bei den Olympischen Spielen im Jahr 476 v.Chr. dichtete Pindar »Wer dort siegt, im Leben hat künftig er stets süßester Heiterkeit, Beglückung, weil den Kampfpreis er errang«.[72]

In einen ganz anderen Bereich des Vergnügens führen die kleineren Haustiere, unter denen der Hund eine dominante Rolle einnimmt. Als eines der ältesten domestizierten Tiere kann der Hund ein besonders enges, freundschaftliches und fast schon intimes Verhältnis zu einzelnen Menschen aufbauen. Eindrucksvoll dokumentiert dies bereits für das archaische Griechenland die bei Homer erzählte Geschichte von Odysseus und seinem treuen Hofhund Argos.[73] Auch in der Bildkunst ist gerade der Hund seit archaischer Zeit Symbol des treuen Gefährten, der sich dem wilden Tier entgegenwirft,[74] um den Jäger zu schützen, oder der am Grabmal des Verstorbenen vergeblich die Fährte seines dahingeschiedenen Herrn aufzunehmen sucht.[75] Der Hund beschützt bedingungslos Haus und Hof des Herren in der gesamten Antike, denn wachsam bellend oder schmeichelnd vermag er mit feinem Gespür schon Homer[76] zufolge zwischen Feind und Freund, dem schlechten und dem guten Menschen zu unterscheiden. Die persönliche Bindung von Herr und Hund veranschaulicht sehr schön die Grabstele eines Mannes mit seinem Hund um 480 v.Chr (s. Abb. 5)[77] durch die körperliche Zuwendung und den Blickkontakt zwischen den beiden, die durch die Fütterung des sich hochreckenden Hundes mit einem Schafsfuß aus der Hand des Mannes ergänzt wird. Während der Hund bei erwachsenen Männern in der Regel als Jagdhund gestaltet ist und die jagdliche Komponente des männlichen Lebens hervorhebt, erscheint er seit klassischer und vor allem in hellenistischer Zeit in kleinerer Gestalt und im Aussehen eines Spitz nur bei jungen Männern oder Knaben als Spieltier insbesondere auf ostgriechischen Grabdenkmälern.[78] Auf diesen Grabstelen kennzeichnet der seinen Herrn spielerisch anspringende Spitz, der gelegentlich von ihm gekrault wird oder von ihm eine Weintraube gereicht bekommt, geradezu als fester Topos die der kindhaften Jugendlichkeit des Dargestellten gemäße Verspieltheit.

Die Wiedergabe von Spiel- oder Streicheltieren gerade auf den Grabdenkmälern, deren Bilder sich auf wenige Hinweise auf das Leben der Verstorbenen beschränken, weist auf die hohe Bedeutung und Wertschätzung dieser Tiere durch die Kinder, deren Kindlichkeit durch sie noch akzentuiert wird. Das Sanfte, Schmiegsame, Unschuldige dieser friedlichen Tierchen veranschaulicht gewiß einen Teil des Wesens der zu früh Verstorbenen. Unübertroffen schildert dies eine Grabstele eines Knaben in Athen (s. Abb. 6).[79] Während der weit geöffnete, den Körper betont entblößende Mantel seine Schönheit zeigt, repräsentieren der kleine Knabe als Diener seinen gesellschaftlichen Rang sowie der Vogel und die Katze als liebe Haustiere seine kindliche Altersstufe. Kleine Hasen sind wie Wachteln, Steinhühner oder Tauben seit klassischer Zeit beliebte Spieltiere von Knaben und Mädchen gewesen, wie zahlreiche zärtliche Spielmotive auf Vasen oder Grabdenkmälern vor Augen führen;[80] aber auch erwachsene Frauen konnten mit Vögeln spielen, die vielleicht eine besondere Konnotation beinhalteten.[81]

Abb. 5
Jäger mit Hund.
Grabmal aus Apollonia
(Schwarzes Meer), um 490 v.Chr.
Sofia, Archäologisches
Nationalmuseum
(Foto: Archäolog. Inst. Gießen)

Im Zusammenhang mit ihrer hohen Wertschätzung als Spieltiere sind Hasen und Vögel, aber auch Hähne, als Liebesgeschenke in zwei zentralen Bereichen des griechischen Lebens, dem religösen und dem erotischen, überreicht worden. In archaischer Zeit, ab etwa 560 v.Chr., setzten auf Samos die Weihgaben von lebensgroßen Statuen junger Frauen (Mädchen) an Hera ein, die in der vor die Brust gelegten linken Hand einen kleinen Hasen oder ein Steinhuhn als vermutliches Geschenk an die Göttin halten.[82] Wachteln und Tauben sind weitere derartige Tiergeschenke, die sie als ihr Liebstes den Göttern weihen.[83] Ob analog zu den Blüten bzw. Knospen in den Händen von Mädchen oder Jünglingen mit der Aussage Wohlduft bzw. Jungfräulichkeit diese Spieltiere etwas über das Wesen ihrer Träger aussagen, entzieht sich der Beurteilung, da die Schriftquellen hierzu schweigen.

Abb. 6
Jüngling mit Diener und Haustieren. Grabmal aus Ägina, um 420 v.Chr. Athen, Archäologisches Nationalmuseum (Foto: Archäolog. Inst. Gießen)

Eine große Bedeutung hatten Hasen, Vögel und Hähne als erotische Liebesgeschenke, die im Rahmen des päderastischen Erziehungssystems der Liebhaber (erastes) dem jugendlichen Geliebten (eromenos) machte.[84] Die Hähne dürften dabei als Kampftiere zu deuten sein, denn der Hahnenkampf war ein beliebtes Spiel junger Männer, das in

Athen leidenschaftlich auf öffentlichen Plätzen, in Palästen und Gymnasien und sogar im Dionysostheater betrieben wurde.[85] Aber auch Hunde und Katzen hetzten die jungen Männer aufeinander.[86] Noch grausamer, geradezu makaber erscheint der in hellenistischer Zeit mehrfach dargestellte Kampf eines Kindes gegen die als Spieltier beliebte Gans, die gewürgt oder auf den Boden gedrückt den tödlichen Ernst dieses kindlichen Spiels drastisch veranschaulicht.[87]

Angesichts der hohen Bedeutung der Erotik bei den Griechen kann es nicht überraschen, daß auch, wenngleich in eher geringem Umfang, das sexuelle Vergnügen zwischen Mensch und Tier in archaischer und hellenistischer Zeit thematisiert wird. Der Kopulation von Männern und Satyrn mit Rehen oder von Pan mit einer Ziege[88] steht die von mythischen Frauengestalten wie Pasiphaë mit dem Stier oder Leda mit dem Schwan gegenüber, die als Text, Erzählung oder Bildwerk vermutlich die sexuelle Phantasie der Betrachter stimulieren sollte.

Dieses inhärente Motiv der Vermenschlichung von Tieren und der Animalisierung des Menschen wurde vor allem in der alten Komödie (486–400 v.Chr.) als phantastisches, märchenhaftes Element eingesetzt.[89] Durch die Tierchöre (bei Aristophanes Vögel, Störche und Wespen) oder durch einzelne Tiere als Protagonisten wurde das dramatische Geschehen in komischer, satirischer oder parodistischer Weise verfremdet und so notwendige Distanz zwischen Betrachter und Handlung geschaffen. Einen bescheidenen Abglanz des komischen Potentials der Metamorphose von Mensch zu Tier bieten gelegentlich auch die Bildwerke. So trägt eine archaische Trinkschale[90] im Innern das Bild dreier Delphine, wovon einer wie die übliche Flötenspielerin beim Symposion aufspielt. Leerte der Symposiast diese mit rotem Wein gefüllte Schale, so erschien ihm keine reizvolle Flötenspielerin, sondern das tierische Trio.

5. Religion und Kult

Gemäß ihrer anthropozentrischen Weltsicht verehrten die Griechen anders als z.B. die Ägypter fast keine tiergestaltigen Gottheiten; eine gewisse Ausnahme bilden lediglich der als Schlange gedachte Unterweltsgott Zeus Meilichios und einige wenige niedere Gottheiten wie der stierköpfige Flußgott Acheloos, die im Meer lebenden fischschwänzigen Meerdämonen und der bocksbeinige und oft auch bocksköpfige Pan, eine ursprünglich arkadische Hirtengottheit.[91] Auch die den Wald bevölkernden Naturdämonen, die Silene oder Satyrn, weisen mit ihren Bocks- oder Pferdebeinen, mit Pferdeschweif und Ohren tiergestaltige Elemente auf.[92] In diesen eng mit der Natur verbundenen Gottheiten oder Dämonen scheinen sich theriomorphe Vorstellungen erhalten zu haben, die einen engen Zusammenhang zwischen dem Tier und der Natur bezeugen und eine klare Hierarchie zwischen den menschengestaltigen Hauptgöttern und den tiergestaltigen Dämonen oder niederen Gottheiten erkennen lassen.

Daneben hat in archaischer Zeit der Typus der nicht selten geflügelten Gottheit große Verbreitung und Bedeutung erfahren, die beidseitig einen Löwen an den Hinterläufen gepackt hat, so daß sie über dem Boden schwebt. Die Macht der langgewandeten Göttin wird durch das Hochheben der Löwen bildhaft zum Ausdruck gebracht, die sie vergeblich anfauchen. Diese von der großen orientalischen Kriegsgöttin Astarte abstammende Gottheit fand zwar als Herrin der Löwen Aufnahme unter die griechischen Götter, blieb aber von untergeordneter Bedeutung und erfährt bald eine Metamorphose zur Herrin der Tiere (potnia theron), wie die große Vielfalt wilder Tiere zu Seiten dieser oft geflügelten Gestalt dokumentiert[93] (s. Abb. 7).

Die Griechen bevorzugten die potnia theron allgemein, da sie die wilden Tiere bändigt und sich dadurch die Natur unterwirft. Diese Gottheit, die in archaischer Zeit mit der Artemis verschmolz, bannt aber nicht nur die von den wilden Tieren ausgehende Gefahr, sondern generell die wilden Kräfte der verderbenbringenden Natur durch ihre göttliche Macht. Es bedarf dabei keines Kampfes wie bei den Menschen, sondern sogar der Löwe, der König der Tiere bereits in der Antike, ordnet sich der Göttin unter, wie sinnfällig die gewandelten Größenverhältnisse in den Bildern veranschaulichen (s. Abb. 7). Zugleich wird sie dadurch auch zur Schutzgottheit der in der Natur lebenden Tiere, verpflichtet den Jäger zum feierlichen Ritual beim Töten des Tieres und ahndet erbarmungslos den Jagdfrevel, den Verstoß gegen das heilige Ritual. Das Töten der Tiere, insbesondere auch der domestizierten Tiere, mit denen der Mensch zusammenlebte, war ja nicht nur ein Verstoß gegen das Leben, sondern vor allem gegen die häusliche Gemeinschaft von Mensch und Tier und forderte daher ein strenges Ritual unter Beteiligung der Götter.[94] Nach festen Vorschriften, die je nach Gottheit und Anlaß differieren konnten, wurde ein Teil des Tieres, meist Knochen, das Fett und die Eingeweide, für die Gottheit auf dem Altar verbrannt, während das Fleisch von den Teilnehmern am kultischen Ritual verspeist wurde.

Abb. 7
Göttin der Tiere (Artemis). Detail eines athenischen Mischgefäßes aus Vulci, um 570 v.Chr. Florenz, Archäolog. Museum (Foto: Archäolog. Inst. Gießen)

Diese ursprüngliche Bedeutung des Tieropfers wird spätestens seit Homer durch die Vorstellung vom Opfer als kostbares Geschenk an die Götter als Dank oder Bitte in allen existentiellen Bereichen des Lebens überlagert; davon unberührt bleibt jedoch der Charakter des Kultmahls, das ursprünglich wohl die alleinige Gelegenheit des Fleischverzehrs darstellte. Das spiegelt sich auch in der Wahl der bevorzugten Opfertiere: Es waren die für die Ernährung wichtigsten Haustiere, Rinder, Ziegen und Schafe, die bei großen Kultfesten sogar in Hundertzahl (Hekatombe) auf monumentalen Altären geschlachtet, geröstet und verzehrt werden konnten.[95] Für das gewaltigste bekannte Opferfest und Kultmahl zu Ehren von Zeus Eleutherios, dem Zeus der Freiheit, errichtete Hieron II. um 270 v.Chr. in Syrakus einen gewaltigen Altar von 200 m Länge, auf dem das jährliche Dankopfer von 450 Stieren für die Befreiung von den Mamertinern vollzogen werden konnte, wie uns Diodor berichtet.[96]

Eine besondere kultische Bedeutung hatte das Schwein, das vor allem als Jungtier beim Eid-, Sühn- und Reinigungsopfer geschlachtet wurde.[97]

Obwohl das Kultmahl im Heiligtum eingenommen wurde und quasi gleichzeitig der Rauch der verbrennenden Anteile für die Gottheit zu dieser aufstieg, wurde es nicht als ein wirklich gemeinsames Mahl mit der Gottheit empfunden; dazu war die Distanz zwischen Gott und Mensch zu groß. Allerdings wurde diese Distanz im orgiastischen Kult des Dionysos in der nicht nur mythisch überlieferten Omophagie aufgehoben:[98] Das auf Vasenbildern der archaischen und klassischen Zeit geschilderte Zerreißen eines Tieres, in dem sich der Gott Dionysos offenbart, und das Verschlingen der rohen Glieder durch die ekstatischen Frauen, die Bakchen oder Mänaden, ist bildhafter Ausdruck der Vereinigung mit dem Vegetationsgott zur Förderung der vegetativen Fruchtbarkeit und findet seinen Höhepunkt in der Epiphanie des Gottes in Pentheus, der von den rasenden Frauen zerrissen wird, wie es am eindringlichsten der Dramatiker Euripides (ca. 485–406 v.Chr.) in den *Bakchen* geschildert hat.

Ebenso wie im orgiastischen dionysischen Kult klingt auch in verschiedenen Mythen deutlich eine geradezu erschreckende Äquivalenz von Tier und Mensch an, wenn z.B. Artemis bei der ihr zugedachten Opferung der Iphigenie diese entrückt und durch eine Hirschkuh substituiert.

Die Verwandlung des Dionysos in ein Tier ist die seltene Ausnahme göttlicher Epiphanie, wenn man von den profanen Täuschungsmanövern einiger Götter bei ihren Liebesabenteuern absieht. So bedient sich Zeus der Schutzbedürftigkeit des Schwans oder der Sanftmut und Schönheit des Stiers, wenn er sich als von seinem eigenen Adler verfolgter Schwan in den Schoß von Leda flüchtet oder als edler weißer Stier Europa davonträgt. Zeus erschleicht sich durch seine Metamorphose die situationsgerechten Eigenschaften der jeweiligen Tiere und findet so Zugang zu seinen Geliebten, während die erfolglose Verwandlung der Meeresgöttin Thetis in einen Löwen und dann in eine Schlange, um sich der Inbesitznahme durch Peleus zu erwehren, die Stärke und Gewandtheit dieser Tiere illustriert.

Rätselhaft bleibt die Beziehung der Götter zu den sie als Boten oder Helfer begleitenden Tieren, abgesehen von der allgemeinen Spiegelung menschlichen Verhaltens durch sie. Bei dem Adler des Zeus hat man vermutet, daß er den Blitz vertritt,[99] bei Athena, daß die sogenannte Burgschlange die Göttin in mykenischer Tradition als Hüterin der Akropolis ebenso wie die in den Felsspalten des Akropolisfelsens nistende Eule ausweist;[100] doch kann die Eule auch als Attribut einer orientalischen Herrin der Raubvögel gedeutet werden.[101] Die Schlange, die neben Athena auch den Heilgott Asklepios begleitet oder dem strafenden Apollon dient und in deren Gestalt der Sühnegott (Zeus) Meilichios verehrt wurde, weist das vielfältigste Bedeutungsspektrum auf, woraus auf die Übernahme verschiedener älterer, teilweise vergessener religiöser Vorstellungen geschlossen werden kann. So wird das antithetische Schlangenpaar des Stabes des Hermes (Kerykeion) auf das im vorderasiatischen Bereich geläufige Fruchtbarkeitssymbol kopulierender Schlangen zurückgeführt, ohne daß eine Beziehung zum Götterboten erkennbar wäre.[102] Unzweifelhaft ist dagegen die Funktion der Schlange, die oft in den kellerlosen Bauten hauste, als Schützerin des Hauses. Als auf dem Boden kriechendes, chthonisches Lebewesen konnte sie aber auch den unterweltlichen Bereich bis hin zum Reich des Todes repräsentieren. Aufgrund ihrer jährlichen Erneuerung durch die Häutung verkörperte sie die Heilkraft der Natur im Dienst der

Gottheit. Der Kampf Apollons gegen den schlangengestaltigen Python um den Besitz Delphis oder des Herakles gegen die vielköpfige lernäische Schlange veranschaulicht demgegenüber die den Menschen bedrohende gefährliche Seite dieser chthonischen Wesen, die sie in einer für die Griechen typischen Ambivalenz auch als geeigneten Helfer einer strafenden oder helfenden Gottheit erscheinen lassen. So sendet Apollon Schlangen aus, um seinen Priester Laokoon zu bestrafen oder um Medea nach dem Mord an ihren und Jasons Kindern irdischer Bestrafung zu entziehen.

Gelegentlich weist das einer Gottheit beigegebene Tier wie z.B. der Löwe auf die orientalische Herkunft dieser Gottheit hin: Bei Kybele, der kleinasiatischen Naturgottheit, kennzeichnen der sie begleitende Löwe oder ihr Löwengespann sowohl ihre Herkunft als auch ihre enge Beziehung zur Natur.[103] Wenn Apollon in archaischer Zeit (7. und 6. Jh. v.Chr.) mit dem ihm untertanen Löwen auftritt, ist damit seine Beziehung zu dem orientalischen Sonnengott gemeint. Sein »Wappentier«, der löwengestaltige adlerköpfige Greif, entstammt dem Orient wie das Gros der Misch- und Fabelwesen, die seit dem 7. Jh. v.Chr. vor allem in zahllosen Kampfbildern in die Vorstellungswelt der Griechen eindringen.

Der häufige Kampf eines einzelnen wie der des Bellerophon gegen die löwengestaltige Chimäre mit Schlangenschwanz und dem Rücken entspringendem Widderkopf oder des Perseus gegen die weibliche Gorgo mit schlangenumzüngelter unmenschlicher Fratze spiegelt ebenso wie das Rätsel der menschenköpfigen, löwengestaltigen Sphinx in ihrer phantasievollen Vielfalt offenkundig die Furcht vor einer tiergestaltigen Bedrohung und ihre notwendige Überwindung durch tapfere Individuen. Unter diesen nimmt Herakles den höchsten Rang ein, da er die meisten furchtbaren Tiere tötet. Aber auch zu den Heldentaten des nicht mit Gewalt, sondern List agierenden Odysseus gehört die – wenn auch passive – Überwindung der verführerisch süß singenden Sirenen, Vögel mit Frauenoberkörper und weiblichem Gesicht, die die ihnen Verfallenen verspeisen. Kennzeichnend ist auch die halb menschliche, halb vogelartige Gestaltung der Harpyien, die den Menschen ihre Seele entreißen.

Was diese Bildgebung der für die menschliche Gemeinschaft oft gerade in der Verbindung von Mensch und Tier bedrohlichen und gefährlichen Wesen und Mächte an Furcht erahnen läßt, ist gewiß nicht mit der Furcht vor den die Felder und Fluren, Haus und Herde bedrohenden wilden Tieren wie z.B. den Wildschweinen gleichzusetzen. In diesen mischgestaltigen Fabelwesen wird vielmehr das nie Dagewesene, das Unfaßbare sichtbar gemacht. Angesichts der häufigen partiellen menschlichen Gestaltgebung erhebt sich die Frage, ob sich dadurch das besonders Schreckliche manifestierte und damit implizit auf die furchtbaren Aspekte der menschlichen Natur angespielt wurde.

Aufgrund ihrer Bedrohlichkeit konnten Tiere und Mischwesen, etwa Sphingen und Löwen, als bildhafte apotropäische Wächter der Heiligtümer, der Tempel und auch der Gräber der Sterblichen dienen, während Sirenen und Harpyien eher klagend oder musizierend den Totenkult repräsentierten. Vermutlich schützten die in langer Reihe aufgerichteten Löwen auf Delos den heiligsten Ort der göttlichen Geburt von Apollon und Artemis im Apollonheiligtum in ebenso ägyptischer oder orientalischer Tradition wie die Sphingen des »archaischen Heiligtums an der Heiligen Straße« zwischen Milet und Didyma.

Die schlangenumzüngelte Medusa (Gorgo) oder wilde Löwen, oft Kälber oder Stiere reißend, repräsentierten in den Giebeln archaischer Zeit die Sieghaftigkeit der verehrten Gottheit und wirkten gleichzeitig als apotropäische Tempelwächter wie die löwenköpfigen Wasserspeier an den Simen (Traufen) griechischer Tempel allgemein.

Bestimmte Tiere wachten auch über die Unverletzlichkeit der Gräber in den Nekropolen,[104] die weithin sichtbar die Ausfallstraßen der Städte säumten. In dem berühmten Epigramm des Simonides für einen Verstorbenen namens Leon, also Löwe, spricht der Löwe, der ein Grabmal bekrönte: »Ich bin der Stärkste unter den Tieren, wie der, auf dessen Grab ich in Stein gehauen als Wächter stehe, der Stärkste unter den Sterblichen war. Wenn aber Leon nicht meine Geistesschärfe und zugleich meinen Namen besessen hätte, hätte ich niemals meine Füße auf sein Grab gesetzt.«[105] Seltener erscheinen Sirenen klagend oder musizierend auf Grabmälern, während die nur in archaischer Zeit häufigen Sphingen wie die Löwen als Wächter angesehen worden sind, wie aus einem Grabepigramm an eine Sphinx aus Pagasai hervorgeht: »Hund des Hades, wen bewachst du?«[106] Auch Hunde,

Stiere, Schlangen[107] oder Vögel konnten ein Grabmal zieren, doch scheint es sich um unmittelbar auf den individuellen Toten bezogene Tierbilder ohne allgemein verbindliche Bedeutung gehandelt zu haben, obwohl Schlange und Vogel in sepulkralem Kontext als Symbol des Todes verstanden werden konnten.

Diese Omnipräsenz des Tiers in der Welt der Götter, bei der Verehrung der Götter und im Totenkult spiegelt die intensive und komplexe Beziehung der Griechen zu den Tieren wider, die hier von einer hohen Achtung gegenüber den animalischen Lebewesen zeugt. Als dem Menschen nähere Stellvertreter der Gottheit im dionysischen Kult, als Symbol der Macht der Gottheit in seiner attributiven Zuordnung zu dieser und als den Menschen substituierendes Lebewesen beim blutigen Opfer erweist sich das Tier als vermittelndes Bindeglied zwischen Gott und Mensch. Es gewinnt vielleicht auch dadurch die vor allem dem domestizierten Tier gebotene Achtung, die seine Tötung nur im Kult gestattet. Dagegen verkörpern die machtvollen wilden Tiere neben dieser Mittlerfunktion zwischen Mensch und Gott in eigentümlicher Ambivalenz ebenso Schutz wie Bedrohung des Menschen.

6. Literatur
von Jochem Küppers

In der Dichtung und fiktionalen Prosa der Griechen konnten Tiere auf vielfältige Weise zum Gegenstand literarischer Gestaltung gemacht werden. Das Spektrum der Möglichkeiten umfaßte u.a. epische Schilderungen von Vorgängen im heroischen Milieu, an denen Tiere beteiligt sind, sowie ebenfalls vorrangig im Epos Tiergleichnisse, sodann die anthropomorphisierende Präsentation von Tieren in der äsopischen Fabel oder auch die Bloßlegung menschlichen Fehlverhaltens hinter der Maske der Tierchöre in der Alten Komödie, des weiteren die poetischen Sublimierungen von Sachwissen über Tiere und deren Verhalten, über Jagd und verwandte Themen in der Lehrdichtung und schließlich die Ausbreitung von mancherlei Wundersamem und Bizarrem aus dem Reich der Tiere in Novellistik und Roman.

Für alle genannten, auf den ersten Blick sehr heterogenen Zugänge zum Thema läßt sich jedoch weitgehend ein gemeinsamer Grundansatz ausmachen: Der Blick auf die Fauna erfolgte im wesentlichen aus einer innerweltlichen Perspektive heraus. Somit führte vor allem Naturbeobachtung dazu, Eigenschaften bestimmter Tiere in Analogie zu menschlichem Verhalten zu setzen und dann in einem weiteren Schritt darüber hinaus Tiere umfassend zu anthropomorphisieren. Demgegenüber ist die theriomorphe Deutung des Göttlichen nur noch in einzelnen, topisch gewordenen und zum geistigen Allgemeingut verfestigten Vorstellungen und Motiven faßbar.

Mit dem Blick auf die Realität bringen die homerischen Epen *Ilias* und *Odyssee* (Ende 8. Jh. v.Chr.), die monumental am Beginn der griechischen und zugleich der europäischen Literatur stehen, vielfach Vorgänge und Ereignisse der Kriegsführung, des Kultes und des alltäglichen Lebens zur Darstellung, in denen Tiere eine wichtige Rolle spielen.[108] Den lebensweltlichen Hintergrund bildete einerseits die idealisierte mykenische Adelskultur und andererseits die Entstehungszeit der Epen. So ziehen die Helden zwar altertümlich auf dem Streitwagen in den Kampf,[109] doch wird in einem Gleichnis auch auf die Reitkunst verwiesen,[110] die ab dem 8. Jh. v.Chr. den Streitwagen ablöst. Insbesondere Schilderungen von Szenen des alltäglichen Lebens vermitteln einen lebendigen Einblick in die Lebensverhältnisse archaischer Zeit, so z.B. in Umfang und Art der Viehhaltung.[111] Gleichzeitig bestechen sie immer wieder durch ihre poetische Dichte, wie etwa die Beschreibung der Ziegenwirtschaft des Polyphem[112] oder noch signifikanter diejenige des Gehöftes des Schweinehirten Eumaios, in das Odysseus zu Beginn von *Odyssee XIV* einkehrt. In vergleichbarem Milieu spielt auch die berühmte Szene vom heimkehrenden Odysseus, den nur sein verwahrloster Hund Argos wiedererkennt, um dann zu sterben.[113]

In einem weiteren, speziellen Bereich läßt Homer der Tierwelt besondere Bedeutung zukommen, nämlich demjenigen der Gleichnisse:[114] Von den ca. 180 Gleichnissen in der *Ilias* und den ca. 40 in der *Odyssee* bezieht sich jeweils etwa die Hälfte auf die Fauna. Homer benutzt das traditionelle epische Mittel des Gleichnisses mit besonderer Virtuosität, um das eigentlich Dargestellte zu veranschaulichen und in seiner Bedeutung und Exzeptionalität zu unterstreichen. Der Grad der Veranschaulichung wird vor allem dadurch gesteigert, daß in den Gleichnissen zumeist Ausblicke in die reale Lebenswelt des Dichters und seiner zeitgenössischen Rezipienten gegeben werden. Neben der aus der eigenen Anschauung resultierenden Assoziationsfähigkeit des Rezipienten sind aber gerade bei den Tiergleichnissen Grundauffassungen bezüglich des Wesens und Verhaltens der Tiere vorausgesetzt, die als bereits vorgeprägt übernommen werden. Dies trifft insbesondere auf den Löwen zu, der mittels orientalischen Einflusses in der gesamten griechischen Welt zum Sinnbild von Adel und Heroentum geworden ist. An ca. 30 Stellen der *Ilias* veranschaulichen Löwengleichnisse alle denkbaren Situationen heroischen Kämpfens, sowie ungestümen Kampfeswillen, Kraft und Stärke und unterstreichen so das kriegerisch-heroische Adelsethos des Epos; besonders eindrucksvolle Löwengleichnisse betreffen die Kampfeswut der griechischen Heroen Diomedes[115] und vor allem Achilleus[116] oder auch des Troers Sarpedon;[117] die Gefährlichkeit des Löwen wird übrigens häufig dadurch veranschaulicht, daß er Gehöfte und Tierherden überfällt und dann dort wütet und mordet. Neben dem Löwen spielen der Wolf,[118] der Eber[119] und auch der Adler, der majestätische Vogel des Zeus,[120] in Gleichnissen für kriegerische Taten der Heroen eine prominente Rolle. Spezifische Qualitäten der Helden können mit den durch die entsprechenden Fähigkeiten konnotierten Tieren verglichen werden, etwa die Schnelligkeit des Achilleus mit dem siegerfahrenen Gespannross[121] oder dem Bergfalken.[122]

Neben die in der *Ilias* dominierenden, die heroischen Kampfaktivitäten veranschaulichenden Gleichnisse treten aber sowohl in diesem Epos als dann auch besonders in der *Odyssee*, die inhaltlich abwechslungsreicher als die *Ilias* ist und deshalb insgesamt weniger Gleichnisse aufweist, solche, die exzeptionelle Ereignisse einprägsam veranschaulichen und dabei häufig ihren Ursprung ausschließlich in einfühlsamer Naturbeobachtung haben. Besonders auffällige Beispiele sind der Vergleich der sich sammelnden Völker Griechenlands mit einem Bienenschwarm[123] und der Vergleich des Auszugs dieser Völker nach der Heeresversammlung nacheinander mit dem Feuerglanz eines Waldbrandes, dem Zug von Gänsen, Kranichen oder Schwänen und dann – in krassem Wechsel der Vergleichsebenen – mit Fliegenschwärmen, die im Stall um die Milch herumschwirren,[124] wobei insgesamt in auffälliger Weise visuelle und akustische Phänomene betont werden. In welch hohem Maße die Beobachtung auffälliger Phänomene aus dem Bereich der Fauna oder ganz spezifischer Verhaltensweisen einzelner Tiere die Grundlage der homerischen Gleichnisse bildet, können zwei Beispiele aus der *Odyssee* verdeutlichen: Als Odysseus nach seinem Schiffbruch sich vergeblich an einen Felsen klammert, von einer Woge fortgespült wird und Hautfetzen von seinen Händen an dem Felsen haften bleiben, werden diese mit den Felsstücken in den Saugnäpfen eines Polypen verglichen, der gewaltsam aus seiner Höhle gezerrt wurde.[125] Völlig anders geartet sind Vergleich und verglichene Situation in *Odyssee* XX 13–16, doch entsprechen Genauigkeit und Einmaligkeit der Beobachtung einander: Als Odysseus in der Halle seines Palastes das schändliche Treiben der Mägde miterleben muß, die sich in der Nacht ausgelassen zu den Freiern begeben, »bellt« ihm vor Wut das Herz im Leibe, wie eine Hündin in Sorge um ihre Jungen einen fremden Mann anbellt und sich zum Angriff anschickt.

Die unübersehbar prominente Rolle, die den Gleichnissen in den homerischen Epen zugewiesen wird, läßt diese zum unverzichtbaren gattungsspezifischen Merkmal in der gesamten auf Homer folgenden Epik werden, wobei viele homerische Bilder adaptiert und häufig gleichzeitig variiert werden. Dies trifft im griechischen Bereich u.a. auf den hellenistischen Epiker Apollonios Rhodios (3. Jh. v.Chr.) zu, der in seinen *Argonautika* ca. 15 Tiergleichnisse gestaltet, in denen z.B. der Löwe,[126] das kampfbegierige Kriegsroß,[127] der Wolf[128] u.a. wiederum für Kampfesgier und -mut bestimmter Protagonisten stehen; ein Bienengleichnis veranschaulicht das Zusammenströmen der Lemnierinnen bei der Abfahrt der Argonauten,[129] und Medeas Furcht wird psychologisierend mit derjenigen eines Rehes verglichen, das Hundegebell im tiefsten Dickicht aufgeschreckt hat.[130]

Doch auch in anderen hohen poetischen Genera werden homerische Gleichnisse bewußt rezipiert, oder es wird knapp auf sie angespielt, um ein Geschehen in seiner Exzeptionalität zu unterstreichen. Exemplarisch belegen dies die attischen Tragiker, so etwa Aischylos (525/4–456/5 v.Chr.), in dessen Dramen der in eine Herde einfallende Löwe,[131] das Streitroß[132] und der Drache bzw. die giftige Schlange[133] nach homerischen Vorbildstellen zum Vergleich dienen. In den *Persern*[134] vergleicht Aischylos das ausströmende Perserheer mit einem Bienenschwarm. Eine besondere Nachwirkung ist auch dem berühmten homerischen Gleichnis der klagenden Nachtigall für die sorgenvolle Klage der Penelope in der *Odyssee*[135] zuteil geworden. Sowohl Aischylos[136] als auch Sophokles[137] und Euripides[138] verwenden dieses zum Sinnbild verzweifelter Frauenklage gewordene Gleichnis.[139]

Über die für die Tiergleichnisse insgesamt bezeichnende Ebene des reinen Vergleichens und der Analogie führt das literarische Kleingenus der äsopischen Fabel deutlich hinaus:[140] Mit Hilfe fiktiver, in sich geschlossener Geschichten, in denen neben unbelebten Gegenständen der Natur, neben Pflanzen, Bäumen, ja selbst Körperteilen in erster Linie Tiere als handelnd und redend auftreten, werden ganz bestimmte innerweltliche Verhältnisse und zwar vorrangig im Bereich zwischenmenschlichen Verhaltens auf der Grundlage eines rationalistischen Kalküls bloßgelegt oder aber zumindest erklärt bzw. erläutert. Die frühesten bei den Griechen literarisch belegten Fabeln begegnen in den *Werken und Tagen* des Hesiod (7. Jh. v.Chr.) und in den *Iamben* des Archilochos (geb. ca. 650 v.Chr.), also in zwei Werken, in denen erstmals in der griechischen Literatur ganz persönliche Anliegen der Dichter thematisiert werden. Die Fabeln dienen hier jeweils als argumentatives Mittel, um bei der Erörterung ganz spezifischer Zusammenhänge die Richtigkeit der vom Dichter vertretenen Position gleichsam zu beweisen. Hesiod will – veranlaßt durch eine Erbauseinandersetzung mit seinem Bruder Perses – in seinen *Werken und Tagen* die Ordnung der Welt des Zeus und die durch sie vorgegebene Notwendigkeit rechtschaffener Arbeit darlegen. Daß diese Ordnung aber jäh durch Unrecht und Gewalttat beendet wird, »beweist« die Fabel vom Habicht, der brutal eine Nachtigall reißt.[141] Archilochos geißelt in seinen häufig aggressiven *Iamben* das uneinsichtige Verhalten seines Schwiegervaters Lykambes, der dem Dichter die bereits verlobte Tochter Neobule letztendlich versagt hatte, z.B. mit der Fabel vom Adler, der seinen Freund, den Fuchs, hintergeht, aber dafür auf Bitten des Fuchses von Zeus bestraft wird.[142] Auch

Semonides, ein Zeitgenosse des Archilochos, hat in seiner iambischen Dichtung Fabeln benutzt, nämlich wahrscheinlich diejenigen vom »Reiher und Bussard« und vom »Adler und Mistkäfer«; in seinem berühmten *Weiberiambos* vergleicht er offensichtlich in der Kenntnis von Fabeln die verschiedenen Frauentypen mit Tieren.[143] In der Benutzung von Fabeln als Exempel zur ethischen Belehrung bei Hesiod und Archilochos zeigen sich ebenso wie auch in einzelnen Motiven deutliche Bezüge zur altorientalischen Weisheitsliteratur. Daß unter diesem Einfluß die Fabel auch in Griechenland rasch Verbreitung finden konnte, läßt sich u.a. aus auffälligen Übereinstimmungen zwischen dem Buch der Sprüche des assyrischen Hofbeamten Achikar (erhalten sind Papyri aus dem 5. Jh. v.Chr.) und den Überlieferungen im Zusammenhang mit Äsop ablesen, mit dessem Namen sich die Fabel in Griechenland ab dem 6. Jh. v.Chr. unauflösbar verknüpft. Nach dem Historiker Herodot (ca. 485–425 v.Chr.) lebte Äsop zu Beginn des 6. Jh. v.Chr. als Sklave auf der Insel Samos.[144] Eine auswuchernde Legendenbildung um diese Gestalt, die ihren Höhepunkt in dem im 2.–3. Jh. n.Chr. entstandenen sagenhaften *Äsop-Roman* findet, macht es fast unmöglich, Fiktion und historische Gegebenheiten voneinander zu unterscheiden. Eine Konstante aller Überlieferungen ab dem 5. Jh. v.Chr. ist es jedoch, daß Äsop als der kluge Geschichtenerzähler gilt, der in ganz bestimmten Lebenssituationen die Fabel als geschicktes Argumentationsmittel einsetzt. Durch Klugheit und Rationalität bewährt sich aber der Sklave Äsop vor allem auch in der Auseinandersetzung mit den Mächtigeren.

Sowohl in der Dichtung als auch in der Prosa des 5. und 4. Jh. v.Chr. begegnet eine große Anzahl von Stellen, an denen die Fabel in heterogenen Kontexten in erster Linie mit dem Ziele des Exemplifizierens eingesetzt wurde.[145] Dies ist vor allem auch der Fall bei den Philosophen, wie z.B. Platon und Aristoteles.[146] Nach einer Aussage Platons im *Phaidon* hat Sokrates unmittelbar vor seiner Hinrichtung Äsopica versifiziert.[147] Bezeichnenderweise soll auch Äsop zu Unrecht hingerichtet worden sein, und zwar wegen eines angeblichen Tempeldiebstahls in Delphi.

Ziel aller dieser der Exemplifizierung dienenden Fabeln ist es, eine ganz bestimmte Lehre aus einem spezifischen Kontext zu ziehen.

Zum Vermittler einer allgemeinen Lehre oder Moral, die dann ausdrücklich in einem Pro- oder Epimythion, also einer voran- oder nachgestellten Erklärung, zum Ausdruck gebracht wird, avanciert die Fabel erst dann, wenn sie jeglichen Kontextes beraubt als eigenständige Erzählung auftritt und zwar innerhalb von Fabelsammlungen. Eine solche Fabelsammlung entstand wohl erstmals vor dem Hintergrund des Interesses der aristotelischen Schule an volkstümlichen Überlieferungen und wurde wahrscheinlich von dem Peripatetiker Demetrios von Phaleron (ca. 350–280 v.Chr.) veranstaltet. Diese und andere nicht erhaltenen Sammlungen dürften zunächst für den wissenschaftlichen Gebrauch, dann aber auch für Dichter und Literaten, die Exempla benötigten, sowie schließlich für ein breiteres Publikum zur allgemeinen Unterhaltung verfaßt worden sein. Faßbar wird dieser Typus erst in der erhaltenen, wahrscheinlich im 1./2. Jh. n.Chr. entstandenen Fabelsammlung der *Recensio Augustana*, die einen großen Teil des antiken Fabelgutes erschließt. Bezeichnend ist für die Sammlung insgesamt die Normierung in der Präsentation der Fabelsujets einschließlich der Formulierung einer ausdrücklichen »Moral aus der Geschichte«. Auf der Grundlage solcher Sammlungen schuf Babrius wahrscheinlich um 100 n.Chr. auch die einzige poetische Fabelsammlung im griechischen Bereich. Babrius verfaßte seine 143 Fabeldichtungen in Hinkjamben und mit einer auffälligen poetischen Kolorierung; er widmet sie einem orientalischen Königssohn, zu dessen Erziehung sie vermutlich in erster Linie beitragen soll.[148]

Unter dem Personal, das in der großen Anzahl der aus der Antike überlieferten Fabeln auftritt, dominieren Tiere. Bezeichnend ist, daß sie aus einer anthropomorphisierenden Sichtweise heraus jeweils mit ganz bestimmten Eigenschaften bzw. Charakterzügen ausgezeichnet werden, die von einer auffälligen Konstanz sind. Bestimmte Tiere repräsentieren somit gleichsam Prototypen bestimmter menschlicher Verhaltensweisen, die in den meisten Fällen zu sprichwörtlichen Verdichtungen geführt haben, die bis heute in der menschlichen Vorstellung gegenwärtig sind, wie etwa diejenigen vom störrischen Esel, boshaft verschlagenen Fuchs, feigen Hasen, treuen, klugen, aber auch dreisten und gemeinen Hund, mutigen und edlen Löwen, sanften, aber auch dummen Schaf, von der heimtückischen Schlange, vom schmutzigen und stinkenden Schwein, räuberischen und gefährlichen Wolf usw.[149] Solche Sprichwörter, Sentenzen und häufig auch Schimpfwörter werden nicht selten aus bestimmten Fabeln abgeleitet, können aber auch in anderen Kontexten entstehen. Grundsätzlich liegt der Zuweisung bestimmter Eigenschaften an einzelne Tiere in den meisten Fällen die Beobachtung und deren rationalistische Ausdeutung zugrunde. Wann und wo sie jeweils vorgenommen wurde, läßt sich in den wenigsten Fällen eindeutig bestimmen.

In den Fabeln tritt letztlich die gesamte der Antike bekannte Fauna auf, wenn auch manche Tiere eher Statistenrollen einnehmen. Denn es lassen sich eindeutig auch Hauptdarsteller ausmachen, die am häufigsten in den Fabeln auftreten, nämlich Löwe, Fuchs, Wolf, Hund und Esel, wobei diese auch immer wieder mit ihren verschiedenen Charakteren in einzelnen Fabeln aufeinandertreffen bzw. aneinander geraten. Der Löwe ist zwar auch in der Fabel der mächtige und starke König der Tiere, doch wird sein Verhalten nicht selten als ungerecht, willkürlich und heimtückisch angeprangert, bzw. er wird ganz aus der Sicht der Bauern, in deren Herden er einfällt, als brutaler Schlächter und Mörder angesehen.[150] Der Fuchs ist im wesentlichen klug, listig und verschlagen, wird jedoch nicht selten selbst das Opfer dieser Eigenschaften.[151] Der Wolf steht in seiner Gefährlichkeit und Unberechenbarkeit nur wenig dem Löwen nach, doch muß er sich diesem immer wieder geschlagen geben.[152] Den Hund kennzeichnen in der Fabel eher negative Eigenschaften wie Freßgier, Schmeichlertum und unwürdige Unterordnung.[153] Der Esel schließlich ist dumm, überheblich, prahlerisch und störrisch.[154]

Wie Tiere in der Fabel gleichsam die Masken stellen, hinter denen menschliches Verhalten aufscheint, um analysiert und bloßgestellt zu werden, so auch in einer Vielzahl anderer Literaturformen, deren Ziel die Entlarvung, kritische Hinterfragung und dann häufig auch die unverhohlene Verspottung vom Handeln und Tun der Menschen in der Welt bildet. So setzt sich die satirische Zielsetzung, die bereits in den Spottgedichten des Archilochos und Semonides begegnet, in den *Iambi* des bedeutendsten hellenistischen Dichters, nämlich des Kallimachos (ca. 300–340 v.Chr.), fort.[155] Ebenfalls wahrscheinlich in hellenistischer Zeit entstand die in der Antike fälschlich Homer selbst zugeschriebene *Batrachomyomachie* (»Frosch-Mäuse-Krieg«), eine bewußte Literaturparodie auf die homerischen Epen: Ganz in homerisch-heroischer Art führen Frösche und Mäuse einen unerbittlichen Krieg unter Beteiligung der Götter, nachdem eine Maus durch die Hinterlist eines Frosches zu Tode gekommen ist. Den Ausgangspunkt für dieses »mock heroic epos« bildet die Fabel von Maus und Frosch.[156]

In der sog. Alten Komödie, die sich mit einer nur im klassischen Athen des 5. Jh. v.Chr. möglichen Offenheit kritisch mit ihrer Zeit auseinandersetzt, bedeutende Zeitgenossen namentlich attackiert und verspottet, gleichzeitig aber auch immer wieder insbesondere mit phantastischen Elementen neue Wirklichkeiten imaginiert, begegnen Tiere in großer Zahl und zwar entweder zur satirisch verspottenden Bloßstellung oder aber in phantasievoll irrealen Konzeptionen mit protreptischen Intentionen. Besonders eindrucksvolle Beispiele liefern die Komödien des Aristophanes (ca. 450–380 v.Chr.), die allein als vollständige Stücke – und zwar elf an der Zahl – im Bereich der Alten Komödie erhalten sind. So fährt z.B. im *Frieden* des Aristophanes (aufgeführt 421 v.Chr.) der »Held des Stückes« der Bauer Trygaios, auf einem riesigen Mistkäfer zum Himmel auf.[157] Frösche begleiten mit ihrem Gesang Dionysos, als er in der Unterwelt im Nachen des Charon über den Unterweltstrom setzt, und geben dem Stück mit ihrem Namen den Titel (die *Frösche,* aufgeführt 405 v.Chr.).[158] Auch für Tierchöre, die in der gesamten Alten Komödie als phantastisches Element sehr beliebt sind und die auf die Ursprünge der Komödie in den ekstatischen Umzügen innerhalb des Dionysoskultes zurückverweisen,[159] finden sich bei Aristophanes bezeichnende Beispiele. In den *Wespen*, einem Stück, das den Mißstand zeitgenössischer Prozessierwut in Athen attackiert (aufgeführt 422 v.Chr.), steht der Chor dieser Insekten mit seinem symbolischen Wespenstachel für die bestechlichen alten Richter. Der Chor der Vögel wird in dem nach ihnen benannten Stück (die *Vögel,* aufgeführt 414 v.Chr.), das als das phantastischste und märchenhafteste unter den Komödien des Aristophanes gelten kann, zum eigentlichen Handlungsträger: Die

Vögel errichten abgegrenzt von Menschen und Göttern ein eigenes Reich, ihr »Wolkenkuckucksheim«, und fordern die Menschen zur Flucht hierhin auf.

Neben dem bisher behandelten, im wesentlichen fiktionalen literarischen Aneignungen der Tierwelt, die diese anthropomorphisierend deuten, werden im Hellenismus (ab 3. Jh. v.Chr.) und in den darauf folgenden Epochen weitere Formen der Literarisierung, in denen Tieren eine wichtige Rolle zukommt, entwickelt. Diese beschäftigen sich zumeist in enger Nähe zur naturwissenschaftlichen und zoologischen Schriftstellerei bzw. zur realen Lebenswelt mit der Tierwelt und verwandten Themen und haben gleichwohl einen über diese hinausweisenden literarischen und oft poetischen Anspruch (Lehrdichtung, Bukolik sowie vorrangig auf Unterhaltung abzielende sog. Buntschriftstellerei).

Die hellenistische Lehrdichtung setzt sich entsprechend dem alexandrinischen Dichtungsideal artifizielle und formale Perfektion zum Ziel.[160] Dieses Ziel ist um so schwieriger zu erreichen, je komplizierter und abgelegener der erzählte fachwissenschaftliche Gegenstand ist. So behandelt Nikandros von Kolophon (wahrscheinlich Blütezeit um 135 v.Chr.) in seinen beiden erhaltenen hexametrischen Lehrgedichten *Theriaka* und *Alexipharmaka* Gifttiere (Schlangen, Skorpione, Spinnen und andere giftige Insekten), botanische und mineralische Gifte sowie die nach einem Schlangenbiß u.ä. anzuwendenden Gegengifte auf der Grundlage einschlägiger Fachliteratur. Hierbei tritt die Absicht, zu belehren und exakt zu unterweisen, hinter derjenigen zurück, im formal artifiziellen Bereich zu brillieren und einem gebildeten Publikum ein ästhetisches Vergnügen zu bereiten. Mit einer vergleichbaren Intention verfaßte Oppian (2. Hälfte 2. Jh. n.Chr.) ein Lehrgedicht über Arten und Lebensweise der Meerestiere und deren Fang (*Halieutika*) in fünf Büchern, dessen hohe Poetisierung etwa auch durch mythische Anspielungen und gewählte Vergleiche besonders auffällt. Außerdem tendiert Oppian zu allgemeinen, häufig moralisierenden Reflexionen. Demgegenüber fallen die fälschlich Oppian zugeschriebenen und vermutlich zu Beginn des 3. Jh. n.Chr. entstandenen *Cynegetica*, ein Lehrgedicht über die Jagd in vier Büchern, in Stil, formal-sprachlicher Gestaltung und inhaltlichem Anspruch deutlich ab.

Innerhalb der für den Hellenismus bezeichnenden Bemühungen, in Abhebung zu den klassisch gewordenen Autoren wie Homer, Hesiod und den dramatischen Dichtern neue Literaturformen zu schaffen, kommt besondere Bedeutung Theokrit (1. Hälfte des 3. Jh. v.Chr.) als dem Erfinder der Bukolik zu.[161] Die ländliche Welt der Hirten wird als Gegenpol des Großstadtlebens, als Zufluchts- und Ruhepunkt gedeutet, wenngleich auch ironische Untertöne in der Schilderung des Landlebens bisweilen unüberhörbar sind.

Aus einem ganz anderen Blickwinkel betrachtet die sog. Buntschriftstellerei die Tiere und ihre Erlebniswelt. Innerhalb der thematischen Mannigfaltigkeit nimmt die Tierwelt, die wie auch das meiste andere vor allem unter dem Gesichtspunkt des Wundersamen (Mirabilia), Paradoxen (Paradoxa) und Exzeptionellen betrachtet wird, einen breiten Raum ein. Von der eigentlichen fachwissenschaftlichen bzw. naturkundlichen Schriftstellerei unterscheidet sich diese literarische Spezies vor allem dadurch, daß sie weniger auf tatsächliche Belehrung als vielmehr auf Unterhaltung abzielt und hierzu die entsprechenden literarischen Mittel einsetzt. Eine erste Blüte erlebte diese Textsorte im Hellenismus entsprechend der Neigung der Epoche, das tradierte Wissen zu sammeln und zu bewahren. Allerdings sind keine Werke größeren Umfangs erhalten. Vieles ist jedoch in die Schriften der Autoren späterer Epochen eingegangen, da die Buntschriftstellerei durch Exzerpieren zu ihrem Stoff kommt. Mit Blick auf die Thematik Tierwelt kann als exemplarischer Vertreter dieses Literaturtyps der griechisch schreibende Römer Cl. Aelianus gelten, der im Rahmen der sog. Zweiten Sophistik des 2. Jh. n.Chr. für das Bildungs- und Unterhaltungsbedürfnis eines breiten Publikums eine Schrift *Über die Eigenart von Tieren* in sieben Bänden verfaßte: In unglaublicher Fülle wird ein Panoptikum an Merkwürdigkeiten des Aussehens und Verhaltens aller denkbaren Tiere vorgeführt, wobei vieles in novellistischer Form präsentiert wird. Als brillanter Stilist zeigt Aelianus sich eng dem Attizismus verpflichtet. Seine Naturbetrachtung ist bis zu einem gewissen Grade von dem stoischen Grundsatz der Zweckbestimmtheit und Sinnhaftigkeit alles Naturgeschehens geprägt.[162]

7. Bildende Kunst

Nach dem Menschen ist das Tier das wichtigste Sujet der bildenden Kunst Griechenlands. Trotz dieser klaren Rangordnung erscheint das Tier früher als der Mensch in der frühgriechischen Bildwelt. Das Pferd als Symbol des »rossezüchtenden« Adels ziert seit dem 10. Jh. v.Chr. als Einzelbild Tongefäße;[163] es folgen in der Vasenmalerei des 8. Jh.s v.Chr. der Vogel und aus dem orientalischen Bildgut übernommene Tierfriese von äsenden Hirschen oder Straußen oder gelagerten Antilopen.[164] Diese frühen Tierbilder, die seit dieser Zeit auch als kleine freistehende Skulpturen aus Bronze modelliert werden, konzentrieren sich in ihrer Gestaltung ebenso wie die wenig später einsetzenden Bilder des Menschen auf das Wesentliche, wie es damals empfunden wurde.

Charakteristisch für die geometrischen Pferdebilder (s. Abb. 8) ist die starke Betonung der Vorder- und Hinterhand und des mächtigen gebogenen Halses, gegenüber denen der Körper zu einem schmalen Verbindungssteg verkümmert ist. Diese signifikante Akzentuierung bestimmter Körperteile harmoniert mit der kennzeichnenden Beschreibung der schnellen und edlen Pferde bei Homer. Erst im Lauf der archaischen Epoche werden die Pferde und anderen Tiere[165] naturhafter und stärker als organische Ganzheit empfunden.

Gemeinsam mit den seit der Mitte des 8. Jh.s v.Chr. beginnenden Menschenbildern wird die Tierwelt im Bild erheblich bereichert und bringt die enge, sowohl freundliche als auch feindliche Beziehung zwischen Mensch und Tier lebendig zum Ausdruck. Jäger gehen mit Hunden auf die Fuchsjagd, Schiffbrüchige treiben zwischen großen Fischen, löwenartige Bestien reißen wehrloses Wild oder fressen Menschen. Eine neue Dimension einer imaginativen Tierwelt eröffnet die intensivierte Begegnung mit der ägyptischen und den vorderasiatischen Hochkulturen. Bunte Bildfriese wilder und zahmer, realer und phantastischer Tiere schmücken zahllose Tongefäße, Skulpturen und die Tempelarchitektur und deuten den außerordentlichen Eindruck dieser fremdartigen Tierwelt auf die Griechen an. Dem friedlichen Nebeneinander von Löwe und Antilope oder Panther und Reh stehen unzählige Tierkampfbilder in allen Medien der bildenden Kunst des 7. und 6. Jh.s v.Chr. gegenüber, die als Metapher der feindlichen Natur, oder allgemeiner der Gewalt des

Lebens,[166] aber aufgrund der Dominanz des tötenden Löwen auch als Bild seiner allmächtigen Todesgewalt[167] und damit als Metapher der Antithese von mordender Naturgewalt und dem machtlosen Menschenleben verstanden werden können.[168]

Löwen und Panther, vor allem aber aus verschiedensten Lebewesen kombinierte Fabeltiere bedrohen die menschliche Gemeinschaft und bedürfen der Bändigung durch die »potnia theron«, die Herrin der Tiere (s. Abb. 7), der Bekämpfung durch gewaltige Heroen wie Herakles, Bellerophon oder Perseus oder der bildlichen Bannung als dem Menschen dienstbare Wesen wie Sphinx und Löwe als Wächter oder den Göttern zugeordnete Helfer. Der heroische Sieg über die feindlichen Tiere wird zur Metapher der Heldenhaftigkeit des Einzelnen und des menschlichen Siegs über die wilde feindselige Natur.

Abb. 8
Pferd. Bronzestatuette aus der Peloponnes, Ende 8. Jh. v.Chr. Berlin, Staatliche Museen, Antikenabteilung (Foto: Berlin, SMPK, Antikenabteilung)

Durch die Bekleidung des Helden mit dem Fell des erlegten Tiers eignet sich der Mensch die animalischen Kräfte und ihm mangelnde Eigenschaften an: Z.B. befähigt der Löwenskalp Herakles, an der

Seite der Götter die Giganten zu besiegen, oder er verleiht Alexander dem Großen die Aura des Unbesiegbaren. Dagegen versinnbildlicht das Fell der ungebärdigen wilden Panther und Leoparden an der Amazonenkönigin Penthesilea deren kämpferische Wildheit oder bei Dionysos und seinem Gefolge die wilde orgiastische Ekstase und wird somit zur anschaulichen Chiffre für den Betrachter. Auch als sprechende Schildzeichen verleihen die Tiere dem Krieger ihre besonderen Eigenschaften: z.B. den Mut oder die Kraft des Löwen, die List oder Gefährlichkeit der Schlange, die Schnelligkeit des Adlers oder die wütende Angriffslust des Stieres.

Dieser bedrohlichen wie friedlichen Fauna in der Natur stehen jene Tiere gegenüber, die durch ihre Domestizierung dem Menschen kampflos dienen. Pferd und Hund werden als Symbole hohen sozialen Ranges zu ständigen und treuen Begleitern des sporttreibenden, jagenden oder kämpfenden Adels im Leben wie – bildlich – auch im Tode, wie zahlreiche Grabreliefs von Herr und anhänglichem Hund (s. Abb. 5) oder edlem Pferd durch die Jahrhunderte hindurch dokumentieren. Aber auch als freiplastische Skulpturen schmückten kostbare Weihungen von marmornen Hunden und Pferden die Heiligtümer und seltener die Gräber.

Diese eindrucksvolle Tierwelt, die auch großplastisch durch Sphingen und Löwen, oft als apotropäische Wächter in den Heiligtümern, an den Tempeln und auf Gräbern präsent war, und die die Vorstellungen der Griechen in archaischer Zeit außerordentlich stark beschäftigt haben muß, verliert in klassischer Zeit an Bedeutung. Autonome Tierbilder, insbesondere der bedrohlichen Tiere, in der Flächenkunst wie in der Plastik weichen der Dominanz des Menschenbilds; in symptomatischer Weise werden die animalischen Züge der Kentauren an den Metopen des Parthenon auf der Akropolis in Athen (447–438 v.Chr.) vermenschlicht.[169] Die positive Beziehung des Tiers zum Menschen als sein Gefährte steht im Vordergrund, und vielleicht gelingen deshalb die schönsten Bildwerke der den Göttern oder Menschen dienenden Tiere wie z.B. der berühmte Pferdekopf des Heliosgespanns im Ostgiebel des Parthenon[170] oder die Kuh des Bildhauers Myron.

Ein wiederum verändertes Verhältnis zu der Tierwelt deutet sich in der Kunst der hellenistischen Epoche (330–27 v.Chr.) an. Die lammfrommen Löwen der Klassik werden wieder zu mordlustigen Raubtieren, die die Götter im Kampf gegen die Giganten begleiten,[171] Gräber bewachen oder in orientalischer Tradition von den Herrschern gejagt werden. Wild fauchende Panther dienen Dionysos als exotische Reittiere,[172] die riesigen Schlangen Apollons vernichten Laokoon und seine Söhne.[173] Ebenso repräsentiert die furchtbare Skylla mit ihren schlangenhaften Fischschwänzen und den zahllosen Hundekörpern mit löwenartig aufgerissenen Rachen[174] die dämonische Seite der animalischen Natur.

Bedeutsamer wird jedoch die idyllische Seite der Natur, die in der hellenistischen Epoche zum dominierenden Thema wird.[175] Die Inszenierung der Irrfahrten des Odysseus in Skulpturenensembles oder Malereien diente einerseits der Präsentation heroischer und schrecklicher Natur im Abenteuer mit der Skylla, andererseits tummeln sich in idyllischen Landschaften Einzeltiere oder Herden von Schafen, Ziegen und Kühen. Hirten und Angler rings um einen heiligen Hain vervollständigen die bukolische Idylle, die in kleinen und großen privaten und öffentlichen Parks mit vielen Tierskulpturen in den Städten beschworen wurde. Die zahlreichen marmornen Bildwerke zahmer und wilder Tiere nach hellenistischen Originalen dürften ebenso wie der berühmte, eine Gans würgende Knabe[176] solche Parks bevölkert haben. Mosaikbilder mit idyllischer Land- und Meeresfauna in den Villen oder Heiligtümern wie die großartige Nillandschaft im Fortuna-Heiligtum von Palestrina[177] oder genrehaften Tierstilleben wie die vielbewunderten Tauben an einer goldenen Wasserschale des Mosaizisten Sosos[178] dokumentieren die Sehnsucht nach einer idealisierten unverbildeten Fauna und Natur, in der das Tier in seinem friedlichen Sosein in frischer Natürlichkeit ohne die Mängel des Menschenlebens gefeiert wird. Die christliche Kunst wird dieses Motiv dann im »Tierfrieden« am Anfang der Schöpfung thematisieren.

8. Wissenschaft
von Manfred Landfester

Wissen, Wissenschaft und Tierversuche

Domestikation von Wildtieren sowie Züchtung von Haustieren und ihre Pflege verlangen vielfältiges Wissen über Tiere, das in der Praxis erworben und durch die Praxis vermehrt wird. Dieses Erfahrungswissen ist uns aus archaischer Zeit weitgehend unbekannt, da es nicht schriftlich formuliert war. Hesiod hat jedoch in seinen *Werken und Tagen* (um 700 v.Chr.) Spuren davon überliefert. Ebenso ist uns das Wissen über Wildtiere weitgehend verschlossen. Einen gewissen Ersatz bieten die Homerischen Epen *Ilias* (um 730 v.Chr.) und *Odyssee* (um 700 v.Chr.), die vor allem in Gleichnissen einige Tiere in das Epos holen. Dabei erhalten diese Tiere menschliche Eigenschaften, sie werden also anthropomorph gedacht. Leitend ist meist ein ethisches Interesse. So schildert die *Ilias* etwa das Verhalten des Löwen nach Art des Kriegers. Da wird der zur Schlacht schreitende Menelaos verglichen mit einem Löwen, der »sich freut, wenn er auf einen großen Leib trifft, entweder einen gehörnten Hirsch oder eine wilde Ziege, die er findet, wenn ihn hungert, und hastig verschlingt er ihn, so sehr ihn auch scheuchen die schnellen Hunde und die rüstigen jungen Männer«.[179] Diese ethisch orientierte Anthropomorphisierung der Tiere, die in den folgenden Jahrhunderten durch andere Literaturgattungen fortgesetzt wurde, ist selbst in die wissenschaftliche Zoologie des Aristoteles eingedrungen, der sich immer wieder auf Dichter und Geschichtsschreiber beruft. Dieses Wissen der Dichter und Historiker gehört zur Vorgeschichte des naturwissenschaftlichen Wissens.

Die älteste Form der wissenschaftlichen Zoologie ist die Zoogonie, die Lehre von der Entstehung der Lebewesen, die vorsokratische Denker im Rahmen der Kosmogonie behandelt haben. Allerdings sind uns die Vorstellungen einzelner Denker nur bruchstückhaft überliefert. So lehrte Anaximander (6. Jh. v.Chr.), daß die ersten Lebewesen unter dem Einfluß des Feuers spontan im feuchten Erdschlamm entstanden seien und ursprünglich von einer Rinde umgeben gewesen seien. Nachdem sie aufs Trockene gelangt seien, hätten sie die Rinde abgeworfen. Anders verhalte es sich mit dem Menschen. Er sei in einem anderen Lebewesen, und zwar einem Fisch, entstanden, da er viel länger brauche, um sich selbst zu helfen.[180] 100 Jahre später entwickelte Empedokles eine erheblich differenziertere Theorie von der Entstehung der Lebewesen als Teil eines umfassenden naturphilosophischen Weltbildes.

Gegenüber den Interessen an der Zoogonie spielten systematische Untersuchungen zur Physiologie und Taxonomie der Tiere zunächst nur eine unbedeutende Rolle, zumindest sind sie nur schwer faßbar. Eine recht einfache Taxonomie bietet die unter dem Namen des Hippokrates von Kos überlieferte Schrift *Über die Lebensweise* (um 400 v.Chr.)[181] mit der Einteilung in Land-, See- und Lufttiere sowie der Unterteilung in wilde und domestizierte Tiere. In den biologischen Schriften des Aristoteles (4. Jh. v.Chr.) ist dann nicht nur die erste große systematische Zoologie, sondern auch das bedeutendste zoologische Werk der Antike erhalten. Vor allem die *Kunde von den Lebewesen* (Historia animalium) und das Werk *Über die Teile der Lebewesen* (De partibus animalium) entwickeln das systematische Denken des Aristoteles. Diese Schriften bieten »eine in vielem grundsätzlich gültige Systematik und zahlreiche zutreffende Erkenntnisse anatomischer und physiologischer Details der insgesamt 581 von Aristoteles genannten Tierarten«.[182] Wie Aristoteles die Fülle des einzelnen Wissens gewonnen hat, ist im Detail strittig. Neben Autopsie sind Informationen aus der Literatur (Dichtung, Historiographie, Fachliteratur) und von »Fachleuten« aller Art (z.B. Fischern, Hirten, Jägern, Bienenzüchtern) verwertet. Dabei sind die Beobachtungen äußerst zuverlässig und frei von märchenhaft-wunderbaren Zügen, die in der späteren Antike so häufig nachzuweisen sind (z.B. Ailianos, 2. Jh. n.Chr.). Erstaunlich sind daher elementare Fehler wie etwa, daß der Mann mehr Zähne habe als die Frau.[183] Wegen seiner Zuverlässigkeit ist Aristoteles in der Antike der »Sekretär der Natur« genannt worden, der sein Schreibrohr in die Vernunft eingetaucht habe.[184] Sein emphatisches Bekenntnis zur Wissenschaft vom Leben[185] zeigt an, welche Bedeutung die Biologie in seinem Denken hat. Die *Kunde von den Lebewesen* bietet in zehn Büchern eine Phänomenologie der Lebewesen als »Grundlage für die weitere wissenschaftliche Behandlung«.[186] Die Klassifikation ist theoretisch nicht weiter begründet: Grundlegend ist die Einteilung in zwei große Hauptgattungen, in die Blutlebewesen (= Wirbeltiere) und in die blutlosen (= wirbellosen) Lebewesen. Unterschieden werden dann bei den Blutlebewesen lebendgebärende und eierlegende; bei den blutlosen Lebewesen Weichtiere (Cephalopoden), Krustentiere (Crustacea), Schalentiere (Testacea) und Kerbtiere (vor allem Insekten). Im einzelnen werden insbesondere die Probleme von Anatomie, Physiologie, Fortpflanzungsbiologie, Embryologie und Verhaltensforschung behandelt.[187]

Die weitere wissenschaftliche Behandlung dieser zahllosen Beobachtungen folgt in der Schrift *Teile der Tiere*, die in einer vergleichenden Anatomie Gründe und Prinzipien entwickelt: »Jetzt muß ich die Gründe (aitiai) untersuchen, durch die ein jedes Lebewesen die Natur hat, die es hat, indem ich das beiseite lasse, das ich in der *Kunde von den Lebewesen* gesagt habe (2,1). Drei Arten (Stufen) dieser Gründe gibt es: (1) die Elemente und Grundkräfte (das Warme und Kalte, das Feste und Fließende), (2) die gleichartigen Substanzen (Gewebe, Blut, Fett usw.) und (3) die heterogenen Teile (Organe).« Außer diesen beiden grundlegenden Schriften sind noch einige Spezialschriften erhalten, u.a. *Über die Bewegung der Lebewesen*, *Über die Fortbewegung der Lebewesen*, *Über die Entstehung der Lebewesen*.

Die spätere antike Zoologie hat weder die Intensität noch den Rang der aristotelischen Forschung erreicht. Bemerkenswert ist vor allem, daß die aristotelische Schrift *Kunde von den Lebewesen* im Hellenismus durch Zusätze erweitert wurde. In dieser Form ist sie künftig rezipiert worden. Insgesamt ist jedoch die wissenschaftliche Erforschung ohne Bedeutung gewesen. Statt dessen richtete sich das Interesse zunehmend auf Merkwürdigkeiten an Tieren, vor allem auf Wunderbares und Sensationelles. Allerdings sind diesbezügliche Schriften aus der Zeit des Hellenismus nur in Spuren kenntlich.

Tierversuche als Mittel zur Erkenntnis spielten in der Zoologie – wie auch in anderen Naturwissenschaften – nur eine bescheidene Rolle. Vorbehalte gegenüber dem Erkenntniswert von Experimenten formulierte nicht nur Platon, sondern auch Aristoteles, der doch eine Fülle von Detailwissen zusammengetragen hat. Diese

Vorbehalte haben möglicherweise autoritativen Charakter erhalten, so daß in der Antike Experimentierfreudigkeit nicht aufkommen konnte. Die wenigen uns überlieferten Tierexperimente sind außerdem keine Mittel zur Erkenntnis der Natur von Tieren, sondern sie dienen durch Analogie der Erkenntnis von nichttierischen Sachverhalten. So ist ein Tierexperiment im *Corpus Hippocraticum* – von 20 bebrüteten Hühnereiern wird an 20 aufeinanderfolgenden Tagen ein Ei geöffnet – ein Beweismittel für die Entwicklung des menschlichen Embryos.[188]

Aberglaube
Tiere gelten – neben Naturerscheinungen, Träumen und vielen anderen Phänomenen – in vielen Religionen bevorzugt als Vermittler göttlichen Wissens und Willens. Durch Tiere geben die Götter den Menschen Zeichen vielfältiger Art. Diese können entweder von den Göttern gesandt oder von den Menschen erstrebt werden. Da diese Zeichen verschlüsselt sind, bedürfen sie der Entschlüsselung durch Fachleute (etwa die Seher) oder durch tradiertes (abergläubisches) Wissen (etwa der Steinkauz als Unglücksbote, wenn er schreit).
Innerhalb der griechischen Antike ist die Praxis im Umgang mit solchen durch Tiere gesandten Zeichen sehr stabil geblieben. In die Zuständigkeit professioneller Deuter fielen die Beobachtung des Vogelflugs (bes. von Raubvögeln) und die Eingeweideschau von Opfertieren (bes. Rind/Stier, Schaf, Ziege, Schwein). Mit quasirationalen Mitteln arbeiteten diese Deuter. Bei der Beobachtung des Vogelflugs war entscheidend, ob einer oder mehrere Vögel erschienen und ob sie von rechts (= gut) oder links (= schlecht) anflogen. In den Epen Homers sind Teiresias und Kalchas solche Seher. Eingeweideschau, offensichtlich erst im späten 8. Jh. v.Chr. aus dem Orient übernommen, war üblich im Zusammenhang mit kriegerischen Unternehmungen. Schlachten konnten nur bei günstigen Opferzeichen begonnen werden. Vor allem der Zustand der Leber der Opfertiere (Ausbildung und Färbung der verschiedenen Lappen) gab Auskunft über den Willen der Götter. Xenophons (430/425 bis nach 355 v.Chr.) historische Schriften z.B. zeigen die Bedeutung dieser Form der Mantik im militärischen Alltag: Der spartanische König

Agesilaos brach 396 v.Chr. einen Feldzug ab, weil der Leber des Opfertieres die Lappen fehlten.[189]

Innerhalb der Traummantik hatten natürlich auch Tierträume ihren festen Platz. Die Professionalisierung dieser Mantik hat bereits in archaischer Zeit eingesetzt; verstärkt wurde sie dadurch, daß die stoische Philosophie (Chrysippos, 281/77–208/04 v.Chr., und Poseidonios, etwa 135–51/50 v.Chr.) eine theoretische Begründung für diese Kunst lieferte. Die umfangreiche Fachliteratur gehört aber wohl erst der römischen Antike an.

Ohne professionelle Interpretation gab es durch Tiere vermittelte Zeichen, deren stabile Deutung durch den kollektiven Glauben der Griechen bestimmt war. Die umfangreichsten Nachrichten stammen zwar von – griechischen wie lateinischen – Autoren der römischen Kaiserzeit, aber wir können meist von einer festen Deutungstradition ausgehen, die bis in die archaische Zeit der Griechen zurückreicht. So galt etwa das Schreien von Steinkauz und Uhu in der Nacht als Zeichen eines bevorstehenden Unheils. Mißgeburten bei Tieren (und Menschen) kündigten Unheil an. Solche Deutungen werden zwar traditionell dem Aberglauben zugerechnet, sie unterscheiden sich aber nicht grundsätzlich von den übrigen Deutungsformen.

Veterinärmedizin

Zu jeder Haustierhaltung und Haustierzüchtung gehören Kenntnisse in der Tierheilkunde. Solche Kenntnisse sind für die archaische Zeit nur spärlich (z.B. in den *Werken und Tagen* des Hesiod) überliefert; sie sind ein reines Erfahrungswissen, das in der Praxis erworben wurde. Die Tierheilkunde ist auf diesem Stand bis zum 4. Jh. v.Chr. geblieben. Ein eigener Berufsstand scheint sich nicht herausgebildet zu haben; die Behandlung kranker Haustiere war Sache der Besitzer und ihres Personals. Daher ist es nicht verwunderlich, daß die ältesten erhaltenen Schriften mit medizinischem Wissen nicht von einem Tierarzt stammen, sondern von einem Fachmann für die Reitkunst und die athenische Kavallerie, nämlich von Xenophon (430/425 bis nach 355 v.Chr.), dessen Schriften *Über die Reitkunst* und *Der Reiteroberst* einen veterinärmedizinischen Hintergrund haben.

Ansätze zu einer wissenschaftlichen Tiermedizin sind dann vom 4. Jh. v.Chr. an nachweisbar. Aristoteles diskutiert etwa im Rahmen seiner Zoologie in der *Kunde von den Lebewesen* einige Krankheiten und erwähnt Vorbeugemaßnahmen (z.B. 3,7 mit der Beschreibung einer letalen Blutvergiftung bei Schafen). Aber insgesamt hat es keine wirklich wissenschaftlich begründete Veterinärmedizin in der griechischen Antike gegeben, obwohl die Humanmedizin durch und seit Hippokrates im 5. Jh. v.Chr. einen hohen wissenschaftlichen Rang erhalten hat. Es dominierten in der Veterinärmedizin die Praktiker ohne theoretische Fundierung. Sie waren nicht so sehr an den Ursachen der Erkrankungen und ihrer theoretisch fundierten Therapie orientiert, sondern sie reagierten vielmehr auf Symptome der Krankheiten mit Heilmitteln, die sich in der Praxis bewährt hatten. Ihr Wissen ist jedoch erst durch griechische und lateinische Schriften der römischen Kaiserzeit mittelbar überliefert. Immerhin zeigt das Anwachsen der veterinärmedizinischen Literatur im Hellenismus, daß der Berufsstand des Tierarztes entstanden ist. Als Berufsbezeichnung hat sich »hippiatros«, »Pferdearzt« (zum ersten Mal 130 v.Chr. auf einer Inschrift erwähnt), durchgesetzt, nicht weil Pferdekrankheiten den Hauptinhalt der Tätigkeit ausmachten, sondern weil der erste Teil der Bezeichnung, »hipp-« (Pferd), einen hohen Prestigewert hatte.

Medikamente tierischer Herkunft
Tierische Arzneimittel haben weder in der vorhippokratischen »Pharmakologie« der archaischen Zeit noch in der durch Hippokrates (460– etwa 370 v.Chr.) begründeten wissenschaftlichen Medizin der klassischen Zeit eine Bedeutung erhalten. In welchem Maße sie möglicherweise in der auf religiös-magischen Praktiken beruhenden Hausmedizin oder Volksmedizin eine Rolle gespielt haben, läßt sich nicht erkennen. Pflanzliche Medikamente waren – in der archaischen Zeit besonders in der Wundchirurgie – die entscheidenden Heilmittel. Erst im Hellenismus wurden unter orientalischem Einfluß tierische Medikamente eingesetzt. Indem die wissenschaftliche Medizin mit diesen Heilmitteln arbeitete, rehabilitierte sie die Praxis der alten »Hausmedizin«, die sicherlich nicht ohne tierische Heilmittel ausgekommen ist. Entscheidende Impulse hat in

Alexandrien der Arzt Herophilos (um 290 v.Chr.) zur Anwendung dieser Therapeutika gegeben. Er verordnete u.a. Krokodilkot und Ziegenleber als Augensalben. Die Ärzteschule der Empiriker mit ihrem Gründer Philinos von Kos (3. Jh. v.Chr.) und ihrem bedeutenden Vertreter Herakleides von Tarent (75 v.Chr.) verstärkte diese Tendenzen und führte eine Fülle von tierischen Heilmitteln ein, ohne dabei die Wirkungsmechanismen gerade solcher Medikamente wirklich durchschauen zu können. Vielmehr handelte es sich um pseudorationale Erklärungen, da gerade die Verwendung von tierischen Medikamenten von magischen Vorstellungen geprägt war.

Ausdruck dieser Einstellung sind besonders die aus einer großen Zahl von Ingredienzien zusammengesetzten Heilmittel. So soll z.B. das Gegengift des Mithridates VI., des Königs von Pontos (120–63 v.Chr.), aus 36 bis 54 Bestandteilen zusammengesetzt gewesen sein, unter denen auch zahlreiche tierischer Herkunft waren.[190]

Über einige Bereiche tierischer Medikamente im Hellenismus informiert Nikandros aus Kolophon (2. Jh. v.Chr.), der in zwei Lehrgedichten über Heilmittel gegen den Biß giftiger Tiere (*Theriaka*, 958 Hexameter) und über Heilmittel gegen Vergiftungen aller Art (*Alexipharmaka*, 630 Hexameter) neben pflanzlichen und mineralischen Heilmitteln auch tierische Therapeutika beschreibt. So soll z.B. bei Erkältungen bereits die umgebundene Haut einer bestimmten Schlangenart helfen.[191]

Die systematische Sammlung aller tierischen Heilmittel in Buch 28–32 der lateinischen *Naturkunde* Plinius' des Älteren aus der römischen Kaiserzeit (23/24–79 n.Chr.) gibt auch Aufschluß über die Pharmakologie des späten Hellenismus, wenn Plinius auch keine historische Entwicklung der Arzneimittelkunde bietet.

9. Epochentypische Grundeinstellung

Die große Vielfalt und Häufigkeit der Darstellung der Tiere als Skulptur, im Relief und in der Malerei sowie in der Literatur in narrativem Kontext oder als Gleichnis kennzeichnet ihren hohen Rang. Mensch und Tier sind im Gegensatz zur wenig belebten oder leblosen Materie von herausragender bildlicher und literarischer Darstellungswürdigkeit und veranschaulichen die hohe Wertschätzung alles Lebenden in der griechischen Kultur. Die im Lauf der Jahrhunderte zunehmende Darstellungsgenauigkeit der Tiere entspricht derjenigen der Menschen und hängt mit einer generell fortschreitenden, differenzierteren Weltsicht zusammen, die sich seit dem 5. vorchristlichen Jh. auf naturwissenschaftliche Forschungen stützen kann. Seit den Anfängen der literarischen Thematisierung der Tierwelt äußert sich in ihrer anthropomorphisierenden Darstellung, z.B. in den homerischen Tiergleichnissen oder später der äsopischen Fabel, eine dominierende innerweltliche Perspektive, die das Tier ebenso wie in den meisten bildlichen Wiedergaben eindeutig in Beziehung zum Menschen sieht.

Die Tiergleichnisse mit allgemein ethischer Orientierung deuten auf fest geprägte, teilweise geradezu klischeehafte Vorstellungen positiver wie negativer Art von bestimmten Tieren, die fast die gesamte Fauna, von der Fliege bis zum Löwen, mit teilweise erstaunlicher Beobachtungsgenauigkeit typischer Verhaltensweisen seit homerischer Zeit umfassen; visuelle Phänomene werden gelegentlich sogar durch akustische ergänzt. In den Tierfabeln paraphrasieren verschiedene Tiere exemplarisch menschliches Verhalten, wobei die verschiedenen Tiere für die unterschiedlichen Charaktereigenschaften stehen und als Maßstab ethischen Handelns dienen können.

Die metaphorische Verwendung des Tierbilds weist dabei in dialektischer Weise durch die ethisch konnotierte Anthropomorphisierung einerseits auf die Nähe des Tiers zum Menschen, andererseits durch die Veranschaulichung animalischer Triebe im Tierbild auf die Verschiedenheit des Tiers vom Menschen hin. Diese dialektische Beziehung des Menschen zum Tier wird auf anderer Ebene auch in den bildlichen Darstellungen, z.B. im Typus des Herakles, sichtbar, dessen Löwenskalp sowohl seine Überlegenheit über dieses Raubtier als auch die von dem durch ihn bezwungenen Löwen auf ihn übergegangene Kraft veranschaulicht.

Eine grundsätzlich pragmatische Einstellung zum Tier, das ein wesentlicher Faktor der antiken Ökonomie gewesen ist, bezeugt der vielseitige Einsatz von Tieren als Arbeitskräfte in der Landwirtschaft und beim Lastentransport, aber auch beim militärischen Einsatz von Pferden seit archaischer und Kriegselefanten seit hellenistischer Zeit. Durch die planmäßige Züchtung und wachstumsfördernde Fütterung der domestizierten Tiere konnte ihr Nutzen als Lieferanten unterschiedlichster Materialien und Produkte sowohl für die Bekleidung wie Ernährung der Menschen beträchtlich gesteigert und gewerbsmäßig genutzt werden. Aufgrund des damit verknüpften hohen Wertes vor allem der größeren Tiere (Rinder, Schweine) waren diese Wertobjekte, die in größerer Stückzahl wesentlich zum Ansehen des Besitzers beitrugen.

Ein Statusobjekt besonderer Art war das Pferd als Reittier des Adels und vor allem als Zugtier im Viergespann der Götter und Adeligen; Wagenrennen mit Viergespannen stellten die am höchsten angesehene Form des Agons bei den panhellenischen Wettkämpfen, z.B. den Olympischen Spielen, dar; noch in hellenistischer Zeit zeigt die Namenswahl »Pferdearzt« (hippiatros) für Tierarzt die hohe Wertigkeit des Pferds. Aus der hohen gesellschaftlichen Wertschätzung des Pferdes konnte gelegentlich eine engere, gefühlsmäßige Beziehung erwachsen, wie sie z.B. für Alexander den Großen überliefert ist und in seiner Gründung der Stadt Bukephala zur ehrenden Erinnerung an sein verstorbenes Pferd Bukephalos gipfelt.[192]

Die Möglichkeit einer emotional, aber auch ethisch aufgeladenen Bindung des Tiers an den Menschen ist allgemein seit der Frühzeit in Bild und Text für die griechische Kultur kennzeichnend: Das Tier erscheint bereits bei Homer als treuer Gefährte des Menschen, dessen Fähigkeit des Erinnerns die des Menschen durchaus übertreffen kann.[193] Gerade der Hund wird seit archaischer Zeit auch in der Bildkunst zum Symbol des treuen Gefährten, der sich dem wilden Tier entgegenwirft,[194] um den Jäger zu schützen, oder der am Grabmal des Verstorbenen vergeblich die Fährte seines dahingeschiedenen Herrn aufzunehmen sucht.[195] Wachsam bellend oder schmeichelnd vermag der Hund mit feinem Gespür schon bei Homer[196] zwischen Feind und Freund, dem schlechten und dem guten Menschen zu unterscheiden und wird so zum ethisch determinierten Wesen. Gleichzeitig jedoch konnte der Hund moralisch negative Eigenschaften wie Kriecherei oder Unverschämtheit verkörpern und war für zahlreiche Schimpfwörter bzw. Beschimpfungen gut. So dient z.B. der Prozeß zweier Hunde mit Masken des Labes und Kleon gegeneinander in den *Wespen* des Aristophanes[197] der satirischen Steigerung der politischen Invektive gegen den Strategen Kleon und das Volksgericht.

Während bei dem treuen Pferd oder dem treuen Hund deutlich die ethische Komponente im Vordergrund steht, tritt bei anderen tierischen Helfern dieser Aspekt zugunsten der apotropäischen Funktion wilder und gefährlicher Tiere zurück. Der Löwe oder der Panther, die ein heiliges Bauwerk oder ein menschliches Grab bewachen, sind zwar Helfer von Recht und Ordnung, symbolisieren jedoch primär das von ihnen ausgehende Bedrohungspotential gegenüber dem Frevler. Sie können geradezu als Beschwörung der ihnen und vielen »unmenschlichen« Mischwesen innewohnenden Bedrohung des Menschen interpretiert werden.

Das Bedrohliche, die von den wilden Tieren ausgehende Gefahr, ist eine weitere Seite der komplexen Sicht der Tiere seit der griechischen Frühzeit. Sie wird besonders drastisch in den vielgestaltigen Mischwesen veranschaulicht, die im 7. Jh. v.Chr. im Zuge der intensiven Begegnung der Griechen mit der ägyptischen und den vorderasiatischen Hochkulturen meist in der Gestalt importierter Fabelwesen oder halbmenschlicher Mischwesen in die griechische Kultur eindringen. Sie verfügen über außermenschliche Kräfte und verkörpern meist das Böse und müssen daher bekämpft oder in den Dienst der Götter gezwungen werden. So bannt die Herrin der Tiere, indem sie bildhaft die wilden Tiere an ihren Hinterläufen hochhält und sie damit ihrer erdgebundenen Kräfte beraubt, nicht nur die von den wilden Tieren ausgehenden Gefahren, sondern generell die wilden Kräfte der verderbenbringenden Natur durch ihre göttliche Macht.

In diesem Kontext ist auch die Jagd zu betrachten, die in ihren verschiedenen Funktionalisierungen die Ambivalenz der Mensch-Tier-Beziehung verdeutlicht. Auf der einen Seite war das Jagen und Erlegen wilder Tiere wichtiger Bestandteil der Beschaffung substantieller Nahrung, daneben diente es dem Schutz der ländlichen Bevölkerung vor wilden Tieren, war aber auch adeliges Vergnügen und wurde als förderlich für die Gesundheit und als ausgezeichnete Vorbereitung für den Krieg angesehen. Gegenüber dieser eher pragmatischen Einstellung war auf der anderen Seite die heroische Jagd gegen reißende

Raubtiere, welche die bestellten Felder und Fluren und ihre Bevölkerung, kurzum die menschliche Zivilisation, bedrohten, eine Metapher für die ethische Verpflichtung des im Kampf ausgebildeten und waffentragenden Adels bzw. des Herrschers. Der stets siegreiche Kampf des Herrschers über den König der Tiere, den Löwen, wurde nach orientalischem Vorbild unter Alexander dem Großen geradezu zur legitimatorischen Chiffre des Herrschers.

Dieses für die griechische Kultur kennzeichnende Nebeneinander von Nähe und Distanz gegenüber dem Tier, das durchaus als ein Empfinden von Artverwandtschaft interpretiert werden könnte, wird auch in den halb menschlich, halb tierisch gestalteten Mischwesen deutlich sichtbar, wenn z.B. die Kentauren[198] sehr edle menschliche Gesichtszüge tragen oder in geradezu entgegengesetzter Weise die Satyrn das männliche Triebverhalten aufdringlich repräsentieren.[199]

Noch stärker scheint diese durch Hingezogenheit und Abstoßung geprägte Artverwandtschaft in eigenartigen sexuellen Praktiken und Vorstellungen auf. Die auch schon in griechischer Zeit als befremdlich empfundenen Folgen geschlechtlichen Umgangs mit Tieren, woraus z.B. der stierköpfige Minotauros entstand, oder das Erschleichen des Geschlechtsverkehrs durch Zeus z.B. in der Gestalt eines Schwans zeugen von auf die Tierwelt bezogenen sexuellen Phantasien, die keine einheitliche Bewertung des Phänomens erkennen lassen. Während Minotauros als körperlich und moralisch mißgestaltetes Unwesen im Labyrinth eingesperrt und mit attischen Mädchen und Jünglingen verköstigt wird, gebiert Leda nach ihrer Vereinigung mit Zeus in Schwanengestalt nicht nur die Dioskuren Kastor und Polydeukes, sondern auch die schönste aller griechischen Frauen, Helena.

Diese gelegentlich schmale Grenze zwischen Mensch und Tier findet ihren Ausdruck auch in der Verwandlung von Menschen in Tiere. Wenn Kirke die Gefährten des Odysseus in Schweine verzaubert, so ist dies ein Akt der Bestrafung. Häufiger ist allerdings das Täuschungsmotiv, das seltener von Menschen (Pasiphaë), meist von Göttern, insbesondere Zeus, zum Erschleichen von Liebesdiensten praktiziert wird. Die Beliebtheit dieses Motivs in Bild und Wort verweist auch auf eine besonders vertrauensvolle Beziehung der

Frauen zu Tieren, die noch durch Mitleid gesteigert sein kann, in der aber angesichts der nicht ganz erfreulichen Folgen auch eine Warnung vor den Tieren mitklingt. So schwingt sich Europa ohne die geringste Furcht auf den großen weißen Stier, in den sich Zeus verwandelt hat, oder Leda birgt voll Mitleid den vom Adler verfolgten Schwan schützend in ihrem Schoß.

Diese vielschichtige Nähe des Tiers zum Menschen deutet sich auch in der Funktion der Tiere als Opfergaben an. Neben dem ganz profanen Zweck des blutigen Tieropfers als festliche Fleischnahrung darf nicht übersehen werden, daß bei allen existentiellen Fragen des Lebens die Bitte oder der Dank an die Gottheit, aber auch die Sühne eines Vergehens, ein kostbares Geschenk an die Gottheit erforderte. Die in der Erinnerung an eine mythische Vorzeit nie vergessene Substituierung des kostbarsten Geschenks an die Gottheit, des Menschenopfers, durch ein Tieropfer (z.B. Iphigenie) unterstreicht den hohen Wert des Tieres als erlaubter Ersatz für den Menschen. Zugleich spiegelt sich in der Beschränkung des Verzehrs des Fleisches domestizierter Tiere auf das gemeinsame kultische Mahl mit den Göttern unter Befolgung strenger Rituale die Scheu vor dem Töten der in häuslicher Gemeinschaft mit dem Menschen lebenden und an sich unverletzlichen Tiere. Offenbar empfanden die Griechen das Töten von Haustieren grundsätzlich als einen Verstoß gegen das Leben, der besonderer Begründung und Ritualisierung bedurfte.

Allerdings hinderte sie das nicht an dem grausamen Vergnügen an Tierkämpfen von aufeinander gehetzten Hähnen, Hunden und Katzen. Auch hier zeigt sich wieder die charakteristische Mehrschichtigkeit der Einstellung gegenüber den Tieren, da die gleichen Tiere beliebte Spieltiere der Kinder und Liebesgeschenke der Liebhaber an die geliebten Knaben waren.[200]

Das Opfertier erweist sich durch das gemeinsame Kultmahl als vermittelndes Bindeglied zwischen Gott und Mensch und gewinnt vielleicht auch dadurch die dem domestizierten Tier gebotene hohe Achtung, die bei den wilden Tieren durch ihre Bedrohung für die menschliche Existenz »von Natur« gegeben war.

Gemäß ihrem Bedrohungspotential dienten die wilden Tiere als Metapher für die feindliche Natur oder allgemeiner für die Gewalt des Lebens. Insbesondere im Bild der mächtigen Todesgewalt des tötenden Löwen manifestiert sich die Antithese von mordender Naturgewalt und machtlosem Menschenleben und betont dadurch die dämonische Seite der animalischen Natur und ihre magischen Kräfte, die z.B. im Löwenskalp des Herakles oder Alexanders des Großen veranschaulicht werden.

Derartige magische Vorstellungen haben bei den Griechen jedoch nur eine geringe Rolle gespielt; Spuren aus mythischer Vorzeit deuten sich im Zerreißen und Verzehr wilder Tiere im Dionysoskult an, das den Kultteilnehmerinnen durch die Übertragung der Kräfte dieser Tiere die kultische Vereinigung mit dem Gott gewähren sollte. Reste derartiger magischer Vorstellungen spiegeln sich vermutlich auch in der Zuordnung bestimmter Tiere als Attribute von Göttern. Sie beruht aber auch auf der Vorstellung von den Tieren als Trägern göttlichen Wissens und Willens; denn die Götter gaben den Menschen durch Tiere Zeichen vielfältiger Art, die der Entschlüsselung beim Vogelflug oder bei der Eingeweideschau von Opfertieren durch Fachleute (z.B. der Seher) oder durch tradiertes Wissen bedurften.

Neben dieser – anfangs vorherrschenden – Dämonisierung der Tiere einerseits und ihrer Anthropomorphisierung andererseits gewinnen seit dem mittleren 4. Jh. v.Chr. (Aristoteles) – allerdings nur vorübergehend – zoologisch orientierte naturwissenschaftliche oder naturkundliche Tierdarstellungen im Zuge des allgemeinen naturwissenschaftlichen Interesses an Bedeutung. Sie wurden jedoch vermutlich durch Vorbehalte (Platon, Aristoteles) gegenüber dem Erkenntniswert von Tierversuchen gebremst.

Im Hellenismus mit einer ausgeprägten Tendenz zu einer idealisiertenn unverbildeten Fauna und Natur repräsentiert dann das spielerische, genrehafte Tierbild sowohl die objekthafte Verfügbarkeit der Tiere z.B. als Opfer kindlicher Grausamkeit (Ganswürger[201]) als auch eine ideale idyllisch-natürliche Natur, in der das Tier in seinem friedlichen Sosein in frischer Natürlichkeit ohne die Mängel des Menschenlebens gefeiert wird.

III. Römische Antike
von Wolfram Martini unter Mitarbeit von Jochem Küppers
und Manfred Landfester

Die Epocheneinteilung der römischen Antike ist primär an Daten der politischen Geschichte orientiert. Danach ergibt sich folgende Einteilung:
- Republik (500/400–31 v.Chr.)
- Kaiserzeit (31 v.Chr.–284 n.Chr.)
- Spätantike (284–526/529)

1. Ernährung und Jagd
Fleisch von jeglicher Art war erwünschter Bestandteil der römischen Hauptmahlzeit am späten Nachmittag, der cena, wie zahlreichen Beschreibungen entnommen werden kann.[1] Die gewaltige Palette der geschätzten Fleischsorten beinhaltete Meeresfrüchte, Fisch, Vögel, Geflügel und das Fleisch zahmer wie wilder Tiere der Apenninhalbinsel und wurde seit dem 2. Jh. v.Chr. durch ausländische Spezialitäten wie z.B. illyrische und afrikanische Schnecken, gallische und spanische Hasen, indische Pfauen, Fasane aus dem Schwarzmeergebiet oder afrikanische Perlhühner bereichert. Der hohe Bedarf an exotischen Leckerbissen führte bald zu ihrer Zucht in den Landgütern der römischen Nobilität.[2] Deren große Bedeutung spiegelt sich in den Werken der beiden wichtigsten landwirtschaftlichen Schriftsteller wider, M. Terentius Varro (116–27 v.Chr.), *De re rustica* (3 Bücher, ca. 37 v.Chr. verfaßt), zu Ackerbau, Großtierhaltung und Kleintierzucht, und I. Moderatus Columella, *De re rustica* (zwölf Bücher, ca. 63 n.Chr. verfaßt), zu allen wichtigen Aspekten des agrarischen Fachgebiets.

Neben der artenreichen Geflügelzucht, die hohe Gewinne abwarf, neben der umfangreichen Schweinehaltung in Ställen und neben den besonders in den weiten Ebenen Süditaliens und Siziliens gehaltenen großen Rinder-, Ziegen- und Schafherden (letztere vor allem für die Milchgewinnung) besaßen die Großgrundbesitzer nahe ihren Villen auch Wildgehege (leporaria oder roboraria),[3] um dem gewaltigen Tafelluxus der Begüterten zu entsprechen.

Dagegen lädt z.B. der Dichter Horaz (65–8 v.Chr.) in einem der typischen »Einladungsgedichte« lediglich zu einem frugalen Mahl mit verschiedenen Sorten von Kohl ein, wie es vermutlich für den weniger reichen Teil der Bevölkerung repräsentativ war; allerdings sparte Horaz nicht am Wein, dessen Abfülljahr und Herkunft eigens hervorgehoben werden.[4] Das Gedicht von Horaz darf jedoch nicht überbewertet werden; aus den Tierknochenfunden römischer Militärlager in Deutschland und England geht hervor, daß Rindfleisch wesentlicher Bestandteil der soldatischen Ernährung war.[5]

Obwohl Fisch grundsätzlich vor allem der Ernährung der ärmeren Schichten diente, spielte das Züchten von seltenen, delikaten Fischen in aufwendig angelegten Teichen[6] in den Landgütern seit der späten Republik (2./1. Jh. v.Chr.) als Luxus der Reichen eine große Rolle. Neben der sehr profitablen Seefischhaltung in großen vivaria[7] wurde im 1. Jh. v.Chr. auch die gewinnträchtige Austernzucht durch einen gewissen C. Sergius Orata eingeführt.[8]

Die umfangreiche Tierhaltung diente jedoch nicht nur dem privaten oder kaiserlichen Mahl, sondern sie war auch Voraussetzung für die zahlreichen privaten und staatlichen Tieropfer, unter denen die suevotaurilia den höchsten Rang einnahmen. Damit wurde das häufig in offiziellen Bilddenkmälern dargestellte Opfer von drei Tieren, einem Schwein oder Eber, einem Schaf und einem Stier bezeichnet (s. Abb. 1). Für bescheidenere Tieropfer genügten auch die geringerwertige Ziege, eine Henne oder auch eine Wachtel, von denen die Götter hauptsächlich die Eingeweide erhielten, während die am kultischen Ritual Beteiligten das Fleisch genossen.

Diese Entwicklung zu großen Landgütern mit umfangreicher Großviehhaltung und Kleintierzucht setzte vermutlich erst im 2. Jh. v.Chr. ein, so daß ursprünglich auch die Jagd wie bei den Griechen neben dem Schutz der Landbevölkerung und ihrer Herden wesentlich der Fleischversorgung der Bevölkerung diente. So empfiehlt der Dichter Vergil (70–19 v.Chr.), im Winter, wenn der Landwirt Zeit hat, Fußangeln für die Kraniche und Netze für die Hirsche auszulegen und auf Jagd nach langohrigen Hasen zu gehen.[9] Größeres Interesse widerfuhr natürlich der nicht ungefährlichen Jagd zu Fuß auf den wilden Eber mit Netzen und schweren Jagdspeeren, unterstützt von Hunden, die je nach Rasse zum Aufspüren und zum Attackieren eingesetzt wurden. Geringeres Ansehen genoß die Jagd auf Rot- bzw. Damwild, für die leichte Speere genügten und die auch als Treibjagd durchgeführt wurde, bei der die Tiere in ein Areal gehetzt wurden, das mit einer mit weißen oder bunten Federn behängten Kordel eingegrenzt war. Vögel fing man mit Netzen oder Leimruten, gelegentlich auch mit Lockvögeln, Fische mit Angeln und Netzen. Als prominentester Angler wird Augustus (Regierungszeit 27 v.Chr.–14 n.Chr.) erwähnt, der in späteren Regierungsjahren diesem Zeitvertreib gehuldigt haben soll.[10]

Abb. 1
Schwein, Schaf und Rind (Opferszene). Staatsrelief vom Forum Romanum, 117–138 n.Chr. Rom, Curia (Foto: Archäolog. Inst. Gießen)

Zur Standardausrüstung des professionellen Jägers gehörten neben den Speeren, den Netzen und ihren Spannstöcken die kurze Tunica, gelegentlich mit dem kurzen Mantel darüber, hohe Lederstiefel und selten ein schmalrandiger Hut; begleitet wurden die Jäger von ihren Spür- und Jagdhunden. Über den jagdlichen Einsatz von Pferden ist vor der Kaiserzeit relativ wenig bekannt; doch die Aufzählung von für die Jagd mehr oder weniger geeigneten Pferderassen bei dem Schriftsteller Grattius (1. Jh. n.Chr.)[11] weist trotz der geringen schriftlichen und bildlichen Evidenz auf die Jagd vom Pferderücken aus hin, die allerdings erst im 2. Jh. n.Chr. durch Kaiser Hadrian größere Verbreitung und Bedeutung fand.

Es entspricht der vergangenheitsbezogenen Aufwertung der Jagd unter Hadrian, daß der Historiograph Arrian (2. Jh. n.Chr.) in dieser Zeit nach dem Vorbild des griechischen Historikers Xenophon (ca. 425–355 v.Chr.) ein gleichnamiges Buch *Kynegetikos* (Jäger) verfaßte, in dem allerdings gegen Xenophon die Jagd ausschließlich als sportliches und ehrenvolles Vergnügen ohne Nützlichkeitserwägungen gesehen wird. Arrian überließ gewissermaßen die Jagd um des Wildbrets willen professionellen Jägern mit Netzen und Spürhunden. Da für die von ihm präferierte Jagd auf Hasen zu Pferde und mit schnellen Jagdhunden diesen Tieren eine wichtige Bedeutung zukam, widmet er den »skythischen« und libyschen Nomadenpferden und ganz besonders den verschiedenen zur Jagd geeigneten Hunderassen und ihrer Aufzucht viel Aufmerksamkeit. Diese Erneuerung der Jagdliteratur durch Arrian findet in dem folgenden 3. Jahrhundert n.Chr. ihre inhaltlich grundsätzlich ähnliche Weiterführung durch Oppian[12] und Nemesianus[13] und spiegelt die anhaltende Bedeutung des Jagens als sportliches Vergnügen, das den Römern durch die Griechen vermittelt wurde.

Besonders bei ihren Feldzügen nach Griechenland seit dem frühen 2. Jh. v.Chr. kamen die Römer mit der griechischen Kultur in Berührung, die in vielfältiger Weise die römische Kultur prägte, und sie lernten die hohe Wertschätzung der adeligen Jagd kennen. Nach dem Vorbild der königlichen makedonischen Familie begeisterte sich der römische Adel an der Jagd in den dafür reservierten Jagdgebieten Makedoniens, wie z.B. Scipio (185–129 v.Chr.), der Sohn des Aemilius Paullus, und huldigte großer Jagdleidenschaft, da die Jagd als das beste körperliche und sittliche Training für einen jungen Menschen angesehen wurde.

Der hellenistische Historiker Polybios (ca. 200–120 v.Chr.)[14] berichtet über Scipio, daß dessen Mut durch das Jagen größte Anerkennung fand, da er im Gegensatz zu anderen jungen Männern niemandem irgendeinen Schaden zufügte. Von Aemilius Paullus[15] ist sogar bekannt, daß er seinen Sohn nach griechischem Vorbild erziehen ließ, wozu eben auch das Reiten, die Hundehaltung und das Jagen gehörten. Allgemein wurde die Jagd als vorzügliche Vorbereitung auf den militärischen Kampf und besonders im Winter als den Körper stählendes Training angesehen.[16] Für die adelige Jagd hielt man sich nach griechischem Muster, wie es auch der dem Griechischen entnommene Begriff zeigt, ein therothrophion (lat. vivarium), ein von einer Mauer oder hölzernen Palisaden umgebenes Gehege, in dem wilde Tiere wie z.B. Eber, wilde Ziegen oder Rot- und Damwild gehalten und gezüchtet wurden. Solche therotropheia, oder auch leporaria, Hasengehege, waren bei der römischen Nobilität außerordentlich beliebt.[17] Das Wildgehege z.B. des Kaisers Gordian III. (reg. 238–244) bevölkerten 32 Elefanten, 10 Elche, 10 Tiger, 60 zahme Löwen, 30 zahme Leoparden, 10 Hyänen, 6 Flußpferde, 1 Nashorn, 10 weiße Löwen, 10 Giraffen, 20 Wildesel und 20 Wildpferde, die mehr der öffentlichen Schaustellung als seinem eigenen Vergnügen dienten.[18] Dagegen liebte es Kaiser Domitian (reg. 81–96 n.Chr.), in seinem »Wildpark« von einem Hochsitz (?) aus mit dem von ihm bevorzugten Bogen oft zahllose Tiere zu erlegen.[19]

Doch nicht alle Römer teilten dieses Interesse an der Jagd als Sport der Reichen. Der römische Politiker und Historiker Sallust (86–34 v.Chr.),[20] der die konservativ-römischen Kreise repräsentierte, die der Übernahme griechischer Gebräuche kritisch bis feindselig gegenüberstanden, geißelt die Jagd als sklavische Beschäftigung, während der Gelehrte Varro (116–27 v.Chr.),[21] der alle sportlichen Betätigungen als überflüssig und unsinnig ablehnte, ethisch argumentiert, indem er dem Jäger das Recht abspricht, Tiere zu jagen und zu töten, die ihm kein Leid angetan hätten. Wie ernst dieser moralische Anspruch zu nehmen ist, ist schwer zu beurteilen; vermutlich sind diese für die spätrepublikanische Zeit charakteristisch divergierenden Auffassungen zur Jagd vor allem Ausdruck der Akzeptanz oder der Ablehnung griechischer Gebräuche.

Der insgesamt eher unheroische Charakter der Jagd bei den Römern änderte sich unter Kaiser Hadrian (reg. 118–138 n.Chr.), dessen Jagdleidenschaft und hohe Wertschätzung der Jagd in der Gründung einer Stadt namens »Hadriansjagd« (Hadrianoutherae) in Kleinasien beredt Ausdruck gefunden haben. Der herrscherliche Kampf gegen einen Eber, Bären oder Löwen, die er mit eigener Hand getötet haben soll,[22] wird von ihm in offenkundiger Übernahme griechisch-hellenistischer Vorstellungen zum Topos kaiserlicher Tapferkeit (virtus). Die später im Konstantinsbogen in Rom verbauten Rundreliefs zeigen den Kaiser als heroischen Jäger hoch zu Roß, wie er das wilde Tier mit dem schweren Speer erlegen wird oder bereits erlegt hat (s. Abb. 2).

Abb. 2
*Kaiser Hadrian bei der Eberjagd. Relieftondo, 117–138 n.Chr.
Rom, Konstantinsbogen (Foto: Rom, DAI)*

Mit der Jagd vom Pferderücken aus auf wilde Tiere, insbesondere den Löwen, sowohl realiter wie im Bild, griff Hadrian bewußt auf die orientalische oder eher griechisch-hellenistische Tradition des herrscherlichen Jagdanspruchs und -privilegs zurück und stellte sich in eine Reihe mit diesen Potentaten. Dem entspricht die Überlieferung, daß die Löwenjagd künftig ein kaiserliches Privileg war.[23] Zugleich aber hatte Hadrian mit der Adaption der Jagd zu Pferde als Symbol kaiserlicher virtus eine Bildformel geschaffen, die im sepulkralen Bereich auf den teilweise monumentalen marmornen Sarkophagen bald von der römischen Nobilität übernommen wurde. Die exklusive kaiserliche Löwenjagd erschien als Bildschmuck der Sarkophage allerdings erst ein Jahrhundert später.[24] Die Diskrepanz zwischen den realistisch inszenierten Kampfbildern in den Sarkophagreliefs und der historischen Unwahrscheinlichkeit solcher Löwenjagden löst sich nur auf, wenn man diese Bilder als Allegorien versteht (s. Abb. 3). »In der Gegenüberstellung des vom Löwen Getöteten (des Jagdgehilfen) und des über den Löwen Triumphierenden (des Verstorbenen) wird die Unerbittlichkeit des irdischen Todes und die Hoffnung auf einen Sieg über den Tod eindrucksvoll vorgetragen«.[25] Die große Beliebtheit dieses symbolträchtigen Motivs und der sog. Jagdsarkophage insgesamt bis in das 4. Jh. n.Chr. spiegelt die hohe gesellschaftliche Wertschätzung der heroischen Jagd.

Abb. 3
Löwenjagd. Detail eines Sarkophags, um 260/70 n.Chr.
Reims, Musée (Foto: Archäolog. Inst. Gießen)

In der Realität des römischen Alltags bedeutsamer waren seit dem 2. Jh. v.Chr. jedoch die Zurschaustellung exotischer Tiere und vor allem die blutige Jagd auf sie in den großen Bauwerken des Circus, später den Amphitheatern oder anderen Arenen in den Städten, die eine gewaltige Anziehungskraft auf die Masse ausübten.[26] Als in den Triumphzügen stolz vorgeführte Kriegsbeute repräsentierten sie die besiegten fremden Völker, und vielleicht vollzog sich in den meist nachfolgenden Schaujagden anfangs die erneute Überwindung der bestandenen fremden und unbekannten Gefahren. Bald gehörten diese Jagden (venationes) zum festen Programm der Unterhaltung der hauptstädtischen Bevölkerung.[27] Die erste große Schaujagd ist 186 v.Chr. für Marcus Fulvius Nobilior überliefert,[28] als er als Prokonsul aus Griechenland zurückkehrend im Rahmen großer Festspiele Löwen und Leoparden jagen ließ. Es bürgerte sich in der Folgezeit ein, daß es geradezu zu den Aufgaben der leitenden städtischen Beamten, der Ädilen, gehörte, denen die Aufsicht über viele öffentliche Angelegenheiten oblag, im Interesse ihrer Karriere aufwendige Jagdspektakel aus eigener Tasche zu finanzieren. Je größer der Aufwand war, um so höher stieg der Ädil in der Gunst der Wähler. Caesars (100–44 v.Chr.) Popularität soll durch die Schaujagden während seiner Zeit als Ädil enorm gewachsen sein;[29] bei seinem Triumph 46 v.Chr. führte er Elefanten, 400 Löwen, thessalische Stiere und eine Giraffe für anschließende Schaujagden mit sich. Noch aufwendiger gestaltete sein Gegenspieler Pompeius im Jahr 55 v.Chr. eine Jagd im Circus Maximus in Rom. Das blutige Spektakel mit 500 Löwen und 18 Elefanten, die gegen Schwerbewaffnete kämpften, führte aufgrund des Schreiens der blutüberströmten, schwerverletzten Tiere jedoch nicht zu den erwarteten Begeisterungsstürmen, sondern weckte das Mitgefühl der Masse und sogar die Vorstellung, daß die Elefanten etwas Gemeinsames mit der menschlichen Rasse hätten, wie es der Philosoph und Rhetor Cicero (106–43 v.Chr.)[30] beschrieben hat. Gleichwohl berichtet er als Zuschauer dieser Schaujagd, daß die Darbietungen großartig waren, und daß man sie vielleicht sehen müsse, wie all die vielen Jagden vorher. Das Mitleid mit den Elefanten des Pompeius war offenbar die seltene und fast einzige bekannte Ausnahme; grundsätzlich gehörten die blutigen Schaujagden zur gewünschten Unterhaltung des Römers.

Unter den Kaisern nahmen die hauptstädtischen »venationes« mit Hunderten exotischer Tiere unvorstellbare Ausmaße an und dokumentieren die Sensationslust der römischen Gesellschaft, die sich bekanntlich nicht nur an dem Töten der wilden Tiere weidete, sondern sich auch für blutige Kämpfe zwischen Gladiatoren oder anderen Menschen bis hin zum tödlichen Ende begeisterte. Allein während seiner Regierungszeit (27 v.Chr.–14 n.Chr.) hat Augustus bei 26 Schaujagden 3500 Tiere töten lassen, wie er selbst in seiner selbstbewußten Regierungsbilanz[31] festgehalten hat. Die gewaltigen Zahlen importierter fremder Tiere lassen auf einen ausgedehnten und wohlorganisierten Handel mit exotischen Tieren aus den verschiedensten Regionen des römischen Imperiums schließen, dessen große Bedeutung sich z.B. in dem fast 300 qm großen Mosaik der »Großen Jagd« in der spätrömischen Palastvilla del Casale bei Piazza Armerina auf Sizilien widerspiegelt. Das gigantische Fußbodenmosaik schildert idealtypisch in einer heroischen und exotischen Hügellandschaft, die von den flankierenden Personifikationen Asiens und Afrikas geographisch verortet und durch Antilopen reißenden Raubkatzen sinnhaft belebt wird, das Einfangen der wilden Tiere mit Netzen und Seilen, ihren Transport mit fahrbaren Käfigen und ihr Verladen auf Schiffe sowie das nachfolgende Entladen in Italien mit großem Jägereinsatz und unter der Aufsicht kaiserlicher Beamter.[32] Die Ausschmückung spätrömischer Villen und frühbyzantinischer Paläste mit großformatigen Jagdbildern heimischer und exotischer Tiere unterstreicht die hohe gesellschaftliche Bedeutung der Jagd über das Ende der Antike hinaus.

2. Arbeitskraft
von Manfred Landfester

In der römischen Antike sind die Haustiere in ähnlicher Weise wie in der griechischen Antike zur Arbeit eingesetzt worden. Die Konvergenzen sind primär historisch bedingt, denn die Italiker haben aus dem griechischen Kultur- und Zivilisationsraum Siziliens und Unteritaliens (Magna Graecia) dessen kulturelle und zivilisatorische Leistungen und Eigenarten übernommen; Unterschiede sind höchstens quantitativer Art gewesen. Vor allem die Expansion des Transportwesens auf dem Land bewirkte erhebliche Veränderungen. In der griechischen Antike dominierte dagegen der Seetransport. Von den römischen Schriftquellen ist besonders die landwirtschaftliche Fachliteratur wichtig: Cato (234–149 v.Chr.), *Über den Landbau,* Vergil (70–19 v.Chr.), *Über das Landleben,* Varro (116–27 v.Chr.), *Über die Landwirtschaft,* Columella (1. Jh. n.Chr.), *Über die Landwirtschaft.* Die Bildquellen veranschaulichen den Befund im Detail.

Da das Maultier universell einsetzbar war, wurde es zum bedeutendsten und gleichzeitig teuersten Arbeitstier auch der römischen Antike; es war wertvoller als ein Pferd.[33] Es war tauglich zum Ziehen (von Wagen, Pflug und Kahn), zum Schleppen (von Baumstämmen bei der Waldarbeit) und zum Tragen (von Lasten und Reitern). Das Transportwesen, das durch die Erweiterung des Straßennetzes und die Verbesserung der Wagenbautechnik ein stark expandierendes Gewerbe war, stützte sich neben dem Ochsen und vor dem Esel auf den Maulesel. Die Maultiere zogen im Zwei- und Viergespann den vierrädrigen Lastwagen.[34] Maultiere wurden in derselben Formation vor den zwei- und vierrädrigen Reisewagen gespannt.[35] Nero ließ ihnen dabei silberne, seine Frau Poppaea Sabina goldene Hufschuhe anpassen. Sie trugen auf dem Packsattel Lasten unterschiedlicher Art, z.B. dem Reisenden das Gepäck, dem Militär die Waffen. Nicht nur Männer, sondern auch Frauen wußten das Maultier als bequemes Reittier zu nutzen, da es leicht lenkbar war. Für den kaiserlichen Postdienst (cursus publicus) war es neben dem Pferd unentbehrlich; man konnte es als Reittier und als Zugtier einsetzen. Dadurch, daß an den großen Fernstraßen Stationen für den Wechsel der Tiere eingerichtet wurden, konnten Nachrichten, Personen und Lasten schnell über weite Entfernungen befördert werden. Als Horaz[36] auf der Via Appia von Forum Apii nach Tarracina reiste, ließ er sich nachts auf einem Boot von einem Maultier durch die Pontischen Sümpfe ziehen. Schließlich war das Maultier auch »zum Pflügen brauchbar, nur mit der Einschränkung, daß [...] ein Acker mit schwerem Boden doch die Kraft von Ochsen erfordert«.[37] Als Ausdruck der Wertschätzung dieses Tieres waren Maultierrennen neben Pferderennen ein traditioneller Bestandteil der Consualia, eines römischen Erntefestes.

Zwar konnte der Esel etliche Aufgaben des Maultiers übernehmen, aber er war nicht so zuverlässig und schnell. Zum Ziehen von Wagen und landwirtschaftlichen Geräten wurde er zwar verwendet, aber in seiner Leistung konnte er nicht mit dem Maultier und dem Rind konkurrieren. Das Tragen vielfältiger Lasten in der Landwirtschaft und im Handel machte ihn zu einem nützlichen Tier vor allem der Unterschichten, da er preiswert zu erwerben war. Auch als Reittier in unwegsamem Gelände war er zu verwenden. Störrisch wie er nun einmal war, wurde seine Arbeitsleistung durch Schläge gefördert. Wenn im *Neuen Testament* der Esel zum Reittier für Jesus (Einzug Jesu in Jerusalem) wird, so ist der paradoxe Charakter signifikant: Jesus, der Sohn Gottes, reitet auf einem Tier der armen Leute. Nachdem sich in frührepublikanischer Zeit (2. Jh. v.Chr.) die Drehmühle (sog. Pompeianische Mühle) als technische Neuerung durchgesetzt hatte, wurde der Esel mit Vorliebe zum Antreiben der Mühle verwendet. Dies blieb in der antiken Welt der einzige Fall, in dem tierische Muskelkraft als Antrieb genutzt wurde. Das Dreschen (durch Austreten der Körner) gehörte außerdem zu seinen Aufgaben. Aus dem griechischen Roman *Lukios oder Der Esel* Lukians (2. Jh. n.Chr.) und seiner lateinischen »Bearbeitung« durch Apuleius (2. Jh. n.Chr.) in den *Metamorphosen* (auch der *Goldene Esel* genannt) erfahren wir, was ein Esel in seinem wechselvollen Leben zu leisten hatte: Er muß Diebesgut durchs Gebirge schleppen, auch Holz, Gemüse u.a.; er bietet sich einer Frau spontan als Reittier an; er wird an die Mühle gebunden, um mit verbundenen Augen Getreide zu mahlen; dabei wird er durch Schläge »wie ein Kreisel herumgetrieben«. Bei dieser Arbeit helfen ihm »alte Maultiere und schwächliche Klepper« (»muli senes vel cantherii debiles«).[38]

Wie in der griechischen Antike ist vor allem der Ochse, das kastrierte männliche Rind, wichtiges Arbeitstier gewesen. Ohne den Ochsen ist die römische Landwirtschaft undenkbar. Pflügen, Eggen, Dreschen sind zentrale Aufgaben. Ziehen von Lastwagen[39] und Schleppen in der Forstwirtschaft sind nicht weniger wichtig; daher galt er als der »fleißigste Helfer des Menschen in der Landarbeit« (laboriosissimus [...] hominis socius in agricultura).[40] Seit dem 4. Jh. n.Chr. war er als Zugtier schwerer Lastwagen im kaiserlichen Postdienst tätig. Ein Marmorrelief des späten 1. Jahrhunderts gibt einen realistischen Eindruck von einem mit seinem beladenen Rind in die Stadt gehenden Bauern.[41]

Auch in Rom war das Pferd nicht so sehr Arbeitstier, sondern vor allem Statussymbol. Die Nutzung im Krieg war zunächst begrenzt; für die Jagd war es beliebt. Römer wie auch Römerinnen nutzten das Pferd zum Reisen, sowohl reitend[42] als auch – bequemer – auf dem leichten und schnellen zweirädrigen Wagen fahrend.[43] Im 1. Jh.

n.Chr. galt das Reiten dabei als ein Zeichen von Bescheidenheit, während aufwendige Reisen mit dem Wagen, sei er von Maultieren oder von Pferden gezogen, Symptom für verschwenderischen Lebenswandel waren. So lobt der Philosoph Seneca Cato den Älteren, »weil er sich mit einem einzigen Pferd begnügte, d.h. eigentlich mit einem halben, denn den übrigen Platz nahm das zu beiden Seiten herabhängende Gepäck ein.«[44] Neben dem Maultier wurde das Pferd intensiv vom kaiserlichen Postdienst in Anspruch genommen. Mit der Ausweitung dieses Dienstes seit dem 2. Jh. n.Chr. stieg auch die Bedeutung dieses Tieres.

Allerdings endete die Laufbahn eines Pferdes häufig in der Mühle. In einem dem Archias zugeschriebenen Epigramm beklagt sich ein Pferd, das sich einst an allen panhellenischen (den olympischen pythischen, nemeischen und isthmischen) Spielen ausgezeichnet hatte: »An des Alpeios Gestade errang ich mir Kränze, / mein Wanderer, / Zweimal war ich bekränzt an der Kastalischen Quelle / Preisend verkündigte auch mich Nemea; und an dem Isthmos / flog ich als Füllen dereinst wie der beflügelte Wind. / Ach, nun dreh ich im Alter den immerzu kreisenden Mühlstein / hart von der Peitsche bedrängt, strahlenden Siegen zur Schmach.«[45]

In den asiatischen und afrikanischen Provinzen blieben aus klimatischen und geographischen Gründen die Kamele die bewährten Reit- und Transporttiere. Von Karawanen und Karawansereien berichten verschiedene Autoren.[46]

Nur wenige Schutzbestimmungen für Tiere sind überliefert; daß sie zahlreich waren, ist nicht anzunehmen. Zwar berichten Varro[47] und Columella[48] übereinstimmend, daß in der Frühzeit jeder zum Tode verurteilt worden sei, der ein Rind getötet habe, aber hinter diesen Aussagen steht – wie hinter den entsprechenden Quellen für Griechenland – keine Wirklichkeit, sondern die Philosophie des Pythagoras und Empedokles. Diese finden ihre Lehre von der Seelenwanderung, die konsequent das Mißhandeln und Töten von Tieren verwerfen und zum Vegetarismus auffordern muß, durch die vermeintliche Ehrfurcht der Alten vor dem Rind bestätigt. Aber diese Ehrfurcht vor dem Tier hat es nur in der Tradition dieser Philosophie gegeben, die allerdings im Neupythagoreismus der Kaiserzeit seit dem 1. Jh. n.Chr. auf die Gebildeten erheblichen Einfluß gehabt hat.

Einen gewissen Schutz genossen die Arbeitstiere in Rom dadurch, daß sie an bestimmten Feiertagen von der Arbeit befreit waren und dabei gelegentlich noch bekränzt an voller Krippe standen. Am Fest des Jupiter Dapalis waren die Rinder und die Rinderknechte Nutznießer dieser Tradition;[49] Esel hatten am Fest zu Ehren der Vesta arbeitsfrei;[50] Ruhetage hatten die Maultiere an Totenfesten.[51] Für Maulesel, Pferde und Esel gab es Feiertage, wenn das Gesinde feierte.[52] An den eine altrömische Gottheit mit Pferde- und Mauleselrennen ehrenden Consualia wurden die Maultiere nicht zur Arbeit herangezogen.[53] Solche Maßnahmen waren aber keine direkten Schutzmaßnahmen, sondern die Tiere wurden an solchen Tagen in kultische Begehungen einbezogen, so daß sie dadurch nicht zur Arbeit eingesetzt wurden. Schutz boten den Tieren im kaiserlichen Postdienst Bestimmungen des *Codex Theodosianus* aus dem 4. Jh. n.Chr., die eine Beschränkung des Transportgewichts festsetzten, damit die Tiere möglichst lange einsatzfähig blieben. Aber insgesamt waren die Schutzmaßnahmen wenig ausgeprägt.

3. Militärische Nutzung

Die Kavallerie genoß in griechischer Tradition seit dem 4. Jh. v.Chr. als ergänzender Truppenteil hohe Wertschätzung, wie z.B. aus dem *Bellum Civile*[54] Caesars hervorgeht. Erst als seine gallischen Reiter die Fußsoldaten verstärkten, vermochte Caesar die drohende Niederlage bei Ilerda im Jahr 49 v.Chr. abzuwenden. Denn die schnellen und hoch sitzenden Reiter konnten rasch die Gesamtsituation erfassen und sie dem Feldherrn melden; sie konnten versprengte gegnerische Truppenteile einholen und überwältigen; durch schnelle Schwenks konnten sie der Phalanx des Feindes in die Flanke oder in den Rücken fallen; ferner waren sie für den Nachschub verantwortlich und konnten den Nachschub des Gegners stören oder unterbinden.[55] Andererseits waren die Pferde leicht verletzlich, und daher die Kavallerie nicht als unabhängige Truppe gegen die Infanterie einsetzbar. Die Reiter trugen Panzer oder ein buntfarbenes Wams, Helm mit Visier und Schild und kämpften mit der Lanze und einigen Wurfspeeren;[56] Steigbügel waren jedoch unbekannt.

Rüstungen für die Pferde, die teils reich verziert den Kopf, die Brust und die Flanken schützten, werden in der römischen Literatur gelegentlich erwähnt[57] und sind, wie in dem berühmten Waffenfund von Straubing (Bayern)[58], nur selten erhalten; offenbar wurden sie aber erst im 4. Jh. n.Chr. üblich und spiegeln die veränderten Aufgaben der schweren Kavallerie wider. In Friedenszeiten, aber auch in längeren Kampfpausen, wurden Reiterwettkämpfe oder Dressurkampfspiele (hippika gymnasia; lusus Troiae)[59] durchgeführt, bei denen rasche Kehrtwendungen, blitzartige Attacken, Auseinandersprengen und Sich-wieder-vereinen zentrale Trainingselemente für den militärischen Einsatz darstellten.

Während das Pferd in erster Linie als Reittier diente und Maultiere und Ochsen wie im zivilen Leben auch im Troß des Heeres als Lastund Zugtiere eingesetzt wurden,[60] nahmen speziell abgerichtete Elefanten aktiv am Kampfgeschehen teil. Die erste Begegnung der Römer mit Kriegselefanten fand 280 v.Chr. bei Tarent gegen Pyrrhos, den König des nordwestgriechischen Epirus, statt, der 20 Tiere in seinem Heer führte. Nach Plutarch (ca. 45–125 n.Chr.)[61] rissen die römischen Pferde angesichts des ungewohnten Gegners aus und verhalfen Pyrrhos zu seinem freilich verlustreichen Pyrrhossieg. 275 v.Chr. konnte der römische Feldherr Curius einige Kriegselefanten des Pyrrhos gefangennehmen und nach Rom bringen, wo sie, im Triumphzug mitgeführt, das erste Mal für die römische Bevölkerung zu sehen waren. Den großen Eindruck der Dickhäuter auf die Römer spiegeln viele Anekdoten.[62] Wenig später (262 v.Chr.) stand das römische Heer bei Agrigent erneut Kriegselefanten gegenüber, die die Karthager aus Afrika nach Sizilien überführt hatten. Während der folgenden Punischen Kriege (bis 241 v.Chr.) mußte das römische Heer weitere, zum Teil verheerende Erfahrungen sammeln, da es in der Ebene dem Ansturm der karthagischen Elefanten nicht gewachsen war, die die Soldaten niedertrampelten. Für die wenigen Elefanten, die erobert und nach Rom transportiert wurden, hatte man dort offenbar wenig Verwendung; sie sollen im römischen Circus zu Tode gejagt worden sein.[63] Die Vielseitigkeit der wohldressierten Kriegselefanten, die allein durch ihren Anblick die Gegner abschreckten,[64] wurde auch bei der berühmten Überquerung der Alpen unter Hannibal unter Beweis gestellt, als die Elefanten offenbar auch zu Straßenarbeiten herangezogen wurden. Ihre enorme Wirkung auf die Römer und Italiker fand ihren äußeren Ausdruck auch in der Wahl des Elefanten als Symbol auf den Münzen der mit Hannibal verbündeten italischen Städte (Capua, Atella).[65] Die hohe militärische Einschätzung der Kriegselefanten durch die Römer spiegelt sich auch in den Friedensbedingungen nach der Niederlage Hannibals (202 v.Chr.) wider: Die Karthager mußten nicht nur alle Elefanten übergeben, sondern auch auf das künftige Ausbilden von Kriegselefanten verzichten.

Die Römer setzten Elefanten offenbar erst 197 v.Chr. bei Kynoskephalai gegen die Makedonen ein und versetzten diese dadurch in Verwirrung und Schrecken. Dies gilt auch für die folgenden Jahrzehnte sowohl in den Kämpfen im Osten wie im Westen, wo der Überraschungseffekt der z.B. für die Keltoiberer oder Gallier unbekannten Tiere sichtlich einen militärischen Vorteil darstellte. Auf römischer Seite wurden im Gegensatz zu den hellenistischen und karthagischen Heeren jedoch stets nur wenige dieser gewaltigen Tiere eingesetzt. Der Kriegselefant blieb für die Römer trotz der militärischen Erfolge etwas Exotisches und vor allem Unberechenbares. Immer wieder berichten die römischen Schriftsteller von wildgewordenen Kriegselefanten, die auch Verwirrung in den eigenen Reihen verursachten.[66] Effektiver als der Einsatz von Kriegselefanten war offenbar das von Caesar anläßlich seines Kampfes gegen die von dem Numider Juba mit Elefanten ausgestatteten Truppen des Pompeius in Nordafrika (64 v.Chr.) praktizierte Gewöhnungstraining mit eigenen Elefanten, wie aus dem *Bellum Africanum* hervorgeht.[67] Indem Mannschaften und Pferde an den Anblick und das Trompeten der gewaltigen Tiere gewöhnt wurden und deren Schwachstellen kennenlernten, verloren sie die Furcht vor ihnen. Später sich anschließende Prozessionen und Schaukämpfe der eroberten Kriegselefanten in Rom spiegeln jedoch die unveränderte Faszination wider, die von diesen eindrucksvollen Tieren nach wie vor auf die Römer ausging. Ihr militärischer Einsatz ist zuletzt unter Octavian, dem späteren Augustus, überliefert.[68] Gelegentlich werden die in der römischen Kaiserzeit (31 v.Chr–284 n.Chr.) für Schaukämpfe und Feste in kaiserlichem Besitz gehaltenen Elefanten auch in militärischem

Kontext, aber nie im tatsächlichen Kampfeinsatz erwähnt, obwohl sie in den Partherkriegen im 4. Jh. n.Chr. von der gegnerischen Seite verwendet wurden.[69]

4. Vergnügen
von Jochem Küppers

Wie in der griechischen Antike dienten die Tiere auch dem Vergnügen und der Unterhaltung des Römers: Infolge der Domestikation konnten Tiere zum ständigen Begleiter, Hausgenossen und so gleichsam zu Vertrauten, Freunden, Spielgefährten, Lieblingen und zum Schoßtier werden. Mit diesem aus dem direkten Umgang mit den domestizierten Tieren resultierenden Verhältnis kontrastiert dasjenige, das in den unüberbrückbaren Differenzen zwischen dem Menschen und bestimmten Tieren begründet liegt: Diese können in bezeichnenden, die menschlichen Möglichkeiten übersteigenden Fähigkeiten oder menschliches Maß übertreffender Größe, Stärke, Wildheit, Häßlichkeit bzw. häufiger Schönheit u.a. bestehen. Hieraus erwächst dem Menschen auch schon in der Antike einerseits das Bedürfnis nach Dressur oder nach der Zurschaustellung, teilweise bereits in Gehegen als Vorläufern moderner Zoos, sowie andererseits im Zusammenhang mit der menschlichen Vorliebe für alle Formen des Agons die Freude an Wettrennen und Kampfspielen jeglicher Art, die letztlich im kaiserzeitlichen Rom zu überdimensionierten Pferderennen im Circus maximus und zu grausamen Tierhetzen und Gladiatorenkämpfen im Amphitheater führten. Die eigentlichen Voraussetzungen dafür, daß Tiere dem Menschen Freude und Vergnügen bereiten können, und auch die Grundformen dieses Vergnügens unterscheiden sich also in der Antike und der Gegenwart letztlich nicht.

Als einem der wichtigsten Haustiere konnte zwischen dem Hund und dem individuellen Menschen ein besonders enges, freundschaftliches und fast schon intimes Verhältnis entstehen. Der Hund beschützte bedingungslos Haus und Hof des Herren in der gesamten Antike, wie die bekannten Warnschilder mit der Aufschrift »cave canem« eindrucksvoll beweisen. Die zugehörigen Abbildungen zeigen freilich die Haltung des Hundes an kurzer Kette. Doch das Verhältnis zwischen Mensch und Hund konnte sich auch in eine andere Richtung entwickeln, wie Grabmäler, Grabepigramme und Gedichte für Hunde beweisen.[70] Der Hund erscheint als umhätscheltes Schoßtier (deliciae),[71] das maßlos verwöhnt und überfüttert werden konnte.[72]

Welche Tiere gewissermaßen als Spielkameraden Kindern Freude und Vergnügen bereiten können, belegt ein makabrer Katalog in einem Brief des Plinius,[73] in dem jene Tiere aufgezählt werden, die ein Vater beim Tode seines kleinen Sohnes an dessen Scheiterhaufen töten läßt: Ponys zum Fahren und Reiten, große und kleine Hunde sowie verschiedene Vögel, darunter auch Papageien. Diesen Tieren kann noch der Hase zugesellt werden, der vor allem als Schoßtier bei Mädchen beliebt war.[74] Doch nicht nur von Kindern wurden Hasen und Vögel als Spieltiere geschätzt, sondern sie hatten vor allem auch die Funktion von Liebestieren. So begegnen z.B. »passer« (Sperling), »columba« (Taube) und »lepus« (Hase) bei Plautus als Koseworte.[75] Der »passer« Lesbias, der Geliebten Catulls, ist durch dessen Gedichte geradezu unsterblich geworden.[76] Daneben sind auch bereits in der Antike Vögel besonders beliebt gewesen, wenn sie »sprechen« konnten, so vor allem Papageien (psitaccus),[77] aber auch Elstern (pica loquax, wörtlich: Plauderspecht) und Nachtigallen (luscinia).[78] Statius hebt hervor, daß ein Papagei mit dem Gruß »Caesar, ave!« den Namen des gerade herrschenden Kaisers verband.[79]

Eine andere Art des Vergnügens suchten vor allem privilegierte Gesellschaftskreise durch das Anlegen eines privaten Tiergeheges (vivarium) zu gewinnen. Diese seit ältester Zeit von orientalischen und asiatischen Vornehmen und Königen und auch hellenistischen Herrschern wie Ptolemäus II. (285–246 v.Chr.) geübte Praxis übernahmen römische Aristokraten und Gutsbesitzer, indem sie ihren Landgütern gerne Wildgehege angliederten, wobei aber unterschiedliche Interessen verfolgt wurden: Solche Freigehege, die zunächst vor allem Damwild, Wildschweine und Hasen beherbergten und mehr als 10 Hektar Fläche umfassen konnten, dienten entweder Jagdinteressen und letztlich der Ernährung bzw. auch allgemeinen Erwerbszwecken oder aber einem ästhetischen Vergnügen und Unterhaltungsbedürfnis. Man schaute z.B. von Pavillons aus beim Essen den Tieren zu.[80] Die Kaiser standen den Vornehmen nicht nach und errichteten z.T. bezüglich Ausdehnung und Tierbestand überdimensionierte Gehege. Belegt ist vor allem der Privatzoo, den Nero in seinem Palast (Domus aurea) einrichtete, derjenige Domitians in seiner Villa Albana und der Gordians III. an der Porta Praenestina, der einen Bestand von 537 Tieren gehabt haben soll, darunter Elefanten, Tiger, zahme Löwen, Flußpferde, Giraffen u.v.a.[81] Der Nachfolger Gordians III., Philippos Arabs, soll diesen Zoo 248 n.Chr. anläßlich der Säkularspiele der Öffentlichkeit zugänglich gemacht haben. Es ist übrigens davon auszugehen, daß ein großer Teil insbesondere der wilden und exotischen Tiere, die in den kaiserlichen Tiergehegen gehalten wurden, später für die Tierhetzen im Amphitheater verwendet wurde.

Neben solchen Tiergehegen fehlten auf den Landsitzen der Vornehmen Roms und der Kaiser auch nicht künstlich angelegte Fischteiche (piscina), die nicht nur den Bedarf an Edelfischen für die Tafel deckten, sondern in denen dressierte Fische, allen voran die Muränen, ihren Herren großes Vergnügen bereiteten. Unter den vielen überlieferten Anekdoten und Klatschgeschichten[82] ragt die hervor, derzufolge die Lieblingsfische in Domitians Fischteich in Baiae namentlich von ihrem Herrn gerufen wurden, auf Kommando heranschwammen und ihm die Hand leckten.[83]

An den genannten exklusiven Vergnügungen der Oberschicht hatte die breite Masse keinen Anteil; sie mußte sich etwa mit in Käfigen (caveae) gehaltenen Vögeln begnügen. Um ihrer Neugier gegenüber ungewöhnlichen, exotischen Tieren gerecht zu werden, wurden besonders prächtige Exemplare vor ihrem Auftreten im Amphitheater oder Circus maximus bereits im republikanischen Rom, insbesondere aber während der Kaiserzeit in Käfigen nicht nur in den Arenen, sondern auch auf Plätzen und Straßen in verschiedenen Teilen der Stadt präsentiert.[84] Der Ädil Aemilius Scaurus soll 58 v.Chr. einen Wassergraben in der Stadt angelegt haben, um das erste Nilpferd und mehrere Krokodile dem staunenden Publikum vorzuführen.[85] Auch Augustus ließ außerhalb der Schauspieltage dann, wenn etwas noch nie Gesehenes oder etwas Ungewöhnliches nach Rom gebracht wurde, wie ein Nashorn oder eine Riesenschlange von 50 Ellen Länge, diese Wesen an besonders belebten

Plätzen in der Stadt zur Schau stellen.[86] Teilweise waren die Tiere bei diesen Präsentationen aufwendig geschmückt, etwa mit vergoldeten Hörnern oder vergoldeten Mähnen.[87]

Die stadtrömische Bevölkerung wurde also mit exotischen und wundersamen Tieren aus aller Welt im Kontext der Schauspiele vertraut gemacht und konnte auf diese Weise ihre Neugier sowie die Sucht nach Attraktionen befriedigen. In der Massenunterhaltung, die während der gesamten Geschichte Roms von der republikanischen Zeit bis in die Spätantike in der Form von öffentlichen Schauspielen im Circus und Amphitheater institutionalisiert ist und letztlich ein wichtiges politisches Phänomen zur Lenkung der Massen darstellt, spielen Tiere die entscheidende und maßgebende Rolle. Diese für Rom so bezeichnende Form der Massenunterhaltung, die insbesondere in der Kaiserzeit geradezu ausartete, ist grundsätzlich im Kontext der antiken Wettspieltradition bzw. der Tradition der Agone zu sehen.[88] Sie hat ihren Ursprung bei den Griechen, wo ganz spezifische, fest in kultische und staatlich-politische Zusammenhänge eingebundene Wettspielformen entwickelt wurden, die für die gesamte abendländische Wettspiel- und Sportkultur in manchen Hinsichten prägend werden sollten.

Ganz anders scheinen allerdings die bereits kurz beschriebenen Verhältnisse in Rom zu liegen, wenn man vor allem die Circusspiele und die Tierhetzen sowie Gladiatorenkämpfe zunächst auf dem Forum und später in Amphitheatern, also die zentralen Formen der Wettkämpfe in Rom, in den Blick nimmt und nicht so sehr die »certamina Graeca«. Letztere Spiele, die Wettkämpfe von Athleten und insbesondere Schwerathleten präsentierten und auch Dichteragone beinhalteten, versuchten Augustus, Nero und Domitian vor allem durch die Stiftung neuer Spiele in Rom und anderen Städten wie etwa in Neapel einzurichten und ließen dazu z.T. eigene Stadien erbauen. Die heutige Piazza Navona in Rom z.B. geht auf das »stadium Domitiani« zurück.[89] Gleichwohl sind auch in der Urbs ursprünglich alle Wettspiele in einen kultischen Kontext eingebunden und mit Götterfesten verbunden. So spielten hippische Agone bereits eine wichtige Rolle in den von Tarquinius Superbus eingeführten ludi Romani, die das Urmodell aller ludi publici, also der Staatsfeste der Römer, darstellen.[90] Sie sind erstmals für das Jahr

322 v.Chr. sicher bezeugt. Die ludi publici wurden stets auf Staatskosten abgehalten und in der Republik von den Ädilen, seit Augustus von den Praetoren organisiert. Gladiatorenkämpfe (munera), die einen wesentlichen Bestandteil der Darbietungen im Amphitheater bildeten, sind etruskischen Ursprungs und wurden ursprünglich von Privatpersonen anläßlich der Bestattungsfeiern von Familienangehörigen organisiert. Die Söhne des Decius Pera ließen im Jahre 264 v.Chr. erstmals drei Gladiatorenpaare anläßlich eines Begräbnisses auf dem Forum Boarium kämpfen.[91]
An allen Staatsfesten waren mehrere Tage für die Circusspiele angesetzt, wobei seit Sulla (Diktator 82–79 v.Chr.) der Festkalender ständig durch neue »ludi votivi«, Gelöbnisspiele anläßlich von Siegen, Tempeleinweihungen, Ehrentagen der Herrschenden usw., erweitert wurde.[92] Die Circusspiele hoben mit einem Festzug (pompa circensis) an, der vom Kapitol über das Forum zum Circus maximus führte und vielerlei Gemeinsamkeiten mit einem Triumphzug aufwies. Erst im Laufe des 1. Jh. n.Chr., seit Caligula (37–41 n.Chr.), reduzierte sich das Programm zusehends auf Pferderennen. Demgegenüber umfaßte es etwa unter Augustus auch athletische Wettkämpfe (Laufen, Ringen und Faustkampf) sowie bei »ludi votivi« auch den »lusus Troiae«, ein paramilitärisches Reiterspiel, das die Jugendlichen der Kaiserfamilie und anderer Familien des römischen Hochadels durchführten und das die mythische Herkunft der Römer aus Troja feierte. Caligula, der als Pferdenarr galt, ließ erstmals die athletischen Wettkämpfe ausgliedern und an anderen freien Plätzen der Stadt aufführen. Auch Tierhetzen (venationes) fanden im Circus maximus bereits seit dem 2. Jh. v.Chr. statt, allerdings immer erst im Anschluß an die Circusspiele, und zwar vor allem anläßlich von Triumphen. So gab Caesar eine fünftägige »venatio« als Abschluß seines Triumphs im Jahre 46 v.Chr. Es deutet sich hier bereits unübersehbar die politische Funktion der römischen Wettspiele an bzw. deren Funktionalisierung mit dem Ziel einer bewußten Manipulation der Massen, die dann im Laufe des 1. Jh. n.Chr. in jenen Zuständen gipfelte, die Juvenal mit seinem berühmten Diktum »panem et circenses«, Brot und Spiele, geißelt: nur hiernach geht das Sinnen und Trachten der Massen, die alle anderen Interessen und vor allem jegliche politi-

sche Verantwortung, die einst das Volk in der römischen Republik hatte, von sich geworfen haben.[93]

Pro Wettkampftag wurden im 1. Jh. v.Chr. zehn bis zwölf Rennen ausgetragen, eine Zahl, die unter den Kaisern bis auf 20 Rennen gesteigert wurde. Nero, der sich selbst als den besten Wagenlenker (auriga) feiern ließ, dehnte den Rennbetrieb bis zum Einbruch der Dunkelheit aus. Zwischen den Rennen konnten Athleten, Akrobaten und Kunstreiter auftreten. Bei jedem Rennen sind bis zu zwölf Viergespanne beteiligt, die aus Boxen (carceres) starten. Die fast hysterische Aufgeregtheit und Spannung der Zuschauermassen beim Start brandmarkt der christliche Apologet Tertullian (ca. 160–220 n.Chr.) eindrucksvoll in seiner Schrift *De spectaculis*,[94] die vor allem auch vor dem Hintergrund grausamer Christenverfolgungen nichts Gutes an den römischen Wettspielen bzw. Aufführungen in den drei Hauptsparten Circusspiele, »munera« (Gladiatorenkämpfe) und »venationes« im Amphitheater und Theater läßt, gleichzeitig aber eine wichtige Quelle für das römische Wett- und Schauspielwesen darstellt. Siebenmal war bei den Wagenrennen die ca. 1200 m lange Rennbahn zu umrunden, wobei die Linkskurven um die Wendemarken (metae) die neuralgischen Punkte darstellten. Hier kam es häufig zu Karambolagen und Stürzen, die nicht selten schwere Verletzungen und auch den Tod bei den Rennpferden und den Wagenlenkern zur Folge hatten.[95] Die jeweilige Rundenzahl wurde für alle Zuschauer sichtbar mit klappbaren Marmordelphinen und -eiern auf der Mittelbarriere (spina) angezeigt, wie dies etwa ein Mosaik aus dem 3. nachchristlichen Jh. eindrucksvoll darstellt.[96]

Mit dem Geschehen auf der Rennbahn im Circus maximus verband sich ein auffälliger Starkult, der von massenpsychotischen Elementen bestimmt wurde, wie sie auch in der Moderne nur allzu gut bekannt sind. Der Fanatismus verband sich mit den unterschiedlichen Rennställen (factiones), die durch die Farben des Trikots der Wagenlenker unterschieden waren. Es gab vier – kurze Zeit unter Domitian auch sechs – »factiones«, nämlich die »alba, russata, prasina, veneta factio« (die weiße, rote, grüne und blaue Partei). Jeder dieser Rennställe hatte seine feste Anhängerschaft. Auch die Kaiser bekannten sich zu einer bestimmten Gruppe. Die Rennställe waren professionell organisiert und gleichsam ein Dienstleistungsbetrieb für die Circusspiele. Eine Inschrift informiert über die Spezialisten, die neben dem Wagenlenker in einem Rennstall beschäftigt waren.[97] Die besten Rennpferde stammten aus Zuchten in Sizilien, Kalabrien, Apulien, Nordafrika und Spanien. Jede Epoche hatte ihren Star-Wagenlenker, dem Ruhm, Gagen in Millionenhöhe, Ehrenstatuen und sogar dichterische Verherrlichung, wie etwa dem Scorpus durch Martial, zuteil wurden. Für Gutta, einen Star-Wagenlenker des 2. Jh. n.Chr., sind in einer detaillierten Inschrift alle errungenen Siege aufgelistet, nämlich 1127, sowie die siegreichen Pferde, wobei nur das Leitpferd auf der linken Gespannseite genannt wird: 429 Mal errang Gutta mit seinem Fuchs Victor für die »factio prasina« den Sieg.[98]

Der »furor circi« (die Raserei des Circus), den christliche Schriftsteller wie Tertullian v.a. wegen der Beziehung zu den Heidengöttern empört konstatieren und attackieren, kommt auf eine wesentlich dramatischere und fatalere Art und Weise zum Tragen bei den Gladiatorenspielen und Tierhetzen im Amphitheater mit all ihrem Blutvergießen. Gladiatorenkämpfe (munera) wurden von den Etruskern übernommen (s.o.) und fanden ab dem 3. Jh. v.Chr. in Rom statt. Es entstanden bald Schulen zur Ausbildung der Kämpfer. Die Gladiatoren rekrutierten sich aus Kriegsgefangenen, Sklaven, Schwerverbrechern und seit dem Ausgang der Republik auch aus Freigeborenen. Sie kämpften bei den Spielen paarweise, in Gruppen oder in Massen gegeneinander. Als »bestiarii« konnten sie auch gegen Tiere antreten. Ein verwundeter oder kampfunfähiger Gladiator konnte um Begnadigung (missio) bitten, die der Spielgeber bzw. in der Kaiserzeit der Herrscher selbst durch Heben bzw. Senken des Daumens gewähren oder ablehnen konnte. Tierhetzen (venationes) sind für Rom seit dem 2. Jh. v.Chr. belegt. Entweder wurden Tiere aufeinandergehetzt, oder es kämpften, wie erwähnt, Menschen gegen sie. Diese waren teilweise berufsmäßige Kämpfer (venatores), die mit Waffen, Schlingen und Netzen gegen Gage antraten und speziell ausgebildet waren, oder aber Gladiatoren, Verbrecher oder Kriegsgefangene. Die beiden letzteren Gruppen mußten unbewaffnet antreten und wurden fast stets ein Opfer der wilden Tiere.

»Munera« und »venationes« wurden ursprünglich auf den Foren bzw. dem Forum Romanum veranstaltet, wozu hölzerne Sitzreihen aufgebaut wurden. Das erste sicher datierbare stationäre Amphitheater entstand um 70 v.Chr. in Pompeji. Die Herkunft des Bautyps des Amphitheaters ist häufig diskutiert worden, vor allem weil es keine Vorläufer bei den Griechen gab, denen »munera« und »venationes« insgesamt unbekannt waren. Amphitheater sind also letztlich italischen Ursprungs; Statilius Taurus errichtete 29 v.Chr. auf dem Marsfeld ein erstes festes Amphitheater in Rom. Allerdings konnten für die Spiele auch andere Gebäude benutzt werden, wie vor allem der Circus maximus. Nero hatte 57 n.Chr. ein hölzernes Amphitheater mit unglaublich luxuriöser Ausstattung erbauen lassen,[99] doch war dieses wie auch dasjenige des Taurus bei dem verheerenden Brand Roms von 64 n.Chr. ein Raub der Flammen geworden. Im Jahre 80 n.Chr. weihten Vespasian und Titus das Flavische Amphitheater ein, für das seit dem Mittelalter der Name Colosseum üblich ist und das fortan als Vorbild für viele ähnliche Bauwerke diente. Grundsätzlich handelt es sich bei allen Amphitheatern, die in großer Zahl in vielen Städten vor allem des Westteiles des Imperium Romanum errichtet wurden, um elliptische Bauten, die von jedem Platz aus einen Blick auf die ovale Arena boten. Oberhalb der Arena befanden sich die Logen der Würdenträger und die Sitze für die Oberschicht. Dahinter stiegen steil die von außen erreichbaren Ränge für die übrigen Zuschauer auf. Neben ausgeklügelten Gangsystemen besaßen die meisten Amphitheater unterirdische Räume, Käfige für die Tiere usw. sowie aufwendige technische Einrichtungen wie Beckenanlagen, so daß die Arena mit Wasser gefüllt werden konnte, um Seeschlachten (Naumachien) aufzuführen. Auch Vorrichtungen für das Aufziehen eines Sonnensegels als Bedachung gehörten zum Standard.

Diese mit allen technischen Raffinements ausgestatteten Meisterwerke römischer Baukunst sind jedoch letztlich nichts anderes als grausame Orte des Sterbens. Das Phänomen massenhaften Tötens von Mensch und Tier vor den Augen von tausenden, häufig fanatisierten und immer raffiniertere Tötungsarten fordernden Zuschauern wird letztlich niemals bis in alle Einzelheiten zu erklären sein. Auch Hinweise auf Erscheinungen wie Massenpsychose oder -hysterie und vergleichbare, in der modernen Psychologie und Soziologie erforschte Phänomene sind nur bis zu einem gewissen Grade hilfreich. Sie ändern nichts an den Fakten und daran, was in den Amphitheatern z.B. an einem normalen Wettkampftag in der Kaiserzeit geschah, nämlich folgendes: Am Vormittag fanden gewöhnlich die Tierhetzen statt, bei denen wilde und zahme Tiere aufeinander gehetzt wurden oder auch »venatores« auftraten. Gegen Mittag wurden zum Tode verurteilte Verbrecher hingerichtet und zwar häufig dadurch, daß sie gegen wilde Tiere antreten mußten (damnati ad bestias). Am Nachmittag folgten dann als Höhepunkt die Gladiatorenkämpfe, bei denen Tod auf Tod bzw. Mord auf Mord folgte. Folgendermaßen schildert Seneca mit unüberhörbarem Abscheu das, was sich am Nachmittag der »munera« vollzog (s. Abb. 4): »Morgens wirft man den Löwen und Bären Menschen vor, nachmittags jedoch ihren Zuschauern. Diese nämlich befehlen, Mörder denen vorzuwerfen, die dann zu Mördern werden, und den Sieger heben sie für einen weiteren Mord auf. Doch das Ende aller Kämpfe ist immer der Tod: mit Schwert und Feuer wird die Sache entschieden. Dies geht immer so weiter, bis die Arena leer ist.«[100]

Für die Beschaffung der riesigen Mengen insbesondere auch an exotischen Tieren, die für die Spiele benötigt wurden, entwickelte man bereits seit der ausgehenden Republik komplexe logistische Systeme. Insbesondere Jagdmosaiken wie das der Großen Jagd in der Villa bei Piazza Armerina enthalten Szenen über das Fangen von Löwen, Leoparden und anderen Wildtieren, deren Verladen in Transportkisten, Ausschiffung und Anlandung usw.[101] Agenturen vermittelten die gewünschten Tiere. In Ostia und Rom wurden sie dann in Käfigen bis zu ihrem Auftritt gehalten, oder sie wurden – wie bereits beschrieben – zur Schau gestellt bzw. gelangten in die Privatgehege von Kaisern oder anderen bedeutenden Persönlichkeiten. Die literarischen Quellen berichten von einer großen Artenvielfalt an exotischen Tieren, die für bestimmte Spiele importiert und häufig zunächst zur Schau gestellt wurden. Sie wuchs entsprechend der Ausweitung des Imperium Romanum und der damit verbundenen Handelsbeziehungen. Bei den ersten für Rom bezeugten »venationes« ließ M. Fulvius Nobilior im Jahre 186 v.Chr. Löwen und Leoparden auftreten.[102] 169 v.Chr. wurden 63 »Africanae bestiae«, 40 Bären und einige Elefanten, im Circus Maximus präsentiert.[103] Marcus Scaurus bot als Ädil im Jahre 58 v.Chr. 150 Leoparden, 1 Nilpferd und 5 Krokodile auf,[104] Pompeius im Jahre 55 v.Chr. 20 Elefanten, 600 Löwen, 410 Leopardenweibchen, 1 Luchs, 1 Nashorn und viele Affen.[105] Caesar schließlich präsentierte bei seinem Triumph im Jahre 46 v.Chr. 400 Löwen, Elefanten, thessalische Stiere und 1 Giraffe.[106] Diese bereits gewaltigen Zahlen schraubten dann die Kaiser, insbesondere Augustus, Caligula, Claudius, Nero, Domitian, Trajan, Hadrian und in der Spätantike Commodus und Gordian I., nochmals in die Höhe.[107] Vor allem ließen einige dieser Kaiser regelrechte Massaker an Hunderten, ja Tausenden von Tieren durchführen, um das Sensationsbedürfnis und eine irrationale Lust am Grausamen und am Töten bei den Massen zu befriedigen.

Abb. 4
Schaujagd. Detail eines Mosaiks aus Tusculum, 1. Hälfte 4. Jh. n.Chr.
Rom, Villa Borghese (Foto: Archäolog. Inst. Gießen)

Wie bereits betont wurde, können Hinweise auf Phänomene wie Massenpsychose und -hysterie, die durch die Kampfhandlungen, die Bändigung und das Bezwingen von wilden Tieren in der Arena sowie die Ungeheuerlichkeit dieser Vorgänge provoziert wurden, all das, was über Jahrhunderte hin in den römischen Arenen geschah, bestenfalls nur zu einem Teil erklären.[108] Kritische Stimmen zu dem grausamen Gemetzel wurden zwar auch schon von zeitgenössischen Intellektuellen wie Cicero, Seneca, Plinius dem Jüngeren und dem Älteren, Plutarch u.a. geäußert, dann von den christlichen Apologeten, doch verhallten diese offensichtlich ungehört.[109] Außerdem darf vielleicht an die in der Antike weithin bekannte wunderbare Geschichte von Androklos und dem Löwen erinnert werden,[110] die das Grauen der Arena gleichsam ins Gegenteil verkehrt, und es darf vielleicht auch erinnert werden an die anfangs vorgestellten Beispiele von innig freundschaftlichen Verhältnissen zwischen Tier und Mensch auch in der Antike, die insgesamt für ein intensives Naturempfinden und -gefühl stehen. Dieses kommt letztlich auch in großem Maße zum Ausdruck in dem äußerst regen Interesse an exotischen Tieren, ihrer Schönheit und ihren Fähigkeiten, die in vielen Fällen alles menschliche Maß übertreffen. Ein solches Interesse war aber in allen Bevölkerungsschichten Roms weit verbreitet, die zu den Zurschaustellungen von exotischen Tieren strömten.

5. Religion und Kult

Aufgrund der altitalischen Tradition der gestaltlos wirkenden göttlichen Wesen, die für alles Geschehen und Wirken zuständig waren und die durch eine anthropomorphe Götterwelt in der Tradition der Griechen erweitert worden war, kannten die Römer ursprünglich keine tiergestaltigen Gottheiten.[111] Dennoch waren Tiere in vielfältiger Weise in die kultische Verehrung einbezogen.

Die alte Vorstellung, daß die Schlangen die Seelen der Toten verkörpern, lebte in spätrepublikanischer Zeit (1. Jh. v.Chr.) wieder auf und führte zur Einbeziehung der Schlange als Sinnbild der Ahnen in die Verehrung der Hausgötter (Laren) an dem für das römische Haus charakteristischen Lararium (Larenaltar).[112] Vergil beschreibt so eine gewaltige Schlange, in der Aeneas den »genius loci« oder den »famulus parentis«, den dienstbaren Geist seines Vaters, zu erkennen glaubte.[113] Daneben ist – vermutlich in griechischer Tradition – die Hausschlange als Schutzgottheit des Hauses[114] empfunden worden. Aufgrund ihrer Ambivalenz von Heilwirkung und todbringender Giftigkeit, ihres chthonischen Charakters als sich am

Boden ringelndes Lebewesen und ihrer Wiedergeburt durch die Häutung ist sie vielen weiteren Kulten zugeordnet worden.[115] Als Schlange des Aesculapius und der Hygieia in griechischer Tradition repräsentiert sie die heilenden Kräfte der Natur, als Sinnbild der Erneuerung begleitet sie im Gespann Ceres und Triptolemos, denen die agrarische Fruchtbarkeit der Erde obliegt. In den verschiedensten Mysterienkulten, die den Gläubigen Unsterblichkeit nach dem Tode verhießen, symbolisierte die Schlange durch ihre ständige Häutung ewige Wiederauferstehung.

Meist sind jedoch die Tiere den aus der griechischen Götterwelt adaptierten Gottheiten wie bei den Griechen als dienende Begleiter zugeordnet, so der Adler Jupiter, das Löwengespann der exotischen Kybele oder der aus dem Norden stammende Schwan Apollo, wobei in charakteristischer Weise die ursprüngliche Bedeutung vielfach keine Rolle mehr spielte. Wenn z.B. der Schwan in der Ikonographie des Augustus erscheint, so wird man weder einen Bezug zu der dem Vogel ursprünglich zugesprochenen Musikalität oder Divinationsgabe herstellen dürfen, sondern ihn lediglich – wie z.B. auch bei Greif oder Sphinx, die als siegbringende Hoffnungszeichen unter Caesar in die Herrscherikonographie aufgenommen werden[116] – auf das gewünschte Patronat Apollos beziehen, dem auch die Schwäne zugeordnet waren. Nebenbei ist der Schwan im Gespann auch mit Venus verbunden gewesen; paarweise symbolisierte er einen glücklichen Tod.

Eine besondere Bedeutung erlangten die göttlichen Begleittiere jedoch in der römischen Bild- und Symbolsprache. Durch seine Zuordnung zu Jupiter wird der Adler zum Symbol höchster göttlicher Macht, die auf den von dem »König der Lüfte« begleiteten Herrscher und weiterhin auf das gesamte Imperium abstrahlt, so daß er z.B. auch in der Adlerstandarte, dem ranghöchsten Feldzeichen, die imperiale Macht Roms versinnbildlicht. Als Helfer des Jupiter geleitet oder trägt er einzeln oder paarweise die Seele des Verstorbenen gen Himmel wie einst Ganymed zu Zeus. Der Adler symbolisiert somit die Apotheose zuerst des Kaisers, später auch der Privatpersonen.[117] In einer langen Traditionskette geht das kaiserliche Tier Roms später in die Heraldik ein und figuriert ein- oder doppelköpfig bis heute in einer Reihe von Staatswappen.

Der dem kriegerischen Mars heilige Wolf,[118] der wütend die friedlichen Herden bedroht, wurde in der wilden Wölfin, die die ausgesetzten Marssöhne Romulus und Remus nährt, am Leben erhält und so den Grundstein für Rom und seine Macht legt, zum Symbol Roms bis heute. In diesem Motiv, das bei den Römern auch in der Sage des ebenfalls von einer Wölfin oder Löwin genährten Caeculus, Sohn des Volcanus, oder des von einer Hirschkuh gesäugten Telephos mehrfach thematisiert wird, repräsentieren die Tiere die wilde, aber menschenfreundliche Natur, die sich in märchenhafter Umkehrung des Schutzes der von der menschlichen Gemeinschaft in die Wildnis ausgesetzten Knaben annimmt. So können sie als den Menschen freundliche Wesen den Göttern beigegeben werden, und zugleich wird ihre stets auch als bedrohlich empfundene Macht gebannt.

Daneben kennzeichnen die der Gottheit attributiv beigegebenen Tiere oft in viel schlichterer Weise den Zuständigkeitsbereich der Götter und Göttinnen: Bei Merkur verweisen der Widder und der Ziegenbock auf seine Schutzfunktion der Herden und Hirten, bei Juno die Ziege auf den ländlich-friedlichen Bereich; bei Neptun und anderen Meeresgottheiten veranschaulichen die das Meer bevölkernden halbmenschlichen und tierischen Fabelwesen, die Tritone, Seekentauren, Ketoi oder Hippokampen, den Bereich ihrer göttlichen Herrschaft. In dienender Funktion werden die Seekentauren oder Hippokampen in Viergespannen auch für den Kaiser angeschirrt und versinnbildlichen dessen weltliche Macht über das Meer.[119]

Angesichts der hohen Symbolkraft vieler Tiere, die sich auch in der vielfältigen Präsenz der Tierkreiszeichen widerspiegelt,[120] verwundert es nicht, daß ihnen als Trägern göttlichen Wirkens bei offiziellen wie privaten Opfern aus Anlaß von folgenreichen Entscheidungen über das bloße Opfer hinaus eine weitere, wichtige Funktion zukam: Das »auspicium«, die Vogelbeobachtung durch die Auguren.[121] Bei Rabe, Krähe und Eule weissagten diese Deuter göttlicher Zeichen nach deren Gekrächze, bei Adler und Geier nach deren Flug; später beobachteten sie vor militärischen Unternehmungen, bei denen die Feldherren auf entsprechende Vögel nicht warten konnten oder wollten, auch das Freßverhalten von extra dafür gehaltenen und vermutlich abgerichteten Hühnern.

Eine weitere Form der Deutung günstiger oder ungünstiger Vorzeichen war die Eingeweide- oder Leberschau der geopferten Tiere[122] durch die professionellen haruspices gemäß etruskischer Tradition. Die Leber war in 40 »Regionen« eingeteilt, denen jeweils eine andere Gottheit zugeordnet war; Abweichungen in den einzelnen »Regionen« der dem Opfertier entnommenen Leber wurden als Äußerungen der zuständigen Gottheit gedeutet und beeinflußten die Entscheidung.

Die gegenüber vielen Gottheiten erforderlichen blutigen Tieropfer im Gegensatz zu Opfergaben von Feldfrüchten wurden bei den häufigen regelmäßigen offiziellen Festen durch Beamte und Staatspriester oder auf private Rechnung durch Privatpersonen vollzogen. Sie konnten gewaltige Ausmaße annehmen: Anläßlich der Thronbesteigung des Kaisers Caligula (reg. 37–41) wurden 160 000 Rinder binnen dreier Monate auf dem Kapitol zu Ehren des Jupiter Maximus geopfert;[123] ein unvorstellbares Schlachtfest! Diese Tieropfer sollten vor wichtigen Entscheidungen oder Handlungen den Gott oder die Gottheiten gnädig stimmen, erfolgten nach erfolgreich abgeschlossener Handlung als Dank oder aufgrund eines Gelübdes. Für ihre erfolgreiche Durchführung galt es, ein strenges Ritual zu befolgen: Weiße Tiere waren himmlischen Gottheiten, schwarze den Unterweltsgöttern bestimmt. Darüber hinaus waren bestimmte Tiere bestimmten Gottheiten oder Festen zugeordnet: z.B. zwei trächtige Kühe für die Terra Mater (Erdmutter), ein roter Hund für Robigus (Gott des Getreiderostes), Ziege und Hund bei den Lupercalia, einem ungezügelten Reinigungsfest Mitte Februar. Dem Kriegsgott Mars waren das innere Pferd des siegreichen Gespanns bei den Wagenrennen zu seinen Ehren am 15. Oktober oder Eber, Widder und Stier (Suovetaurilia) zum Abschluß des Zensus (militärische Musterung) zu opfern. Auch hinsichtlich des Alters der Tiere gab es anlaßbedingt bindende Vorschriften. Schließlich mußten die Opfertiere makellos sein und sich willig dem Opfervorgang unterziehen; auch die für die Götter bestimmten Eingeweide durften keinerlei Anomalien aufweisen, sonst mußte ein anderes Tier getötet werden. Das verbleibende Fleisch überstieg gelegentlich offenbar den Hunger der Kultteilnehmer, wie aus dem Verkauf von Opferfleisch hervorgeht.[124] Für den begüterten Römer war der Genuß von Fleisch etwas Alltägliches.

Die kostbarsten Opfertiere waren die Rinder, deren knöcherne Schädel (Bukranien) geradezu als heilige Chiffre Tempel, Altäre oder auch Sarkophage schmücken konnten, oft alternierend mit Opferschalen und reichen Fruchtgirlanden. Während die Stierschädel mit Girlande den Grablegen reicher Römer die Aura des Sakralen verliehen und die Pietas, die Frömmigkeit, des Verstorbenen versinnbildlichten, sollten die Löwenköpfe an den Sarkophagen vermutlich in griechischer Tradition als Übel und Grabräuber abwehrende Wächter wirken.[125]

Die Bedeutung der Löwenbilder im sepulkralen Bereich war jedoch entsprechend ihrer formalen Vielfalt komplexer. Die Bilder des gewaltigen Löwen, der ein unschuldiges Tier reißt und damit seine Macht und die Notwendigkeit des blutigen Opfers demonstriert (s. Abb. 5), können als Grabwächter verstanden, aber auch gerade als Dekor der Sarkophage – wörtlich Fleischfresser – als symbolhaft für die Macht des Todes interpretiert werden, der den Menschen hinwegrafft wie das unschuldige Tier.[126] Zugleich verweist der oft beigegebene Bestiarius (Tierwärter) auf die Möglichkeit des konkret lebensweltlichen Bezugs des Verstorbenen, nämlich auf die Tierkämpfe im Amphitheater.[127] Die besondere Bedeutung des Löwen in der auf den Tod bezogenen Bildersprache veranschaulichen die sog. Löwenjagdsarkophage, die in eindringlichen Bildern den römischen Bürger mit individuellen Gesichtszügen in der Tradition herrscherlicher hellenistischer Löwenjagden hoch zu Roß im Kampf gegen den wilden Löwen zeigen. Der meist niedergeworfene, dem Tod geweihte Jagdgefährte versinnbildlicht die Todesgewalt des Löwen ebenso wie die Lanzenspitze des Reiters in der Flanke des Raubtiers den Sieg des Grabinhabers symbolisiert und so seine Virtus, seine Tapferkeit, exemplarisch mitteilt. Die Diskrepanz zwischen dem realistisch inszenierten Kampfgeschehen und der historischen Irrealität solcher Löwenjagden für den Römer mit Ausnahme des Kaisers weist deutlich auf ihren Symbolgehalt hin. »In der Gegenüberstellung des vom Löwen Getöteten und des über den Löwen Triumphierenden wird die Unerbittlichkeit des irdischen Todes und die Hoffnung auf einen Sieg über den Tod eindrucksvoll vorgetragen«.[128] Ähnliches gilt für die Sarkophage mit der Jagd auf den wilden Eber in der bildlichen Tradition der mythischen Eberjagd des griechischen Jägers Meleagros.

Neben diesen Jagdbildern gehören auch Einzeltiere zum festen Repertoire der Sarkophage und der einfacheren, altarartig gestalteten Aschenurnen. Abgesehen von den Schoßhündchen, die als »Liebstes« die Verstorbenen im Bild begleiten, entziehen sich die dargestellten Tiere meist einer Deutung in narrativem Kontext. Sie sind vielmehr sprechende Symbole, die Loyalität zum Kaiserhaus (vgl. den Adler auf dem Eichenkranz[129]) oder die Hoffnung auf Apotheose (vgl. die Schwäne und die römische Wölfin), auf Frieden bzw. auf idyllisches Glück symbolisieren, die aber auch glücklichen Tod bzw. Unsterblichkeit bedeuten können.[130]

Abb. 5
*Löwe reißt Rind.
Detail eines Sarkophags,
um 240/50 n.Chr.
Cliveden (Foto: Archäolog. Inst. Gießen)*

Aufgrund solcher Symbolgehalte fungieren die Tiere als Mittler zwischen den Göttern und den Menschen, indem sie die Kräfte und die Macht der Gottheiten, denen sie zugeordnet sind, auf die Menschen übertragen oder ihnen zugute kommen lassen können. Durch die bildliche Gemeinschaft des Herrschers mit den Schwänen Apollos

Religion und Kult 117

wird er zum Friedensherrscher, während der Adler des Jupiter seine imperiale Macht verkörpert. Zugleich eröffnet der König der Lüfte dem Sterblichen die Hoffnung auf die Apotheose, die römische Wölfin symbolisiert Unsterblichkeit.[131] Im Bild der heroischen Jagd wird der Sieg über den Löwen oder den Eber zum Sieg über die Macht des Todes, während der Löwe oder die Sphinx allein als apotropäische Wächter die Ruhe des Toten in seinem Grabe garantieren.

Durch das Opfer wurde die dem Tier innewohnende Lebenskraft auf die Gottheit übertragen, die sie zum positiven Handeln für den Opfernden befähigte; die Kraft des getöteten Tieres ging auf den Gott über und vermutlich auch auf die am gemeinsamen Opfermahl mit der Gottheit teilhabenden Kultteilnehmer. In mehrfacher Weise erweist sich auch im blutigen Opfer das Tier als gemeinschaftsstiftendes Bindeglied zwischen Mensch und Gott.

6. Literatur
von Jochem Küppers

Die römische Literatur entstand ab der Mitte des 3. Jh. v.Chr. unter dem mächtigen Einfluß jener literarischer Genera und Möglichkeiten, die die Griechen bis zu diesem Zeitpunkt gleichsam mustergültig hervorgebracht hatten und für die klassische Werke in großer Fülle vorlagen. Sie entwickelte sich stetig vor diesem Hintergrund und schuf in wetteifernder Auseinandersetzung mit der griechischen Literatur sowie in modifizierender Um- u. Neugestaltung unter z.T. völlig veränderten politischen und soziokulturellen Rahmenbedingungen durchaus Eigenständiges und Originelles. In diesem Gesamtkontext ist auch die literarische Behandlung der Thematik »Tier« innerhalb der römischen Dichtung und fiktionalen Prosa zu sehen, die grundsätzlich die im Bereich der griechischen Literatur bereits vorgegebenen Ausformungen aufgreift, sie z.T. in spezifischer Weise modifiziert und auch weiterentwickelt. Der Blick auf das Tier erfolgte ebenfalls weitgehend aus einer innerweltlichen Sicht heraus, während eine theriomorphe Deutung des Göttlichen lediglich noch in alten traditionellen Mythen und Motiven aufscheint. Die Ausgestaltung der Thematik »Tier« innerhalb der Literatur Roms kann somit grundsätzlich analog zu derjenigen in der griechischen Literatur behandelt werden.

Homer gestaltet in seinen Epen in großer Zahl Tiergleichnisse. In welchem Maße er hiermit im Bereich der gesamten nachfolgenden griechischen und römischen Epen traditionsbildend wirkt, unterstreicht etwa das Gleichnis vom feurigen Streitroß für den Kampfeswillen bestimmter Helden. Dieses zweimal bei Homer benutzte Gleichnis ahmt zunächst Apollonios Rhodios und dann im römischen Bereich Ennius (239–169 v.Chr.) nach, der mit seinem historischen Epos *Annales* eine Roms Macht und Größe verherrlichende Dichtung schuf, die in ihrer Geltung erst durch die *Aeneis* Vergils abgelöst wurde. Vergil seinerseits adaptiert dieses Gleichnis sowohl auf Homer als auch auf Ennius zurückgreifend und unterstreicht als poetologisches Grundprinzip die wetteifernde Auseinandersetzung mit großen Vorbildern.[132]

Vergil (70–19 v.Chr.) selbst gestaltet in seiner *Aeneis*, jenem Epos, in dem in die mythische Handlung beziehungsreich die Gegenwart der augusteischen Weltherrschaft eingeblendet wird und das rasch zu der Nationaldichtung Roms avancierte, ganz in der epischen Tradition mehr als 100 Gleichnisse, von denen sich knapp 40 auf die Tierwelt beziehen.[133] Homer ist immer wieder Vorbild und Ausgangspunkt für die variierende und modifizierende Gestaltung von Löwen-, Eber-, Stier-, Wolf-, Bienen-, Vogelgleichnissen u.a.,[134] wenngleich Bedeutung und Funktion der vergilischen Gleichnisse komplexer und differenzierter als bei Homer und anderen Vorbildern sind: Sie dienen verstärkt der kompositionellen und strukturierenden Durchdringung des Stoffes, betonen die Erhabenheit eines Geschehens, zielen auf das Mitleiden bzw. Mitempfinden des Rezipienten ab, fördern die psychologisierende Erfassung und werden in den Dienst der Deutung des Geschehens gestellt. Alltägliches und Triviales wird auch im Bereich der Gleichnisse als dem erhabenen Stil des Epos unangemessen weitgehend ausgeschlossen. Die komplexe vergilische Gleichnistechnik wirkt maßgeblich auf die umfangreiche epische Produktion des 1. Jh. n.Chr.: Lukan (39–65 n.Chr.) verfaßt in neronischer Zeit ein historisches Epos über den Bürgerkrieg zwischen Pompeius und Caesar (*Pharsalia*); in flavischer Zeit entstehen die mythologischen

Epen *Argonautika* des Valerius Flaccus (2. Hälfte 1. Jh. n.Chr.), die *Thebais* sowie die *Achilleis* des Statius (ca. 45–96 n.Chr.) und das historische Epos *Punica* des Silius Italicus (26–101 n.Chr.). Alle Dichter benutzen in homerisch-vergilischer Tradition Gleichnisse, von denen sich wiederum sehr viele auf die Tierwelt beziehen, berücksichtigen dabei vor allem die »Angemessenheit« (aptum) und stellen Gleichnisse in wesentlich stärkerem Umfang als Vergil in den Dienst der Verdeutlichung und Beschreibung aller denkbaren, vor allem negativen Affekte, denen insgesamt das besondere Interesse der kaiserzeitlichen Epiker gilt.[135]

Auch für jene Literaturform, in der Tiere eine exponierte Rolle spielen, nämlich die aesopische Fabel, lassen sich bezüglich Wesen und Absicht sowie der eigentlichen literarischen Ausgestaltung enge Entsprechungen zwischen dem griechischen und römischen Bereich konstatieren: Als ein spezifisches Mittel der »Wahrheitsrede« dient die Fabel entweder innerhalb heterogener Kontexte der Exemplifizierung eines speziellen Gedankenganges, oder aber sie dient als isolierte Einzelgeschichte zumeist allgemeiner Belehrung bzw. der Vermittlung von Lebensweisheiten. Bezeichnenderweise begegnet die Fabel in der römischen Literatur erstmals innerhalb der Satirendichtung und zwar bei Ennius. Wenngleich diese Dichtungsform im frühen Rom nur bedingt mit den archaischen griechischen *Iamben* des Archilochos und Semonides (s.o) vergleichbar ist, so stellt die Affinität bei der Verwendung von Fabeln eine weitere Ähnlichkeit neben manchem anderen dar. Ennius verfaßte neben seinen *Annales* sowie seinen Tragödien *Satiren* von scherzhaftem, gelehrtem und philosophischem Charakter. Sie sind wie seine anderen Werke nur in Fragmenten erhalten. In sie legte er die Fabel von der Haubenlerche ein, die erst dann ihr Nest im Getreidefeld aufgibt, als der Besitzer nicht länger auf seine Freunde und Verwandten baut, sondern sich selbst daran macht, das Korn zu mähen.[136] Bei Lucilius (2. Jh.v.Chr), dessen *Satiren* sich polemisch und kritisch sowie auch zu persönlicher Verspottung greifend mit ihrer Zeit auseinandersetzen, trifft ein Fuchs auf einen kranken Löwen: Der Fuchs lehnt die Einladung des Löwen ab, in seine Höhle zu kommen, da alle Fußspuren nur in die Höhle hinein, nicht aber aus ihr heraus führen.[137] Horaz folgt in seinen *Satiren* dem Lucilius, der ihm in vielen Punkten Vorbild ist, und fügt die Fabel von der Stadtmaus und der Landmaus ein.[138] Auch in seinen *Briefen*, die ebenfalls zumeist in einem lockeren Plauderton einem breiten Spektrum von Themen gelten, greift Horaz, der insgesamt in seinem Werk immer wieder Tiere zum Spiegelbild menschlichen Handelns werden läßt, mehrfach zur Fabel, um seine Gedankengänge scherzhaft zu bestätigen: Er zitiert z.B. in wenigen Versen die Lucilius-Fabel vom Fuchs und kranken Löwen, führt die Fabel von der Dohle, die sich mit fremden Federn schmückt, an, sowie diejenige vom Fuchs, der nach seinem übermäßigen Fressen mit dem aufgeblähten Bauch nicht mehr aus der engen Öffnung des Kornbehälters entkommen kann.[139]

Diesen Beispielen aus einem spezifischen Bereich der Poesie läßt sich innerhalb der Prosa fast nur ein bedeutender Fall für den exemplifizierenden Gebrauch von Fabeln innerhalb eines Argumentationszusammenhangs zur Seite stellen, wobei es sich aber nicht um eine Tierfabel handelt, sondern um die berühmte Fabel vom Magen und den Körpergliedern bei Livius.[140] In einer auktorialen Bemerkung des Livius wird diese Art des Argumentierens als »altertümliche und derbe Redeweise« bezeichnet, was man wohl auch als allgemeinen Grund dafür auffassen kann, daß in der lateinischen Prosa viel seltener Fabeln begegnen als in der griechischen. Stattdessen scheinen Fabeln in Rom zunehmend der Unterhaltung und der Belehrung zu dienen, was letztlich aber auch für Griechenland während der Kaiserzeit gilt. Hiervon zeugen die beiden poetischen Fabelsammlungen, die in Rom vergleichbar zu der griechischen Sammlung des Babrius entstehen. Als erster führt der makedonische Freigelassene Phaedrus wahrscheinlich in der 1. Hälfte des 1. Jh. n.Chr. die Fabel als selbständige poetische Kleingattung in die römische Literatur ein. Er verfaßt auf der Grundlage von Sammlungen in der Art derjenigen des Demetrios von Phaleron (s.o.) eine poetische Sammlung in fünf Büchern. Als Versmaß wählt er den jambischen Senar. Ein Charakteristikum der Fabeln des Phaedrus ist die gegenüber allen anderen Sammlungen besonders stark hervortretende sozialkritische Tendenz: Im Proömium zum 3. Buch bezeichnet Phaedrus die Fabel als Ausdrucksmöglichkeit der unterdrückten Sklaven, zu deren Prototyp ihm der Erfinder des Genus, der bucklige Sklave Äsop, wird.[141] Außerdem eignet vielen Fabeln eine polemisch aggressive Tendenz, die sich gegen ganz bestimmte Zeitgenossen richtet und die im Grundsätzlichen der Angriffslust der frühgriechischen *Iambi* des Archilochos nahekommt.

Ganz anderen Zielen diente – wie bemerkt – die hochpoetische Fabelsammlung des Babrius, nämlich der allgemeinen Belehrung und Erziehung. Diesen Zielen ist auch der zweite römische Fabeldichter, nämlich Avianus, verpflichtet, der um die Wende vom 4. zum 5. Jh. n.Chr. eine Sammlung von 42 Fabeln in elegischen Distichen und mit auffällig vielen Anklängen an Vergil und Ovid, zugleich aber auch mit mancherlei für die lateinische Spätantike bezeichnenden sprachlichen und metrischen Lizenzen verfaßte. Seine Vorlagen entnahm Avian entweder auf indirektem Wege über eine lateinische Prosaversion oder aber – was wahrscheinlicher ist – direkt dem Babrius.[142]

Der Fabelsammlung des Avian wurde im Mittelalter eine enorm große Verbreitung als Schulbuch zuteil, so daß sie eine wichtige Vermittlerrolle für das antike Fabelgut innerhalb der europäischen Kultur hat. Ähnliches gilt auch für die volkstümliche, literarisch anspruchslose sog. »Romulus«-Paraphrase der Fabeln des Phaedrus, die vermutlich ebenfalls im 4. oder 5. Jh. n.Chr. entstand und den Phaedrus-Fabeln die Polemik und den aggressiven Ton weitgehend nimmt.[143] Phaedrus selbst war im Mittelalter so gut wie unbekannt und wurde erst von den Humanisten wiederentdeckt (Erstausgabe durch Pithou im Jahr 1596).

Im Gegensatz zur griechischen Literatur wird in Rom die Möglichkeit, hinter der Maske von Tieren menschliches Verhalten zu analysieren und bloßzulegen, über die Fabel hinaus so gut wie nicht genutzt. Demgegenüber ist die Tierwelt auch in der lateinischen Literatur wiederum vielfach präsent in denjenigen Literaturformen, die die Lebenswelt unter besonderer Berücksichtigung der Tiere mit spezifischen literarischen Mitteln gestaltet, nämlich vor allem im Lehrgedicht und der Bukolik. Es werden hier die hellenistischen Vorgaben aufgenommen, um sie aber zugleich zu modifizieren und zu überhöhen.

Letzteres gilt insbesondere für die bedeutendsten Lehrdichtungen, die Rom hervorgebracht hat, nämlich Lukrez' *De rerum natura* und Vergils *Georgica*: Beide Dichtungen wollen – allerdings jeweils auf ganz unterschiedliche Art und Weise – umfassende Weltdeutung vermitteln.[144] Lukrez (97–55 v.Chr.) entwickelt in seinem Lehrgedicht die epikureische Naturlehre, die auf der Grundlage von Demokrits Atomismus alle Naturvorgänge ausschließlich rationalistisch erklärt. Hierdurch will er mit einem geradezu missionarischen Eifer die Menschen »aufklären«, um sie von all ihren Ängsten, insbesondere aber denjenigen vor den Göttern und dem Tod, zu befreien und so den Weg zum Glück zu weisen. In dieser Naturlehre hat auch die Tierwelt ihren festen Platz, nämlich innerhalb der Kosmologie: Die Erde erschafft als »Mutter« alles Leben, das sich von den einfachsten Organismen hin zu komplexen Säugetieren entwickelt. Von letzteren überleben aber nur die stärkeren und die, die sich als Haustiere nützlich machen. Nachdem die Erde anfänglich auch Mißgeburten hervorgebracht hatte, fand sie zu dem unabänderlichen Gesetz, daß sich nur das Artverwandte fortpflanzen kann. Mischwesen wie Kentauren, Skylla und Chimäre sind also lediglich Produkte der Phantasie.[145] Unverzichtbare Voraussetzung für den Fortbestand aller Tierarten auf dem Lande, im Wasser und in der Luft, d.h. aller beseelten Geschöpfe, ist der Fortpflanzungstrieb, den allegorisch die Göttin Venus repräsentiert.[146] Wenn den Abschluß dieser Dichtung eine bedrückende, an vielerlei Makabrem reiche Beschreibung der Pest zu Athen, der auch die Tiere in der Stadt, namentlich die »treuen Hunde« (fida canum vis), zum Opfer fallen, bildet,[147] so sollte man darin eine letzte und zum Extrem gesteigerte Spitze gegen die Religion bzw. Götterverehrung sehen: Sie vermag den Menschen keine Hilfe zu bringen, die vielmehr der epikureischen Heilslehre bedürfen.[148]

Vergil (70–19 v.Chr.) stellt in seinen *Georgica* (entstanden etwa 39–29 v.Chr.) eine Weltdeutung vor, die der rationalistischen Welterforschung des Lukrez völlig konträr ist: In seiner Dichtung über die Landwirtschaft, die nur vordergründig ein Lehr- und Sachbuch für Landwirte ist, entwickelt er eine Welt im Kleinen, die als letztes Relikt noch Spuren der Goldenen Zeit aufweisend paradigmatisch und symbolhaft für das Große bzw. für Sinn und Ordnung allen Seins steht und somit auch und vor allem für menschliches Glück und Erfüllung schlechthin. Programmatisch bringt Vergil dies im feierlichen Finale des 2. Buches und somit am Ende der ersten Hälfte

des Werkes, die Ackerbau (B. I) und Baumzucht (B. II) behandelt hatte, in dem sog. »Lob des Landlebens« zum Ausdruck.[149] Das Thema der zweiten Hälfte bildet die ausführliche Behandlung von Haltung, Nutzung und Zucht des Groß- und Kleinviehs (B. III) sowie der Bienenzucht (B. IV). Dabei steht in der Mitte des 3. Buches eine beeindruckende Digression über die Allgewalt der Liebe, die alle Tiere zur Vereinigung und somit zur Fortpflanzung ihrer Spezies treibt, hierin den Menschen völlig gleichgestellt: »Omne adeo genus in terris hominumque ferarumque / et genus aequoreum, pecudes pictaeque volucres / in furias ignemque ruunt: amor omnibus idem.«[150] (Jedes Geschlecht auf Erden: der Mensch wie die Tiere der Wildnis, / Meeresgeschöpf, Hausvieh und buntgefiederte Vögel, / Stürzt in den Flammenwahn: die Liebe ist für alle dieselbe.)
Mit diesem Bekenntnis zum angeborenen Lebenswillen der Geschöpfe kontrastieren jedoch schroff die anschließenden Ausführungen über die Gefährdungen dieses Lebens durch Schlangen[151] sowie dann vollends über die tausendfachen Tod bringende Viehseuche, die als Finale des 3. Buches in düster-makabren Farben mit deutlichen Anklängen an Lukrez gestaltet wird.[152] Aus diesen antithetischen Stellen läßt sich aber die eigentliche Thematik und zugleich die tiefere inhaltliche Aussage des 3. Buches erschließen: Vergil bekennt sich zu den allgewaltigen polaren Mächten von Eros und Tod als den alles organische Leben beherrschenden Instanzen und stellt sich so in einen nicht mehr zu überbietenden Gegensatz zu Lukrez. Als helles Gegenstück zu dem düsteren und bedrückenden Finale des 3. Buches ist das 4. Buch, das die Bienenzucht behandelt, gestaltet. Die einleitenden Darstellungen, die vielerlei Einzelheiten über die antike Imkerei vermitteln, münden ein in ein kunstvolles Erzählgefüge, das die zentrale, übergeordnete Thematik von Werden, Leben, Vergänglichkeit und Tod eindrucksvoll entwickelt: So gipfeln in einem ersten Schritt die Ausführungen zur Natur der Bienen und zum Bienenstaat mit seiner vorbildhaften sozialen Ordnung in der Lehre von der Teilhabe der Bienen an der Weltvernunft und in einer hymnisch gestimmten Vergewisserung, daß alle Lebewesen teilhaben an der den Kosmos durchwaltenden, unsterblichen Allseele (pars divinae mentis).[153] In einem zweiten Schritt führen die lehrhaften Bemerkungen über die Honigernte, über die Behandlung

von Krankheiten der Bienen sowie über das Phänomen der sog. »Bugonie«, d.h. der Erzeugung von Bienen aus Rinderkadavern,[154] zur überhöhenden Veranschaulichung dieser Sachverhalte durch zwei mythologische Bilder: das von Aristaeus, der nach dem Verlust seiner Bienen diese künstlich aus Rinderleichen wieder erzeugte und so neues Leben schuf,[155] und das in diesen Mythos eingelegte Bild von Orpheus und Eurydike,[156] das gerade durch die vergilische Gestaltung an dieser Stelle zum Paradigma schlechthin innerhalb der europäischen Kulturtradition für Verlust durch den Tod, Wiedergewinnung des Lebens sowie erneuten, schmerzhaften Verlust werden sollte.

Der Anspruch, den die vergilischen *Georgica* vertreten, ist es, die Welt der Bauern, in der Tier- und Bienenzucht zusammen mit dem Ackerbau die tragenden Komponenten bilden, und somit das Kleine transparent zu machen als Symbol bzw. Sinnträger der Gesetze allen Seins und Werdens und menschliches Leben umfassend zu deuten. Auch in seiner bukolischen Dichtung, den *Eklogen* (entstanden etwa 42–38 v.Chr.), die den *Georgica* zeitlich vorangehen, hatte Vergil seine Vorlage, die bukolischen Gedichte des Theokrit, vor allem in inhaltlicher Hinsicht signifikant überhöht. Die Welt der Hirten, die mit ihren realen Verhältnissen nur einen sehr allgemeinen Rahmen der vergilischen Eklogen bildet, wird auf komplexe Art und Weise zu einem Raum des Musischen und der geistigen Existenz[157] bzw. zu einer »geistigen Landschaft«, die den Namen Arkadien erhält.[158] Die hier entwickelte Welt kontrastiert auffällig mit den zeitgeschichtlichen Vorgängen der Rivalenkämpfe um die Nachfolge Caesars (ermordet an den Iden des März 44 v.Chr.), aus denen schließlich Oktavian als Sieger hervorgehen wird (nämlich endgültig durch die Schlacht bei Actium 31 v.Chr.[159]). Gleichsam visionär wird die sich andeutende Überwindung des politischen Chaos als Anbruch einer »Goldenen Zeit« in der 4. Ekloge gedeutet, die über den eigentlichen Bereich der Bukolik hinausweist. Auch die Tierwelt wird sich signifikant verwandeln: »ipsae lacte domum referent distenta capellae / ubera, nec magnos metuent armenta leones [...].« (»Freiwillig tragen die Ziegen nach Haus Milch strotzende Euter, / und die Rinder fürchten sich nicht vor mächtigen Löwen.«) Mit zwei topischen Motiven wird hier die »aurea aetas« knapp, aber zugleich assoziationsreich charakterisiert, nämlich demjenigen der spontanen Überfülle der Natur und demjenigen des Tierfriedens.[160]

In der Nachfolge Vergils entstehen innerhalb der lateinischen Literatur bis in die Spätantike mehrere Sammlungen bukolischer Gedichte, die den realen Hintergrund des Hirtenlebens wiederum als allgemeinen Rahmen mit einer ganz spezifischen Topik (Gesangeswettstreit, ländliche Ehrenpreise, Liebe der Hirten, Heimführen der Herden zur Tränke, »locus amoenus« u.a.) gestalten, hierbei Vergilisches adaptieren und manche Teilaspekte der komplexen Vorbilddichtung besonders in den Vordergrund stellen. So dominiert innerhalb der bukolischen Dichtung neronischer Zeit (54–68 n.Chr.), nämlich in den *Bucolica* des Calpurnius Siculus und in den sog. *Carmina Einsidlensia,* die panegyrische Zielsetzung, indem der Herrschaftsantritt Neros als Beginn eines neuen Goldenen Zeitalters durch die Hirten gepriesen wird.[161] Vergil selbst zugeschrieben wurde das parodistische Gedicht von der Schnake (*Culex*), das hier insofern Erwähnung verdient, als einmal ein Tier selbst redend eingeführt wird: Die Stechmücke beschwert sich in einer Erscheinung bei dem Hirten, der sie erschlug. Erwacht, errichtet dieser ihr ein Grabmal.

Kurz vor dem Beginn von Diokletians Dominat (284–305 n.Chr.) markiert Nemesianus mit seinen vier bukolischen Gedichten, die sich bewußt an den *Eklogen* des Vergil und des Calpurnius Siculus orientieren, eine Erneuerung der paganen Dichtung aus einer klassizistischen Grundhaltung heraus. Eine neue geistige Welt, nämlich die des Christentums, wird dann in dem Gedicht *De mortibus boum* (Das Rindersterben) des Endelechius (entstanden etwa 380/390 n.Chr.) faßbar. Es ist als Gespräch zwischen Hirten gestaltet, das jedoch nicht vom Hirtenglück, von der Liebe der Hirten und idyllischem Frieden handelt, sondern von der Not und dem Leid, das eine Pest über die Herden der Hirten gebracht hat.[162] So wird die antike bukolische Konzeption letztlich gesprengt. Denn Rettung aus der Not und somit friedvolles Glück kann nur der gnädige Gott schenken: Jene Herde wird von der Pest verschont, die mit dem Kreuz Christi gezeichnet ist.[163] Bezeichnenderweise trägt der Hirte dieser Herde den Namen Tityrus, der in der 1. Ekloge Vergils dem Hirten gehört, dem der in der Hauptstadt Rom residierende Gott bzw. Herrscher das »otium« bzw. Hirtenglück ermöglicht hat.

Im Bereich des Lehrgedichts dominieren – soweit die Thematik die Tierwelt betrifft – nach Vergil analog zur griechischen Literatur Dichtungen über die Jagd und den Fischfang. Sie setzen die hellenistische Tradition fort, Sachwissen in eine ansprechende literarisch-poetische Form umzusetzen, ohne eine tiefere inhaltliche Durchdringung nach vergilischem Vorbild leisten zu können. In augusteischer Zeit, und zwar wahrscheinlich in den ersten Jahren nach der Zeitenwende, verfaßt Grattius, ein Zeitgenosse Ovids, ein Lehrgedicht über die Jagd, in dem er mit seinen Ausführungen zu Jagdarten, verschiedenen Waffen, Netzen, Blendzeug, Schlingen und Fallen und schließlich zu Jagdhunden und Pferden auch tatsächliche Anweisungen geben möchte.[164] Mit vielen Reminiszenzen stellt er sich deutlich in die literarische Tradition der vergilischen *Georgica*. Ovid (43 v.Chr.–17/18 n.Chr.) selbst verfaßt während seiner Verbannung (ab 8 n.Chr.) in Tomis am Schwarzen Meer ein Lehrgedicht über Fischarten und Fischfang (*Halieutica*) in einem Entwurf, von dem einige größere Fragmente erhalten sind.[165] Schließlich läßt der bereits genannte Nemesianus wie sein großes Vorbild Vergil auf die *Bucolica* ein Lehrgedicht folgen, und zwar *Cynegetica*, von denen nur das ausführliche Proömium sowie die einleitenden Abschnitte über Hunde, Pferde und Ausrüstungsgegenstände für die Jagd erhalten sind. Nemesian verfolgt vor allem literarisch-ästhetische Interessen, wobei das Ziel der Vergilimitation dominiert. Entstanden ist diese Dichtung im Umfeld der karthagisch-afrikanischen Aristokratie. Mit speziellem Interesse an der Jagd, die diese Aristokraten auf ihren Latifundien pflegten und die in den prachtvollen afrikanischen Jagdmosaiken aus der Spätantike Ausdruck findet, dürfte die spezielle, sich von Vergils *Georgica* unterscheidende Themenwahl Nemesians in Zusammenhang zu sehen sein.[166]

Nicht Schilderung von Welt- und Naturgeschehen und auch nicht dessen philosophische Deutung, sondern Deutung ganz aus der Sicht des Dichters und deshalb mit Hilfe des Mythos ist eines der Ziele von Ovids *Metamorphosen* (entstanden 2–8 n.Chr.). Etwa 250 Verwandlungssagen fügen sich zu einer kunstvoll strukturierten Dichtung, die die Welt und ihre Geschichte nach dem Prinzip des

Wandels von der Schöpfung bis zur Gegenwart Ovids als Kontinuum beschreibt.[167] Bei dem Verfahren der mythologischen Aitiologie (Herkunftserklärung) stellen insbesondere die Verwandlungen in Tiere ein wichtiges Thema dar. Hierbei werden älteste Sagenstoffe, die noch von einem theriomorphen Weltbild geprägt sind, ebenso adaptiert wie Vorstellungen, die auf psychologischen und naturkundlichen Beobachtungen gründen. Bezeichnend ist, daß die Götter sehr oft strafend Missetäter in Tiere verwandeln:[168] Lykaon, der Zeus zum Mahle das Fleisch eines Menschen vorgesetzt hat, wird in einen Wolf verwandelt (erste ausdrückliche Verwandlung in Ovids *Metamorphosen*: 1, 177–239); Juno verwandelt Kallisto aus Eifersucht in eine Bärin (2, 463–483); Aktaion, der Diana beim Bade erblickt, wird zur Strafe in einen Hirsch verwandelt und von seinen eigenen Jagdhunden zerrissen (3, 173–252); Bacchus verwandelt die Schiffer des Acoetes in Delphine (3, 640–691); Pallas verwandelt Arachne, die sich mit ihr in der Webkunst gemessen und dabei gesiegt hat, in eine Spinne (6, 1–145); die lykischen Bauern, die Latona das Trinken aus einer Quelle verwehrt haben, werden zu Fröschen (6, 313–381) usw. Die poetische Weltdeutung Ovids aus dem Mythos heraus wird gleichsam durch ihr philosophisches Pendant, nämlich die Rede des Pythagoras in *Metamorphosen* XV, erhöht: Ausgehend von seiner Seelenwanderungslehre, die zwingend Fleischverzehr und Tieropfer verbietet,[169] erklärt Pythagoras die Verwandlung als Grundprinzip allen Seins: Im Bereich der Organismen und der Tiere beweisen dies die Urzeugung aus Schlamm und Verwesung, die Bugonie der Bienen, Raupe und Schmetterling, Ei und Vogel, der Vogel Phönix, das Chamäleon u.v.a.[170] Die römische Dichtung präsentiert hier nach dem demokritisch-epikureischen Welterklärungsmodell bei Lukrez und der letztlich in der Stoa wurzelnden Weltdeutung in Vergils *Georgica* eine dritte philosophische Theorie zum Sein und Wesen von Welt und Natur.

In ganz andere Bereiche sowohl in ideen- und kultur- als auch in literaturgeschichtlicher Hinsicht führt ein zweites bedeutendes Werk der lateinischen Literatur, das den Titel *Metamorphosen* trägt, nämlich der so betitelte Roman des aus Afrika stammenden Apuleius (125–ca. 180 n.Chr.).[171] Nicht nur in der bunten Vielfalt von abenteuerlichen Geschichten, die ernst oder scherzhaft sein können und die parodieren, kritisieren oder karikieren, sondern auch in dem eigentlichen Plot des Romans eröffnet sich die ganze Welt der Phantastik: Der junge Thessalienreisende Lucius will aus seiner übergroßen Neugier heraus die magischen Künste kennenlernen und wird dabei in einen Esel verwandelt. Bevor er aber seine menschliche Gestalt zurückgewinnt, muß er eine große Anzahl bizarrer Abenteuer bestehen, die allesamt nicht aus der Sicht des Autors, sondern aus derjenigen des Helden erzählt werden. Der gleiche Stoff wird auch in dem griechischen Eselsroman (*Lukios oder der Esel*) des Pseudo-Lukian, der um die Mitte des 2. Jh. n.Chr. verfaßt wurde, gestaltet.[172] Während hier jedoch die Rückverwandlung mit einer burlesken Pointe und mit einem kurzen Hinweis auf die schlimmen Folgen eselhafter Neugier vollzogen wird, läßt Apuleius die Entzauberung des Lucius mit einer detailreich geschilderten Einweihung des Erlösten in den Mysterienkult von Isis und Osiris gelingen, so daß letztlich das Bestehen aller Gefahren des Esels eine Analogie zum Läuterungs- und Einweihungsritual des Mysten darstellt. Das Tier bzw. der Esel gerät also in den *Metamorphosen* des Apuleius gleichsam in den Bannkreis von Phantastik, Magie und Mysterienkult, um dabei zugleich zu einem exzeptionellen Romanhelden zu avancieren.

Wundersames, Paradoxes und Exzeptionelles gerade aus dem Reich der Tiere bildet auch ein beliebtes Thema der seit dem Hellenismus von den Griechen in breitem Umfang betriebenen sog. »Buntschriftstellerei«, die im Unterschied zur fachwissenschaftlichen und naturkundlichen Literatur vor allem unterhalten will (s.o.). In diese Tradition reiht sich im Bereich der lateinischen Literatur insbesondere Gellius (2. Jh. n.Chr.) mit seinem gelehrten, äußerst stoffreichen Miszellaneenwerk *Noctes Atticae* ein. Gerade zwei novellenartig gestaltete Mirabilia, die jeweils eine ungewöhnliche Beziehung zwischen Tier und Mensch betreffen, sind beispielhaft für diese Literaturform, nämlich die Geschichte von Androklos und dem Löwen[173] sowie die von Arion, dem Delphinreiter:[174] Der geflohene Sklave Androklos verbirgt sich in einer Höhle. Hier zieht er einem verletzten Löwen einen Splitter aus dem Fuß und heilt die Wunde. Beide leben friedlich über lange Zeit zusammen. Nach Jahren wird der zum Tode verurteilte Sklave den wilden Tieren im Amphitheater vorgeworfen. Unter diesen befindet sich auch der von Androklos gerettete Löwe, der ihn wiedererkennt und freundlich begrüßt. Der Kaiser begnadigt Androklos und schenkt ihm den Löwen. Beide leben dann zusammen in Rom und sind von ihren gemeinsamen Spaziergängen her stadtbekannt. Einem anderen Umfeld und einer anderen Zeit gehört die Geschichte von Arion und dem Delphin an: Arion, der gefeierte lyrische Dichter und Erfinder des Dithyrambos, eines Chorliedes zu Ehren des Dionysos (2. Hälfte 7. Jh. v.Chr.), wird auf einer Seereise von korinthischen Seeleuten ausgeraubt und gezwungen, ins Meer zu springen. Allerdings wird ihm auf seinen Wunsch hin erlaubt, zum Abschied eine Probe seiner Sangeskunst zu geben. Nach dem Sprung ins Meer trägt ihn ein Delphin auf seinem Rücken heim nach Korinth, wo schließlich die Seeleute vor König Periander überführt werden.

7. Bildende Kunst

Die zahlreichen Tierdarstellungen in der bildenden Kunst der Römer stehen wie andere Sujets oft in einer ausgeprägten, meist griechisch-hellenistischen Tradition und scheinen ihre Vorbilder recht genau zu kopieren. Der Aussagewert solcher Bildwerke ist hinsichtlich der Beziehung der Römer zu den Tieren heute kaum mehr zu ermitteln, da es sich häufig um Skulpturen, Gemälde oder Mosaiken von sehr guter Qualität handelte, bei denen mehr der Künstler des griechischen Originals als der Bildinhalt interessierte. Die Übernahme griechischen Kulturguts durch einen großen Teil der reichen Führungsschicht in die eigenen Häuser bzw. Villen resultierte vielfach aus dem Bedürfnis nach einem aufwendigen Lebensstil, in dessen Rahmen aus dem Griechischen entlehntes oder imitiertes Kulturgut die zur Schau gestellten quasi-autonomen Wertvorstellungen repräsentierte. Je nach Vermögen wurde dieser Aufwand konkret oder auf unterschiedlichen Ebenen mehr oder weniger fiktiv getrieben.
Etliche römische Adlige ließen sich z.B. nach dem Vorbild hellenistischer Herrscher Tierparks mit einem reichen Tierbestand anlegen,

doch das Gros der reichen Bürger beschränkte sich auf die bescheidene Nachahmung in ihren Villen oder villenartigen Stadthäusern in der Form von Gartenperistylen, reich bepflanzten und mit Tierskulpturen ausgestatteten Gärten, die an ihren vier Seiten von schattigen Säulenhallen umgeben waren. Gemäß dem meist reduzierten Maßstab der Häuser oder Villen bevölkerten auch die Tiere im Miniaturformat die überfüllten Gärten. Mangelte es an Platz bzw. Vermögen konnten diese Peristyle rudimentär ausgeführt oder einschließlich ihrer heimischen oder exotischen Fauna auch nur gemalt sein.[175] Die bunte zufällige Mischung von griechischen Göttern, Dichterporträts und Tieren, meist um Brunnenbecken herum drapiert, spricht gegen ein besonderes Interesse am Sujet und für den rein dekorativen Gehalt solcher an großen Parks orientierten Gärten, die oft nicht betreten, sondern nur als das Domizil nobilitierende Vergegenwärtigungen höherer Welten betrachtet werden konnten.

Neben den Bildern friedlicher Tieransammlungen nach dem Vorbild des griechischen »paradeisos«, des Tiergartens, schmückten auch Plastiken betont grausam zerfleischender Raubtiere und wandfüllende Gemälde mit Tierkämpfen die römischen Parks und Häuser und suggerierten den Ausblick in einen gefährlichen und exotischen Wildpark, der das bürgerliche Domizil adelte. Die wie zufällige Beliebigkeit dieser Tierinszenierungen läßt vermuten, daß sie nicht einer Affinität zur Tierwelt oder einem besonderen Naturgefühl entsprang, sondern aus dem Bedürfnis resultierte, Wunschbilder eines herrscherlichen Villenambientes zu vergegenwärtigen.[176]

Der sich hier andeutende Symbolcharakter römischer Tierbilder dominiert gegenüber den eher narrativen Schilderungen der Jagd, wie sie seit der späten Kaiserzeit (3.–4. Jh.) in großen Mosaiken häufiger gestaltet werden. Aber auch die Jagdmotive oder pastoralen Hirtenszenen, die sich häufig in sepulkralem Kontext, vor allem auf den Sarkophagen, finden, dürften wie die Tierparks hellenistischer Tradition als Metaphern für bestimmte Wertvorstellungen zu interpretieren sein. Die fiktive Löwen- oder Eberjagd auf den Sarkophagen zeigt trotz mancher realistischer Details nicht den Grabinhaber bei der dem Kaiser vorbehaltenen Löwenjagd, sondern versinnbild-

licht durch den heroischen Kampf nach kaiserlichem Vorbild die
»virtus«, die Tapferkeit, des Bestatteten. Während die pastoralen
Hirtenszenen dem Verstorbenen ein bukolisches Jenseits verheißen,
verweisen die zahlreichen Paradeisosbilder und Orpheusdarstellungen mit dem friedlichen Nebeneinander wilder und zahmer Tiere seit augusteischer Zeit (27. v.Chr.– 14 n.Chr.) in ihrer naturhaften Friedlichkeit auf den Anbruch des Goldenen Zeitalters,[177] wie es Vergil[178] besungen hat.

Die Vielfalt der kleinen Tiere zwischen den Ranken der Ara Pacis, dem Friedensaltar des Augustus auf dem Marsfeld in Rom,[179] oder dem Türgewände des Baus der Eumachia in Pompeji[180] schildern ebensowenig die belebte Natur, sondern versinnbildlichen Frieden und Fruchtbarkeit und werden zum epochenspezifischen Symbol des Lebens in Frieden und Fülle.[181] Dieser Symbolgehalt der Tierbilder gilt in noch höherem Maße für die staatlichen Bildwerke. Während in der Opferprozession des klassischen Parthenon auf der Akropolis in Athen die Opfertiere gelegentlich scheuen, ungebärdig vorpreschen oder mit den Hörnern stoßen[182] und somit in lebendig erzählender Weise den Zug der Tiere zum Altar veranschaulichen, trotten die Stiere oder anderen Opfertiere der römischen Staatsreliefs[183] majestätisch und unbewegt zum Altar, wie es das Ritual erforderte. In solchen römischen Bildwerken wird das Tier nicht als lebendiges Wesen, sondern nur als Teil des Opferrituals begriffen. In charakteristischer Weise spiegeln solche Darstellungen eine eher abstrakte, objekthafte Beziehung des Römers zum Tier, die in den Bildzeugnissen nur selten durchbrochen wird, wie auf Grabreliefs und Sarkophagen, bei denen den Verstorbenen der Schoßhund als das Liebste mitgegeben ist.

Noch ausgeprägter tritt der Symbolgehalt der häufigen Tierdarstellungen zusammen mit Göttern, Personifikationen oder mit »unnatürlichen« Objekten wie Eichenkranz oder Kandelaber zutage[184] und charakterisiert eine wesentliche und dominante Funktion des Tiers in den visuellen Medien der römischen Kultur als Bedeutungsträger. Demgegenüber tritt eine eher unbefangene, das Tier im häuslichen Ambiente oder in der Natur schildernde Darstellungsweise stark zurück. Lebensnahe, oft geradezu liebevolle Studien des artgerechten Verhaltens von Tieren wie der Katze, die an einer Schale trinkende Tauben beschleicht, oder einer Maus, die sich vorsichtig geduckt einer Walnuß nähert,[185] sind selten und dürften als beabsichtigte Zitate griechischer Meisterwerke in Auftrag gegeben und geschaffen worden sein.

8. Wissenschaft
von Manfred Landfester

Wissen, Wissenschaft und Tierversuche

Obwohl die Römer seit der 2. Hälfte des 2. Jh. v.Chr. die Kultur der Griechen mit zunehmender Intensität rezipiert haben, hatten sie in der Zeit der Republik (bis 31 v.Chr.) kein Interesse an der wissenschaftlichen Zoologie der Griechen, die vor allem von Aristoteles entwickelt und auch im Hellenismus (330–31 v.Chr.) noch in bescheidenem Umfang gefördert worden war. Den Römern reichte das durch Erfahrung gewonnene Wissen über Züchtung und Pflege vor allem der Haustiere, das uns in den Schriften zur Landwirtschaft (Cato, *Über den Landbau*; Varro, *Über die Landwirtschaft*; Vergil, *Über das Landleben*; in derselben Tradition im 1. Jh. n.Chr.: Columella, *Über die Landwirtschaft*) überliefert ist. Wildtiere waren außerhalb der Bildsprache der Dichtung beachtenswert, wenn sie den Römern unbekannt waren, wie etwa die Tiere Germaniens, die Caesar (100–44 v.Chr.) im *Gallischen Krieg* (VI,26–28) beschreibt (u.a. Rentier und Auerochse).

Wenn auch in der Kaiserzeit das für Tierzucht und Tierpflege wichtige praktische Wissen der Landwirtschaft weiter tradiert wurde, verlor es doch an Bedeutung. In den Mittelpunkt rückten in Übereinstimmung mit den Wissenstendenzen der hellenistischen Zeit »merkwürdige« Tiere sowie ihre »merkwürdigen« Eigenschaften und Verhaltensweisen. Ein systematisches wissenschaftliches Interesse im Sinne des Aristoteles und im modernen Sinne war diesen Zoologen fremd. Für uns ist das bedeutendste Werk dieser veränderten Einstellung die lateinische enzyklopädische *Naturkunde* des Plinius des Älteren (23/24–79 n.Chr.), von deren 37 Büchern 4 Bücher (VIII–XI) der Zoologie vorbehalten sind (VIII: Landtiere mit den exotischen Großtieren, Echsen, Kleintieren, Haustieren; IX: Wassertiere mit Seeungeheuern, Großfischen, Schildkröten, Speisefischen, Schalentieren; X: Vögel mit Raubvögeln, Hühnervögeln, Zugvögeln, sprechenden Vögeln, exotischen Vögeln, eierlegenden Nichtvögeln; XI: Insekten mit Bienen, Ameisen, Fluginsekten). Das vielfältig empirisch gestützte Wissen des Aristoteles wird dabei unter Verzicht auf dessen Klassifikation durch Anekdoten und fiktives merkwürdiges, paradoxes oder wunderbares Wissen einer sich vor allem als Buchwissenschaft verstehenden Zoologie ergänzt. Zwar betont Plinius, daß jede Tierart nach ihren je eigenen Naturgesetzen lebe, aber er nimmt sie in anthropologischen Kategorien wahr, weil er die außermenschliche Natur immer auf die menschliche bezieht und beide im Sinne der stoischen Lehre als Teile einer einzigen und unteilbaren Natur ansieht. In dieser Anthropomorphisierung der Tierwelt liegt wohl der Grund für die ungebrochene Beliebtheit der *Naturkunde* des Plinius bis zur frühen Neuzeit.

Bezeichnend und programmatisch ist der erste Satz der zoologischen Bücher, mit dem die Beschreibung des Elefanten eingeleitet wird (VIII,1): »Das größte unter (den Landtieren) und dem Menschen an Verstand (humani sensus) am nächsten stehend ist der Elefant, denn er versteht die Sprache seines Landes, gehorcht den Befehlen, behält die erlernten Verrichtungen, zeigt Freude an Liebe und Ruhm und hat sogar, was selbst bei dem Menschen selten ist, Rechtschaffenheit (probitas), Klugheit (prudentia), Billigkeit (aequitas), Ehrerbietung (religio) für die Gestirne und Verehrung (veneratio) für Sonne und Mond«. Die Einflechtung des Wunderbaren erhöht zweifellos den Unterhaltungswert der *Naturkunde*, mag man darin auch einen Mangel an Kritik sehen (VIII,35): »Man erzählt auch, daß an der Seeküste (der Aithiopier) je vier oder fünf (Riesenschlangen) sich nach Art von Zäunen miteinander verflechten und mit emporgestreckten Köpfen, die ihnen als Segel dienen, auf dem Meer nach Arabien schwimmen, um nach besseren Futterplätzen zu suchen«.[186]

Von ähnlichem geistigen Niveau sind drei kleinere griechische Schriften des Philosophen und Biographen Plutarch aus der römischen Kaiserzeit (45–nach 120 n.Chr.): *Welche Lebewesen vernünftiger sind* (Moralia Nr. 62), *Darüber, daß die vernunftlosen Wesen Vernunft zeigen* (Moralia Nr. 63), *Über die Liebe zu den eigenen Kindern* (Moralia Nr. 32). In diesen Schriften ist die Nähe des Tieres zum Menschen ausdrücklich thematisiert.

Noch stärker als im Werk des Plinius ist in der griechischen Schrift *Über die Eigenart von Tieren* (17 Bücher) des Claudius Aelianus (Älian) aus dem italischen Praeneste (ca. 170–235 n.Chr.) das wissenschaftliche Wissen reduziert zugunsten des Paradoxen und Wunderbaren, das nicht selten in der Form der Anekdote erzählt wird. Auch die Anthropomorphisierung der Tierwelt ist verstärkt, so daß dieses Werk einen moralisierenden Charakter erhalten hat. So wird z.B. die Kinderliebe der Delphine[187] wie die Klugheit (sophia) der Elefanten gerühmt. Und ohne Aelianus wäre ein Fabelwesen wie das Einhorn, dessen Horn außergewöhnliche Zauberkraft hat,[188] kaum in das im Mittelalter beliebte Tierfabelbuch des *Physiologus* aufgenommen worden.

Die zoologische Perspektive des Plinius und Aelianus hat sich in der Antike nicht mehr verändert; sie hat das Denken maßgebend bestimmt. Weitere zoologische Werke sind nicht überliefert. Im Rahmen einer solchen Tierkunde hatten Experimente keinen Platz. Tierexperimente hat es nur im Rahmen der Humanmedizin durch Galen von Pergamon (129–199 n.Chr.) gegeben. Wie auch immer man die wissenschaftliche Qualität der genannten Werke beurteilen mag: Sie haben bis zur frühen Neuzeit die Wahrnehmung der Tierwelt geprägt.

Aberglaube

Die Auffassungen von Tieren als Mittlern göttlichen Wissens und Willens entsprechen in der römischen Antike weitgehend denjenigen der griechischen Antike. Die Übereinstimmungen sind entweder die Folge direkter Abhängigkeit – wie im Fall der Vogelschau –, oder sie beruhen – wie im Fall der durch die Etrusker vermittelten Eingeweideschau – auf einer letztlich gemeinsamen orientalischen Quelle. Im Unterschied zu der griechischen Praxis hat die Tiermantik in Rom allerdings einen höheren Grad an Professionalität und Einheitlichkeit bei größerer Differenzierung erhalten, weil der ganze

Bereich der Mantik staatlich reguliert war. Das Priesterkollegium der Augures war vor allem zuständig für die Vogelschau, für die Beobachtung der heiligen Hühner und für die von Vierfüßlern gegebenen Zeichen. Die Deutung erfolgte im System einer festen Augurallehre.[189] Die Geschichte Roms beginnt mit einer Vogelschau: Der Streit der Brüder Romulus und Remus und das Recht, der neuen Stadt den Namen zu verleihen, wird durch ein Vogelzeichen zugunsten des Romulus entschieden,[190] da diesem die größere Zahl an Geiern (zwölf statt sechs) erschien. Eingeweideschau war Sache der Haruspizes, die bis in die Kaiserzeit aus Etrurien stammten und in einer differenzierten Lehre vor allem aus der Beschaffenheit der Leber (Leber als Mikrokosmos, der die Welt symbolisiert) den Willen der Götter deuteten. Sie wurden vom Senat und von Magistraten im Bedarfsfall herangezogen und erst am Ende der Republik offensichtlich zu einem Kollegium von 60 Mitgliedern zusammengefaßt. Ihre Nähe zu den Trägern politischer Macht führte immer wieder zur Verdächtigung, daß sie sich politisch mißbrauchen ließen oder selbst Politik machten. In einer umfangreichen Fachliteratur dokumentiert sich die Professionalität des Traumdeuters zumindest in der Kaiserzeit, zu dessen Aufgaben natürlich auch die Interpretation von Tierträumen gehörte. Erhalten ist allerdings nur das griechische *Traumbuch* eines Artemidoros von Ephesos (2. Jh. n.Chr.). Hier bedeuteten etwa der Affe und der Bär als Traumerscheinungen Unglück.[191] Neben den durch Tiere vermittelten Zeichen, deren Interpretation in die Zuständigkeit professioneller Deuter fiel, gab es natürlich Zeichen, deren Bedeutung allein durch Tradition bestimmt war. So war etwa das Erscheinen oder Nisten der Schwalben ein schlechtes Omen.[192]

Veterinärmedizin
Da die Tierheilkunde in der griechischen Antike primär in der Anwendung von Erfahrungswissen ohne theoretische Fundierung bestand, ist es angesichts des beherrschenden Einflusses der griechischen Kultur in Rom selbstverständlich, daß die Veterinärmedizin in der römischen Antike von ähnlichem Zuschnitt war. Die Professionalisierung der Veterinärmedizin setzte offensichtlich in der späten Republik (etwa im 1. Jh. v.Chr.) unter griechischem Einfluß

ein; auf jeden Fall ist als früheste Berufsbezeichnung aus dieser Zeit die lateinische Lehnübersetzung »equarius medicus«, Pferdearzt, von griech. »hippiatros«, überliefert. In der späten Kaiserzeit haben sich dann Bezeichnungen wie »mulomedicus«, Maultierarzt, »medicus veterinarius«, Zugtierarzt, »medicus iumentarius«, Zugtierarzt, oder »medicus pecuarius«, Vieharzt, durchgesetzt; sie zeigen deutlich an, daß es der Tierarzt vor allem mit den Krankheiten der wichtigsten Arbeitstiere zu tun hatte, wenn er natürlich auch für die übrigen Haustiere zuständig war. Das älteste medizinische Wissen ist in den Schriften zur Landwirtschaft, besonders im Werk *Über die Landwirtschaft* (B. VI–IX) Columellas (1. Jh. n.Chr.) überliefert; es ist primär durch die griechische veterinärmedizinische Fachliteratur des Hellenismus und durch das ins Lateinische übersetzte Lehrbuch über die Landwirtschaft des Karthagers Mago (um 250 v.Chr.) bestimmt. Die *Naturkunde* Plinius' des Älteren[193] vermittelt bei der Beschreibung der Haustiere noch zusätzliches Wissen aus der griechischen Tradition. Insgesamt handelt es sich um alltägliches Erfahrungswissen, das die Beschreibung von Krankheitssymptomen und bewährter Therapiemethoden umfaßt. Die Ursachen von Krankheiten und die Ursachen der Wirkung von Therapien interessieren nicht. Hierin zeigt sich der vorwissenschaftliche Charakter auch der lateinischen Veterinärmedizin.

Die spezifisch veterinärmedizinischen Schriften stammen aus der späten Kaiserzeit (4./5. Jh. n.Chr.). Entsprechend der Zweisprachigkeit der ganzen Epoche handelt es sich dabei um griechische und lateinische Texte. Die griechischen Werke verschiedener Autoren (u.a. Apsyrtos, Eumelos, Hierokles) sind in der Sammlung *Corpus Hippiatricorum Graecorum* aus byzantinischer Zeit (10. Jh.) erhalten; sie behandeln mit Vorrang die Pferdeheilkunde. Drei lateinische Abhandlungen ergänzen oder wiederholen das veterinärmedizinische Wissen der Spätantike: die *Mulomedicina* (Maultiermedizin), eine unter dem mythischen Namen *Chiron* überlieferte Schrift (vulgärlateinische Kompilation in zehn Büchern), die *Ars veterinaria* des Pelagonius und die *Mulomedicina* des Vegetius (literarisch ansprechende Darstellung in vier Büchern). Die Verfasser der drei Werke waren keine professionellen Tierärzte, sondern mehr oder weniger sachkundige Kompilatoren und Literaten. Aber das gilt auch für die griechischen

Wissenschaft

Autoren und die Agrarschriftsteller. Damit hängt zusammen, daß das überlieferte Wissen nicht mit dem praktischen Wissen der Tierärzte identisch ist, sondern immer wieder Fehler enthält. Trotzdem gilt aber für die Fachschriftsteller wie für die Tierärzte, daß sie wohl in der Regel Tierfreunde waren und dadurch zu Tierschützern wurden. Wenn sie wegen der Schäden durch gewaltige Traglasten eine Reduzierung der Lasten empfahlen,[194] so steht dahinter freilich primär das Ziel, den Wert des Tieres für den Besitzer zu erhalten.

Obwohl zahlreiche Therapiemethoden durchaus erfolgreich waren, gab es natürlich auch mehr als zweifelhafte Verfahren. So hat etwa die exzessive Anwendung des Aderlasses mehr Schaden als Nutzen gestiftet. Aber auch wenn die Tiere gesund wurden, kannten ihre Therapeuten nicht die zugrundeliegenden Wirkungsmechanismen.

Medikamente tierischer Herkunft

Die Pharmakologie ist in Rom schon früh unter den Einfluß der gleichzeitigen griechischen Heilmittellehre geraten. Die Tradition der alten Hausmedizin oder Volksmedizin mit stark religiösmagischen Praktiken ist uns weitgehend unbekannt, wenn wir auch schließen dürfen, daß zu dieser Tradition neben pflanzlichen und mineralischen Mitteln auch tierische Therapeutika gehörten. Es ist auch sehr wahrscheinlich, daß die in der griechischen Antike im Hellenismus einsetzende Entwicklung tierischer Heilmittel durch die wissenschaftliche Pharmakologie den entsprechenden vorwissenschaftlichen Gebrauch in der alten Volksmedizin stützte und verstärkte. Auf jeden Fall ist der Anteil tierischer Heilmittel in der römischen Antike bereits in republikanischer Zeit durch die Rezeption der griechischen Medizin sehr hoch gewesen und ist in der frühen Kaiserzeit durch zusätzliche orientalische Einflüsse noch gewaltig angestiegen. Besonders ist der Anteil der zusammengesetzten Heilmittel gewachsen. Plinius der Ältere[195] erwähnt ein Allheilmittel Theriak, das aus 600 verschiedenen Substanzen hergestellt sein soll. Und wenn Medea in der gleichnamigen Trägödie des Philosophen Seneca ein raffiniertes Gift zusammenbraut,[196] so gehört dazu eine Vielzahl tierischer Ingredienzen.

Über die Fülle der Heilmittel aus tierischen Substanzen informiert am besten Plinius der Ältere (23/24–79 n.Chr.) in seiner – bis zur frühen

Neuzeit vielgelesenen – *Naturkunde*: Er beschreibt Pharmaka aus exotischen Tieren,[197] aus Haustieren,[198] aus anderen Landtieren[199] und aus Wassertieren.[200] Aber nicht nur die Fülle ist bemerkenswert, sondern auch der abergläubisch bestimmte Charakter dieser Heilmittel. Zwar versucht sich Plinius von allzu evidenten magischen Praktiken abzusetzen, er bleibt aber trotzdem noch ein überzeugter Anhänger solcher Pharmaka. Überhaupt hat die antike Pharmakologie nach einer bemerkenswerten Phase der Verwissenschaftlichung auf dem Gebiete der Pflanzenheilkunde in der hippokratischen Medizin ihren wissenschaftlichen Charakter im Hellenismus zunehmend eingebüßt, als sie tierische Substanzen als Heilmittel einzusetzen begann, ohne deren Wirkungsmechanismen zu erforschen. Der Glaube an die Wirksamkeit von Heilmitteln ersetzte den Nachweis ihrer Wirksamkeit. Ein Beispiel aus der Gynäkologie demonstriert den abergläubisch-magischen Charakter der Pharmakologie: »Wenn eine Frau unmittelbar nach der Empfängnis Hahnenhoden ißt, sollen in ihrer Gebärmutter männliche Kinder entstehen. Die Asche von Stachelschweinen im Trank hält die Leibesfrucht fest, Hundemilch als Trank bringt sie rascher zur Reife, und die Haut von der Nachgeburt der Hunde bewirkt, wenn sie die Erde noch nicht berührt hat, die Niederkunft, nachdem die Lenden der Gebärenden damit in Verbindung gebracht wurden. Mäusekot, in Regenwasser aufgelöst, stellt die durch die Niederkunft geschwollenen Brüste der Frauen wieder her. Die Asche von Igeln, von den Frauen mit Öl eingerieben, bewahrt die Leibesfrucht vor einem Abgang.«[201]

Was für Plinius den Älteren gilt, trifft auch auf den griechisch schreibenden Militärarzt und Pharmakologen Dioskurides aus derselben Zeit zu: In seinem – im Mittelalter und in der frühen Neuzeit intensiv rezipierten – Hauptwerk *Über den Stoff der Ärztekunst* behandelt er u.a. tierische Arzneimittel, deren Wirksamkeit einen kräftigen Glauben voraussetzt. Zwar haben einige pharmakologisch arbeitende kritische Ärzte wie Aretaios aus Kappadokien (1. Jh. n.Chr.) und Galen von Pergamon (129–199 n.Chr.) Skepsis gegenüber dem exzessiven und willkürlichen Gebrauch tierischer Medikamente gezeigt und – wie Galen – auch versucht, die Wirkung solcher Pharmaka wissenschaftlich zu erklären, haben allerdings keine wissenschaftliche Pharmakologie begründen können.

9. Epochentypische Grundeinstellung
von Manfred Landfester

Die räumliche Nachbarschaft von griechischer und italisch-römischer Kultur hat einer Sonderentwicklung im Bereich der praktisch-materiellen Kultur enge Grenzen gesetzt. Als dann im 3. Jh. v.Chr. Italien in den geistig-ideellen Bann der Griechen geriet, war die Entwicklung einer eigenen unverwechselbaren Kultur weitgehend unmöglich geworden. Daher haben auch die Tiere in vielen Bereichen der italisch-römischen Kultur eine der griechischen Kultur entsprechende Bedeutung. Ihre vielfältige und dichte Präsenz in der Literatur und bildenden Kunst ist ein Indiz dafür, daß die Tiere für die Menschen von besonderer Bedeutung waren. Allerdings war diese Bedeutung nicht für alle Mitglieder dieses Kulturkreises einheitlich, sondern es gab – wie in allen Kulturkreisen – schichten-, gruppen- und situationsspezifische Unterschiede in der Beziehung zu den Tieren.

Wie in der griechischen Antike waren die meisten Tiere in der römischen Antike zunächst einmal Wirtschaftsgüter, die ihren Nutzwert vor allem als Arbeitskräfte in der Landwirtschaft und im – militärischen wie zivilen – Transportwesen sowie als Lieferanten von Nahrungsmitteln und Fellen hatten. In dieser Funktion wurde ihre Schutzwürdigkeit nur im Rahmen ihres Nutzens wichtig: Geschützt wurde das Nutztier, damit sein Nutzen erhalten blieb. Stärkere emotionale Regungen konnten daher im Umgang mit solchen Tieren nur begrenzt entstehen, am ehesten noch bei der Verwendung von Pferden als Reittieren, am wenigsten im Umgang mit den Tieren, die bevorzugte Fell- und Fleischlieferanten waren. Der Bedarf an Tieren für die Fleischversorgung war besonders groß, da Fleisch – sowohl von Haus- als auch von Wildtieren – ein bevorzugter Teil der Ernährung war. Fleischtabus gab es nicht; nur die Anhänger der pythagoreischen Philosophie lehnten den Fleischkonsum ab. Ansonsten war Vegetarismus Ausdruck einfachen und gesunden Lebens und richtete sich gegen den üppigen Tafelluxus, der vor allem durch raffinierte Fleischspeisen gekennzeichnet war. Ausgedehnte Viehhaltung deckte den Bedarf an zahmen Tieren, während die Jagd für den Nachschub an Wildtieren sorgte. Im Unterschied zu Griechenland stand auch die Jagd ganz im Zeichen der Nützlichkeit. Jagd – vor allem Großwildjagd – als sportliches Vergnügen mit hohem sozialem Prestigewert ist unter dem Eindruck griechischer Gewohnheiten nur Sache der Oberschichten gewesen. Die alte Funktion der Jagd als eines Schutzes vor wilden Tieren ist in Wirklichkeit eher bedeutungslos geblieben; sie wird jedoch in der bildenden Kunst zum Bild für die Verpflichtung der Oberschichten zum heroischen Kampf gegen alles Feindliche. Die Oberschichten begnügten sich aber nicht nur mit dem Fleisch einheimischer Tiere, sondern verlangten auch bereits in republikanischer Zeit nach exotischen Tieren, die daher auch auf großen Gütern in Mengen gezüchtet wurden. Auch als Opfertier war das Tier vor allem dann ein Wirtschaftsgut, wenn mehr Opferfleisch anfiel, als die Kultteilnehmer verzehren konnten. Und das war häufig der Fall; bisweilen konnten die Tieropfer riesenhafte Ausmaße annehmen (160 000 Rinder anläßlich der Thronbesteigung des Kaisers Caligula).

Nun schließt natürlich die Verwendung eines Tieres als eines Nutztieres eine positive gefühlsmäßige Beziehung zwischen Mensch und Tier nicht aus; zumindest gilt das für die kleineren landwirtschaftlichen Betriebe, die trotz des Vorrückens der Großbetriebe ihre Bedeutung zumindest in republikanischer Zeit behalten haben. Was die bukolische Dichtung an Beispielen bietet, ist sicherlich nicht reine literarische Fiktion, wenn auch eine romantische Attitüde nicht auszuschließen ist. Die Hirten der *Eklogen* Vergils sorgen sich auf jeden Fall um das Wohl ihrer Tiere und fühlen sich für diese verantwortlich, ohne vom Nutzen zu sprechen; sie haben eine gefühlsmäßige Bindung zu ihren Tieren, wie sie auch in der griechischen bukolischen Dichtung des Theokrit zu beobachten war.

Während solche Bindungen aus dem täglichen Umgang mit den Tieren dadurch erwachsen, daß die Haustiere die Beherrschung durch den Menschen mit Anhänglichkeit beantworten, können tiefere Beziehungen durch philosophische Reflexion entstehen. Wenn etwa in der bukolischen Dichtung Vergils Tiere wie Hirten als Teile einer einheitlichen Natur verstanden sind, so zeigt sich darin ein stoischer Gedanke, nach dem alle Manifestationen der Natur in einem durch die Vernunft begründeten inneren Zusammenhang stehen. Das ist freilich die Sicht von Gebildeten! Neben dem Stoizismus bietet dann auch der Pythagoreismus – besonders in der Form des Neupythagoreismus des 1. Jh. n.Chr. – die Möglichkeit, Mensch und Tier eng aneinanderzubinden, denn für die Anhänger dieser Philosophie gibt es keine klare Grenze zwischen Tier und Mensch, da sie an die Seelenwanderung glauben. Nach diesem Glauben kann in jedem Tier eine Menschenseele reinkarniert sein, so daß Tierschutz letztlich Schutz der Menschenseele ist.

Aber nicht nur in der Philosophie verschwimmen die Grenzen zwischen Mensch und Tier, sondern auch in verschiedenen Gattungen der Literatur, in denen unter dem Eindruck der griechischen Dichtung die Tiere anthropomorphisiert werden. Das Verhalten der Tiere wird nach dem Vorbild Homers in den lateinischen Epen in den Mustern positiven wie negativen menschlichen Verhaltens beschrieben. Tiere werden dadurch zu verwandten Lebewesen, denen das Mitgefühl der Leser gilt. Ähnliches gilt für die am griechischen Vorbild orientierte Tierfabel, in der Tiere zu Spiegelbildern menschlichen Handelns werden. Eine solche Anthropomorphisierung der Tierwelt ist natürlich auch außerhalb der Literatur üblich; sie gehört wahrscheinlich zu den ältesten Wahrnehmungsmustern des Menschen überhaupt. Vor allem ist es die Anhänglichkeit gezähmter Tiere, die als Freundschaft, Liebe und Treue gedeutet wird. Die Tiere werden zu besseren Menschen. Die zoologischen Schriften des Plinius und Aelianus sind voll von Beispielen für solche wunderbaren Verhaltensweisen, durch die Mensch und Tier als Teile einer einheitlichen Natur verstanden werden: Ein Elefant liebt eine Kranzverkäuferin, ein anderer einen Jüngling;[202] Hund und Pferd sind besonders treu;[203] Hunde erkennen ihren Herrn;[204] das Pferd Caesars hat keinen anderen als seinen Herrn auf seinem Rücken geduldet;[205] wilde Tiere zeigen Dankbarkeit für Hilfe.[206] Aelianus erzählt Beispiele von gegenseitiger Liebe zwischen Tier und Mensch bis hin zur Sodomie; einmal sind daran Delphine[207] beteiligt, dann ist es eine Ziege,[208] ein Hengst,[209] eine Schlange.[210] Offensichtlich hat die Vorstellung von der Nähe zwischen Tier und Mensch in der Kaiserzeit eine nicht geringe Faszination ausgeübt. In der Bildkunst ist sogar eine große Empfindsamkeit gegenüber vielen kleinen Tieren wie Bienen und Vögeln festzustellen, die Frieden und Fülle symbolisieren.

Damit kontrastiert das der griechischen Antike unbekannte Vergnügen am Anblick des Tötens von großen einheimischen Tieren (Hirsche, Eber, Stiere) und vor allem von exotischen Tieren (Löwen, Leoparden, Panther, Bären, Elefanten, Strauße, Nashörner, Tiger, Flußpferde) im Rahmen der Tierhetzen, wie sie in Veranstaltungen des Amphitheaters und Circus (im Osten im Stadion) üblich waren. Mag sich Rom auch durch besonders aufwendige Tierhetzen in besonders großen Anlagen (Circus Maximus, Colosseum) hervorgetan haben, so sind solche Veranstaltungen doch im gesamten Imperium Romanum über Jahrhunderte eine große Attraktion für alle Schichten gewesen. Überall wurden sie immer aufwendiger und immer blutiger. Der Anblick der sich gegenseitig tötenden und der zum Tode bestimmten Tiere führte nur selten zum Mitleid der Zuschauer mit der Kreatur. Bei den von Pompeius im Jahre 55 v.Chr. veranstalteten Spielen waren es die Elefanten selbst, die, als sie »keine Hoffnung auf Flucht mehr hatten, das Mitleid des Volkes in unbeschreiblicher Haltung erflehten, gleichsam sich selbst beklagten, wodurch das Volk so schmerzlich bewegt wurde, daß es sich [...] weinend insgesamt erhob und Verwünschungen gegen Pompeius ausstieß«.[211] Solches momentane Mitleid blieb jedoch ebenso vereinzelt und ohne Folgen wie die moralische Kritik an diesen Tierhetzen. Die Zuschauer werden nicht das Gefühl gehabt haben, daß diese Veranstaltungen Ausdruck von Grausamkeit gewesen und zur Befriedigung ihrer Sensationslust eingerichtet seien. Bei den Kämpfen Tier gegen Tier werden die Zuschauer die Kämpfe als eine Art Naturschauspiel miterlebt haben, während sie sich bei den Kämpfen Mensch gegen Tier selbst als heroische Jäger gefühlt haben dürften, die im Sieg über das wilde und gefährliche Tier ihr eigenes Heldentum genossen.

Dasselbe Publikum hatte aber nicht nur Vergnügen am Töten der wilden Tiere, sondern auch an ihrer Zähmung und Dressur. Indem aber die Tiere, vor allem die Elefanten, ihre Klugheit und Gelehrigkeit zeigten, wurden sie durch ihr menschenähnliches Wesen bewundert und zu Lieblingen des Publikums. Dabei hatten sie etwas zu leisten, was ihrer tierischen Natur widersprach: Wilde Stiere standen auf

Hinterfüßen, Seehunde begrüßten die Zuschauer mit Blick und Stimme; Löwen wurden unterwürfig wie Hunde; Elefanten machten vor dem Kaiser die Geste der Adoration, sie liefen »auch auf dem Seil, wobei je vier einen einzelnen, der eine Wöchnerin nachahmte, in einer Sänfte trugen, und sie gingen in Speisesälen voller Gäste mit solch vorsichtigen Schritten zwischen den Polstern hindurch an ihren Platz, daß sie keinen der Trinkenden berührten«.[212]

In wieder anderer Weise begegnen die Menschen den Tieren im Kult. Das Opfern als ritualisiertes Schlachten zur Herstellung der Beziehung zwischen Mensch und Gott macht das Töten des Tieres zu einer heiligen Handlung, die dem Leben dient. Indem die Menschen in den Tieren die Mittler göttlichen Wissens und Willens sehen, lösen sie diese aus der ihnen eigenen Lebenswelt und machen sie zu Bedeutungsträgern, denen eine nur geringe emotionale Anteilnahme zukommen kann.

Distanziert und objekthaft bleibt auch das Verhältnis zu den Tieren, die den einzelnen Gottheiten in einer engen Beziehung zugeordnet sind; diese Tiere werden einmal nach Art der griechischen Tradition als Repräsentationen des Zuständigkeitsbereiches der einzelnen Gottheiten (Widder und Ziegenbock in der Begleitung Merkurs als Ausdruck für den Schutz dieser Tiere durch den Gott) eingesetzt, zum andern werden sie zu Symbolen für verschiedene Vorstellungen auch außerhalb des Kultes. Die Tiere werden in dieser Funktion Teil der römischen Bild- und Symbolsprache vor allem der visuellen Medien. Als Vogel des Jupiter wird der Adler zum Symbol höchster göttlicher Macht, so daß jeder vom Adler begleitete Herrscher als Inhaber höchster Macht dargestellt ist. Das friedliche Zusammenleben von Haus- und Wildtieren jeglicher Art wird in der Literatur und in der bildenden Kunst zum Bild für die Gewaltfreiheit des Goldenen Zeitalters. Hier verlieren die Tiere ihr naturhaftes Wesen. So gehen auch die Stiere in den römischen Staatsreliefs nicht lebendig in ihrer naturhaften Art, sondern majestätisch nach der Vorschrift des Rituals zum Opferaltar. Im Kult zeigt sich so eine eher abstrakte, objekthafte Beziehung des Menschen zum Tier, die die Palette unterschiedlicher Einstellungen zum Tier in der römischen Antike um eine der griechischen Antike weitgehend unbekannte Variante bereichert.

IV. Germanisch-keltisches Altertum
von Bernhard Maier

1. Ernährung und Jagd

»Die Kelten setzen sich zum Essen auf Heu an niedrige hölzerne Tische. Ihre Nahrung besteht aus wenig Brot, aber viel Fleisch, das in Wasser gekocht und auf Kohlen oder an Spießen gebraten wird. Das essen sie reinlich, aber nach Löwenart, indem sie mit beiden Händen ganze Glieder hochheben und davon abbeißen.« So schildert zu Beginn des 1. Jh.s v.Chr. der weitgereiste stoische Philosoph Poseidonios in einer bei Athenaios von Naukratis (um 200 n.Chr.) im Auszug erhaltenen Darstellung die Ernährungsgewohnheiten der Kelten (*Das Gelehrtengastmahl* 4,36). Ganz ähnlich schreibt nur wenige Jahrzehnte später der römische Feldherr und Staatsmann Julius Caesar von den germanischen Sueben und von den Stämmen im Inneren Britanniens, sie ernährten sich kaum von Getreide, sondern hauptsächlich von Milch und Fleisch (*Der Gallische Krieg* 4,1,8–10; 5,14,2). Wildwachsendes Obst, frisches Wildbret und dicke Milch nennt noch im 1. Jh. n.Chr. der römische Historiker Tacitus als Hauptnahrungsmittel der Germanen (*Germania* 23). Der Geograph Pomponius Mela weiß gar zu berichten, daß sie in ihrer unzivilisierten Wildheit das Fleisch zahmer und wilder Tiere sogar roh verzehrten (*Erdkunde* 3,28).

Wer indessen aus diesen und ähnlichen Schilderungen den Schluß ziehen wollte, die keltischen und germanischen Völker Mittel- und Westeuropas hätten noch in der Zeit um Christi Geburt ohne Kenntnis des Ackerbaus als schweifende Jäger oder viehzüchtende Nomaden ein kärgliches Dasein gefristet, wäre schlecht beraten. Wie gerade neuere Forschungen gezeigt haben, sind nämlich die Beschreibungen, die Griechen und Römer von ihren nördlichen Nachbarn hinterlassen haben, in hohem Maße von vorgefaßten Meinungen und literarischen Klischees bestimmt, die mit der Wirklichkeit oft nur wenig gemein haben. So erkennt man hinter den stereotyp wiederholten Hinweisen auf das Fehlen des Ackerbaus, die zentrale Bedeutung der Jagd und die Dürftigkeit der primitiven Fellkleidung (*Der Gallische Krieg*, a.a.O.) unschwer die propagandistische Absicht, das römische Eroberungsstreben mit der Zivilisationsbedürftigkeit der so geschilderten Völker zu rechtfertigen. Tatsächlich ist das antike Kelten- und Germanenbild in hohem Maße bestimmt durch ältere Darstellungen fremder Völker (z.B. Herodots Beschreibung der Skythen). Außerdem wurde die Wahrnehmung der Griechen und Römer durch mythische Vorstellungen (z.B. von der Lebensweise der homerischen Kyklopen, an die man sich bei den nördlichen »Barbaren« erinnert fühlte) erheblich beeinflußt.[1] Daß die Schriften der griechischen und römischen Ethnographie gleichwohl gerade das populäre Bild der Kelten und Germanen nachhaltig prägten und bis zum Aufschwung der modernen Archäologie nachwirkten, beruht v.a. auf dem Mangel an zeitgenössischen einheimischen Schriftquellen. Noch heute liegen daher all jene Bereiche der materiellen und geistigen Kultur, die weder in der antiken Literatur noch im archäologischen Fundgut ihren Niederschlag gefunden haben, weitgehend im dunkeln. In den letzten Jahrzehnten haben jedoch eine verstärkte Grabungstätigkeit und der Einsatz moderner naturwissenschaftlicher Methoden bei der Untersuchung archäologischer Funde unsere Kenntnis der Beziehung zwischen Mensch und Tier bei Kelten und Germanen erheblich vertieft, so daß wir uns gerade von den Bereichen der Haustierzucht, Jagd und Ernährung ein differenziertes Bild machen können.

Wenn Tacitus das Fleisch erlegter Wildtiere zu den wichtigsten germanischen Nahrungsmitteln zählt, so scheint dies vordergründig eine Bemerkung Caesars zu bestätigen, das ganze Leben der Germanen bestehe aus Jagden und Kriegsübungen (*Der Gallische Krieg* 6,21,3). In Wirklichkeit handelt es sich dabei jedoch nur um ein antikes Klischee, da Jagd und Fischfang nach Ausweis der Tierknochenfunde in den Siedlungen stets nur einen sehr geringen Teil des Fleischbedarfs deckten. Tatsächlich dürfte die Jagd von Kelten und Germanen eher als Sport (s.u. 4.), zur Abwehr von Flurschädlingen wie z.B. Wildschweinen oder zur Vernichtung von Raubwild zum Schutz des Viehbestands ausgeübt worden sein. Die Liste der archäologisch nachgewiesenen Jagdtiere ist gleichwohl lang, da ausgedehnte Wälder, saubere Gewässer und eine geringe Bevölkerungsdichte günstige Voraussetzungen für reiche Wild- und Fischbestände schufen.[2] Neben Elchen, Hirschen und Wildschweinen jagte man Rehe, Dachse, Biber, Fischotter, Hasen, Wölfe, Füchse, Marder und Wildkatzen sowie eine Vielzahl kleinerer und größerer Vögel. An Fischarten sind u.a. Stör, Wels, Hecht, Aal und Flußbarsch nachgewiesen. Zwei in Germanien heimische Fischarten namens »isox« und »silurus« erwähnt Plinius der Ältere (*Naturgeschichte* 9,44 f.). Bei ersterem handelt es sich wahrscheinlich um den bis ins 20. Jh. weit verbreiteten Rheinlachs, der bis zu 150 cm lang und bis zu 45 kg schwer wurde. Sein von Plinius erwähnter keltischer Name lebt fort in der walisischen Bezeichnung des Lachses als »eog«, dessen altirische Entsprechung »éo« im Neuirischen durch das Wort »bradán« ersetzt wurde. Der »silurus«, der dem römischen Autor zufolge mit einem Ochsengespann aus dem Main gezogen wurde, ist vermutlich der europäische Flußwels, der eine Länge von 5 m und ein Gewicht von nahezu 300 kg erreichen konnte.[3] Eine große Rolle spielte an den nördlichen Meeresküsten ferner der Kabeljau (Dorsch), der dort seit jeher zu Trockenfisch verarbeitet wurde.[4]

Die größten und wohl auch gefährlichsten Jagdtiere waren neben dem Braunbären die beiden Wildrindarten Ur (Auerochse) und Wisent, bei denen die männlichen Tiere eine Widerristhöhe bis zu 180 cm und ein Gewicht von 800–900 kg erreichen konnten.[5] Wie Caesar berichtet, wurden die Hörner des Auerochsen eifrig gesammelt, am oberen Rand in Silber gefaßt und bei prachtvollen Gelagen als Trinkgefäße benutzt (*Der Gallische Krieg* 6,28,6). Daß die jungen Krieger des ostgermanischen Stammes der Taifalen einen Eber oder Bären erlegen mußten, bevor sie in die Gemeinschaft der Männer aufgenommen wurden, berichtet im 4. Jh. n.Chr. der Historiker Ammianus Marcellinus (*Res Gestae* 31,9,5). Solch große Tiere wurden zweifellos gemeinschaftlich gejagt, wobei neben Speeren und Lanzen auch Pfeil und Bogen zum Einsatz kamen.[6] In der Fischerei sind neben der Angel und dem mehrzinkigen oder mit Widerhaken versehenen Fischspeer auch der Gebrauch von Wehren, Zäunen, Reusen und Netzen mit Senkern aus Stein oder Ton nachgewiesen.[7] Daß man bei der Jagd auf Großwild auch Fanggruben benutzte, steht nicht nur bei Caesar (*Der Gallische Krieg* 6,28,3), sondern wird auch durch archäologische Funde

solcher Anlagen mit Rahmenwerk, Dach und spitzen Pfählen im Grubengrund bestätigt.[8] Sehr viel weniger vertrauenswürdig erscheint demgegenüber Caesars Bemerkung, die Germanen hätten bei der Jagd die Bäume angesägt, an die sich die Elche zum Schlafen anzulehnen pflegten, so daß die unbeholfenen und schwerfälligen Tiere umstürzten und sich aus eigener Kraft nicht mehr erheben konnten (*Der Gallische Krieg* 6,27). Tatsächlich handelt es sich bei dieser Notiz um eine der modernen »Spinne in der Yucca-Palme« vergleichbare Wandersage, die man sich in der Antike auch vom Elefanten erzählte (vgl. Strabon 16,4,10 und Diodoros von Sizilien, *Bibliotheke* 3,27).[9]
Weitaus wichtiger für die Versorgung der Bevölkerung mit Fleisch war die Viehhaltung, die in manchen Regionen sogar die Bedeutung des Ackerbaus zur Sicherung des Nahrungsbedarfs in den Schatten stellte.[10] Das am weitesten verbreitete Haustier war zumeist das Rind, das man nicht nur als Fleisch-, Milch- und Fellieferant, sondern auch wegen seiner Arbeitskraft (s.u. 2.) besonders schätzte.[11] Wie Tacitus feststellt, war Vieh der einzige, hochgeschätzte Besitz der Germanen, der auch als Buße und Wergeld, Abgabe an den Gefolgsherrn und Brautgabe Verwendung fand (*Germania* 5,1; 12,2 und 21,1; 15,2; 18,2). So kann es nicht überraschen, daß gotisch »faihu« (Vieh) in der Bibelübersetzung des Wulfila (4. Jh.) zur Übersetzung des griechischen Wortes »argýrion« (Geld) dient (vgl. noch deutsch »Vieh« und englisch »fee«, »Gebühr«). Die Schweinehaltung war v.a. in den Siedlungen des Binnenlands von Bedeutung, da die Waldweide vor der Einführung des Kartoffelanbaus in Mitteleuropa die wichtigste Futtergrundlage darstellte und größere Schweineherden nur in der Nähe umfangreicher Buchen- und Eichenwälder gehalten werden konnten. In waldarmen Küstenregionen standen daher nicht das Schwein, sondern das Schaf und die Ziege an zweiter Stelle, spielten jedoch für die Fleischversorgung nur eine untergeordnete Rolle.[12] Dies gilt auch für die verschiedenen Arten von Hausgeflügel, deren kleinere Knochen allerdings im archäologischen Fundgut zumeist nur schwer nachzuweisen sind. Während Gänse und Enten bei Kelten und Germanen vergleichsweise spät und eher selten auftreten, gelangte das vom Roten Dschungelhuhn Indiens abstammende Haushuhn schon zu Beginn der Eisenzeit aus dem Mittelmeerraum in die Gegenden nördlich der Alpen, wo es schon im 6. Jh. v.Chr. auf dem frühkelti-

schen Fürstensitz der Heuneburg nachgewiesen wurde. Obwohl Hühner einfach zu halten sind, blieben sie zunächst jedoch wirtschaftlich unbedeutend, was vielleicht auch daran lag, daß die Hennen noch nicht jeden Tag ein Ei legten. Der vergleichsweise hohe Anteil von Hähnen im archäologischen Fundgut hat zu der Vermutung Anlaß gegeben, daß die Tiere anfänglich vielleicht überhaupt in erster Linie wegen ihres bunten Gefieders als Ziergeflügel gehalten wurden.[13]

Beachtung verdient in diesem Zusammenhang, daß der Fleischnahrung und den damit verbundenen Eßsitten auch gesellschaftliche Bedeutung zukam. »Die tapferen Männer ehren sie (die Kelten) mit den besten Fleischstücken«, schreibt Diodoros von Sizilien (*Bibliotheke* 5,28,4) wohl in Anlehnung an Poseidonios. Unter Berufung auf dieselbe Quelle schreibt Athenaios von Naukratis (*Das Gelehrtengastmahl* 4,40): »Früher erhielt der mächtigste Mann das beste Stück von dem aufgetragenen Schinken. Wenn ein anderer darauf Anspruch erhob, kämpften sie im Zweikampf bis zum Tode.«

2. Arbeitskraft

Wie schon angemerkt, liegt die außerordentlich weite Verbreitung und große Beliebtheit des Hausrinds bei Kelten und Germanen nicht zuletzt an seiner vielseitigen Verwendbarkeit, v.a. als Arbeitskraft in der Landwirtschaft. Dabei ließ man noch vor der Bestellung der Felder das Unkraut durch Rinder, Schafe und Ziegen abweiden. Anschließend wurde der Boden durch Pflügen gelockert, wofür die frühen Kelten und Germanen den seit der Bronzezeit üblichen hölzernen Hakenpflug, den sog. Ard, benutzten. Da ein solcher Pflug den Boden nur oberflächlich lockern, aber nicht wenden konnte, pflegte man die Äcker überkreuz zu pflügen, um eine möglichst gute Lockerung des Bodens zu erreichen. Erst in der Zeit um Christi Geburt gelangte v.a. in Gallien und im keltisch-germanischen Grenzgebiet der Wendepflug mit eiserner Pflugschar zur Anwendung, der ebenso wie sein Vorgänger von paarweise angeschirrten Rindern gezogen wurde. Hölzerne Doppeljoche sind uns schon aus vorrömischer Zeit sowohl durch Originalfunde als auch aus bildlichen Darstellungen bekannt.

Geerntet wurde im allgemeinen von Hand, während im römischen Gallien auch schon von Tieren gezogene Erntemaschinen zum Einsatz kamen. Mit Dreschflegeln wurden die Körner ausgeschlagen, doch konnte man das Korn auch mit den Füßen aus den Ähren stampfen lassen, indem man Großvieh über das geerntete Getreide trieb. Auf diese ältere Technik weisen italienisch »trescare« (tanzen) und spanisch »triscar« (mit den Füßen stampfen), die man als germanische Lehnwörter und Entsprechungen unseres deutschen Wortes »dreschen« ansieht.[14]

Außerhalb der Landwirtschaft fand das Rind und weitaus mehr noch das Pferd als Zugtier einer Vielzahl verschiedener Last-, Reise-, Streit- und Kultwagen Verwendung.[15] Insbesondere die Kelten hatten den Wagenbau zu einer solchen Meisterschaft entwickelt, daß zahlreiche gallische Bezeichnungen als Lehnwörter in die lateinische Sprache eingingen.[16] Das bekannteste davon ist zweifellos »carrus« (nachklassisch auch »carrum«) »vierrädriger Lastwagen«, das in französisch »char«, englisch »car« und deutsch »Karre(n)« weiterlebt. Damit verwandt ist das französische Wort »charrue« (Pflug), das in seiner ursprünglichen gallo-lateinischen Form »carruca« den von Rindern gezogenen Räderpflug bezeichnete. Als romanisches Lehnwort findet man »carruca« noch heute in einigen südwestdeutschen Mundarten als »Karch« (zweirädriger Wagen). Die Bezeichnung eines weiteren gallischen Wagentyps namens »reda« lebt weiter in dem spätlateinischen Wort »paraveredus« (Postpferd), von dem unser deutsches Wort »Pferd« und die englische bzw. französische Bezeichnung »palefroi«/»palfrey« (Damenreitpferd, Zelter) abgeleitet sind.

Wie bildliche Darstellungen vermuten lassen, wurden von Rindern oder Pferden gezogene vierrädrige Wagen schon in der Bronzezeit zu kultischen oder rituellen Zwecken genutzt. Auch in der frühkeltischen Späthallstattkultur enthalten die mit reichen Beigaben ausgestatteten sog. Fürstengräber zumeist einen hölzernen, mit Bronze- und Eisenblechen beschlagenen Wagen.[17] Zumeist findet man dabei neben dem Wagen auch ein hölzernes Doppeljoch und Zaumzeug für zwei Pferde, nicht aber die Zugtiere selbst. Darin unterscheiden sich die frühkeltischen Fürstengräber etwa von den Grablegungen der Skythen in den östlichen Steppen, die häufig auch Pferdeskelette enthalten. Eine Abbildung aus dem Fürstengrab von Hochdorf zeigt einen Wagen, der von zwei mit einem Doppeljoch angeschirrten Hengsten gezogen und von einem aufrecht stehenden Wagenlenker mit Hilfe eines sog. Pferdestachels gelenkt wird. Einen solchen Pferdestachel, wie man ihn auch aus gleichzeitigen Abbildungen auf Kunstwerken aus Oberitalien und dem Ostalpenraum kennt, hatte man dem Toten ebenfalls mitgegeben. Er bestand aus einem 1,66 m langen Holzstab, der mit dünnem Bronzeblech spiralig umwickelt war. Die eiserne Spitze, mit der die Pferde angetrieben wurden, hatte man durch eine Scheibe gegen zu tiefes Eindringen gesichert. Bei dem im Grab gefundenen Wagen waren Räder, Deichsel und Wagenkasten fast vollständig mit verziertem Eisenblech verkleidet, so daß das ursprüngliche Erscheinungsbild und zahlreiche Details der technischen Herstellung rekonstruiert werden konnten. Das 1,20 m lange Joch aus Ahornholz war mit zwei vollplastisch gegossenen Bronzepferdchen und das Zaumzeug mit zahlreichen Bronzeschmuckscheiben verziert.[18]

Der wohl bekannteste literarische Beleg für eine rituelle Umfahrt oder Prozession ist Tacitus' Schilderung des Kults der germanischen Göttin Nerthus (*Germania* 40,2–4): »Auf einer Insel des Ozeans befindet sich ein Heiliger Hain, und in ihm ein geweihter, mit einem Tuch bedeckter Wagen, den nur der Priester berühren darf. Er merkt, wenn die Göttin im Allerheiligsten anwesend ist, und gibt ihr dann auf der Fahrt mit dem von Kühen gezogenen Wagen in tiefer Verehrung das Geleit.« Da das Kultbild der römischen Göttin Terra mater ebenfalls auf einem von Kühen gezogenen Wagen gefahren wurde (Ovid, *Fasti* 4,346) und Tacitus die germanische Gottheit ausdrücklich mit der römischen gleichsetzt, ist allerdings nicht auszuschließen, daß die Bemerkung über Kühe als Zugtiere nicht der Wirklichkeit entspricht, sondern vielmehr auf der phantasievollen Übertragung römischer Verhältnisse auf den nur unzureichend bekannten germanischen Kult beruht.[19] An der Realität der kultischen Umfahrt ist indessen kaum zu zweifeln, schreibt doch auch im 5. Jh. der Kirchenhistoriker Sozomenos, der westgotische König Athanarich habe im Jahr 348 ein Kultbild auf einem Wagen durch die Ansiedlung der christlichen Goten fahren lassen und habe verlangt, daß man diesem Verehrung bezeuge und opfere (*Historia ecclesiastica* 6,37). In seiner Bedeutung unklar ist demgegenüber ein Bericht über den Triumph des Kaisers Aurelian über die Goten im Jahr 274, der in der sog. *Historia Augusta* unter dem Namen des spätantiken Historikers Flavius Vopiscus überliefert ist (*Vita Aureliani* 33 f.). Dieser Darstellung zufolge fuhr der römische Kaiser im Triumphzug auf einem von Hirschen gezogenen Wagen, der vorher dem Gotenkönig gehört hatte. Falls diese Angabe zutrifft, dürfte auch dieser Wagen ursprünglich eine kultische oder rituelle Funktion besessen haben, doch sind Hirsche als Zugtiere germanischer Wagen ansonsten nicht bezeugt. Vom militärischen Gebrauch des von zwei Pferden gezogenen Streitwagens wird im folgenden noch die Rede sein.

In welchem Umfang schon die frühen Kelten und Germanen das Pferd nicht nur als Zugtier, sondern auch zum Reiten benutzten, läßt sich im einzelnen nur schwer abschätzen, doch sind bildliche Darstellungen von Reitern in Mitteleuropa bereits aus dem 7. Jh. v.Chr. bekannt. Daß die Römer ihre nördlichen Nachbarn seit dem 1. Jh. v.Chr. als geübte Reiterkrieger kennen und fürchten lernten, geht aus einer Vielzahl von Hinweisen bei antiken Historikern hervor.

Neben dem Rind und dem Pferd hielt man auch Hunde, die als Wach- und Hütehunde sowie zur Bekämpfung von Schädlingen wie etwa Ratten eingesetzt werden konnten. So berichtet Plinius der Ältere, daß nach der Vernichtung der Kimbern in der Schlacht von Vercellae (101 v.Chr.) die Hunde der Kimbern noch immer ihre auf Wagen befindlichen Behausungen verteidigten (*Naturgeschichte* 8,143). Darüber hinaus bedienten sich bes. die Kelten eigens dafür abgerichteter Jagdhunde zum Aufspüren, Hetzen und Stellen des Wildes, wie der griechische Autor Arrian im 2. Jh. n.Chr. in seiner Schrift *Über die Jagd* (*Kynegetika*) berichtet. Die bei Arrian überlieferte gallische Bezeichnung eines wegen seiner Schnelligkeit bes. geschätzten Jagdhunds als »vertragos« begegnet noch in altfranzösischen Texten in den Formen »veltre« oder »viautre«.[20] Vom Export britannischer Jagdhunde nach Rom berichten im 1. Jh. n.Chr. der griechische Geograph Strabon (*Erdkunde* 4,5,2) und um 283/84 der römische Dichter Nemesianus (*Cynegetica* 219 ff.). Die Hauskatze war im Unterschied zum Hund bei Kelten und Germanen nicht von jeher weit verbreitet, sondern wurde in Mitteleuropa erst unter dem Einfluß der römischen Eroberungen heimisch.

3. Militärische Nutzung

Im Mittelpunkt der militärischen Nutzung von Tieren stand das Pferd, das bei Germanen und Kelten als Reittier, bei den Kelten darüber hinaus als Zugtier leichter und beweglicher Streitwagen zum Einsatz kam. Seine hohe Bedeutung für die Kriegsführung spiegelt sich zum einen in der beträchtlichen Vielfalt des archäologischen Fundguts (Tierknochen, Zaumzeug, Überreste von Streitwagen und bildliche Darstellungen), zum anderen in einer Vielzahl von Schilderungen in der antiken Literatur, die v.a. taktische Aspekte der militärischen Nutzung von Pferden ins Auge fassen (s. Abb. 1).[21]

Abb. 1
Bronzepferd aus einem Fürstengrab bei Freisen (Saarland).
Keltisch, 5.–4. Jh. v.Chr.
Trier, Rheinisches Museum

Auf die Verhältnisse des 3. Jh.s v.Chr., als keltische Völkerschaften über den Balkan nach Griechenland und weiter bis nach Kleinasien zogen, bezieht sich eine Beschreibung keltischer Kavallerietaktik bei dem griechischen Reiseschriftsteller Pausanias (*Beschreibung Griechenlands* 10,19 ff.). Ihr zufolge beruhte die Kampfesweise der keltischen Reiterei auf einer taktischen Einheit, welche die Kelten selbst »tri-

markisía« nannten (vgl. walisisch »tri«, »drei« und »march«, »Pferd«). Sie bestand aus je einem berittenen Kämpfer, der von zwei Dienern unterstützt wurde. Diese hielten sich außerhalb des Kampfgeschehens bereit, um dem berittenen Krieger bei einer Verwundung oder dem Verlust seines Pferdes ein frisches Reittier zuzuführen. Wurde der Reiter selbst verwundet, so brachte ihn einer der Diener in Sicherheit, während der andere an seiner Stelle zu Pferd weiterkämpfte.
Den Einsatz taktischer Einheiten, die aus der gleichen Anzahl von Reitern und Fußkämpfern bestanden, lernte kurz vor der Mitte des 1. Jh.s v.Chr. Caesar im Verlauf seiner Kämpfe mit den Kriegern des germanischen Königs Ariovist kennen (*Der Gallische Krieg* 1,48,5–7): »Es gab sechstausend Reiter und ebenso viele äußerst schnelle und tapfere Krieger zu Fuß. Diese hatte jeder einzelne Reiter persönlich zu seinem Schutz aus der gesamten Streitmacht ausgewählt. Mit diesen Fußkämpfern zogen die Reiter in die Schlacht, und zu ihnen zogen sie sich auch zurück. Wenn der Kampf bes. erbittert geführt wurde, eilten die Fußkämpfer den Reitern zu Hilfe, und wenn einer nach einer schweren Verwundung vom Pferd gestürzt war, nahmen sie ihn schützend in die Mitte. Wenn es galt, in einem Abschnitt weiter vorzurücken oder sich schneller zurückzuziehen, so war die Schnelligkeit der Fußkämpfer infolge ihrer Übung so groß, daß sie an den Mähnen festgeklammert mit den Pferden Schritt hielten.« Im Unterschied dazu schreibt Caesar an anderer Stelle von den germanischen Sueben (*Der Gallische Krieg* 4,2,3–5): »Bei Reiterschlachten springen sie oft von den Pferden herab und kämpfen zu Fuß. Die Pferde richten sie dazu ab, auf der Stelle stehen zu bleiben, und wenn es nötig ist, ziehen sie sich rasch zu ihnen zurück. Nach ihrer Auffassung ist nichts schändlicher und unmännlicher als der Gebrauch von Sätteln. Daher wagt eine beliebig kleine Anzahl von ihnen den Angriff auf eine beliebig große Zahl von Reitern, die Sättel benutzen.« Zur richtigen Beurteilung dieser Darstellung ist allerdings anzumerken, daß Caesar mit der angeblichen Verachtung des Sattelgebrauchs bei den Sueben ein weit verbreitetes Motiv der antiken Ethnographie aufgreift. Wie bildliche Darstellungen zeigen, war der Gebrauch von Sätteln in Mitteleuropa zu dieser Zeit wohlbekannt. Sporen waren ebenfalls schon in Gebrauch, während der Steigbügel bei Kelten und Germanen noch nicht begegnet. Auch das Beschlagen der Pferde mit

Hufeisen wurde erst in nachrömischer Zeit allgemein üblich. Wie Tacitus bemerkt (*Germania* 6,2), zeichneten sich die Pferde der Germanen weder durch Schönheit noch durch Schnelligkeit aus. Auch wurden sie nicht (wie bei den Römern) dazu abgerichtet, kreisartige Schwenkungen nach verschiedenen Seiten auszuführen. Beim Angriff lenkte man sie vielmehr geradeaus und schwenkte gegebenenfalls nach rechts ab, um dem Feind die schildbewehrte Linke zuzukehren. Einzelne Stämme der Germanen waren für ihre Reiterei berühmt, so etwa die Tenkterer (Tacitus, *Germania* 32) und die Bataver (Tacitus, *Historien* 4,12,3). Die Kelten wurden wegen ihrer Geschicklichkeit als Reiter so geschätzt, daß sie einer Bemerkung des Geographen Strabon zufolge nach ihrer Unterwerfung den besten Teil der römischen Kavallerie stellten (*Erdkunde* 4,4,2).

Im Unterschied zu den Germanen gebrauchten die keltischen Krieger das Pferd nicht nur zum Reiten, sondern auch als Zugtier für leichte zweirädrige Streitwagen.[22] Die keltische Bezeichnung dafür war »essedon«, was in der Form »essedum« ins Lateinische entlehnt wurde. Schon die griechischen Ethnographen schenkten dieser Verwendung des Pferdes ihre besondere Aufmerksamkeit, da sie sich an die Schilderung griechischer Streitwagen bei Homer und damit an ihre eigene Geschichte erinnert fühlten. »Auf Reisen und in Schlachten benutzen sie Zweigespanne, bei denen der Wagen einen Lenker und einen Kämpfer trägt«, schrieb im 1. Jh. v.Chr. der Historiker Diodoros von Sizilien (*Bibliotheke* 5,29,1). »Wenn sie in der Schlacht auf Reiter treffen, werfen sie ihre Speere auf den Gegner, steigen dann ab und treten zum Kampf mit dem Schwert an.« Während der Streitwagen als taktische Waffe auf dem europäischen Festland im 1. Jh. v.Chr. bereits außer Gebrauch gekommen war, hielt er sich auf den Britischen Inseln und in Irland noch bis ins frühe Mittelalter. Die ausführlichste Beschreibung seiner Verwendung bei den britannischen Kelten stammt von Caesar (*Der Gallische Krieg* 4,33): »Von den Streitwagen herab kämpft man wie folgt: Zuerst fahren sie überall herum, werfen Speere und bringen zumeist schon durch die Angst vor den Pferden und das Dröhnen der Räder die Reihen der Feinde in Verwirrung. Wenn sie dann in die Abteilungen der Reiterei eingedrungen sind, springen sie von den Wagen herab und kämpfen zu Fuß. Unterdessen fahren die Wagenlenker die Fahrzeuge ein wenig vom Gefechtsfeld weg und stellen sie so auf, daß die Kämpfer freien Rückzug zu ihren Kameraden haben, wenn sie von einer Übermacht an Feinden bedrängt werden. So zeigen sie im Kampf die leichte Beweglichkeit von Reitern und zugleich die Standfestigkeit von Fußtruppen. Durch tägliche Übung und Gewohnheit bringen sie es so weit, daß sie sogar auf stark abschüssigem Gelände die Pferde in vollem Lauf parieren, im Nu in eine langsamere Gangart bringen und eine Wendung vollführen lassen. Dabei laufen sie die Deichsel entlang, stellen sich auf das Joch und eilen von dort mit großer Schnelligkeit wieder in den Wagen zurück.« Eine weitere Schilderung der keltischen Streitwagentaktik in der Schlacht von Sentinum 295 v.Chr. verdanken wir dem Historiker Livius (*Römische Geschichte* 10,28,9), doch ist seine Schilderung möglicherweise unmittelbar von der Darstellung Caesars beeinflußt.

Im archäologischen Fundgut begegnet der zweirädrige Streitwagen v.a. als Beigabe in Gräbern des 5. und 4. Jh.s v.Chr. anstelle der zuvor üblichen schweren vierrädrigen Zeremonialwagen. In Übereinstimmung mit den literarischen Quellen nimmt die Häufigkeit der Streitwagen als Grabbeigabe dann bis gegen Ende der keltischen Unabhängigkeit auf dem europäischen Festland um die Mitte des 1. Jh.s v.Chr. kontinuierlich ab. Wie man aus Originalfunden und bildlichen Darstellungen (z.B. auf keltischen Münzen) weiß, wurden die außerordentlich leichten, nach vorne und hinten offenen »esseda« stets von zwei kleinen Pferden oder Ponies gezogen. Diese liefen unter einem hölzernen Joch, das auf dem Rücken oder am Widerrist der Tiere befestigt war. Die Details der technischen Konstruktion sind gerade in den letzten Jahrzehnten intensiv erforscht worden, wobei man auch die Beschreibungen des keltischen Streitwagens in der frühen irischen Literatur in die Rekonstruktionsversuche miteinbezog.

4. Vergnügen

»Hasen, Hühner und Gänse zu verspeisen, gilt bei ihnen als verboten, doch halten sie sich diese Tiere zum Vergnügen«, berichtet um die Mitte des 1. Jh.s v.Chr. Julius Caesar von den keltischen Einwohnern Britanniens (*Der Gallische Krieg* 5,12,6). Als einer der ganz wenigen Hinweise auf Tierhaltung aus Liebhaberei verdient diese Stelle besondere Beachtung, doch ist zugleich einschränkend anzumerken, daß dieser Aspekt der Beziehung zwischen Mensch und Tier für das germanisch-keltische Altertum von archäologischer Seite nur schwer zu belegen ist. Die überragende wirtschaftliche Bedeutung des Tieres, seine zentrale Rolle in der Religion (s.u. 5.) und die (gemessen an heutigen mitteleuropäischen Verhältnissen) ungleich härteren Lebensbedingungen lassen indessen vermuten, daß die zweckfreie Liebhaberei bei der keltischen und germanischen Tierhaltung nur eine untergeordnete Rolle spielte. Noch am besten bezeugt ist dieser Aspekt bei der Pferdehaltung, die wegen ihres hohen Aufwands und vergleichsweise geringen wirtschaftlichen Nutzens der gesellschaftlichen Oberschicht vorbehalten war. Daß die Gallier aus dem Ausland eingeführte Pferde zu hohen Preisen erwarben und daran ihre größte Freude hatten, wird von Caesar ausdrücklich hervorgehoben (*Der Gallische Krieg* 4,2,2). Darüber hinaus sprechen vereinzelte Funde von weit unterdurchschnittlich kleinen Hunden etwa von der Größe heutiger Zwergpinscher dafür, daß Kelten und Germanen gelegentlich Schoßhunde aus dem römischen Kulturkreis bezogen (s. Abb. 2).

Abb. 2
*Glashund von Wallertheim
Spätlatènezeit,
2.-1. Jh. v.Chr.
Mainz, Landesmuseum*

Eine Kuriosität besonderer Art stellte zweifellos jener Berberaffe dar, der irgendwann im letzten Drittel des 1. Jahrtausends v.Chr. seinen Weg von der nordafrikanischen Küste in den keltischen Stammessitz von Emain Macha, dem heutigen Navan Fort in Nordirland, fand.[23]

Bei der Besprechung dieses Aspekts der Mensch-Tier-Beziehung ist noch einmal auf die Jagd zurückzukommen, bei der die Freude und das Vergnügen allerdings bis auf wenige Ausnahmen recht einseitig beim Menschen gelegen haben dürften. Da Wildtiere für die Ernährung im allgemeinen kaum eine Rolle spielten, besaß die Jagd v.a. zur Abwehr von Flurschädlingen und Raubwild sowie zur Übung der Kriegstüchtigkeit praktische Bedeutung. Außerdem wurde sie aber auch als Sport betrieben, was bereits die Grabausstattung des Keltenfürsten von Hochdorf aus dem 6. Jh. v.Chr. bezeugt: Neben einem aus Holz, Fell und Bronzeblech gefertigten Köcher mit 14 gefiederten Pfeilen hatte man dem Toten in einem Stofftäschchen drei eiserne Angelhaken mit ins Grab gegeben. Da kaum anzunehmen ist, daß diese Geräte dem Fürsten zum Nahrungserwerb dienten, und da Angelhaken in den frühkeltischen Fürstengräbern ansonsten überhaupt nicht bezeugt sind, hat man ansprechend vermutet, daß es sich bei dem Toten von Hochdorf um einen passionierten Jäger und Angler gehandelt haben könnte.[24] Daß die Jagd ebenso wie die Pferdehaltung ein Privileg der gesellschaftlichen Oberschicht darstellte, wird im übrigen auch durch einen Hinweis bei Arrian (*Kynegetika* 23) bestätigt. Augenfällig ist der Aspekt der zweckfreien Liebhaberei bei der Beizjagd, also der Jagd auf Haar- und Federwild mit Hilfe abgerichteter Greifvögel. Diese Technik, die auch den Besitz eines Pferdes und eines eigens dafür abgerichteten Hundes voraussetzte, wurde in der Spätantike aus dem Orient übernommen und ist bei Kelten und Germanen seit dem 4./5. Jh. n.Chr. nachgewiesen. Als Beizvögel benutzte man Habicht und Sperber, vielleicht auch bereits den Wanderfalken. Funde von Greifvögeln in Frauengräbern lassen vermuten, daß auch Frauen an diesem Sport teilnehmen konnten.[25] Welche Funktion den Tieren im Bestattungsbrauch zukam, ist im einzelnen allerdings schwer zu beurteilen. »Alles, von dem man glaubt, daß es den Lebenden teuer war, wird mit ihnen zusammen verbrannt, selbst Lebewesen [...]«, schreibt Julius Caesar von den keltischen Stämmen Galliens (*Der Gallische Krieg* 6,19,4). Mit ähnlichen Worten berichtet Tacitus von den Germanen, man gebe bei der Bestattung einem jeden seine Waffen und manchen auch ihr Pferd mit ins Feuer (*Germania* 27,1). Zweifellos wurden Tiere den Toten jedoch nicht nur als liebgewordener persönlicher Besitz, sondern auch als Abzeichen ihres Standes und Ausdruck ihrer gesellschaftlichen Funktion mitgegeben. Darüber hinaus ist mit Vorstellungen von einer Fortsetzung des irdischen Lebens nach dem Tode zu rechnen, wie sie auch in der archäologisch gut bezeugten Beigabe von Speisen in Körpergräbern zum Ausdruck kommen.

5. Religion

In der Religion der Kelten und Germanen begegnet das Tier in der Mythologie und in der Kunst als Erscheinungsform, Sinnbild oder Attribut von Göttern und Göttinnen, im Kult als bevorzugte Opfergabe und in der Mantik (Weissagung) als Vermittler des göttlichen Willens. Alle diese Aspekte sind uns jedoch nur unzureichend bekannt, da griechische und römische Autoren sich zumeist mit kurzen Andeutungen begnügen, zeitgenössische germanische und keltische Schriftquellen weitgehend fehlen und Zeugnisse der bildenden Kunst der Interpretation einen breiten Spielraum lassen. Gleichwohl kann man unter Heranziehung des gesamten Quellenmaterials zumindest für die Jh.e um Christi Geburt, d.h. für die unmittelbar vorrömische und römische Zeit, eine ganze Reihe grundsätzlicher Feststellungen treffen.

Ein ebenso eindrucksvoller wie rätselhafter Beleg für die Vorstellung vom Tier als Erscheinungsform einer Gottheit ist der bereits 1711 unter der Kathedrale von Notre-Dame gefundene sog. Nautenpfeiler von Paris, der während der Regierungszeit des Kaisers Tiberius (14-37 n.Chr.) von den Schiffern der Stadt Paris (»Nautae parisiaci«) zu Ehren des Gottes Jupiter errichtet wurde.[26] Das Denkmal zeigt auf insgesamt 15 Bildfeldern neben einer Vielzahl menschengestaltiger Götter und Göttinnen wie Fortuna, Jupiter und Merkur unter der gallischen Überschrift »TARVOS TRIGARANVS« (Der Stier mit den drei Kranichen) einen Stier, der hinter einem Baum mit breit ausladenden Ästen steht und auf Kopf und Rücken drei Kraniche trägt. Die Art der Darstellung läßt kaum einen Zweifel daran, daß hier nicht das Attribut einer Gottheit, sondern die Gottheit selbst dargestellt ist, doch kann man über die Funktion des Stiers mit den drei Kranichen innerhalb der keltischen Mythologie nur Vermutungen anstellen. Wenig besser steht es mit unserem Verständnis jenes Gottes, der auf dem Nautenpfeiler unter der Überschrift »CERNUNNOS« als bärtiger Mann mit den Ohren und dem Geweih eines Hirschs dargestellt ist.[27] Obschon der Name Cernunnos ansonsten weder inschriftlich noch literarisch bezeugt ist, bezeichnen Archäologen mit diesem Namen vielfach auch vergleichbare Darstellungen keltischer und gallo-römischer Götter mit Hirschgeweih (z.B. auf dem bekannten Kessel von Gundestrup). Über die Funktion dieses Gottes und seine Stellung innerhalb des keltischen Pantheons herrscht indessen weitgehend Unklarheit.

Abb. 3
Holzplastik eines Hirschs aus dem Schacht einer spätkeltischen Viereckschanze.
Fellbach-Schmiden (Württemberg),
um 100 v.Chr. Stuttgart, Württembergisches Landesmuseum

Sehr viel häufiger als die Darstellung einer Gottheit als Tier oder auch als die Abbildung menschengestaltiger Gottheiten mit tierischen Zügen begegnen indessen Tiere als Begleiter oder Attribute menschengestaltiger Götter und Göttinnen (s. Abb. 3). So etwa ist die Göttin Artio, deren Name vermutlich mit einem keltischen Wort für »Bär« (walisisch »arth«) zusammenhängt, in einer Bronzeplastik aus der Nähe von Bern mit einem Bären abgebildet.[28] Die Göttin Epona, deren Name von einer keltischen Bezeichnung des Pferds abgeleitet ist (vgl. irisch »ech«, »Pferd« und walisisch »ebol«, »Fohlen«), erscheint in über 250 Darstellungen aus der römischen Kaiserzeit als Reiterin (s. Abb. 4) oder als thronende weibliche Gestalt zwischen zwei oder mehreren Pferden.

Abb. 4
Bronzestatuette der Epona,
2./3. Jh. n.Chr.
Champoulet (Loiret)
Musée des antiquités nationales
Saint-Germain-en-Laye

Ein Kultbild der Göttin, das an einem Balken im Innern eines Pferdestalls angebracht und mit Rosen geschmückt war, erwähnt im 2. Jh. n.Chr. der Dichter Apuleius (*Metamorphosen* 3,27,2). Offensichtlich galt Epona v.a. als Schutzgottheit der Pferde und Reiter. Der Dichter Juvenal verspottet daher in einer seiner Satiren einen Angehörigen der römischen Oberschicht, weil er wie ein Stallknecht bei Epona schwöre (8,155–157).[29] Die Göttin Nehalennia wiederum, die nach Ausweis der erhaltenen Votivaltäre v.a. im 3. Jh. n.Chr. von Kelten und Germanen im Gebiet der heutigen Niederlande verehrt wurde, erscheint in bildlichen Darstellungen häufig in Begleitung eines Hundes.[30] Nicht von ungefähr stammen jedoch alle diese Beispiele erst aus römischer Zeit und aus den romanisierten Regionen des keltischen und germanischen Siedlungsgebietes. Ob und inwiefern auch die Tierdarstellungen aus vorrömischer Zeit und aus dem sog. freien Germanien eine religiöse Bedeutung besaßen, ist sehr viel schwerer zu beurteilen und soll weiter unten bei der Erörterung der Rolle des Tieres in der Kunst zur Sprache kommen.

Eine zentrale Rolle spielten Tiere im Opferwesen, dem in der Religion der Kelten und Germanen eine kaum zu überschätzende Bedeutung zukam. Eine wichtige Quelle unseres Wissens sind hier neben vereinzelten Bemerkungen antiker Autoren v.a. die archäologischen Funde aus Heiligtümern und Opferplätzen.[31] Zu den bekanntesten und bedeutendsten dieser Stätten zählt im germanischen Kulturkreis der schwedische Mooropferplatz von Skedemosse auf Öland, wo in der ersten Hälfte des 1. Jahrtausends n.Chr. in einem verlandenden See außer Menschen auch Waffen und Schmuck sowie Pferde, Rinder, Schafe, Hunde und Schweine den Göttern dargebracht wurden. Bekannt sind auch der Opferplatz von Thorsberg bei Süderbrarup im Kreis Schleswig, auf dem im gleichen Zeitraum von dem germanischen Stamm der Angeln u.a. Tiere, Schmuck, Waffen und andere Gegenstände geopfert wurden, sowie das Moor-, See- und Quellheiligtum von Oberdorla in Thüringen, wo man nach Ausweis der datierbaren Funde vom 6. Jh. v.Chr. bis zum 4. Jh. n.Chr. neben landwirtschaftlichen Geräten zahlreiche Haus- und Wildtiere, aber auch Menschen opferte. Aus dem Bereich der keltischen Kultur sind in der jüngsten Vergangenheit namentlich drei Typen von Kultstätten in den Mittelpunkt des Forschungsinteresses gerückt: Brandopferplätze mit teilweise gewaltigen Mengen kalzinierter Tierknochen, wie sie v.a. in den Alpen und im nördlichen Alpenvorland begegnen, rechteckige Heiligtümer mit Palisaden, Graben und hölzernen Kultbauten, wie sie v.a. aus Nordfrankreich bekannt geworden sind, sowie schließlich die als »Viereckschanzen« bezeichneten quadratischen oder leicht rechteckigen Einfriedungen, die in einer breiten bandförmigen Zone von der französischen Atlantikküste bis nach Böhmen auftreten und bes. in Süddeutschland weit verbreitet sind. Im Hinblick auf alle diese Anlagen ist zusammenfassend festzustellen, daß man die geopferten Tiere sowohl in Gruben, Schächten oder Seen versenkte, um sie chthonischen (unterirdischen) Göttern darzubringen, als auch auf Altären oder sonstigen hochgelegenen Plätzen verbrannte, vielleicht um den Rauch des Opferfeuers zu den in himmlischen Regionen wohnhaft gedachten Göttern aufsteigen zu lassen. Wie Schnittspuren und andere Manipulationen der Knochen belegen, wurden die Tiere vielfach nicht als Ganzes geopfert, sondern zumindest teilweise bei gemeinschaftlichen Opfermahlzeiten verzehrt. Dies bezeugt auch der sprachgeschichtliche Zusammenhang des gotischen Wortes »sauþs« (Opfer[-tier]) und seiner altnordischen Entsprechung »sauðr« (Schaf) mit unserem deutschen Wort »sieden«. Über den Zweck der Opfer geben die erhaltenen Reste zwar naturgemäß keine Auskunft, doch kann man aus der Wahl der Opfertiere immerhin einige allgemeine Schlußfolgerungen ziehen. So liegt die Vermutung nahe, daß das Opfern von Rindern, Schafen und Schweinen der Fruchtbarkeit und der Sicherung des Viehbestands dienen sollte, während Schlachtungen von Pferden (bes. im Verein mit Waffenopfern) eher als Bitt- oder Dankopfer im Zusammenhang mit kriegerischen Aktivitäten anzusehen sind. Dagegen muß man Funde von Tierskeletten unter dem Fundament oder unter der Schwelle von Gebäuden zumindest in einigen Fällen als schadenabwehrende Bauopfer deuten.[32] Von antiken Autoren mehrfach bezeugt ist der Brauch, nach dem Sieg in der Schlacht die erbeuteten Tiere ebenso wie die Gefangenen dem Kriegsgott zu opfern (vgl. Caesar, *Der Gallische Krieg* 6,17,3 und Diodoros von Sizilien, *Bibliotheke* 5,32,6). Dabei handelt es sich augenscheinlich um eine religionsgeschichtliche Parallele zu der aus alttestamentlicher Zeit bezeugten Einrichtung des Banns, d.h. der restlosen Vernichtung des Gegners und seiner Habe, die man zuvor Gott geweiht hatte. So wurden auch bei der Eroberung Jerichos bei der Vollstreckung des Banns »Mann und Weib, jung und alt, Rind, Schaf und Esel« getötet (*Josua* 6,21; vgl. 10,28–40). Mit großer Wahrscheinlichkeit sind auch Tierknochenfunde in Gräbern in vielen Fällen als Überreste von Opferhandlungen anzusehen, doch bleibt die Abgrenzung zwischen regelrechten Opfern, rituell durchgeführten Schlachtungen und nicht-religiös motivierten Beigaben im Einzelfall schwierig.[33]

Eine vergleichsweise ausführliche Beschreibung der Erkundung des göttlichen Willens mit Hilfe von Tieren findet man bei Tacitus (*Germania* 10,2): »Vogelstimmen und Vogelflug zu befragen, ist auch hier bekannt. Eine Besonderheit des germanischen Volkes ist es aber, auch die Ahnungen und Warnungen von Pferden zu erkunden. Auf Kosten der Allgemeinheit werden sie in den bereits erwähnten Heiligen Hainen und Wäldern gehegt, schneeweiß und durch keine Arbeitsleistung für einen Sterblichen befleckt. Nachdem man sie vor den heiligen Wagen gespannt hat, begleiten sie der Priester und der König oder Stammesfürst und achten auf ihr Wiehern und Schnauben. Kein Vorzeichen genießt größeres Vertrauen, und dies nicht nur bei der Menge, sondern auch bei der führenden Schicht und den Priestern. Diese halten nämlich sich selbst nur für die Diener der Götter, die Pferde aber für deren Vertraute.« Ähnlich wie bei der oben angeführten Schilderung des Nerthuskults ist allerdings auch hier die Wortwahl von Vorstellungen der klassischen Antike beeinflußt: So ist z.B. zu vermuten, daß der gebildete Römer bei den zukunftsdeutenden Pferden der Germanen an das Pferdeorakel der Perser oder an das sprechende Roß Xanthos des Achilles dachte (vgl. Herodot, *Historien* 3,84,3 und *Ilias* 19,404 ff.). Dagegen bezieht sich die Unterscheidung zwischen dem Glauben der Menge (*plebs*) auf der einen und dem der führenden Männer und Priester (»*proceres*« bzw. »*sacerdotes*«) auf der anderen Seite offensichtlich auf die Verhältnisse der späten römischen Republik und Kaiserzeit, als die philosophisch gebildete Oberschicht mitsamt dem Priesterkollegium der Vogelschauer die Vorzeichengläubigkeit der einfachen Leute mit dem sprichwörtlich gewordenen Augurenlächeln quittierten.

Daß auch die Kelten bei schwierigen Entscheidungen Tiere als Vermittler des göttlichen Willens heranzogen, unterliegt angesichts der Vielzahl der Belege keinem Zweifel. So berichtet der Historiker Justinus in seinem Abriß der *Historiae Philippicae* des aus Gallien gebürtigen Pompeius Trogus, die Gallier verstünden sich besser als andere Völker auf die Vogelschau (*Epitoma* 24,4,3). Von der britannischen Königin Boudicca erzählt der Historiker Cassius Dio, sie habe vor Beginn ihres Rachefeldzugs gegen die römische Besatzungsmacht im Jahr 60 n.Chr. aus dem Lauf eines Hasen, den sie freiließ, auf den glücklichen Ausgang der bevorstehenden Kämpfe geschlossen (*Römische Geschichte* 62,6,1 ff.). Derartige Vorzeichen wurden indessen keineswegs immer künstlich herbeigeführt. Auch dem von der modernen Volkskunde als Angang bezeichneten zufälligen Zusammentreffen mit bestimmten Tieren wurde vielfach zukunftsweisende Bedeutung zugeschrieben. So berichtet Cicero von dem mit ihm persönlich bekannten galatischen König Deiotarus, er sei einmal auf den Flug eines Adlers hin von einer bereits beschlossenen und festgesetzten Reise wieder zurückgetreten. Wie sich nachträglich herausstellte, stürzte das Haus, in dem er bei einer Fortsetzung seiner Reise eingekehrt wäre, in der folgenden Nacht ein (*De divinatione* 1,15,26).

Von dem Vandalenkönig Geiserich berichtet der Historiker Prokop von Caesarea, er habe im Jahr 430 n.Chr. über dem Gefangenen Marcian einen Adler schweben sehen, der ihm Schatten gegen die Sonne spendete. Daraus habe er geschlossen, daß Marcian zu Großem bestimmt sei und ihn gegen das Versprechen, nicht gegen die Vandalen zu kämpfen, unversehrt entlassen (*De bello Vandalico* 1,4). Da mantische Praktiken im allgemeinen jedoch keinerlei archäologische Spuren hinterlassen haben, ist die Zuverlässigkeit der antiken Berichte im einzelnen kaum nachzuprüfen, zumal die griechischen und römischen Ethnographen in ihren Darstellungen das Wunderbare und schier Unglaubliche gerne hervorheben. Vor diesem Hintergrund mag man die folgende Schilderung des Geographen Artemidoros von Ephesos sehen, die schon sein Kollege Strabon als Fabelei bezeichnete (*Erdkunde* 4,4,6): An der Atlantikküste gibt es einen Hafen, an dem sich zwei Raben mit einem z.T. weißen rechten Flügel sehen lassen. Leute, die im Streit miteinander liegen, begeben sich dorthin, stellen an einem hochgelegenen Ort ein Brett auf und legen – ein jeder für sich – Gerstenbrote darauf. Daraufhin fliegen die Vögel zu dem Brett und picken die einen Brote auf, die anderen aber zerstreuen sie. Sieger im Streit ist der, dessen Brote zerstreut wurden.

6. Bildende Kunst

»Sie verehren die Göttermutter und tragen als Sinnbild ihres Kultes Eberbilder. Dies schützt den Verehrer der Göttin anstelle von Waffen und menschlicher Deckung auch inmitten der Feinde.« So berichtet Tacitus (*Germania* 45,2) von dem baltischen Volk der Aestier und trifft mit diesem Hinweis auf den religiösen Gehalt und die kultische oder magische Funktion von Tierbildern ein wesentliches Merkmal auch der germanischen und keltischen Kunst. Dazu kann man – wiederum im Hinblick auf die Jh.e um Christi Geburt – einige wenn nicht allgemein, so doch weithin gültige Aussagen treffen.[34] Hier geht die Darstellung allerdings in erster Linie von der keltischen Kultur aus, da die bedeutendsten Erzeugnisse der germanischen Kunst erst aus der zweiten Hälfte des 1. Jahrtausends n.Chr. stammen und daher nicht mehr in den zeitlichen Rahmen dieses Beitrags fallen. Dies gilt insbesondere für die sog. germanische Tierornamentik, deren Anfänge erst in der Völkerwanderungszeit liegen.[35]

Im Hinblick auf die Kunst der vorrömischen und römischen Zeit ist zunächst festzustellen, daß Handlungsabläufe in szenischen Bildern sowohl dem keltischen als auch dem frühen germanischen Kunsthandwerk weitgehend fremd sind. Dementsprechend bildet der Künstler ein Tier zwar nicht selten im Zusammenhang mit anderen Tieren oder auch mit Menschen ab, er erzählt aber kaum jemals eine Geschichte. Die wohl bekannteste Ausnahme ist der 1891 in einem Torfmoor in Nordjütland gefundene Silberkessel von Gundestrup (jetzt im Nationalmuseum in Kopenhagen), der im letzten Drittel des 1. Jahrtausends v.Chr. unter keltischem Einfluß vermutlich auf dem Balkan angefertigt wurde.[36] Hier sind Götter, Menschen und auch Tiere in Szenen religiösen oder mythologischen Inhalts eingebunden, doch ist der Kessel sowohl im Hinblick auf die Art der Darstellung als auch bezüglich der abgebildeten Tiere (u.a. Löwen, Greifen und Elefanten) für das keltische Kunstschaffen ausgesprochen untypisch. Ebenfalls einmalig unter den Zeugnissen der keltischen Kunst ist die bekannte sog. Linsenflasche von Matzhausen bei Neumarkt in der Oberpfalz, die man ins frühe 4. Jh. v.Chr. datiert. Sie ist mit einem durch Stempelmuster eingerahmten Tierfries verziert, das wohl durch ähnliche Darstellungen aus Oberitalien oder dem Ostalpenraum angeregt wurde.[37] Eine vergleichbare Ausnahmestellung nimmt im Bereich der germanischen Kunst das Tierfries auf einer Urne aus Kraghede in Jütland (jetzt im Nationalmuseum in Kopenhagen) ein, auf dem ein bewaffneter Reiter mit Hunden und Hirschen dargestellt ist.[38]

Neben dem weitgehenden Fehlen szenischer Bilder fällt dem modernen Betrachter ein ausgeprägter Hang zur Abstraktion auf. Charakteristisch für keltische und germanische Tierbilder ist daher nicht ein detailgetreuer Realismus, sondern vielmehr eine Konzentration auf die typischen Merkmale der dargestellten Gattung unter Vernachlässigung aller individuellen Eigenschaften. Durch archäologische Funde kennt man hauptsächlich plastische Darstellungen aus Stein oder Metall (seltener aus Holz), während gemalte Bilder nicht erhalten sind. Wie bei allen Werken der keltischen und germanischen Kunst handelt es sich auch bei den Tierdarstellungen um Erzeugnisse der Kleinkunst oder des Kunsthandwerks, wobei die abgebildeten Tiere häufig in einem engen Zusammenhang mit der Funktion des künstlerisch verzierten Gegenstands stehen.

Zu den ältesten und am weitesten verbreiteten Tierbildern gehören das Pferd und das Rind, deren zentrale Rolle in der Kunst zweifellos ihre hohe wirtschaftliche und kultische Bedeutung widerspiegelt. Ein frühes Beispiel für die Darstellung des Pferdes als Zugtier, das man jedoch angesichts seines hohen Alters nicht ohne weiteres schon als germanisch bezeichnen sollte, ist der sog. Sonnenwagen von Trundholm (jetzt im Nationalmuseum in Kopenhagen), den man in die mittlere nordische Bronzezeit (12.-11. Jh. v.Chr.) datiert. Dieses Objekt besteht aus einer mit Goldblech verzierten Bronzescheibe von etwa 25 cm Durchmesser (vermutlich einem Sonnensymbol), die von einem Pferd gezogen wird. Beide sind auf ein Bronzegestell mit sechs Rädern montiert. Plastische Darstellungen des Pferdes als Reittier findet man auf dem sog. Kultwagen von Strettweg in der Steiermark (jetzt im Landesmuseum Joanneum in Graz), der in einem Grab der Osthallstattkultur aus dem 7. Jh. v.Chr. gefunden wurde.[39] Steht für diese beiden Objekte eine religiöse Bedeutung außer Frage, so ist die kultische oder rituelle Funktion vieler anderer Rinder- und Pferdedarstellungen für den modernen Betrachter nicht ohne weiteres ersichtlich. Dies gilt z.B. für die Stier-

Bildende Kunst 167

köpfe, mit denen eine ganze Reihe von Kesseln v.a. aus dem letzten Drittel des 1. Jahrtausends v.Chr. verziert sind. Daß diese Tiere eine besondere, vielleicht mythologische Bedeutung besaßen, bezeugen in eindrucksvoller Weise die Fragmente des Bronzekessels von Rynkeby (jetzt im Nationalmuseum in Kopenhagen), bei dem die in der sog. Adoranten-Haltung wie zum Gebet erhobenen Vorderläufe der abgebildeten Stiere unverkennbar an entsprechende Darstellungen von Menschen erinnern.[40] Zur Annahme einer religiösen Bedeutung der Tiere paßt auch der Umstand, daß solche Kessel bisher niemals in Siedlungen, sondern stets an abgelegener Stelle wie z.B. in Seen oder Mooren gefunden wurden, wohin sie möglicherweise als Weihe- oder Opfergaben gelangten. Daß auch die Enden eisenzeitlicher Feuerböcke häufig in Stierköpfe auslaufen, erklärt sich wahrscheinlich ebenfalls mit einer rituellen oder kultischen Funktion dieser Geräte, die in der Verbindung mit Brandopfern und Opfermahlzeiten zu suchen ist.[41] In diesem Zusammenhang sei auch noch einmal an den erstmals von Caesar erwähnten germanischen Brauch erinnert, die Hörner von Auerochsen am Rand einzufassen und bei Gelagen als Trinkgefäße zu benutzen. Wie Grabfunde aus der älteren Kaiserzeit belegen, haben die Germanen häufig nicht nur den breiten Rand des Horns eingefaßt, sondern auch das spitze Ende mit der Plastik eines Rinderkopfs verziert, wobei solche Hörner vermutlich nicht nur bei weltlichen Gelagen, sondern auch bei Opfermahlzeiten und Trankopfern Verwendung fanden.[42]

Wie schwierig, wenn nicht gar unmöglich eine Trennung der profanen von den rituellen, kultischen oder magischen Bezügen einer Tierdarstellung sein kann, veranschaulicht in eindrucksvoller Weise die bereits angesprochene Verwendung von Tierbildern als Feldzeichen. Daß es sich dabei zumindest teilweise um Kultbilder handelte, die in Friedenszeiten an geweihter Stätte aufbewahrt wurden, bezeugt eine Bemerkung des Tacitus über »die aus Wäldern oder Hainen hervorgeholten Bilder wilder Tiere«, mit denen die Germanen während des Bataveraufstands im Jahr 69 n.Chr. in den Kampf zogen (*Historien* 4,22,2). In anderem Zusammenhang erklärt der römische Historiker diesen militärischen Gebrauch geweihter Bilder und Symbole damit, daß nach germanischer Vorstellung die Gottheit den Kriegführenden unmittelbar zur Seite stehe (*Germania* 7). Von goldenen Feldzeichen aus einem Heiligtum der »Athene« (d.h. einer mit der griechischen Athene gleichgesetzten einheimischen keltischen Göttin) berichtet bereits im 2. Jh. v.Chr. der Historiker Polybios in seiner Schilderung des Kriegs der Römer gegen die Insubrer (*Historien* 2,32,6). Ein solches als Feldzeichen verwendetes Kultbild war vielleicht auch der eherne Stier, bei dem die germanischen Kimbern 102 v.Chr. einen Vertrag mit den Römern beschworen (Plutarch, *Leben des Marius* 23,7). Selbstverständlich wurden solche Bilder jedoch nicht allein aus religiösen oder magischen Motiven mitgeführt, sondern sollten auch einen geordneten Aufmarsch der Krieger gewährleisten. Den naheliegenden Vergleich mit den römischen Legionsadlern zog offenbar bereits Tacitus, als er in seiner Schilderung des Aufmarschs germanischer Truppen unter Arminius acht Jahre nach der Schlacht im Teutoburger Wald feststellte (*Annalen* 2,45,2): »Die langen Kämpfe gegen uns hatten sie daran gewöhnt, Feldzeichen zu folgen.«

Der psychologischen Kriegsführung diente die Verwendung von Tierbildern als Helmzier, wie sie im 1. Jh. v.Chr. Diodoros von Sizilien in seiner Schilderung der keltischen Kleidung und Bewaffnung beschreibt (*Bibliotheke* 5,30,2): »Sie tragen Helme aus Bronze mit emporragenden Aufsätzen, die ihre Träger besonders groß erscheinen lassen. An einigen sind nämlich Hörner angebracht, während andere mit den Köpfen von Vögeln oder vierfüßigen Tieren versehen sind.« In ähnlicher Weise schreibt Plutarch von den germanischen Kimbern (*Leben des Marius* 25,10): »Ihre Reiter zogen glänzend einher, mit Helmen gleich den aufgesperrten Rachen und seltsam geformten Köpfen wilder Tiere, auf die sie hohe Federbüsche gesteckt hatten, was sie noch größer erscheinen ließ.« Entsprechende Helme kennt man sowohl von bildlichen Darstellungen als auch durch Originalfunde. Zu den bekanntesten und am häufigsten angeführten Beispielen zählen zweifellos die Abbildungen behelmter keltischer Krieger auf dem Kessel von Gundestrup sowie ein Helm mit Raubvogelaufsatz aus dem 1961 entdeckten Grab von Ciumeşti in Rumänien.[43] Wie im Falle der Feldzeichen darf man jedoch auch die Helmzier germanischer und keltischer Krieger nicht allein unter dem Aspekt der psychologischen Wirkung beurteilen. Vielmehr ist auch hier damit zu rechnen, daß bestimmte Tiere, wie etwa der besonders häufig abgebildete Eber, in ihrer Funktion als Erscheinungsform oder Attribut einer Gottheit dargestellt wurden und für den Träger der Rüstung daher eine religiöse oder magische Qualität besaßen.[44] Dies gilt im übrigen auch für Tierdarstellungen auf Fibeln, die anstelle der heute üblichen Knöpfe und Reißverschlüsse nach dem Prinzip der modernen Sicherheitsnadel konstruiert waren und in großer Zahl als Gewandspangen Verwendung fanden. Auch hier läßt sich indessen mangels entsprechender Schriftquellen kaum entscheiden, wo Tierbilder als bloßer Schmuck galten, und wo man ihnen eine glückbringende oder apotropäische (schadenabwehrende) Wirkung zuschrieb.

7. Erfahrungswissen

Festeren Boden gewinnen wir, wenn wir das Gebiet der Religion und religiös motivierten Kunst verlassen und uns der Frage zuwenden, welche Kenntnisse Kelten und Germanen von den Tieren ihrer Umgebung besaßen und welchen praktischen Nutzen sie daraus zogen. In diesem Zusammenhang ist in erster Linie die Verwertung tierischer Erzeugnisse zu besprechen, wobei man die beiden Hauptaspekte der Ernährung und der handwerklichen Produktion voneinander unterscheiden kann.

Von der Bedeutung des Rind- und Schweinefleischs für die Ernährung war bereits im Zusammenhang mit der Viehzucht die Rede. An dieser Stelle sei daher lediglich nachgetragen, daß Kelten und Germanen eine Vielzahl unterschiedlicher Konservierungstechniken wie Trocknen, Räuchern und Pökeln beherrschten und auch in großem Umfang Gebrauch davon machten. Eine wichtige Rolle spielte dabei die Verwendung von Salz, so daß sich schon zu Beginn der Eisenzeit aus Zentren der Salzgewinnung wie Hallstatt und Hallein in Österreich wohlhabende Siedlungen und bedeutende Zentren der frühkeltischen Kultur entwickelten.[45] Noch zu Beginn der römischen Kaiserzeit waren Schweineherden in Gallien so zahlreich, daß einer Notiz des Geographen Strabon zufolge ein Überschuß an Pökelfleisch nicht nur nach Rom, sondern auch in die meisten Gegenden Italiens geliefert wurde (*Erdkunde* 4,4,3). Der von den germanischen

Menapiern am Niederrhein produzierte Räucherschinken wurde nach einem Hinweis des Dichters Martial (*Epigramme* 13,54) in Rom ebenfalls als Delikatesse außerordentlich geschätzt.

Die Haltung von Rindern, Schafen und Ziegen diente über die Fleischversorgung hinaus auch der Milchgewinnung, wobei man insbesondere Schaf- und Ziegenmilch zur Herstellung von Butter und Käse verwendete. Die von Tacitus (*Germania* 23) erwähnte dicke Sauermilch (»lac concretum«) wurde mit Hilfe der zahlreich erhaltenen Siebgefäße zu Quark verarbeitet und in Form kleiner Handkäse getrocknet und gelagert. Butter war wegen ihrer vergleichsweise aufwendigen Herstellung eine eher seltene und teure Speise und ist als Brotaufstrich erst seit dem späten Mittelalter bezeugt.[46] Die deutsche Bezeichnung (althochdeutsch »butera«) geht über das lateinische »butyrum« auf griechisch »bútyron«, »Kuhquark«, zurück, was man als Lehnübersetzung oder Umbildung eines Wortes der viehzüchtenden Skythen aus den südrussischen Steppen ansieht. Das alte germanische Wort für »Butter« lebt weiter in der alemannischen Bezeichnung »(der) Anke« (althochdeutsch »anko«, Butter), die sprachgeschichtlich mit lateinisch »unguen(tum)« (Salbe) und altirisch »imb« (Butter) zusammenhängt.

Wie schon die geringe wirtschaftliche Bedeutung der Geflügelhaltung vermuten läßt, spielten Eier für die Ernährung im allgemeinen kaum eine Rolle. Vereinzelt sind sie in Gräbern der Merowingerzeit neben Fleisch und Getränken als Beigabe bezeugt. Ein symbolischer Gebrauch des Eis ist in Mitteleuropa aber erst seit dem Mittelalter belegt und vermutlich christlichen Ursprungs.[47] Von größerer Bedeutung war demgegenüber der Honig, der als Süßstoff sowie zur Zubereitung von Met Verwendung fand. Bes. aufschlußreich ist hier der Fund eines 500 Liter fassenden griechischen Bronzekessels aus dem frühkeltischen Fürstengrab von Hochdorf. Wie die botanische Untersuchung des eingetrockneten Kesselinhalts ergab, enthielt er zur Zeit der Bestattung etwa 150 kg einheimischen Blütenhonig, der von zahlreichen Bienenvölkern auch in größerer Entfernung von Hochdorf gesammelt worden war. Dunkle Flüssigkeitsringe an der Kesselwandung lassen darauf schließen, daß man dem Toten den Kessel zu drei Vierteln mit Honigmet gefüllt ins Grab mitgegeben hatte.[48]

Wertvolle Rückschlüsse auf die Verwertung tierischer Erzeugnisse
gestattet die Archäologie auch im Bereich der handwerklichen Produktion.[49] An erster Stelle ist hier die Verarbeitung von Fellen und
Leder zu nennen, die u.a. der Herstellung von Kleidungsstücken,
Schuhen, Decken, Polstern, Schildbezügen, Schwertscheiden, Zaumzeug und Blasebälgen (für die Metallverarbeitung) diente. »Sie tragen auch Felle von wilden Tieren«, schreibt Tacitus (*Germania* 17),
»und zwar die Anwohner von Rhein und Donau wahllos, die weiter
im Landesinneren wohnenden mit sorgfältigerer Auswahl, da zu
ihnen keine Schmuckgegenstände auf dem Handelsweg gelangen.
Sie wählen bestimmte Wildtiere aus und besetzen die abgezogenen
Häute mit Pelzstücken von Ungeheuern, die der äußere Ozean und
das unerforschte Meer hervorbringen.« Wie archäologische Funde
belegen, bevorzugte man im allgemeinen aber Leder und Pelze von
Haustieren zur Herstellung von Kleidern. Die Verarbeitung der
Häute wurde vermutlich im Rahmen der bäuerlichen Wirtschaft
ausgeübt. Dagegen läßt sich ein eigenständiges Gerberhandwerk
erst in den mittelalterlichen Städten nachweisen. In römischer Zeit
waren Tierhäute ein wichtiger Exportartikel, und einem Bericht des
Tacitus zufolge kam es 28 n.Chr. wegen Unstimmigkeiten bei der
vertraglich geregelten Ablieferung von Rinderhäuten für den Heeresbedarf bei den rechtsrheinischen Friesen zu einem Aufstand (*Annalen* 4,72). Lederne Segel erwähnt Caesar anläßlich seiner Beschreibung der Schiffe, mit denen die Veneter regelmäßig von der bretonischen Küste über das offene Meer nach Britannien fuhren (*Der Gallische Krieg* 3,8,1 und 3,13,5). Eine Notiz über den Gebrauch von Fellbooten bei den Britanniern findet man bei Plinius dem Älteren (*Naturgeschichte* 4,104).[50]

Von großer Bedeutung war die Verarbeitung von Schafwolle, die
man v.a. für die Herstellung von Kleidern und Decken benötigte.
Ein Mantel aus grobem Wolltuch galt als typisch keltisches Kleidungsstück, und die gallische Bezeichnung dafür wurde als »sagum« bzw. »ságos« auch ins Lateinische und Griechische entlehnt.
Knochen, Horn und Geweih wurden im Rahmen der bäuerlichen
Wirtschaft ebenfalls in großen Mengen verarbeitet. Aus ihnen fertigte man einfache Ohrnadeln, Schmucknadeln, Kämme, Pfriemen,
verschiedene Werkzeuge zum Glätten von Leder und Textilien so-

wie Pfeifen und Flöten.[51] Für die vergangenen Griffplatten eiserner Geräte fanden neben Holz vermutlich auch Knochen und Geweih Verwendung. Bienenwachs benötigte man in der Metallverarbeitung zur Herstellung von Gußformen sowie zur Herstellung von Kerzen. Ebenso wie Vogelfedern zur Fiederung von Pfeilen verwendete man auch Tierhaare zur Herstellung gedrehter Schnüre, für Textilien und zur Polsterung. So entdeckte man an den bereits erwähnten Angelhaken aus dem frühkeltischen Grab von Hochdorf Schnurreste vermutlich aus den Schweifhaaren eines Pferdes, und als Auflage der Totenliege konnten neben Dachs- und Marderfellen auch Textilien aus Dachs- und Roßhaar nachgewiesen werden.[52] Die Verarbeitung bestimmter Tierhaare zu Filz, wie sie z.B. bei den Skythen und anderen Steppenvölkern begegnet, ist demgegenüber aus der europäischen Vorgeschichte bisher nicht bezeugt.[53] Erwähnt sei schließlich noch, daß man aus tierischem Fett in Verbindung mit Holzasche eine Substanz zum Rotfärben der Haare gewann, die v.a. von den germanischen Kriegern benutzt wurde. Zur Herstellung dieses Mittels, das die Römer mit einem germanischen Lehnwort als »sapo« (Seife) bezeichneten, eigneten sich Plinius dem Älteren zufolge am besten Ziegentalg und Buchenasche (*Naturgeschichte* 28,191). Daß Kelten und Germanen tierische Produkte darüber hinaus auch im medizinischen und kosmetischen Bereich nutzten, darf als wahrscheinlich gelten, doch kann man hier wegen des Fehlens schriftlicher Quellen keine gesicherten Aussagen treffen.

8. Epochentypische Grundeinstellung

Versucht man nun, aus all diesen Einzelheiten ein Gesamtbild der Beziehungen zwischen Mensch und Tier im germanisch-keltischen Altertum zu zeichnen, so ist zunächst auf die Beschränktheit unserer Kenntnisse hinzuweisen. Hier machen sich die Einseitigkeit der griechischen und lateinischen Ethnographie, das weitgehende Fehlen einheimischer Schriftquellen und die unzulängliche Erhaltung organischer Substanzen im archäologischen Fundgut gravierend bemerkbar. Bedenkt man, daß das Tier im Erzählgut der keltischen und germanischen Völker kaum eine geringere Rolle gespielt haben dürfte als in der Religion oder der Kunst, so ahnt man die Größe des Verlusts, den das Fehlen einer einheimischen schriftlichen Überlieferung nach sich ziehen mußte. Dies gilt im übrigen auch für den Bereich des mündlich tradierten Rechts, über den wir innerhalb des hier behandelten Zeitraums nur Vermutungen anstellen können. Die archäologischen Zeugnisse der Religion und der religiös motivierten Kunst wiederum sind aufgrund des Fehlens schriftlicher Quellen nicht selten ganz oder teilweise unverständlich. Weitgehend unzugänglich bleiben uns schließlich die psychologischen Aspekte der Mensch-Tier-Beziehung, die in den gleichzeitigen Schriftquellen der klassischen Antike zumindest ansatzweise greifbar werden. Daß archäologische Funde auch das mündlich überlieferte Erfahrungswissen in den Bereichen der Tierhaltung und Jagd nur sehr unzureichend widerspiegeln, bezeugen nicht zuletzt die überraschenden Beobachtungen, die in der jüngsten Vergangenheit aufgrund verfeinerter Ausgrabungs- und Konservierungstechniken z.B. bei der Untersuchung des Grabes von Hochdorf gemacht werden konnten.

Auch wenn jedoch die Unzulänglichkeit der Überlieferung viele Aspekte der Beziehungen zwischen Mensch und Tier im dunkeln läßt, so kann man gleichwohl einige charakteristische Eigenheiten aufzeigen, durch die sich die germanische und keltische Kultur von der gleichzeitigen griechisch-römischen Zivilisation und der darauffolgenden mittelalterlich-christlichen Welt grundlegend unterscheidet. Von zentraler Bedeutung erscheinen hier nicht so sehr die Unterschiede in der wirtschaftlichen Nutzung des Tieres, als vielmehr dessen völlig andersartige Stellung in der Religion und Weltanschauung. Dabei unterscheiden sich die Germanen und Kelten von ihren südlichen Nachbarn bereits wesentlich dadurch, daß bei letzteren das Tier als Manifestation oder Sinnbild einer Gottheit seit der Vermenschlichung der Götter bei Homer nur noch eine untergeordnete Rolle spielte. Darüber hinaus führten bereits in der klassischen Antike philosophisch-theologische Reflexionen dazu, daß man die Opfer- und Weissagepraxis und damit die traditionelle Funktion des Tieres im Kult immer mehr in Frage stellte. Noch sehr viel weiter eingeschränkt wurde die religiöse Geltung des Tieres dann mit der Christianisierung, da die neue Religion sowohl blutige Opfer als auch Zukunftsbefragungen aller Art grundsätzlich ablehnte. War die Vorstellung vom Tier als Erscheinungsform oder Sinnbild Gottes infolge der alttestamentlichen Polemik gegen Tierkulte ohnehin verpönt, so wurde außerdem unter dem Einfluß der biblischen Schöpfungslehre eine scharfe Trennlinie zwischen dem Tier und dem Menschen gezogen.

Versucht man nun, die Stellung des Tieres in der Weltanschauung der Kelten und Germanen zusammenfassend zu charakterisieren, so wird man feststellen dürfen, daß Tier, Mensch und Gottheit bei ihnen in umfassenderer Weise aufeinander bezogen waren, als dies in den Kulturen der klassischen Antike und des christlichen Mittelalters möglich war. Diese Beziehung ist nun allerdings nicht im Sinne einer allumfassenden Harmonie zu verstehen, wie dies insbesondere populäre Darstellungen unter dem Einfluß moderner Zivilisationskritik gerne suggerieren. Ebensowenig wie die Verehrung heiliger Bäume die Kelten daran hinderte, im Zuge der Eisenverhüttung und Landwirtschaft im großen Stil die Wälder abzuholzen, hielt sie die Anschauung vom Tier als möglicher Erscheinungsform einer Gottheit davon ab, bei entsprechender Bevölkerungsdichte den Bestand an Wildtieren außerhalb ihrer Siedlungen skrupellos zu dezimieren. Gleichwohl ist festzuhalten, daß die Weltanschauung der Kelten und Germanen für solch ambivalente Verhaltensweisen Erklärungen bereithielt, die wir kaum mehr nachvollziehen können.

Am Ende dieses Kapitels sei abschließend die Frage angesprochen, ob manche eigentümlichen Züge in den Kulturen der irischen, walisischen und skandinavischen Völker des Mittelalters in einer Kontinuität mit den hier besprochenen Phänomenen stehen, d.h. ob einige der hier behandelten Züge keltischer und germanischer Kultur über die Zeit der Christianisierung hinaus lebendig geblieben sind. Nun machen allerdings gerade populäre Darstellungen der keltischen und germanischen Kultur von mittelalterlichen Schriftquellen aus Irland und Island nicht selten in recht großzügiger Weise Gebrauch. Demgegenüber ist festzuhalten, daß auch Übereinstimmungen im Detail keineswegs immer auf geschichtlicher Kontinuität zu beruhen brauchen, sondern je nachdem auch als bloße Konvergenzen auf der Grundlage ähnlicher Lebensbedingungen verstanden werden können. Darüber hinaus sei darauf hingewiesen, daß längst nicht alles, was im Kontext der mittelalterlich-christlichen Kultur fremdartig anmutet, in genau dieser Form bis in die vorchristliche Vergangenheit zurückreichen muß. Nicht wenige Überlieferungen werden im Laufe der Zeit umgedeutet und umgebildet worden sein, ohne daß wir dies im einzelnen nachvollziehen können. Im folgenden seien gleichwohl einige Punkte angeführt, bei denen eine Kontinuität vorchristlicher Anschauungen und Einrichtungen bis in die Zeit der schriftlichen Überlieferung wahrscheinlich oder doch zumindest möglich erscheint.

Daß die Verwendung des von Pferden gezogenen zweirädrigen Streitwagens in Irland und Schottland bis weit ins 1. Jahrtausend n.Chr. hinein fortdauerte, wurde bei der Besprechung des militärischen Gebrauchs von Tieren bereits festgestellt. Der Umstand, daß solche Wagen zur Zeit Caesars auf dem europäischen Festland bereits unüblich, in Britannien aber noch durchaus gängig waren, spricht ebenso wie die Übereinstimmung in den technischen Einzelheiten dafür, daß hier in der Tat eine geschichtliche Kontinuität vorliegt. Als wichtige Quelle unserer Kenntnis erweist sich hier die irische Heldensage, die auch manche anderen altertümlichen Züge der keltischen Kultur bewahrt hat. So findet die bei Athenaios von Naukratis überlieferte keltische Sitte, dem bedeutendsten Teilnehmer eines Gastmahls das beste Stück des aufgetragenen Schinkens anzubieten, eine genaue Entsprechung in verschiedenen irischen Erzählungen, in denen verfeindete Krieger miteinander um den Anspruch auf eben diesen »Heldenbissen« (»curad-mír«) wetteifern.[53] Die schon bei Homer (*Ilias* 11,672 ff.) als eine Art heroischen Sports geschilderte Sitte des Rinderraubs (»boelasía«) findet ebenfalls eine Parallele in der mittelirischen Literatur, in welcher das »Wegführen von Rindern« (»táin bó«) als Titel oder Gattungsbezeichnung entsprechender Erzählungen einen festen Platz einnimmt.[54] Die Sitte, Rinderhörner als Trinkgefäße zu nutzen, blieb in den keltischen Ländern ebenso lebendig wie in Skandinavien, wo das altnordische »horn« ganz allgemein ein Trinkgefäß bezeichnen kann. Die bes. im mittelalterlichen Irland weit verbreitete Bezeichnung des Kriegers als »Hund« (»cú«), wie sie auch im Namen des Sagenhelden Cú Chulainn (»Hund des Culann«) begegnet, dürfte ebenfalls bis in die vorchristliche Zeit zurückreichen.

Ein weites Feld möglicher oder wahrscheinlicher Kontinuitäten eröffnet schließlich die Betrachtung der mittelalterlichen Aufzeichnungen über die Rolle des Tieres in der vorchristlichen Religion und Mythologie. Wohl nicht von ungefähr begegnen in den irischen, walisischen und skandinavischen Schriftquellen dieselben Tiere als Attribute, Begleiter oder Sinnbilder der alten heidnischen Götter, die zuvor schon in der vorchristlichen Kunst eine wichtige Rolle spielten. So schildert z.B. im 13. Jh. der isländische Historiker, Dichter und Politiker Snorri Sturluson, wie einst der germanische Gott Odin in der Gestalt eines Adlers dem Riesen Suttungr den Met geraubt habe, dessen Genuß die Gabe der Dichtkunst verleihe.[55] Odins achtfüßiges Pferd Sleipnir, so Snorri, trug ihn selbst ins Totenreich, und seine beiden Raben Huginn und Muninn flogen über die ganze Welt, um ihm alle Neuigkeiten zu berichten.[56] Als Attribut des Gottes Freyr nennen mittelalterliche Quellen den Eber, der in der nordgermanischen Überlieferung sowohl als Sinnbild des Kriegers als auch der Fruchtbarkeit erscheint.[57] Eine prominente Rolle spielt v.a. in der inselkeltischen Überlieferung die Krähe als Erscheinungsform der Schlachtengöttin, die in irischen Erzählungen aus der zweiten Hälfte des 1. nachchristlichen Jahrtausends unter den Namen Bodb, Morrígain oder Macha erscheint.[58] Zu den bekanntesten Tieren der altnordischen Mythologie zählt der Wolf Fenrir (Fenrisúlfr), von dem man glaubte, er werde sich am Ende der Zeiten von seinen Fesseln losreißen und den Gott Odin verschlingen.[59]

Neben solchen mythischen Vorstellungen und Motiven findet man in den Texten allerdings auch immer wieder Hinweise auf die Rolle von Tieren in der alten Religion, die aus Sicht der mittelalterlichen Chronisten entweder als bedauerliche Unkenntnis des wahren Glaubens oder aber als verwerflicher Aberglaube geschildert wird. So schildern z.B. mittelalterliche irische Sagen ein Ritual des »Stierschlafs« (»tarbfeis«), das zur Bestimmung eines Königs gedient haben soll. Der Beschreibung nach aß ein Mann sich am Fleisch und an der Fleischbrühe eines geschlachteten weißen Stieres satt und legte sich anschließend schlafen, während Druiden Zaubersprüche über ihm sangen. Im Traum sollte der Schlafende dann den künftigen König schauen.[60] In einer anderen Quelle wiederum ist davon die Rede, daß die keltischen Druiden in Irland zu

Beginn des Sommers das Vieh zwischen zwei Feuern hindurchzutreiben pflegten, um Krankheiten vorzubeugen.[61] Die Frage, inwiefern diese und ähnliche Beschreibungen vorchristlicher Riten tatsächlich religionsgeschichtlichen Quellenwert besitzen und nicht vielmehr auf Erfindung oder einer Rückprojektion mittelalterlich-christlichen Gedankenguts beruhen, wird in der Forschung nach wie vor kontrovers diskutiert. Wie schwierig die Entscheidung darüber im Einzelfall sein kann, mögen hier nur zwei Beispiele verdeutlichen. So schildert um 900 der irische Bischof Cormac mac Cuilennáin eine bestimmte Art der heidnischen Weissagung namens »imbas forosna«, deren Ausübung man insbesondere dem Dichter (»fili«) zuschrieb.[62] Cormacs Darstellung zufolge bestand »imbas forosna« darin, daß der Dichter das rohe Fleisch eines Schweins, eines Hundes oder einer Katze kaute und es danach mit einem Gebet den Göttern darbrachte. Danach erlangte er im Schlaf eine Vision, wobei er beide Handflächen (»bas«) auf (»im«) die Wange legte. Da Cormac selbst anmerkt, daß diese Art der Weissagung schon über 400 Jahre vor seiner Zeit durch den hl. Patrick verboten worden sei, erscheint es allerdings überaus zweifelhaft, ob er noch eine zutreffende Beschreibung davon geben konnte. Tatsächlich zeigt seine falsche Etymologie des Wortes »imbas«, das in Wirklichkeit soviel wie »umfassendes (»imb«) Wissen (»fiss«)« bedeutet haben dürfte, daß seine Beschreibung zumindest teilweise auf gelehrter Spekulation beruht. Gleichwohl könnten natürlich seine Bemerkungen über das Kauen von rohem Fleisch zur Erlangung eines visionären Zustands durchaus eine authentische Überlieferung widerspiegeln. Ähnlich steht es mit dem Bericht über die rituelle Verwendung eines in Leinen und Lauch gewickelten Pferdephallos (»völsi«), die in der isländischen Saga von König Olav dem Heiligen enthalten ist. Neigen manche Forscher aufgrund quellenkritischer Untersuchungen dazu, diesen Bericht insgesamt als eine Erfindung des 13. oder 14. Jh.s zu betrachten, so glauben andere, zumindest einen authentischen Kern herauszuschälen zu können.[63] Insgesamt ist allerdings festzustellen, daß gerade in den vergangenen Jahrzehnten die Skepsis gegenüber dem religionsgeschichtlichen Quellenwert der christlichen Überlieferung deutlich zugenommen hat.

Da die Auffassung von einer engen Beziehung zwischen Mensch und Tier im vorstehenden als wesentliche Eigenart des keltischen und germanischen Weltbilds herausgestellt wurde, sei abschließend auf einen Bereich hingewiesen, in dem entsprechende Vorstellungen noch heute nachwirken, nämlich in der Namengebung.[64] Mit Tierbezeichnungen gebildete Personennamen sind in den indogermanischen Sprachen auch außerhalb des Keltischen und Germanischen schon in früher Zeit gut bezeugt, wobei sich insbesondere das Pferd großer Beliebtheit erfreute. So findet man neben gallischen Namen wie Eposognatus (»der mit Pferden wohl vertraute«), altnordischen wie Iórekr (»reich an Pferden«) auch Namen wie den des altiranischen Sagenhelden Keresāspa (»welcher schlanke Rosse hat«) und des griechischen Baumeisters Hippódamos (»Pferdebändiger«). Während der Hirsch (althochdeutsch »hiruz«) als Bestandteil germanischer Personennamen nur selten begegnet – wir finden ihn im Namen des Stammes der Cherusker –, kann man für das Keltische eine ganze Reihe von Hirschnamen feststellen. Weit über die Grenzen der keltischen Länder hinaus bekannt wurden inbesondere die irischen Namen Oisín (schottisch-gälisch Oisean, anglisiert Ossian) und Oscar, die im 18. Jh. durch die literarischen Fälschungen des Schotten James Macpherson (1736–1796) als Namen eines sagenumwobenen keltischen Barden und seines Sohnes weltberühmt wurden.[65]

Kehren wir in unserer Betrachtung zu dem uns sprachlich besser vertrauten Bereich der germanischen Kultur zurück, so gehören *Wulfa- »Wolf« (Rudolf, Wolfgang), *Beran-/*Bernu- »Bär« (Bernhard, Bernward), *Ebura- »Eber« (Eberhard, Ebo) und *Aran-/*Arnu- »Adler« (Arnold, Arnulf) zu den ältesten und am weitesten verbreiteten Namenelementen. Seltener, aber ebenfalls über den gesamten germanischen Sprachraum verbreitet, sind Namen mit *Ehwa- »Pferd« und *Ūru- »Stier«, während andere wie z.B. *Wisunda- »Stier« in einem Teil des germanischen Sprachgebiets (in diesem Fall in Skandinavien) fehlen. Die Bedeutung, welche die Germanen diesen theriophoren (mit Tierbezeichnungen gebildeten) Personennamen beilegten, ist in der Vergangenheit von germanistischer und religionswissenschaftlicher Seite häufig kontrovers erörtert worden. Fest steht, daß längst nicht alle eingliedrigen (Björn) oder aus zwei Bestandteilen zusammengesetzten (Bernhard) Tiernamen zu allen Zeiten eine dem Träger bewußte Bedeutung gehabt haben müssen. Fest steht aber auch, daß eine solche über die Bezeichnung des Namensträgers hinausweisende Bedeutung in vielen Fällen kaum zu bestreiten ist. Eine wichtige Rolle spielte dabei zweifellos der Wunsch, durch den Namen einer Identifikation des Trägers mit dem betreffenden Tier Ausdruck zu verleihen. Ausschlaggebend waren dabei offenbar die v.a. von Kriegern bes. geschätzten Fähigkeiten eines Tieres wie etwa Kraft, Wildheit oder Schnelligkeit, was sich in der Beliebtheit gerade des Wolfs, Bären, Ebers und Adlers in der Namengebung niederschlägt. Daß diese Tiere darüber hinaus als Erscheinungsformen oder Attribute bestimmter Gottheiten galten, mag bei der Wahl eines Namens ebenfalls mitgespielt haben. Inwiefern eine solche Identifikation rein metaphorische Bedeutung hatte und inwiefern sie rituell oder kultisch motiviert war, läßt sich allerdings im Einzelfall nur schwer abschätzen. Aus bildlichen Darstellungen und Schriftquellen der Bekehrungszeit wissen wir jedoch, daß Tiermasken und Tierverkleidungen sowohl im vorchristlichen Kult als auch im Kriegswesen weit verbreitet waren, was für eine rituelle oder kultische Deutung zumindest eines Teils der Tiernamen sprechen dürfte. Dem Umstand, daß man sie nach der Christianisierung auch in anderem Sinn verstehen und tradieren konnte, verdanken wir die Kontinuität der Überlieferung, welche die Gegenwart mit der schriftlosen Vorgeschichte Alteuropas verbindet.

V. Mittelalter
von Peter Dinzelbacher

1. Ernährung und Jagd

Ungeachtet der großen regionalen Differenzen läßt sich über die alltägliche Ernährung[1] im Mittelalter etwa folgendes zusammenfassen: Im frühen Mittelalter (ca. 5.–11. Jh.) basierte sie infolge der vorwiegenden Weidewirtschaft anscheinend mehr auf Fleisch (bes. Schweinefleisch) und tierischem Fett (zum Braten, Kochen und als Zukost) als auf Gemüse und Getreideprodukten. Die Intensivierung des Ackerbaus im Hochmittelalter (11.–13. Jh.) begann aber, die Nutzung von Fleisch und Viehprodukten fast auf ein Privileg der Oberschichten zu reduzieren, während die unteren Schichten hauptsächlich von Pflanzenkost lebten. Mit dem Aufschwung des Städtewesens seit dem 11./12. Jh. entstanden neuartige Konsumgewohnheiten (steigender Verbrauch von Fleisch und Weizen, Vorratshaltung). Getreide war aber meist die hauptsächliche Nahrungsquelle der mittelalterlichen Bevölkerung bis ins 14. Jh. Viehhaltung blieb in vielen Regionen neben dem Ackerbau sekundär, da die Fütterung im Winter Schwierigkeiten machte. Erst nach der großen Pest von 1348/50 gewann bis in die zweite Hälfte des 15. Jh.s die Haltung von eßbaren Nutztieren vorrangige Bedeutung. Die Ernährung der Oberschichten nahm an Vielfalt zu, wurde raffinierter, orientierte sich stärker am Statusdenken (feines Weißbrot, Betonung von Fleisch, exotische Früchte, Gewürze, Südweine).

Im Rahmen der Viehzucht waren besonders die Ochsen wichtig, die bis ins Spätmittelalter (13.–16. Jh.) auch am häufigsten als Zugtiere dienten, dann Schweine des Fleisches wegen, Schafe für die Wolle (besonders zahlreich in England und Spanien, wo im 13. Jh. das Merino aus Nordafrika eingeführt wurde), dazu Geflügel. Auch Bürger und städtische Klöster besaßen Klein- und Großvieh, das sie teilweise in den Höfen ihrer Häuser hielten, teilweise aufgrund von Pachtverträgen bei Bauern umliegender Dörfer einstellten (»Viehverstellung«).[2] Die Rassen waren eher kleiner als die rezenten und weniger produktiv: Eine mittelalterliche Kuh gab kaum ein Zehntel der Milch, die heute von einer ihrer Nachfahrinnen gemolken wird.[3]

Schweine wurden im Mittelalter in fast ganz Europa gehalten, auch in der Stadt; der Antoniterorden hatte das Privileg, seine Tiere kostenlos aufziehen und frei laufen zu lassen. Ihre Zahl nahm besonders im Frühmittelalter deutlich zu, während sich die der Weidegänger verringerte, was mit der Einschränkung der mehrjährigen Feldbrache als längerfristig nutzbare Weidefläche für Rind und Schaf zusammenhängt.[4] Die Allesfresser waren einfacher zu füttern: Sie wurden herdenweise in den Wald getrieben und dort mit Eicheln und Bucheckern ernährt. Damit die Eber nicht gefährlich wurden, findet sich die Rechtsvorschrift, ihnen die Hauer abzusägen.[5] Im Herbst schlachtete man sie regelmäßig und konservierte das Fleisch für den Winter mit Salz und Rauch. Diese Tiere deckten ca. ein Drittel des Fleischkonsums. Mit Schweineschmalz wurde viel mehr gekocht als mit Butter. Dagegen ging seit dem Hochmittelalter die Schweinehaltung u.a. aufgrund der Verdrängung der Laubwälder durch Nadelwälder zurück, während die Rinderhaltung wiederum zunahm, ein Vorgang der sich besonders am Knochenfundmaterial der Städte erweist. In Lübeck, Kiel, Hannover und Danzig stellten im späten Mittelalter Rinderknochen über 60% der Reste von Wirtschaftshaustieren dar.[6]

Einen starken und kontinuierlichen Zuwachs in der ganzen Epoche kann man aufgrund der Knochenfunde beim Geflügel feststellen: Am Ende des Mittelalters wurden, verglichen mit der Spätantike, etwa 3,5 mal so viele Hühner, Gänse etc. gehalten.[7] Manche Tiere, die heute fast keine Rolle mehr spielen, wurden im Mittelalter intensiv gezüchtet, so Tauben oder Frettchen (zur Bekämpfung von Ratten und zur Kaninchenjagd). Erstere galten als wertvoller Besitz und waren daher in manchen Rechten mit schweren Strafen bis zur Auspeitschung und Exkommunikation vor Jägern geschützt.[8] Die Imkerei bot nicht nur fast den einzigen Süßstoff, sondern auch ein Konservierungsmittel und das begehrte Wachs; dazu machte man auch Jagd auf Wildbienen im Wald.[9] An im Vergleich zur Antike neuen Haustierarten lassen sich nachweisen Kaninchen, Frettchen, Wasserbüffel, Ente, Karpfen, und am Ende des Mittelalters Perlhuhn und Pute.[10] Doch gab es lokal auch Ernährungsgewohnheiten, die wir nicht erwarten: Ausgrabungen in Konstanz zeigen, daß dort von einer älteren Bevölkerungsschicht sowohl Hunde als auch Katzen regelmäßig gegessen wurden; letztere stellten sogar 12 % der Nahrung dar; auch von der Löwenburg gibt es analoge Funde.[11] Daß die Kirche den kultischen Verzehr von Pferdefleisch bei den christianisierten Germanen heftig verbot, ist bekannt; doch noch Ekkehart IV. von St. Gallen († 1036) überliefert eine Segensformel, die durch das Kreuzeszeichen das Wildpferdefleisch munden lassen sollte![12]

Neben der bäuerlichen Viehhaltung war das Hirtentum eine in vielen Regionen des mittelalterlichen Europas dominierende Wirtschafts- und Lebensform. Es gab zwei Haupttypen: (1) die Transhumanz (von lat. trans und humus = über den Boden); besonders in Spanien, Südfrankreich und Italien wurden (in vorrömerzeitlicher Tradition) große Herden auf bestimmten Wegen gegen Zollabgaben über weite Gebiete getrieben. Bei diesen Zügen waren Konflikte mit der ortsfesten bäuerlichen Bevölkerung freilich an der Tagesordnung.[13] (2) Die Almwirtschaft, wie man sie seit der Bronzezeit besonders in den Alpen betrieb, wo die Hochweiden zu Bauernhöfen im Tal gehörten und der Viehtrieb vertikal erfolgte. Sie dehnte sich im Landesausbau des Hochmittelalters durch neue Schwaigen (Viehhöfe) auf Rodungsgebiet aus. Oft kam es um Grenzen und Nutzungsrecht zu »Alpfehden«. Seit dem 13. Jh. wurde die Schafhaltung durch Rinderzucht verdrängt. Die Hirten galten trotz landesherrlicher Privilegien vielfach als unehrlich, aber auch als heil- und zauberkundig. Sie schlossen sich im Spätmittelalter zu Bruderschaften bzw. Zünften zusammen.[14]

Durch Geschäfte mit Nutztieren war in gewissen Regionen v.a. in der zweiten Hälfte des Mittelalters die Mobilität größer als oft angenommen. Vieh wurde nah und weit verhandelt, z.B. Ochsen aus Ungarn bis Norditalien und Frankreich; aus Dänemark nach Deutschland usw. Dabei wurden in Herden bis zu 800 Tiere über Distanzen von bis zu 3 000 km getrieben.[15] Eine Verordnung aus Köln von 1492 z.B. erwähnt Tiere aus Ungarn, Polen, Dänemark, Rußland, Friesland und Schleswig,[16] die zum städtischen Rinder-

markt geführt werden sollten. Auch Tierprodukte wurden gehandelt. Ein Gebiet mit so intensiver Kuhhaltung wie Norwegen exportierte schon seit dem hohen Mittelalter Butter nach Deutschland.[17]
Die Viehhaltung war vielfach Grundlage spezifischer Sozialorganisationen: Bei der Transhumanz führten die sehr häufigen Konflikte mit den Bauern König Alfons X. von Kastilien und León 1273 dazu, die nationale Mesta (Verband der Hirten) zu schaffen. Sie basierte auf lokalen Bruderschaften von Viehzüchtern und -hirten und sorgte für die Schlichtung von Streitfällen sowie die verschiedenen Steuern.[18] Eine Vorform des Versicherungswesens bildeten die Viehgilden in Norddeutschland und Island, die als Versicherungsvereine auf gegenseitiger Basis fungierten (ähnlich wie Arm- und Beinbruchgilden). Sie glichen in ihren gesellschaftlichen Aspekten (Geselligkeit) teilweise den (primär religiösen) Bruderschaften. Diese spielten im städtischen Leben v.a. des späten Mittelalters eine bedeutende Rolle, doch sind Korporationen von Fischern z.B. in Italien schon seit dem 10. Jh. bekannt.[19]
Wie groß der Wert der Nutztiere war, ersieht man aus den Gesetzen zum Schutz ihrer Besitzer. Auf Viehdiebstahl stand wie auf jeden sonstigen »großen Diebstahl« sehr oft die Todesstrafe, und sie wurde auch vollzogen. Graf Balduin VII. von Flandern (reg. 1111–1119) z.B. ließ einen Ritter, der einer armen Frau zwei Kühe geraubt hatte, in voller Rüstung in einem Kessel zu Tode kochen.[20] Auch die geistliche Gesetzgebung befaßte sich mit diesem Verbrechen, und natürlich wurden die Diebe im Jenseits in der Form einer spiegelnden Strafe auf glühenden Tieren gemartert.[21]
Im Unterschied zum Land brachte die für die urbane Kultur typische Spezialisierung auch auf diesem Gebiet eigene Berufe hervor: Die Fleisch(hau)er oder Metzger waren ein angesehenes Handwerk, das in der hoch- und spätmittelalterlichen Stadt zahlreich vertreten war (ca. ein Fleischhauer kam 1322 auf 175 Personen in Toulouse), obgleich die häusliche Schlachtung stets möglich blieb. Der Einkauf der Tiere, die Tötung und der Verkauf des Fleisches erfolgten nach obrigkeitlichen Vorschriften: Die frische Ware durfte üblicherweise im Sommer nur einen Tag lang, im Winter zwei Tage lang zum Verkauf kommen und wurde durch vereidigte Prüfer kontrolliert.[22]
Die aus der Erfahrung bekannten Regeln des Züchtens waren wie

das Kastrieren von Pferden, Hornvieh, Schweinen, Vögeln[23] dem Mittelalter wohl geläufig. Ähnlich wie bei der Verbreitung der Obstkulturen haben hier teilweise die gut organisierten Klöster eine wichtige Rolle gespielt; so dürfte die Domestikation des Kaninchens zwischen dem 4. und 8. Jh. durch südfranzösische Mönche erfolgt sein, auch die Haltung von Karpfen verbreitete sich im frühen Mittelalter aus der klösterlichen Teichwirtschaft.[24]

Was die Jagd betrifft, so praktizierte das Mittelalter verschiedene, heute in Europa z. T. unübliche Formen. Verbreitet waren die Hetzjagd mit Treibern und Hunden auf Wild, die Jagd mit Fallgruben, Netzen und Schlingen, die Beizjagd mit Greifvögeln und die Jagd mit Giftködern.

Es muß nicht betont werden, daß es neben dem in ganz Europa zu findenden Wild auch im Mittelalter zahlreiche tiergeographisch unterschiedliche Sonderregionen gab, wie z.B. Nordskandinavien, wo man die Elchjagd betrieb.[25] Der jagdbare Tierbestand war wenigstens bis ins Hochmittelalter, als der Urwald durch die große Rodungsbewegung immer weiter zurückgedrängt wurde, von heute unvorstellbarem Reichtum und umfaßte auch längst ausgerottete Arten wie Auerochse und Wisent.[26] Obwohl viel mehr Menschen als heute zur Ernährung oder zum Vergnügen jagten, kam es erst im ausgehenden Mittelalter, besonders seit dem Einsatz von Feuerwaffen, zu einer bedrohlichen Dezimierung mancher Wildarten, der bereits im 15. Jh. durch Verbote besonders erfolgreicher Methoden gegengesteuert wurde.[27]

Die Jagd selbst war gefährlich, und wenn es gegen Wildschweine oder Bären ging, durchaus lebensgefährlich.[28] Im *Nibelungenlied* (um 1200) heißt es: Gunter und Hagen »mit ir scharpfen gêren si wolden jagen swîn, / bern unde wisende: waz möchte küenérs gesîn?«[29] Trotzdem darf man sich dieses adelige Vergnügen nicht zu ritterlich vorstellen; war der Hirsch nach langer Hetze gestellt, so schlich sich ein Jäger von hinten an ihn heran, schnitt ihm die Kniesehnen durch und lieferte ihn so den Hunden aus.[30]

Wie alle anderen Lebensgebiete versuchte das Christentum, auch dieses nach seinen Normen zu gestalten. So verboten etwa frühmittelalterliche Bußbücher – im Frühmittelalter gebräuchliche kirchliche Straftarifverzeichnisse für die einzelnen Sünden – den Verzehr von in der *Bibel* als unrein bezeichneten Tieren (z.B. Hunden) und solchen, die in Schlingen oder Netzen gefangen worden waren, da die Todesart des Erstickens sie unrein machte.[31] Daß letztgenanntes Gebot außerhalb des unmittelbar monastischen Bereichs befolgt worden wäre, ist freilich nicht anzunehmen. War die Jagd in einigen Randgebieten Europas auch im frühen Mittelalter noch Grundlage des Lebens für Teile der Bevölkerung, so machte damals Wild doch kaum mehr als 5% der Nahrungsquellen insgesamt aus, was sich gegen Ende des späten Mittelalters auf 1% verringerte.[32] Zu jagen wurde im Verlauf der Epoche in den meisten Ländern mehr und mehr zu einem exklusiv herrschaftlichen Privileg. Ansätze zu dieser Neuerung gegenüber der allgemeinen Nutzbarkeit des Wildbestandes im antiken Recht und auch den germanischen Volksrechten[33] zeigen sich schon im Frühmittelalter; die Waldnutzung, und damit der Wildbann, begann von den Herrschern als königliches Regal angesehen zu werden. So galt der Auerochse schon früh als reservierte Jagdbeute, und der Merowingerkönig Childebert ließ 590 seinen Kämmerer steinigen, weil er in den Vogesen angeblich ein solches Tier getötet hatte.[34] Mehrere karolingische Kapitularien behalten dem Herrscher bestimmte Forste und ihr Wild vor,[35] und die *Reichsannalen* verzeichnen die königlichen Jagden darin,[36] womit die weitere Linie vorgezeichnet ist. Man weiß, wie hart die Herrschenden Eingriffe von (meist durch Not gezwungenen) Wilderern in ihr Jagdrecht ahndeten: Die Karolinger schickten Wilderer in die Verbannung,[37] die englischen Anjou-Plantagenets unterwarfen sie (auch Geistliche!) willkürlichen existenzvernichtenden Geld- oder Leibstrafen, wobei im dritten Wiederholungsfall als Buße der Tod die Regel war,[38] und die Erzbischöfe von Trier ließen allen den Daumen abhacken, die mit einer Schlinge innerhalb ihres Jagdbannes angetroffen wurden. Dieses Vorgehen ist auch in die Sage eingegangen (der an einen Hirsch geschmiedete Wilderer). Im frühen 16. Jh. ließ auch eine Stadt wie Nürnberg Bauern wegen geringfügigen Wildfrevels foltern, blenden und verkrüppeln.[39]

Weniger bekannt ist die Brutalität, mit der auch die Hunde daran gehindert wurden, dem herrschaftlichen Wildbestand gefährlich zu werden. König Knut der Große, der neben Dänemark auch Norwegen und England beherrschte, befahl 1016 aus diesem Grund, allen größeren Hunden seiner Untertanen im Umkreis von 10 Meilen um die königlichen Forste prophylaktisch die Knie zu brechen, und Wilhelm der Eroberer, Herzog der Normandie und seit 1066 König von England, ließ die Hunde, die nicht zur königlichen Meute gehörten, verstümmeln, indem ihnen drei Zehen abgeschnitten wurden. In Deutschland dienten schwere Holzblöcke am Hals der bäuerlichen Tiere derselben Beschränkung.[40]

Trotzdem gab es vereinzelt noch Gebiete, die »Freien Pürschen«, wo die Jagd bis ins späte Mittelalter frei blieb oder frei wurde, wenn die Banninhaber nicht auf ihre Rechte achteten. Gefährliche Raubtiere, aber auch Kleinvögel, die den Adel nicht interessierten, blieben allgemein jagdbar.[41] Das Rechtsbuch des Eike von Repgow, der *Sachsenspiegel* (um 1235), nennt nur drei Königsforste, wo für alle Tiere außer Bären, Wölfen und Füchsen der herrscherliche Bann galt, Koine, Harz und Magetheide.[42] Erst Ende des 14. Jh.s wurde in Frankreich das Jagdrecht allen Nichtadeligen prinzipiell genommen, und 1470 verlor es auch die noch davon ausgenommene Geistlichkeit.[43] Doch durfte sich kein Bauer, dessen Äcker innerhalb eines königlichen Forstes lagen, unterstehen, Klein-, geschweige denn Hochwild, auch wenn es sein Getreide abfraß, zu fangen;[44] und nach dem älteren französischen Recht verlor ein Vasall sein Lehen, wenn er im Reservat (frz. »garenne«) seines Herrn jagte, wobei das Vergehen der Rebellion gleichgestellt erscheint.[45]

Zur »kurzewile«[46] zu jagen war fester Bestandteil adeliger Lebensform, zu dem es auch eine genaue Fachterminologie gab.[47] Die ritualisierte Jagd unter Betonung des korrekten höfischen Zeremoniells trat im Hochmittelalter besonders in Frankreich, im Spätmittelalter in Burgund hervor. In den *Tristan*-Dichtungen werden die Künste des Helden auf diesem Gebiet des langen und breiten vorgeführt – der junge Mann wird aufgrund seiner exzellenten Kenntnisse im Ritual des Enthäutens und Zerlegens des Hirsches zum Jägermeister König Markes ernannt.[48] Wie sehr sich der Held nicht nur in den Kampf-, sondern auch den Jagdszenen der höfischen Dichtung profilieren konnte, zeigt die unter Hagens Regie durchgeführte Parforce-Jagd des *Nibelungenliedes*, in der sich Siegfried zwar als der Meister erweist, indem er den Wald von Wild fast leerfegt, den er aber nicht lebend verläßt.[49] Um jederzeit genug Tiere für ihren Sport zur Hand zu haben, legten schon die Karolinger eingefriedete Jagdreservoire (z.B. in Aachen) an,[50] und ähnlich verfuhren jagdbegeisterte Herren auch weiterhin, etwa Barbarossa, der in der Pfalz Nimwegen einen großen Hirschpark anlegen ließ.[51] Freilich mußte man in diese Brühl genannten Anlagen immer wieder neue Wildtiere hineintreiben, da eine artgerechte Haltung noch nicht bekannt war.[52] Nicht selten frönten die Herren dem Waidwerk so fanatisch, daß sie damit sowohl die Bauern, auf deren Pflanzungen keine Rücksicht genommen wurde, als auch die Klöster, in denen sie mit ihrem Troß nächtigten, ernstlich schädigten. Herzog Ludwig VII. von Ingolstadt wurde 1420/34 deswegen sogar mehrfach in den Kirchenbann getan.[53]

Namentlich die Beize[54] mit ihrem Mißverhältnis zwischen Aufwand und Wildbretertrag stellte, teilweise schon seit der Spätantike, ein Ritual, einen Ausdruck des adeligen Gruppenbewußtseins dar und war dann als höfischer Sport dem Turnierwesen vergleichbar. Die Falkenbeize auf Niederwild und v.a. Geflügel galt als besonders vornehm, dressierte Greifvögel waren sehr kostbar. Schon das burgundische Volksrecht bestrafte den Diebstahl eines Falken schwerer als den eines Sklaven, doppelt so schwer wie den eines Pferdes und dreimal so schwer wie den des besten Ochsen.[55] Man scheute sich nicht einmal, die Bäume umzuhauen, auf denen man ein Raubvogelnest sah, um in den Besitz der Jungvögel zu gelangen und diese dann abzurichten.[56] Sogar ein Kaiser, Friedrich II. (1194–1250), hat darüber ein illuminiertes Handbuch verfaßt: *De arte venandi cum avibus*[57] (Über die Kunst, mit Vögeln zu jagen), in dem er detailliert Zähmung, Abrichtung und Einsatzweise der Falken beschrieb. Er war geradezu von einer Leidenschaft für die Beizjagd besessen; 1248 verlor er bei der Belagerung von Parma seinen Kriegsschatz inklusive Krone, Szepter und Siegel, weil er sich der Beize hingab, statt bei seinen Truppen zu bleiben. Friedrichs Regierungsakten enthalten zahlreiche Dokumente über Falkner und Falken, die er sogar von Grönland und aus dem Orient zu erhalten suchte.[58] Sein Werk zur Ornithologie, das genannte *De arte venandi*, wurde lange auch noch in der Neuzeit als Handbuch über Jagdvögel, ihre Biologie und ihre Beutetiere benützt. Andere Jagdtraktate folgten ihm nach, z.B. in Spanien mit ähnlichem Erfolg der *Libro de la caza de las aves* des kastilischen Großkanzlers López de Ayala (1386).[59] An Friedrichs Hof dürfte auch der Traktat *De arte bersandi* über die Rotwildpirsch entstanden sein.[60] Doch war er kein Einzelfall; König Eduard I. von England (reg. 1272–1307) schickte Wachsvotive in Gestalt seiner Falken, wenn sie krank waren, zu den Reliquien der Heiligen, ja, schickte die kranken Vögel selbst auf Wallfahrt.[61]

Neben den bis heute üblichen Fangmethoden kennt das spätmittelalterliche Fachschrifttum auch die Verwendung von vergiftetem Futter, meist Tollkirsche oder Bilsenkraut.[62] Besonders grausam ging man gegen die verhaßten Wölfe vor: der Wolfshaken, ein doppelter spitzer Widerhaken, auf den als Köder Fleisch gespießt wurde und der, verschluckt, die Eingeweide zerriß oder wie ein Angelhaken im Rachen das Tier aufspießte, war so häufig, daß er oftmals in die Heraldik übernommen wurde.[63] Wolfskugeln stellte man u.a. mit Arsenik, Eisenhut, Fliegenpilz und Glas her; um nicht auch die eigenen Hunde damit zu vergiften, sollte auch Hundefleisch als Abschreckmittel für sie beigefügt sein.[64] Doch gab es auch Bauvorschriften für raffinierte Gehegefallen, in denen ein (von einem Zaun gesichertes) Lamm als Köder diente, um den Wolf lebend zu fangen.[65]

Man muß sich allerdings bewußt machen, daß diese Tiere nicht selten bis in die Städte Verderben brachten. Im *Journal d'un bourgeois de Paris*, einer tagebuchähnlichen Aufzeichnung eines Geistlichen von Notre-Dame, ist dies für mehrere Jahre belegt. Für 1421 z.B. vermerkte er: »Zu dieser Zeit waren die Wölfe so ausgehungert, daß sie nächtens in die großen Städte einbrachen und viel verschiedenen Schaden anrichteten. Oft überquerten sie die Seine und viele andere Flüsse schwimmend. Und sie kamen nächtens auf die Friedhöfe, die am Land liegen, sooft man Leichen begraben hatte, und gruben sie aus und fraßen sie, und auch die Gebeine derer, die bei den Stadttoren hingen [hingerichtete Verbrecher] fraßen sie, indem sie hinaufsprangen, und an mehreren Orten Frauen und Kinder.«[66] Auf dem Land war die Situation noch schlimmer, wie etwa die Marienmirakel von Rocamadour (12. Jh.) ausführlich erzählen.[67] In Frankreich bildete man seit Karl dem Großen sogar eigene Ausrottungstrupps gegen diese Tiere, die »luparii« bzw. »Louveterie«;[68] in England durften verbannte Adelige zurückkehren, wenn sie eine bestimmte

Zahl erlegter Wölfe vorweisen konnten,[69] und in Spanien verordnete 1114 sogar eine Kirchensynode, daß alle Stände, Priester, Ritter und Bauern, sich jeden Samstag auf Wolfsjagd zu begeben hätten.[70]

Daß Tarnung bei der Pirschjagd wichtig war, hatte man durchaus erkannt, weswegen als traditionelle Jägerfarbe nach Ausweis der Bildquellen das Grün galt, das auch Henris de Ferrières Jagdtraktat empfiehlt.[71] Doch experimentierte man auch schon mit einer Tarnung, bei der der Körper unter Pflanzen verborgen wurde,[72] oder, für den Winter, die Kleidung grau zu halten war.[73] Anders als in der Gegenwart hat man sich jedoch nicht auf materiell-technische Methoden beschränkt. Es ist zwar schwer zu sagen, wie weit die Jagd regelmäßig mit magischen Handlungen oder Sprüchen unterstützt wurde, da dieser Bereich kaum in den Quellen figuriert. Doch hat es dies durchaus gegeben, und wahrscheinlich mehr, als man annimmt. Aus der Zeit um 1100 findet sich in Höhlen im Hardangervidda, einem Hochgebirgsplateau im damals freilich noch kaum christianisierten Norwegen, eine lange Reihe von Tierdarstellungen, Symbolen und Runenzeichen, die zweifellos als Jagdzauber dienen sollten.[74] Aber auch im gut christianisierten Schweden des 14. Jh.s war diese »Jagdmethode« nicht ausgestorben. Im Offenbarungsbuch der Birgitta von Schweden heißt es, die Heilige habe einem der Berichterstatter selbst erzählt, daß sie einmal in ihrer Heimat im Haus eines gewissen Mannes eine Erscheinung Christi gehabt habe, der sie darauf hinwies, ihr Gastgeber verwende »Zauberformeln und Teufelsworte, incantationibus et quibusdam verbis diabolicis«, um reichlich Fische zu fangen. Dies sei Teufelsdienst. Als der Mann Birgittas Vorhaltungen zurückwies, fand man ihn prompt mit gebrochenem Rückgrat im Bett.[75]

Von der Kirche selbst geübt wurden dagegen im Mittelalter Segnungen von Fischnetzen und -haken.[76] Dies ist eine hier Tieren gegenüber angewandte Form der »weißen« Magie, ein Gegenzauber sogar, denn es wird ausdrücklich nicht nur darum gebetet, daß das am Altar priesterlich gesegnete Netz reichen Fang festhalte, sondern desgleichen, daß es sich nicht aufgrund von »bösen Zaubersprüchen« von Feinden verfange.[77] Auch solche sind überliefert. So heißt es in einer Handschrift des 16. Jh.s: »Alles Wild, das ir heut facht, es sei mit Hunden oder Garn oder mit Jagen, das soll euch heut als unmer [zuwider] sein, als Got und unserer lieben Frauen der ist, der [...] ein falsche Urtail spricht. Im Namen Got des Vaters, des Sunes und des Heiligen Geists [...]«[78]

Doch die so von herrschaftlichem Recht bestimmte Jagd fand auch in anderer Hinsicht nicht in einem rechtsfreien Raum statt, was die Kirche betraf. Wie alle anderen Arbeiten und ähnlichen Tätigkeiten war sie sonn- und feiertags untersagt. Didaktisch wußte das die Geistlichkeit eindrucksvoll einzuschärfen, indem sie sich des Motivs der verkehrten Welt bediente: So sah man etwa im Gewölbe der Kirche von Härkeberga bei Enköping in einem Zwickel einen Jäger gemalt (Ende 15. Jh.), der wie gewöhnlich mit Hunden die Hasen hetzt; im nächsten Zwickel sind diese aber schon gleich groß wie ihr Verfolger und haben ihn an eine Stange gebunden, an der sie ihn wegtragen, um ihn im dritten Feld, durch ihre Größe Dämonen gleich, in eine Feuergrube zu stürzen – die Hölle, wie eine Beischrift lehrt.[79] Ähnliches konnte man schon an romanischen Kirchen sehen (Apsis des Domes von Königslutter, um 1136).[80]

Der Fischfang war zwar keine standestypische Adelsbeschäftigung, wurde aber gelegentlich auch von Herrschern betrieben, so von Ludwig dem Frommen.[81] Er war aber im Binnenland oft privilegiert, herrschaftliches Regal. Die schiffbaren Ströme gehörten theoretisch dem Monarchen, die kleineren Flüsse den jeweiligen Feudalherrn. Doch erlaubt noch der *Sachsenspiegel* die Fischerei in jedem Strom.[82] Die Bedeutung dieses Gewerbes für die Küsten- und Seeregionen auch des Mittelalters ist bekannt; es wurde bisweilen mit komplizierten Techniken betrieben, die eine komplexe und die ganze lokale Bevölkerung umfassende Arbeitsorganisation benötigte. Ein gutes Beispiel ist die Fischerei im Trasimenischen See in der zweiten Hälfte des Mittelalters, von der nicht nur die unmittelbaren Anwohner lebten, sondern zu einem Teil auch die Stadt Perugia: Die Tiere wurden in aus Zweigen hergestellte und unter Wasser gelagerte Standplätze gelockt und dann in einem komplizierten Prozeß von zwei Schiffen aus mit riesigen Netzen umgeben, die einer präzisen Zusammenarbeit vieler Männer bei der Aufstellung und Bergung bedurften.[83]

Schon im späten Mittelalter ergriff man gelegentlich Maßnahmen, um das Ausfischen der Gewässer zu verhindern. So erließ der fran-

Ernährung und Jagd

zösische König Philipp IV. 1289 eine Ordonnance, in der er verschiedene zu erfolgreiche Typen von Netzen verbot bzw. ihre Verwendung auf bestimmte Fristen beschränkte und die Größe der Maschen normierte.[84] Auch die Anlage von herrschaftlichen Fischweihern war schon seit dem Frühmittelalter üblich.[85] Fisch war einerseits das gegebene Nahrungsmittel der Küsten-, See- und Flußregionen. Andererseits wurde er wegen des kirchlichen Fleischverbots zur Fastenzeit auch anderswo wichtig, so daß sich ein bedeutender Handel mit Dörr-, Räucher- und Pökelfisch entwickelte, der v.a. von Skandinavien (besonders der norwegische Stockfisch)[86] und dem Baskenland ausging. Züchtung in Fischweihern wurde besonders von den Klöstern betrieben. Angel, Reuße und Netz waren üblich, auch Fischspeere; nicht selten war man in der Nacht tätig.[87] Doch experimentierte das Spätmittelalter, das technisch viel innovativer war als allgemein angenommen, sogar mit Taucheranzügen aus Wachstuch für Fischer, die Luft in einem Sack mit einem großen Badeschwamm halten sollten.[88]

2. Handwerkliche Produktion

Die Kadaver derjenigen Tiere, deren Haut als Leder oder Fell brauchbar war, wurden wohl immer enthäutet; ungenießbares Fleisch wurde »den Vögeln und Raubtieren« überlassen.[89] Wo möglich, spülte man tote Tiere ebenso wie anderen Unrat in die Flüsse und weiter ins Meer; so verlangen es die *Konstitutionen von Melfi* Kaiser Friedrichs II. In den wachsenden mitteleuropäischen Städten reichte dies im späten Mittelalter nicht mehr; vom 15. Jh. an wurden von den Kommunen Abdecker angestellt.[90]

Es ist hier weder möglich noch sinnvoll, die ganzen zahlreichen Varianten aufzuzählen, in denen Tierkörper im Mittelalter als Material für die handwerkliche Produktion herangezogen wurden. Welcher Besucher der Wartburg würde sich nicht an den Walfischknochen erinnern, der Luther als Fußschemel diente?[91] Wesentlich üblicher war es, Knochen für Schnitzereien zu verwenden; dies hatte besonders in Skandinavien lange Tradition, aber auch in den Mittelmeerregionen. Ein berühmtes Beispiel sind die daraus hergestellten Schach- und Spielfiguren. Auf dem Import von Elfenbein basierte ein ganzes Kunsthandwerk, das im Früh- und Hochmittelalter auf die Klöster beschränkt war, im Spätmittelalter von laikalen Werkstätten betrieben wurde. Im Hochmittelalter waren etwa Olifanten aus Elfenbein beliebt, die aus dem Orient und Süditalien kamen. Im 14. und 15. Jh. wurden die französischen und englischen Elfenbeindiptychen, die die Passion in vielen kleinen Szenen wiedergaben, geradezu Massenware für gehobene Ansprüche. Aber die Palette reichte von liturgischem Gerät bis zu Prunksätteln.[92] Bis zur Durchsetzung des Papiers als Beschreibstoff im 13. Jh. wurde fast die gesamte schriftliche Überlieferung der abendländischen Kultur dem Pergament, also Tierhaut, anvertraut. Für eine Bibelhandschrift benötigte man wenigstens die Felle von etwa 170 Kälbern oder 500 Schafen. Aufwendig gestaltete Manuskripte wie etwa der *Codex Amiatinus*, eine angelsächsische *Bibel* von 1030 Blättern (um 700), kosteten ca. 520 Kälbern das Leben.[93]

Wichtiger war bekanntlich die Nutzung der Häute zur Herstellung von Bekleidung. Wie gern Leder und Pelze speziell in den Oberschichten verarbeitet wurden, bedarf keiner weiteren Schilderung. Nur muß man sich die Felle und Häute nicht auf die heute üblichen beschränkt denken. Katzen etwa wurden nicht nur gegen Mäuse, sondern auch als Fellieferanten gehalten: Nach zahlreichen Ausgrabungsbefunden tötete man sie deswegen häufig im Alter von etwa einem Jahr.[94] Auch hier ein Hinweis auf die regionalen Divergenzen: Um 1100 war ihr Fell in Island noch so wertvoll, daß ein Katzenbalg so viel kostete wie drei Fuchsfelle oder drei Ellen Filzstoff.[95]

Wenn man sich einmal überlegt, welche Berufssparten in einer mittelalterlichen Stadt mittelbar oder unmittelbar von der Ausnützung der Leistungen der Tiere oder von ihren Körpern lebten, wird ihre Präsenz recht deutlich: Abdecker, Fischer, Fischhändler, Fuhrleute, Gerber, Gürtler, Handschuhmacher, Hufschmiede, Jäger, Köche, Kürschner, Lederer, Metzger, Permenter (Pergamentmacher), Pferdeknechte, Riemenmacher, Roßunterkäufer (Pferdemakler), Sattler, Schäfer, Schuster, Sporer, Viehhändler, Wollschläger... Im weiteren Fortschreiten der Spezialisierung differenzierten sich manche dieser Gewerbe; die Ircher z.B. gerbten nur Reh- und Gamshäute.[96]

3. Arbeitskraft

Der Einsatz der Muskelkraft von Tieren unterschied sich im Prinzip wenig vom antiken Usus; das nun weitgehende Fehlen von Sklaven intensivierte ihn. Dazu kam, daß das mittelalterliche Militär-, Nachrichten- und Transportwesen ohne Pferde weitestgehend undenkbar gewesen wäre, desgleichen die Landwirtschaft ohne Rinder.

Hauptsächlich eingesetzt wurden Tiere beim Landtransport und im Ackerbau. Im frühen und hohen Mittelalter mußten vor allem Rinder die Wagen und Pflüge ziehen, wobei bis zu acht Tiere zusammengespannt wurden, da das in der Völkerwanderung degenerierte mitteleuropäische Rind nicht leistungsstark war. Noch das *Domesday Book* von 1086 belegt, daß damals alle Pflüge und Wagen von Rindern gezogen wurden und die Eggen von Pferden.[97] Daß diese seltener waren, hängt mit ihren hohen Futter- und Pflegeansprüchen zusammen, die die bescheidene Wirtschaft des Frühmittelalters nicht in größerem Maßstab erfüllen konnte. Archäologisch läßt sich nachweisen, daß die frühmittelalterlichen Pferde im Gebiet des ehemaligen Imperiums kleiner geworden waren als ihre antiken Vorfahren.[98] Doch übernahm man nach und nach aus dem Osten das Kummet, das auf den Schultern aufruht und deshalb eine bessere Ausnutzung der Arbeitskraft erlaubt als die seit der Antike üblichen Brust- und Halsgurte. Freilich war die Anschirrung so unzureichend, daß etwa ein norwegisches Gesetz den Fall behandelt, daß ein Tier von einem Holzgeschirr erstickt wird.[99] Ebenfalls aus dem Osten, und zwar von den Awaren, führte man in fränkischer Zeit den Steigbügel ein, durch den es v.a. in der Kampfesweise zu nachhaltigen Veränderungen kommen sollte. Vielleicht keltischer Tradition entstammt dagegen das (in der Antike unbekannte) Hufeisen, das seit dem 7. Jh. verstärkt Anwendung fand.[100]

Durch die weitere Verbreitung der Egge im Spätmittelalter[101] und andere Anbaumethoden war, was die Verwendung von Rind und Pferd im Ackerbau betrifft, nach dem Hochmittelalter ein deutlicher Wandel zu verzeichnen: Die in der Frühzeit zahlreicheren Ochsenanspannungen wurden, wie etwa eine genaue Untersuchung Englands seit dem 11. Jh. ergab, sukzessive vom Pferdegespann verdrängt, gerade bei den Kleinbauern.[102] Im 14. und 15. Jh. war dann nördlich der Alpen ungeachtet mancher Ausnahmen das Pferd als

Pflugtier üblich, wogegen der Süden beim Ochsengespann blieb, was u.a. damit zusammenhängt, daß die mediterranen Böden wenig für den Haferanbau geeignet sind, der für die Pferdehaltung erforderlich ist. Gelegentlich kombinierte man auch Pferde und Rinder zu einem Gespann, wie in Norditalien.[103] In der Neuzeit erfolgte dagegen im Norden wieder eine Bevorzugung des Hornviehs in dieser Funktion. Zwei Tiere zusammenzuspannen war die gängige Praxis. Freilich konnte sich dieses Minimum nicht jeder Bauer leisten; ein solcher hieß spöttisch »Einochs« (unibos). Die Arbeitskraft eines Tieres konnte für ärmere Leute aber tatsächlich ihren ganzen »Reichtum« ausmachen, für dessen Erhalt sie zu den Heiligen beteten und Opfer darbrachten.[104]

Wesentlich bei der Tierhaltung war fast nur ihr wirtschaftlicher Nutzen. So klassifizierte und taxierte man Hunde v.a. nach ihrer Funktion: Schoß-, Jagd-, Hirten-, Hofhund (mit absteigendem Wert in den Rechtsquellen).[105] Auch die Hauskatze war nicht als Kuscheltier, sondern zur Bekämpfung von Mäusen und Ratten domestiziert worden. Erst im Hochmittelalter scheint sie in Europa häufig geworden zu sein, vielleicht wegen der mit den Kreuzzügen vermehrt einströmenden Ratten[106] sowie des zunehmenden Getreidehandels.[107] Das spätmittelalterliche Seerecht schrieb die Haltung einer Schiffskatze vor, sonst war der Schiffsherr für Schäden durch Nagetiere haftbar.[108]

Man kann sich die mittelalterliche Welt gar nicht agrarisch genug vorstellen, was einen dauernden Umgang mit Tieren für fast alle Menschen implizierte. Blättert man etwa die Gesetzessammlungen durch, die ja auf die Konflikte des täglichen Lebens abzielen, dann zeigt sich, wie ausführlich die mit der Tierhaltung verbundenen möglichen Probleme abgehandelt werden.[109] »Wälzt sich ein Pferd, wühlt ein Schwein auf einem bestandenen Acker, vergelte man dafür gleiche Frucht, wie darauf gesät ist, einen Scheffel für jedes dritte Wälzen oder jedes dritte Wühlen«. »Kauft ein Mann ein Tier aus einem verseuchten Dorf, treibt er es heim ohne Erlaubnis der Nachbarn, da soll es niederhauen, wer es trifft.« »Findet ein Mann einen Bienenschwarm auf eines anderen Mannes Eigen, werden sie einig, da hat der die Hälfte, der den Stock fand, und der die Hälfte, der das Grundstück hat.« So werden seitenlang die verschiedenen Möglichkeiten durchgespielt, hier beispielsweise im *Älteren Westgötalag* Schwedens aus der Mitte des 13. Jh.s.[110]

Tiere hatten auch in anderen Erwerbszweigen manche Arbeit zu vollbringen, so etwa im Bergbau: Sowohl Skelettfunde als auch der Ausdruck »Grubenhunt« weisen darauf hin, daß Hunde unter Tage zur Streckenförderung eingesetzt wurden, indem man ihnen Säcke mit Erz usw. auf den Rücken band.[111] Eine heute nicht mehr geläufige Besonderheit der Verwendung der tierischen Kraft muß noch erwähnt werden: Auch in der Strafrechtspflege wurden Tiere wie Hinrichtungsinstrumente gebraucht. Bei den Todesstrafen, die man durch sie vollziehen ließ, mögen bisweilen ältere kultische Elemente eine Rolle gespielt haben, vielfach war der Grund bloß der auch sonst im Kriminalrecht zu beobachtende Sadismus, der nichts ausließ, was nur auszudenken war. Es kann sein, daß die nordische Strafe des Blutaars ursprünglich so vollzogen wurde, daß man den Verurteilten (als Opfer für Odin?) von Raubvögeln zerfleischen ließ; in historischer Zeit wurde aber blutig eine Adlerfigur tief in den Rücken eingeschnitten.[112] In Skandinavien kam auch das Zertrampeln durch Pferde vor,[113] während die für Elternmörder praktizierte Strafe des Säckens, d.h. des Einnähens und Ertränkens zusammen mit einem Hund, Affen, Kater, Hahn und einer Schlange auf das römische Recht zurückgeht.[114] Beim Vierteilen wurden Hände und Füße an vier Pferde gebunden, die dann nach verschiedenen Seiten auseinandergetrieben wurden, wie es Dirk Bouts auf einer Altartafel der Salvatorkirche in Brügge um 1475 im Detail darstellt.[115] Pferde brauchte man beim Schleifen von lebenden und toten Gegnern; erstere wurde so entweder hingerichtet oder »nur« qualvoll zum Richtplatz gezerrt; letztere sollten damit in schändlicher Weise zur Schau gestellt werden. Dies ist nicht nur in Gesetzen und in der Historiographie bezeugt,[116] sondern auch in der Dichtung. Im *Rolandslied* des Pfaffen Konrad (zweite Hälfte 12. Jh.) findet der Verräter Genelun dieses Ende: »Genelunen si bunden / mit fuzen und mit handen / wilden rossen zu den zagelen. / durh dorne unt durh hagene, / an dem buche unt an dem rucke / brachen si in ze stucke.«[117] (Genelun banden sie mit Füßen und mit Händen wilden Rossen an die Schweife. Durch Dorn und Gestrüpp brachen sie ihn am Bauch und am Rücken in Stücke).

Abb.1
Vierteilung eines Delinquenten. Altartafel von Dirk Bouts in der Salvatorkirche zu Brügge (um 1475)

Das in der Dichtung bisweilen erwähnte Vorwerfen vor wilde Tiere, im Süden die Löwen-, im Norden die Schlangengrube, scheint jedoch keine in der kodifizierten Strafrechtspflege zu findende Hinrichtungsart gewesen zu sein, sondern eine Willkürstrafe, und ist vielfach bloß sagenhaft.[118] Wenn man in Frankfurt bei der Richtstätte einen Hahn aufstellte oder in Görlitz Schwein und Affe über den Prangereisen, so waren das nur warnende Erinnerungen an die Missetat des hl. Petrus.[119] Wie beim Säcken wurden auch beim Hängen Tiere qualvoll getötet: Verurteilte Juden wurden oft neben ein oder zwei Hunden aufgehängt – alle kopfüber.[120] Hier wurde das zur Bestrafung instrumentalisierte Tier erbarmungslos mitgequält; so auch wenn man es beim Hundetragen absichtlich mit Verdorbenem fütterte, damit es seinen Träger mit Erbrochenem beschmutze.[121]

Nur zur Quälerei dienten stechende Insekten, denen nach den Statuten des Deutschen Ordens diebische Knechte, mit Honig eingeschmiert und in die Sonne gesetzt, überlassen wurden.[122] Harmloser waren Ehrenstrafen, die den Verurteilten zwangen, einem Hund öffentlich das Hinterteil zu küssen oder ihn öffentlich eine gewisse Strecke zu tragen[123] (doch kam dies auch als Verschärfung vor der Hinrichtung vor).[124] Es ist nicht klar, ob der Hund hier Symbol für die gebrochene Treue sein sollte oder Zeichen der Minderwertigkeit, denn sowohl die positive wie auch die negative Konnotation dieses Haustiers ist aus dem Mittelalter häufig bezeugt. Die Strafe des Satteltragens – ein Gestus der Unterwerfung – stufte den Täter auf die Ebene des Tieres hinab.[125] Das Mittelalter war überhaupt eine Epoche wesentlich intensiverer gestischer Kommunikation als die Gegenwart: Als der spanische Nationalheld im *Cantar del mio Cid* (12. Jh.) sich mit seinem König versöhnt, »los inojos e las manos en tierra los fincó, / las yerbas del campo a dientes las tomó [...] / assí sabe dar omildança a Alfons so señor.«[126] (setzte er seine Knie und Hände auf die Erde und nahm die Gräser der Wiese zwischen die Zähne [...] so wußte er seinem Herrn Alfons die Huldigung zu leisten.) Die Selbsterniedrigung erfolgt vermittels einer an Konkretheit kaum zu überbietenden Gleichstellung mit dem Vieh.

4. Militärische Nutzung

Die Mittelalterforschung hat es – wegen der sozialen Konsequenzen – als eine der wichtigsten Veränderungen in der europäischen Geschichte erkannt, daß im Frühmittelalter, in der Kriegsführung der Franken, das Gewicht der berittenen Kämpfer gegenüber den Fußtruppen stetig zunahm. Beredtes Zeugnis dafür ist die von Pippin III. 755 angeordnete Verschiebung der traditionell im März stattfindenden Heeresversammlung auf den Mai, denn im Sommer war das erforderliche Futter für die Pferde der nunmehr zahlreichen Reiterei leichter zu beschaffen.[127] (Die Verpflegungsfrage der Tiere war übrigens ein Hauptgrund für den weitgehenden Verzicht auf militärische Aktionen im Winter während der ganzen Epoche). Genauso aussagekräftig ist die Umstellung des von den Sachsen verlangten Tributs von 500 Rindern auf 300 Pferde im Jahre 758.[128] Waren früher alle wehrfähigen Männer Krieger gewesen, engte sich diese Tätigkeit seit der Karolingerzeit mehr und mehr auf jene ein, die sich die teuren Streitrösser und die ebenfalls sehr kostspielige Eisenrüstung leisten konnten oder sie von einem mächtigen Herrn erhielten. Das Reiterkriegertum steht an der Wurzel des mittelalterlichen Feudalismus. »Im 10. Jh. sind es nur noch Vasallen, die (abgesehen vom Notfall der Landesverteidigung) allein den berittenen Kriegsdienst leisten.«[129]

Daß es ab etwa dem 8. Jh. Berittene waren, die die Schlachten in der Regel entschieden, war ein hauptsächliches Element bei der Entstehung jener Gruppe, jenes Standes, den man ab dem Hochmittelalter im Französischen als »chevaliers«, im Spanischen als »caballeros«, im Italienischen als »cavallieri« (alle basierend auf einem latinisierten keltischen Wort für Pferd), im Deutschen als »Ritter«, im Niederländischen als »ridder«, im Skandinavischen als »riddare« usw. bezeichnete. Außer dem Mittelenglischen, wo »ridaere« nur selten belegt ist, hatten damit alle Volkssprachen das lateinische »milites« mit einem Wort übersetzt, das klar zum Ausdruck brachte, daß hier der Krieger zu Pferd gemeint war. Jahrhundertelang waren die Ritter den Fußtruppen überlegen, schon durch den Terror, den eine geballt ansprengende Reitertruppe den meist nicht berufsmäßigen Fußkämpfern einflößte. Erst neue Taktiken und die Feuerwaffen sollten die Kavallerie seit dem 14. Jh. sehr langsam aus ihrer Vorrangstellung verdrängen.

Es war in der Praxis vor allem das Streitpferd (mittelhochdeutsch »ros«, »ors« im Gegensatz zum »pfert«, dem Reittier der Damen),[130] das den Ritter machte. Weithin berühmt waren die Rösser aus den Gestüten Kastiliens, auch Flanderns und Brabants, Ergebnis einer sorgfältigen Zucht und Dressur. Auch die Ritterorden achteten natürlich besonders auf Herkunft und Training ihrer Pferde.[131] Die Tiere waren jedoch alle wesentlich kleiner als heutige Pferde, hatten etwa die Höhe von Haflinger Ponies (ca. 140–150 cm).[132] Die rechts geführte Lanze konnte nur dann so gehandhabt werden, daß sie effektvoll und ohne Selbstverletzung durch den Rückstoß beim Anprall einzusetzen war, wenn das Roß im Rechtsgalopp lief, weswegen der Hengst (nur ein solcher wurde in der Schlacht geritten) im Mittellateinischen »dextrarius« und im Altfranzösischen »destrier« hieß.[133]

Doch waren mehrere weitere Tiere im Einsatz: Der Ritter ritt außerhalb des Kampfes auf einem Marschpferd (mittellateinisch »palefredus«, davon neuhochdeutsch »Pferd«), benötigte für den Transport

Militärische Nutzung 199

der Rüstung einen Klepper und zu seiner Bedienung wenigstens einen Knappen, der ebenfalls zu Pferd saß. Erst damit war wenigstens seit dem hohen Mittelalter die kleinste Kampfeinheit, die Glefe, komplett.[134]

Zahlreiche historiographische und literarische Texte wie auch ein reiches Bildmaterial geben einen genauen Einblick in die Verwendung des Pferdes im Kampf. Es diente nicht nur als Träger des Ritters, sondern auch selbst als Waffe: »ieman darniederritten«, den Gegner zu überrennen und dann niederzutrampeln, gehörte zu den »ritterlichen« Usancen;[135] nach der Schlacht von Worringen (1288) z.B. waren die Leichen der Luxemburger so von Hufen zerstampft, daß sie nicht mehr identifiziert werden konnten.[136]

Schonung gab es für die Tiere nicht. »Gleich mehrere Pferde im Kampf zu ›verrîten‹, zeichnet den Ritter als tüchtigen Kämpfer aus.«[137] Es gehört zu den (auch in allen Mittelalter-Filmen transportierten) Irrtümern über jene Epoche, daß man im Gefecht mit Pfeil und Bogen oder Speer nur auf den Reiter gezielt hätte, und nicht auf das Pferd. In Wirklichkeit war der direkte Angriff auf das Tier selbstverständlich.[138] Zwar waren die Ritter daran interessiert, die Rosse der Gegner unbeschädigt als Beute heimführen zu können, aber das konnte in dieser Situation – anders als im regelgerechten Turnier – nur sehr am Rande mitspielen. Chrétien de Troyes (zweite Hälfte 12. Jh.) beschreibt einen Zweikampf zu Pferde: »Mes les espees molt sovant / Jusqu'as cropes des chevax colent: / Del sanc s'aboivrent et saolent / Que jusque es flans les anbatent, / Si que andeus morz les abatent.«[139] (Aber die Schwerter sausen oft auf die Kruppen der Pferde: an ihrem Blut trinken und sättigen sie sich, denn sie hauen sie in die Flanken, so daß sie beide totschlagen). Im *Prosa-Lanzelot* (um 1230) sticht der Held das Pferd eines feindlichen Königs »durch die rippe wol einer elen lang, biß im das gederm entweich«,[140] usf. Natürlich gibt es auch beliebig viele Belege in historischen Quellen; bei der Belagerung von Chaumont 1098 z.B. verloren die Angreifer mehr als 700 Pferde, weil die Verteidiger systematisch auf die (damals noch ungepanzerten) Tiere zielten.[141] Während der Schlacht von Worringen entstand der Eindruck, einer der Heerführer wolle flüchten, da sein Pferd einen solchen Schlag mit dem Streitkolben auf den Kopf erhielt, daß es durchging.¹⁴² Aus der Schlacht von Kortrijk (1302) berichtet ein Reimchronist aufgrund von Augenzeugenberichten: »Daer waren gebodelt scone beesten, / Daer waser vele vanden meesten / Die boven sprongen, metten wonden, / Over die Vlaminc, daer si stonden, / Si beten al omme metten tanden, / Alse wel den vrenden als den vianden. / Si sloegen achter ende voeren / Sonder bedwanc vonden sporen. / Die anguisse was so groet, / Die si hadden jegen den doet, / Dat sijt al te neder sloegen. / So sterc si die bene verdroegen, / Dat hem dysen, ongelogen, / Met slagen vanden voeten vlogen.«¹⁴³ (Da wurden schöne Tiere getötet: Da gab es sehr viele, die wegen ihrer Wunden aufsprangen und über die Flamen hinweg, wo sie standen. Sie bissen mit den Zähnen um sich, sowohl die Freunde [ihre französischen Reiter] als auch die Feinde. Sie schlugen nach hinten und vorne aus, ohne mit den Sporen gezügelt werden zu können. Ihre Todesangst war so groß, daß sie alles niedertrampelten. So heftig traten sie mit den Läufen, daß ihnen die Hufeisen ungelogen beim Ausschlagen von den Hufen flogen.)

In der Tat galt der Angriff auf das Pferd als unritterlich – ein Chronist nennt es sogar »Mord«, das Pferd aufzuschlitzen statt des Ritters¹⁴⁴ –, aber hier unterschieden sich (wie z.B. auch im Bereich der höfischen Minne) Ideal und Wirklichkeit nur allzusehr. Der Schlachtruf hieß vielmehr: »Bodelt al man ende pard!«,¹⁴⁵ durchstecht alle Männer und Pferde! Und wenn ein Dichter besonders hervorragende Ritter im Zweikampf darstellen will, dann betont er eigens, daß sie nicht »den Tod der armen Rösser« wollten und deshalb zu Fuß fochten.¹⁴⁶ Ein französischer Autor des 14. Jh.s bezeugt, daß es auch in den Turnieren nicht viel besser zuging: Für ein Pferd, das entkommt, sagt er, sterben ihrer drei.¹⁴⁷

Wenn sich die bildlichen Darstellungen auch meist auf die zwischenmenschlichen Aggressionen konzentrieren, sind auch manche erhalten, die realistisch das Schicksal der Streitrösser zeigen: Auf dem nach 1066 gewirkten Teppich von Bayeux, der die Eroberung Englands durch die Normannen darstellt, gibt es viele tote und verletzte Pferde; Paolo Uccellos berühmtes Gemälde der Schlacht von San Romano von 1455 zeigt im Vordergrund zwei sich am Boden wälzende Pferde usw. Natürlich waren sie in der Praxis das bessere Ziel. Auch verfertigte man für die Infanterie eigene Stangenwaffen,

»Roßschinder«, um die Tiere von unten aufzuschlitzen oder ihre Beine zu zerschneiden, und auch die Hellebarde, die dreizackige Runka, die Kriegsgabel und ähnliche Stangenwaffen dienten diesem Zweck. Die seit dem Hochmittelalter üblichen Eisen- und Lederpanzer (Roßharnische) halfen da nicht viel, sondern bewährten sich v.a. gegen Pfeile.

Bestimmte Kampftechniken waren von vornherein gegen das Tier gerichtet. In der Schlacht von Kortrijk (1302) gelang es den Fußtruppen der Flamen, wie mehrere Quellen berichten, den Ansturm der französischen Ritter zu brechen, da sie im Vorfeld Gräben aushuben und mit Grassoden tarnten, die Pferden und Reitern zum Verhängnis wurden.[148] Daß diese Taktik nicht öfter angewandt wurde, kann nur erstaunen, soll sie doch schon 992 von Conan von der Bretagne gegen Fulko von Anjou erfolgreich praktiziert worden sein.[149]

Andere Tiere mußten nur selten ihr Leben im Kampfeinsatz lassen. Kampfhunde, wie sie in der Antike die Gallier verwendeten, scheinen nicht bezeugt. Die in der mittelalterlichen Kunst bisweilen dargestellten Kriegselefanten kannte man nur aus den alttestamentlichen *Makkabäerbüchern* und antiken Texten, nicht einmal aus den Kreuzzügen. Sie kommen, oft dementsprechend deformiert, in den auf ein antikes Bildschema zurückgehenden Illuminationen in Bestiarien, Reiseberichten, Alexanderromanen, aber auch als Schachfiguren vor.[150] Nicht unter dem unmittelbaren Kampf, aber unter seiner Einübung, hatten lebende Vögel zu leiden, da man sie gern, an einer Schnur fliegend, als Zielscheiben zum Übungsschießen mit Pfeil und Bogen, Armbrust und später Büchse verwendete. In vielen Städten wurde dies als sportliches Wettschießen gestaltet, und der Sieger bekam wie z.B. in Kiel 1412 einen silbernen Vogel, der als Abzeichen auf der Mütze zu tragen war.[151]

5. Vergnügen

Daß einsam lebende Menschen wie Klausner sich gern Tiere hielten und auch eine persönliche Beziehung zu ihnen entwickelten, ist verständlich. Darüber gibt es zahlreiche Berichte;[152] der hl. Bartholomäus von Farne etwa hatte ein Vögelchen gezähmt, das immer um

Abb. 2
Schoßhündchen einer Dame. Detail der anonymen Darstellung des »Triumphs des Todes« auf dem Camposanto Monumentale, Pisa (1. Hälfte 14. Jh.)

Futter in seine Zelle kam.[153] Hier haben sich gewiß bisweilen wirklich emotionelle Bindungen entwickelt. Ein Predigtexempel erzählt von einem Eremiten, der traurig wird, als er erfährt, daß er in den Himmel kommt, aber ohne seine Katze, was natürlich Anlaß für Kritik des Predigers bietet.[154]

Daß die städtische Mentalität wie in der sonstigen Kulturentwicklung auch auf diesem Gebiet schon im Mittelalter die Entwicklung vorantrieb, zeigt das dortige Entstehen unterschiedlicher Hunderassen, für die es im bäuerlichen Bereich keinen Hinweis gibt, obwohl der Hund im gesamten Mittelalter das dem Menschen vertrauteste Tier war.[155] Kleine Hunde, die wohl nur als Heimtiere dienen konnten, scheint es auf dem Land nicht gegeben zu haben, sie sind eine urbane Neuzüchtung,[156] der jedoch eine höfische voranging.

Denn schon in der *Berliner Eneit-* (1210/20) und in der *Manesse Handschrift* (Anfang 14. Jh.) sieht man so ein Tierchen zu Pferd mitgenommen oder auf dem Arm einer Dame, es sind die »kleinin hundel«, die in der Dichtung regelmäßig den Frauen zugeordnet werden.[157] Während dem Haushund vor dem Bauernhaus die Funktion des Wächters zukam, züchteten also der städtische Adel und das Bürgertum für die hochgestellten, aber weitgehend an ihr Heim gebundenen Frauen auch Schoßhunde, die keine andere Funktion mehr hatten als die des Spiel- und Kuscheltiers. Bekannt ist die elegante Dame mit dem Hündchen auf dem *Trionfo della Morta* des Campo Santo Monumentale von Pisa (um 1340?). Diese Tiere sind auch im reichen bürgerlichen Milieu zu belegen. Man frage jedoch nicht, was mit den anscheinend zahlreichen herrenlosen Hunden geschah: Sie fielen dem Hundeschlagen, einer oft an bestimmte Termine gebundenen Treibjagd, zum Opfer.[158]

Besonders für Kinder wurden Tiere gern als Spielzeug mißbraucht. Die zahlreichen gotischen Darstellungen des Jesusknaben, der einen Vogel bei sich hat, oft einen Goldfink,[159] implizieren nicht nur Symbolisches oder Apokryphes (Kindheitslegende von den lebendig gemachten Tonvögeln),[160] sondern geben Alltagsleben wieder: Ein solches festgebundenes Tier konnte man bis zu seinem Tod immer wieder fliegen lassen, um es dann herunterzureißen.[161] Wenn ein Bub ein Pferd mit einer Gerte »causa ludi«, zum Spiel, peitscht, erscheint dies ganz normal.[162] Doch gab es auch in Ton und Holz nachgemachte Tiere als Spielzeug, wie sie vielfach erhalten sind.[163] Nicht anders als in der Antike liebten manche gezähmte Vögel: Im *Ruodlieb*, einer Tegernseeer Hexameterdichtung aus dem späten 11. Jh., gibt es etwa Stare, die in menschlicher Sprache plappern konnten (einer sogar den Anfang des *Vaterunsers*) und eine zahme Dohle.[164] Sprechende Papageien werden mehrfach erwähnt.[165] Wohlhabende mochten sich ungeachtet seiner negativen Symbolik auch einen Affen halten, der mit seiner Kette, an der ein Gewicht befestigt war, in der gotischen Malerei und Plastik öfters abgebildet ist.[166]

Wilde Tiere auch ohne göttliches Wunder gezähmt zu sehen, hat die Menschen offenbar stets erfreut, besonders in Epochen, in denen die Fauna in der Natur noch wirklich zu fürchten war. Die Belustigung an Tanzbären werden zwar bereits von karolingischen Kirchenversammlungen verurteilt, doch sind sie besonders im Spätmittelalter nicht selten; die Bärenführer scheinen schon damals v.a. aus den slavischen Ländern und Ungarn zu kommen.[167] Ein Gaukler ließ sich vor Kaiser Heinrich II. († 1024) ganz mit Honig bestreichen und dann von einem Bären ablecken.[168] Der *Ruodlieb* gibt ein ausführliches Bild von Tanzbären, die auch verschiedene Kunststückchen machen, z.B. ein Gefäß aufheben konnten, aufeinander ritten etc.[169] Auf der Frankfurter Messe war 1443 ein Elefant und 1450 ein Strauß zu bewundern.[170] Häufiger sah man dressierte Meerkatzen und Hunde.[171]

Doch meist war es eine völlig unartgerechte Haltung, die so viele Tiere zur Belustigung ertragen mußten. Schon aus dem Frühmittelalter gibt es Hinweise, daß etwa Bären in Zwinger eingesperrt wurden, teilweise offenbar auch, um als Leckerbissen geschlachtet zu werden.[172] Das *Capitulare de villis*, die Musterordnung, die Karl der Große 795 für seine Landgüter erließ, erwähnt die Haltung von Enten, Pfauen, Fasanen und Tauben zur Schaustellung.[173] Diese Menagerien konnten erstaunliche Ausmaße annehmen: Für die Löwen der Herzöge von Geldern in Rosendal wurden Ende des 14. Jh.s angeblich ca. 300 Schafe jährlich geschlachtet.[174] Auch manche Klöster, wie eines der berühmtesten und reichsten der Altbenediktiner, St. Gallen, wußten tierische Unterhaltung zu schätzen: Abt Notker (reg. 971–975) ließ neben dem Speicher der Brüder einen Bau »nur für Wild und wilde Tiere und gezähmte und ungezähmte Vögel anlegen«,[175] und das Kloster des hl. Hubertus in den Ardennen züchtete berühmte schwarze Hunde, von denen der französische König jährlich sechs gegen reiche Bezahlung einkaufte.[176] Die Kanoniker von Notre Dame de Paris vergnügten sich an eingesperrten Bären, Hirschen, Affen und Raben.[177] Legal war das freilich meist nicht; 1345 etwa mußte den Nonnen von Chatteras bei Cambridge verboten werden, während der Messe (!) Hunde und Vögel in den Chor mitzubringen.[178] Auch Päpste verschmähten nicht, sich einen Tiergarten zu halten; Petrarca berichtet von einem Löwen, der im Palast des Pontifex Maximus hinter Gittern saß,[179] und der Cortile del Pappagallo im Vatikan hat seinen Namen von der Papageienmenagerie der Heiligen Väter.[180]

Natürlich hielten sich die weltlichen Herrn da auch nicht zurück. Die englischen Könige hielten sich in Woodstock u.a. Strauße, Löwen und Kamele.[181] Friedrich II. war berühmt für seine Tiergärten in Italien und dafür, daß er sich von orientalischen Monarchen gern exotische Tiere schenken ließ (Elefanten, Giraffen, Kamele) und auch an befreundete Monarchen weiterschenkte, so Leoparden (das Wappentier dieses Herrschers) an Heinrich III. von England.[182] Sogar der nüchterne Rudolf I. von Habsburg führte zeitweise ein Kamel im Gefolge mit sich;[183] für Heinrich III. brachte Ludwig IX. 1255 einen Elefanten vom Kreuzzug mit,[184] und René von Lothringen erschien mit einem gezähmten Bären.[185] Rare oder edle Tiere gehörten zu den beliebten Geschenken der Herrschenden untereinander; z.B. verehrte der Komtur von Balga dem Meister des Deutschen Ordens 1404 zwei der schon seltenen Auerochsen, und die Hochmeister hatten das Exklusivrecht, Falken aus Preußen zu vergeben, was sie häufig als Mittel einsetzten, um politische Verbindungen zu pflegen.[186]

Im Spätmittelalter ahmten dann die Städte den Brauch nach, gefangene Tiere zur Belustigung oder als lebenden Vorrat zu halten;[187] die Hauptstadt der Schweiz hat ihren Namen davon. Keineswegs artgerecht war natürlich auch die weitverbreitete Vogelhaltung in Käfigen, wenn manche die Tiere gelegentlich auch im Zimmer fliegen ließen.[188] Der Renaissancemaler Paolo Uccello soll seinen Spitznamen (»Uccello« heißt »Vögelchen«) von seiner besonderen Vorliebe für diese Tiere erhalten haben.[189]

Öffentliche kollektive Vergnügungen auf Kosten von Tieren waren dem Mittelalter wohlbekannt. Zwar gab es ab der Karolingerzeit nicht mehr die großen Tierhetzen in den antiken Arenen, die anscheinend unter den Merowingern im romanisierten Gallien noch vorkamen.[190] Aber manches weist darauf hin, daß die »Jagden« in den königlichen Tiergehegen noch diesen Charakter gehabt haben.[191] Nicht weil man im Christentum Mitleid mit den Tieren gehabt hätte, wurden solche Schauspiele nun verdammt, sondern weil diese Spektakel mit der heidnischen Religion verbunden gewesen waren.

Dagegen vergnügte man sich mit verschiedenen, teilweise bis in die Gegenwart üblichen Tierkämpfen, so dem Hahnenkampf, der möglicherweise auf einen alten kultischen (divinatorischen) Brauch zurückgeht. Er figuriert nämlich in der Antike sowohl auf heidnischen wie christlichen Grabplatten, später auch auf romanischen Kapitellen (Autun, Beaune), und wurde erfolglos von der Kirche verboten.

Jedenfalls war dieses blutige Spiel seit dem hohen Mittelalter beliebt, in England bekamen die Kinder dafür sogar schulfrei.[192] Auch gab es Kämpfe zwischen Bären und Hunden, wobei erstere angekettet und geknebelt waren, Bärenhatzen u.ä.[193] In Norwegen und Island beliebt waren Zweikämpfe zwischen Hengsten, die mit Stangen gegeneinander angestachelt wurden; zu gewinnen erhöhte das Prestige des Besitzers sehr.[194]

Die eine ganze Stadt in Aufregung und bisweilen Aufruhr versetzenden Wagenrennen, für die das Hyppodrom in Byzanz selbst noch während des Mittelalters berühmt war, finden sich im Westen nach dem 6. Jh. nicht. Erst gegen Ende des Mittelalters begannen einzelne Städte, Pferderennen zu organisieren. So München 1436, Nürnberg 1442, Nördlingen 1459. Hierzu wurden, typisch für die in jener Zeit allenthalben sehr zur Verbürokratisierung tendierenden Stadtregimenter, genaue Vorschriften über das Gewicht der Reiter und ihre Ausrüstung (mit Sporen, aber ohne Peitschen und Waffen) erlassen. In Nördligen gab es Scharlachstoff, eine Armbrust oder ein Schwert zu gewinnen.[195] Dopingmittel waren Veterinärmedizinern schon bekannt, aber noch nicht verboten.[196]

Schausteller bedienten sich oft verschiedener Tiere, um damit Geld zu machen. »Dieser bietet dem Volk mit einem Hündchen oder Pferd ein Schauspiel, denen er sich in Menschart zu bewegen befiehlt«,[197] heißt es in der Beschreibung eines Festes um 1260. Den frommen Zuschauern wird es gefallen haben, wenn ein Gaukler seinem Pferd beigebracht hatte, sich bei den dies erfordernden liturgischen Formeln niederzuknien bzw. zu erheben.[198] Sog. Katzenritter vollführten auf Jahrmärkten Kämpfe mit wilden Tieren, sie waren bereit, »mit andern tieren ze peißen und ze fechten« (1479), was als unehrlicher Broterwerb galt.[199] Auch hier waren die regionalen Varianten groß. So blieb man auf der Iberischen Halbinsel seit der Antike vom dort ehrenhaften Stierkampf[200] fasziniert, woran auch das Christentum nichts änderte. Obwohl die Wurzeln der »corrida de toros« wohl in heidnischem religiösem Brauchtum zu suchen sind, wurde sie bevorzugt an Kirchenfesten, sogar zu Pfingsten, veranstaltet. Zahlreiche Darstellungen haben sich in den gotischen Chorgestühlen spanischer Kirchen erhalten.[201] Der Stierkampf war im Mittelalter v.a. Kampf- und Geschicklichkeitsspiel; auch unblutige Varianten waren bekannt, genauso besonders grausame, bei denen die Hörner der Tiere in Brand gesteckt wurden, Bullenbeißer sich in ihre Ohren verbissen etc. Getötet wurde meist noch mit dem Speer, nicht mit dem Schwert (Degen). Man fand Ähnliches aber auch im mediceischen Florenz, wo man sich nicht scheute, Triumpfzüge mit Tierhatzen auf öffentlichen Stadtplätzen zu beschließen.[202] Keine Chance hatten die Tiere, die gefesselt öffentlich zum Vergnügen gequält bzw. verbrannt wurden, wie die Katzen beim Katzenmassaker, das in der Frühneuzeit bes. in Frankreich anläßlich des Johannisfeuers beliebt war,[203] oder die Vögel beim Gansreißen oder Hahnenschlagen, das meist darin bestand, das Tier an einen Pfahl zu binden und von mit Knüppeln ausgestatteten Männern, denen die Augen verbunden wurden, umbringen zu lassen. In Breslau z.B. wurde mit speziell gedrechselten Hölzern auf den Vogel geworfen; er fiel dem zu, unter dessen Wurf er endgültig verendete.[204] Außerordentlich verbreitet war das sportliche Preisschießen auf angebundene Vögel, die nur nach und nach durch Figuren aus Holz oder Pappe ersetzt wurden.[205] Es ist möglich, daß auch diese Bräuche auf vorchristliche Opferriten zurückgehen. Dies trifft auch auf den Kampf zu, zu dem im Fränkischen zu Martini zwei Eber bis zu ihrem Tod angetrieben wurden.[206]

Als Beispiel für ein vielleicht harmloseres Vergnügen sei ein Rezept des 16. Jh.s für eine Verwendung von Insekten zitiert: »Wiltu machen Sterne von Pappier, di des nachtez in einer kamer scheinen zam [wie] sterne an dem himmel, so nim di würmelin, di des nachtes scheinen und brich in hindene das pelliculum of (do leit der schein gar inne) und bestreich di sterne, gemacht von pappier, do mete.«[207]

Da der beliebteste Zeitvertreib der Männer des Krieger- und Herrscherstandes die Jagd war, muß sie hier nochmals erwähnt werden.[208] Faktisch gehörte sie meist eher zu den Vergnügungen als zu den Notwendigkeiten des Lebens. In seinen Forsten, schrieb um 1178 der Schatzmeister des englischen Königs Heinrich II., erlebt der Monarch seine höchste Wonne; dort ist sein persönlicher, privater Bereich, wo er sich entspannt, unbelastet vom Trubel des Hofes.[209] Auch für die Damen bestand die Möglichkeit, wenigstens die Beizjagd zu pflegen.

Die Jagdleidenschaft teilte auch die höhere Geistlichkeit. Zwar wurden seit dem Konzil von Agde 506 immer wieder Verbote in die Kirchengesetze aufgenommen, die die Geweihten an der Ausübung dieses Sportes hindern sollten, aber offenbar selten befolgt wurden. Die spätmittelalterliche Kanonistik paßte sich dem dann an, indem sie wenigstens die sog. stille Jagd mit Netzen und Schlingen einschließlich des Fischfanges legalisierte.[210] Es lag für Geistliche ein dreifaches Tabu auf dieser Tätigkeit: die biblische Tradition des frevelhaften Jägers Nimrod, das Verbot, Blut zu vergießen, und die Erinnerung an die heidnischen Tierkämpfe in den Arenen.[211] Obwohl solche Verbote in Bußbüchern, im *Decretum Gratiani* und anderen Kanones-Sammlungen aufscheinen, gibt es viele Belege für jagende Priester und v.a. Bischöfe. Walter von Rochester z.B. frönte dieser Leidenschaft noch als Achtzigjähriger, weswegen ihm der Papst eigens einen Legaten auf den Hals schickte.[212] Denn die höhere Geistlichkeit kam fast ausschließlich aus dem Adel und setzte meist dessen Lebensstil auch weiter fort. Dazu ließ sie sich von den weltlichen Gesetzgebern bzw. durch Privilegien ermächtigen; der Dekan der Kirche von Port de Clermont etwa hatte sogar das Recht, die Messe mit einem Jagdvogel zur Seite zu zelebrieren und bei Prozessionen einen Falken auf der Faust mitzutragen.[213] Das wesentlich unattraktivere Fischen stieß dagegen nicht auf Kritik, waren doch Petrus und andere Heilige Fischer gewesen. Ein Gleiches galt für die Äbtissinnen: auch sie ließen sich immer wieder zur Beizjagd verführen, wiewohl schon ein Capitulare von 802 dafür Amtsenthebung androhte.[214]

Mit den kostbaren Jagdhunden wurde beim Adel großer Aufwand getrieben. In seinem Lehrbuch des Waidwerks beschrieb Graf Gaston III. Phébus von Foix (1331–91) sicher ein Ideal, wenn er einen Zwinger mit sonnenbeschienener Wiese zum Auslauf, mit strohbelegten, geheizten Kojen und Ablaufrinnen für den Urin forderte; auch zusätzlicher Auslauf ist nicht vergessen.[215] Da das Werk weit verbreitet war, ist vielleicht mancher Reiche diesem Modell tatsächlich gefolgt. In der Praxis wurde freilich die Jagdmeute oft in die Dörfer »gelegt«, d.h. feudalabhängigen Bauern zur Fütterung übergeben, was für diese eine große Belastung darstellte.[216] Außerdem verlangt Phébus sorgfältigste Ausbildung der Hundeführer, die schon ab ihrem siebten Lebensjahr beginnen soll.[217] Der Wert dieser Tiere war so groß, daß sie, wie edle Pferde, oft als fürstliche Geschenke vergeben wurden. So erhielt z.B. König Philipp IV. von Frankreich 1299 vom deutschen König Albrecht I. 200 ausgesuchte Jagdhunde samt Wärtern zum Präsent.[218]

Der Luxus, der mit Jagdhunden und -vögeln getrieben wurde, der Eifer, der ihnen galt, war nach Ansicht der Theologen verderblich, da dies den Menschen zu sehr an Irdisches fesselt. Deshalb kursierten entsprechende Warngeschichten, die bei der Predigt Verwendung fanden. In Visionen, hieß es etwa, habe ein Heiliger einen Ritter in der Hölle geschaut, der auf einem glühenden Pferd im Galopp einen Falken auf der Faust hatte, der seine Hand auffraß. Beides waren in Wirklichkeit Dämonen, die ihn mit unglaublichen Qualen bestraften, weil er auf der Welt so stolz einhergeritten und sich so gern mit der Falknerei beschäftigt hatte.[219]

Auch für Vergnügungen im sexuellen Bereich waren Tiere gut.[220] War Sodomie, Geschlechtsverkehr mit Tieren, im Mittelalter häufiger als in anderen Epochen? War sie stärker tabuisiert? Wenn man die Dominanz des Landlebens in jener Periode bedenkt, dann erscheint es gut möglich, daß die Gelegenheiten, Sexualität mit Tieren auszuleben, für manche vielfältiger waren, als die, es mit menschlichen Partnern zu tun. Vielleicht war Sodomie nicht überall sozial besonders verachtet: Ein Pilgerführer, der *Liber S. Jacobi* (um 1140), berichtet von den dem französischen Autor verhaßten Navarresen, wie eifrig sie mit Maultieren und Stuten verkehrten.[221] Über die Iren erzählt Giraldus Cambrensis (1147–1223) ähnliches.[222] Die irischen Bußbücher sahen darin ein geringeres Vergehen, der Masturbation gleichgestellt; die kontinentalen ein schlimmeres, vergleichbar der Homosexualität. (Diese hieß übrigens im Mittellatein »sodomia«, wogegen man Zoophilie als »bestialitas« bezeichnete.) Sie wurde mit schwereren Strafen belegt als der Ehebruch, aber mit geringeren als Oral- oder Analverkehr.[223]

Nach Vorbild eines ankyranischen Konzilsbeschlusses verbot im Westen 789 eine fränkische Kirchenversammlung den Verkehr mit Tieren.[224] Während die *Bibel* hierfür die Todesstrafe vorsah (Lev 20,15), waren die geistlichen Bußen teilweise noch milde: Alanus ab Insulis z.B. schreibt um 1192 für Unverheiratete (doch nur im Wiederholungsfall) ein vierzigtägiges Fasten über sieben Jahre vor, und über 15 Jahre, falls die Sünde habituell wird.[225] Im Spätmittelalter beschäftigen sich die Kirchenrechtssammlungen weniger mit diesem Vergehen, vielleicht weil die Autoren sich durchwegs ans städtische Milieu wandten. Thomas von Chobham († um 1240) reserviert das Verbrechen für das bischöfliche Gericht und schildert die hier angewandte strenge Buße: lebenslanger Ausschluß vom Kirchenbesuch, Verbot, Schuhe zu tragen, rein vegetarische Ernährung. Das Tier, mit dem die Sünde begangen wurde, war zu töten und sein Kadaver zu verbrennen.[226] Allerdings ging am Ende des Mittelalters auch die zivile Gerichtsbarkeit hart gegen diejenigen vor, die sich mit Tieren auf diese Art unterhielten: In Schweden mußte der Besitzer des Tieres den Sodomiten zusammen mit dem »mitschuldigen« Tier lebendig begraben; in Norwegen wurde der Sünder kastriert und des Landes verwiesen.[227] In Finnland wurde diese Sünde bis 1889 (!) mit der Todesstrafe geahndet, weil man Monstergeburten daraus erwartete.[228] Anscheinend konzentrierte sich die Strafrechtspflege (wie auch bei Homosexualität) ganz auf die Männer. Im Jenseits hatte man ob dieser schweren Sünde dann natürlich noch die furchtbarsten Foltern zu gewärtigen.[229]

6. Religion

In den vorchristlichen Mythologien des Mittelalters gibt es viele Tiergestalten. Wir kennen einerseits die nordgermanischen Vorstellungen aus der sehr umfangreichen altisländischen Literatur, andererseits liest man auch in den lateinischen und volkssprachlichen Texten des christianisierten Europas Hinweise auf solche Wesen, die Werken heidnischer Autoren entnommen wurden, im Mittelalter teils geglaubt, teils als Metaphern verstanden.[230]

Selbstverständlich gab es regionale Eigenheiten. So sind z.B. auf Åland – aber sonst nirgends in Skandinavien – öfters Biber- und Bärentatzen aus gebranntem Lehm zu finden, die aus der Merowingerzeit bis ins Hochmittelalter datieren. Man hat sogar einen sonst nicht bestätigten Kult vermutet, zumal das Tier selbst auf den Inseln nicht vorkommt.[231] Bekannter ist etwa die nordische Vorstellung von Odin, der die Wölfe Geri (gierig) und Freki (frech) zu Tischgenossen hat und dessen Raben Huginn (Gedanke) und Muninn (Gedächtnis) ihm täglich aus aller Welt berichten.[232] Bekannt sind auch die Sagen von der Midgardschlange, die die Welt umzieht, vom Fenris-Wolf, der sich beim Weltuntergang (Ragnarök) losreist, oder vom Hund Garmr. Diese Wesen waren in der Mythologie präsent, ohne daß ihnen kultische Verehrung zuteil geworden wäre. Sie wirken in ihrer kosmischen Dimension noch erschreckender als die christlichen Tierdämonen: »Schnell bewegt sich die Sonne, beinahe so, als sei sie ängstlich [...] Es gibt zwei Wölfe; und der, der ihr nachläuft, heißt Sköll; ihn fürchtet sie, und er wird sie fassen.« Die Wölfe sind Söhne einer Riesin, und der stärkste füllt sich mit dem Blut der Sterbenden; »er verschlingt den Mond und bespritzt mit Blut den Himmel und den ganzen Luftraum. Deswegen verliert die Sonne ihren Schein [...]«[233] Das kann nicht nur nordgermanische Tradition gewesen sein, sondern wurde auch im karolingischen Mainz des 9. Jh.s geglaubt, wie Erzbischof Hrabanus Maurus bezeugt.[234]

Tieropfer waren bei manchen Germanenstämmen des Frühmittelalters bis einige Zeit nach der Christianisierung im Götterkult und Grabbrauchtum üblich. Besonders Pferde wurden so getötet.[235] Mehrfach ist in den isländischen Quellen von rituellem Schlachten die Rede; das Fleisch wurde gemeinsam verzehrt;[236] nach der Bekehrung wurde Pferdefleisch deshalb tabuisiert. Über die damals noch heidnischen Schweden gibt es den berühmten Bericht des Leiters der Bremer Domschule, Adam († 1081): Sie brachten in ihrem Haupheiligtum Uppsala alle neun Jahre Hunde, Pferde und Menschen, zusammen 72 Opfer, dar; anscheinend handelte es sich um einen Fruchtbarkeitskult.[237] Solches läßt sich archäologisch als verbreiteter germanischer Usus belegen: Ein Beispiel bietet ein Gräberfeld des 6./7. Jh.s nördlich von Würzburg,[238] in dem zusammen mit oder neben den Menschen auch mehrere enthauptete Pferde und auch einige Hunde bestattet sind, die den vollgerüsteten Reiterkriegern beigegeben waren. Es scheint sich hier um einen thüringischen Bestattungsbrauch zu handeln, dessen Hintergrund wohl eine Form des Weiterlebens und Weiterverwendens dieser Tiere im Jenseits sein muß. U.a. der berühmte Bericht über die Bestattung eines Wikingeranführers, den der arabische Gesandte Ibn Fadlan 922 anfertigte, verweist darauf: Auch in diesem Fall wurden – neben einer Sklavin – zwei Pferde, zwei Kühe, ein Hahn, eine Henne zerteilt und in das Totenschiff geworfen. In skandinavischen Wikingergräbern läßt sich diese Sitte archäologisch nachweisen.[239]

Auch muß es zahlreiche magische Riten gegeben haben, die nicht unbedingt nur mit der Jagd zusammenhingen. So wurden Tiere häufig (anstelle von Menschen?) als Bauopfer lebendig eingemauert, z.B. eine Kuh unter dem ältesten Wall von Alt-Lübeck 817; meist traf es aber Kleintiere.[240] Tieropfer sind auch später noch brauchtümlich bezeugt, so z.B. der Hahn für den hl. Christophorus im späten 14. Jh.[241]

Doch auch ganz alltägliche Handlungen wie etwa das Beschlagen eines Pferdes versuchte man mittels Zaubersprüchen und -gesten zu bewältigen[242] – was kein Spezifikum des Umgangs mit Tieren war, sondern für das Mittelalter allgemein viel kulturtypischer als die kirchlichen Quellen vermuten lassen. Unzählig war der Reichtum an Sprüchen gegen alle möglichen Erkrankungen; sie begleiteten in der Regel wohl immer rituelle Handlungen (Heilgesten). Z.B. lautet ein Nagelrittsegen einer Handschrift um 1470: »Für den trit der pfärten. Der gut Sand Longinus stach unseren herrn in sein prust. daraus ran wazzer und pluet. Das sey dir, Ros, für den drit guet † Amen.«[243]

Reste germanischen und antiken Wahrsageglaubens im Zusammenhang mit Tieren lassen sich auch im christlichen Mittelalter belegen. Besonders Vögel galten als Künder der Zukunft. Dies nicht nur bei den Langobarden[244] oder auf Island,[245] sondern etwa auch in Spanien.[246] Sogar in einem so rein christlichen Zusammenhang wie den Kreuzzügen konnte diese Vorstellung durchbrechen: Nach dem Bericht des Albert von Aachen folgte 1099 eine Abteilung der »bewaffneten Jerusalempilger« einer »gewissen Gans, die angeblich vom göttlichen Geist angehaucht war, ebenso einer nicht weniger von diesem erfüllten Geiß«.[247] Für den oft zu findenden Glauben an tierisches Verhalten als Omen sei nur noch ein spätmittelalterliches Beispiel gebracht: Als am Schlachtfeld von Kortrijk eine Kröte auftauchte, ließ man sie – die als sehr giftig galt – »unangefochten dahinkriechen, um zu sehen, was das bedeuten sollte.«[248] Daß sie ihren

Atem gegen das französische Heer blies, galt als Menetekel seines Unterganges. Neben Träumen von Tieren zählte besonders ihr »Angang« als positives oder negatives Omen. In Bayern galten im ausgehenden Mittelalter Hund, Schwein, Wolf, Schlange, Kröte, Drachen (!) als glückverheißend, Ochs oder Schaf als ungünstig. Wenn »ainß ain hasen sicht, das es mieß irr werden.«[249] Auch die gelehrte Weissagung aus Tierknochen ist im Mittelalter vielfach bezeugt, sei es aus dem Schulterblatt, sei es aus dem Brustbein der Gans.[250]

Im christlichen Mittelalter finden sich Spuren von Glaubensvorstellungen, die aus den germanischen, keltischen und slavischen Religionen stammen,[251] auch in bezug auf die Fauna. Die berühmten althochdeutschen Rhythmen »hirez runeta hintun in das ora: vildu noh, hinta?« (der Hirsch raunte der Hindin in das Ohr: Willst du noch, Hinde?) sind wahrscheinlich bei einem der Tänze gesungen worden, die vor den Kirchen in Tiermasken stattfanden oder zu bestimmten Brauchtumsterminen üblich waren, von den Geistlichen heftig, aber nur nach und nach mit Erfolg bekämpft.[252] In Gallien predigte Cäsarius von Arles gegen die, »die, indem sie einen Hirsch nachmachen, sich in Tiergestalten verwandeln wollen: die einen ziehen die Häute von Vieh an, die anderen Tierköpfe [...]«[253] Auch lebende Tiere wurden bei solchen Gelegenheiten einbezogen; Bischof Hinkmar von Reims (reg. 845–882) verurteilte »üble Scherze mit einem Bären« im Zusammenhang mit Larventreiben.[254]

Viele Heilige des Christentums zeigen eine enge Verbindung zu Tieren, wobei es sich teilweise um Umdeutungen älterer Vorstellungen handelt. Vielleicht am extremsten ist eine Geschichte, die die Legende des friesischen Heiligen Evermar enthält: Ein Fuhrmann kam an der Grabeskirche Evermars vorbei »und erblickte ein seltsames Bild: zwei Rudel Hirsche führten eine Art Scheingefecht auf, indem sie aufeinander zuspragen und, ohne sich gegenseitig zu verletzen, vor- und zurückliefen [...] Der Zuschauer will vor diesem unheimlichen Erlebnis fliehen; ein vogelschneller Hirsch holt ihn jedoch ein«, um ihm den Sinn des Spieles zu erklären: »Es sei den Hirschen auferlegt, dies immer während der Vigil zum ersten Mai aufzuführen, zu Ehren und in Erinnerung an den Heiligen, der in einer solchen Nacht vor seinem Martyrium bis zum Morgengrauen bei ihnen geweilt habe.«[255] Wie in allen ähnlichen Legenden besteht ihre Legitimation im christlichen Sinn darin, daß sie zeigen, wie auch die unvernünftige Natur von Gott und seinen Heiligen kündet bzw. sich ihnen unterwirft, mögen auch die Ursprünge solcher abiblischen Motive in vorchristlichen (hier in keltischen) Vorstellungen liegen. Unzählig sind namentlich die Legenden, in denen ein Tier anzeigt, wo eine Kirche oder ein Kloster zu gründen ist. So hat z.B. ein Bär vor der hl. Richarda eine Grube gegraben, womit er den Ort für das Kloster Andlau anzeigte; man hielt im Mittelalter dort in Erinnerung daran einen Bären gefangen.[256]

Welchen Ursprung mag wohl das Tabu haben, das in der königlichen Abtei des hl. Johannes in Laon galt? Dorthin durfte nach einer Quelle aus der Mitte des 12. Jh.s kein Pferd gebracht werden, da dieses sofort tollwütig werden würde[257] (wohl auch eine Schutzbehauptung von Seiten der Nonnen gegen die kostenintensive Unterbringung des Trosses bei Besuchen des Herrschers oder gegen respektlose Adelige, die zu Pferd bis in die Kirche ritten. Auch die Madonna von Rocamadour rächte sich an den Hunden, wenn etwa ein Jäger ihrer Kirche zu nahe kam).[258] Wie steht es mit den eindeutig die Religion karikierenden Bräuchen wie dem Eselsfest? Diese besonders in Frankreich geübte Meßparodie – faktisch ein Klerikerfest – integrierte anscheinend pagane Fruchtbarkeitssymbolik (aus bekannten anatomischen Gründen galt der Esel als besonders potent) in das liturgische Nachspielen biblischer Geschichten (Barlaam, Flucht nach Ägypten), was in extreme Freizügigkeiten ausartete und im 16. Jh. unterbunden wurde.[259] Überhaupt spielten Tiere eine gewisse Rolle in den im Spätmittelalter in mancher Form beliebten gesungenen und gespielten Satiren auf religiöse Strukturen und Bräuche, denen meist eine Ventilfunktion gegen den übergroßen Druck der religiösen Normen zugeschrieben wird. Auch in der bildenden Kunst gibt es zahllose Beispiele hierfür.

Bedenkt man die Anzahl der Heiligen, die in ganz Europa oder regional als Viehpatrone verehrt wurden (Ägidius, Antonius von Padua, Blasius, Koloman, Leonhard, Wendelin u.a.), so sieht man sogleich, daß im gesamten Mittelalter stets eine Verbindung zwischen christlichem Glauben und Tier im Sinne des »do ut des« vorhanden war. Wie dies in der Praxis funktionierte, ist zahlreichen Heiligenmirakeln zu entnehmen. Nur ein Beispiel: In den Wundern des heiligen Einsiedlers Gerlach von Houthem (13. Jh.) kommt eine Gläubige aus dem Rheinland selbst zu Worte: »In unserer Gegend sind durch die allgemeine und todbringende Ansteckung einer Seuche die Schafe und Rinder vernichtet und das ganze Vieh und die Zugtiere wegen unserer vielen Sünden vollständig dahingerafft worden. Deswegen habe ich gelobt, dem sel. Gerlach für jedes Stück meines Viehs einen Heller darzubringen. Und obwohl in dem ganzen Gebiet wegen der genannten Seuche alle Zugtiere starben, habe ich mein gesamtes Vieh durch den Schutz des sel. Gerlach heil behalten. Und als ich die Anzahl der Tiere nachrechnete, habe ich pro Stück Vieh einen Heller veranschlagt und errechnet, daß die Summe des Geldes bis zur Höhe von sechs Kölner Münzen angewachsen ist. Die habe ich gern diesem Heiligen gebracht als dem Bewahrer meines Viehs«.[260]

Aber auch gegen das von Tieren verursachte Unheil halfen Heilige. Die Tollwut führt unter so unvorstellbaren Schmerzen zum Tode, daß sie wohl die einzige Krankheit war, bei der im Mittelalter Euthanasie von weltlichen Gerichten nicht als Mord bestraft wurde.[261] Hiergegen hoffte man seit dem 12. Jh., vom hl. Finnian und vom hl. Hubertus Rettung zu erlangen. Besonders zu dessen Heiligtum in den Ardennen kamen die von einem tollwütigen Hund Gebissenen oft über weite Strecken (was die Inkubationszeit von mehreren Monaten ermöglichte). Da es vor der letalen Krise symptomfreie Zwischenzeiten gibt, konnten sich immer wieder Kranke irrtümlich für geheilt halten und heimkehren, um erst dort ihr furchtbares Ende zu finden. Die Riten in St. Hubert beinhalteten das Einfügen eines Fadens aus der Stola des Heiligen in einen Einschnitt in der Stirnhaut des Kranken und das Einbrennen des Hubertusschlüssels. Dieser wurde »auch den Jagdhunden gegen Wasserscheu auf die Stirn gebrannt, ursprünglich wohl als Gewähr für die Abstammung von der berühmten Klostermeute«.[262]

Viel häufiger als im Bereich des Brauchtums finden sich Tiere in der religiösen Literatur und Kunst der Epoche. Es gibt seit den biblischen Apokryphen Tausende von – als historische Fakten berichteten – Legenden, die zeigen, wie das Heilige sich durch die unvernünftige Kreatur manifestiert. Antonius von Padua will die Gegenwart Christi in der Eucharistie beweisen: Er läßt einen Maulesel drei

Tage hungern, und dieser fällt dann vor der Hostie in die Knie, anstatt sich auf das Futter zu stürzen.[263] Eine Ketzerin legt die Hostie unter die Schoten im Schweinetrog: »Aber schau, welch ein Wunder! Alle Schweine beugten die Knie, als ob sie anbeten wollten.«[264] Wird eine Hostie in einen Bienenstock gelegt, um das Gedeihen der Insekten zu fördern, dann bauen diese aus Wachs eine richtiggehende Kapelle um das Sanctissimum herum.[265] Bei manchem der Märtyrer beginnt das Tier, das ihn töten soll, zu reden und wirft dem Richter Grausamkeit vor.[266] Ein Bär trägt das Reisegepäck des hl. Maximin von Trier nach Rom; auch Humbert und Korbinian erfahren ähnlich Hilfe, und Remedius reitet sogar auf einem solchen Tier. Für Attracta und Teliaus tragen Hirsche das Holz, und der Ida von Toggenburg geht einer mit zwölf Kerzen im Geweih zur Mette voran. Wenn die hl. Ida von Löwen die Finger ins Wasser steckt, kommen die Fische, um sie zu küssen.[267] »Vollends unerschöpflich sind die Fälle, wo Heiligenleiber, über deren Beisetzung man nicht einig ist, einem Gespann ungezähmter Ochsen oder Rinder überlassen werden, deren Verhalten die Begräbnisstelle bestimmt.«[268] Dies wird nach dem Vorbild von 1 Reg 6,7 ff. u.a. von Johannes Baptista, Patricius, Abban, Wendelin, Vitus, Notburga, Radegund u.v.a. erzählt. Wie die bloße Anwesenheit eines Heiligen auf die Tierwelt wirkt, zeigt schön eine Episode aus der Vita des hl. Malachias († 1148) aus der Feder des Bernhard von Clairvaux (1090–1153): »In der Stadt York selbst kam ein in der Welt Adeliger zu ihm. Als er merkte, daß der Bischof viele Begleiter, aber wenige Pferde hatte, bot er ihm sein eigenes Reitpferd an mit der Bemerkung, es tue ihm nur leid, daß es ein Ackergaul sei mit einem holprigen Gang. Malachias stieg auf und empfand es freilich anfänglich zwar als schwerfällig, wie es war, aber dann fand er es sehr bequem für sich und von angenehmer Gangart; er bediente sich des Pferdes bis ins neunte Jahr, in dem er selbst starb. Es war das beste und wertvollste Reitpferd geworden; wer es sah, hielt es um so mehr für ein augenscheinliches Wunder, als die schwarze Farbe allmählich in Weiß überging, und bald nachher sich kaum ein weißeres Pferd als jenes fand.«[269]

Der Löwe, dem Hieronymus den Dorn aus der Pfote zog, der Bär, der Gallus sein Holz, der Vogel, der Paulus von Theben sein tägliches Brot, der Rabe, der Oswald von Northumbrien sein Krönungsöl, der Hund, der Rochus sein Gebäck brachte[270] – dies alles ist Zeichen der Dienstwilligkeit der Kreatur für den göttlich Begnadeten oder zeigte seine Herrschaft über jene an, wie auch die Legenden der Drachentöter (Michael, Georg u.a.).

Hierher gehören aber auch von Hagiographen überlieferte Parabeln wie die in der orientalischen *Barlaam-Legende* vom Mann, der vor einem Einhorn auf der Flucht ist, in einen Brunnen oder eine Schlucht abstürzt, wo ihn unten ein Drache erwartet. Aber er kann sich an einem Baum festhalten. Dessen Wurzeln zernagen jedoch zwei Mäuse, weiß und schwarz. In dieser Situation beginnt er, von den Früchten des Baumes zu essen. Das Einhorn ist der Tod, der den Menschen jagt, der Abgrund die böse Welt, der Baum unser Leben, das von Tag und Nacht verzehrt wird, der Drache der Höllenschlund und die Früchte die trügerische Lust der Welt. Diese Geschichte wurde weithin bekannt, da sie in die verbreitetste Sammlung von Heiligenlegenden des Spätmittelalters einging, die *Legenda Aurea* des Jakob von Voragine († 1298).[271]

Tiere waren aber auch sehr beliebt in der ausgedehnten Symbolsprache, die die christliche Literatur seit den Kirchenvätern besitzt und die sich v.a. aus zwei Hauptquellen speist: der *Bibel* und der religiös gedeuteten Naturlehre. Im Mittelalter erfreuten sich theriomorphe Allegorien, Symbole und Metaphern größter Beliebtheit. Grundsätzlich galten die Verse des Freidank (13. Jh.): »nehein geschepfe ist sô frî / sîn bezeichne anderz, dan sô sî.«[272] (Kein Geschöpf ist so frei, daß es nicht etwas anderes bezeichnen würde, als es ist).

Die hervorragendsten Autoren der religiösen Literatur bedienten sich nicht selten einer für uns exzessiv wirkenden Tiermetaphorik.[273] So schreibt z.B. der größte lateinische Schriftsteller des 12. Jh.s, der Zisterzienserabt Bernhard von Clairvaux: »Ist es wirklich eine große Anmaßung, wenn ich, obwohl ich nur ein Schaf bin, Lärm schlage, da ich die grimmigsten Wölfinnen, die Eitelkeit und die Vorwitzigkeit, meinen Hirten anfallen sehe, damit vielleicht auf mein Blöken hin irgendjemand den blutgierigen Bestien entgegentritt und dem vom Tode Bedrohten zu Hilfe kommt? Was werden sie erst mit mir armem Schäflein machen, wenn sie schon den Hirten mit solcher Wut anfallen? Und wenn er schon nicht will, daß ich für ihn Geschrei erhebe, dann wird es doch wenigstens erlaubt sein, daß ich für mich selbst blöke!«[274] Das biblische Bild vom Hirten und den Schafen ist es, das hier breit auf den geistlichen Vorgesetzten und seine »Herde« angewandt wird. Offenbar goutierte man eine solche Bildsprache gerade in den rhetorisch qualifiziertesten Kreisen.

Nicht anders die geistliche Literatur in den Volkssprachen: Im altfranzösischen *Dit de la Brebis desrobé* (Ende 13. Jh.) z.B. steht das von seinen Leuten mißhandelte und ausgehungerte Schaf für die Untertanen, auf die der Herr eigentlich achtgaben sollte.[275] Oder: Gegen Ende ihres 22. Briefes nennt die flämische Mystikerin Hadewijch (13. Jh.) die innige Seele gleichsam einen außer sich selbst in Gott hineinfliegenden Adler: »Die innege ziele die aer sal zijn, die sal vlieghen boven hare selven in gode [...]«. Wie der Adler in die Sonne schauen kann, so die innige Seele in Gott; wie der Adler diejenigen seiner Jungen aus dem Nest wirft, die nicht in die Sonne sehen können, so soll die Seele alles Verdunkelnde »more aquile«, nach Adlerweise (Marginalnote), abtun.[276] Hier hat die Mystikerin ein Bild aus der Naturlehre übernommen und in geläufiger Weise mit religiöser Bedeutung befrachtet. Noch Chaucer konnte sich, fromm geworden, selbst in einem Gedicht als Kuh ansprechen, die aus ihrem Stall heraus auf Pilgerschaft gehen sollte: »Therefore, thou Vache, leve thine old wrechedenesse [...]«[277]

Für die so extensive Tiersymbolik des Mittelalters ist zunächst zu bemerken, daß die meisten Tiere sowohl positive als auch negative Bedeutungsträger werden konnten. Das Paradebeispiel für diese Ambivalenz ist der Löwe. Im Anschluß an verschiedene *Bibel*-Stellen kann er für Christus (Gen 49,9) wie für den Teufel (1 Petr 5,8) stehen sowie in Analogie dazu für gute und böse Herrscher. Auf Christus beziehen sich allegorisch drei spezielle Eigenschaften des Tieres: Das Verwischen seiner Spuren mit dem Schwanz bedeutet das Verstecken der Göttlichkeit Jesu in der Inkarnation; das Schlafen mit offenen Augen das Fortleben der göttlichen Natur Jesu auch im menschlichen Tod am Kreuz; die Belebung der totgeborenen Jungen durch dreifaches Anhauchen oder -brüllen des Vaters die Auferstehung Christi oder die Erlösung der Menschen durch Jesu Kreuzestod (vgl. den Todesschrei Jesu Mt 27,46).[278]

Es gibt kein Tier, das nur auf eine Bedeutung festgelegt gewesen wäre. Exemplarisch sei ein exegetisches Handbuch des frühen Mittelalters zitiert, in dem es heißt: »Die Naturen des Adlers zu erkennen, halte ich nicht für unwichtig: seine Naturen sind, meine ich, heilige Symbole für Christus, den Liebling Christi [Johannes Evangelista], die Heiligen, den Satan. Subtile Bedeutungen pflegt des Jupiters Vogel zu bezeichnen«.[279] Wie man sieht, konnten also ganz gegensätzliche Bedeutungen je nach dem Zusammenhang von einem Wesen verkörpert werden. Und sogar der fast stets als Teufelstier verstandene Drache kommt gelegentlich einmal nicht als Täter, sondern als Opfer eines bösen Menschen vor.[280]

Ein so vertrautes Haustier wie der Hund[281] konnte einerseits als Bild des hervorragenden Predigers erscheinen: Die Mütter des hl. Bernhard von Clairvaux und des hl. Dominikus von Caleruega träumten davon, ein solches Tier zu gebären, was auf die kirchliche Tätigkeit ihrer Söhne gedeutet wurde,[282] und die Dominikaner etymologisierten ihre Ordensbezeichnung als »domini canes«, Hunde des Herrn, die die Ketzer jagen.[283] Denn, so um 1280 Hugo von Trimberg, »wie die Hunde auf Grund des Geruchs einen Fuchs oder Hasen oder ein anderes Tier verfolgen, so der Priester im Geruch der Beichte die füchsische Schlauheit, d.h. die perversen Häretiker [...]«[284] Auf der Kanzel des Wiener Stephansdomes verbellt ein Hund in dieser Funktion zahlreiche widerliche Reptilien.[285] Andererseits gilt der Hund als unrein und neidisch. Er symbolisiert denjenigen, der in seine Sünde verfällt, kaum daß er sie aufgegeben (Rückkehr zum eigenen Auswurf nach 2 Petr 2,22), sogar den Teufel, der auf die Seelen Jagd macht;[286] der mephistophelische Pudel in Goethes Faust hat eine lange Ahnenreihe.[287] So verdreschen die Bauern in der kurzen Erzählung *Des hundes nôt* aus dem frühen 14. Jh. einen Köter, weil sie ihn eben für den Teufel halten.[288] Nach dem Dominikaner Johannes Tauler († 1361) geben die großen und kleinen Hunde, die den Hirschen verfolgen, ein Bild von den Todsünden und weltlichen Zerstreuungen, die den Menschen anfechten und zerreißen, wenn er sie nicht gewaltsam abschüttelt, usf.[289]

Ein Beispiel für ganz auf allegorische Tiergestalten aufbauende religiöse Belehrung stellt die namentlich in Süddeutschland und Österreich in vielen Handschriften verbreitete *Etymachia* dar, ein Prosatraktat aus der ersten Hälfte des 14. Jh.s über Tugenden und Laster.

Der Verfasser läßt diese, personifiziert als Ritter, deren Rüstung allegorisiert wird, in stereotyper Wiederholung ausreiten. Die »devotio« (Frömmigkeit) etwa sitzt auf einer Gemse (Aufstieg), auf dem Helm führt sie einen Rautenkranz (Keuschheit), worin eine Nachtigall (Christus) nistet; ihr Schildzeichen ist ein (unidentifizierter) Vogel, auf dem Rock sieht man den Phönix (Christus).[290] Diese Auslegungen erfolgen natürlich unter vielen Berufungen auf die *Bibel* und manche Zitate antiker und christlicher Autoritäten. Die Angaben zu den Tieren stammen vielfach aus der naturkundlichen Literatur, vorzugsweise von Thomas von Cantimpre bzw. den Nachfahren des *Physiologos*. Dabei wird jedoch, eine gewisse Originalität, vielfach auf Tiere rekurriert, die (wie z.B. Dromedar oder Otter) sonst selten mit einer Symbolik ausgestattet erscheinen.

Solche Deutungen der Fauna konnten bisweilen ungemein detailliert werden. Hugo von Fouilloy (Mitte 12. Jh.) exegetisiert in *De tribus columbis* biblische Tauben: Die Taube entspricht der Kirche, ihre roten Füße sind die Märtyrer, die beim Betreten der Erde, d.h. durch die Grausamkeit des Irdischen, verwundet wurden. Ihre Brust zeigt die Farbe des aufgewühlten Meeres, was die Verwirrung des Herzens symbolisiert. Die Oberseite der zwei Flügel, die der aktiven und der betrachtenden Lebensweise entsprechen, ist saphirfarben, da der Geist des Beschauenden dem Himmel gleicht. Das linke Auge bleibt auf sich selbst zurückgerichtet und beweint das Vergangene, das rechte betrachtet das Zukünftige, usw. Daß das Werk mit seinen Illuminationen weite Verbreitung erfuhr, erweist die Beliebtheit, auf die ein solches religionsdidaktisches Vorgehen stieß.[291]

Gegen Ende des Mittelalters steigerte sich die Tierallegorie schließlich zu einer in jedes Extrem gehenden Symbolisierungssucht. So veröffentlichte der berühmte Straßburger Prediger Geiler von Kaysersberg 1510 einen Sermon *Der Hase im Pfeffer*. Hier wird das Tier und seine Zubereitung mit dem geistlichen Leben verglichen: Der Hase muffelt beständig mit den Lefzen, was bedeutet, daß der Klostermensch immer geschäftig ist, Gott dienstbar zu sein; er hat lange Ohren, also lauscht der rechte Christ auf den Anruf Gottes; am Feuer wird er gebraten, das meint die Leiden, die auch im Kloster zu ertragen sind; man muß den Hasenbraten mit Speck spicken: dieser entspricht der Gottesliebe, durch die man im Kloster nicht verdorrt; die Pfeffersauce symbolisiert das Klosterleben. Der König ißt den auf goldenen Tellern servierten Braten schließlich auf – der recht bereitete Christ wird, auf Engeln ruhend, im Himmel mit Gott vereinigt.[292]

Wie im weltlichen Bereich, so kleidete man jedoch auch im religiösen satirische Gedanken gern in Tierallegorien. Ein spezielles Beispiel bietet die *Disputa de l'Ase*: 1417/18 verfaßte der mallorkanische Franziskaner Anselm Turmeda, der sich um 1387 zum Islam bekehrt und eine Tochter des Sultans geehelicht hatte, auf katalanisch einen Dialog mit einem Esel. Es handelt sich um eine kritische Abrechnung mit dem Christentum und seinem traditionsgebundenen Denken, die durch einen Frühdruck (Barcelona 1509) verbreitet wurde, den freilich die Inquisition kassierte.[293] Bei einer großen Versammlung der Tiere diskutieren diese (einschließlich des Ungeziefers bis zum Zahnwurm) mit dem Bruder über den Adel und die Dignität der Fauna im Vergleich mit der Menschenwelt. Warum sollte diese die Herrschaft über das Tierreich haben? Alle möglichen Argumente zugunsten der Tiere werden aufgezählt, z.B. die schärferen Sinnesorgane, Gedächtnis, Klugheit usw. Im Gegensatz zu den Menschen sind die Tiere untereinander nicht uneins oder in verschiedene Religionen gespalten, sondern beten gemeinsam ihren Schöpfer an. Der Zahnwurm beweist, daß er allen Herrschern der Erde überlegen ist, indem er ihnen unerträgliche Qualen bereiten kann, ähnlich der Floh, der ihr Blut trinkt u.ä. Natürlich bietet das schlechte Leben der Religiosen den Tieren Anlaß zum Spott. Trotzdem endet dieser originelle Traktat mit dem Eingeständnis der Tiere, den Menschen unterworfen zu sein, und mit der Bitte um Schonung.

Auf der Beliebtheit des Fuchses als Inbild des trickreichen Schlaukopfs (s.u.) basieren wohl auch Elemente des Spottschauspiels wie der kirchenkritischen »Procession du renard« von Paris, gestiftet oder erneuert von Philipp d. Schönen (reg. 1285–1314): Den Mittelpunkt dieses Umzugs bildete ein als Fuchs Verkleideter, der, mit Bischofsmütze und Chorhemd angetan, zelebrierte und von Zeit zu Zeit Geflügel zum Fang vorgeworfen erhielt.[294]

Während die Texte meist das Bewußtsein mittransportieren konnten, daß hier nur eine metaphorische Sprache verwendet wurde, um so eigentlich Unsagbares zu verbildlichen, war es in der sie »konkretisierenden« bildenden Kunst unausweichlich, heilige und unheilige Wesen tel quel als Tiere[295] darzustellen. Ich meine hier nicht die Funktion von Tieren als Attribute, um einen Heiligen zu kennzeichnen (sie sind meist einfach der jeweiligen Legende entnommen), sondern jene Darstellungen, in denen das Tier allein die Stelle des göttlichen Wesens einnimmt.

Ein für die mittelalterliche Kunst besonders wichtiger Komplex war die tiergestaltige Darstellung der 2. und 3. Person der Dreifaltigkeit. Den Heiligen Geist als Taube zu schildern, wie seit der altchristlichen Zeit üblich, geht auf die Taufszene Jesu zurück (Mt 3,16). Dieses Bild wurde aber auch in anderen Zusammenhängen verwendet, besonders bei der Verkündigung, wo Gott Vater den Geist in Gestalt der Taube in die Jungfrau (gern in ihr Ohr) einhaucht. Dies ist in Spätgotik und Renaissance so üblich, daß sich Beispiele erübrigen. Aber auch andere Ikonographica konnten so zur Trinität ergänzt werden: Der Gnadenstuhl, der eigentlich nur aus dem Vater und dem Schmerzensmann in seinen Armen besteht, wird fast regelmäßig durch die Taube zu einer Darstellung der gesamten Gottheit. Dieses Tier diente sinnvoller Weise in Gestalt eines vergoldeten Kupferbehälters auch zur Aufbewahrung der Eucharistie.[296]

Die zweite Person der Trinität erscheint dagegen unter einer Reihe von unterschiedlichen Tierformen. Am häufigsten wird Christus durch das Lamm symbolisiert, denn er ist nicht nur der gute Hirte, sondern auch das Opfertier, das hinwegnimmt die Sünden der Welt. Aber auch der Adler ist ein Symboltier des Gottessohnes, desgleichen der Phönix. Besonders sinnfällig machte seine Erlösungstat die »Identifikation« mit dem Pelikan. Der *Physiologos* (s.u.) erzählt nämlich, daß der Pelikan seine Jungen, drei Tage nachdem er sie wegen ihrer Bosheit getötet hat, durch das Blut aus seiner Brust wieder zum Leben erweckt. Der Vogel wird deshalb auf Gott, seine Jungen auf die Menschen als Gottes undankbare Geschöpfe (Jes 1,2) und die Wiederbelebung auf die Erlösung durch Christi Kreuzestod hin ausgelegt.[297] Diese Symbolik wurde oft und oft sowohl in Texten als auch in Bildern gestaltet. So heißt es etwa in einem um 1460 aufgezeichneten Gebet, dem eine entsprechende Illumination beigegeben war: »The pellicane his bloode bothe blede, / Therewith his birdis to fede. / It figureth that god with his blode / Us fed hanging on the rode [...]«[298] (Der Pelikan verströmt sein Blut, um damit seine Küken zu füttern. Das bedeutet, daß Gott uns mit seinem Blut fütterte, als er am Kreuzesstamm hing [...].)

Auch komplexere Programme mit bekannten Symboltieren waren (und sind) relativ leicht lesbar. Ein berühmter französischer Architekt der ersten Hälfte des 13. Jh.s, Villard de Honnecourt, etwa entwirft folgendes Lesepult für eine Kirche: Unten auf der Erde ein Dreipaß, getragen von drei Drachen (sarpens), darüber ein Dreieck, wieder mit drei Drachen, darauf stehen drei Säulchen, aus denen in der Mitte Blätter ragen, die Figuren mit Weihrauchbehältern als Standplatten dienen – offenbar die vermittelnde Geistlichkeit. Oben schließt die Konstruktion ein weiteres Dreieck mit Evangelistenfiguren ab, die überragt werden von einem Adler, Symbol des vierten Evangelisten Johannes. Dieser konnte mit einer mechanischen Vorrichtung den Kopf dem Diakon zudrehen, wenn dieser das *Evangelium* verlas.[299] Die Spannung zwischen den der Erde und Unterwelt verhafteten Untieren und dem nach oben blickenden Himmelsvogel, der auf seinem Rücken das heilige Buch tragen sollte, muß unmittelbar einsichtig gewesen sein. Die so ungemein häufige Darstellung der Evangelisten als Tiere oder von diesen begleitet (Adler = Johannes, Stier = Lukas, Löwe = Markus, Mensch/Engel = Matthäus) geht auf die Interpretation des Tetramorph in Ez 1,5–14 und Apk 4,6 f. zurück; die Festlegung der Relationen erfolgte durch Hieronymus.[300]

Oder: Der Soester Nesterkelch aus dem Anfang des 15. Jh.s zeigt nicht nur Adler und Phönix auf ihren Nestern, sondern auch den Pelikan, so daß sich ein christologisches Programm ergibt, das Opfertod (Pelikan), Auferstehung (Phönix) und Himmelfahrt (Adler) darstellt, drei Stationen im Leben des Herrn.[301] Möglicherweise gab es auch Gottes-Darstellungen mit Tieren, so die der Dreifaltigkeit in Gestalt von drei Hasen, die derartig im Kreis angeordnet sind, daß ihre Lauscher ein Dreieck ergeben (z.B. gotischer Domkreuzgang in Paderborn); doch ist diese Deutung umstritten.

Nun verblieb aber diese zeichenhafte Verwendung von Tiersymbolen für die Gottheit keineswegs im Bereich der Allegorie, sondern wurde für manche Fromme zum konkret geschauten Bild. In der Vita der Prämonstratensermystikerin Christine von Hahne (von Retters, 1269–1292) findet sich folgende Erscheinung Christi in Adlergestalt: An einem Pfingstabend saß das Mädchen »jn groißer burnender [brennender] begerden« nach dem »fure des heylgen geistes«. Nach Mitternacht »sach sie myt den augen yrer selen sweywen [schweben] vber yre eyne groißen wonnenclichyn adeler. Syne augen branten als eyn fackel [...] Da erkant sie gotlichyn, daz der adeler was yre aller lyebster here was, vnd sie begert myt lyeblicher begerden, daz er syne floegel zo yre kerte vnd sich gutlichyn ergebe jn yn yre sele [...]« Es folgt eine eindrucksvolle Beschreibung der mystischen Vereinigung,[302] angeregt wohl durch die ikonographische Szene der Hochzeit der Kirche mit dem Lamm Gottes nach der *Geheimen Offenbarung* des Johannes (21,9). Wichtig ist die Formulierung »der Adler war ihr allerliebster Herr«, denn im ekstatischen Erleben wird kein Unterschied zwischen Symbol und Wesen gemacht! Auch in einer anderen ihrer Schauungen steht der Adler für Christus: Die Charismatikerin sah einen Baum aus ihrem Herzen wachsen. Auf jeder Blüte saß ein Vöglein, »vnd vff der vbersten blomen saße eyn fogel groiße vnd suberlich vber sie alle, als eyn adeler. Syne augen waren als eyn claire lyecht vnd er sancke myt eyner soißer stymme den anderen fogellen vor dyße wort: ›Ego sum panis viuus etc.‹ (Joh. 6,51).« Dieser große Vogel wird noch ausdrücklich als »vnser here Jesus Christus« bezeichnet.[303] Die anderen Vögel sind in ihn aufgenommene Seelen. Es gibt dazu in der visionären Mystik zahlreiche Parallelen.[304]

Üblicher ist freilich die Erscheinung Christi als Lamm. Eine solche hat etwa der Beichtvater der Wiener Begine Agnes Blannbekin († 1315) überliefert: In ihrer Betkammer »erschien ihr ein Lamm, groß wie ein Kalb von einem Jahr und angetan mit menschlichem Fleisch, nackt, ein menschliches Antlitz besitzend und wie ein Lamm auf vier Beinen einherschreitend [...] (habens faciem humanam et incedens quatuor pedibus ut agnus)«. Kein Wunder, daß die Begine davon verwirrt war; bald wiederholte sich die Erscheinung, um dann von der eines weißen, wolligen Lammes gefolgt zu werden, das alle Priester küßte. Die Erklärungen, die Agnes dazu in ihrer gewohnt systematischen Weise mitteilt, nehmen auf den geopferten Herrn und die Sünder, die ihn wie Tiere in ihrer Gewalt hätten, Bezug. »Und siehe, plötzlich fand sie das Lamm bei sich stehen, das ihre Wangen mit seinem Mund abküßte: aus der Berührung mit ihm wurde sie süß entflammt, sogar körperlich«.[305] Auch die hl. Klara vom Kreuz (1268–1308), besonders berühmt dadurch, daß sich in ihrem Herzen nach dem Tode (1308) ein wirkliches Kruzifix mit den Passionswerkzeugen gefunden haben soll, »hielt in einer Vision in ihren Händen vor der Brust ein wunderschönes Lamm mit dem Gesicht eines Knaben (agnum pulcerrimum habentem faciem pueri), dessen Wolle weißer als Schnee war [...] Das Lamm aber blickte Klara ins Antlitz, und Klara fühlte unsichtbare Süße und Liebe von dem Lamm und seinen Augen ausstrahlen [...]«.[306]

Viele Tiere waren freilich bloß negativ besetzt, so das Schwein, die Schlange, die Kröte, die Fliege, auch der Affe, der wegen seines menschenähnlichen Aussehens und Verhaltens häufig auf den unvollkommenen, häßlichen und sündhaften Menschen, auf einzelne Laster (Eitelkeit, Wollust) oder den Teufel selbst hin ausgelegt wurde. Im Anschluß an Äsop galt übertriebene Zärtlichkeit der Affenmutter für verderbliche »Affenliebe«. Der Nachahmungstrieb des Affen weist auf den unwissenden, verführbaren Menschen hin; »simia« (Äffin) ist ein Schimpfwort für alles verständnislos Nachgemachte.[307]

Ihre üble Symbolbedeutung wurde manchen Tieren zum Verhängnis. So ist 1207 unter Papst Innozenz III. der sicher regelmäßige Brauch bezeugt, daß in Rom am ersten Fastensonntag feierlich ein Bär, der den Teufel, junge Stiere, die den Stolz, und ein Hahn, der die Unkeuschheit repräsentierte, geschlachtet wurden zum Zeichen der kommenden Periode tugendhaften Lebens – in Anwesenheit des Papstes und des Volkes![308]

Als visionäre Bilder des Bösen kommen Tiere sowohl in der Bedeutung von Sündern vor als auch in der von personifizierten Sünden. Die genannte Agnes Blannbekin etwa schaute fünf Arten von Beichtvätern, welche die Beichten der Menschen hörten. Einige hatten Schweinsköpfe und schmutzige Rüssel, andere hatten Hundsköpfe, andere hatten eine teuflische Gestalt. »Jene, die schmutzige Schweinsköpfe und Schweinsrüssel haben, sind Beichtiger, die wegen zeitlichen Verdienstes und Gewinns Beichte hören. Die Hunds-

köpfe haben, sind Beichtiger, die wegen des Lobes und leeren Ruhms und der Gunst Beichte hören. Die Wunden anderer mit ihrer Zunge leckend und heilend reinigen sie, in sich selbst schmutzig.«[309] Ähnliches findet man reichlich auch bei so berühmten Mystikerinnen wie Hildegard von Bingen oder Birgitta von Schweden.[310]
Doch identifizierte man verschiedene Tiere – diesseits jeder Metaphorik – auch konkret mit dem Teufel. Schon seit der Zeit der frühen Wüstenheiligen kursierten Berichte, nach denen die Dämonen Tierform annahmen, um so die Asketen anzufallen; am berühmtesten wurden die Erlebnisse des Abtes Antonius. Die Szene der ihm in verschiedenen Tiergestalten erscheinenden bösen Geister ist, nicht zuletzt durch die Verbildlichung Grünewalds, zu bekannt, um zitiert zu werden; Vorstellungen von theriomorphen heidnischen Göttern und das Vorbild des Kampfes der Märtyrer gegen die wilden Tiere in der Arena verbinden sich hier in den Halluzinationen des Asketen.[311] Einen solchen Teufelskampf findet man in den Viten fast aller Einsiedler; dem Bartholomäus von Farne etwa (zweite Hälfte des 12. Jh.) zeigt sich der Teufel als Maus, Löwe, Affe, Kater, Bär, Hund und löst sich nicht eher in Nichts auf, bis der Heilige ihn mit dem Inhalt eines wohlgefüllten Weihwasserbehälters übergießt.[312] So ist es auch bei der großen franziskanischen Reformerin, der hl. Coletta von Corbie (1381–1447). Sie wurde von Dämonen in der Gestalt von Füchsen, Ameisen, Kröten, Schildkröten, Schnecken, Fröschen, Schlangen, Spinnen und ähnlichen Tieren, vor denen sie besonderen Ekel empfand, heimgesucht, wie sie ihrem Beichtvater berichtete, und zwar unterschiedlich je nach der Region, in der sie sich gerade befindet. So sind es Fliegen in der Languedoc, Schnecken in der Picardie usf. Im allgemeinen kann sie niemand außer ihr sehen, denn durch diese Verfolgungen offenbart Gott ihre besondere Heiligkeit.[313]
Seit der Intensivierung des Dämonenglaubens durch die Katechese im Hochmittelalter treten auch mehr und mehr dieser Unwesen in Tierform auf. Prediger in der Volkssprache unterrichteten die Gläubigen etwa davon, daß ihr Herz einem Würzgarten gleiche, der vor den Tieren – das sind die bösen Geister – abgeschlossen werden müsse.[314] Im Spätmittelalter immer bedrohlicher wurde der Glaube an Hexen. Ihnen ordnete man nicht nur besonders die Katze als »Ketzertier« zu, sondern identifizierte die Unholdinnen geradezu

mit ihnen. Eine Frau als Katze zu bezeichnen, war in Skandinavien eine offene Hexereibeschuldigung; tatsächlich wurden dort Katzenköpfe zur Zauberei verwendet.[315] Bei der Geburt eines Kindes jagte man in Bayern die Katzen hinaus, weil man sie für Hexen hielt.[316] Es gab zwar auch im Mittelalter immer eine Diskussion unter den Fachtheologen, ob sich Menschen wirklich in Tiere verwandeln könnten,[317] da Augustinus einige Fälle von Pferdeverwandlung als bloße Illusionen bezeichnet hatte,[318] aber die Zustimmung wuchs. Während im frühen 15. Jh. Hans Vintler gegen den verbreiteten Glauben wettert, Hexen könnten Katzengestalt annehmen,[319] berichtet dagegen der herzogliche Leibarzt Johannes Hartlieb 1456 allen Ernstes in seinem *Buch aller verbotenen Künste*, er habe in Rom selbst erlebt, daß sich einige Frauen in Katzen verwandelten, um Kinder zu töten.[320] Dieselbe Tierverwandlung steht schon als Faktum bei Gervasius von Tilbury († 1220), immerhin Professor an der Universität Bologna.[321] Ein um 1500 entstandenes Hexenbüchlein sagt von Abwehrbildern auf Backsteinen: »Item etliche figuren, so sie auff ziegelsteyn gemacht, und gegen wetter gericht, die treiben dz wetter zurück [...] also werden auch die Hexen, so in katzen, wölffen, böcken etc. verkört, geschlagen, gefangen und getöd.«[322] Auch in Prozeßakten ist die verteufelte Symbiose von Hexe und Tier bezeugt: Die Angeklagte Matteuccia di Francesco z.B. mußte 1428 bekennen, oft am Sabbat den verrufenen Nußbaum von Benevent aufgesucht zu haben, nachdem sie sich mit einer Salbe aus Kinder- und Eulenblut bestrichen hatte. Dazu habe sie sich eines Dämons in Ziegenform bedient, der sie über Wasser und Wind und jedes Unwetter hinweg wie der Blitz zum Versammlungsort brachte.[323]

Dem Mitleidlosen steht, so Hugo von Langenstein (um 1290), bevor, »daz in cratze diu helleclichiu [höllische] katze«.[324] Tiere wurden durchaus auch in den Regionen der anderen Welt imaginiert, und zwar besonders in Fegefeuer und Hölle. Die hl. Elisabeth von Schönau († 1164) sieht in einer ihrer zahllosen Visionen, wie drei Mädchen seit 30 Jahren eine Art Purgatoriums-Strafe erleiden, die darin besteht, daß sie »von drei schrecklichen Hunden, die uns andauernd beißen zu wollen scheinen« gejagt werden, so daß ihre bloßen Füße ganz blutig waren.[325] Dante hat die Verfolgung der Seelen im Selbstmörderwald durch die »schwarzen Hündinnen, gierig hetzend wie von der Kette gelassene Jagdhunde,« unheimlich beschrieben.[326] Im weitverbreiteten *Tractatus de purgatorii S. Patricii*, der die unterirdische Bußstätte auf einer Insel in Nordirland beschreibt, die seit dem 12. Jh. besonders von Rittern als Wallfahrtsort aufgesucht wurde, sieht eine der Strafstätten so aus: »Da saßen feurige Drachen übereinander und zerfetzten sie [die Sünder] in beklagenswerter Weise mit feurigen Zähnen. Die Hälse oder Arme oder ganzen Leiber anderer umwanden feurige Schlangen und stießen den Feuerstachel ihres Mauls in die Herzen der Menschen, indem sie ihnen ihre Köpfe in die Brust bohrten. Bei einigen sah man auch etwas wie feurige Kröten erstaunlicher Größe auf der Brust sitzen, und, indem sie ihnen ihre scheußlichen Mäuler hineinstießen, versuchten sie, ihnen das Herz herauszureißen.«[327] Die so zahlreichen Schilderungen der Unterwelt sind voll von ähnlichen Szenen, in denen meist die genannten Tiere – eigentlich Dämonen in Tiergestalt – wüten. Schlangen, Drachen und Kröten wurden auch auf unzähligen Weltgerichtsdarstellungen als feste Bestandteile der Höllenikonographie wiedergegeben;[328] oft auch werden die Sünder von Teufeln gezwungen, solche Reptilien und Lurche zu verschlucken.[329] Auch hier gab es regionale Sondervorstellungen; im altnordischen *Sólarljóð* sind es Raben, die den Lügnern die Augen aus dem Kopf hacken.[330] Der Höllenrachen, aus dem Christus die Vorväter befreit und durch den die Verdammten beim Endgericht der ewigen Pein überliefert werden, wurde regelmäßig als Löwen- oder Drachenhaupt gestaltet und agierte so auch auf der Bühne als bewegliche Kulisse.[331]

Wesentlich seltener kommen Tiere an den Freudenstätten vor. Wohl am verbreitetsten war das Bild der Seelen als Vögel.[332] Die zahlreichen Adler-Kapitelle mittelalterlicher Kirchen werden so gedeutet. Paradiesesdarstellungen in Handschriften der Romanik zeigen Bäume, in denen die Vogelseelen sitzen.[333] Dem entspricht, daß die Seele des Bösewichts als schwarzer Vogel dargestellt werden konnte, wie z.B. die des Judas im *Stuttgarter Psalter* (um 820).

In (wahrscheinlich) authentischen Visionen kommen Vogelseelen nicht selten,[334] andere Tiere im Himmel dagegen nur spärlich vor. Eine eindrucksvolle Nah-Tod-Erfahrung schilderte vor 695 Baldarius, ein westgotischer Mönch: Meine Seele »wurde von drei hellleuchtenden Tauben empfangen, von denen eine über dem Haupt das Banner des Kreuzes Christi trug. Nachdem sie mich außerordentlich schnell entrafft hatten, durchdrangen wir die Höhe der Luft« hin zum Himmelsberg, auf dem der Gottessohn thront. Dieser schickt den Visionär aber sogleich zurück. »Siehe, da erhob sich die Sonne vom Osten [...] Ihr voraus schwebte aber ein roter, riesengroßer Vogel, dessen obere Hinterseite dunkel gefärbt war. Mit vielfachem Flügelschlag und tosendem Rauschen kühlte er die Luft, die von der Hitze der Sonne glühte, eilte in schnellem Flug dahin und war vorbei.«[335] Die drei hilfreichen Vögel können wohl nur Hypostasen der Trinität sein, und der Sonnenvogel der Phönix.

Das Gesicht eines anonymen Mönches von Vaucelles (1195/96) gehört anscheinend zu jenen Visionen, die literarische Fiktionen darstellen. Während er inbrünstig betete, »siehe, da war eine Taube von wunderbarer Weiße, aber von viel größerer Gestalt als eine Taube. Diese also ließ sich zwischen meinem Gesicht und dem Altar nieder [...] Ich aber umfaßte freudig ihren Hals mit dem rechten Arm und hatte den Eindruck, wunderbarerweise auf ihren Rücken gestiegen zu sein. Sie aber flog sogleich aus dem Glasfenster hinaus, das sich in der Mitte des Westgiebels befindet, und so schwebten wir in äußerst raschem Flug durch die Luft nach oben.«[336] Die Taube stellt sich als der Schutzengel des Visionärs heraus, der ihm nun die Strafstätten und das Himmlische Jerusalem zeigt. Als Beispiel für die im späten Mittelalter so beliebten allegorischen Traumgedichte sei nur die *Pèlerinage Jhesucrist* von Guillaume de Digulleville (14. Jh.) erwähnt, wo der Autor von Vögeln auf eine Bergspitze getragen wird, von der aus er die gesamte Welt zu betrachten vermag.[337]

7. Profane Literatur

Da Tiere im Mittelalter in noch wesentlich höherem Maß zur alltäglichen Umgebung des Menschen gehörten als heute, gleichzeitig die als Vorbild betrachtete antike Literatur sie zu ihrem Thema machte, boten sie auch für spätere Dichter gelegentlich Anregungen. In nichtsymbolischer Weise wurden sie im Frühmittelalter Gegenstand der Dichtung anscheinend fast nur in der altirischen Literatur. Die Änderung der Mentalität wird vielleicht am besten bewußt, wenn man sich vergegenwärtigt, wie noch ein spätantiker Dichter wie etwa Ausonius 371 lebhaft, naturgetreu, detailliert und mit rhetorischem Aufwand das Verhalten eines gefangenen Fisches geschildert hatte[338] und wie dann diese Art von Themen und diese Art, die Welt zu betrachten, völlig aus der Literatur verschwindet.

Die Kelten bilden jedoch überhaupt einen Sonderfall in der mittelalterlichen Mentalitätsgeschichte. Im Dialoggedicht zwischen König Gúaire von Connacht und dem Eremiten Marbán (9. Jh.) heißt es etwa über die Waldeinsamkeit: »Schwein, Ziege, Reh und der scheue Dachs, / Der Fluren friedliche Scharen, / Die Füchse selbst aus dem finstern Wald, / Sie kommen zu meiner Hütte [...] / Die Bienen und Käfer summen leis / Ohn' Unterlaß in der Runde; / Die wilden Gänse mit dunklem Laut / Künden des Winters Kommen.«[339]

Solche ruhig-heitere Naturbetrachtung, und noch dazu ohne didaktischen Rekurs auf Religiöses, ist den anderen europäischen Völkern vor dem endenden Mittelalter ganz fremd, rettete sich in Irland aber gelegentlich auch in die Zeit nach der Christianisierung. Atmosphärisch wohl am ähnlichsten ist erst ein berühmtes zweistimmiges englisches Lied aus dem 13. Jh., das aber nicht andere Lebewesen beschreibt, sondern durch das Medium Tier die Freude des Menschen am Winterende ausdrückt: »Sing! cuccu, nu. Sing! cuccu. / Sing! cuccu. Sing! cuccu, nu. / Sumer is icumen in- / Lhude sing! cuccu [...] / Awe bleteth after lomb, / Lhouth after calve cu, / Bulluc sterteth, bucke verteth, / Murie sing! cuccu. / Cuccu, cuccu, / Well singes thu, cuccu- / Ne swik thu naver nu!«[340] (Singe nun, Kuckuck, singe Kuckuck! Singe, Kuckuck, singe nun, Kuckuck! Der Sommer ist hereingebrochen – laut singe, Kuckuck! [...] Das Schaf blökt nach dem Lamm, es muht nach dem Kalb die Kuh, der Stier springt, der Bock stinkt, fröhlich singe, Kuckuck! Kuckuck, Kuckuck, trefflich singst du, Kuckuck – nun schweige du nimmer!).

Gewiß brachte die artifizielle Hofdichtung der Karolingerzeit das eine oder andere Tiergedicht hervor: Theodulf von Orléans († 821) beschreibt, wie sich ein Fuchs, der eben eine Henne geraubt hat, selbst fängt, oder wie Vögel gegeneinander streiten.[341] Alkuin

(† 804) besingt Nachtigall und Hahn,[342] und Sedulius Scottus (Mitte 9. Jh.) setzt die Geschichte von einem von Hunden zerrissenen Hammel, dessen Heldenmut bei der Verteidigung der Dichter als komisch empfand, in an biblischen, klassischen und astrologischen Anspielungen reiche Hexameter. »Totenklage und Grabinschrift preisen den schönen, fetten und frommen, friedfertigen und wahrheitsliebenden Helden – als ein Schattenbild des Lammes Gottes und des von Abraham geopferten Widders: ›Baa seu bee mystica verba dabat.‹«[343] (»Bah« oder »bäh«, solche mystischen Worte gab er von sich.)

Doch erst die profane Literatur des hohen und späten Mittelalters ist ungemein reich an Tieren. Im *Parzival* Wolframs von Eschenbach finden sich in 600 Nennungen nicht weniger als 80 verschiedene (meist metaphorisch verwendete) Arten vertreten.[344] Man begegnet oft Vergleichen menschlichen und tierischen Verhaltens, die Sprichwortcharakter haben. So nimmt Hugo von Trimberg († 1314) die Pfründner, die bei hohen Einkünften nichts tun, durch einen Vergleich mit müßig im Stall vor vollen Trögen stehenden Pferden aufs Korn: »Swelch pfert die lenge müezic gêt / Und bî vollem fuoter stêt / Daz lecket, scherzet und bîzet: / Alsam tuot swer sich noch flizet / Bî voller pfrüende boeser site [...]«[345]

Die Versatzstücke der höfischen Lyrik sind wohlbekannt: Vogelgesang als Frühlingsbote, z.B. in der altfranzösischen und mittelenglischen Reverdie,[346] im mittelhochdeutschen Minnesang usw. Er ist aus dem Naturbild kaum wegzudenken und hunderte Male mit geringen Variationen wiederholt worden, z.B. von Heinrich von Veldeke († um 1200): »Es tuont diu vogellîn schîn / daz si die boume sehent gebluot. / ir sanc machet mir den muot / sô guot, daz ich frô bin [...]« (Es tun die Vöglein kund, daß sie die Bäume aufgeblüht sehen. Ihr Gesang macht mir den Mut so frei, daß ich froh bin [...])[347]

Topische Versatzstücke anderer Art kennt die Epik: etwa die vorausdeutenden Tierträume in der altnordischen Dichtung und im altfranzösischen sowie mittelhochdeutschen Epos, am berühmtesten der Falkentraum Kriemhilds im *Nibelungenlied*.[348] Speziell dieser Vogel, u.a. Symbol des Geliebten, ist von zahlreichen höfischen Dichtern vom 12. bis zum 16. Jh. evoziert worden.[349]

Auch diesseits von Traum und Metapher spielten Tiere eine unvergleichlich wichtigere Rolle in der mittelalterlichen Literatur als in der modernen, selbst wo sie nicht im Mittelpunkt stehen. Zahlreiche Helden der höfischen Dichtung haben etwa einen geheimnisvollen weißen Hirsch oder eine Hirschkuh zu verfolgen,[350] ein wohl keltisches Motiv. Wilde Tiere, am liebsten Drachen und Löwen, müssen erlegt oder gezähmt werden. Der Cid, Siegfried und Tristan profilieren sich am Anfang der ihnen gewidmeten Epen als Drachenkämpfer.[351] Mehrere Ritter werden von einem treuen Löwen begleitet, der ihre Feinde erledigt, am bekanntesten Iwein (Chrétien de Troyes, Hartmann von Aue) und Heinrich der Löwe.[352] Der edle Streiter der Chansons de geste und des höfischen Romans ist genausowenig ohne sein teures Roß zu denken wie der reale Ritter Und natürlich wurde das Hauptvergnügen der vornehmen Welt, die Jagd, auch in der Epik minutiös und realitätsgerecht abgeschildert.[353]

Selten dagegen kommen Tiere selbst zu Wort, anscheinend besonders in humoristischer Absicht. In den *Carmina Burana*, der berühmten mittellateinischen Sammlung von Vagantenliedern, findet sich das Gedicht *Olim lacus colueram*, wohl eine freie Parodie auf ein geistliches Lied. Es spricht ein Schwan, der daran ist, durchgebraten verzehrt zu werden: »Olim lacus colueram, / olim pulcher exstiteram, / dum cygnus ego fueram. / miser! miser! / Refl. Modo niger et ustus fortiter! / Eram nive candidior, / quavis ave formosior; / modo sum corvo nigrior. / miser! [...] / Nunc in scutella iaceo / et volitare nequeo; / dentes frendentes video - / miser! [...]«[354] (Einst lebte ich im See, einst war ich schön, als ich ein Schwan war. Ich Armer! Ich Armer! [Refrain:] Schwarz bin ich jetzt und ganz verbrannt. – Ich war weißer als Schnee, schöner als jeder Vogel; jetzt bin ich schwärzer als der Rabe. Ich Armer! [...] – Jetzt liege ich in der Schüssel und kann nicht mehr fliegen; bleckende Zähne sehe ich vor mir – ich Armer! [...].)

Auch satirische Streitgedichte entstanden, in denen zwei verschiedene Tiere gegeneinander antreten, tierische und menschliche Eigenschaften vermischend. Ein bekanntes Beispiel, wenn auch teilweise schwer zu deuten, ist das anonyme mittelenglische Reimpaargedicht von Eule und Nachtigall (Ende 12./erste Hälfte 13. Jh.). Darin befehden einander andererseits die beiden Vögel – die Eule sei häßlich, hinterlistig, ein Wesen der Finsternis, die Nachtigall stachle zu Sinnenlust auf, sei betrügerisch und unnütz –, wird andererseits auch das Verhalten mancher anderer Tiere genau geschildert, z.B. des vom Hund gejagten Fuchses.[355] Wiewohl man den Eindruck hat, hier werde vieles schlicht aus Lust an der Debatte vorgebracht, gehört doch auch die Erörterung wichtiger theologischer Fragen zum Thema, z.B. die über vom Fleisch oder vom Geist verschuldete Sünden.[356] Die Eule steht u.a. für Alter, Herkommen, Kirche, die Nachtigall für Jugend, Neues, Weltliches [...] Die Tiere im Streitgedicht sind hier somit Stimmen, die verschiedene Strömungen in der Gegenwart des Autors vertreten.

Im Spätmittelalter häufig wurden Satiren mit tierischen Protagonisten, die bestimmte politische Zustände kritisierten. So schrieben z.B. die Tiere Apuliens vor dem Konzil von Lyon 1245 kollektiv einen dementsprechenden lateinischen Brief.[357] Auch hier gab es wieder landschaftliche Besonderheiten, so in Spanien die Gedichte, die die Terminologie des Stierkampfes für diesen Zweck einsetzten.[358]

Auch die Minnedichtung bediente sich bisweilen der Debattenform zwischen Tieren, etwa Chaucer in seinem Vogelparlament (*Parliament of Foules*) oder ein Zeitgenosse in *The Cuckoo and the Nightingale*. Jedesmal vertreten die verschiedenen Vogelarten verschiedene Meinungen zur Liebe und ihren Folgen sowie zu geeigneten und ungeeigneten Liebhabern.

Doch gab es auch, signifikant seltener, Zwiesprachen zwischen Tier und Mensch. Der im späten 13. Jh. lebende provenzalische Troubadour Bertran Charbonel führt eine solche mit seinem Pferd Roncin. Er wirft dem Pferd vor, es bekomme ohnehin die beste Pflege, das Roß dagegen beklagt sich über seinen Hunger; beide schelten einander Lügner. Als der Zwist eskaliert, droht ersterer: »Wenn ich richtig in Zorn gegen dich gerate, dann helfen dir weder Büttel noch Palastrichter, weder Nachbar noch Nachbarin, daß ich dich nicht tot von meinem Prügeln liegenlasse [...]«[359] Dies ist offenbar nur eine scherzhafte Weiterführung der literarischen Vermenschlichung des Tieres, als ob es Anspruch auf Hilfe der Umwohnenden hätte wie ein Mensch, kaum Zeichen dafür, daß es einen sozialen Druck gegeben hätte, human mit ihm umzugehen.

Selten bilden Tiere das zentrale Thema eines Gedichtes; so in dem

Trauergedicht des Abtes Theoderich auf seinen Hund. Um 1340 verfertigte ein König von Odenwald genannter Reimsprecher ungewöhnliche Kataloggedichte, in denen es ihm ganz um das Materielle, die Ausbreitung möglichst vieler Einzelheiten, ging. Er preist die verschiedenen Verwendungsmöglichkeiten des Schafes, der Kuh, des Schweins, des Huhnes und der Gans. Das sieht bei der Kuh etwa so aus, daß beginnend von Milch, Fleisch und Mark über alle Möglichkeiten der Hautverwendung (Peitsche, Sattel, Trommel) über die Hörner (Kämme, Musikinstrument, Tintenfaß) und die Blase (Dudelsack, Schwimmhilfe) bis hin zum Schwanz (Peitschenwedel, Türöffner) das ganze Tier lückenlos verwertet wird.[360]

Erst ab dem 13. Jh. entwickelte sich die literarische Gattung der unterhaltenden Kurzerzählung. Sie war zwar auch dem älteren Mittelalter nicht unbekannt, wurde jedoch weitgehend nur mündlich tradiert. Ein Beispiel: Seemannsgarn ist das Thema eines kurzen mittellateinischen Gedichtes des französischen Benediktiners Lethaldus (Ende 10. Jh.).[361] Der Dichter hat hier eine auch sonst bekannte Volkstradition in epische Form gegossen: Der englische Fischer Within wird von einem Seemonster verschlungen und versucht über vier Tage und fünf Nächte, sich u.a. durch Feuer aus dem Bauch des Tieres zu befreien. Als dieses an der Küste strandet, wird zunächst nicht erkannt, daß Within aus dem »Wal« redet, sondern der Dämon in ihm vom Bischof exorziert – dann aber der Seefahrer befreit und im Triumph heimgeführt. Der Wal war ein beliebtes, in mittelalterlichen Bestiarien und Seefahrergeschichten (z.B. Brandan-Legende) regelmäßig auftauchendes Meerungeheuer, wenn auch oft unter dem Namen Aspidochelon. Seinen aus dem Wasser ragenden Rücken halten die Reisenden zunächst für eine Insel, bis sie auf ihm Feuer machen und das Tier mit ihnen untertaucht. Außerdem lockt der Wal nach dem *Physiologos* kleine Fische mit süßem Atem an, um sie zu verschlingen; daher galt er als Symbol des Teufels.[362]

Ein oder mehrere Tiere stehen aber ganz im Zentrum einer Reihe hoch- und spätmittelalterlicher Gattungen: Tierfabel, -epos, -märchen und -schwank werden ab dem 12. Jh. derartig beliebt wie in keiner anderen Epoche zuvor oder nachher. Selbstverständlich gehört die Fabel zu den Stoff- und Formtraditionen, für die die römische Literatur die Vorbilder bot. Vom Lateinischen ausgehend, eroberte eine Fülle volkssprachlicher Versionen und Neuschöpfungen die literarischen Landschaften der einzelnen Nationen. Verschiedene, teilweise illustrierte Fassungen der *Äsopischen Fabeln* bzw. ihrer Nachfolger (Phaedrus, Avian, Romulus) in Prosa und Vers zählten im Mittelalter zur Schullektüre und wurden auch seit dem 12. Jh. oft volkssprachlich bearbeitet, im Altfranzösischen z.B. von Marie de France (Ende 12. Jh.) oder in den anonymen *Isopets*, im Mittelhochdeutschen z.B. vom Stricker (13. Jh.), Gerhard von Minden, Heinrich von Mügeln und Ulrich Boner (14. Jh.).[363] Sehr populär war die fast 200 Stücke vereinigende Fabelsammlung des Engländers Odo von Cheriton († 1247), die besonders in ihrer spanischen Bearbeitung, dem *Libro de los gatos*, bekannt wurde. Sogar ins mittelalterliche Hebräisch gingen die antiken Tierfabeln ein. Einzelne dieser Erzählungen nahm man auch gern in alle möglichen didaktischen oder homiletischen Werke auf; so liest man z.B. die Geschichte von der Stadt- und der Landmaus, die schon Horaz kannte,[364] über die Vermittlung der Fabeln Walters (von Palermo? Ende 12. Jh.) in dem neben dem *Cid* berühmtesten altspanischen Werk, dem *Libro de Buen Amor* des Juan Ruiz (erste Hälfte 14. Jh.), wo die beiden Tiere als »mur de Monferrando« und »mur de Guadalajare« in heimischer Umgebung figurieren.[365]

Das Wesen all dieser Texte besteht darin, daß sie einen ethischen Lehrsatz durch Exempel verdeutlichen. Es entgingen auch diese Erzählungen nicht der Umdeutung im christlichen Sinn, d.h. sie wurden als Bilder für metaphysische Wahrheiten angesehen, nicht mehr nur als Vermittler innerweltlicher moralischer Normen wie in der Antike. Aus der Fülle dieser Textsorte sei der *Dyalogus creaturarum moralizatus* aus dem frühen 14. Jh. zitiert, ein beliebtes Fabelbuch, wie Übersetzungen ins Englische, Niederländische und Französische erweisen.[366] Es zeigt in seinen 122 Kapiteln im Prinzip immer denselben Aufbau: Einer kurzen Geschichte über zwei Geschöpfe, meist Tiere, folgen moralische Anwendung, Bibelstellen und Ergänzungen aus anderen Sammlungen. Ein Beispiel: Der Königsfisch ist ein Schuppenfisch, der in Flüssen gefangen wird; er heißt so (regina), weil er sich sehr gut verhält (valde se bene regit). An ihn wandte sich die Hydra, eine Wasserschlange mit mehreren Köpfen, und sagte: Du bist wunderschön, und darum möchte ich mich mit dir ehelich verbinden. Darauf der Königsfisch: Das kann nicht geschehen, denn in Eccl 13 steht geschrieben: Jedes Lebewesen liebt, was ihm gleicht. Die Hydra mußte daher verlacht und enttäuscht zurückkehren. So muß jeder Christ dem Teufel antworten, der die alte Schlange ist. Es folgen Bibelstellen und eine Exempelgeschichte.[367]

Nächstverwandt der Fabel ist der Tierschwank,[368] eine kleinepische Gattung, die gegenüber der Fabel mehr Plastizität und Fülle aufweist und sich in einer realen Landschaft bewegt. Er ist breiter und komischer als die Fabel, ohne völlige Preisgabe von deren belehrender Tendenz, die hier zumeist als Satire erscheint. Die durch gelehrte Tradition wie Folklore vermittelten Stoffe entstammen (neben der Fabel) Gattungen wie Märchen, Mythen, »Naturgeschichten«. Den vielschichtigsten und subtilsten Höhepunkt dieser Textsorte stellt wohl die humoristischste von Chaucers *Canterbury-Geschichten* dar, das *Nonne Preestes Tale*, dessen Kern folgender (auch sonst bekannter) Schwank bildet: Ein stolzer Hahn fällt auf die Schmeicheleien des Fuchses ob seiner schönen Stimme herein und wird von diesem geschnappt, als er mit einer Vorführung seiner Künste beginnt. Es gelingt ihm jedoch, den Fuchs, der ihn fortschleppt, zum Sprechen zu bewegen, wodurch er sich befreien kann. Die Moral besteht u.a. in einer Warnung vor Schmeichlern.

Kaum weniger beliebt als die Fabel war das Tierepos,[369] eine großepische Gattung, entstanden durch Reihung und Verknüpfung mehrerer Tierschwänke zu einer umfangreicheren Geschichte; ausgestattet vornehmlich mit den Mitteln gegenbildlicher Komik, die aus der Persiflage von Texten, Handlungen, Gebräuchen aus anderen literarischen Gattungen (Bibel, Liturgie, Heldenepos, höfischer Roman etc.) bzw. anderen kulturellen Kontexten (Kirche, Rittertum, Minnedienst etc.) entsteht. Dabei ist die Hauptperson fast stets der listige Fuchs, der meist als schwarzer Held gezeichnet wird. Er agiert in einer streng hierarchischen, unter dem Löwen-König stehenden Tierwelt.[370] Zugrunde liegen die antiken Vorstellungen vom Fuchs als klugem, aber auch boshaft-verschlagenem Tier, die dem Mittelalter einerseits durch die spätantiken Bearbeitungen der äsopischen Fabeln, andererseits durch Enzyklopädien und Bestiarien vermittelt wurden. Sein literarischer Aufstieg begann mit dem lateinischen *Ysengrimus* (vor 1150, von Nivardus von Gent?), einer gelehrten und bitterbösen Satire, die mit der Vernichtung des Fuchses durch eine Herde von Schweinen endet, die als Messe feiernde Nonnen gezeichnet sind. Es folgten die Zweige des umfangreichen altfranzösischen *Roman de Renart* (dessen älteste Abschnitte die von Pierre de St. Cloud 1174/77 verfaßten darstellen), ins Deutsche übertragen von Heinrich dem Glîchesaere (Ende 12. Jh.), ins Niederländische von Willem (*Van den Vos Reynaerden*, erste Hälfte 13. Jh.). Davon stammen diverse Bearbeitungen und Übersetzungen ab, von denen der *Reynke de Vos*, gedruckt zu Lübeck 1498, durch die Bearbeitung Goethes besonders berühmt wurde. Im Französischen waren diese Geschichten so erfolgreich, daß das bisherige Wort für Fuchs, »goupil« (von lat. »vulpes«), noch im Mittelalter völlig von »renard«, eigentlich ein fränkischer Eigenname, verdrängt wurde.[371]

Weniger erfolgreich war die Geschichte vom Esel Burnellus aus Cremona, der sich u.a. vergeblich um einen längeren Schwanz bemüht und in Paris studiert, sogar einen neuen Orden gründen will, ehe ihn sein Herr einfangen und die Ohren abschneiden kann. Diese Satire des Benediktiners Nigellus de Longo Campo († um 1200) auf den Klerus und das nichtbenediktinische Mönchtum seiner Zeit blieb allerdings auf sein früh gedrucktes *Speculum stultorum* beschränkt.[372]

Man hat das Tierepos treffend als »eine der eigentümlichsten, originellsten und zugleich wirkungsmächtigsten Schöpfungen des europäischen Mittelalters, ein Produkt der Wechselwirkung von gelehrtschriftlichen und volkstümlichen Traditionen und des germanisch-romanischen Kulturkontaktes«[373] bezeichnet. Durchgängig präsent ist ein satirischer Zug, denn regelmäßig werden allgemeinmenschliche Situationen und namentlich Fehler aufs Korn genommen, vielfach bestimmte Stände, aber auch konkrete Personen. Doch konnte auch politische Propaganda vermittelt werden, wie das Werk Heinrichs des Glîchesaeres mit seiner antistaufischen Tendenz zeigt.[374] Aber meist ist der Text mehrschichtig zu lesen: Heinrich erzählt »von eime tiere wilde, / da man bi mag bilde / nemen vmme manige dinch.«[375] (von einem wilden Tier, wovon man sich ein Bild von mancherlei Sachen machen kann). Das älteste Werk dieser Textsorte, die *Ecbasis captivi* des 11. Jh.s, hat freilich ein Kalb zur Hauptfigur, das sich aus dem Stall hervorwagt, vom Wolf bedroht und von der Herde gerettet wird – eine religiöse Allegorie auf einen zurückgeholten Klosterflüchtling, in die eine äsopische Fuchs-Episode nur eingefügt ist.[376]

Die Liebe zur Allegorie beschränkte sich im Mittelalter keineswegs auf die geistliche Literatur. Auch die profane Dichtung des späten Mittelalters zeigt ein ganzes Kaleidoskop von Tiergestalten, deren Bedeutung es zu erraten galt; gemeinsam ist ihnen allen, daß sie wesentlich mehr über menschliche Verhaltensweisen aussagen, die auf die Tiere projiziert werden, als über tierische. Freilich gab es auch in der profanen Literatur Anleihen bei den naturkundlichen und religiösen Texten. So wird z.B. in einer Verserzählung des 13. Jh.s über den bösen Bauernsohn Helmbrecht, der seinen Stand verläßt, um Raubritter zu werden, seine prunkvolle Haube geschildert, die einen Papagei und eine Taube aufgestickt zeigt. Da diese Vögel beide mariologische Symbole waren, hätten die Zuhörer – so eine Interpretation – von Anfang an das sakrilegartige Verhalten des Anti-Helden signalisiert bekommen. Also wäre auch die weltliche, »realistische« Dichtung oft nicht ohne Kenntnis der geistlichen Bildsprache verständlich gewesen.[377]

Die christlichen Tierbücher der *Physiologos*-Tradition parodierte der in Amiens tätige Geistliche (und Chirurg) Richard von Fournival (1201–1260), als er in seinem *Bestiaire d'amour* verschiedene Situationen und Eigenschaften im Rahmen von Liebesbeziehungen mit »Analogien« aus der Fauna darstellte. Er verwendete dazu einen naturphilosophischen Diskurs, letztlich eine Frucht der Aristotelesrezeption, der in der Kombination mit Themen der höfischen Minne ein eigenwilliges Produkt ergab. Ein Beispiel für Richards Argumentationskunst: Seine spröde Geliebte beklagt sich über sein dauerndes Insistieren. Um davon befreit zu werden, lautet sein Rat, »müßt Ihr es machen wie der Biber. Dessen Glied ist sehr heilkräftig, weswegen er gejagt wird. Wenn er flüchtet, beißt er es sich ab und läßt es auf dem Weg liegen: so entkommt er, da es seinen Verfolgern nur darauf ankommt. So, meine sehr süße Freundin, könnt Ihr Euch von meinen Bitten befreien, indem Ihr mir Euer Herz schenkt, denn ich verfolge Euch nur darum, um mich vor dem Liebestod zu retten. Doch Eure Brust ist verschlossen. Leider kenne ich nicht das Kraut, das der Grünspecht zur Öffnung seiner mit einem Holzpflöckchen verschlossenen Baumhöhle verwendet. Die Natur des Grünspechts« [...] usf.[378]

Das Spätmittelalter hat manche individuelle Tierallegorie hervorgebracht. Chaucer führte um 1380 in sein antike Themen wiederholendes *House of Fame* einen »metaphysischen« Adler ein: Von ihm im Traum in die Höhe getragen, findet sich der Dichter über der zu einem winzigen Punkt geschrumpften Welt.[379] Der geschwätzige Vogel rühmt die Höhe des Flugs, die von Alexander, Scipio und Daedalus nur halb erreicht worden sei – Anspielungen auf die Legende von Alexanders Greifenflug, das *Somnium Scipionis* Ciceros und den Daedalus-Ikarus-Mythos. Indem Chaucer dann Plato und Boethius zitiert, wird klar, daß der Adler eine Personifikation des philosophischen Denkens sein soll,[380] das den Menschen zum Himmel erhebt.

Es ist schier unglaublich, mit welchen Bedeutungen etwa ein gemischtfarbiges Roß beladen werden konnte: Rote Ohren verweisen auf die Liebesfähigkeit des Reiters, der weiße Fuß auf Beständigkeit usw.[381] Hier ist vieles antike Tradition, so die oft abgebildeten Tierkreiszeichen oder die Tiere der Reichs- und Staatssymbolik, der Adler des Heiligen Römischen Reiches etwa.

Ein für die Tierallegorie offener (fach)literarischer Bereich sui generis war der der im späten Mittelalter immer eifriger betriebenen Alchemie. In Traktaten zu dieser Materie kommen als Symbole der Geheimsprache dieser Disziplin auch Tiere vor. So schaut z.B. Salomon im altflämischen *Gratheus filius philosophi* (14. Jh.) zwei feuerspeiende Löwen, die alle Menschen und Tiere verschlingen – eine Allegorie auf ein gescheitertes, durch ausbrechendes Feuer bedrohliches Experiment.[382] In Illuminationen wurden die Arkana auch verbildlicht, so erscheint z.B. Sol als Ritter im Harnisch, der mit Turnierlanzen mit der nackten Luna kämpft, wobei ein Löwe und ein Greif die Reittiere abgeben.[383] Besonders häufig kommt die Gestalt des Ouroboros vor, eine Schlange oder ein Drache, der sich in den Schwanz beißt, Zeichen der Ewigkeit. Mit verschiedenen anderen symbolischen Tieren kombiniert, konnte mit ihm bildhaft die Transmutation der Stoffe dargestellt werden.[384] Den vier Elementen waren etwa zugeordnet der Adler (Luft), der Löwe (Feuer), der Kentaur (Erde) und der Pegasus (Wasser).[385]

Natürlich wurde auch die so geschätzte Jagd Vorbild allegorischer Posie, so schon bei Gottfried von Straßburg.[386] In der deutschen Literatur bekannt ist die melancholische *Jagd* des Hadamar von Laber (um 1340), eine Liebesdichtung, genauer eine sog. Minnerede:[387] Mit einer Koppel allegorischer Hunde (»Herze«, »Freude«, »Trost«, »Treue« etc.) spürt der Jagdherr dem edlen Wild, der Minne, nach. Da er nach vielen Wirrnissen zögert, zum Schluß den Hund »Ende«, die Sinnlichkeit, loszulassen, verläuft die Geschichte erfolglos – wogegen ihre Rezeption angesichts ihrer Schwächen erstaunlich erfolgreich war.

Trotz der verschiedenen poetischen Tierdarstellungen soll aber nicht vergessen werden, daß das Mittelalter auch eine einschlägige Sachliteratur hervorbrachte. Dazu gehören die Bestiarien, die Texte der Veterinärmedizin, und, am berühmtesten, die Jagdtraktate.[388] Wie Kaiser Friedrichs II. *Falkenbuch* sind sie oft mit Illuminationen ausgestattet. Ein besonders schönes Beispiel ist der *Livre de la chasse*, den Gaston Phébus für den burgundischen Herzog Philipp den Kühnen 1387/91 verfaßte.[389] Aus Erfahrung behandelt der leidenschaftliche Jäger Aussehen und Verhalten des Wildes, Methoden der Jagd, Pflege der Jagdhunde, Arten von Fallen etc. Freilich übernimmt Gaston auch Informationen aus anderen Büchern, z.B. über Steinbock und Rentier. Epochentypisch ist auch hier der Rekurs auf die Religion, meint der Autor doch wirklich, die Jagd sei auch gleichzeitig ein ausgezeichneter Weg zu Gott, da man dann keine Zeit habe, eine Todsünde zu begehen (eine Argumentation, die sich auch bei jagdbegeisterten kirchlichen Schriftstellern findet),[390] und überhaupt sei sie Ursprung aller guten Sitten und Bräuche.[391] Das Buch, von dem noch 44 Handschriften erhalten sind, davon 21 illuminierte, gehört zu den erfolgreichsten seiner Art und wurde um 1410 auch ins Englische übersetzt. Ähnliche Werke entstanden gleichfalls in anderen Sprachen und oft aus der Feder adeliger Autoren, bis hin zum *Geheimen Jagdbuch*, das Kaiser Maximilian I. eigenhändig aufzeichnete.

Wie sehr die Jagd jene Schichten der profanen Gesellschaft beschäftigte, die lesen konnten, zeigt, daß sie auch in epischen Werken (z.B. *Nibelungenlied*) gern thematisiert wurde als Bestandteil des höfisch-sozialen Lebens.[392] Nicht selten war auch die allegorisierende bzw.

Abb. 3 *Greif und Panther (Löwin?) aus der Kirche von Shamstrup, Dänemark (12. Jh.)*

metaphorisierende Verwendung von Jagd-Motiven in unterschiedlichen Textsorten (z.B. Tristan-Dichtung, Kürnberger, Oswald von Wolkenstein, Jagdallegorie).[393]
Schließlich sei noch auf die – für uns – phantastischen theriomorphen Geschöpfe hingewiesen, die auch die profane Literatur bevölkerten.[394] Besonders unheimlich wirkt eine spezielle epische Kuriosität, die verschiedengestaltige »beste glatissant«, Frucht des Teufels, der die Schwester anstelle des Bruders geschwängert hat.[395] Man siedelte solche Wesen gern am Rande der christlichen Welt im geheimnisvollen Orient an. Ein (auch oftmals abgebildetes) Motiv der Alexanderdichtung läßt den König von zwei geköderten Greifen in den Himmel getragen werden, meist Zeichen der Hybris des großen Eroberers.[396] Die pelzigen »berbioletes«, die nur Fisch, Zimt und Nelken verzehren, leben in Indien.[397] Das Wunderpferd Baiart, auf dem vier Reiter Platz finden, stammt von Schlange und Drache ab und lebte auf einer vulkanischen Insel.[398] Das stierähnliche Bonnacon oder Bonasus wehrt sich gegen Verfolger mit seinem Kot, der alles in Brand setzt.[399] Freilich, schon eine relativ nahe Region konnte fabulöse Züge annehmen: In den vierziger Jahren des 15. Jh.s verfaßte Gutierre Díez de Games die Biographie seines Patrons Pero

Nino, in der es über England heißt, dort gebe es große Drachen und Vögel, die aus Bäumen entstünden.[400]

Charakteristisch für die Randzone zwischen von Menschen bewohnter Welt und dem Unbekannten sind Mischwesen, wie die Kranichschnäbler, die humane Körper und eine Sprache haben. Herzog Ernst und Heinrich der Löwe schlachten sie auf ihren Orientfahrten massenweise ab.[401] Viele europäische Orientreisende wie Mandeville, Marco Polo, Giovanni di Pian di Carpine berichteten, in jenen entlegenen Regionen Menschen mit Hundeköpfen gesehen zu haben, was selbst Columbus in seinem Tagebuch wiederholt.[402] Und ist nicht eines der phantastischsten (von der Forschung umrätselten) Mischwesen des 13. Jahrhunderts, die heidnische Gralsbotin Kundrie in Wolframs *Parzival*,[403] ein exemplarisches Wesen der Grenze? Sie, ausgezeichnet durch hohe Bildung, aber verunstaltet durch Hundenase, Eberzähne, Löwenklauen, Bärenohren stellt die Verbindung zwischen der profanen Welt und der heiligen Gralsburg her.

8. Bildende Kunst

In der bildenden Kunst treten tierische Gestalten in der gesamten Epoche sehr häufig auf, und zwar in dreierlei Darstellungszusammenhängen: (1) als thematisch klar umrissene Umsetzung von narrativen Texten ins Medium des Bildes nach ikonographischen Traditionen; (2) als Agenten magischer und symbolischer Botschaften, die nicht unmittelbar einem Text entsprachen (oder von uns nicht auf einen solchen zurückzuführen sind); (3) als Elemente reiner Ornamentik.

(1) Daß die Darstellung zoomorpher Figuren dabei den bekannten allgemeinen stilistischen Entwicklungen folgt, von der ornamental-flächigen Gestaltungsweise des Frühmittelalters zur allmählichen Eroberung räumlicher Gestaltung in der Romanik und zum Naturalismus des Spätmittelalters, bedarf keiner Illustration. Die von verschlungenen Drachenkörpern überbordende germanische und teilweise auch keltische Kunst wird mit der Christianisierung rasch und gründlich von mediterranen Formen verdrängt. Nur in Skandinavien sind kirchliche Bauten erhalten, die noch ganz die alte Tierwelt auf-

weisen, die Stabkirchen Norwegens. Auch in England sind bisweilen Elemente der germanischen Tierplastik ohne formale Änderungen weiterverwendet worden: Die drei flachen Drachenköpfe an der Westfassade von St. Mary and David in Kilpeck (Herefordshire) aus der Mitte des 12. Jh.s z.B. gleichen vollkommen den entsprechenden Köpfen an den Firstbalken wikingerzeitlicher Stabkirchen.

Die geometrischen Konstruktions-Strukturen, die in Romanik und Frühgotik auch Tierfiguren zugrundeliegen, illustriert beispielhaft Villard de Honnecourt in seinem Skizzenbuch.[404] Die Symmetrisierung und Stilisierung, die die Siegel- und Wappenkunst mit sich brachte, und in der fast jede Tierart zu finden war, nicht nur die so häufigen Löwen (auf ca. 15% aller mittelalterlichen Wappen zu sehen),[405] Adler, Falken, Panther, Pferde und Drachen, haben auch oft die Monumentalwerke beeinflußt. So hat die erste erhaltene Freiplastik nördlich der Alpen, der Braunschweiger Löwe Herzog Heinrichs des Löwen (1166), dessen Wappen zum Vorwurf und fungierte auch als solches.[406] Wahrscheinlich hatten auch die zahlreichen Tier-Aquamanilien (Handwaschgefäße) diese repräsentative Aufgabe.

Bekanntlich ist die mittelalterliche Kunst zu einem großen Teil formal von antiken Vorlagen abhängig. Dies gilt auch für die Tierdarstellungen; ein besonders deutliches Beispiel ist der Adler mit der Schlange im Schnabel (Sieg Christi über den Satan), wie er u.a. in Handschriften der *Beatus-Apokalypse* oder dem Mosaik-Fußboden von S. Miniato bei Florenz aufscheint. Das Motiv läßt sich bis in den Alten Orient verfolgen.[407] Oder: Die Ikonographie des Tigers in den romanischen Bestiarien geht auf Formulierungen der Antike zurück, erhalten z.B. in den Mosaiken der Piazza Armerina.[408]

Ungeachtet der jeweiligen stilistischen Vorgaben durch Musterbücher[409] hat es aber immer wieder Künstler gegeben, die wesentliche Züge der von ihnen gemalten oder skulptierten Tiere über das von den Vorlagen Vorgegebene hinaus erfaßt haben. Für die karolingische Epoche sei etwa der Zeichner des Leidener Prudentius erwähnt, der im Gegensatz zu seinen mißlungenen Menschenkörpern den Rhythmus und die Proportionen des dahinsprengenden Pferdes sehr lebendig erfaßt.[410] Für die frühe Gotik nenne ich nur den Elefanten, den Matthäus Paris um 1255 nach Autopsie in seine Chronik malte;[411] für die späte die Pariser Handschrift des *Livre de chasse* des

Abb. 4 *Jagdhunde aus dem Buch der Jagd von Gaston Fébus (Handschrift um 1400)*

Gaston Fébus aus der Werkstatt des Bedford-Meisters (um 1400): Nicht nur sind Tiere, die nicht zum ikonographischen Repertoire gehören, wie z.B. die Fischotter, recht treffend wiedergegeben, sondern auch das Verhalten der Hunde ist offenbar nach der Natur gezeichnet: wie sie am Menschen hochspringen, ihn abschnüffeln, an der Leine ziehen, sich kratzen usw. Eine noch größere Realistik erreichen etwa um dieselbe Zeit die Tierbilder des Mailänders Giovannino de Grassi; sie sind bereits richtige Stilleben, Studien nach der Natur.[412] Neben den Illustrationen zu naturkundlichen Werken wie z.B. *De proprietatibus rerum* des Bartholomäus Anglicus (erste Hälfte 13. Jh.) wurden auch die Randilluminationen zahlreicher Stundenbücher des ausgehenden Mittelalters Träger von Tierbildern, die wie einem zoologischen Werk entnommen wirken.[413] Selbst ein höfischer Liebesroman wie das *Herzbuch* (1457) des René d'Anjou konnte in den Miniaturen Ort der Naturbeobachtung werden, wenn etwa ein Pferd äußerst realistisch beim Wasserlassen wiedergegeben ist.[414] Ihre Vollendung fanden solche Darstellungen dann in der Renaissanceplastik, etwa bei Andrea Riccio († 1532).[415]

Allerdings dürfen die realistischen Darstellungen der spätgotischen Buch- und Tafelmalerei nicht einschichtig gesehen werden. So zeigte man z.B. bei Mahlszenen oft den Hund, der etwas vom Tisch abbekommt; das ist bei religiösen Sujets in der Regel nicht nur als Genremalerei zu verstehen, sondern spielt auf Mt 7,6 (»gebt das Heilige nicht den Hunden!«) an. Darum findet sich dieses Tier etwa auf Bildern des Letzten Abendmahls an der Seite des Judas Ischariot.[416]

Der erstgenannte Bereich der Verbildlichung narrativer Texte umfaßt religiöse und profane Themen. Die religiösen beinhalten Szenen der Heilsgeschichte, Episoden aus Heiligenlegenden etc. Die biblischen Sujets von der Erschaffung der Tiere in der *Genesis* bis zum apokalyptischen Lamm und Drachen dürften bekannt sein, sie sind viele tausende Male skulptiert und gemalt worden. Aber auch die Tierszenen der Heiligenlegenden bildeten eine unerschöpfliche Quelle. Viele der Heiligen haben ein Tier als Attribut erhalten, meist ein abgekürzter Verweis auf ein in ihrer Vita geschildertes Ereignis, aber gelegentlich auch Verbildlichung ihres Namens (z.B. das Lamm der hl. Agnes).

(2) Vielleicht faszinierender, da uns fremder, ist der zweite Bereich der magischen und symbolischen Tiergestalten. Im frühen Mittelalter ist ihre formale Herkunft v.a. aus der vorchristlichen germanischen und keltischen Tierornamentik auch bei Objekten wie liturgischen Handschriften, Reliquienkästchen, Grabsteinen usw. eindeutig, wenn auch manche Elemente der antiken Tradition integriert wurden. Das Problem ist, daß mangels Schriftquellen kaum sicher zu sagen ist, warum die Frühzeit eine solche Vorliebe für Tierformen zeigte, deren ineinander verschlungene Leiber die Gegenstände vollständig überziehen. Dementsprechend gibt es auch unterschiedliche Theorien, die von einer archaischen Urverwandtschaft in der Vorstellungswelt bis zu reiner Schmuckfunktion gehen; viele Kunsthistoriker weichen dem Problem aus, indem sie sich auf Stiletappen und -verbreitung beschränken.[417] Altnordische schriftliche Quellen lassen aber erkennen, daß etwa das mit Schlangen verzierte Schwert wirklich als Schlange erscheinen und so fast ein Eigenleben führen konnte.[418] Ist nicht ebenso in den durch Drachenköpfe als Lebewesen gestalteten Wikingerschiffen, die ungemein häufig mit Kenningar als Wellen-Rosse u.ä. bezeichnet wurden,[419] ein Reflex einer ähnlichen Dingbeseelung zu sehen?

Abb. 5 *Krieg der Katzen gegen die Mäuse auf einer Wandmalerei in St. Jakob in Pürgg, Steiermark, (12. Jh.).*

Im Hochmittelalter greifen diese Tierwesen auch auf die Monumentalkunst über und bekommen eine noch deutlicher dämonische Gestalt; im Gegensatz zu den frühmittelalterlichen Bauten sind die der Romanik geradezu heimgesucht von monströsen Bestien.[420] Ebenso unzählbar sind die Initialminiaturen der Handschriften, in denen Menschen von tierischen Ungeheuern verschiedenster Gestaltung angegriffen werden oder diese gegeneinander kämpfen. In der F-Initiale einer Bibel aus dem ersten Viertel des 12. Jh.s z.B. steht ein Ritter, dessen Füße ein löwenähnliches Raubtier verschlingt, während er mit der Linken einen Hund abwehrt und mit der Rechten seine Lanze einem geflügelten Löwen in den Rachen stößt.[421]

Der Feind des den christlichen Menschen verkörpernden Ritters nimmt noch lieber die Gestalt eines Drachen an (z.B. Halbrelief in St-Pierre-de-L'Isle, Charente-Maritime, zweite Hälfte 12. Jh.),[422] auch die eines Greifs (z.B. Portalplastik der Kathedrale von Barcelona, um 1300),[423] von Bären und Stieren (z.B. Chorumgang des Basler Münsters, Ende 12. Jh.).[424] Doch auch die bedrohten Seelen können als Tiere erscheinen; dies ist vermutlich der Sinn der Wandmalerei in St. Jakob, Pürgg (Steiermark, 12. Jh.), die den Krieg der Katzen (Dämonen) gegen die Mäuse (Seelen) zeigt.[425]

Als Elemente der Bauplastik treten Tiere und Monstren nie zentral, sondern immer in Randzonen auf: wo sich Grund und Säulen treffen (Basen), wo letztere enden (Kapitelle), wo die Vertikale der Wand auf die Schräge des Daches trifft (Friese), wo die Feste der Wand sich nach innen öffnet (Tor- und Fensterlaibungen), wo der heilige Raum aus dem profanen Umraum herausgeschnitten wird (Vorhalle, Chorabschluß). Auch die Gotik beachtet in der Regel solche Hierarchien: Auf den Konsolen unter den Statuen der Heiligen kommen nicht nur typologische Figuren vor (z.B. Propheten unter Aposteln), sondern die ganze Halbwelt der Mischwesen und Teufelsfiguren. Viele von ihnen sind Tierleiber und -köpfe (z.B. ein Drache unter der Madonna der Porte Rouge von Notre Dame de Paris, Mitte 13. Jh.).

Daß die Liebe zur Jagd so weit ging, sie als Hauptthema in die Mitte eines Kirchentympanons zu stellen wie in Bourges, St. Ursin, blieb exzeptionell (auch hier ist durch die darüberstehenden Bilder aus der Tierfabel ein allegorischer Sinn naheliegend, doch scheint er nur Vorwand für eine handfeste Eber- und Hirschhatz zu sein).[426]

Insofern die Kirche ein Abbild des christlichen Kosmos sein sollte, waren die Rand- und Sockelzonen der richtige Platz in der Hierarchie der Geschöpfe für Dämonen, Tiere und Monstren. Daran hielten sich auch die Buchmaler, die ihre »Drolerien« kontrapostisch zum heiligen Zentrum der Seite – dem heiligen Text oder seiner Verbildlichung – anordneten,[427] und die Bildhauer, die ähnliche Figuren im Inneren des Kirchenraums abseits an Konsolen und Misericordien, in Zwickeln und Schlußsteinen anbrachten. So klettern zwar 18 Eidechsen, sieben Kröten und vier Schlangen den Aufgang zur Kanzel im Wiener Stephansdom (um 1500) hinauf, sind aber vom Korb, der traditionellerweise die Kirchenväter zeigt, ausgeschlossen.[428]

Manche der Tierwesen basieren in ihrer Gestaltung auf importierten östlichen Vorlagen.[429] Dabei ist von Formkonstanz mit gleichzeitiger Bedeutungsänderung auszugehen: Während im chinesischen Altertum ein wildes Tier mit aufgerissenem, zähnestarrenden Maul, von Schlangen umwunden, das einen Menschen in seinen Klauen hält, den tiergestaltigen Erdgeist repräsentiert, der den Menschen freundlich umfängt,[430] kann eine analoge Darstellung im christlichen Kontext nur als böser und zu bekämpfender Dämon gedeutet werden, der sich der Seele zu bemächtigen versucht (z.B. Kapitell in Chauvigny, Poitou).[431]

Eine Neuschöpfung des frühen 13. Jh.s sind die meist theriomorphen Wasserspeier, bei denen es keine Anlehnung an die entsprechenden Bauteile der Antike gibt. Sie haben sogar seriöse Kunsthistoriker zu romantischen Poeten werden lassen: »Was wollen diese langhalsigen, heulenden Wasserspeier, die uns von der Höhe herab anstarren? Wenn ihre steinernen Flügel sie nicht zurückhielten, würden sie sich hinausstürzen, ihren Flug ins Weite nehmen und am Himmel eine furchtbare Silhouette abzeichnen. Keine Epoche, keine Rasse hat je grauenhaftere Larven ersonnen.« So kein geringerer als Emile Mâle.[432]

Berühmt ist eine Stelle in der *Apologia* Bernhards von Clairvaux: »Was macht da jene lächerliche Monstrosität, jene erstaunliche unschöne Schönheit und schöne Unschönheit (deformis formositas ac formosa deformitas)?« Da sind Affen abgebildet, Löwen, Kentauren, Halbmenschen, Tiger, kämpfende Ritter, Jäger, die das Horn blasen. Ein Kopf mit vielen Leibern, ein Leib mit vielen Köpfen, zusammengesetzte Tiergestalten – das verführt doch nur, lieber in den Marmorbildern zu lesen als in den Handschriften![433] Diese Kritik besagt freilich nur, daß der berühmte Zisterzienser Übertreibungen verwirft, solche Dinge speziell nicht in Klosterkirchen sehen will, nicht aber, daß er die Darstellungen für sinnleer hält. Ähnliche Ablehnung der symbolischen Bauplastik gab es auch weiterhin gelegentlich. So schrieb im frühen 13. Jh. der Verfasser des ikonographischen Lehrbuchs *Pictor in carmine*, man solle doch lieber statt doppelköpfigen Adlern, vierleibigen Löwen, Kentauren, Kopflosen, Chimären und Tierfabeln die Werke des Erlösers und die Mysterien des *Evangeliums* abbilden. Auch hier wird diesen »häßlichen« Darstellungen nicht ein Sinn abgesprochen, vielmehr geklagt, er sei profan und somit unnütz für die Gläubigen.[434] Andererseits aber gab es, so Gautier von Coincy († 1236), Äbte, die Tierfabeln offensichtlich als geeigneten Wandschmuck in den Mönchszellen betrachteten.[435] Üblicherweise wird es sich dabei um Warnungen der Kirchenherrn an ihren eigenen Klerus gehandelt haben. So gegen

Unkeuschheit, wenn ein betender Mönch von zwei Schlangen angefallen wird, wie in S. Isidoro, Léon (Mitte 11. Jh.),[436] oder gegen schlechte Gewohnheiten, denen der Mönch auch in Gedanken nicht nachgeben sollte, wie der notorische Wolf im Mönchsgewand, der doch an nichts anderes denkt, als an seinen Bauch (Freiburger Münster, um 1200; Parma, Kathedrale).[437] Manchmal werden diese Tiere auch epigraphisch identifiziert, wie der Basilisk, gegen den der hl. Michael auf dem Tympanon der Kirche von Kjells Nöbbelöfs in Schonen kämpft (um 1180).[438] Monströse Gestalten wie zweiköpfige schlangenförmige Amphisbaenen, vieräugige Aethiopes maritimi, Chimären, Greife und ähnliche Zwitterwesen sind meist aus Traditionen Asiens über antike Autoritäten (Plinius, Solin usw.) übernommen[439] und mit einer christlichen Bedeutung belegt worden. So bot sich etwa die Manticora (Menschenhaupt, Löwenkörper, Skorpionstachel) geradezu als Sinnbild für den Teufel an, verspeiste sie doch vorzugsweise Menschenfleisch.[440]

Dagegen hängt das Verständnis mehrdeutiger Gestalten in der Kunst wie Löwe oder Einhorn, die in den Schriftquellen sowohl Christus als auch den Teufel bezeichnen, vom ikonographischen Zusammenhang und der Position am Bau ab. Das Einhorn z.B. symbolisiert zumeist Christus, da es nach dem *Physiologos* nur von einer Jungfrau (der hl. Maria) eingefangen werden kann (z.B. Fries am Nordturm des Straßburger Münsters, um 1300).[441] Wenn jedoch in der Kirche von Hal (Belgien) in einem Zwickel eine nackte Frau mit aufgelöstem Haar auf einem Einhorn galoppiert (um 1400),[442] dann ist nur eine negative Deutung auf ein Laster denkbar, hier offenbar die Unkeuschheit.

Es ist anzunehmen, daß auch in der gotischen Bauplastik noch magische Vorstellungen im Hintergrund stehen. Betrachtet man etwa die bösartig wirkenden Vogelköpfe, die sich im Gewölbe der Kathedrale von Münster in Westfalen (um 1230) in die Rippen verbissen haben,[443] oder das so häufige Motiv der ineinander verschlungenen und verknoteten Schlangen, Drachen und Fabelwesen (z.B. Kapitelle der Franziskanerkirche in Salzburg, Anfang 13. Jh.), so sind diese Figuren wohl in einem das Böse bindenden Sinn zu verstehen. Die dämonischen Gegner der Gläubigen waren damit in den Stein festgezaubert. Man kann diese Darstellungen jedoch sicher gleichzeitig

Abb. 6
Löwe vor dem Dom zu Trient (12. Jh.)

katechetisch interpretieren: sie belehren den Betrachter, daß die Kirche über die bösen Mächte siegt.

Ein hierher gehöriges Motiv, das in der ganzen norditalienischen Romanik verbreitet war, dann auch über die Alpen bis nach Skandinavien ausgriff, ist das Löwenpaar, das (gern mit der Funktion von Säulenträgern) vor den Kircheneingängen liegt oder das Portal flankiert.[444] Beliebige Beispiele wären Verona (S. Zeno maggiore, 1135/38), Königslutter in Niedersachsen (um 1135), Hablingbro in Schweden (Ende 12. Jh.). Daß dieser Usus in der Gotik weiterbestand, zeigen etwa die um 1360 entstandenen Portale der Kirche S. Maria Maggiore in Bergamo (Lombardei). Bisweilen hat man so auch die Apsis gesichert (Lihme, Dänemark). Hier »mischt sich die Wächterfunktion mit apotropäischem Charakter; diese Löwen sind Gegenbild der Kirche: Die Weisheit ist an einen Ort gezogen, ›den die Raubtiere nie betreten und den der Löwe nicht beschreitet‹ (Hrabanus Maurus)«.[445] Da zahlreiche dieser Tiere, wie etwa am Dom von Modena, ein anderes Lebewesen, auch einen Menschen, in ihren Pranken halten, sind sie auch als Warnung vor dem Teufel gemeint, den der hl. Petrus mit einem »brüllenden Löwen« verglich (1 Petr 5,8) und vor dessen Rachen der Christ um Schutz fleht (Ps 21,22). Doch gibt es immer wieder lokale Abwandlungen, die vor einer pauschalen Festlegung der Interpretation warnen: Im Rundbogen über dem von Löwen bewachten Hauptportal des Veroneser Domes etwa lautet die Inschrift: HIC DOMINUS MAGNUS LEO CHRISTUS CERNITUR AGNUS (hier sieht man den Herrn Christus, das Lamm, als großen Löwen); also wurde das Tier hier auf den Erlöser, das Lamm Gottes, als den Löwen von Juda bezogen (Gen 9 f., Apk 5,5).

Schwer zu deuten ist ein Tiersymbol, das seit dem 9. Jh.[447] bis heute die Kirchturmspitzen schmückt: Der Kirchturmhahn ist unterschiedlich als keltisches oder antikes Symbol der Wachsamkeit angesprochen worden; warum wurde es aber den Türmen aufgesetzt? Die Deutungen, die die mittelalterlichen Liturgiker geben und die auf Priester oder Prediger[448] zielen, wirken wie nachträgliche Christianisierungen. Es heißt dort u.a.: »Der auf das Kreuz gegen den Wind gesetzte Hahn hebt sein Haupt sehr wachsam in die Höhe: so soll der Pfarrer, wenn er von einem eindringenden Räuber weiß, sich ihm ob der Schar seiner Schafe entgegenwerfen.«[449]

Es bestanden auch Konnotationen, die eindeutig negativ waren: Zahllose spätmittelalterliche Grabmäler zeigen Kröten und Schlangen als Symbole des Makabren und der Todesfaszination (nach Predigtgeschichten wurden Sündern im Grab das Eingeweide von einer Kröte zerfressen).[450] Manches bleibt freilich auch fraglich: Sollen die sehr zahlreichen Grabsteine, die bei Frauen Hunde und bei Männern Löwen zu Füßen des Abgebildeten zeigen, Symbole der Treue und Stärke sein oder solche für überwundene Laster?[451] Oder gehören sie eher in die rechtliche Sphäre (hohe bzw. niedere Gerichtsbarkeit)?[452] Eine geschlechtsspezifische Zuordnung von Tieren scheint dem mittelalterlichen Denken nicht fremd gewesen zu sein: Im nordischen Rechtsleben wurde die Katze der Frau, der Hund dem Mann zugeordnet.[453]

Doch konnten Tiersymbole auch ganz anders eingesetzt werden, nämlich zur politischen Repräsentation: In Perugia standen Löwe und Greif für zwei Teile der Bürgerschaft, Ritter und »Volk«. Ihre Bronzeskulpturen wurden am 1. März, dem Tag des Stadtpatrons, neu eingekleidet in feierlicher Prozession umhergetragen. Später brachte man sie außen am Palazzo dei Priori an.[454] Die Löwenplastik, die Herzog Heinrich in Braunschweig aufstellen ließ, wurde bereits erwähnt.

Allerdings konnten manche Monstren auch auf den mittelalterlichen

Betrachter schon komisch wirken, nicht nur Bernhard deutet dies in der oben zitierten Stelle an, auch sein Zeitgenosse Berengar von Poitiers schreibt, »wir pflegen zu lachen, wenn wir Bilder sehen, die mit einem Menschen beginnen und mit einem Esel enden.«[455] Auch reale Tiere dienten oft parodistischen Zwecken, z.B. die Affen, die in Marginalilluminationen gotischer Handschriften als Ärzte auftreten.[456] Die satirische Funktion der Tierdichtung spiegelte sich ebenso in der Kunst: So wird z.B. in der romanischen Bauplastik von St Pierre, Aulnay-de-Saintonge, ein liturgischer Akt parodiert, indem er von zwei Tieren zelebriert wird, deren eines ein Buch hält, aus dem das andere, als Priester angetan, liest oder singt.[457] Im Straßburger Münster gab es eine von einem Bären angeführte Trauerprozession für den Fuchs, dem der Wolf mit dem Kreuz und der Hase mit der Kerze und andere Tiere folgten;[458] ein den Gänsen predigenden Fuchs, angetan mit Chormantel und einen Bischofsstab in der Pfote, sieht man etwa im Chorgestühl der Kathedrale von Ely (1340).[459] Wenn in der spätgotischen Gewölbemalerei der Kirche von Härnevi (Schweden) ein Schwein das liturgische Instrument der Orgel spielt,[460] kann man im Zweifel sein, ob das wirklich nur eine Warnung vor der Sünde des Zornes (den dieses Tier verkörpert) sein sollte. Jedenfalls gibt es in anderen schwedischen Kirchen Dudelsack spielende Schweine, die durch Inschriften als Schandbilder für unbeliebte und namentlich genannte Personen deklariert sind.[461] Man findet auf ganz bestimmte Gruppen gemünzten Spott z.B. in den Miniaturen zu Jacquemart Gellée, *Renart le Nouvel* (um 1288), wenn der Fuchs, der im Gewand eines halben Templers und eines halben Hospitalers auftritt, angebetet wird.[462] Auch die Eselsmessen, die u.a. in Beauvais im 13. Jh. aufgeführt wurden,[463] sind wohl als auf die Spitze getriebene Satiren zu verstehen.

Das Schwein mußte auch dazu dienen, die Juden, die es nicht einmal berührten, zu verunglimpfen. Die Judensau[464] war besonders in Deutschland ein in Bild und Skulptur weit verbreitetes spätmittelalterliches Spottsymbol. Solche Plastiken sind heute u.a. noch außen am Regensburger Dom zu sehen, innen im Münster von Heilsbronn (Baden-Württemberg) und, besonders gut erhalten, im Chor des Domes von Uppsala; auch entsprechende Holzschnitte waren im Umlauf. Die durch ihre Tracht gekennzeichneten Juden saugen an den Zitzen des Tieres oder schlucken sogar seinen Kot; er symbolisiert den Reichtum, nach dem zu gieren die Verspotteten beschuldigt wurden. Selbst lebende Schweine sollten diese Minderheit verspotten: In Rom war es ein Karnevals-Brauch, Schweine in Karren den Monte Testaccio hinabrollen zu lassen, um die dann der Pöbel kämpfte. Die Requisiten liefern mußten die Juden.[465] Doch wird regelmäßig verkannt, daß es sich hierbei nur um eine Sonderform einer auch gegen Christen gebrauchten Schmähung handelt. Die öffentlichen Schandbriefe, in denen ein Gegner als ehrlos erklärt wurde, konnten auch einen an den Füßen aufgehängten Christen zeigen, der z.B. sein Siegel in den After einer Sau drückt, wodurch sein Wappen vermittels der Berührung mit dem Tierkot »gekränkt« wurde.[466]

(3) Die dritte Sphäre ist die der rein ornamentalen Funktion der Tierdarstellungen. Kann z.B. eine Harfe, deren Spitze in einem Löwenkopf (?) endet, eine Gitarre, deren Hals in einen hundähnlichen Kopf ausläuft und die, wie auf einem Elfenbeintäfelchen des 14. Jh.s zu sehen,[467] ganz offensichtlich zur Unterhaltung gespielt wurde, noch eine relevante Tiersymbolik besessen haben? In der Tat ist nicht beweisbar, daß solche Anklänge nicht mitgeschwungen hätten, genausowenig wie das Gegenteil. Aber mit der Möglichkeit, daß früher magisch oder sinnbildlich gemeinte Gestalten nur mehr zum Schmuck verwendet wurden, muß gerechnet werden.

9. Musik

In der Musik des Mittelalters scheinen Tiere kaum eine Rolle gespielt zu haben, wenigstens in der geistlichen und höfischen, die uns fast allein überliefert ist. Prinzipiell war die Lyrik der Epoche ja nicht zum gesprochenen Vortrag gedacht, sondern wurde gesungen, obwohl Melodien nur vergleichsweise selten überliefert sind. Das oben zitierte Kuckucks-Lied etwa wurde im Tanzrhythmus als sechsstimmiger Kanon vorgetragen.[468] Doch das musikalische Nachahmen von Tierstimmen scheint nicht üblich gewesen zu sein, sieht man von Parodien wie beim erwähnten Eselsfest ab. Dagegen fand die Jagd auch in dieses Medium Eingang: Im 14. Jh. entstand in

Frankreich die Chasse oder Chace, ein dreistimmiger Kanon, der Flucht und Verfolgung der Vokalstimmen evoziert. In Italien wurde er als Caccia gepflegt, in England in der Frühneuzeit als Catch.[469] Zahlreich waren im Spätmittelalter die Signale der Jagdhörner und die rhythmische Musikbegleitung bei der Falkenjagd.[470] In diesem Zusammenhang gibt es im 15. Jh. auch Beispiele für eine musikalische Nachahmung von verschiedenem Hundegebell.[471] Tiere als Musikanten kommen in der gotischen Kunst in der Regel in parodistischer Funktion vor, auf Miserikordien, in der Bauplastik, besonders der Marginalillumination von Handschriften; so wohl auch bei den Tierkonzerten, von denen bei großen Feiern etwa aus Burgund unter Karl dem Kühnen berichtet wird.[472]

10. Wissenschaft

Zoologie

Das gelehrte Wissen über Tiere kam lange nur aus den Traditionen der Antike. Es stand damit in Kontrast zum ungelehrten, praktischen, mündlich tradierten Wissen, waren doch schon viele Arten, die in der antiken Mittelmeerwelt vorkamen, in Mittel- und Nordeuropa nicht zu finden. Besonders Plinius, Solinus und Galenus wurden gern abgeschrieben und auch in den frühmittelalterlichen Enzyklopädien zusammengefaßt, von denen die Handbücher des Isidor von Sevilla († 636) und des Hrabanus Maurus († 856) die verbreitetsten waren. Viele unüberprüfte Nachrichten gelangten auf diesem Weg ins mittelalterliche Bildungsgut. So verzeichnete z.B. Isidor,[473] daß der Urin des Luchses zu Edelsteinen werde, weswegen der Verfasser des schon genannten *Ruodlieb* eine lange Anweisung gibt, das angeblich von Fuchs und Wolf gezeugte Geschöpf in einem Faß festzubinden und mit Wein trunken zu machen, um an seinen Harn zu kommen.[474] Außerdem galt das Tier schon Plinius als besonders scharfsichtig,[475] was Autoren des 13. Jh.s dann zu der Fähigkeit steigerten, feste Körper mit dem Blick durchdringen zu können.[476] Manche antike Vorstellungen, wie die der Gefährlichkeit der Hundstage im Juli und August, sind vom Mittelalter aus der Antike in die Neuzeit überliefert worden.[477] Solche mehr oder minder geglaubte Tiermythologeme flossen aus dem Orient bzw. antiken Quellen auch in andere Gattungen ein: Im *Alexanderroman* des Leo Archipresbyter aus Neapel (nach 900) z.B. wird die Welt von einer großen Schlange, dem Ozean, umgeben.[478]

Die Erfüllung aller Lebensbereiche mit religiösen Bewertungen ergriff jedoch auch das biologische Wissen. So kann man für das Mittelalter von drei Etappen sprechen, wobei die jeweils neue Sicht sich neben die ältere stellte und sie – nach und nach! – obsolet machte. Sie entsprechen (1) der Dominanz der allegorisch-religiösen Auslegung in der Tradition der Bibelexegese der Kirchenväter, (2) der Aristoteles-Rezeption und (3) dem Stadium des Experimentes.[479]

Im frühen und hohen Mittelalter dominiert das ganz vom typologischen Denken der Theologie geprägte Bild, das auf den *Physiologos* zurückgeht. Diese wichtigste Schrift, aus der geistliche wie weltliche Autoren ihre Kenntnisse über den Symbolgehalt der Tiere schöpften, geht zurück auf ein wohl Ende des 1. Jh.s n.Chr. in griechischer Sprache verfaßtes Naturkundebuch, enthaltend die Beschreibung und allegorische Deutung verschiedener Tiere, ursprünglich auch von Bäumen und Steinen. Der Name (griech. = der Naturkundige) war zunächst auf Aristoteles bezogen. Das Werk wurde in der ersten Hälfte des 5. Jh.s zum ersten Mal ins Lateinische übersetzt; auch viele volkssprachliche Versionen zirkulierten später, deren älteste eine anglo-sächsische in Gedichtform zu sein scheint, entstanden vor der Jahrtausendwende.[480] Die auch als Schulbuch benutzte lateinische Fassung war am weitesten verbreitet in den Versionen der *Dicta Chrysostomi* (um 1000) und des *Physiologus Theobaldi* (12. Jh.?). Wenigstens seit der Karolingerzeit wurden auch andere einschlägige Zitate mit dem Tierbuch vereinigt (z.B. Ambrosius über den Hahn, Isidor von Sevilla über das Pferd etc.).[481] Spätestens seit dem 11./12. Jh. sind mehrere andere volkssprachliche Versionen überliefert. Auf diese Weise, aber v.a., da der *Physiologus* auch in Predigten und Bildern Verwendung fand,[482] kam das Wissen um die Symbolik der Tiere auch unter die Laien.

Wie diese Gattung der Wissensliteratur die Tiere beschreibt, sei an einem Beispiel aus den *Dicta Chrysostomi* gezeigt. Von der Viper heißt es: »Wenn das Männchen Geschlechtsverkehr hat, dann steckt es seinen Mund in das Weibchen. Und dieses schluckt den Samen und beißt das Geschlecht desselben Männchens ab. Und dieses stirbt sofort. Erkenne also, was der Verkehr mit Dirnen für Folgen hat! Wenn aber die Jungen im Bauch der Viper gewachsen sind, durchbohren sie beißend ihre Seite und gelangen so aus der toten Mutter. Der Viper sind aber die Pharisäer zu vergleichen: mit bösen Werken und im Dienste ihrer Begierden töteten sie ihren Vater Christus und verfolgten ihre Mutter, die Kirche.«[483] Dieses Verhalten und noch Erstaunlicheres wurde »buchstäblich und real als Faktenwissen aufgefaßt«.[484] Die Interpretationsmethode ist also diese: Zuerst werden »naturwissenschaftlich« Verhaltensweisen beschrieben; dann werden sie aufgrund der Glaubenslehre als Bilder für menschliches Verhalten gebraucht, entweder moralisch: dies soll der Christ tun oder lassen (hier: Hurerei), oder typologisch: so ist es auch in der Heilsgeschichte (obwohl die Pharisäer Kinder des Schöpfergottes sind, töteten sie ihn wie das Vipernweibchen das Männchen und quälten die Christen wie die jungen Vipern ihre Mutter). Wenn man besonders gern über solche Wesen berichtete, die nicht in den heimischen Sphären zu finden waren, Fabelwesen wie Kentauren, Kynokephalen (Hundsköpfige), Greife u.ä., dann nicht zuletzt, weil Gott, der Wunder wirkt, eher am Nicht-Erfahrbaren aufzuweisen war, also am Fremdartigen.[485]

Diese Deutungsmethode erlaubt fast jede Kombination. Andere Varianten erklären etwa den Namen der Viper aus der Etymologie (»vi pariat«, sie gebärt mit Gewalt) und fügen hinzu, daß es auch halb menschliche Vipern gebe,[486] oder knüpfen eine eindringliche Predigt an: Mann und Frau sollen die Laster des jeweils anderen ertragen, wie die Viper beim Zusammensein ihr Gift ausspeit.[487] Wenn der mittelhochdeutsche *Physiologus* Christus im Abschnitt über das »Einhorn« als »spiritalis unicornis« identifiziert, weil er aufgrund seiner Demut sich so klein wie dieses Tier machte und weil das eine Horn »bezeichenet einen got«,[488] so werden vergleichbare Eigenschaften im weitesten Sinn als das Wesentliche der Dinge betrachtet.

Auf der *Physiologos*-Tradition basieren die umfangreicheren Bestiarien (von lat. bestia = Tier), Tierbücher, die, speziell in England oft einprägsam illustriert, in vielen Sprachen tradiert wurden. Ihre fabulösen Schilderungen über verschiedenste (heimische oder fremde) Tiere wollten die Neugier der Zuhörer stillen und sie im christlichen Sinn belehren.[489] Typisches Aufbauschema der Bestiarien ist auch hier die Zweiteilung in allegorische Tierbeschreibung und anknüpfende heilsgeschichtlich-moralische Auslegung der den Tieren unterstellten Eigenschaften und Verhaltensweisen. Ein Beispiel aus dem Bestiarium, das der Kardinal Petrus Damiani 1061 dem Abt von Monte Cassino in Form eines Brieftraktates sandte, möge die Vorbildrolle illustrieren, die tierisches Verhalten in diesem Zusammenhang bekommen konnte, gleichzeitig bezeichnend für die Sexuallehre der Kirche: Der Elefant ist ein besonders keusches Tier. Wenn er »trotzdem, vom Drang der Natur gezwungen, Verkehr hat, dann wendet er den Kopf nach hinten, quasi unwillig und angeekelt (nauseando). Empfängt das Weibchen, pflegt er gar keinen Verkehr mehr.«[490] Wie im *Physiologus* werden meist solche Kreaturen geschildert, die man nicht alltäglich sehen konnte, also Löwen, Einhörner, Sirenen oder Kentauren. Als umfangreichstes Werk dieses Genus gilt das lateinische *Buch von der Natur der Tiere* des Heinrich von Schuttenhofen aus dem Ende des 13. Jh.s, in dem 266 Tiere gedeutet werden.[491] Manche dieser Werke konzentrierten sich auf Jesus oder Maria, wie der dominikanische *Rosarius* des 14. Jh.s, wo jedes Tier auf die Tugenden der Gottesmutter hin ausgelegt wird.[492]

Die Bestiarien hatten einen nicht geringen Einfluß auf andere Literaturgattungen; ihnen entnommene Tiere tauchen z.B. genauso in einer Sittenlehre wie dem *Liber de moralitatibus* des Franziskaners Markus von Orvieto (um 1290) auf wie in Versionen einer Bearbeitung antiker Historiker, der anonymen, seit dem 13. Jh. mehrfach bearbeiteten *Histoire ancienne jusqu'à César*.[493] Selbstverständlich fanden sie Eingang in die seit dem 13. Jh. zahlreichen Enzyklopädien, von denen die *Spiegel* des Vinzent von Beauvais († 1264) und der anonyme *Experimentator* die umfangreichsten waren. Auch die erste und verbreitetste deutschsprachige Naturgeschichte, die des Konrad von Megenberg (1309–1374), eine Übersetzung des 1230/44 abgefaßten *Liber de natura rerum* des Thomas von Cantimpre, zehrt noch aus diesem Fundus genauso wie aus Aristoteles und Plinius. Das ging für den Autor ohne weiteres zusammen mit solchen wirklichkeitsgerechten Informationen, wie er sie von der Praxis verhafteten Gewährsleuten wie Kürschnern, Webern, Bauern u.a.[494] übernahm. Auch die Tierdarstellungen, die seit dem Hochmittelalter auf Weltkarten zu finden sind, wurden oft aus Bestiarien übernommen.[495] Und selbst in die eigentlich nur der Praxis verpflichteten Jagdtraktate des Spätmittelalters wurde Material aus den Bestiarien aufgenommen, obwohl man es teilweise schon als nicht verifzierbar erkannte.[496]

Nur selten wurden vor dem 12. Jh. realistischere Angaben in das zoologische Schrifttum integriert. Hildegard von Bingen (1098–1179) behandelt in ihrem Naturkundebuch (*Physica*) auch Tiere (*De animalibus*), wobei ihr Interesse v.a. ihrer medizinischen Brauchbarkeit gilt. So verschreibt sie z.B. bei Gelbsucht eine lebende Fledermaus, die auf den Leib gebunden werden muß, bis sie tot ist, oder gegen Epilepsie lebende Glühwürmchen als Bauchumschlag; gegen Taubheit hilft ein abgeschnittenes Löwenohr usw.[497] Hildegard benutzt vielfältige Quellen, wenn sie z.B. Drachen, Basilisk, Einhorn und Greif darstellt. Aber es scheint auch Beobachtetes zu geben. Als Beispiel für dieses Gemenge sei aus dem Kapitel über den Hund zitiert: »Der Hund [...] hat in seinem Wesen und seinen Gewohnheiten etwas vom Menschen, und deshalb fühlt und kennt er den Menschen und liebt ihn und hält sich gern bei ihm auf und ist ihm treu [...] Wenn Freudiges bevorsteht, bewegt er fröhlich den Schwanz, wenn Trauriges bevorsteht, heult er traurig [...] Schuhe aus seinem Fell schwächen wegen dessen Unreinheit [...] Etwas, wovon der Hund gegessen hat, soll der Mensch nicht mehr genießen, weil er sonst von dem Gift des Hundes etwas, das der Hund in die Überreste speit, mit aufnähme.«[498]

Seit dem 12. Jh. finden sich – im Zuge eines allgemeinen Realitätsgewinnes der Literatur – aber auch Beispiele von relativ genauer Naturbeobachtung. Es erhöhte sich der Praxisbezug schriftlicher Darstellungen; man begnügte sich nicht mehr mit einem zeichenhaften Verstehen der Natur. In theoretischen Abhandlungen wird jetzt erstmalig die Jagd als fünfte der »mechanischen Künste« behandelt, mit denen man die »freien Künste« (Grammatik, Rhetorik, Musik usw.) ergänzte.[499] Beobachtungen fügten nun manche Autoren sogar in religiöse Schriften aus einer offensichtlichen und vordem unbekannten Freude an der Sache ein, und das bisweilen an ganz unerwarteter Stelle. So enthält das um 1200 geschriebene Leben des hl. Bartholomäus von Farne einen treffenden Abschnitt über die Eiderenten der Farne-Inseln, ihre Brutgewohnheiten, die Nestflucht der Küken etc.[500] Der steierische Dichter Ottokar († um 1320) beschreibt in seiner Reimchronik nicht nur die Heuschrecken genau, sondern auch ins Murtal verflogene Pelikane. Neben dem Aussehen wird auch das Verhalten beim Fischen, bei der Beuteverteilung usw. präzise wiedergegeben.[501] Und ein Autor, bei dem man dies nicht vermuten würde, der Dominikanertheologe Meister Eckhart († 1328), vergleicht Gott mit einem Pferd, das er sehr gut als Lauftier beschreibt: »des rosses natûre ware, daz es zemâle ûzgüsse [sich alsbald austobt] mit aller sîner kraft mit springenne ûf der heide, daz waere im lustlich und waere sîn nature.«[502] Natürlich findet sich oft eine Mischung aus in unserer Sicht realitätsgerechter Schilderung und Phantastischem, wie es sich etwa gut bei Marco Polo († 1324) beobachten läßt, der nur wenig über die erwarteten Monstren vom Rande der Welt, aber viel über eine phantastische asiatische Fauna zu berichten weiß.[503]

Zwar griff man auch im Spätmittelalter immer noch gern auf den Klassiker der Zeit um 600, Isidor von Sevilla, zurück, etwa indem Konrad von Mure um 1255 eine Versbearbeitung seiner Tierlehre unternahm. Doch mit der Rezeption des Aristoteles und seiner arabischen Kommentatoren, die ein profanes und rationales Verständnis der Welt anboten, änderte sich die wissenschaftliche Tierliteratur. Seit etwa 1210 verbreitete man lateinische Übersetzungen der Werke des griechischen Philosophen über die Tierkunde.[504] Im 13. Jh. wurde so gegen vielfachen Widerstand der Kirche die Sichtweise der Natur und damit der Tiere begründet, die auch unser heutiges Weltbild prägt. Der Minorit Bartholomäus Anglicus schilderte 1230/50 in seiner Enzyklopädie die Vögel wenigstens teilweise nach eigener Erfahrung.[505] Brunetto Latini schrieb in den sechziger Jahren dieses Jh.s in seiner Enzyklopädie *Trésor* schon ganz ohne theologischen Apparat über die Tierwelt, obwohl er das Material der Bestiarien heranzog.[506] Besonders der Dominikaner Albertus Magnus (um 1200–1280) verfaßte eine Reihe biologischer Übersichtswerke und Spezialabhandlungen, mit denen er im späteren Mittelalter vielfach als Autorität wirkte.[507] Sie geben keineswegs nur die griechisch-arabischen Lehren wieder, sondern spiegeln auch Alberts eigene Beobachtungen, die er während seiner weiten Reisen machen konnte. Manche Tiere hat er in *De animalibus* überhaupt als erster beschrieben; nicht nur Aussehen und Verhalten, auch Lebensräume und Nutzen für den Menschen interessierten ihn. Als erster beschrieb er korrekt die Metamorphose der Insekten, und bei den Vögeln differenzierte er bereits so weit, daß er z.B. 5 Finken-, 6 Adler- und 13 Falkenarten unterschied.[508] Immer wieder korrigierte er dabei die Traditionen der heidnischen (Aristoteles, Plinius) und christlichen (*Physiologos*) Antike: Einäugige Reiher seien unmöglich, da die bilaterale Symmetrie der Vögel dies nicht zulasse, der Pelikan öffne sich nicht selbst die Brust, u.a.[509] Zur gleichen Zeit lieferte Kaiser Friedrich II. in seinem *Falkenbuch* eine ebenso genaue Beschreibung der Jagdvögel, wobei er auch Aristoteles mittels empirischer Daten korrigierte. Er erkannte sogar schon die Tendenz der Natur, durch fortgesetzte Vermehrung der Individuen für die Erhaltung der Arten zu sorgen.[510]

Dazu tritt nun, chronologisch nur wenig später, aber typologisch als ein deutlicher weiterer Entwicklungsschritt, das Experiment. Es ist vor dem 13. Jh. extrem selten und auch später nicht gewöhnlich. Ein frühes Beispiel ist das medizinische Experiment mit einem Tanzbären, das ein wohl unter dem Einfluß der arabischen Medizin praktizierender Arzt durchführen ließ, um König Balduin I. von Jerusalem (reg. 1100–1118) zu helfen: Das Tier wurde genauso verwundet wie der Herrscher und dann getötet. Aus dem inneren Zustand der Wunde konnte der Arzt eine wirksame Therapie entwickeln.[511] Albertus Magnus berichtet über den Zitterrochen aufgrund der Aussagen eines Mannes, der selbst Versuche mit ihm gemacht hatte;[512] persönlich widerlegte er durch die Praxis u.a. die Meinung, die abgezogene Haut des Eisvogels wechsle jährlich das Gefieder, und erkannte als erster, daß die Gliederfüßler (Insekten) ein Strickleiternervensystem besitzen.[513] Kaiser Friedrich II., der ja auch mit Menschenkindern letale Experimente durchführte, um die Ursprache herauszufinden, ließ Geiern die Augenlider zunähen, um zu beweisen, daß sie sich vom Geruchssinn leiten lassen.[514] Die an seinem

Wissenschaft 261

Hof entstandene *Hippiatria* (Pferdeheilkunde) des Jordanus Ruffus geht dementsprechend ganz von praktischen Beobachtungen und tiermedizinischer Zweckmäßigkeit aus.[515]

Trotzdem blieben die naturkundlichen Werke stets ein Gemisch aus verifizierbaren und nicht verifizierbaren Angaben. Einige Beispiele: In Naturlehren, aber auch im Alexanderroman, wird von einem Vogel Charadrius berichtet, dessen Anblick nicht nur gegen Gelbsucht und dessen Oberschenkel gegen Blindheit helfe, sondern der auch das Schicksal eines Kranken voraussage: Blicke er ihn an, so gehe die Krankheit auf den Vogel über, der sie dann, hoch auffliegend, von der Sonne verbrennen lasse. Blicke er aber weg, so sei dies das Zeichen für den tödlichen Ausgang.[516] Berühmt ist die Lehre vom Basilisken, dessen Blick tötet, der aber umgekehrt auch vom menschlichen Blick getötet wird, was Hugo von Trimberg so formuliert: »Des [basilisken] gesihte [Anblick] doch tôdes pin / Dem menschen bringet, ob er in siht / Von êrste, und in der mensche niht: / Siht aber den basiliscum ê / Der mensche, denne er in, dân sô wê / Wirt dem slangen, daz er stirbet / Und in sîner gift verdirbet.«[517] Man hielt dieses Tier für eine so reale Gefahr, daß 1474 in Basel tatsächlich ein Hahn, der ein Ei gelegt hatte, mit diesem vom Scharfrichter verbrannt wurde, da hieraus eben der Basilisk auskriechen werde.[518]

Auch die naturkundlichen Werke behandelten jene Erscheinungen der Fauna, die wir heute Fabelwesen nennen. Das *Buch der Natur* des Konrad von Megenberg z.B. führt unter der Rubrik »Meerwunder« nicht nur Krokodile und Delphine vor, sondern auch Achime, Meerdrachen, Meerrinder, Meermönche und Sirenen.[519] Aus solchen Quellen gingen diese Geschöpfe auch in die Kunst ein, zumal manche Handschriften illuminiert waren bzw. die Frühdrucke Holzschnitte besaßen. Weder die Kartographie, noch die Reiseberichte verzichteten auf solche Tiere, und die romanische Bauplastik wie die Buchmalerei machten sie auch konkret sichtbar.[520] Daß sie seit dem 12. Jh. als didaktische Elemente im Kirchenschmuck präsent sind, – man denke an das Portal der Westvorhalle von Vézelay, wo bei der Aussendung der Apostel auch die Monstren am Rande der Erde bedacht sind[521] – mag auch mit dem durch die Kreuzzüge gewonnenen neuen geographischen Horizont zusammenhängen.[522]

Die Frage nach der Grenze zwischen den Arten beschäftigte im Spätmittelalter auch die Philosophen, denen ja die Naturkunde oblag. Sie diskutierten, ob die Pygmäen Menschen seien; meistens hielt man sie für eine hochentwickelte Affenart.[523] Umstritten war auch, ob Kentauren eine Seele hätten.[524] Wie es um die (meist in Indien) angesiedelten Kynokephalen (Hundsköpfige) stehe, zu denen auch der hl. Christophorus gerechnet wurde, war freilich schon in der Karolingerzeit diskutiert worden.[525]

Die Verbindung der Tiere mit religiösen Lehrelementen hatte neben moralischen wohl auch mnemotechnische Funktion. Aber vor allem ging es darum, im Buch der Natur – Gottes Schöpfung[526] – zu lesen und daraus Belehrung und Erbauung für das einzig Wesentliche zu gewinnen: einen gottgefälligen Lebenswandel. Insofern war die naturwissenschaftlich exakte Darstellung nicht das zentrale Anliegen, weil sie nicht den Weg zum Himmel bahnen konnte, vielmehr die Gefahr barg, ob des Wissens hochmütig zu werden. Freilich waren selbst Gelehrte sich nicht immer hinsichtlich der richtigen Auslegungen sicher: Der Megenberger erklärt in seinem *Buch der Natur* viele Tiere allegorisch, gelegentlich läßt er aber auch dem Leser die Freiheit: »dâ mach auz, waz dú wellest.«[527]

Die Möglichkeiten der Verwendung naturwissenschaftlichen Wissens aus der didaktischen Literatur reichten bis in die Lyrik: Die sog. Vogelparlamente oder -sprachen, wie sie im Niederdeutschen und Dänischen gestaltet wurden, lassen eine Reihe von Tieren (nach dem Vorbild der Naturlehren) ihre biologischen Eigenheiten erklären; zudem vertreten sie auch verschiedene moralische Positionen. Ein Beispiel sind *De gamle danske Dyrerim* (Mitte 15. Jh.) in Knittelversen.[528]

Medizin

Jener Zweig der Naturwissenschaften, in dem Tiere die wichtigste Stelle einnahmen, war zweifellos die Medizin, wenn auch zentrale Zusammenhänge, wie etwa die Verbreitung der Pest durch Flöhe und Ratten – der Schwarze Tod in der Mitte des 14. Jh.s – den Ärzten der Zeit völlig verborgen blieben.[529] Dürften die Heilmittel in den mittelalterlichen Arznei- und Rezeptbüchern insgesamt auch mehr aus pflanzlichen und mineralischen Bestandteilen gemischt sein, so waren Medikamente tierischer Herkunft jedoch ebenfalls weit verbreitet. Sie umfaßten u.a. Katzenfleisch und -kot, verbrannte Regenwürmer, Steinbockleber, Natternbalg.[530] Auch lebende Tiere wurden immer wieder als Heilmittel verwendet: »Derjenige, dessen Nase stinkt, wird geheilt, wenn er die Nüstern eines Maulesels küßt; in ähnlicher Weise nützt es einer Frau, wenn sie die Nüstern einer Mauselin küßt«, heißt es im in den mittelalterlichen Klöstern beliebten Rezeptbuch des Marcellus (um 400). Zahnschmerzen beseitigt man, wenn man in das Maul eines Frosches spuckt und ihn bittet, den Schmerz mit sich zu nehmen, oder wenn man eine Raupe von einer Distel in ein purpurrotes Tuch bindet und an den Hals hängt. Gegen Rachenschmerzen sollen Schwalbenjunge in ungerader Zahl lebend zu einem Pulver verbrannt und eingenommen werden.[531] *Ein hübsch ler von dem das hilft kinder vnd kindelpeterin* [Wöchnerin] empfiehlt, einen gesunden Igel bei lebendigem Leib zu enthäuten und gebraten zu verspeisen, »das machet die kraft woll pehaltenn«, d.h. verhindert Ohnmachten.[532]

Praktische Erfahrung und antikes Wissen vermengen sich zwar in vielen der späteren Rezepturen, bisweilen auch mit magischen Elementen angereichert. Doch auch hier spielten die Fabeltiere ihre Rolle: Drachen- oder Schlangenzungen (oder was man dafür hielt) galten als Indikatoren von vergifteten Speisen und waren z.B. ein fester Bestandteil der Ausstattung der päpstlichen Tafel in Avignon.[533] Ähnliche und noch mehr Heilkräfte sagte man dem Horn des Einhorns nach, faktisch ein Narwalzahn.[534]

Aus antiker Tradition und mündlich weitergegebenem praktischem Erfahrungswissen resultierte auch eine Tiermedizin,[535] die sowohl in speziellen Werken als auch im Rahmen größerer Themen aufgezeichnet wurde. Sie beschränkte sich aber weitgehend auf das wichtigste Tier der Oberschichten, das Pferd, weswegen die wenigen mittelalterlichen Veterinäre in erster Linie Roßärzte waren, vielfach fungierten sogar Hufschmiede als Tierärzte.[536] Pferde pflegte man regelmäßig zur Ader zu lassen,[537] wie Menschen. Nicht zufällig setzt auch hier im 13. Jh. ein neues Interesse ein; zwei der Stallmeister Friedrichs II., Albrant und Jordanus Ruffus, verfaßten Roßarzneibücher, der praktischen Verwendbarkeit wegen in der Volkssprache geschrieben.[538] Vergleichsweise gut scheint die medizinische Versorgung für Tiere in Spanien gewesen zu sein, da dort die Rezeption der arabischen Wissenschaften am intensivsten war.[539]

Es gab im Mittelalter neben dem schriftlich aufgezeichneten einen breiten Überlieferungsstrom nur mündlich weitergegebenen praktischen Wissens. Es existierte also nicht nur eine gelehrte Veterinärmedizin, sondern auch eine in Regeln und Rezepten von Generation zu Generation vererbte praktische. Erst im ausgehenden Mittelalter wurde solches Traditionsgut gelegentlich verschriftlicht. Ein Beispiel bietet die *Roßaventüre* des 14. Jh.s, eine deutsche Sammlung von Roßtäuscher- und Stallknechtpraktiken. Nur daher wissen wir z.B., daß man damals bisweilen Tiere mit Grünspan oder Kupfervitriol grün einfärbte, wohl als Tarnung bei der Jagd.[540] Viele der Heilvorschriften bestehen sowohl aus medizinisch-therapeutischen als auch aus magischen. Ein Beispiel bietet ein lateinisches Pferdewurmrezept: Einerseits beinhaltet es die Verabreichung eines bestimmten Krautes und sinnvolle Verhaltensvorschriften (das Tier darf während der Krankheit nicht gewaschen und nicht geritten werden, »sondern es weide frei von jeglicher Belastung«); andererseits muß, als eine Heilformel, zehn Mal *Pater Noster* gesungen werden.[541]

Auch in den Geheimwissenschaften, der gelehrten Magie wie den volksläufigen Zauberpraktiken, wurden immer wieder Tiere in für sie verderblicher Weise herangezogen. Eine Handschrift aus dem 13. Jh. enthält eine Anweisung für Geisterbeschwörung, in der es heißt: »Nimm eine Fledermaus und opfere sie mit der rechten Hand; mit der linken drücke Blut aus [ihrem] Kopf.«[542] 1323 erregte in Paris der Versuch eines Zisterzienserabtes Aufsehen, der auf folgende Weise eine Geldsumme wiederbekommen wollte: Er ließ an einem Kreuzweg eine Katze lebendig begraben, sie »sollte drei Tage in dem Kästchen bleiben und dann getötet werden; die Haut wollte man in Streifen schneiden und damit einen Kreis legen. In diesen Kreis sollte sich ein Mann stellen, die Überreste des Fleisches der Katze sollten ihm in den Mastdarm gestoßen werden, und darauf sollte er den Teufel Berich anrufen, von dem alsdann die gewünschte Offenbarung erwartet wurde.«[543] Sechs Jahre später wurde in Chamay ein Karmeliter verurteilt, der mittels Krötenblut und Schmetterlingsopfer Frauen magisch zu verführen suchte und behauptete, auch Erfolg gehabt zu haben.[544] Tiere wurden also Opfer entweder, weil sie mit bestimmten natürlichen Kräften versehen imaginiert wurden, oder weil sie einen Wert darstellten und deshalb als Gabe an die Dämonen dienen konnten. Im illitteraten Milieu war es einer der häufigsten Liebeszauber von Frauen, lebende Fische (offenbar Symbole für den Phallus) in der Vagina zu ersticken, um sie dann pulverisiert dem Mann als Liebeszauber ins Essen zu mischen.[545] Andere holten zum selben Zweck Vogelküken aus den Nestern und rösteten sie lebendig in Krügen am Feuer. Besonders Frösche und Kröten wurden oft Opfer sadistischer Prozeduren beim Schadenzauber; sie wurden z.B. getauft und verbrannt.[546]

11. Epochentypische Grundeinstellung

Daß die christliche Religion im Mittelalter alle Lebensbereiche durchdrungen und geformt hat,[547] zeigt sich auch im Verhältnis zum Tier. Deshalb ist hier zunächst ein Blick auf die diesbezüglichen Lehren der *Bibel* zu werfen.[548] Sie erzeugten vielleicht nur teilweise, legitimierten aber jedenfalls den Umgang des Menschen mit den anderen Geschöpfen. Im *Alten Testament* werden zahlreiche Tiere wie etwa Hunde, Schweine, Raubvögel, Reptilien als unrein bezeichnet, sie zu essen, sogar die Berührung ihrer Kadaver, war verboten (Lev 11, Dtn 14). Trotz der Vision des Apostels Petrus, in der diese Gebote aufgehoben wurden (Apg 10,9 ff.), blieb diese Stigmatisierung auch im Mittelalter erhalten, wie die entsprechenden Bestimmungen der Bußbücher zeigen.[549] Gott hat viele Tiere überhaupt nur zur Bestrafung der Menschen geschaffen: Frösche, Fliegen, Mücken, Heuschrecken u.a. (Ex 8; 10). Schlange und Löwe als Teufelstiere zu sehen, Lamm und Taube als Opfer, Hunde und Schweine als unrein, das sind alles alttestamentliche Vorgaben. Die *Bibel* war auch Garant der Existenz mancher Monstren wie des Leviathan, des Behemoth, des Einhorns, des Greifen, des Basilisken und besonders der Drachen, desgleichen Quelle mancher phantastischer naturkundlicher Lehren wie die von der Ohren besitzenden Otter (Ps 58,5 f.). Der Tenor ihrer Aussagen implizierte eine unüberwindliche Differenz zwischen Mensch und Tier, eine Situation der völligen Unterordnung der Kreatur unter den Men-

schen. Die Autorität der *Genesis* (1,28, mit Jak 3,3. 7) war der biblische Hintergrund, der eingesetzt werden konnte und eingesetzt wurde, um eine schrankenlose Ausbeutung der Tiere zu rechtfertigen: »Herrschet über die Fische im Meer und über die Vögel unter dem Himmel und über das Vieh und über alles Getier, das auf Erden kriecht.« Es gibt freilich keinen Hinweis darauf, daß die Tiere von den heidnischen Germanen oder Slaven anders behandelt worden wären, nur im Keltischen zeigen sich anscheinend Ansatzpunkte zu einer größeren Sensibilität. Entscheidend ist aber, daß die christlichen Theologen regelmäßig mit Hilfe der *Schrift* die Ausnützung legitimierten, obschon auch andere *Bibel*-Stellen zur Auswahl gestanden hätten: Tierfreundliche Passagen, wie das Verbot, dem dreschenden Ochsen das Maul zuzubinden (Dtn 25,4), oder z.B. Spr. 12,10: »Der Gerechte erbarmt sich seines Viehs« (in der im Mittelalter maßgeblichen *Vulgata* etwas anders, aber sinngemäß gleich), spielen in der Exegese überhaupt keine Rolle; auch Episoden, mittels derer man eine Gemeinschaft von Tier und Mensch hätte begründen können, wie die Errettung der Tiere in der Arche Noahs, führten die christlichen Theologen keineswegs zu einer respektvollen Einstellung. Nicht einmal Stellen, die Tiere als Vorbild nennen, wie die klugen Schlangen (Mt 10,16) oder die sanften Lämmer (Jer 51,40), nicht einmal der christologische Bezug zu diesem Tier führten i.d.R. zu ihrer Schonung (letzterer hätte eine Tabuisierung zur Folge haben können wie die der Kühe im Hinduismus). Die Kirchenväter waren wesentlich mehr an einer symbolischen Ausdeutung der Fauna interessiert als an den Geschöpfen selbst oder dem Verhalten der Menschen zu ihnen.
Wesentlich war sicher das Verhältnis Jesu zu den Tieren: Hat nicht schon der Religionsstifter, wenn er Teufel austrieb, diese in Schweine gebannt, die sich dann in den Tod stürzen mußten (Mt 8,28 ff.)? Hat er nicht die der Hölle geweihten Sünder mit Böcken verglichen (Mt 25,32 f.)? Hat er je irgendeine Fürsorge für irgendein Tier gezeigt? Der »gute Hirte« ist eine Metapher, die mit wirklichen Tieren nicht das geringste zu tun hat; wenn Jesus zusammen mit Tieren erscheint, dann sind es die Bestien der Wüste, genannt in einem Atemzug mit dem Satan (Mc 1,13). Genauso wesentlich war die Einstellung des Mannes, der aus der Sekte eine Weltreligion machte, des Paulus. Sie manifestiert sich v.a. in 1 Cor 9,10, wo er ironisch fragt, ob Gott sich

denn um Ochsen kümmern würde. Freilich hatte er selbst ein erschreckendes Erlebnis mit einer Schlange gehabt (Apg 28,3 ff.).
Von solchen Vorbildern geht die gesamte katholische Theologie aus. Treffend sagt einer ihrer bedeutendsten Vertreter, der hl. Bernhard von Clairvaux: Aufgrund der von Gott verliehenen Herrschaft »liegt sichtlich der Schrecken vor dem Menschen drohend über allen Lebewesen der Erde«. Diese schulden dem Menschen ausdrücklich Knechtschaft: »debitum servitutis«.[550] Die diesbezüglich in der ganzen Epoche gültige Grundlehre dieser Religion findet sich etwa bei dem Pariser Magister Petrus Lombardus († um 1160), dessen *Sentenzen* im weiteren Mittelalter *das* Basislehrbuch aller theologischen Ausbildung waren: Wie der Mensch geschaffen wurde, um Gott zu dienen, so die Welt, um dem Menschen zu dienen.[551] Petrus von Poitiers formulierte in seiner Nachfolge im frühen 13. Jh.: »Der Mensch wurde nach den anderen Geschöpfen erschaffen und sozusagen in ihre Mitte gesetzt und den untergeordneten Geschöpfen (inferioribus creaturis) vorgesetzt, daß, wie jene ihm dienen sollen, er selbst seinem Schöpfer dienen soll.«[552] Verbindlich wird dann Thomas von Aquin die Herrschaft des Menschen formulieren und begründen.[553] Doch bekräftigen etwa auch die weltlichen Rechtsbücher, daß der Mensch sich dem Tier gegenüber nichts zu schulden kommen lassen *kann*: »Do got den menschen geschuf, do gap her im gewalt ubir vische unde vogele unde alle wilde tir. Darumme habe wir orkunde [Zeugnis] von gote, daz nimant sinen lip noch sinen gesunt an diesen dingen verwerken mag[554] [daß niemand Leib und Gesundheit an diesen Sachen verwirken kann].« Und griff man zu den antiken Klassikern, die freilich gegenüber der geoffenbarten Wahrheit der *Bibel* nur bescheidene Autoritäten waren, so las man es z.B. bei Cicero genauso, daß die Tiere nur für die Ausnützung durch den Menschen da seien.[555] Zwar sprachen die meisten Theologen den Tieren nicht die Seele ab, qualifizierten sie aber als sterblich (so auch die heutige Dogmatik).[556] Sie betonten im allgemeinen immer, daß Tiere im Gegensatz zu Menschen eben wild, sprach- und vernunftlos, mit einem Wort: nicht Gottes Ebenbilder seien.[557] Im künftigen Paradies, so Thomas, gibt es keine Tiere, da der Mensch keine Nahrung mehr benötigt.[558] Anders als die Menschen können sie also keine Entschädigung für ihr irdisches Leid im Jen-

seits erwarten. Luther allerdings hielt es für möglich, daß Gott nach dem Weltende auch neue Hunde mit goldener Haut schaffen würde.[559] Er verfaßte ja auch eine Klageschrift der Vögel gegen seinen Famulus Wolfgang Sieberger, weil dieser sie mit Netzen zu fangen pflegte. Als Strafe werden ihm Mäuse, Flöhe, Läuse und Wanzen an den Hals gewünscht.[560]

Für nahezu alle Menschen des Mittelalters, soweit die Quellen Aussagen darüber machen, war dementsprechend im Umgang mit Tieren nur der Aspekt des Nutzens relevant. Wenn einmal in einer Sammlung von geistlichen Mirakeln auch über Wunder an Tieren berichtet wird, so glaubt der Verfasser, dies nicht ohne eine Entschuldigung durch ein *Bibel*-Zitat berichten zu dürfen, wonach der Herr Mensch *und* Tier hilft (Ps 35,7).[561] Ein vielsagendes Indiz ist es, daß in der höfischen Dichtung, in der doch ununterbrochen von Pferden die Rede ist, diese den Rittern nur als Standesabzeichen und Medium ihres Wirkens verbunden sind, nicht aber als Geschöpfe beachtet werden, zu denen eine emotionelle Beziehung entsteht. Wenn von ihrem Leiden die Rede ist, dann nur in der literarischen Funktion des Verweises auf den Ritter, dem es ebenso ergeht.[562] Eine Ausnahme bietet der *Willehalm* des Wolfram von Eschenbach (der freilich sonst mitleidslos das Ende der Pferde schildert). Hier spricht der Held exzeptionellerweise mit dem Tier, das fast als Partner gesehen wird, und läßt ihm eine liebevolle Versorgung angedeihen.[563] Aber nirgends in den zahlreichen klassischen Artusromanen findet sich, abgesehen von Iwein und seinem Löwen, ein echtes persönliches Verhältnis zwischen einem Menschen und einem Tier.[564]

Ungeachtet dieser rein utilitaristischen Haltung, die sich durch die ganze europäische Geschichte zieht, hatte die Tierwelt aber im Bereich der Vorstellungen im Mittelalter eine im Vergleich zur Gegenwart ungemein vielfältige und gewichtige Rolle. Mentalitätsgeschichtlich erklärungsbedürftig sind hier nicht jene Einstellungen, die wir heute mehr oder minder nachvollziehen können: Natürlich war man sich dessen bewußt, daß, wer ein »Roß« (und kein »Pferd«) ritt, zur Oberschicht gehörte, und wer auf einem Klepper saß oder ging, zur Unterschicht, kostete doch ein einfaches Reitpferd etwa das Vierundzwanzigfache eines Bauernpferdes, und ein hervorragendes Kampfpferd sogar das 800fache.[565] Natürlich hatten der Ha-

Abb. 7
Reiter mit Beizfalke als Verkörperung des Monats Mai. Glasfenster der Kathedrale von Lausanne (13. Jh.)

bicht bei der Beizjagd und der Hund bei der Hetzjagd eine ganz praktische Funktion, aber sie waren gleichzeitig Statussymbole der Leisure-Class. Nicht umsonst ließen sich Adelige gern mit einem edlen Falken auf der behandschuhten Hand malen (z.B. um 1400 im Trienter Adlerturm), ja sogar auf Grabmälern darstellen.[566] Auch wurde der Monat Mai durch einen vornehmen Reiter mit seinem Beizfalken verkörpert (z.B. Glasfenster der Kathedrale von Lausanne, 13. Jh.). In Wolframs Epos *Parzival* trägt der Fährmann Plippalinôt einen Jagdvogel auf der Hand, der besonders auf Lerchen spezialisiert war, die zur vornehmen Küche gehörten – womit er seinen ritterbürtigen Stand anzeigt.[567] Das hat nichts mit einer spezifischen Einstellung zum Tier zu tun, dieselbe sozial-repräsentative Funktion konnte ein besonderes Kleidungsstück haben, und was das edle Pferd war, ist heute das Auto oder Motorboot. Oder: daß gewisse domestizierte Tiere Eigenschaften entwickeln, die als quasimenschliche Tugenden gedeutet werden können, ist ebenso ein leicht nachvollziehbares Schema. Die Treue des Hundes war seit der Antike sprichwörtlich[568] und wurde auch in vielen Predigten erwähnt;[569] vom Hund, der nach vielen Jahren noch Rache für seinen ermordeten Herren nimmt, erzählt schon Thietmar von Merseburg (975–1018).[570]

Sucht man dagegen, sich uns fremden Verhaltensweisen und Einstellungen zu nähern, so scheint es weitaus am schwierigsten, in die

Mentalität des Frühmittelalters einzudringen. Welche Macht sprach man Schlangen und Vögeln zu, wenn man mit ihren Abbildern die Knäufe der Waffen, die Enden der Broschen, die Balken der Schiffe umwand? Es ist wohl nicht allzu spekulativ, als ein Element des archaischen Weltbilds eine geringere Distanzierung zwischen Tier und Mensch anzunehmen als nach der Christianisierung. Es scheint eine Zeit gegeben zu haben, in der die Grenze zwischen den Arten noch leichter zu durchbrechen war, wovon Reste etwa in der Welt der Märchen (Tierverwandlung, sprechende Tiere) erhalten sind. Spuren reichen aber auch in die historische Zeit. So sagte man im Frühmittelalter bei der Friedloslegung (Verbannung) »wargus sit«, er sei ein Wolf (und nicht etwa: verfolgt *wie* ein Wolf).[571] Der Mörder hieß im Altnordischen »mordvargr«, der Brandstifter »brennvargr«, der Viehdieb »gorvargr«,[572] also Mordwolf usw. Sowohl die tatsächlich existierenden Berserker wie die mehr der Phantasie angehörenden Werwölfe im vorchristlichen Nordgermanischen fluktuierten zwischen Mensch und Tier. Beide Vorstellungen implizieren, Menschen könnten sich in Tiere und wieder zurück verwandeln – tatsächlich gibt es eine Geisteskrankheit, die darin besteht, daß der Patient meint, ein Tier zu sein und die entsprechenden Verhaltensformen zeigt, eine Störung, die in der Psychopathologie als Lykanthropismus bekannt ist. Im vorchristlichen Norden galt dies allerdings nicht als Krankheit, sondern als besondere Form ekstatischen Kriegertums: Der Name Berserker[573] bedeutet sehr wahrscheinlich »der in Bärenhaut Gekleidete«. Diese Krieger trugen Bären- oder Wolfshäute statt der Brünne[574] und erinnern damit an jene Langobarden, die in Hundemasken fochten und Blut tranken.[575] Nach *Haraldskvaedhi* (um 900) kämpften die »Wolfsröcke« heulend wie Tiere![576] Daß sich ein Mensch die Bärengestalt »überziehen« könne, ist auch sonst aus Island bezeugt. Von den Berserkern,[577] die einzeln oder männerbündisch als Gruppe in bestimmter Anzahl (2, 12) auftraten, hieß es, sie seien in ihrem ekstatischen Wüten oder Amoklauf stark wie Bären oder Bullen und wütig wie Hunde oder Wölfe.[578] Bildliche Darstellungen gehen bis in die Mitte des ersten Jahrtausends n.Chr. zurück. Noch das im 12. Jh., also nach mehr als drei Generationen Christentum, aufgezeichnete isländische Recht (*Grágás*) hält es für nötig, den »berserksgangr« zu untersagen. Mehrere

Werke der christlichen Literatur, wie der mittellateinische *Waltharius* oder das altfranzösische *Rolandslied*, haben Erinnerungen an den Bären-Krieger bewahrt.[579]

Abb. 8
*Helm Ferdinands I.
mit Visier in Gestalt einer
Hunds- oder Wolfsschnauze.
Wien, Waffensammlung
(1526/29)*

Spuren des Wunsches, sich beim Kampf in ein Tier zu verwandeln, um dessen überragende körperliche Eigenschaften zu besitzen, sind lange bezeugt, wenn auch in viel »distanzierterer« Form. Nicht nur frühmittelalterliche Krieger trugen einen Adler, Bären, Raben, besonders aber einen Eberkopf bzw. dessen Hauer an ihren Helmen, wie u.a. auf den Bronzeplatten von Torslunda (7. Jh.) dargestellt,[580] ähnliches kommt immer wieder auf Rüstungen vor. So ließ sich der albanische Fürst Skanderbeg um 1450 einen Helm schmieden, dessen Zier aus einem sehr lebensecht wirkenden Bronzekopf eines Bockes besteht – eine Anspielung auf die alten Könige von Epirus, die Vorgänger dieses Herrschers.[581] Ein von Hans Seusenhofer 1526/29 getriebener Helm des Habsburgers Ferdinand I. hat ein Visier in Gestalt einer Hunds- oder Wolfsschnauze, die dem Träger in unheimlicher Weise einen Tierkopf verpaßt.[582]

Nicht weniger unheimlich war es im alltäglichen, nicht-kriegerischen Bereich, wenn die Grenze zwischen Mensch und Wolf sich verwischte. Da, wie angedeutet, v.a. eine psychische Störung die anthropologische Grundlage bildet, findet sich der Werwolfsglaube[583] in vielen

Kulturen, auch der klassisch-antiken und der vorchristlich-nordischen. In einer Saga ist z.B. von einem Mann namens Kveld-Úlfr die Rede – er verwandelte sich immer abends (kveld) in einen Wolf (ulfr).[584] Während im Frühmittelalter die Kirchenschriftsteller in der Nachfolge des hl. Augustinus solche an die heidnischen Klassiker (Ovid!) gemahnenden Verwandlungen nicht glauben wollten und dies auch ihren Mitchristen anbefahlen, änderte sich im Hochmittelalter die Beurteilung. Ähnlich wie die Nachtflüge der Hexen, die in der Karolingerzeit als Phantasien verworfen worden waren, im Spätmittelalter dagegen weithin als real galten, werden nun auch die Werwölfe ernst genommen. Nach den für Kaiser Otto IV. geschriebenen *Otia imperialia* des Gervasius von Tillbury sei es in England täglich geschehen, daß sich bestimmte Personen »durch eine Geistesstörung« beim Wechsel des Mondes in Wölfe verwandelten.[585] Diese psychologische Erklärung war Gervasius offenbar vermittels der Rezeption der nüchternen arabischen Medizin geläufig.

Wenig früher schuf eine in England lebende Dichterin, Marie de France, die wohl bekannteste mittelalterliche Erzählung über einen Werwolf, *Bisclavet*. »Jadis le poeit hum oir / E sovent suleit avenir, / Hume plusur garval devindrent / E boscages meisun tindrent. / Garvalf, ceo est beste salvage; / Tant cum il est en cele rage, / Hummes devure, grant mal fait, / Es granz forez converse e vait«.[586] (Einst konnte man es hören und pflegte es oft zu geschehen, daß manche Menschen zu Werwölfen wurden und in den Wäldern ihre Wohnstätte hatten. Ein Werwolf, das ist eine wilde Bestie; solange er in dieser Wut ist, verschlingt er Menschen, tut großes Übel, lebt und durchzieht die großen Forste). Bisclavet, ein schöner Ritter, verläßt jede Woche für drei Tage seine Frau, um als Tier Beute zu machen. Als sie es erfährt, »wollte sie nicht länger an seiner Seite liegen«, sie erkennt die »ontologische Mésalliance«.[587] Um die Rückverwandlung zu verhindern, läßt sie seine Kleider verstecken. Da der Wolf Bisclavet aber ob seiner artigen Sitten am königlichen Hof aufgenommen wird, gelingt es ihm, seine Frau und deren Liebhaber zu bestrafen sowie sie zur Herausgabe seines Gewands zu zwingen und wieder Mensch zu werden. Doch kommen in der mittelalterlichen Literatur auch hilfsbereite Werwölfe vor (*Guillaume de Palerne*).[588]

Der Glaube an Werwölfe blieb jedoch nicht nur in der Sphäre der gruseligen Erzählung, sondern brach auch in das wirkliche Leben ein: Ihrem sie quälenden Liebhaber versuchte eine Baslerin im 15. Jh. mit folgendem aktenkundigen Zauberspruch beizukommen: »Ich sich dir nach und sende dir nach nün gewerewolfe (Werwölfe) – drie die dich zerbyssent, drie die dich zerrissent, drie die din hertzlich bluot usslappent und sugent [...]«[589] Die Autoren des *Hexenhammers* erklärten solche und ähnliche Tierphänomene als Illusionen. Es seien wirkliche Tiere, die, von Dämonen besessen, die Untaten ausführten.[590] Doch anscheinend erst mit den Hexenprozessen der Frühneuzeit wurden auch Werwölfe von der Justiz verfolgt und oft grausam hingerichtet.[591]

Schwer ohne Rückgriff auf die archaische Permeabilität von Tier und Mensch zu erklären wären auch die nicht so selten bezeugten Vorstellungen von der Seele in animalischer Gestalt. In Bild und Text seit der christlichen Spätantike oft durch die Taube verkörpert,[592] figurierte sie auch in anderen Formen, etwa als Eidechse, die dem Mund des schlafenden Frankenkönigs Guntram entflieht.[593] Wie sollte hier nicht dieselbe Vorstellung zugrunde liegen, die im Nordischen so oft als »fylgja« (Folger) bezeugt ist: die Manifestation des inneren Ichs als Bär, Wolf usw.[594] Sie dürfte auch mit dem Werwolf zu tun haben, desgleichen die verwandte Vorstellung des tierischen Doppelgängers (altnordisch »hamr«).[595]

Eine Geschichte, die einer der gelehrtesten Geistlichen der Karolingerzeit, Paulus Diaconus († 799), ohne Wort der Kritik als historisches Faktum erzählt, zeigt, was im Bereich der Tierverwandlung möglich erschien und wie es mit der Christenlehre in Einklang gebracht wurde: Der Langobardenkönig Kunibert überlegte zusammen mit seinem Stallmeister, wie er seine alten Widersacher Aldo und Grauso vernichten könnte. Da setzte sich plötzlich am Fenster, vor dem sie standen, eine große Schmeißfliege nieder. Kunibert nahm sein Messer und hieb nach ihr, um sie umzubringen, schnitt ihr aber nur einen Fuß ab. Als Aldo und Grauso eben nichtsahnend in den königlichen Palast gehen wollten, kam ihnen ein Hinkender entgegen, dem ein Fuß abgehauen war. Der sagte ihnen, daß sie Kunibert töten werde, wenn sie zu ihm gingen. Von großer Angst ergriffen, flohen sie in die nächste Kirche. Da der König dies hörte, verdächtigte er zunächst seinen Stallmeister, doch dieser hatte sich nie aus seinen Augen begeben. Da versprach Kunibert seinen Feinden Gnade, wenn sie ihm den Verräter benennen wollten. Sie erklärten, ein Hinkender sei ihnen entgegengekommen, dem ein Fuß abgehauen war, und der habe ihnen ihr Unheil gemeldet. »Daraus erkannte der König, jene Fliege, der er den Fuß abgehauen hatte, sei ein böser Geist gewesen und der habe seinen geheimen Ratschluß preisgegeben«.[596] Kunibert schloß also aus der Analogie »Fliege mit fehlendem Bein« und »Mensch mit fehlendem Bein« auf die Identität dieser beiden Lebewesen. Für ihn (und Paulus, der dies als historische Mitteilung bringt) ist die Existenz eines Tertium comparationis, nämlich der gleichen körperlichen Beschädigung, Garant für die Identität beider Wesen. Da aber bei den christlichen Langobarden des 7. Jh.s Fliegen und Menschen nicht mehr dasselbe sein können, muß es ein böser Geist sein, dessen Verwandlungsfähigkeit die Kirchenschriftsteller ja stets betonten.

Es konnten nach mittelalterlichem Glauben sogar Tote in Tiergestalt erscheinen. Ein Beispiel geben die Aufzeichnungen des Großbauern Arnt Buschmann aus der Gegend des heutigen Duisburg von 1437/38. Seit dem Martinstag 1437, also in der dunklen Zeit des Jahres, eine Woche nach Allerseelen, wird Buschmann immer wieder von einem Hund verfolgt, der ihm viel Schrecken einjagt. Es gelingt ihm einmal, das Tier zu beschwören, und sogleich verwandelt sich der Hund in »eyn groit alt man und sprack myt heiser stemme als ein kranck mensche ›Ich bin eyn geist eyns cristenmenschen als du bist, und ick was dines vader aldervader‹«.[597] Der Urgroßvater des Bauern ist es also, der sich in dieser Gestalt dem Nachfahren offenbart. Älteren Quellen zufolge konnten Sünder nach dem Tode auf dieser Welt als Raben, Geißen oder Kettenhunde büßen.[598] Der vorchristliche Glaube an theriomorphe Totenerscheinungen erscheint hier verchristlicht, da mit dem Fegefeuerdogma kombiniert.

Auch die Sagen vom tierischen Urahn eines Stammes oder Geschlechts und die so häufigen germanischen Tiernamen lassen noch auf eine enge Verbindung der beiden Welten schließen: Cherusker bedeutet Junghirsche, Wulfingas verweist auf Wölfe, Hundingas auf Hunde. Die Merowinger führten sich auf ein Ungeheuer zurück, die

Epochentypische Grundeinstellung

Anführer der nach England übersetzenden Sachsen nannten sich Hengist und Horsa (Hengst und Pferd).[599] Doch auch später führten sich immer wieder einzelne Herrscher oder Dynastien auf ein »Totemtier« zurück, so König Sven Estrithson (reg. 1047–1076) auf den Bären, die Häuser Warwick, Cleve und Bologne auf den Schwan (Lohengrin-Sage).[600] Ein Matthäus-Kommentar des 5. oder 6. Jh.s sagt ausdrücklich, die Barbaren gäben ihren Kindern Tiernamen als Zeichen ihrer erwünschten Kampfestüchtigkeit.[601] Tatsächlich gibt es viele entsprechende Namen: Bernhard (der Bärenkühne), Gundulf (Kampfwolf), Rudolf (berühmter Wolf), Wolfgang (der gefährlich wie ein Wolf geht), Wolfhard (der Wolfskühne), Wolfstrud (die Wolfsstarke), Wulfhilde (die wie ein Wolf Kämpfende), Eberhart (der Eberkühne), Falko (Falke), Eppo (Eber), Odulf (der den Besitz wie ein Wolf verteidigt), Marhold (Beherrscher der Pferde), Ursus (Bär), Lupus (Wolf) u.a.[602] Die Welpen, auf die die mit den Staufern konkurrierenden Welfen im Namen zurückgehen, sind eigentlich junge Löwen.[603] Doch kennt man auch aus der Romania Ähnliches: Berühmte Familien des mittelalterlichen Verona z.B. waren die Grancani (große Hunde) und Cavalli (Pferde). Viele dieser Namen waren auf das frühe Mittelalter beschränkt, einige hielten sich, weil weitverehrte Heilige zufällig einen solchen Namen trugen. Doch findet man noch im Spätmittelalter z.B. in Skandinavien Draghe (Drache).[604] Nicht ganz selten schien ein Tier adäquat, um einen Menschen zu charakterisieren: Heinrich der Löwe, Richard Löwenherz, Heinrich der Eber (Erzbischof von Sens), um Beispiele aus dem 12. Jh. zu zitieren. Analog dazu verwendete die Dichtung Tiervergleiche, um den Charakter eines Menschen zu bezeichnen, z.B. für den bösartigen Truchseß des König Artus Bremse und Hummel.[605] Seit im Hochmittelalter zur Differenzierung angesichts der rapide zunehmenden Bevölkerung auch Nachnamen üblich wurden, finden sich auch von Tieren abgeleitete, doch eher selten. So gab es etwa ein holsteinisch-schwedisches Geschlecht Svinakula, das einen Eberkopf mit riesigen Hauern im Schilde führte.[606] Auch haben wir schon gesehen, wie leicht Gelehrte zur Tiermetaphorik griffen, um sich selbst zu bezeichnen.

Lange wirkte die Vorstellung nach, sich unter den Schutz eines mächtigen Tieres begeben zu können. Wohl aus dem Osten übernahmen Römer und Germanen den Brauch, ihre Truppen unter Drachenbanner zu stellen: Die »dracones« hatten ein bronzenes Maul, durch das beim Ritt der Windzug einen länglichen Stoffsack aufblies, was durchaus schreckenerregend ausgesehen haben wird. Bis etwa zur Jahrtausendwende sind solche Feldzeichen gebräuchlich geblieben.[607] Auch die Heraldik – eine Erfindung des hohen Mittelalters – verrät eine gewisse Nähe zum Tier, wobei unentschieden ist, ob es sich um den Durchbruch archaischer Vorstellungen handelt oder um eine Modeerscheinung.[608] Im Zeitalter der Kreuzzüge wurde es üblich, Schild und Waffenrock zur besseren Kenntlichkeit mit Zeichen zu versehen, da die romanischen Helme mit Nasal und später die geschlossenen gotischen Helme den Krieger nicht mehr erkennen ließen. Bis in die Gegenwart dauert die Präsenz der Tiere auf den Wappen, manche von ihnen wie Löwe, Panther, Drache, Adler sind ungemein häufig. Andere dagegen wie z.B. der Esel kamen so gut wie nicht vor; um so ungewöhnlicher sind die Eselsreliefs, die sich auf Kapitellen der Kathedrale von Tudela finden und die sich einer in jener Stadt bedeutenden Familie zuordnen lassen, die das Tier exzeptioneller Weise als Emblem gebrauchte.[609] In der Dichtung gibt es zahlreiche Anspielungen auf die Eigenschaften der Wappentiere und ihre Beziehung zu ihrem Träger, die spätmittelalterliche »Heroldsdichtung«[610] lebte davon. In der Epik beschreibt z.B. Wolfram von Eschenbach im *Parzival* das Helmkleinod des Orientalen Feirefiz, ein makelloses Tierlein, das alle Giftschlangen vernichtet und ursprünglich wohl ein Schutzgeist war: »er truog ouch durch prises lôn / ûf dem helme ein ecidemôn. / swelhe würm sint eiterhaft, / von des selben tierlînes kraft / hânt si lebens decheine vrist, / swenn ez von in ersmecket ist.«[611]

Verwandt der Heraldik sind die Embleme der spätmittelalterlichen weltlichen Ordensgemeinschaften, meist (ursprünglich exklusive) ritterliche Gesellschaften: schon um 1265 entstand in Basel die Rittergesellschaft der Psittticher, die den namengebenden grünen Papagei (mittelhochdeutsch »sitich«) – ein Mariensymbol – im Schilde führte;[612] vier preußische Ritter stifteten den Eidechsenorden, Philipp der Gute von Burgund einen Orden vom Goldenen Vließ in Anspielung auf den antiken Jason-Kolchis-Mythos, Sigismund von Ungarn einen Drachenorden, Christian I. von Dänemark einen Elefantenorden. Diese Tiere wurden in Miniaturformat als Zeichen der Zugehörigkeit an der Halskette getragen;[613] die Wahl des jeweiligen Tieres ist allerdings nicht immer erklärbar.

Gegen solche Elemente einer jedenfalls nicht christlichen Mentalität kämpfte diese Religion heftig an, indem sie auf eine scharfe Trennung zwischen Mensch und Tier Wert legte.[614] Anders als die klassische und die germanische Antike – man denke an die theriomorphen Göttererscheinungen (Zeus, Odin) – wollte das frühe Christentum eine strenge Trennung der Arten. Die Bußbücher des Frühmittelalters etwa sind peinlich darauf bedacht, daß Menschen kein von Tieren verunreinigtes Fleisch konsumieren (nur selten behalf man sich mit einer »Säuberung« durch Weihwasser).[615] Die meisten Verfasser dieser Rechtstexte empfanden Tier und Mensch als so weit voneinander getrennt, daß sie ungeachtet der alttestamentlichen Vorschrift noch keine Notwendigkeit sahen, ein Tier zu töten, das mit einem Menschen Geschlechtsverkehr gehabt hatte. Die Buße fiel unterschiedlich aus, je nachdem, ob ein im alttestamentlichen Sinn reines oder unreines Tier verwendet wurde.

Dies änderte sich im hohen Mittelalter. So fragt sich ein Autor des 12. Jh.s, ob es nicht Mord sein könne, ein Tier, mit dem ein Mensch sexuelle Kontakte gehabt hatte, zu töten, da das so behandelte Tier fast menschlich sei.[616] Später wird die Tiertötung in einem solchen Fall Praxis. Die Strafen verschärfte man im Lauf der Zeit, z.B. Kastration und Friedloslegung im Norwegen des 11. Jh.s, auch die Mitverbrennung des animalischen »Partners« setzte sich mehr und mehr durch, desgleichen die Einordnung dieses Verhaltens unter die Rubrik »Häresie«.[617] Dies ist das Symptom einer allgemeinen Wandlung. Denn während in der christlichen Antike und im Frühmittelalter die weite Distanz zwischen Tier und Mensch betont wurde, begann man ab dem 12. Jh. mehr und mehr, Analogien, »das Tier im Menschen« zu sehen. Es kommt also zu einer neuen Phase der Nähe der animalischen und der humanen Sphäre, eine Phase, die anscheinend nicht in Kontinuität zu der archaischen »Permeabilität« steht, sondern eine eigene Entwicklung darstellt. Sie beruht nicht auf einem unreflektierten Näheerlebnis, wie für die vorhergehende zu vermuten, sondern auf einer rationalen Funktionalisierung der Tierwelt als Spiegel der menschlichen. Freilich wäre wohl der Unterschied zwischen dem, was die Intellektuellen von der Beziehung zwischen den Arten hielten, von dem zu trennen, was die Illiteraten empfanden. Das war schon im Frühmittelalter gewiß nicht diese strenge Trennung, die die Kirchenschriftsteller in der augustinischen Tradition für richtig hielten, die dann aber allgemein in die hoch- und spätmittelalterliche Mentalität eindrang, ehe die skizzierte neue Sicht, wieder der Intellektuellen, Platz griff: Seit dem Hochmittelalter kursierten, wie gezeigt, zahlreiche neue literarische Texte und Bilddarstellungen über Tiere, die menschliche Charaktere verkörpern (bes. die Reineke Fuchs-Romane), Tiervergleiche kamen häufig in der weltlichen Literatur vor, anthropo-theriomorphe Mischwesen tauchten in der Kunst auf, das Verhalten von Tieren fungierte nun oft als Exemplum in religiösen Texten. Als Beispiel für diese neue Nähe sei ein deutscher Dichter des 13. Jh.s, Reinmar von Zweter, zitiert. Er beschreibt in zwei Sprüchen den »idealen Mann«: Er hat Straußenaugen, denn dieser Vogel hat besonders glänzende; einen Kranichhals, dessen Zunge kein unbedachtes Wort ermöglicht; Schweinsohren, denn dieses Tier hört am besten von allen; ein Löwenherz; fest auftretende Bärenfüße u.a.[618] Der berühmteste deutsche Franziskaner seiner Zeit, Berthold von Regensburg († 1282), baute fast eine ganze Predigt darauf auf, daß der Mensch sich verhalten soll wie ein Hase: Immer ist er schreckhaft und auf der Flucht – so soll der Mensch sich immer vor den Todsünden schrecken und fliehen.[619] Freilich dürften die negativen Tierallegorien à la Fuchssatire überwiegen: Seine Sündhaftigkeit kann den Menschen leicht auf die Ebene des Tieres hinabstufen.

Spiegelt auch die im 13. Jh. bezeugte Verehrung eines Hundes als Heiliger (bis die Inquisition davon erfuhr) die genannte Veränderung wider?[620] Die ebenfalls im 13. Jh. beginnenden Tierprozesse beruhten jedenfalls darauf, daß hier Unterschiede im juristischen Vorgehen gegenüber Tier und Mensch praktisch ganz wegfallen.

Das frühchristliche Ideal der scharfen Trennung der beiden Sphären ließ sich freilich in der ganzen Epoche polemisch funktionalisieren. Sobald man den Unterschied von Mensch und Tier gezielt aufhob, konnte man – wie noch heute – Gegner bequem abqualifizieren. So gingen die katholischen Autoren schon im Frühmittelalter mit den Heiden um: Wenn der hl. Bonifatius 746/47 dem Einsiedler Herefrid mitteilt, daß der Stamm der Angeln »nach Gewohnheit wiehender Pferde oder der Art brüllender Esel durch Unkeuschheit und Ehebruch alles schändlich beschmutzt und durcheinanderbringt«,[621] so dürfte das als eine Anspielung auf die Bevorzugung des stets als »tierisch« abqualifizierten coitus a tergo zu deuten sein – gerade das »confundere« von menschlichem und tierischem Verhalten schreckte den Kirchenmann. Im Hochmittelalter war es üblich, den Namen der religiösen Opposition, die der katholischen Kirche in den Katharern erwuchs, was »die Reinen« bedeutet, stattdessen auf »catus«, Katze, zurückzuführen, weil sie falsche Schmeichler und nächtens tätig seien. Noch diffamierender warf man ihnen vor, in ihren Geheimriten Luzifer in Gestalt einer Katze unzüchtig das Hinterteil zu küssen. Letzteres verkündete u.a. Papst Gregor IX. 1233 in einer Bulle, in der er gegen deutsche Häretiker – er bezeichnete sie als giftige Tiere – zum Kreuzzug aufrief,[622] und im Prozeß gegen die Templer (1308/11) wurde diesen die Verehrung eines Katzenidols vorgeworfen.[623] Auch in die Bildwelt nahm man solche Beschimpfungen auf: So wird z.B. der feindliche Bruder des hl. Königs Olav II. als raubtierähnliche Gestalt mit Menschenhaupt und Krone zu Füßen des Heiligen dargestellt.[624]

Besonders die Justiz diffamierte Menschen dadurch, daß sie sie auf eine Stufe mit Tieren stellte. Oft ist bezeugt, daß sie zur größeren Demütigung Verbrechern im Tode beigegeben wurden. Als etwa 1127 ein besonders verhaßter Mann in Ypres gehängt wurde, wand man die Eingeweide eines Hundes um seinen Nacken und preßte eine Hundeschnauze an seinen Mund, um seine hündischen Taten zu symbolisieren – so erklärt es wenigstens ein Zeitzeuge.[625] Die Hinrichtung zusammen mit einem Tier wurde im 16. Jh. als demütigende Gleichstellung mit einer unvernünftigen Kreatur verstanden.[626] Im Norden wurden Wölfe dazu gebraucht, wohl um anzudeuten, daß der Verurteilte diesem Tier gleichgeachtet wurde. Gegen Juden verfuhr man bei Hinrichtungen habituell so: Sie wurden an den Füßen aufgehängt und neben ihnen ein oder zwei bissige Hunde.[627] Daß man dabei völlig ohne Empfindung für das unschuldig leidende Tier war – es konnte über eine Woche dauern, bis der Tod eintrat –, zeigt die prinzipielle Gefühllosigkeit auch diesen Wesen gegenüber.

Unerklärt ist die am Ende des Mittelalters örtlich belegbare Sitte, Handwerker aus der Zunft auszuschließen, die einen Hund getötet hatten. Während in diesem Stand selbst auf die Durchsetzung dieser Sanktion bestanden wurde, lehnten gelehrte Richter sie als unbegründet ab.[628]

Freidank führt als Sprichwort an: Wenn ein Hund auch tausend Stunden in die Kirche ginge, bleibt er doch ein Hund.[629] Daß die Einstellung zur Fauna sich trotzdem während des Hochmittelalters in dem Sinn änderte, daß sie als dem Menschen irgendwie ähnlicher angesehen wurde, zeigen besonders deutlich die erst seit dem 13. Jh. zu belegenden Tierprozesse. Dabei gingen die geistlichen Gerichtshöfe gegen Ungeziefer vor, die weltlichen gegen schädliche Haus- und Nutztiere. Solche Tierprozesse hat man unter Beachtung aller juristischer Formalien bis ins 19. Jh. besonders in frankophonen, aber auch westdeutschen, flämischen und anderen Territorien durchgeführt. Man muß sich bewußt machen, daß dieses Procedere völlig ernst gemeint war, nicht von irgendwelchen, vielleicht einem magischen Weltbild verhafteten Landleuten, sondern von professionellen, studierten Juristen durchgeführt wurde, von Rechtsprofessoren ernsthaft diskutiert wurde – und Geld kostete! Denn die Richter, Verteidiger, Büttel amteten nicht umsonst. Alles ging formal nicht anders zu als bei einem Verfahren gegen menschliche Angeklagte. Es sind Rechnungen erhalten, in denen etwa der Kerkermeister eines königlichen Gefängnisses bestätigt, die vom 21. Juni bis 13. Juli 1408 angefallenen Kosten für Ernährung und Fesselungsstrick eines in Untersuchungshaft genommenen Schweines erstattet bekommen zu haben.[630] Bisweilen erhielten die Tiere einen Prokurator, der sie verteidigte. Die weltlichen Verfahren richteten sich am häufigsten gegen Schweine (so schon der älteste bekannte Fall von 1268),[631] die Kinder an- oder aufgefressen hatten, aber auch Ochsen, Hunde und andere Tiere standen vor den Schranken der Gerichte. Diese erkannten in der Regel auf ein Todesurteil, meist Galgenstrafe oder Lebendigbegraben. Da es hier die Urteilsbegründung gibt, die Strafe erfolge anderen Tieren zur Warnung und Abschreckung,[632] kann man nur von einer Art Personifizierung ausgehen, wie sie ebenso im hoch- und spätmittelalterlichen Strandrecht bezeugt ist.[633]

Auch die Kirchenrechtler richteten ihre Einlassungen und Urteile unmittelbar an die ins Gericht gebrachten Mäuse, Heuschrecken, Engerlinge u.a. Eine typische hierbei gebrauchte Exorzismus-Formel (je nach Tierart und Ort des Geschehens zu modifizieren) lautet in einer vom bischöflichen Gericht von Lausanne verwendeten Fassung von 1452: »Ich exorziere euch, krankheitbringende Würmer oder Mäuse, beim allmächtigen Gott, dem Vater, und Jesus Christus, seinem Sohn, und dem Heiligen Geist, der aus beiden hervorgeht, damit ihr sogleich von diesen Gewässern, Feldern oder Weinbergen usf. verschwindet und nicht weiter in ihnen wohnt, sondern zu solchen Örtlichkeiten umzieht, wo ihr niemandem schaden könnt. Ich verfluche euch von seiten des allmächtigen Gottes und des ganzen himmlischen Hofes und der Heiligen Kirche Gottes, daß ihr, wohin auch immer ihr gehen werdet, verflucht seid, daß eben ihr von Tag zu Tag abnehmt und schwindet, bis von euch an keinem Ort mehr Überreste zu finden sind, ausgenommen solche, die dem Heil und Gebrauch der Menschen nützlich sind. Dies zu gewähren möge sich der herablassen, der kommen wird zu richten die Lebendigen und die Toten und die Welt durch das Feuer.«[634]

Hier gingen Kirchenrecht und Theologie verschiedene Wege. Denn Thomas von Aquin sagte – völlig im Einklang mit unserer Rationalität – Tiere könnten nicht beschworen werden: 1. verstehen sie unsere Worte nicht, 2. sind sie unvernünftig, 3. sind sie nicht Herr ihrer Handlungen und ist es nicht Sache des Menschen, sondern nur Gottes, den Geschöpfen zu gebieten. Andererseits jedoch haben die Heiligen Simon und Judas Drachen beschworen, sich in die Wüste zurückzuziehen. Thomas sieht deren Legende als historisches Faktum an. Seine Schlußfolgerung: »Es wäre sinnlos, eine unvernünftige Kreatur zu beschwören.« Da aber sowohl Gott als auch der Teufel hinter ihren Handlungen stehen kann, ist es sinnvoll, an Gott Bitten zu richten und an den Teufel Beschwörungen.[635]

Nun waren aber solche Bannungen im Spätmittelalter eingebaut in regelrechte kanonische Prozesse, die sich nicht an etwa hinter ihnen stehende böse Geister wandten, sondern unmittelbar an die Tiere selbst. Das Procedere hierfür war nach derselben Lausanner Quelle zunächst die Ernennung eines Prokurators, der die Tiere vor Gericht zu zitieren hatte. Ein amtlicher Bote begab sich zu ihnen und forderte sie auf, zum gesetzten Termin zu erscheinen. Bei der Verhandlung nimmt der Richter ein oder mehrere Exemplare der Schädlinge in die Hand und befiehlt ihnen, innerhalb von drei Tagen das Gebiet, in dem sie sich aufhalten, zu verlassen. Halten sich die Tiere an den Spruch, dankt man Gott im Gebet; bleiben sie trotzig, muß der Prozeß weitergeführt werden. Der Richter verflucht die Schädlinge; eine Prozession zieht aus und rezitiert im betroffenen Gebiet obige Formel.[636]

Diese Tierprozesse sind Phänomene des Spätmittelalters und der Frühneuzeit – mit einer ähnlich wie bei den Hexenprozessen verlaufenden Entwicklung, d.h. einem Höhepunkt im 16. Jh., freilich um vieles seltener als jene. Sie sind letztlich noch nicht geklärt, zeigen aber, daß in jener Epoche Tiere – in bestimmten Situationen – wie menschliche Personen behandelt werden konnten. Ein zentrales Problem stellt dabei die Tatsache dar, daß man sich so verhielt, als ob die unvernünftigen Wesen die menschliche Sprache verstehen könnten – man stellte z.B. bestimmte Fristen. Im alltäglichen Leben lassen sich dagegen solche Tendenzen der Personifizierung nicht beobachten.

Eine zentrale Frage der Mentalitätsgeschichte lautet schließlich: Gab es im Mittelalter Tierliebe? In dem Dialog Frater Turmedas mit dem Esel behauptet der Mensch, ein Grund seiner Herrschaft über die Tiere sei es, daß er ihnen zu essen und trinken gebe und sie auch mit Medizin versorge. »Das macht ihr nur für euren eigenen Profit«, antwortet der Esel als Vertreter des Tierreichs, »denn unser Wohlergehen ist euer Profit und unser Übel euer Schaden. Denn aus Mitleid oder Erbarmen, das ihr mit uns hättet, tut ihr das nicht, sondern durch unseren Tod würdet ihr das Geld verlieren, um das ihr uns gekauft habt [...] ihr nehmt die Lämmer, Kälber und Kitzlein, sperrt sie ein, trennt sie von ihren Müttern, läßt sie verdursten, um ihre Milch zu trinken, die Gott ihnen zur Nahrung bestimmt hat!«[637]

Nach der erdrückenden Mehrzahl aller Quellen gab es eine Schonung für Tiere wirklich nur, wenn sie sonst für den Menschen unbrauchbar werden konnten. Darin, nicht in Tierliebe, ist der Grund zu suchen, warum etwa in einem spanischen Hospital erkrankten Maultieren eine Pause gegönnt wurde und man sie medizinisch behandelte.[638] Walter von Henley, einer der ersten Verfasser eines landwirtschaftlichen Handbuchs (um 1286), geht etwa auf die als üblich behandelten Fälle ein, daß Fuhrleute dem Zugtier ein Auge ausschlugen oder ein Bein brachen.[639] Den Frettchen z.B. pflegte man die Zähne auszuziehen, um sie daran zu hindern, die Kaninchen, die sie aus dem Bau treiben sollten, schon darin zu töten;[640] den Falken wurden die Augenlider vernäht, man zähmte sie durch Schlafentzug und Fasten,[641] zur Übung dienten ihnen Kraniche, denen die Krallen abgesengt wurden, der Schnabel durch die Nasenlöcher zugebunden, die Beine gelähmt[642] usw. »Wenn du den Kristall schneiden willst«, so das Handbuch der Kunsttechniken des Priestermönches und Goldschmieds Theophylus (Roger von Helmarshausen, um 1122), »so nimm ein Böckchen von zwei oder drei Jahren, binde ihm die Füße, schneide ihm zwischen Brust und Bauch eine Öffnung, an der Stelle, wo das Herz ist, und lege den Kristall hinein [...] bis er warm wird. Alsbald nimmst du ihn heraus und schneidest darein, was du willst [...]«[643] Spricht es nicht Bände, wenn der hl. Franziskus nach der Überlieferung seinen Körper deshalb mit einem unter Asketen beliebten Vergleich[644] »Bruder Esel« nannte, weil er »schwerer Arbeit unterworfen, oft mit Peitschen geschlagen und mit dem schlechtesten Futter ernährt werden sollte«?[645] Obgleich von Pferden bisweilen Eigennamen erwähnt sind, ritten sie selbst die edelsten Ritter der höfischen Literatur ohne weiteres zu Tode und ohne auch nur einen Gedanken an sie zu verschwenden.[646] Und obwohl manche sich dessen bewußt waren, daß die lebenslange Kettenhaltung von Hunden diese wahnsinnig macht,[647] lagen die Hofhunde oft wie in der Antike und in der Gegenwart ewig angekettet vor den Bauernhöfen: canes catenati, catenarii, vincti...[648]

Auch wenn man sich dessen bewußt ist, daß es illusionär wäre, eine Gegenströmung gegen das rein utilitaristische Verhalten den Tieren gegenüber finden zu wollen, so gibt es doch einige wenige Zeugnisse, die auf eine persönlich freundliche Einstellung einiger weniger Individuen hinweisen. Alle diese Nachrichten stellen nur punktuelle Quellen über einzelne dar, verkörpern keine häufiger anzutreffende Haltung. Beispiele finden sich bereits in den Geschichten der Wüstenväter des 3. und 4. Jh.s,[649] doch ist das Ziel solcher Erwähnungen immer der Erweis der Macht der Heiligen, die z.B. auch die

Krankheiten der Kreaturen heilen können. Nur die keltische Kultur macht hier eine Ausnahme. Am innigsten ist die Beziehung irischer Heiliger zu den Tieren; wie auch sonst in vieler Hinsicht repräsentieren sie eine Sondertradition des frühen Mittelalters, die nicht verallgemeinert werden darf. Es gibt manche Beispiele: Coemgen schützt den von Jagdhunden verfolgten Eber, Vögel setzen sich ihm auf Hände und Schultern; er will seine Einsiedelei nicht verlassen, da sonst die Tiere um ihn trauern würden.[650] Seeungeheuer werden zwar in der Wassertiefe festgebannt, bekommen aber eine regelmäßige Portion Fische zugeteilt u.ä.[651] Von Heiligen aus diesem Bereich werden verhältnismäßig oft Tierfreundschaften überliefert,[652] sie konnten so weit gehen, daß ein Abt, »von Mitleid bewegt«, regelmäßig hungernde Wölfe ins Gästehaus brachte, ihnen die Pfoten wusch und für sie ein Kalb schlachten ließ.[653]

Daß Heilige Tieren helfen, kommt auch in einigen Legenden aus anderen Regionen vor.[654] Aber auch als historisch anzusprechende Viten berichten solches. Bemerkenswert ist jedoch die Begründung solchen Verhaltens: Anselm von Canterbury schützte einen von Hunden verfolgten Hasen deshalb, da er ihn an die Seele erinnerte, die beim Tode genauso von ihren Feinden, den bösen Geistern, gehetzt wird.[655] Von Bernhard von Clairvaux wird sehr ähnlich (in Abhängigkeit?) berichtet, er habe mit Tieren Mitleid gezeigt und durch das Kreuzzeichen verhindert, daß ein Häschen von Hunden, ein Vögelchen von Falken erjagt werden konnte.[656] Von mehreren Heiligen, auch von der Mutter Kaiser Ottos I., heißt es, sie hätten gern Vögel gefüttert[657] – handelten sie aus Tierliebe, oder nur weil sie darin ein Symbol der menschlichen Seele sahen, wie von Anselm ausdrücklich bezeugt? Am schönsten ist vielleicht, was ein Vertrauter des Godric von Fincale († 1170) von diesem erzählt: »Im Winter, wenn weit und breit alles steif gefroren war, ging er barfuß hinaus, und wenn er ein Tier elend vor Kälte fand, nahm er es auf, wärmte es in seiner Achselhöhle oder unmittelbar an der Brust. Oft ging er auch suchend in Hecke, Busch und Hag herum, und wenn er ein Geschöpf fand, das seinen Weg verloren und hart im Wetter gelitten hatte, das ermattet, halb tot schien, sorgte er, es zu heilen. Darüber hinaus kümmerte sich Godrich darum, Tiere, die in Schlingen oder Fallen geraten waren, zu befreien.«[658] Ein späteres Beispiel

bietet die hl. Gertrud von Helfta († 1302), die zu Gott um Hilfe betete, wenn sie Tiere hungern, dursten oder frieren sah, wobei wie bei Franziskus ihre Qualität als Gottesgeschöpfe im Vordergrund stand.[659] Die sel. Dominikanerschwester Margareta Ebner († 1351) schreibt in ihrer Autobiographie: »ich maht niht geliden, daz man daz viche schluog, und wenn ich sach, daz man ez schluog, so wart ich wainen [...] also het ich erbermde über alliu ding.«[660]
Die Tatsache, daß die Existenz von Tierliebe am ehesten in Heiligenleben bezeugt ist, und hier immer in einem positiven Konnex, d.h. als Tugenderweis für den Verehrten, zeigt, daß sie dem mittelalterlichen Denken nicht prinzipiell fremd war, aber so exzeptionell, daß nur die Virtuosen der Religion sie – gelegentlich – praktizierten. Es handelt sich immer um Einzelfälle, nie um ein Programm. An dieser Stelle ist darauf hinzuweisen, daß die geläufige Interpretation des Franz von Assisi als des großen Tierliebhabers falsch ist. Man hat die Einstellung des Heiligen oft im Lichte moderner Vorstellungen mißverstanden. Er liebte oder schützte die Tiere nicht als Wesen um ihrer selbst, sondern (wie Anselm und andere), weil sie zeichenhaft auf eine höhere Wahrheit verwiesen.[661] So pflegte er z.B. die Würmer ausdrücklich deshalb vom Boden aufzulesen und vor dem Zertreten zu bewahren, weil sie ihn an Christus erinnerten, hatte er ja vom Erlöser im *Psalm* 22,7 den Ausspruch gelesen: »Ich bin ein Wurm, nicht ein Mensch.«[662] Am meisten liebte er die Lämmer – weil sie das Symboltier des Lammes Gottes waren.[663] Besonders sprechend ist eine Episode aus der frühen franziskanischen Tradition, nach der der Heilige einen seiner Mitbrüder, der einem lebenden Schwein ein Bein abgeschnitten hatte, nicht wegen seiner Grausamkeit rügte, sondern ihm nur befahl, sich beim Besitzer wegen Beschädigung von dessen Eigentum zu entschuldigen.[664] Neu scheint dagegen die quasi brüderliche Sicht der Kreatur – ein Zeichen für den oben angesprochenen Paradigmenwechsel. Aber diese Einstellung, und das ist wichtig, betraf bei Franziskus genauso leblose Schöpfungen Gottes, etwa »Bruder Feuer«. Er erlaubte weder, seine brennenden Hosen löschen zu lassen, noch half er den Brüdern, als ihre Zelle in Flammen stand, um »Bruder Brand« nicht weh zu tun – aus Ehrfurcht vor dem, dessen Geschöpf es ist, nicht um seiner selbst willen.[665]

Aus der Ehrfurcht vor den Spuren Gottes, zu denen auch die Tiere zählten, konnte in der Tat auch eine behutsamere Einstellung ihnen gegenüber erwachsen, die jedoch nicht mit unserem auf Empathie gegründeten Tiermitleid verwechselt werden sollte. Besonders klar wird dies beim hl. Walthenus von Melrose, einem 1159 verstorbenen Zisterzienser. Dieser gegen sich auch sonst sehr strenge Asket erschlug einmal eine Bremse, die sich auf ihn gesetzt hatte. »Kurz danach aber warf er sich vor die Füße des Abtes und bekannte sich schuldig, eine Kreatur Gottes getötet zu haben, die er weder erschaffen noch beleben konnte.« Walthenus fühlt sich schuldig nicht aus Mitleid, sondern weil er in Gottes Schöpfung eingegriffen hatte. Wie außergewöhnlich solches Denken war, erweist die Reaktion des Abtes: schallendes Gelächter.[666] Oder: Der Inkluse Wulfric von Haselburg († 1154) verfluchte einmal eine Maus, die seinen neuen Mantel angenagt hatte; das Tier fiel ihm sofort tot zu Füßen. Auch ihn gereute die vorschnelle Tat, und er beichtete sie, wobei er sogar überlegte, ob er Gott nicht um ihre Wiederbelebung bitten solle. Die Reaktion des Beichtvaters: »Wenn du doch bereit wärest, alle Mäuse der Gegend mit einem ähnlichen Anathem auszutilgen!«[667]

Eine emotionelle Beziehung zu Haustieren dürfte sich nur gelegentlich nachweisen lassen; ein Beispiel ist jene Geschichte der Adeligen Almodis von Pierrebuffière (12. Jh.), die sich einen Star über drei Jahre herangezogen hatte und zutiefst betrübt war, als er bei einem Umzug in den Wald entflog: »Sie fand kein Ende für ihre Tränen, nahm keinen Trost an, verfiel in drei Tagen und schwand dahin.« Als sie eine barfüßige Wallfahrt nach Rocamadour gelobte, kehrte das Tier endlich in seinen Käfig zurück.[668] Wenn von Geistlichen gesagt wird, sie wären mehr vom Verlust ihrer Hunde oder Vögel betroffen, als von dem ihrer Kleriker, dann ist damit keineswegs ihre Tierliebe gemeint, sondern ihre Faszination an wertvollen Spürhunden und Jagdvögeln.[669]

Eine Ausnahme bildet wieder der keltische Bereich, wo es mittelalterliche Gedichte auf Pferde gab, Heische- und Dankgedichte zwar, doch mit feinem Gespür für die Natur der Tiere.[670] Ganz ungewöhnlich aber war es, eines verstorbenen Hundes literarisch zu gedenken, wie dies ein Gedicht des Abtes Theoderich von St. Trond († 1107) tut. Wiewohl er es ins Scherzhafte zieht, daß er über dieses

Thema überhaupt dichtet und natürlich antike Vorbilder wie den Vergil zugeschriebenen *Culex* (die Mücke) anführt, spürt man doch Zuneigung. Das winzige Hündchen war »Domini cura dolorque sui«, d.h. Theoderich sorgte sich bei Lebzeiten um ihn und fühlte Schmerz bei seinem Tod. Seine Zuneigung gründete, wie mehrfach betont, auf dem Unterhaltungswert des Tieres: dessen einzige Aufgabe war, »daß den Kleinen sein großer Herr liebe«. »Was war sein Nutzen?« »Nur zum Lachen diente er – ob er stand oder lief, alle mußten über ihn lachen.« »Wer immer dich sah, wer immer dich kannte, liebte dich und trauert nun, Bedauernswerter, über deinen Hingang.«[671]

Die christliche Theologie und Katechese versuchte jedoch, Ansätze zu Tierliebe zu ersticken. Der entscheidende Theologe der Catholica, Thomas von Aquin, dessen Ansichten seit dem 14. Jh. verbindlich waren, diskutierte in seinem Hauptwerk ausführlich die Frage, ob die unvernünftigen Geschöpfe geliebt werden könnten. Trotz jener Momente, die dafür sprechen (etwa Nachahmung Gottes, der sein Werk liebt), urteilt der Dominikaner, daß eine solche Liebe des Menschen zum Tier unmöglich sei oder höchstens »metaphorisch« gemeint sein könne.[672] Thomas sieht das Tier ja nur als Ding an. So sagt er bei der Besprechung der widernatürlichen sexuellen Laster ausdrücklich, die »bestialitas« bestehe »per concubitum ad rem non eiusdem speciei«,[673] im Geschlechtsverkehr mit einer *Sache* einer anderen Gattung. Tiere gut oder schlecht zu behandeln ist nach ihm moralisch irrelevant; wenn es biblische Vorschriften gibt, die Kreatur nicht zu mißhandeln, dann deshalb, da dies der Anfang sein könnte, auch Menschen zu mißhandeln, aber nicht der Tiere wegen.[674]

Einfühlendes Mitleid und Tierliebe wurden aufgrund der christlichen Normen vielmehr verspottet oder sogar kriminalisiert. Was längst praktiziert wurde, hatte das *Neue Testament* ja theologisch begründet: »Kümmert sich Gott etwa um Ochsen?« fragt der Apostel Paulus ironisch (1 Cor 9,10). Zentral wurde die Einstellung des für das Mittelalter wichtigsten Kirchenlehrers, des hl. Augustinus. Er entwickelte sie aus dem Verhalten des Religionsstifters, der eine Legion Dämonen in Schweine gebannt hatte, die sich daraufhin zu Tode stürzen mußten (Mt 8,31). Christus selbst, schreibt er, zeigt dadurch, »daß sich von der Tötung von Tieren und der Zerstörung von Pflanzen zurückzuhalten, der Gipfel des Aberglaubens ist, denn er urteilte, daß es keine Gemeinsamkeit zwischen uns und den Tieren und Bäumen gibt, und schickte die Teufel in eine Schweineherde [...] Gewiß hat das Schwein nicht gesündigt [...].« Die moralischen Regeln zwischenmenschlichen Umgangs, wollte Christus gemäß Augustinus damit sagen, gelten nicht für Tiere, sonst hätte er die bösen Geister ja auch vernichten können. »Aus ihren Schreien können wir ersehen, daß Tiere qualvoll sterben, aber das tangiert den Menschen nicht, denn das Tier entbehrt einer vernünftigen Seele und ist deshalb nicht mit uns durch eine gemeinsame Natur verbunden.«[675] Die Folgen dieser von der katholischen Tradition eifrig wiederholten Theologie[676] bestimmten den Umgang des Menschen mit dem Tier bis zur Gegenwart.

Tierliebe war demnach im christlichen Mittelalter kein positiver Zug. So zeichnet etwa Chaucer in den *Canterbury Tales* ein ironisches Porträt der Priorin Eglentyne, wozu auch gehört, daß sie »so charitable and so pitous« war, daß sie weinte, wenn sie eine Maus in einer Falle tot oder verletzt sah. Ihre »smale houndes« füttert sie mit Braten und Weißbrot, weint bei ihrem Tod oder, wenn man sie schlägt. »And al was conscience and tendre herte.«[677] Angesprochen sind die Tugenden Caritas und Pietas, dazu das Gewissen und das »zarte Herz«, aber das alles sollte sich nach der christlichen Religion ausschließlich auf Menschen richten, wie in Klöstern eigentlich auch keine Hunde gehalten und schon gar nicht an sie Fleisch verschwendet werden durfte. So sind diese auf uns positiv wirkenden Qualifikationen negativ gemeint. Ein beliebtes spätmittelalterliches Erziehungsbuch für höhere Töchter sowie eine Reihe anderer Exempelsammlungen lehrten demgemäß, daß liebevolle Hundehaltung besonders durch Frauen eine Sünde vor Gott sei – wenn eine solche Tierliebhaberin stirbt, kommen die kleinen Hündchen und lecken ihr das Antlitz kohlrabenschwarz[678] – Zeichen natürlich ihrer schwarzen und der Hölle geweihten Seele.

Einen Trend zu Schonung gab es daher fast nirgendwo. Darüber darf man sich auch nicht von rechtlichen Vorschriften täuschen lassen, die auf den ersten Blick tierfreundlich wirken und objektiv Tieren auch tatsächlich zugute kamen. Jene Bestimmungen, die Tiere unter Schutz

Epochentypische Grundeinstellung

stellten, wollten stets nur die Interessen des Eigentümers wahren, nie die Tiere selbst vor unnötigen Qualen. Hierher gehören die zahlreichen Bestimmungen der frühmittelalterlichen Volksrechte, die immer auf eine dem Besitzer zu leistende Wiedergutmachung bei der Verletzung oder Tötung eines seiner Tiere zielen. Auch wo in den späteren Stadtrechten tierfreundliche Bestimmungen aufscheinen, ist nur an das Wohl des Menschen gedacht. Die Züricher Vogelschutzverordnung von 1335 macht dies ganz deutlich: sie wurde nur für die Nutzvögel erlassen, da diese »Mücken und anderes Gewürm austilgen und vertreiben [...] Aber Drosseln, Wasserhühner und Wildenten darf man sehr wohl mit Garn und Leim fangen [...]«[679] Das Kölner Stadtrecht von 1417(?) verbot bei Gefängnis und Geldbuße, Nachtigallen in Hag und Hecken zu fangen sowie Kaninchen zu jagen.[680] Zahlreiche Rechte und Weistümer stellen die Meise (bisweilen ausdrücklich im Gegensatz zu anderen Vögeln) unter besonderen Schutz, und zwar anfänglich mit harten, später milderen Sanktionen:[681] Die Buße ist so hoch wie die für einen gewilderten Hirschen, heißt es im Recht der Trierer Erzbischöfe,[682] und in der *Ordnung und Banntaidinge des wiener Waldes* von 1511: »wer ain maisn scheußt, der ist verfallen 32 ta«.[683] Eine Begründung für den Schutz dieser Art wird nirgendwo gegeben, so daß man die Wahl zwischen einer vorchristlichen Tradition und einer Nützlichkeitserwägung hat.

Daß im römischen Recht, das teilweise seit dem 12. Jh. und dann intensiv im ausgehenden Mittelalter rezipiert wurde, das Tier nur als Sache galt,[684] verstärkte die beschriebene Haltung. Demzufolge gab es im Mittelalter keine Tierschutzgesetze um des Tieres willen, die in Europa erst im 19. und 20. Jh. aufkommen. Sehr wohl gab es aber Bestimmungen, die die Tiere um des Menschen willen schützten, nicht anders wie auch andere Sachen und Besitztümer deshalb geschützt wurden.

Dieselbe egoistische Ursache hatte es, wenn für kranke Tiere Wachsopfer in der Größe des Lebewesens einem Heiligen dargebracht wurden,[685] genauso wie es für Menschen Brauch war: Er sollte ein unverzichtbares Arbeits- und Transportinstrument »reparieren«. Praxis war etwa: Konnte ein altes oder krankes Tier auf einer Reise nicht mehr weiter, so verkaufte man es um den Preis der Haut oder setzte es einfach aus.[686] Es ist ein sehr seltener Zug in der mittelalterlichen Überlieferung, wenn einem nicht mehr gebrauchten Tier ein Gnadenbrot zugesprochen wird. So in einer Geschichte des altitalienischen *Novellino* (Ende 13. Jh.), die von einer wundersamen Glocke erzählt, die bei Ungerechtigkeit läuten sollte. Ein altes Schlachtroß, das sein Besitzer, ein Ritter, dem Hungertod preisgegeben hatte, knabberte am Glockenseil, was die Obrigkeit auf den Plan rief, die »die Petition des Pferdes« anerkannte und den Ritter zu seiner Weiterfütterung verpflichtete.[687]

Daß man dem Tier seinen von Gott gegebenen Platz in der Weltordnung zuwies, änderte nichts an der Weise, wie man es gebrauchte, gehört aber ebenfalls zu den typischen Zügen in der Sicht der Zeit:
»Got allen tiern hât gegeben
Ir mâze wie si süln leben.«[688]
So Hugo von Trimberg. Insofern konnte sogar über ein sonst eher negativ besetztes Tier gesagt werden: »Der hunt ist guot und nütze [...]. Wan denn der hunt lebet anders niht danne als in got geordent hât.« (Berthold von Regensburg).[689] Immer wieder wurde, nicht nur von Geistlichen, auf die Symbolik der Tiere verwiesen. Wie die *Bibel* nach mehrfachem Schriftsinn ausgelegt wurde, erkannte man auch in der Schöpfung Gottes, dem »Buch der Natur«, Verweise auf moralische und religiöse Wahrheiten. Die Schöpfung an sich ist eine Spur Gottes und insofern bewunderungswürdig, und sie dient im Unterschied zum menschengemachten Buch, so Bischof Hildebert von Lavardin (1055–1133), speziell »ad exemplum« für die Ungelehrten.[690] Doch nicht nur diesen: So schickte die Gattin König Rudolfs von Habsburg 1276 den Predigermönchen von Basel ein Stachelschwein, damit sie daran Gottes wunderbare Kreatur erkennen möchten.[691] Aber wie weit wurde in der Praxis das »Volk«, die Ungelehrten, die täglich im Stall oder im Wald mit Tieren zu tun hatten, durch solche Gedanken zu einem behutsameren Umgang mit der Fauna veranlaßt? Das diesbezügliche Schweigen der Quellen ist wohl die Antwort.

Kam der Fauna einerseits sowohl in der Alltagswelt des »mittelalterlichen Menschen« als auch in seiner Vorstellungswelt generell ein viel größeres Gewicht zu als in der der Heutigen, so kannte er andererseits noch nicht jene Sensibilität für die »Mitgeschöpfe«, die seit dem 19. Jh. in der westlichen Welt doch immer verbreiteter wird.

Ganze Komplexe der Tier-Mensch-Beziehung sind uns abhanden gekommen, so ihre Befrachtung mit theologischer Symbolik oder ihre Personifikation in der Literatur. Dafür gibt es jedoch Ansätze zu einer Respektierung dieser Wesen als leidens- und daher schutzfähig, die außerhalb der Denkmöglichkeiten des Mittelalters lagen. Bis dahin war es freilich ein langer und keineswegs geradliniger Weg, wie die folgenden Kapitel zeigen werden.

VI. Frühe Neuzeit
von Heinz Meyer

1. Ernährung, Jagd und handwerkliche Produktion

Mit dem Begriff »Nutzung« von Tieren verbindet man i.d.R. die Verwendung von tierischem Fleisch, von Milch, Eiern und Honig zur Ernährung sowie die Verwendung von Fellen und Häuten zur Bekleidung. Der Mensch »nutzte« das Tier freilich schon bzw. noch in der frühen Neuzeit vielfältiger. Von »schon« ist zu sprechen, weil verschiedene Nutzungsweisen fortgeschrittener technischer Maßnahmen bedurften, von »noch« u.a. deshalb, weil manche Modi der Nutzung von Tieren und Tierteilen auf magischen Vorstellungen von deren Kraft beruhten. Hier kann nur auf dominante Weisen der Nutzung hingewiesen, kann insbesondere nicht näher auf lokale Unterschiede der Nutzung eingegangen werden. Generell resultiert die Vielfalt der Nutzungsweisen aus der Vielfalt der »tierischen Rohstoffe«.

Vom geschlachteten oder erlegten Tier nutzte man auch in der frühen Neuzeit in erster Linie das Fleisch. Zudem dienten die Wolle und das Fell zur Herstellung von Kleidung, die Sehnen und die Knochen zur Fertigung von Geräten und weiteren Hilfsmitteln, andere Gewebe zu diversen Zwecken, dies alles aber in Abhängigkeit vom jeweiligen Bedarf. Bei letzterem ist zu berücksichtigen, daß die Tiere in dieser Epoche in weiten Bereichen Europas vornehmlich für den Eigenbedarf gehalten wurden, von den Bauern und den Feudalherren, nur in begrenztem Maße von spezialisierten Tierzüchtern, die erst seit dem Ende des Mittelalters bekannt sind. Aufgrund dieser Umstände hat man weiter davon auszugehen, daß die geschlachteten und die erlegten Tiere über die Verwendung ihres Fleisches hinaus manchmal nicht weiter oder nur undifferenziert genutzt wurden, dies ferner deshalb, weil sich eine undifferenzierte

Nutzung sämtlicher nicht verspeister Organe des Tieres stets anbot, nämlich als Dung. Zur Wiederherstellung und zur Verbesserung des als Ackerland genutzten Bodens war der Dung erforderlich. Der von den (lebend) gehaltenen Tieren produzierte Dung und seine Aufbringung auf die Äcker stellte einen bemerkenswerten, in der frühneuzeitlichen Landwirtschaft häufig aber noch nicht systematisch respektierten Faktor der Tiernutzung dar.

Von einer lokal und temporal unterschiedlichen Nutzung der verschiedenen Schlacht- und Jagdtiere hat man ebenfalls auszugehen. Die nur begrenzt vorhandenen und häufig auch widersprüchlichen Quellen legen dies nahe. Aussagen über die Entwicklung in verschiedenen frühneuzeitlichen Epochen Europas sowie die Angabe von Durchschnittswerten beruhen demnach auf z.T. beträchtlich divergierenden Einzelangaben.

Die frühneuzeitliche Nutzung des Tieres als Nahrung entwickelte sich aus der des späten Mittelalters, bzw. sie führte letztere fort. Für die Art der Nutzung in beiden Epochen ist es zunächst einmal bemerkenswert, daß v.a. das Fleisch – und weniger die Milch – als eiweißreiche Nahrung diente. Generell wurde der tägliche Nahrungsbedarf aber erst in zweiter Linie durch tierische Produkte gedeckt; primär tat man dies mit Pflanzen, wiewohl in zahlreichen Distrikten hinreichend Weidefläche oder Wald-Weide-Gebiete für eine erweiterte Tierhaltung zur Verfügung gestanden hätten. Die Produktion tierischer Nahrungsmittel verursachte freilich bereits im Mittelalter und in der frühen Neuzeit einen höheren Aufwand bzw. größere Kosten als das Erzeugen pflanzlicher Nahrungsmittel. Dies heißt speziell, daß der Nährwert der Pflanzen beim Direktverzehr quantitativ deutlich höher liegt als der Nährwert des mit seiner Hilfe produzierten Fleischs. Bei der Kartoffel z.B. ergibt sich ein Verhältnis der verschiedenen Nährwerte von etwa 4 zu 1.[1]

Über den Umfang der Tierhaltung in Europa im allgemeinen und in Deutschland im besonderen zur Zeit des Übergangs vom späten Mittelalter zur frühen Neuzeit gibt es nur wenige gesicherte Angaben.[2] Man weiß allerdings, daß vornehmlich Rinder, Schweine, Schafe, Pferde und Ziegen gehalten wurden und daß die Rinder mit etwa 60% bei der Fleischversorgung den größten Anteil ausmachten, gefolgt von den Schweinen mit etwa 20% und den Schafen sowie den Ziegen mit insgesamt etwa 10%. Die restlichen 10% der Fleischnahrung stellten Wildtiere dar. Letzteres heißt, daß die Jagd nur in sehr begrenztem Maße zur Fleischversorgung beitrug. Die etwa 10%, die Schafe und Ziegen zusammengenommen ausmachten, dokumentieren, daß man Schafe in erster Linie zur Produktion von Wolle hielt.

Die regionalen Unterschiede in der Zusammensetzung der Fleischnahrung dieser Epoche beinhalten u.a., daß der Anteil des Wildbrets in waldreichen Gebieten bis auf etwa ein Viertel der gesamten Fleischnahrung stieg, in Gebieten mit umfangreichem Dauergrünland der Rindfleischanteil bis zu 90% wuchs und in Gegenden mit ausgedehnten Gebieten für die Waldmast der Anteil des Schweinefleischs sich auf etwa 50% erhöhte.

Bei der Nutzung der auch heute noch als vorwiegende Fleischlieferanten bekannten Tiere sind deren zu Anfang der Neuzeit übliche Schlachtgewichte zu berücksichtigen, die v.a. aus der Größe der Tiere – diese ermittelt aus Knochenfunden – erschlossen werden. Beim Rind und beim Ochsen – mit dem Begriff »Ochse« bezeichnete man manchmal generell die für den Verzehr genutzten Rinder – lag das Schlachtgewicht in dieser Zeit bei 100–150 kg, beim Schwein unter 40 kg, d.h. deutlich unter den Schlachtgewichten zu Anfang des 19. Jh.s und weit unter den heute (in bes. kurzer Zeit) erreichten Schlachtgewichten. Deutlich niedriger als in späteren Epochen lag zu Beginn der Neuzeit auch die Milchleistung der Kühe, nämlich unter 600 l im Jahr, bei der Mehrzahl der Tiere vermutlich sogar nur bei 250 l, d.h. bei einem Bruchteil der heutigen Leistung von 4 000, 5 000 oder mehr Liter. Das Schlachtgewicht stieg im Verlaufe der Neuzeit v.a. durch das Größenwachstum und die verbesserte Ernährung der Tiere. Für das Ende des 18. Jh.s wird bei Ochsen ein Schlachtgewicht von etwa 360 kg, für Schafe ein solches von 36 kg angegeben.[3]

Der Fleischverbrauch pro Kopf und Jahr stieg – nach der leichten Abnahme vom frühen zum hohen Mittelalter aufgrund des Bevölkerungszuwachses – am Ende des Mittelalters in Deutschland, so die Schätzungen aufgrund der Relation von Produktionsmenge und Einwohnerzahl, auf etwa 100 kg pro Kopf und Jahr. Für die Zeit um 1800 wird dieser Verbrauch auf 25–28 kg oder gar auf 15–20 kg geschätzt. Gerade bei diesem Pro-Kopf-Verbrauch sind erhebliche lokale, temporale und soziale Unterschiede anzunehmen, ähnlich wie beim heutigen mitteleuropäischen Verbrauch, der von verschiedenen Autoren für das Ende der achtziger Jahre bald mit 70 kg, bald mit 80 kg, bald mit 90 kg pro Kopf und Jahr angegeben wird, und zwar bei einem Minimum von 64 kg in Portugal und einem Maximum von 108 kg in Frankreich.[4]

Auch wenn die Viehhaltung am Ende des Mittelalters ausgedehnt wurde und Rinder sowie Schweine allgemein verbreitet waren, scheint sich die Zahl der Tiere pro Einwohner zu Anfang der Neuzeit vermindert zu haben, und zwar aufgrund der Tatsache, daß die Bevölkerung schneller wuchs als die Tierhaltung. Die Zunahme der Siedlungen verringerte die Weideflächen für die Rindviehhaltung und auch die Areale für die Waldmast der Schweine. In Ställen gehaltene Schweine wurden v.a. mit Küchenabfällen gefüttert, bei den Müllern ferner mit den Resten der Mehlprodukte.

Generell werden die Fütterungsverhältnisse auch noch in der frühen Neuzeit – aus heutiger Sicht – unzureichend gewesen sein. Im Sommer boten v.a. die – eher mager bewachsenen und nur wenig gepflegten – gemeinsam genutzten Flächen den Tieren Nahrung. Im Winter wurde in erster Linie Stroh gefüttert, weil nur wenige Wiesen zur Heuernte zur Verfügung standen und sonstiges Viehfutter nicht angebaut wurde. In dem 5–6 Monate währenden Winter verloren die Tiere meist beträchtlich an Gewicht, was dazu führte, daß i.d.R. im Herbst geschlachtet wurde. Diesen Schlachttermin hielt man bis ins 19. Jh. bei.

Wie für das Mittelalter nimmt man auch für die frühe Neuzeit beträchtliche temporale Schwankungen der Viehbestände in den verschiedenen Regionen an. Bei diesen dürften die v.a. im 18. Jh. relativ häufig aufgetretenen Viehseuchen einen bemerkenswerten Faktor dargestellt haben. Etwa 3 Mio. Rinder sollen z.B. in den Jahren 1745–52 an der Rinder«pest» verendet sein. Gegen solche Seuchen hatte man zu dieser Zeit – außer scharfen Absperrungsmaßnahmen – kaum ein Gegenmittel. Zudem waren die nur spärlich genährten Tiere krankheitsanfällig, d.h. auch, sie verfügten nur über eine geringe Widerstandskraft. Bezeichnenderweise wurden dann in der zweiten Hälfte des 18. Jh.s die ersten deutschen Tierarzneischulen

(1771 Göttingen, 1778 Hannover, 1780 Dresden) und durch Friedrich den Großen die ersten Viehversicherungen auf staatlicher Grundlage (1765 in Schlesien) gegründet. Von der am Ende des Mittelalters bei den Menschen grassierenden »Pest« wurde das Vieh allerdings nicht befallen, sein Bestand also nicht dezimiert. Nach dem Tod zahlreicher Menschen durch die Pest seit der Mitte des 14. Jh.s wuchs indirekt die Anzahl der Tiere pro Einwohner, d.h. auch, daß für die Überlebenden eine größere Menge Fleisch zur Verfügung stand. Der bereits erwähnte Verbrauch von 100 kg pro Kopf und Jahr am Ende des Mittelalters resultierte also weniger aus der Vermehrung der Tierhaltung als aus der Reduktion der Bevölkerung. Am Ende des Mittelalters und zu Anfang der Neuzeit lagen zudem die Getreidepreise relativ niedrig. Dies bedeutete, daß die Bevölkerung für das dort Gesparte vermehrt Fleisch kaufen konnte.

Die Bewohner der Städte Mitteleuropas konnten am Ende des Mittelalters ebenfalls in reichem Maße Fleisch verspeisen, dies nicht nur aufgrund der auch in den Städten gehaltenen Tiere, sondern auch aufgrund der Ausbildung einer Überschußproduktion in manchen Gebieten sowie aufgrund von Fleischtransporten aus diesen Gebieten in die Städte. V.a. aus drei Regionen wanderten alljährlich zahlreiche Ochsen in die Städte, nämlich aus Dänemark etwa 20000 bis in die Niederlande und nach Köln, aus der Region zwischen Krakau und Kiew 10000 nach Mittel- und Süddeutschland und aus Ungarn sowie aus der Walachei mehr als 20000 in die oberitalienischen Städte und nach Süddeutschland. Die Tiere »wanderten« im wörtlichen Sinne des Begriffs, d.h., sie wurden über weite Strecken – mehr als 1000 km Luftlinie – und eine beträchtliche Zeit an ihre Bestimmungsorte getrieben, magerten dabei auch deutlich ab und mußten in Wanderpausen – auf privaten und öffentlichen Weiden gegen Entgelt – immer wieder nachgemästet werden. 20000 Ochsen mit einem Schlachtgewicht von je 150 kg bedeuten, daß für 30000 Menschen 100 kg resp. für 60000 50 kg Fleisch zur Verfügung standen.

Die seit 1347 durch die Pest dezimierte Bevölkerung wuchs in Deutschland in der Zeit vom Ende des 15. bis zum Beginn des 17. Jh.s von 9–10 auf 15–17 Mio. Die Nahrungsmittelproduktion erhöhte sich zwar ebenfalls, aber nicht im gleichen Tempo. Die Nahrungsmittel wurden also knapper, ihre Preise stiegen und der

Anbau wurde erweitert. Die Preissteigerung war so erheblich, daß man von einer »Preisrevolution« sprechen kann. Die Bauern und die Feudalherren profitierten von dieser Entwicklung, die Städter, die sich nicht selbst versorgten und etwa 70 % ihres Einkommens für Nahrungsgüter aufwenden mußten, litten unter ihr. Die relativ hohen Kosten für pflanzliche Nahrungsmittel bedeuteten u.a., daß für den Erwerb tierischer keine Ressourcen mehr zur Verfügung standen.

Aufgrund der Verknappung sowie aufgrund der erweiterten städtischen Märkte wurde v.a. die Produktion der (preiswerteren) pflanzlichen Nahrung intensiviert und erweitert, letzteres auf Kosten der für das Vieh zur Verfügung stehenden Weideflächen. Man nimmt jedenfalls an, daß die Viehhaltung nicht im gleichen Maße wie die Bevölkerung wuchs und daß das pro Kopf zur Verfügung stehende tierische Eiweiß sich reduzierte. Zugleich wuchs freilich der Fleischimport aus den bereits genannten Gebieten in die städtischen Regionen beträchtlich. Am Ende des 16. und im beginnenden 17. Jh. sollen jährlich etwa 250 000 bis 300 000 Ochsen aus den drei vornehmlichen Zuchtregionen in das Gebiet zwischen Florenz und Amsterdam geführt worden sein. Zu Beginn des 16. Jh.s – der Fleischkonsum pro Kopf und Jahr lag in dieser Zeit bei 80 bis 100 kg – versorgte der Import etwa 500 000 und am Ende des 16. Jh.s – der Konsum war auf 40–50 kg gesunken – etwa 1 Mio. Menschen mit Fleisch. Der Fleischverzehr in den großen Städten hing zu einem beträchtlichen Teil von den Importen ab.

Die Viehhaltung verlagerte sich vermehrt in die Gebiete, die vornehmlich aus Weideland und weniger aus Ackerflächen bestanden. Auch in Ostfriesland gab es bereits, wie eine Chronik aus dem Jahre 1530 bezeugt, »prachtvolle Weiden zur Mästung von Ochsen«. Die Produktionsleistungen der Tiere blieben aber generell weiterhin deutlich unter den heutigen Leistungen. Zudem wurde noch nicht systematisch auf eine bestimmte Leistung gleichförmiger Tiere gezüchtet, wurden insbesondere die Vatertiere noch nicht systematisch ausgewählt. Die Leistungen der Tiere differierten daher ebenso wie ihr Erscheinungsbild beträchtlich.

Die relativ hohen Gestehungskosten tierischer Nahrungsmittel, die beim Getreide stärker als beim Fleisch gestiegenen Preise und die größere Effizienz pflanzlicher im Vergleich zu den tierischen Nahrungsmittel – größere Effizienz der Nutzung der Bodenflächen – führten dazu, den Nahrungsmittelengpaß v.a. mit der Steigerung der pflanzlichen Produktion zu beseitigen. Dabei nahm man die meist erheblichen Kosten des Getreidetransportes in Kauf, bzw. das Getreide wurde vermehrt in der Nähe der Verbrauchszentren produziert. Das lebende Vieh transportierte sich quasi von selbst, wiewohl das Treiben über weite Strecken mit häufig beträchtlichen Gewichtsverlusten verbunden war.

Schafe hielt man in bäuerlichen Betrieben nur in relativ kleiner Zahl. In manchen Gegenden reservierten die Feudalherren diese Tierhaltung – wegen der hohen Wollpreise – sogar gänzlich für sich. Die Schafzucht hatte allerdings im 16. Jh. ebenfalls noch keinen aus heutiger Sicht respektablen Stand erreicht. Nicht viel anders verhielt es sich bei der Pferdezucht. Der wechselnde höfische Geschmack, der sich wandelnde Bedarf der Reiterheere und der Bedarf an Zugtieren in der Landwirtschaft hatten nicht dazu angeregt, die Produktion von Individuen unterschiedlichen Phänotyps durch die Zucht einer bestimmten Rasse mit einheitlichem Erscheinungsbild zu ersetzen. Auf relativ geringem züchterischem Stand befand sich weiter die verbreitete Geflügelhaltung, v.a. in Gestalt von Hühnern und Gänsen. Dem niedrigen Entwicklungsniveau der Zucht entsprach das der Haltung; beide korrespondierten der begrenzten Versorgung und Regeneration der Äcker und Weiden, z.B. der begrenzten Verwendung der Exkremente der Tiere zur Düngung des Bodens.

Weil es den jeweiligen Feinden im Dreißigjährigen Krieg (1618–48) nicht ermöglicht werden sollte, sich im besetzten Land zu ernähren, wurden in dieser Zeit nicht selten Äcker verwüstet, die Ernten weggeschafft oder vernichtet und Viehbestände abgeschlachtet. Zudem beeinträchtigten die Kriegswirren die landwirtschaftliche Produktion generell; die Agrarpreise stiegen aufgrund des begrenzten Angebots. Im Verlauf der Kriegswirren sank die Bevölkerungszahl in Deutschland von 16 Mio. wieder auf etwa 10 Mio. Um die Mitte des 18. Jh.s war sie dann wieder auf den Stand vor dem Dreißigjährigen Krieg angestiegen.

Die reduzierten Viehbestände wurden nach dem Krieg wieder aufgebaut, die Schweinehaltung deutlich schneller als die Rinder- und die Pferdehaltung. Bezeichnenderweise lagen die Fleischpreise noch ein Jahrzehnt nach dem Friedensschluß relativ hoch. Der nur schrittweise Aufbau der Rinderhaltung beruhte u.a. auf dem beschränkten Angebot an Sommerweiden. Später spielte bei diesem Umstand auch mit, daß auf den adligen Gutswirtschaften vermehrt Schafe (zur Wollproduktion) gehalten und die Rinder der Bauern zu deren Nahrungskonkurrenten wurden. In der Phase des Wiederaufbaus der Viehbestände dürfte der Fleischkonsum bei 30 kg pro Kopf und Jahr gelegen haben, gegen Ende des 17. Jh.s dann wieder bei 50 bis 60 kg. Für die erste Hälfte des 18. Jh.s nimmt man einen gesunkenen Fleischkonsum an, und zwar aufgrund der wachsenden Bevölkerung bei gleichbleibendem Viehbestand.

Die Viehhaltung in der ostdeutschen Landwirtschaft diente weiterhin vornehmlich der Selbstversorgung und den kleineren Märkten, dies auch deshalb, weil sie mit der kostengünstigeren Aufzucht der Ochsen in Dänemark, Ungarn und Podolien (Gebiet zwischen Krakau und Kiew) nicht konkurrieren konnte. Die Exportmöglichkeiten der Tierzucht in den nordwestdeutschen Marschgebieten waren so lange gut, wie die Tierbestände in anderen Regionen durch die Kriegswirren reduziert blieben; nach dem Wiederaufbau dieser Bestände verschlechterten sie sich, verbesserten sich aber erneut in der Mitte des 18. Jh.s aufgrund der inzwischen in fast allen Teilen Europas stark wachsenden Bevölkerung. Die günstigeren Absatzbedingungen förderten dann auch die Anfänge der Tierzucht mit der systematischen Selektion der für sie verwendeten Individuen. Nicht zuletzt aufgrund der wenig effizienten Fütterung blieben die Leistungen der Tiere meist aber nur wenig über den bereits genannten Werten. Der Wollertrag der Schafe lag bei 0,7 bis 0,8 kg pro Jahr, die Milchleistung der Kühe bei 500, selten bei 1 000 l, der Fleischertrag eines Ochsen bei 300 kg, der einer Kuh niedriger.

In den Städten war die Viehhaltung weiterhin verbreitet, v.a. in den kleineren, die sich weitgehend selbst mit Fleisch versorgten. In den großen Städten stellten die Importe aus Dänemark, Podolien und Ungarn wie in den Jh.en zuvor einen wichtigen Faktor dar. Die stadtnahen Land- und Viehbesitzer produzierten Butter und Käse und lieferten sie auf den städtischen Markt, dies zur Aufbesserung ihres Einkommens, manchmal auch auf Kosten ihrer eigenen Versorgung mit tierischem Eiweiß.

Nach 1750 stellten v.a. für die ärmeren Schichten der Bevölkerung Kohl, Rüben und dann auch Kartoffeln die Hauptnahrungsmittel dar. Zur Aufkündigung der traditionellen Wirtschaft am Ende des 18. und zu Beginn des 19. Jh.s hatte die Beseitigung des gemeinsamen Weiderechts gehört. Diese bedeutete, daß die ärmeren Schichten des Dorfes die Basis ihrer Viehhaltung verloren; ihre eigenen Flächen reichten nämlich zur Fütterung der Tiere nicht aus. Erst im letzten Drittel des 19. Jh.s stiegen die realen Einkommen weiter Bevölkerungskreise merklich an, mit ihnen auch die Nachfrage nach tierischen Produkten. V.a. die Schweine-, aber auch die Rindviehhaltung wurde ausgeweitet. Der Fleischkonsum pro Kopf und Jahr stieg seit dieser Zeit stetig an.

Die seit dem Beginn des 19. Jh.s vermehrt angebauten Kartoffeln und Zuckerrüben dienten mit ihren vom Menschen nicht genutzten Teilen (Zuckerrübenblatt, Melasse, Schnitzel) oder auch gänzlich einer verbesserten Fütterung der Tiere im Stall. V.a. die Kartoffel wurde in wirtschaftlich prosperierenden Zeiten vermehrt von den Tieren (Schweinen) und in Krisenzeiten – im 20. Jh. in Deutschland bes. während der beiden Weltkriege – vermehrt vom Menschen verspeist; in den Krisenzeiten wurden die Tiere also zum Nahrungskonkurrenten des Menschen, wofür die Abschaffung von etwa einem Drittel der Schweine im ersten Weltkrieg in Deutschland bezeichnend ist. Der vermehrte Anbau der wichtigen Feldfutterpflanzen Klee und Mais förderte die Ausdehnung der (Sommer-)Stallhaltung der Tiere.

Noch spärlicher und ungesicherter als die Angaben über die Haltung der üblichen landwirtschaftlichen Nutztiere in der frühen Neuzeit sind die über die Zucht und den Fang von Fischen, u.a. von Fischen in den Dorfteichen und in künstlichen Vivarien, in denen man die später verspeisten Tiere vor dem Mahl ansehen und aussuchen konnte. Generell weiß man freilich, daß auch in der Neuzeit die Fische – frisch ebenso wie gesalzen – einen nicht unwesentlichen Teil der menschlichen Nahrung darstellten. Für das Verständnis des Fischgenusses im christlichen Europa ist u.a. der Umstand relevant, daß dieser Genuß auch dann erlaubt war, wenn das Fastengebot den Fleischkonsum untersagte.

Die Informationen zur Haltung von Bienen sind ebenfalls spärlich und ungesichert. Mit ihrem Honig lieferten die Bienen freilich einen bemerkenswerten Beitrag zur menschlichen Ernährung, dies v.a. so lange, wie der Zucker noch nicht aus Rüben gewonnen wurde und die Bienen in Wald und Heide reichlich Nahrung fanden.

Summarisch läßt sich hier auf eine Zusammenstellung der Nahrungsmittelproduktion im preußischen Staat um das Jahr 1800 hinweisen. Gemessen am Geldwert der Nahrungsmittel lag der Wert des produzierten Getreides (Roggen, Hafer, Gerste, Weizen) gut doppelt so hoch wie der der tierischen Erzeugnisse, der der übrigen pflanzlichen Erzeugnisse (Obst, Gartengewächse, Kartoffeln, Rüben, Ölsaaten, Wein, Tabak, Hopfen, Flachs, Hanf) ähnlich hoch wie der der tierischen Produkte.

Der zuvor genannte Beitrag von 10%, den Wildtiere in der frühen Neuzeit zur Fleischnahrung beisteuerten, stellt ebenfalls nur einen annähernden Wert dar, bei dem starke temporale und regionale Schwankungen anzunehmen sind. Auf den Tisch der Landesherren und ihres Hofstaates z.B. kam natürlich zur Jagdzeit in beträchtlichem Maße Wild. Im Jahre 1728/29 lag der Wildfleischverbrauch der württembergischen Hofküche z.B. bei 170 Stück Rotwild, 62 Stück Damwild, 135 Stück Rehwild, 89 Stück Schwarzwild, 420 Hasen und 2292 Stück Geflügel. Anfang des 19. Jh.s (1815/16) deckten das Rot- und das Schwarzwild 23% des Fleischbedarfs am württembergischen Hof.[5] Gleichwohl stellte die fürstliche Jagd kein gewinnbringendes Geschäft – wie eine heute nach ökonomischen Prinzipien betriebene Jagdwirtschaft – dar. V.a. die Besoldung des Personals, die Jagdfeste und die zur Jagd erforderlichen Hilfsmittel kosteten in der frühen Neuzeit den Landesherren, so eine Modellrechnung für Württemberg, etwa dreimal so viel, wie das erlegte Wild einbrachte. Das landesherrliche Privileg zu jagen, war allerdings ein Teil der standesgemäßen Lebensgestaltung der Fürsten. Manche Landesherren richteten sich bei ihrem jeweiligen Aufenthaltsort sowie in ihrem Lebensrhythmus sogar nach der Jagdsaison. Zur höfischen Jagd – die »hohe« Jagd für die Fürsten, die »niedere« für den Adel – gehörten auch die Jagdschlösser (nicht selten der Ausgangsort von Regierungssitzen), die Jagdgesellschaften und die Jagdfeste, dies u.a. zur Pflege der Beziehungen zu »auswärtigen«

Dynastien. Kundschafter erleichterten den hohen Herren das Auffinden des Wildes und den erfolgreichen Zugriff.

Gefangen wurden zudem diverse Vögel, und zwar v.a. mit Hilfe von Netzen, Kästen, Fallen, Lockvögeln und Falken. Sie kamen ebenso in den Kochtopf wie die speziell für den Verzehr gemästeten Vögel. Außergewöhnliche Fänge konnten hochgestellten Persönlichkeiten als Ehrengabe gewidmet werden.[6]

Fleisch für die Ernährung des Menschen fiel auch bei den Jagdpraktiken (in manchmal beträchtlichem Maße) ab, die nicht um der Ernährung willen betrieben wurden. Zu den bemerkenswerten Maßnahmen dieser Art gehört die als normale »›Schadtier‹-Bekämpfung« praktizierte und für die Zeit vom 17.–19. Jh. aufschlußreich belegte Jagd.[7] Nahezu 625000 »Raubvögel« bzw. »Schadtiere« wurden z.B. zwischen 1705 und 1800 im Braunschweiger Land erlegt, gefangen oder ausgehoben. Mit den Großsäugern verfuhr man in manchen Regionen nicht anders, wenn diese – den praktischen Zwecken und den ideologischen Auffassungen der Landesherren entsprechend – zu »Schadtieren« deklariert worden waren. »Schießgelder« ordneten den Wildbestand in kurzer Zeit nach den vorgegebenen Wünschen und Zwecken, wenn man die Prämien hoch genug ansetzte. Mit diversen Fallen, Netzen und Schußwaffen sowie mit Hilfe von Vögeln (Falken), Hunden und weiteren Tieren (z.B. Frettchen bei der Kaninchenjagd) als Jagdhelfern des Menschen wurde eine solche Jagd – ebenso wie die übliche – betrieben. Die im 16. und 17. Jh. technisch fortentwickelten Feuerwaffen verdrängten in der frühen Neuzeit zunehmend die Armbrust und die blanken Waffen; ab 1800 dominierten sie auch bei der Jagd, wobei man sie freilich mit den Bildern außergewöhnlich potenter Tiere magisch besetzte.

Die Jagd im allgemeinen und die höfische Jagd im besonderen gewannen für die Beteiligten v.a. durch einen reichen Wildbestand viel von ihrem Reiz. Ihn aufzubauen, zu erhalten und zu fördern wurde als zentrale Aufgabe der Wildhege angesehen. Die Kehrseite des reichen Wildbestandes stellte freilich der Schaden dar, den das Wild auf den Äckern anrichtete und für den die Bauern in der frühen Neuzeit i.d.R. nicht entschädigt wurden. Die divergierenden Interessen der Jagdherren einerseits und der Bauern andererseits führten zu den häufig berichteten Auseinandersetzungen zwischen den beiden Seiten. Die Jagd verschärfte insofern die ohnehin bestehenden sozialen Konflikte. Die Wilderei – mit ihren nicht selten unorthodoxen Jagdmethoden häufig eine besondere Belastung der Tiere – stellte einen der Wege dar, mit denen sich die meist rechtlosen Bauern an den Landesherren rächten.

Abb. 1
Hirsch, im Netz verfangen. Holzschnitt von Hans Weidig

Bezeichnenderweise gehörten die Jagdprivilegien zu den Vorrechten, gegen die sich am Ende des 18. und während des 19. Jh.s der dritte und dann auch der vierte Stand erfolgreich wandten, d.h., die mit der Französischen Revolution und v.a. der Revolution von 1848 abgeschafft wurden. Die neuzeitliche Regelung, nach der jedermann – mit entsprechender Schulung und entsprechenden finanziellen Mitteln – eine Jagd pachten kann, stellt einen Kompromiß dar, nämlich einen Kompromiß zwischen dem Anspruch eines jeden Landbesitzers auf die Jagderlaubnis auf seinem Gelände und dem Anspruch eines jeden Bürgers, die gottgeschaffene Natur u.a. in Form der Jagd nutzen zu dürfen. Mit letzterem Anspruch hatten die Wilderer schon lange ihr Tun legitimiert.

Neben der öffentlichen Ordnung sind bei der Jagd die Tiere zu schützen; beide Anliegen verboten und verbieten es, im Bereich des

Jagdrechts rigorose Konsequenzen aus den erfolgreichen sozialen Revolutionen zu ziehen. Der Schutz der Tiere gehörte zu den Argumenten, die am Ende des 18. Jh.s gegen die Jagd öffentlich vorgetragen wurden, aber auch die schwindende Bereitschaft, die Jagd als Standesprivileg des Adels zu akzeptieren, und zwar als einen letztlich sinnleeren, die Aufgaben in der »realen« Welt vernachlässigenden und kostspieligen Zeitvertreib.[8] Für den Übergang des Jagdrechts vom Adel auf das Bürgertum ist es bezeichnend, daß Jakob Fugger (der Reiche) sich bereits im Jahre 1521 von Kaiser Karl V. für Schuldverschreibungen Jagdrechte für einheimische Wildtiere übertragen ließ.

Zur Ernährung und Bekleidung wurden die tierischen Rohstoffe in der frühen Neuzeit verwendet, aber auch zur Herstellung von weiteren Hilfsmitteln für die Lebensfristung sowie für die luxurierende Gestaltung und Steigerung des Daseins.[9] Neben der heimischen bediente man sich nichtheimischer Tiere und Tierteile. Die erfolgreiche wie auch die mißglückte Nutzung letzterer wirft interessante Schlaglichter auf wirtschafts- und kulturgeschichtliche Prozesse in der frühen Neuzeit. Für die von der kostspieligen Seide ausgehende Faszination sprechen z.B. die Ende des 16. Jh.s unternommenen, aber wohl aus klimatischen Gründen fehlgeschlagenen Versuche, den Seidenspinner auch in Deutschland zu züchten. Derartige Bemühungen wurden im 18. Jh. fortgesetzt, aber ebenfalls ohne bemerkenswerten wirtschaftlichen Erfolg. Durch die Vermittlung der Araber war in den wärmeren Regionen Süditaliens, Siziliens, Spaniens und Südfrankreichs vom 8.–11. Jh. eine Seidenraupenzucht aufgebaut worden. China hatte die Zucht der (in Indien beheimateten) Seidenraupen bereits seit dem Jahre 3000 v.Chr. praktiziert, nur fertige Seidenstoffe ins Ausland verkauft und den Export von Seidenspinnereien mit der Todesstrafe bedroht. Der Seidenspinner ist ein empfindliches Haustier, das auf die Blätter des Maulbeerbaums angewiesen ist. Die Zucht des Seidenspinners bedarf daher des Anbaus winterharter Maulbeerbäume.

Für die Nutzung der tierischen Haut als Leder war es u.a. bezeichnend, daß sich die Häute fast aller Säuger zu Leder gerben ließen, in der Mehrzahl die Häute von Haustieren verarbeitet wurden und verschiedene Lederarten vornehmlich lokale Verwendung fanden.

Darüber hinaus unterschieden und unterscheiden sich die Eigenschaften der Leder verschiedener Herkunft beträchtlich, damit auch deren Eignung für bestimmte Zwecke, z.B. für die Verarbeitung zu Schuhen, Handschuhen, Bucheinbänden oder Trommelfellen. Weiter differieren die unterschiedlichen Leder verschiedener Herkunft in ihrem optischen Eindruck beträchtlich. In Verbindung mit den verschiedenen funktionalen Eigenschaften begründete der optische Eindruck das erheblich divergierende Image der verschiedenen Leder. V.a. exotische Leder wurden mit dem wachsenden ökonomischen Wohlstand und mit den zunehmenden Fernreisen zu Anfang der Neuzeit als Luxusgüter nobilitert, die ihren Besitzern beträchtliches Prestige einbrachten, nicht nur das Ansehen der Wohlhabenheit, sondern auch das der Weltaufgeschlossenheit. Solches Ansehen genoß das von bestimmten Vögeln (Strauß) und Reptilien (Krokodil, Schlange, Eidechse) gewonnene Leder, das z.T. auch besondere funktionale Vorteile aufwies, z.B. das Krokodilleder für die Herstellung haltbarer Bezüge für Koffer, die heute als Antiquitäten gesammelt werden, beträchtliche Preise erzielen und tradierten Wohlstand dokumentieren sollen.

Der russische Pelzhandel (mit Westeuropa) war schon im Mittelalter berühmt. Sibirien wurde zu Beginn der Neuzeit zunächst wegen des Pelzhandels erschlossen, Anfang des 16. Jh.s brachten nämlich private Händler Pelzwaren aus den westlichen Teilen Sibiriens nach Europa, Ende des gleichen Jh.s aus den östlichen Regionen. Insbesondere Augsburger Kaufleute hatten zu Beginn des 16. Jh.s Handelsbeziehungen nach Rußland aufgebaut und Kontakte zu den Moskauer Märkten mit kostbaren Fellen von Zobeln, Hermelinen, Bibern und anderen Pelztieren gewonnen.[10] Bering erreichte im Jahre 1738 über die Kurilen das amerikanische Festland. Alaska blieb bis 1867 russischer Besitz. Mit den an europäische Abnehmer gehenden Pelzwaren wurden vielfach Expeditionen in den Osten finanziert. Auch bei der Erschließung Kanadas und der nördlichen Teile der Vereinigten Staaten von Amerika stellte der Pelzhandel ein handlungsbestimmendes Motiv und eine wichtige Finanzquelle dar.[11]

Mit den Fellen exotischer Tiere besetzte oder ganz aus ihnen gefertigte Mäntel, insbesondere die Krönungsmäntel der weltlichen Fürsten, konnten ein Vermögen kosten, weit mehr als heute üblicherweise von politischen und wirtschaftlichen Führungspersönlichkeiten für ihre repräsentative Kleidung gezahlt wird. Zu den Accessoirs der extravaganten Kleidung, insbesondere auch der Damen- sowie der Herrenhüte, gehörten in der frühen Neuzeit weiter einzelne Federn exotischer Vögel, mit Ausnahme der Straußenfedern vornehmlich von gejagten Vögeln. Das Federkleid der Bauchunterseite des in Nordamerika und Sibirien gejagten Haubentauchers – Grebs- oder auch Grebenfell genannt – wurde insbesondere im 17. Jh. in Deutschland hoch geschätzt und zu Pelzkragen, Kappen und Muffen verarbeitet.[12] Als diese Mode überholt war, verschwanden solche Pelze vom Markt. Die Nachfrage nach bestimmten Schmuckfedern wechselte generell mit dem Wandel der Moden.

Federbetten und -kissen kannte man in Frankreich schon seit dem 10. Jh., aber nur als einen Luxus der Vermögenden. Erst im 18. Jh. wurde das übliche Strohlager der einfachen Leute durch Federbetten ersetzt.[13]

Zu den Tieren, die die europäischen Menschen in der frühen Neuzeit erheblich belasteten, d.h., die das Verhältnis umkehrten und die Menschen für ihre Lebensfristung benutzten, gehörten die »Schädlinge«, die sich menschlicher Nahrungsvorräte bedienten, v.a. Maden, Würmer, Raupen, Ameisen und Nagetiere. Diverse Tiere wirkten zudem als Überträger von Krankheiten. Die Pest z.B. gelangte von Ratten über Flöhe auf den Menschen. Infizierte Säuger brachten dem Menschen die Tollwut, die Anopheles-Mücken die Malaria. Heute kennt man etwa 100 von Tieren übertragene Krankheiten, und zwar Krankheiten, von denen ein beträchtlicher Teil auch schon in der frühen Neuzeit von Tieren vermittelt wurde.

2. Arbeitskraft

Ochsen, Esel, Maulesel (die Kreuzung aus Pferdehengst und Eselstute) und Pferde blieben die vorwiegenden Arbeitstiere der frühen Neuzeit, und zwar als Trag- sowie als Zugtiere, die Pferde und seltener die Esel ferner als Reittiere. Nach der Vorläuferschaft der Ochsen stellte die Zugkraftnutzung der Pferde in der Landwirtschaft eine technologische Innovation dar, die im Mittelalter erreicht und in der frühen Neuzeit weiter entwickelt wurde, dies allerdings nicht in allen Regionen und nicht in allen Bereichen der wirtschaftlichen Nutzung. In verschiedenen Gebieten Europas blieb der Ochse nämlich das meist oder ausschließlich genutzte Arbeitstier, auch das Tier, das weiterhin den Pflug zog, während Pferde vor Wagen und Kutschen gespannt wurden, ferner das Tier, das den Unvermögenden und den Konservativen als Arbeitskraft diente, während die Vermögenden und die Progressiven vermehrt Pferde einspannten. Möglich wurde eine solche Umstellung durch die technische Perfektionierung des Kummets, der auf den Schulterblättern des Pferdes liegt und es diesem gestattet, ohne Behinderung durch die Anspannung schwerere Lasten als zuvor zu ziehen. Vor der Nutzung des Kummets hatte der Halsriemen sich beim Zug auf die Luftröhre des Pferdes gelegt und insbesondere bei schwerem Zug die Atmung des Tieres eingeschränkt.

Die wie die Ochsen ein- und mehrspännig genutzten Pferde gestatteten ein schnelleres Pflügen mit dem aus Holz gefertigten und häufig durch eine mit Eisen beschlagene Schar stabilisierten Pflug. Seit dem Ende des Mittelalters wurden solche Pflüge ebenso wie Eggen mit eisernen Zinken vermehrt verwendet. Der Einsatz des Pferdes vor einem derartigen Pflug erlaubte es auch, exaktere Furchen zu ziehen, als dies mit dem Vorspann des (langsameren) Ochsen möglich war. Diese Vorteile führten dort, wo entsprechende wirtschaftliche Möglichkeiten und progressive Einstellungen bestanden, seit dem 15. Jh. zu einer relativ schnellen Verbreitung der Arbeitspferde anstelle der Arbeitsochsen. In manchen Regionen verlief der Wechsel zäher, in anderen wurde er erst im 17.,18. oder 19. Jh. erreicht, in weiteren hielt man an den traditionellen Arbeitsmitteln fest. Bemerkenswert ist an diesem Wechsel u.a., daß er vornehmlich von Bauern, häufig auch von Kleinbauern vollzogen wurde und diese somit als die »technologischen Innovatoren« fungierten.[14] In einigen Gegenden Frankreichs sollen die Bauern derart bereits im hohen Mittelalter gewirkt und die Umstellung auf die Zugkraft des Pferdes erreicht haben.

Das Pferd konnte auch an die Stelle von Eseln und Mauleseln treten; diese wurden nämlich – bei erheblichen regionalen Unterschieden –

ebenfalls als Last- und Zugtiere genutzt. In dem für die Pferdezucht so berühmten Trakehnen gab es selbst im 18. Jh. noch ein Mauleselgestüt.[15]

Zu den Voraussetzungen des Wechsels von Ochsen, Eseln oder Mauleseln zu Pferden gehörte die Verfügung über Pferde bzw. deren Erreichbarkeit. Diese Voraussetzungen waren in verschiedenen Regionen zu Anfang der Neuzeit in weitergehendem Maße gegeben, als man häufig annimmt. Das bedeutet: Die Pferdebestände waren im 16. und 17. Jh. nach dem Ausweis verschiedener statistischer Nachrichten im Vergleich zu den übrigen Tierbeständen relativ hoch. Dieser Umstand spricht für eine bereits weitreichende Nutzung des Pferdes, für einen bemerkenswert hohen Bedarf an Pferden und auch für die Möglichkeit, die bereits beträchtlichen Bestände relativ rasch auszuweiten. Nach einer Aufstellung des Bistums Ratzeburg aus dem Jahre 1630 z.B. kamen auf 3100 Rinder, 2600 Schafe und 3900 Schweine nicht weniger als 4300 Pferde.[16] Am Ende des 18. Jh.s sollen in Europa um die 14 Mio. Pferde gehalten worden sein.[17] Der relativ hohe Anteil an Pferden bestand zu einem großen Teil wohl aus Transporttieren, die u.a. aufgrund der schlechten Wegeverhältnisse und der technisch nur begrenzt entwickelten Fahrzeuge in großer Zahl benötigt wurden. Der aus heutiger Sicht enorme Reibungswiderstand der Fahrzeuge verlangte deutlich mehr Zugkraft als technisch perfektionierte Wagen. Das hohe Ansehen, das das Pferd im Vergleich zu den übrigen Tieren auch in der frühen Neuzeit genoß, dürfte bei seinem relativ großen Anteil am gesamten Tierbestand ebenfalls mitgespielt haben.

Diesem hohen Ansehen entsprach es, das Pferd nicht resp. nicht mehr als Fleischtier zu verwenden. Beim begrenzten Einsatz des Pferdes als Fleischtier im neuzeitlichen Europa dürfte seine – im Vergleich zum Rind – ineffektivere Futterverwertung (ohne Wiederkäuermagen) von Belang gewesen sein. Ferner ging in die dem reduzierten Einsatz zugrundeliegende Einstellung die christliche Verurteilung der vorchristlichen Pferdeopfer als heidnische Praktiken ein. Noch kurz vor seinem Tod hatte Bonifatius (673–754) im Jahre 750 gegen das heidnische Pferdeopfer und die heidnischen Pferdemahlzeiten bei den Germanen gewettert. Der generell spärliche Genuß des Pferdefleischs in Europa sollte allerdings den Verzehr von Pferdefleisch in Krisenzeiten, z.B. bei einer Belagerung den Verzehr der im Kriege zu Tode gekommenen Pferde, den häufigen Verzehr des preiswerten Pferdefleischs durch Unterprivilegierte, den Verzehr durch Gourmets bei aufwendiger Zubereitung sowie die geschmacklichen Qualitäten des (relativ süßen) Pferdefleischs nicht übersehen lassen.[18]

Auf dem Lande wurde die Mehrzahl der Zugtiere von Bauern gehalten, und zwar für die eigene Wirtschaft, häufig aber auch in erster Linie für den »Spanndienst«, der für den übergeordneten Betrieb resp. die »Herrschaft« zu leisten war. Der Spanndienst trug entscheidend zu dem im Vergleich zum Schlacht- und Milchvieh hohen Anteil des Zugviehs bei, den verschiedene Angaben für die frühe Neuzeit belegen. Dort, wo vermehrt Ackerbau betrieben wurde, überwog das Zugvieh sogar, in Weidegebieten demgegenüber das Milch- und das Schlachtvieh.

Bei den Pferden unterschied man die »Gras-« und die »Stall«pferde. Die Graspferde mußten sich im Sommer das Futter auf den Weiden suchen, im Winter wurden sie mit Heu, Stroh und dem Abkehricht vom Getreide durchgebracht. Meist handelte es sich bei diesen Pferden um relative kleine und schwache Exemplare, die leicht ermüdeten, daher die eine Hälfte des Tages arbeiteten und während der anderen auf die Weiden gelassen wurden. Der (niedrige) Preis dieser Pferde entsprach dem von 580 kg Roggen. Die Stallpferde erhielten bei schwererer Arbeit im Sommer wöchentlich etwa 40 kg Hafer und 50 kg Heu, im Winter bei geringerer Arbeit von beidem ein Drittel weniger. Über die (wertvolleren) Stallpferde, d.h. über verschiedene Individuen, Rassen und Schläge dieser Pferde, wurden im 17. und 18. Jh. bezeichnenderweise differenziertere Urteile gefällt als über die Graspferde. Im 18. Jh. entstanden dann auch in Deutschland die ersten Gestüte (in Trakehnen, Celle, Hannover, Zweibrücken und an anderen Orten), und zwar zur Förderung der Zucht für den Marstall des Landesherrn und auch zur Selbstversorgung des Landes mit leistungsstarken Kavalleriepferden. In Trakehnen z.B. hielt man im Jahre 1795 350 Zuchtstuten, in Celle an die 90 Hengste verschiedener Herkunft. Die Hengste aus Celle wurden auf die verschiedenen Bezirke des Landes verteilt und dort auch stationiert. Ausschließlich sie, so eine königliche Verordnung, durften zum Bedecken von Stuten eingesetzt werden.[19]

Trotz der Entwicklung von Wagen, Anspannung und Zugpferden blieb der Einsatz von Pferdefuhrwerken zum Transport von Waren und Personen zu Anfang der Neuzeit begrenzter, als manche reizvollen Abbildungen glauben machen. Einen ausschlaggebenden Faktor für diesen Umstand stellte der bereits angesprochene, weiterhin schlechte Zustand der Land- und selbst der innerstädtischen Straßen dar. Nur wenige Straßen waren befestigt, fast alle uneben und holperig, zudem bei nassem ebenso wie bei trockenem Wetter i.d.R. recht schmutzig. Die in den Wagen sitzenden Fahrgäste wurden anhaltend durchgeschüttelt, Lasten im Transportwagen häufig verrutscht und nicht selten beschädigt.

Die aus heutiger Sicht und auch im Vergleich zum römischen Verkehrswesen erstaunlich simplen Straßenverhältnisse im Mittelalter und in der frühen Neuzeit machten die Flüsse und Kanäle (für die Binnenschiffahrt) zu den i.d.R. angenehmeren Transportwegen. Die Bedeutung des frühneuzeitlichen Transports auf dem Wasser resultierte also in beträchtlichem Maße aus den Problemen des Landtransports. An einer kuriosen Verbindung des Wasser- und des Landweges waren Zugtiere dann beteiligt, wenn sie Schiffe vom Land aus mit Hilfe von Seilen ein Stück weit schleppten, z.B. durch Kanäle.

Die problematischen Straßen- und Wegeverhältnisse führten u.a. dazu, daß mancher, der sich bei festen und ebenen Straßen lieber im Wagen hätte fahren lassen, in den Sattel stieg und es dem Pferd oder auch dem Esel überließ, mit dem widrigem Geläuf fertigzuwerden.

Bis in die Neuzeit blieb das Reiten bezeichnenderweise die »männliche« Art der schnellen Fortbewegung bzw. des schnellen »Transports« von Menschen, das Fahren resp. das Gefahren-werden war demgegenüber die »weibliche«, in der frühen Neuzeit in manchen Regionen und in manchen gesellschaftlichen Gruppen auch die »weibische« Form. König Karl IX. von Frankreich (1550–1574) reagierte in der Mitte des 16. Jh.s z.B. mit Empörung auf die zunehmende Neigung der zuvor reitenden Herren, zu den »bequemeren« Wagenfahrten überzugehen und so die traditionellen Mannestugenden sowie die ritterlichen Standesauffassungen zugunsten der

»effemination asiatique« zu verlassen. Selbst landesherrliche Erlasse der Herzöge von Braunschweig-Lüneburg aus dem Jahre 1588 und Pommern-Stettin aus dem Jahre 1608 gegen das »Faullenzen und Gutschen faaren« konnten die zunehmende Beliebtheit der Wagen nicht verhindern. Der italienische Dichter Ludovico Ariosto (1474–1533) spottete bezeichnenderweise in seinem Lustspiel »Cassaria«: »Zu Fuß sich diese feinen Damen wehren, / Beim Ausgehen die Straße zu durchqueren, / Und ihren Widerstand kann nur besiegen, / Wenn ihren Hintern sie in prächt'ger Kutsche wiegen, / Sie muß vergoldet sein, mit Teppichen behangen, / Mit feurig starken Rennern an den Deichselstangen.«[20]

Vom letzten Viertel des 16. Jh.s an nahm die Zahl der Wagen und mit ihnen das Bemühen um die Zucht leistungsbereiter, ausdauernder, scheufreier und eleganter »Kutsch«pferde im gesamten Europa zu. Ferner intensivierte der verstärkte Personentransport mit dem Wagen den Einsatz diverser Handwerker und selbst Künstler für die technische sowie die ästhetische Weiterentwicklung der – mit regionalen Unterschieden ausgeprägten – Wagen- und Fahrkultur. Der im Mittelalter vornehmlich verwendete Leiterwagen und auch der Kobel mit geschlossener kastenartiger Tonne wurden zunehmend variiert und dann auch ersetzt. Als offener Wagen entstand wahrscheinlich in Ungarn die »Gutsche«, entstanden weiter in Italien, England, den Niederlanden, Frankreich und Deutschland diverse Formen von Karossen. V.a. im 17. und 18. Jh. baute man prunkvolle Staats- und Hochzeitsgefährte, häufig Wagen, mit denen man am Hofe vorfuhr, aber keine weiteren Strecken zurücklegte. Dies tat man mit speziellen Reisewagen, in England vor allen mit den 1784 eingeführten schweren Postkutschen, mit den Mail-Coaches und anschließend mit den Stage-Coaches, die neben dem Gepäck bis zu 14 Personen aufnehmen konnten.

Die Staats- und Hochzeitsgefährte sollten den außergewöhnlichen Stand ihrer Insassen vor Augen führen. Ihr Innenraum war ebenso luxuriös ausgestattet wie ihr Äußeres. In den von den Luxusmöbeln vertrauten Stilen wurde das Holz in kunsthandwerklicher Meisterschaft gedrechselt, reich bemalt und mit Goldauflagen nobilitiert. Sechs oder acht Pferde zogen die Gefährte, dies wegen ihres Gewichts und auch wegen des Eindrucks, den ein Sechs- oder Achtspänner hinterläßt. Den Bürgerlichen war eine solche Anspannung i.d.R. nicht nur aus ökonomischen Gründen versagt, sondern auch vom Landesherrn verboten. Der Bürger fuhr, wenn er sich überhaupt Pferd und Wagen leisten konnte, ein- oder zweispännig mit leichterem und einfacheren Gefährt. Der Parvenu versuchte allerdings, sich mit einer bes. aufwendigen Kutsche gesellschaftliches Ansehen zu verschaffen. Der Jagdwagen des Adels stellte einen leichten und geländetauglichen Typus dar, an dem man sich orientieren konnte. In den Kutschenmuseen – privaten und öffentlichen – und auch auf zahlreichen Bildern lassen sich die diversen leichteren Wagenformen studieren, die auch noch im 19. und 20. Jh. in der Stadt und auf dem Land verwendet wurden. Bes. wendig waren die einspännig gefahrenen zweirädrigen Wagen. Einerseits bedurften die in der frühen Neuzeit sich durchsetzenden Gefährte einigermaßen ebener Wege und befahrbarer Brücken; zugleich trugen sie zu deren Ausbau bei.

Die Anspannung, die Lenkung, die Bremsung sowie die Stabilität der Speichenräder stellten wichtige Bereiche der technischen Entwicklung der Wagen dar. Diese diente bald mehr der effektiven und sicheren Nutzung der Pferde, bald v.a. der Sicherheit und dem Komfort der Reisenden. Aus der Sicht der Insassen bildete zudem die Federung einen ausschlaggebenden Komplex der Technik der Kutschen. Die diversen Veränderungen der Federung des Wagenkastens, der mit Hilfe von Riemen, von Stahlfedern oder von einer Kombination von Riemen und Stahlfedern in den Fahrzeugrahmen aufgehängt wurde, ist bezeichnend für die Aufgabe, die durch die unebenen Straßen und Wege verursachten Stöße zu mindern und/oder in ein sanfteres Schwingen umzuformen. Die technischen Aspekte des Wagenbaus spielten auch noch bei den Exponaten der seit 1851 (London) regelmäßig organisierten Weltausstellungen eine wichtige Rolle. Selbst die Fahrgäste waren angesichts des relativ häufigen, meist allerdings glimpflich verlaufenden Umschlagens der Wagen an den in der Sicherheit sich auswirkenden technischen Aspekten des Wagenbaus lebhaft interessiert.[21]

Das technische Problem der Lenkung des Wagens wurde dort ausgeschaltet, wo Pferde Kohlenwagen zogen, die auf Schienen liefen. Solche Schienenfahrzeuge sind aus dem 18. Jh. bekannt. Sie ließen sich bei reduziertem Reibungswiderstand fortbewegen, d.h., die Pferde konnten mit Hilfe der Schienenfahrzeuge sehr viel größere Lasten als bei den üblichen Karren transportieren. Die pferdebespannten und auf Schienen laufenden Wagen wurden über- und auch untertage verwendet. Die Grubenpferde, die man untertage einsetzte, brachte man – häufig in aufgerichteter Position an Gurten aufgehängt – durch den Schacht in die Tiefe. Dort verblieben die Tiere bis zu ihrem Arbeits- und häufig auch bis zu ihrem Lebensende. Ställe hatten die Pferde im Dunkel unter der Erde, Futter wurde in den Förderkörben nach unten gebracht.

Zu den besonderen Formen des Arbeitseinsatzes der Pferde gehört die (Fort-)Bewegung auf Laufbändern, mit deren Hilfe man Wellen drehte; auf diesen wickelten sich Seile oder Ketten auf und ab, die Lasten kontinuierlich bewegten. Das Prinzip der sich drehenden Achse, auf der Seile oder Ketten auf- und abgewunden werden, verwendete man v.a. beim bereits aus der Antike bekannten Göpel, dessen Zugbalken neben Pferden auch Esel und Ochsen im Rundlauf bewegten; in technisch begrenzt entwickelten Gesellschaften tun sie dies bis in die Gegenwart. Man betrieb mit diesen Göpeln insbesondere Brunnen und andere Hebevorrichtungen, auch Mühlen und Dreschmaschinen.

Einen der aufwendigsten Einsätze von pferdebetriebenen Göpeln stellt die Versetzung des 23 m hohen und 327 Tonnen schweren Obelisken von dem Platz hinter der Peterskirche in Rom auf die Piazza San Pietro im April 1586 dar. Mit 40 Göpeln, 140 Pferden und 800 Mann wurde der Transport über etwa 200 m erfolgreich bewältigt, dies allerdings nach dem Lesen von Bittmessen und dem Sprechen des Paternoster und des Ave Maria direkt beim Arbeitsbeginn.[22]

In der frühen Neuzeit setzte man selbst Hunde zum Tragen und Ziehen kleinerer Lasten ein, wie manche Darstellungen von Dorfszenen belegen. Möglicherweise hatten solche Bildinhalte aber auch in erster Linie symbolische Bedeutung, nämlich als Vergegenwärtigung der vom (menschlichen) Geist gezähmten Animalität, der vom Menschen begrenzten Kraft und Freiheit des Tieres und/oder des Dienstes der Kreatur am (gottebenbildlichen) Menschen.[23]

Zu den Kuriosa der Nutzung von Arbeitstieren gehört v.a. eine

Trommel, die eine voranlaufende Maus quasi als perpetuum mobile drehte und mit deren Hilfe sie am Tag 16 km Faden spinnen sollte. Im Jahre 1812 hatte ein Brite diesen Mäusemotor von seinem französischen Erfinder, einem Gefängnisinsassen, gekauft und die Idee entwickelt, eine Garnfabrik mit 15 000 Mäusen und einem einzigen menschlichen Arbeiter aufzubauen. Bei dieser Idee blieb es.[24]

Die zuvor skizzierte Entwicklung der Wagen und der Einsatz der Zugkraft der Tiere gestatteten es u.a., die Reisegeschwindigkeiten beträchtlich zu erhöhen. Regelmäßige Fahrten zwischen bestimmten Strecken wurden eingerichtet und mit zunehmender Verläßlichkeit absolviert, über Land mit schweren Kutschen, in der Stadt mit leichteren Wagen. Die schweren Gefährte transportierten neben den Insassen Botschaften, Briefe und schließlich auch Pakete, d.h. in regelmäßigen Fahrten – zumindest wöchentlich (Posttag) – leisteten sie den Personen- und den Postverkehr in einem. Die begrenzte Bequemlichkeit solcher Fahrten sowie ihr begrenztes Tempo bedeuteten allerdings, daß man sich des Reitpferdes v.a. dann weiterhin bediente, wenn Meldungen oder Briefe möglichst schnell zu überbringen waren. Professionell hatten dies bereits die bei den Landesherren tätigen Boten resp. die Post der Landesherren getan. Eine solche Post hatte sich zunächst in Frankreich und Italien ausgebildet. In Deutschland übernahm Franz von Taxis im Jahre 1516 den Transport von kaiserlichen Briefen zwischen Brüssel und Wien, und zwar mit der Erlaubnis, Briefe anderer Auftraggeber (gegen Entgelt) mitzunehmen. Franz von Taxis, der solche Dienste auf kleineren Strecken schon ab 1495 durchgeführt hatte, ließ sich diese Leistung als Monopol sichern. Mit der wachsenden Regelmäßigkeit und mit dem wachsenden Tempo der Übermittlung von Botschaften machte das Postwesen im 16. Jh. wichtige Fortschritte. Durch Pferde- und Reiterwechsel legte man bis zu 160 km in 24 Stunden zurück. Die Plätze für die Wechsel der Pferde und der Reiter entwickelten sich zu markanten »Stationen« auf den langen Wegen. Im Jahre 1615 wurde das Postwesen zu einem vom Kaiser überlassenen Recht, in den einzelnen Territorialstaaten des Reiches konnten sich entsprechende Einrichtungen bis zum Beginn des Dreißigjährigen Krieges aber nur in Ansätzen entwickeln.[25]

3. Militärische Nutzung

Mit Hilfe von Bienen, die aus ihren Stöcken aufflogen, sollen im Jahre 1525 im Harz aufständische Bauern in die Flucht geschlagen worden sein. Und bei der Belagerung von Paris durch Heinrich IV. im Jahre 1590 gewannen die Eingeschlossenen über Brieftauben Kontakt zur Außenwelt. Regelmäßig unterstützten Spürhunde militärische Operationen in der frühen Neuzeit ebenso wie Esel, Maultiere und Maulesel unter der Saumlast. Solche Kriegsdienste von Tieren blieben aber von untergeordneter Bedeutung im Vergleich zum militärischen Einsatz des Pferdes, der nach der ausgedehnten Dominanz der Bogenreiter und nach der Epoche der abendländischen Ritter in den etwa vier Jahrhunderten disziplinierter Kavallerie einen neuen Höhepunkt fand. Von der zweiten Hälfte des 16. Jh.s bis zum Ende des 19. oder bis ins erste Drittel des 20. Jh.s währte die Leistungskraft der Kavallerie als häufig schlachtentscheidende Waffe. Abgelöst wurde sie letztlich im zweiten Weltkrieg durch die verbesserten Feuerwaffen einerseits und durch die Motorkraft andererseits.[26]

Zumindest bis in die erste Hälfte des 16. Jh.s war das Fußvolk in Europa die schlachtentscheidende Waffe geblieben. Die disziplinierten Fußtruppen hatten das am Ende des Mittelalters weder durch einen Befehl noch durch eine Idee geeinte, vornehmlich der Tradition des Einzelkämpfers verpflichtete Rittertum abgelöst. Seit der zweiten Hälfte des 16. Jh.s wuchs die Bedeutung der Berittenen wieder an. Im Dreißigjährigen Krieg machte sie zuweilen die Hälfte und mehr als die Hälfte der Aufgebote aus.

Die Reiterei blieb freilich auch in der Neuzeit eine relativ kostspielige Waffe. Daher wurde in den Großheeren der späteren Zeit häufig aus ökonomischen Gründen der Infanterie vermehrte Beachtung geschenkt. Unter dem Großen Kurfürsten (1620–88) z.B. stellten die Reiter ein Siebentel der gesamten Armee, im preußischen Heer wuchs ihre Position dann wieder; im Jahre 1755 bestand die Feldarmee Friedrichs des Großen (1740–86) zu einem Viertel aus Berittenen, dem stärksten Anteil der Kavallerie an der Gesamtarmee in dieser Epoche.[27]

Nach dem Vorbild der Fußtruppen wurden im Laufe des 16. Jh.s v.a. die leichteren Reiter – weniger die noch verbliebenen Ritter – zu einem geschlossen operierenden Verband diszipliniert. Persönliche und sachliche Gründe erschwerten die Kooperation der verschiedenen Individuen in einem taktischen Körper bei den Berittenen allerdings (noch) stärker als bei den Fußkämpfern. Der Gehorsam und die Manövrierfähigkeit mußten nämlich nicht nur bei den Reitern, sondern auch bei den Pferden erreicht werden. Bei den Tieren konnte man die Disziplinierung nicht aufgrund des (energischen) Appells an den »Willen« oder eine ähnliche psychische Instanz erreichen; sie war vielmehr in einem langwierigen Training durch bes. geschulte Reiter zu erarbeiten. In der Übergangszeit zwischen dem Rittertum und der Kavallerie bestand eine der Konsequenzen der neuen Bedeutung der disziplinierten Fußtruppen und der Desorientierung der Berittenen darin, die verschiedenen Waffengattungen deutlicher als zuvor zu trennen. Während die spätmittelalterlichen Ritter vielfach von leichter bewaffneten Reitern und Schützen unterstützt worden waren, kam man nach dieser Phase der Kooperation dazu, die schweren Reiter, die leichten Reiter und die Fußkämpfer als separate Waffengattungen zu verwenden. In der Schlacht von Ravenna (1512) standen – diesem Konzept entsprechend – die schweren Reiter auf dem einen und die leichten auf dem anderen Flügel.[28]

Fähige leichte Reiter, bes. solche, die nicht nur zur Unterstützung der Schwerbewaffneten eingesetzt wurden, sondern selbständig operieren konnten, waren in Westeuropa schwerer zu finden als im Osten. Der militärisch vornehmlich durch das Rittertum gekennzeichnete germanisch-romanische Kulturkreis bediente sich deshalb ausländischer Hilfstruppen, mit Vorliebe der mit Schild und Lanze bewaffneten ungarischen Husaren. Später trugen die leichten Reiter die Arkebuse, die im 14. Jh. als Feuerrohr erfunden worden war und effizient zunächst nur von Fußsoldaten geführt werden konnte, weil man sie beim Schuß auf eine Hakenstange auflegen mußte. Außerhalb des Ostens focht eine leichte Reiterei in Europa zunächst nur in Italien, und zwar seit dem letzten Jahrzehnt des 15. Jh.s. Mitte des 16. Jh.s kannte man in Frankreich neben den Arkebusieren drei weitere Typen von Reitern, nämlich die Ritter, die leichten Reiter und die Stradioten, eine ursprünglich von den Venetianern angeworbene Truppe berittener Soldaten aus Albanien.[29]

Die leichten Reiter beschäftigten sich vornehmlich mit der Aufklärung und der Beunruhigung der feindlichen Armee auf dem Marsch, d.h. mit Unternehmungen, zu denen die Panzerreiter nicht in der Lage waren. Den selbständig manövrierenden Reitern gelangen überraschende Aktionen gegen marschierende wie gegen aufgefahrene Artillerien, die nicht genügend gedeckt waren. Die Hauptaufgabe der schweren resp. der schwereren Reiterei blieb die Attacke, die in verschiedenen Formen vorgetragen wurde. Die deutschen Reiter z.B. ritten i.d.R. langsam gegen den Feind, um die Geschlossenheit ihrer Formation nicht zu verlieren; erst kurz vor dem Zusammentreffen mit dem Gegner forcierten sie das Tempo. Die Franzosen neigten demgegenüber zur vehementen Attacke von Anfang an.[30]

Die deutschen Reiter operierten weiter in Gevierthaufen, d.h. in Eskadrons, die nicht über 17 Glieder tief waren. Diese Aufstellung erschwerte dem Feind das Umfassen, das bei einer in die Breite gezogenen Formation leichter war. Von der Gliederung in die Tiefe erwartete man zudem die größere Wirkung einer energisch durchgeführten Attacke. Von den Pferden und den Reitern verlangte die Tiefengliederung allerdings eine bes. intensive Schulung, wenn die Truppe während des Gefechts fest in der Hand ihres Kommandeurs bleiben sollte. Bezeichnenderweise hatte die Tiefe der Formation sich bereits am Ende des 16. Jh.s auf 6–7 Glieder reduziert, d.h. auf das Maß, das dem der zur Attacke angetretenen preußischen Eskadron entsprach. Die Verringerung der Tiefe hing mit der sukzessiv steigenden Ausbildung und Manövrierfähigkeit von Pferd und Reiter zusammen.[31]

Zu einer Mustertruppe der neuen Kavallerietaktik wurden die »Schwarzen Reiter«, die ihren Ruhm bei der Auseinandersetzung in Deutschland ebenso wie bei auswärtigen Kriegen erwarben. Sie spielten u.a. in den Hugenottenkriegen eine wichtige Rolle, auf katholischer wie auf protestantischer Seite. In Frankreich hießen sie »Deutsche Reiter« oder kurz »reitres«.[32] In den Hugenottenkriegen wurden die deutschen Reiter u.a. deshalb als Söldner eingesetzt, weil die französischen Ritter zu stolz waren, sich in Eskadrons aufstellen zu lassen. Darüber hinaus lehnten die Ritter die Pistole als technische Feuerwaffe ab. Die Erfolge der deutschen Soldreiter in

Frankreich trugen u.a. zur schwindenden Bedeutung der Infanterie zugunsten der erstarkenden Kavallerie bei. Heinrich IV. von Frankreich erkannte die sich anbahnende Entwicklung in der Reitertaktik. Er gab der festgefügten Formation von Reitern mit der Feuerwaffe den Vorrang vor der ritterlichen Taktik mit dem Anreiten in Haufen und anschließenden Einzelgefechten. Die beweglichere leichte Reiterei setzte er u.a. zur disziplinierten Verfolgung ein. Nach diesem französischen Vorbild baute dann auch Spanien seine nationale Kavallerie auf.[33]

Die »Schwarzen Reiter« kämpften noch um die Mitte des 16. Jh.s mit der Lanze. Bei ihrem Einsatz in den französischen Bürgerkriegen führten sie dann den Degen und die Pistole, und zwar jeder Reiter mehrere Pistolen. Die Durchschlagskraft der Pistolen war zu dieser Zeit noch beschränkt, d.h., die neue Waffe wirkte nur auf geringe Entfernung. Um den Effekt der Pistolen zu erhöhen, entwickelten die Reiter die »Caracole«, die in ihren wesentlichen Punkten wahrscheinlich bereits in der Antike bekannt war und von Arrian in seinem berühmten Reitertraktat zumindest angedeutet wurde. Im Modell verlief die Caracole so, daß die in die Tiefe gegliederte Reiterformation auf Schußweite an den Feind heransprengte, die Reiter des ersten Gliedes dann ihre Pistolen abschossen, anschließend nach rechts bzw. links abschwenkten, um dem nächsten Glied den Schuß zu ermöglichen, und sich anschließend wieder an das Ende der Formation anreihten. Nach diesem Konzept sollte es möglich sein, den Feind unaufhörlich mit Schüssen zu bedrängen.

In Wirklichkeit scheint das Caracolieren in erster Linie eine Paradeleistung auf dem Exerzierplatz geblieben zu sein; nur selten trug es dazu bei, den Feind zu erschüttern.[34] Die Anforderungen an das Training des Pferdes sowie an das Geschick, die Disziplin und die Einsatzbereitschaft des Reiters waren offenbar zu groß, d.h. auch, in der Hektik des Gefechts ging die einstudierte Ordnung verloren.

Anstelle der caracolierenden Pistolenschützen formierte Gustav Adolf eine Kavallerie, die nach polnischem Vorbild im Galopp mit blanker Waffe attackierte.[35] Die Anordnung dieser Formation in die Tiefe reduzierte er auf 3–6 Glieder. Weiter ordnete Gustav Adolf nur einen Teil der Reiter – meist deutsche Regimenter – auf dem Schlachtfeld dem Fußvolk zu, die Mehrzahl operierte an den Flügeln und hinter der Mitte der Schlachtlinie als Reserve.[36] Außerhalb des Schlachtfeldes hatten die Reiter sich um die Sicherung und Aufklärung zu kümmern, und zwar unabhängig vom Fußvolk. Die Kavallerie gewann derart wieder die ihr genuine Wendigkeit und Stoßkraft zurück, die sie als Hilfswaffe der Infanterie nicht entfalten konnte. Die überlegene Militärtechnik Gustav Adolfs stellte einen integralen Faktor bei der vorübergehenden Ausbildung einer Großmachtrolle durch das relativ kleine Land Schweden dar.[37]

Gustav Adolf – und nach ihm Cromwell sowie die brandenburgisch-preußische Armee – schufen die Grundlagen für die neue Bedeutung der nach dem Vorbild der Infanterie disziplinierten Kavallerie. Beim Sieg des Kaisers mit Hilfe der Liga in der Schlacht am Weißen Berge im Jahre 1620 gewann die Reiterei auf beiden Seiten einen wichtigen Anteil am Verlauf der Auseinandersetzung. Die Schlacht von Breitenfeld und der Sieg Gustav Adolfs wurden 1631 ebenfalls weitgehend von der Kavallerie bestimmt; sie machte in beiden Heeren etwa ein Drittel des gesamten Aufgebots aus. Zum schwedischen Erfolg bei Lützen (1632) leistete die 5000 Mann umfassende Reiterei – sie war ähnlich stark wie die Wallensteins – wiederum einen gefechtsbestimmenden Beitrag.[38]

Für die mit Pistolen bewaffneten Reiter setzte sich im Laufe der Zeit die Bezeichnung »Kürisser« durch, die ursprünglich schwerbewaffneten Reitern gegolten hatte. Die Verschiebung der Benennung ging mit veränderten Bildern einher. Die Kürisser entwickelten sich nämlich zu leichten Kavalleristen, während die schweren Reiter – »Gendarmes« genannt – die ritterliche Tradition aufrechtzuerhalten suchten. Die Kürisser rekrutierten sich zu dieser Zeit vornehmlich aus Adligen; die Kavallerie bewahrte somit – im Gegensatz zur Infanterie – ihren elitären Charakter.[39] Auf die Traditionen des ritterlichen Gefechts verzichteten die Reiter aber so weitgehend, daß Ludwig der XIV. im Jahre 1676 per Befehl dafür sorgen mußte, daß die Offiziere Kürasse trugen; die Mannschaften brauchten dies nicht zu tun. Nach 1715 legten auch die Offiziere – mit Ausnahme der Generäle – den Brustharnisch ab. Sie trugen dann wie die Mannschaften einen Lederkoller.[40]

Der Versuch, infanteristische Feuerkraft mit kavalleristischer Geschwindigkeit zu verbinden, führte Mitte des 16. Jh.s zur Waffengattung der »Dragoner«, nämlich zu berittenen, mit Musketen bewaffneten Infanteristen, die später allerdings in ordentliche Kavalleristen übergingen, freilich in Kavalleristen, die meist auf weniger wertvollen Pferden saßen.

Die Bezeichnungen der verschiedenen Typen von Kavalleristen sind – ebenso wie die lokal und temporal variierenden Erscheinungsbilder – uneinheitlich. Als Antwort auf den Streit über Nutzen und Nachteil der Feuerwaffe in der Hand des Berittenen traten z.B. erst im 18. Jh. die Ulanen als neuer Typus von Kavalleristen auf. Die Ulanen kämpften mit der Lanze, waren aber nicht direkt aus den Rittern entstanden; sie bedienten sich vielmehr unter den veränderten Kriegsbedingungen des 18. Jh.s wieder der Waffe des Mittelalters.

Nach dem Vorbild Gustav Adolfs schuf der Große Kurfürst die Grundlagen für die berühmte preußische Kavallerie. Unter Friedrich Wilhelm I. (1713–40) umfaßte die Reiterei 111 Schwadronen mit insgesamt 16 500 Pferden. Der offensive »Reitergeist« mit intensivem Training von Pferd und Reiter wurde in dieser Truppe aber nicht sonderlich gepflegt. Das Kavallerie-Reglement von 1727 verzichtete bezeichnenderweise auf den Galopp bei der Attacke. Man wollte u.a. die Pferde schonen und den Tieren durch die anstrengende Gangart Galopp nicht die Kraft nehmen, die ihnen nur mit kostspieliger Zusatzfütterung hätte wiedergegeben werden können.[41]

Im Gegensatz zur Reiterei förderte Friedrich Wilhelm I. das Gestütswesen und die Pferdezucht – u.a. mit der Gründung des Gestüts Trakehnen im Jahre 1732 – beträchtlich, anders als Friedrich der Große, der sich für die Zucht nicht sonderlich einsetzte, der Aufstockung und der Leistungsverbesserung der Kavallerie aber nachdrücklich seine Aufmerksamkeit widmete. Im Jahre 1755 bestand die friderizianische Feldarmee aus 31 000 Berittenen und 84 000 Mann Infanterie; mehr als ein Viertel der Männer saß also zu Pferd.[42] Von den 22 Schlachten, die Friedrich schlug, wurden, so die Bilanz von Denison,[43] mindestens 15 durch die Kavallerie gewonnen. Nach der Schlacht von Zorndorf resümierte der König, die Reiterei habe alles getan, den Staat gerettet. Bei Kunersdorf war die unzureichende Gefechtsbeteiligung der 13 000 Pferde starken Reiterei in dem von Teichen und Wasserläufen vielfältig geteilten Gelände für die Niederlage entscheidend.

Im Jahre 1748 hatte der König die Attacke über eine Strecke von 700 Schritt gefordert, 1755 den Angriffslauf über 1800 Schritt, das letzte Stück in voller Karriere. Dabei sollte die Reiterei als taktischer Körper geschlossen bleiben, d.h., der Kampf sollte nach dem ersten Angriff nicht in verschiedene Handgemenge ausarten. Die Stärken der friederizianischen Kavallerie lagen auf dem Schlachtfeld, nicht im Sicherungs- und Beobachtungsdienst, in dem die napoleonischen Reiter bes. erfolgreich waren. Die zeitweise 12000 Mann starken mameluckischen Reiter in französischen Diensten kämpften nämlich als Individuen geschickt und effizient, als Verband freilich mit geringer Ordnung und Disziplin.[44]

Die in voller Karriere mit ungeheurer Wucht gegen den Feind angaloppierende Reiterformation existierte in den Beschreibungen der Kavalleriegefechte häufiger als in deren Wirklichkeit. Preschte eine Formation von Berittenen nämlich wirklich derart vor, dann wurde ein großer Teil der Pferde unkontrollierbar, und die Auflösung des Verbandes war die übliche Folge. Zu dem in den Historienbildern häufig ausgemalten Zusammenstoß von zwei Reiterattacken kam es nicht, zumindest i.d.R. nicht: »Ein wirklicher Zusammenstoß existiert niemals: der moralische Eindruck des einen der Gegner wirft immer den anderen ein bißchen früher, ein bißchen später und sei es auch erst in der Entfernung einer Nasenlänge, um; vor dem ersten Säbelhieb ist eine Partei schon geschlagen und wendet sich zur Flucht. Durch einen wirklichen Zusammenstoß würden beide Teile vernichtet werden. In der Praxis verliert der Sieger kaum einen Mann.«[45] Bezeichnenderweise dient das von zahlreichen Kavallerietaktikern empfohlene geringe Tempo beim Anreiten gegen den Gegner nicht zuletzt dem Zweck, die Feiglinge unter Kontrolle zu halten und sie am Zurückbleiben zu hindern. Solche Kontrolle war insbesondere dort erforderlich, wo Söldner dem Risiko möglichst aus dem Wege gingen.

Die seit der Mitte des 16. Jh.s überlieferten Reitlehren waren meist Ausbildungslehren für Kriegsreiter und Kriegspferde oder Ausbildungslehren für Reiter und Pferde, die sich u.a. im Krieg bewähren mußten. Die Reitkunst wurde daher dem Kriegswesen subsumiert.

Dort, wo die Reitmeister als königliche Stallmeister und Hofreitlehrer fungierten, hatten sie i.d.R. eine Ausbildung im Auge, die auch der Schulung des Pferdes für die Aufgaben am Feind zugute kamen. Über den Marstall des Adels mit Reithaus und Gestüt führte die Entwicklung zur Reitbahn und zur Reitschule, in der später die Mannschaften ihre reiterlichen Fähigkeiten für den kavalleristischen Dienst erwarben. Die als Campagne-Schule vermittelte Grundausbildung der zahlreichen Pferde und Reiter schuf die Basis für die Disziplin und die Führbarkeit des kavalleristischen Verbandes.

Gestüte wurden von den Landesherren für die »Remontierung« (Versorgung) ihrer Marställe mit Reit- und Fahrpferden gegründet, ferner zur Verbesserung der Landespferdezuchten, denen man die Pferde für die Kavallerie entnahm. Friedrich Wilhelm I. regelte die Remontierung der Pferde in Preußen endgültig im Sinne der zentralen Beschaffung. Im Jahre 1717 wandelte er den letzten Rest der Lehnsfolgepflicht in einen jährlichen Kanon von 40 Talern für jedes zu stellende Pferd um. Diese Summe floß in die Generalpferdekasse, aus der der Ankauf der Remonten bestritten wurde. Was die Landesproduktion nicht lieferte, mußte im Ausland zugekauft werden. Einen weiteren wichtigen Kostenfaktor bildete das Futter für die Kavalleriepferde. Die Zahl der Pferde und die Qualität der Fütterung bestimmten das Ausmaß dieses Faktors. Ihn mit spärlicher Grasfütterung und mit der Verkürzung der Ausbildungszeit der Pferde zu reduzieren, wurde immer wieder versucht, freilich zum Nachteil der Leistungsfähigkeit generell und speziell der Ausdauer der Tiere im Kriegseinsatz ebenso wie in der Ausbildung.

Für den Eindruck, den Berittene auf Fußkämpfer (ohne Feuerwaffen) lange Zeit gemacht haben, ist es bezeichnend, daß Hernán Cortés und Francisco Pizarro seit 1519 mit Truppen von wenigen hundert Leuten und einer kleinen Schar Berittener bedeutende militärische Erfolge errangen. Im Jahre 1532 eroberte z.B. Pizarro das Großreich der Inka in Peru mit 62 Reitern und 106 Fußsoldaten. Das Pferd war den Indianern unbekannt. Sie begegneten ihm bald mit äußerster Furcht, bald mit numinoser Verehrung. Die Berittenen sollen auf die Indianer nämlich – zumindest im ersten Eindruck – wie Kentauren gewirkt haben.[46] Erst später wurden die Indianer selbst geschickte Kriegsreiter. Auf freigelassene resp. entlaufene

Pferde der europäischen Eroberer gehen die Herden der heutigen verwilderten Pferde in Nord- sowie in Südamerika zurück.

4. Vergnügen

Zum standesgemäßen Luxus der weltlichen Herrscher – und auch einiger geistlicher Herren – gehörte seit der Antike das Betreiben von Parks und Menagerien, in denen diverse Spiele mit den Tieren, Jagden auf sie und Kämpfe zwischen ihnen veranstaltet wurden. Die Konfrontation mit außergewöhnlichen Tieren und mit außergewöhnlichen Leistungen von Tieren war freilich nur in der besonderen Form des Besitzes von Parks und Menagerien ein Privileg des Adels. Das einfache Volk ging nämlich über seine alltägliche Begegnung mit Tieren beim Besuch der Vorführungen hinaus, die umherfahrende Schausteller auf Jahrmärkten anläßlich von Kirchweihfesten oder zu ähnlichen Ereignissen mit ihren Tieren veranstalteten. In manchen Fällen war das Volk auch als Beobachter der außergewöhnlichen Ereignisse in den königlichen Tiergärten und Menagerien zugelassen, dies v.a. in den späteren Epochen, als mit dem Argument, Schauspiele für die Untertanen zu ermöglichen, der Aufwand für die Tiergärten und die Menagerien legitimiert werden konnte.

Ungewöhnliche Tiere anzuschauen, mit ihnen umzugehen und sie auch zu besitzen, war und ist eines der Motive für den Aufbau von Tierparks. Das Anschauen und das Umgehen verliefen in diesem Zusammenhang allerdings nicht als die distanzierte Betrachtung des Forschers, sondern häufiger in der Form des zirzensischen Schauspiels. Ein solches Schauspiel ging bruchlos in das wichtige zweite Motiv für die Einrichtung der frühneuzeitlichen Tiergärten über, nämlich die Jagd. Der Tiergarten stellt in diesem Sinne – anders als die Sammlung außergewöhnlicher Tiere in der »Menagerie« – zunächst die Umzäunung eines mit (für den Jäger reizvollem) Wild besetzten Areals dar, weiter dann die Zuführung von zusätzlichem Wild – zunächst von einheimischen und dann auch von fremdländischen Tieren – in das umhegte Gebiet. In manchen Regionen war die Jagd möglicherweise sogar der Ursprung aller Hege von wilden

Tieren. Zu »mannhaften Jagden«, nämlich zum Hetzen, hatten z.B. die deutschen Fürsten und der deutsche Adel das Wild umzäunt, nicht zur zirzensischen Schau, wie die Römer sie veranstalteten.[47]
Die Hetzjagd stellte ebenso wie die Arena mit den sich selbst zerfleischenden Tieren einen standesgemäßen Luxus dar, und dieser ist deutlich zu unterscheiden von der v.a. aus der (ägyptischen und römischen) Antike bekannten kultischen Tierhege. Mit seinen Tierparks und seinen Menagerien setzte der Adel in der frühen Neuzeit Europas eine Tradition fort, die aus China, Indien, Mesopotamien, Persien, Griechenland und Rom ebenso bekannt ist wie von den Arabern und den Türken, aus Nordafrika oder aus dem präkolumbischen Mexiko: Im Herbst 1591 ließ z.B. Andreas von Österreich als Fürstbischof von Konstanz auf der Insel Reichenau ein großes heizbares Vogelhaus für Fasane, Truthühner und Pfauen errichten, zudem hinter der Pfalz einen Zwinger für seine Löwen, auf dem Hof einen Graben für die Bären und eine Hütte für ein Kamel bauen. 1592 erfreuten die Löwen den Kardinalbischof sogar mit der Geburt von drei Jungen. Papst Leo X. (1513–1521), der Sohn von Lorenzo de Medici, ließ sich sogar im Vatikan eine Menagerie einrichten, zu der König Manuel I. von Portugal einen Elefanten und ein Rhinozeros beisteuerte. Die geistlichen Kurfürsten von Mainz und Köln unterhielten in dieser Zeit ebenfalls Menagerien.[48] Kurfürst August I. von Sachsen ließ 1554 ein Löwenhaus bauen.
Im 17. Jh. blieb die Unterhaltung von Menagerien bei den Fürsten in Mode, und zwar Menagerien, deren Ansehen mit der Ungewöhnlichkeit der gehegten Tiere wuchs. In Wien unterhielt Prinz Eugen von Savoyen (1663–1736) im östlich vom oberen Belvedere gelegenen Teil des großen Parks seit 1716 eine Menagerie mit festen Steinhäusern und geräumigen Ausläufen für seine Löwen, Tiger, Leoparden, Gazellen, Antilopen, Wisente, Affen und Vögel. Diese Menagerie galt als die schönste nach der von Versailles.
Zu den ersten vermögenden Bürgern, die den fürstlichen Stil der Tierhaltung übernahmen, gehörten in Augsburg die Fugger. Bereits im Jahre 1508 mietete Jakob Fugger bei Oberhausen eine Lerchenjagd. In den Schreibstuben seiner Mitarbeiter hingen zu deren Belustigung dann bald Käfige mit Nachtigallen und Lerchen. Neben den Fuggern unterhielten die Herwarts und die Welser schon

im 16. Jh. intensive Handelskontakte nach Afrika und Südamerika, wobei sie u.a. lebende Affen, Papageien und Wildkatzen sowie Federn, Tierbälge, Walroßzähne, Elfenbein und Schildpatt importierten. Die Tiere gelangten häufig über Portugal, Italien und Spanien nach Westeuropa. Der Kolonialhandel, auch der mit Tieren, hatte beträchtlich ausgeweitet werden können, als der Augsburger Patrizier Bartholomäus Welser 1528 Vizekönig von Venezuela geworden war.[49]

Im Jahre 1570 baute Hans Fugger das Tiergehege der Kaufmannsfamilie zu einem Zoo mit reichem Bestand an exotischen Tieren aus. Anläßlich der Hochzeit des Sohnes von Hans Fugger weilte der französische Edelmann und Literat Michel de Montaigne[50] im Jahre 1580 in Augsburg. Er beschrieb u.a. die Vogelhäuser (»mit Tauben aus Polen«) und die Fischbehälter (»voll mit Fischen«) im »Welschen Garten«.

Von Nachwirkungen der zuvor erwähnten kultischen Tierhege läßt sich dort sprechen, wo das Leben der Tiere eine Welt von besonderer Potenz repräsentierte, und zwar eine Welt, die anders als die menschliche ist, in diese aber hineinwirkt. Als z.B. ein Löwe aus der Menagerie von Lorenzo de Medici (1449–1492) von einem Artgenossen zerfleischt wurde, betrachtete man diesen Vorfall als böses Omen für den bevorstehenden Tod des Fürsten. In der Fruchtbarkeit der Tiere im allgemeinen und der Löwen im besonderen sah man ein Indiz generellen Gedeihens.[51] Im 18. Jh. spielte abergläubische Angst wahrscheinlich auch bei der Furcht Maria Theresias vor Unfällen mit Raubtieren in ihrer Menagerie mit; aufgrund dieser Furcht sah die Regentin davon ab, Raubtiere in den Bestand ihres Gartens aufzunehmen. Neben der Haltung verliefen schon das Einfangen und der Transport der Raubtiere nicht ohne spektakuläre Unfälle für Mensch und Tier. Diese wurden öffentlich erörtert und gedeutet, u.a. als Manifestation der dem Menschen nur begrenzt begreifbaren Macht des Animalischen.[52]

Unter Kaiser Franz (1768–1835) wurde in Wien bis zum Jahre 1796 ein Hetztheater betrieben, in dem man bei den Vorstellungen an Sonn- und Feiertagen Tiere aufeinander losließ, die sich gegenseitig zerfleischten. Für die – aus heutiger Sicht – rücksichtslose Nutzung der Tiere zum Zweck der menschlichen Unterhaltung, Belustigung und Machtdemonstration ist es bezeichnend, daß die Herrscher nicht selten selbst zur Waffe griffen, um in der Auseinandersetzung mit dem Tier ihre außergewöhnliche Kraft exemplarisch vor Augen zu führen. So soll Kurfürst August II. von Sachsen 1719 mit eigener Hand den gesamten Bestand seiner Menagerie einschließlich der Löwen, Stiere, Bären und Eber »geschlachtet« haben, und zwar zur Bekundung seiner außergewöhnlichen Kraft.[53]

Aufgrund z.T. sehr genauer Angaben in den Bestandslisten der Tiergärten sowie in der Buchführung der Fürsten und Könige – dies v.a. in der späteren Neuzeit – ist dokumentiert, mit welch erheblichen Investitionen und Risiken Expeditionen in ferne Länder und Kontinente um exotischer Tiere willen unternommen wurden. In der frühen Neuzeit waren die Verluste, die man in Kauf nahm, um ein Tier lebendig zu fangen, noch erheblicher als in der späteren Neuzeit einschließlich der Gegenwart. Zudem lag die Überlebenschance der exotischen Tiere aufgrund des Klimas, der Haltung und der Fütterung in den europäischen Menagerien der frühen Neuzeit noch niedriger als in den Zoos im 19. Jh.. Zahlreiche Tiere verendeten auf dem Transport nach Europa, zahlreiche auch bald nach der Ankunft in der Alten Welt. Zu letzteren gehörte u.a. der erste Schimpanse, der einen europäischen Tiergarten erreichte, nämlich im Jahre 1640 die Schloßmenagerie des holländischen Prinzen Friedrich Heinrich von Nassau.[54] Der im Jahre 802 in Aachen angekommene Elefant von Kaiser Karl, ein Geschenk Harun-al-Raschids, hatte immerhin acht Jahre in Europa gelebt, bevor er sich beim Überqueren des Rheins im Rahmen des Anmarschs zum Kriegseinsatz gegen die Wikinger eine Lungenentzündung zuzog und in der Nähe von Münster verstarb. Für den häufig riskanten See- und Landtransport der Tiere über weite Strecken ist es bezeichnend, daß ein Paar Rothalssträuße im Jahre 1580 von zwei starken Männern an Halftern von Venedig aus zum Herzog von Sachsen geführt wurde; das Weibchen hatte bei einer Rast in Augsburg Eier gelegt. Hintereinander verendeten zwei Herden von jeweils etwa 100 Rentieren in ihrem jeweils ersten Sommer im Tiergarten bei Darmstadt, nachdem sie im Winter die Schlitten Wilhelms des Weisen gezogen hatten. Aufgrund der begrenzten Respektierung des artspezifischen Bedarfs der exotischen Tiere in den Menagerien glückte deren häufig versuchte Nachzucht i.d.R. nicht. Dies beruhte wohl nicht nur auf der häufigen Vernachlässigung der sozialen Dispositionen der Tiere, sondern auch auf dem generellen Streß, den die Existenzbedingungen in den Menagerien bei ihnen auslösten und der sich im generativen Verhalten bes. deutlich offenbart.[55] Bezeichnenderweise wurden und werden Nachzuchterfolge in den Zoos als besondere Ereignisse gewürdigt.

Mit dem Begriff »Menagerie« bezeichnete man zunächst den Hühner- oder Viehhof, erst später die Sammlung außergewöhnlicher Tiere im weiteren Sinne, auch im Sinne der österreichischen »Menagerie«, die der damalige Kronprinz und spätere Kaiser Maximilian II. 1552 in dem weiten Wildpark der Donauauen bei dem Jagd- und Lustschloß Ebersdorf bei Wien einrichten ließ, die nach dem Tod des Monarchen freilich verfiel. Im Jahre 1552 hatte der Kronprinz einen Elefanten aus Spanien mit nach Wien gebracht, der allerdings das folgende Jahr in Ebersdorf nicht überlebte. Jeden seiner häufiger besuchten Regierungssitze stattete Maximilian II. mit einem Tiergarten aus. Die Tiere der Ebersdorfer Menagerie kamen nach dem Tod des Regenten in die Anlage des »Neu-Gebäu«, die 1568 von Maximilian II. begonnen und von seinem Sohn Rudolf II. 1587 vollendet worden war. Als die Türken im Jahre 1683 (erneut) Wien belagerten, ließen die Wärter die Tiere in der Menagerie des Neugebäudes im Stich. Mitte des 18. Jh.s wurde ein Teil der Tiere vom Neugebäu in die 1752 fertiggestellte Schönbrunner Menagerie umquartiert, die Menagerie des Neugebäu aber erst nach dem Tod der Kaiserin Maria Theresia (1717–80) im Jahre 1781 endgültig aufgelöst.[56]

Die königliche Menagerie zu Schönbrunn in Wien, den ältesten fortlaufend bestehenden zoologischen Garten der Welt, hatte Franz I. (1708–65) seiner Gemahlin, der Kaiserin Maria Theresia, geschenkt.[57] In Schönbrunn hatte bereits seit 1570 ein Tiergarten bestanden, der nach verschiedenen Plünderungen und Verwüstungen mehrfach wiederhergerichtet worden war und zu Anfang des 18. Jh.s v.a. als Jagdrevier (insbesondere mit Rotwild und Fasanen) genutzt wurde.[58]

Für zahlreiche europäische Tiergärten bildete die Menagerie in Paris das Vorbild. Ludwig XIV. hatte diese im Jahre 1662 im Jardin du

Roy mit Störchen, Straußen, Krokodilen und anderen Tieren eingerichtet. Ursprünglich war der Garten von Ludwig XIII. im Jahre 1636 – nach der Patentierung im Jahre 1626 – zum Anpflanzen von Medizinalkräutern angelegt worden, daher auch sein Name »Jardin des Plantes«. Berühmten Besuchern wie den Schriftstellern Molière, Racine, La Fontaine oder Boileau zeigte Ludwig XIV. persönlich die Tiere.[59] Im Jahre 1790, nämlich im Verlauf der Französischen Revolution, wurde der Garten vom Staat übernommen. Die Dimension der Menagerien in der frühen Neuzeit Europas, d.h. der Bestand dieser Tiergärten, war weitaus bescheidener als der der römischen Arenen.

Exemplarisch läßt sich der zuvor angesprochene Zusammenhang der Tiergärten mit der Hetzjagd im frühneuzeitlichen Europa an der Entwicklung in Berlin demonstrieren:[60] Nach den Wirren der »Raub«ritterzeit brachten die dem Waidwerk zugetanen Kurfürsten aus dem Hause der Hohenzollern das Jagdwesen in den Forsten und den Feldern der Mark um Berlin in geregelte Bahnen. Johann Cicero (1486-99) gilt als der erste Heger und Jäger in der Mark. Er hatte beim Dorf Pankow einen Finkenherd angelegt, hatte wahrscheinlich auch schon in einem Teil der Teltowschen Heide das Wild eingegattert und so den Berliner Tiergarten geschaffen. Vom Kurfürsten Joachim I., dem Nachfolger Johann Ciceros, ist in einer Urkunde aus dem Jahre 1518 verbürgt, daß er einen »Tiergarten bei der Kurzen Heide« betrieb.

Joachim I. hatte sich vom Hochmeister des deutschen Ritterordens einen »Ur«, nämlich einen Wisent, kommen lassen und dem Hochmeister im Dankesschreiben dann mitgeteilt, daß dieses Tier in seiner Region fremd und seltsam sei. In einer Urkunde des Fürsten Joachim I. vom 13. Mai 1527 findet sich auch die Bezeichnung »Tiergarten«, womit freilich nicht der heutige Berliner Stadtteil »Tiergarten« gemeint ist.

Hetzgärten avancierten in der Renaissance in zunehmendem Maße zu einem Attribut des fürstlichen Lebensstils. In der Nähe seines Hetzgartens unterhielt z.B. Kurfürst Joachim II. Hundemeuten und Jagdfalken. Aus dieser Epoche stammende Straßennamen – z.B. Adlerstraße, Falkoniergasse, Jägerstraße oder Hundebrücke (später Schloßbrücke und dann anschließend Marx-Engels-Brücke) – spiegeln die Jagdliebhaberei des Kurfürsten. Auch wenn der Bestand im Garten des Kurfürsten nicht urkundlich überliefert ist, liegt die Annahme nahe, daß die damals noch einheimischen Raubtiere – z.B. Bären, Wölfe, Luchse, Füchse, Adler und Falken –, aber noch keine Exoten zu den umhegten Tieren gehörten. Überliefert ist aus dieser Zeit freilich die Existenz eines Gartens, in dem Bären gehalten wurden. Und überliefert ist ferner, daß im Jahre 1543 in diesem Garten ein Wisent mit einem Bären und einem Wolf kämpfte, der Bär dabei in der Nähe des Kurfürsten die Schranken durchbrach und der Herr in ernste Gefahr geraten wäre, wenn die Hofjäger die Situation nicht mit ihren Speeren bereinigt hätten. Dieses Ereignis spricht dafür, daß in den frühneuzeitlichen Tiergärten nicht nur Hetzjagden, sondern auch Tierkämpfe durchgeführt wurden. Spätestens im folgenden Jh. wurden auch nichtheimische Tiere gehalten, wie Aufzeichnungen aus der Zeit des Dreißigjährigen Krieges dokumentieren, und zwar Aufzeichnungen über den Speise-Etat, nach dem z.B. den Rehen des Hofes täglich 56 Brote, den Kaninchen 4 und den Affen 21 gefüttert wurden.

Nach den Unregelmäßigkeiten des Dreißigjährigen Krieges – sie verschonten auch den Tiergarten nicht – und nach dem Westfälischen Frieden ließ Friedrich Wilhelm (1640–88), der Große Kurfürst, das Wildgatter wiederherstellen und Hirsche, Rehe, Hasen und Auerhähne als Wild aussetzen, d.h., er ließ den Tiergarten als Jagdrevier des Hofes in Berlin erneuern. Auf dieses Revier legte Friedrich III. (1688–1713), der spätere erste Preußenkönig, dann allerdings keinen gesteigerten Wert. Er behandelte das Jagdrevier mehr als einen »Lustwald«. Das Wild wurde nicht gepflegt; auch die Einfriedigung ließ Friedrich – wohl unter dem Einfluß seiner Gemahlin Sophie Charlotte – verfallen. Der Nachfolger des Großen Kurfürsten bereicherte allerdings jedes seiner Lustschlösser resp. jeden seiner Parks vor den Toren der Residenz um eine Menagerie, einen Vogelherd und Karpfenteiche. Bereits 1671 war dem Tiergarten eine Fasanerie eingefügt worden. Schon in seinem ersten Regierungsjahr, nämlich 1689, legte der König im Schloßpark von Oranienburg eine Menagerie für exotische Tiere und einen Tiergarten mit Hirschen, Wisenten und Elchen an. Im Park von Ruhleben ließ er zwei Becken für Wasservögel, ein Gehege für wilde Tiere sowie einen Rehgarten bauen, Anlagen, die nach dem Tod des Königs allerdings verfielen. Im Jahre 1693 hatte der erste Preußenkönig sogar einen Hetzgarten einrichten lassen, den man einer römischen Zirkusarena nachgebildet hatte. Dieser Garten war für Kämpfe zwischen wilden Tieren und für deren Hetze mit Hunden bestimmt. Solche Kämpfe fanden z.B. bei der Hochzeit des Kronprinzen Friedrich Wilhelm im Jahre 1706, bei der Hochzeit der Prinzessin Luise Dorothee mit dem Erbprinzen von Hessen-Kassel im Juni 1708 sowie bei der dritten Vermählung des Königs im Dezember 1708 statt. Zum Bestand dieses Tiergartens gehörten zeitweise 3 Löwen, 3 Tiger, 7 schwarze Bären, 1 Eisbär, 1 Wisent, Hirsche und Wildschweine.

Friedrich Wilhelm I. (1713-40), der sparsame Nachfolger des prunkliebenden ersten Preußenkönigs, strich die Ausgaben für die Unterhaltung der Tiere in den Menagerien rigoros zusammen. Die Raubtiere verschenkte er kurzerhand. Um den Tiergarten und seinen Bestand kümmerte der Soldatenkönig sich demgegenüber intensiv. Er hielt an anderer Stelle zudem Adler und gezähmte Bären.

Die wechselvolle, von den individuellen Vorlieben der Herrscher geprägte Geschichte des Berliner Tiergartens nahm in der Regierungszeit Friedrichs des Großen (1740-86) eine neue Wende. Der kunstsinnige Monarch ließ den Tierpark zu einem Rokoko-Waldpark umgestalten, ließ in ihm freilich im Jahre 1742 eine Fasanerie einrichten, um seine Hoftafel in Berlin mit frischem Fleisch zu versorgen. 100 Jahre existierte die Fasanerie, die jährlich etwa 600 Tiere an die Hofküche lieferte. König Friedrich Wilhelm IV. verlegte die Fasanerie 1842 nach Potsdam, und auf dem frei gewordenen Gelände entstand der zoologische Garten Berlins.

Im Verlaufe des 18. Jh.s verloren die ausschließlich oder vornehmlich zur Hetze von Wildtieren unterhaltenen Gärten ihre frühere Bedeutung. In zunehmendem Maße richtete man Fasanerien ein. Selbst wohlhabende Bürger bauten sich in ihren Gärten und Forsten solche Zuchten auf, wozu sie nach den königlichen Edikten Preußens von 1703 und 1721 allerdings eine besondere Genehmigung benötigten.

In Städten wie Berlin gab es bereits in den ersten Jh.en der Neuzeit nicht nur die Tiergärten und Menagerien der weltlichen Herrscher, sondern auch das meist friedliche Schauspiel mit exotischen Tieren für das Volk. Und das bewerkstelligten v.a. die Zigeuner und die Gaukler, die mit ihren Tieren auf die Jahrmärkte zogen und die einfachen Menschen – gegen Zahlung eines Obolus – belustigten. Tanzbären, Kamele und Affen traten schon früh als gelehrige Schüler ihrer Meister auf, i.d.R. noch keine Löwen, Tiger, Elefanten oder Giraffen; erst gegen Ende des 16. Jh.s konnte man die exotischen Tiere in Mitteleuropa direkt ansehen, und zwar Tiere in den Menagerien von Herrschern, Forschern und Sonderlingen, auch Tiere von Schaustellern und Dresseuren, nicht selten Tiere, die Matrosen auf den Schiffen der Kaufleute in die Hafenstädte brachten, aber auch Tiere, die bei kolonialen Entdeckungsfahrten im Auftrag der Herrscher und der Geldgeber an Bord genommen worden waren. In den achtziger Jahren des 17. Jh.s kamen von den Entdeckungsschiffen z.B. Löwen, Affen sowie Papageien an den kurfürstlichen Hof in Berlin.

In den Jahren 1610 und 1614 trat u.a. in Berlin ein Schausteller auf, der einen Löwen sowie einen Pavian präsentierte; selbst der kurfürstliche Hof ließ sich die Tiere vorführen und zahlte dafür jeweils zehn Thaler. Bereits im Jahre 1550 waren auf der Messe zu Frankfurt ein afrikanischer Strauß, im Jahre 1562 in Breslau, 1563 in Köln, 1629 in Augsburg und 1638 in Hamburg ein Elefant, im Jahre 1566 in Augsburg ein lebendes Krokodil und 1584 ebenfalls in Augsburg ein afrikanischer Löwe zu sehen gewesen. 1689 wurde in Berlin ein Elefant gezeigt, dies bei einem Eintrittspreis von zwei Groschen. In den Ratsakten der Stadt Köln aus dem 17. Jh. finden sich zahlreiche Gesuche von Schaustellern, die Elefanten, Löwen, Leoparden, Dromedare, Bären, Büffel, Seehunde und diverse weitere Seetiere in der Domstadt zeigen wollten. Im Jahre 1704 führte man in Berlin einen dressierten Elefanten vor, 1773 einen ähnlich abgerichteten in Augsburg. In der Mitte des 18. Jh.s machte ein Nashorn eine Rundreise durch Europa und dabei auch durch Deutschland. Dieses war das zweite Nashorn, das die Europäer erlebten. Das erste Exemplar dieser Art hatte der König von Portugal im Jahre 1515 dem Kaiser Maximilian I. als Geschenk geschickt. Bei dem 1746 in Europa gezeigten Nashorn handelte es sich um ein siebenjähriges indisches Panzernashorn, das man als Jährling in Assam gefangen hatte, nachdem seine Mutter erschossen worden war. Selbst Friedrich II. ließ sich das außergewöhnliche Tier von dem holländischen Kapitän D. J. Hout vorführen. Am 26. April 1746 zahlte der Monarch dafür, wie Rechnungen ausweisen, das bemerkenswerte Honorar von 12 Dukaten, anschließend noch 6 weitere Dukaten, weil der gesamte Hofstaat das zoologische Schauspiel ebenfalls erleben durfte. Als im Jahre 1777 ein weiteres Mal ein Elefant in Berlin vorgeführt wurde, erschien über das »merckwürdige Thier« sogar ein kleines gedrucktes Heft.

Der Zuspruch, den derartige Vorführungen auch beim Volk fanden, veranlaßte die Schausteller zu ausgedehnten Aufenthalten in den Städten und dann auch zur Gründung mehr oder minder seßhafter Unternehmen in zentraler Lage. Ende des 18. Jh.s gab es z.B. in Berlin verschiedene derartige Einrichtungen, die häufig mit Dressuren aufwarteten, in denen exotische Tiere mit anthropomorphen Fähigkeiten und Neigungen dargestellt wurden. In Berlin führte man in dieser Zeit z.B. zwei Affen vor, denen beigebracht worden war, in Uniformen mit hölzernen Gewehren zu exerzieren. In den Städten wurden zudem Läden eröffnet, die lebende exotische Tiere zum Kauf anboten und die mit diesen die zuvor meist offerierten ausgestopften Tiere ersetzten. Zu solchen Angeboten gehörten v.a. farbenprächtige Vögel, nicht zuletzt sprechende Papageien, aber auch Affen. Die mehr oder minder aufwendig gefertigten Käfige für diese Tiere offerierten die Geschäfte ebenfalls.

Käfige mit farbenprächtigen Vögeln in der Stube dokumentierten die Naturverbundenheit und die Weltoffenheit ihrer Besitzer. Sie standen auch für eine luxurierende Lebensgestaltung. Mehr als im Mittelalter soll in der frühen Neuzeit zudem die Aufmerksamkeit auf den »Gesang« der Vögel gerichtet worden sein. Die Bedeutung der Vögel als frühneuzeitliche Hobbytiere unterstreichen auch Abbildungen von Kindern, die Vögel an einer Schnur festhalten und mit diesen spielen. Solche Abbildungen stellen freilich nicht nur die realen Gegebenheiten dar, sie führen zudem die Herrschaft des Menschen resp. des menschlichen Geistes über das Tier und manchmal auch die Idee des Seelenvogels vor Augen.[61]

Bezeichnenderweise erfand man in der frühen Neuzeit u.a. Automaten, die ihren Besitzern den Gesang der Vögel quasi auf Knopfdruck nahebrachten und insofern Natur und Technik verbanden. Eine solche Integration leisteten ferner die meist von der Fertigung komplizierter Uhren ausgehenden Automaten des 18. Jh.s, die neben Menschen, die schreiben, grüßen und die Pfeife rauchen konnten, Tiere darstellten, konstruiert nach den mechanistischen Vorstellungen der Zeit, häufig in einem christlich begründeten prometheischen Akt zur Schaffung künstlichen Lebens nach dem Bild der gottgeschaffenen Wesen und durch den gottgeschaffenen menschlichen Geist.[62] Der französische Mechaniker Jacques de Vaucanson konstruierte in diesem Sinne 1738 eine Ente, die Flügel, Hals und Beine bewegen, laufen und schreien, fressen und das Gefressene »verdaut« wieder ausscheiden konnte.

In den Volièren der Vermögenden wurden in der frühen Neuzeit auch Pfauen und Reiher gehalten. Das Volk versuchte ebenfalls, farblich eindrucksvolle Vögel in seine Käfige und Columbarien (Taubenhäuser) zu bringen. In ähnlicher Weise bemühte es sich im Rahmen seiner Mittel darum, Aquarien einzurichten und sie mit Zierfischen zu besetzen. Die prächtige Ausschmückung der Aquarien des Adels ist v.a. seit der Barockzeit bekannt.

Eines der wichtigsten Hobbytiere blieb freilich auch in der frühen Neuzeit der Hund, der häufig auch dort als Luxustier gehalten wurde, wo er nicht nur die Funktion eines Schoßhundes, sondern auch die Aufgaben des Wachens und des Jagens erfüllte. »Über«züchtete weiße Hunde sind bereits aus dem mittelalterlichen Burgund bekannt. Auf den Repräsentationsportraits der frühen Neuzeit – z.B. bei Lucas Cranach d.Ä. (1472–1553) oder bei Tizian (ca. 1476–1576) – finden sich häufig Doggen und Windspiele. Die vier weißen Windspiele, die Karl IX. von Frankreich zu seiner Hochzeit im Jahre 1570 erhalten hatte, trugen ein mit Gold beschlagenes Halsband aus rotem Samt, jedes im Wert von 500 Scudi.[63] Auf den Darstellungen symbolisierten die prächtigen Halsbänder u.a. die Domestikation der Tiere.

Hunde heimischer Rassen gehörten zum üblichen Straßenbild der frühen Neuzeit, auch zum Bild von Gelagen, an denen die Tiere durch reichliche Futtergaben teilnahmen. In den Kirchen tauchen die Hunde ebenfalls auf, nicht nur als Symbole animalischer Unzucht, sondern auch als profane Begleiter des Menschen. Die zahlreich überlieferten Rügen, die sich gegen die Präsenz von Hunden in den Gotteshäusern richteten, konnten diesen Zustand wohl nur sehr begrenzt verändern. Die bildlichen Darstellungen der frühen Neuzeit vergegenwärtigen demnach neben der symbolischen Bedeutung des Hundes im heiligen Bezirk dessen reale Gegenwart in den Kirchen.

Realität und symbolischen Sinn spiegelt in profanierter Form dann im 18. und 19. Jh. u.a. das häufig gemalte Motiv »Mädchen mit Hund«, z.B. bei Jean-Honoré Fragonard (1732–1806): Das nur spärlich bekleidet auf dem Bett liegende Mädchen spielt mit dem auf ihren erhobenen Knien sitzenden Hund, wobei dessen buschiger Schwanz die Scham des Mädchens verdeckt und zugleich berührt – die bürgerlich-neuzeitliche Version des aus der Antike überlieferten Mythos der »Leda mit dem Schwan«, in dessen Gestalt sich freilich Zeus, der höchste der Götter, seiner Geliebten genähert hatte.

Die Erweiterung und Steigerung des Daseins in der Beschäftigung mit Hunden ging häufig mit der Haltung und der Zucht von Pferden einher. Der Reitsport blieb lange ein Privileg des Adels und des vermögenden Bürgertums, noch mehr der Besitz und die Zucht von Rennpferden. Auf das Jahr 1377 ist die erste Urkunde datiert, die die Existenz eines Pferderennens in England bezeugt. Aus dem Orient wurden die Hengste Byerley Turk, Darley Arabian und Godolphin Arabian nach England eingeführt, auf die die gesamte Zucht des englischen Vollblutpferdes in väterlicher Linie zurückgeht. Im Jahre 1727 erschien der erste Rennkalender, d.h., seit dieser Zeit lassen sich die Leistungen eines jeden Rennpferdes im Sport nachvollziehen. Im Jahre 1712 liefen erstmals fünfjährige Pferde, 1728 erstmals vierjährige, 1756 erstmals dreijährige und 1776 erstmals zweijährige.[64] Die Prüfung der Leistung der jüngeren Pferde auf der Rennbahn bedeutete, daß die Tiere schneller vom Züchter in den Sport und wieder zurück in die Zucht gelangten und damit die Kosten der Zucht ebenso wie die des Sports sich erheblich reduzierten. Heute laufen die Vollblüter weiterhin bereits als Zweijährige, dies manchmal allerdings auf Kosten der Gesundheit der Tiere, weil ihre Körper noch nicht hinreichend ausgereift sind.

5. Religion

Im (christlichen) Europa der frühen Neuzeit wurde das Numinose i.d.R. nicht theriomorph aufgefaßt. Das Christentum hatte die Apperzeption des Heiligen in Tiergestalt immer wieder als heidnisch diskreditiert; zudem war die Säkularisation schon so weit fortgeschritten, daß man der Natur eine weitgehende Autonomie zubilligte. Man erlebte die Natur nicht mehr als direkte Erscheinungsweise des Göttlichen, verstand dieses vielmehr als die die Natur transzendierende Wesenheit und sah daher im theriomorphen Bild eine Trivialisierung des Numinosen. Die Säkularisierung bedeutete u.a., daß die aus dem Mittelalter bekannten Tiersymbole ihren christlichen Hintergrund verloren und in zunehmendem Maße in profane Allegorien und dann auch in naturkundliche Abbildungen übergingen. In den Jahren 1685 und 1714 gemalte Ikonen, auf denen der hl. Christophorus einen Hundekopf trägt,[65] stellen in der frühen Neuzeit Ausnahmephänomene dar, ähnlich wie der vorchristliche Tierkult, der sich in einzelnen Gebieten bis in die jüngste Zeit hielt und der dann u.a. in den Volksbräuchen nachwirkte. Die Kelten z.B. sollen noch im 16. Jh. heimlich Tiere geopfert haben.[66]

Indirekt wurde das Numinose im Europa der frühen Neuzeit allerdings häufiger von Tieren repräsentiert, dies schon aufgrund der christlichen Interpretation der Natur als Schöpfung Gottes. Neben der generellen Funktion der Tiere, auf ihren Schöpfer hinzuweisen, diesen derart zu vergegenwärtigen und auch zu glorifizieren, offenbaren die Tiere nach dem Glauben der christlichen Theisten den in der Natur wirkenden Gott, nämlich den Gott, ohne den kein Sperling vom Himmel fällt. Dieser Gott wirkt, so die theistische Überzeugung, am Schicksal der Tiere entscheidend mit, insbesondere auch am Wohl und Wehe der Tiere im Stall. Bezeichnenderweise hing der Kruzifixus auch noch in der frühen Neuzeit in zahlreichen Tierställen, und zwar aufgrund der generellen religiösen Einstellung des Stallbesitzers und auch als Vorsichtsmaßnahme zur Abwendung von Krankheit, Unfruchtbarkeit und anderem Unheil resp. zur Förderung des Wohlergehens der Tiere. Wo das theistische Verständnis lebendig blieb, erlebte man Seuchen und andere Katastrophen im Stall als (gerechte) Strafe Gottes, die man anzunehmen hatte, gegen die man sich mit den profanen Mitteln der Tiermedizin eigentlich nicht wehren sollte und nicht wehren konnte. Die Überzeugung vom göttlichen Wirken in der Natur und von der Kreatürlichkeit, die die Tiere mit dem Menschen verbindet, bildete in der frühen Neuzeit die Grundlage verschiedener theologischer Stellungnahmen zur Respektierung und zum Schutz der Tiere. Solche Stellungnahmen wurden dann auch zum geistigen Hintergrund des theologisch orientierten Tierschutzes im 19. Jh.

Der einst kultisch geregelte Genuß der Opfertiere wirkte in Tötungs- und Speiseverboten weiter, u.a. in der Überzeugung, Tiere wie Mäuse, Eidechsen, Wiesel, Schlangen oder manche Vögel, nämlich die früheren Seelentiere, seien für den Genuß ungeeignet. Eine solche Bewertung schlug sich dann auch in der eigentümlichen Scheu vor manchen Tieren nieder. Auf den Zusammenhang der Bewertung des Pferdefleischs mit der christlichen Verurteilung des Pferdeopfers wurde bereits hingewiesen. Katzen galten bis in die frühe Neuzeit als unrein, wurden möglicherweise u.a. deshalb i.d.R. nicht verspeist.[67]

Mit dem Verständnis der Tiere als gottgeschaffener und von der (Erb-)Sünde nicht gezeichneter Wesen konnten sie auch noch in der frühen Neuzeit Vorstellungen von der Tierwelt als einem paradiesischen Kosmos von Unschuld, Glückseligkeit und Vollkommenheit verbinden. Wahrscheinlich gingen solche Vorstellungen u.a. in die utopischen Verklärungen des Tierlebens im allgemeinen und der Tiergemeinschaften im besonderen ein, und zwar Verklärungen, die den konfliktreichen Humangesellschaften gegenübergestellt wurden, z.B. in Bernard de Mandevilles *Bienenfabel* (1723)[68] oder Jonathan Swifts *Houyhnhmns* (1726).[69]

In diesem Zusammenhang sind auch die theologischen Vorstellungen zu berücksichtigen, nach denen die außermenschliche Natur in den göttlichen Heilsplan einbezogen ist und die gesamte Natur in einen paradiesischen Existenzmodus übergehen wird. Martin Luther (1531–46)[70] scheint zumindest zeitweise solche Überzeugungen geteilt zu haben.

Der Verklärung der Tiere generell sowie der bestimmter Tiere steht in der frühen Neuzeit deren Dämonisierung gegenüber. Die dämonisierten Tiere wurden mehr oder minder diffus mit bösen Geistern in Beziehung gebracht; sie konnten das Böse repräsentieren und dementsprechend auch behandelt werden. Das quälerische Töten verschiedener Tiere – z.B. von Gänsen und Hähnen, denen der Kopf abgerissen wurde und die man an den Beinen aufhing – konnte als verdienstvolle Auseinandersetzung mit dem Dämonischen und als gerechter Umgang mit dem Bösen verstanden werden.[71] Die dämonische, dem göttlichen Ordo der Natur widerstreitende Kraft mancher Tiere bedurfte der Bannung, der Verfluchung, der magischen Entmachtung oder der physischen Beseitigung. Solche Vorstellungen standen hinter den Tierprozessen und den Tierstrafen, die in Europa bis in die frühe Neuzeit belegt sind. In England fand sogar noch zu Beginn des 19. Jh.s ein Tierprozeß statt.[72] Vorchristliche Überzeugungen von übernatürlichen Kräften der Tiere wirkten in der Haus- und Stallarznei ebenfalls bis in die frühe Neuzeit nach. Dies konnten sie u.a. deshalb tun, weil die Behandlung kranker Tiere bis zur Mitte des 18. Jh.s i.d.R. von den erfahrenen Tierhaltern selbst betrieben wurde. Für die Pferdeheilkunde waren z.B. Reit- und Stallmeister sowie Schmiede verantwortlich, die sich in ihrer Ausbildung auch dementsprechende Kenntnisse aneigneten. Magische Maßnahmen wie Zauberpraktiken, Tiersegen und Tieropfer vertrugen sich bis in unser Jh. mit der volkstümlichen Tierheilkunde, gegen die sich die der Wissenschaft nur schrittweise durchsetzen konnte. Selbst die Pferdearzneibücher des 18. Jh.s dokumentieren noch, in welchem Maße die Zauberei neben einer erfahrungsgeleiteten Heilkunde weiterhin existierte.[73]

Den magischen Maßnahmen entsprach die zuvor angesprochene Überzeugung vom Wirken bestimmter Geister, die im Stall und auf der Weide Unruhe und/oder Schaden verursachten oder – im positiven Fall – verhinderten. Solche Geister erblickte man nicht selten in Gestalt von (meist ungewöhnlichen) Tieren. Den bösen Geistern sollten u.a. christliche Heilige entgegenwirken. Manche tiergestaltigen Gottheiten aus vorchristlicher Zeit waren in Schutzgötter übergegangen und als Heilige christianisiert worden; sie wirkten als Tierpatrone der christlichen Kirche in der Neuzeit weiter. Der Schutzheiligen der Tiere wurde an bestimmten Tagen in bestimmter Weise gedacht, zu ihnen wurde gebetet, ihnen wurden Opfer und Votivgaben dargebracht, Denkmäler, Bildstöcke, Altäre und Kirchen errichtet. Zu den Schutzpatronen der Tiere nahm man insbesondere

Zuflucht, wenn es galt, Viehseuchen zu stoppen oder abzuwenden. Man tat dies insbesondere in ländlichen Distrikten bis in die jüngste Vergangenheit.

In diesen Zusammenhang gehört auch die Roßsegnung, bei der der Priester die Tiere mit geweihtem Wasser besprengt, begleitet von Gebeten. Solche Segnungen fanden und finden i.d.R. auch bei den weiterhin von Priestern begleiteten Leonhardi-, Stephans- oder ähnlichen Umritten statt, bei denen es u.a. darum geht, feindliche Mächte von den Tieren abzuwehren und hilfreiche zu verehren.

Die an die Stalltür genagelten oder am First des Stalles angebrachten Schädel von Pferden und Rindern, von Kröten, Elstern und Wachteln oder auch das an den Stall gemalte Pentagramm sollte ebenfalls böse Geister abwehren und gute lobpreisen. Bis in die Gegenwart werden in Griechenland, Kleinasien, der Wallachei und im Kaukasus Köpfe von Pferden, Stieren oder Widdern vor den Gehöften auf Pfähle gesetzt. In abstrahierter und ästhetisch profanierter Form lebt dieser Brauch fort, u.a. in den holzgeschnitzten Pferdeköpfen an den Firsten niedersächsischer Bauernhäuser. Im Stall aufbewahrte Roßschädel sollten auch noch in der frühen Neuzeit beim Vertreiben der Hexen helfen und der Pferdekopf unter dem Kopfkissen vor Elben und anderen ungebetenen Gästen schützen.[74] Die gleiche Funktion erwartete man bis in die Neuzeit von bestimmten Körperteilen der Tiere, die man als Talismane aufbewahrte oder auch verspeiste. Außergewöhnlich gestaltete Knochenreste, die (mit übernatürlicher Kraft ausgestatteten) Fabelwesen zugeschrieben wurden, boten sich in besonderem Maße als heilkräftige Amulette an. Sie spielten im Veterinär- wie im humanmedizinischen Aberglauben eine wichtige Rolle. Der Eisenacher Stadtphysikus Paullini (1643–1712) verfaßte sogar eine Abhandlung über die »heilsame Dreckapotheke«, in der menschliche und tierische Exkremente als Heilmittel empfohlen wurden. Giovanni da Vigo, der Chirurg des Papstes Julius II. (1503–1513), legte Pflaster aus Fröschen, Würmern und Vipern auf Wunden, die er zuvor kauterisiert hatte. Die Gebete, die mit solchen Praktiken verbunden waren, ersetzten wohl die früheren Zaubersprüche, die im europäischen Volksglauben des Mittelalters in zahlreichen Formulierungen und zu diversen Zwecken bekannt waren. Zu den Tieren, deren mehr oder minder weitgehend verarbeiteten

Körperteilen eine außergewöhnliche heilende Kraft zugeschrieben wurde, gehörten in der Neuzeit weiterhin der Biber, der häufig als Fleischfresser verunglimpft und verfolgt wurde, in Wirklichkeit aber Pflanzen frißt. Die pulverisierten Nagezähne des Bibers sollten gegen Kindbettfieber, Zahnschmerzen, Tumore und Ohrenkrankheiten helfen, die getrockneten Hoden des Bibers gegen Nervenzusammenbrüche und übermäßige Körperflüssigkeit, auch gegen Ohrensausen und Kopfschmerzen. Von der Salizylsäure, die sich in den birnenförmigen Castoreum-Drüsen des männlichen wie des weiblichen Bibers befindet, versprach man sich Hilfe gegen Pest, Skorbut, Hypochondrie, Augenleiden und Magenblähungen. Vom Eintreten der erwarteten Wirkungen dieser Medikamente berichtete man auch; und das bestätigte den Glauben an die Heilkraft der verschiedenen Substanzen.

Die Biber wurden allerdings nicht nur aufgrund der ihren Körperteilen zugeschriebenen Heilkraft, sondern auch aufgrund ihrer lange Zeit irrtümlichen Zuordnung zu den Fischen radikal dezimiert. Die Christen verspeisten das Biberfleisch in der Fastenzeit als Fisch. Das Biberfell begehrte man zudem als Besatz von Kragen oder zur Verarbeitung in Mützen. Im 17. Jh. rottete man in den Schweizer Alpen den Steinbock aufgrund seiner vermeintlich übernatürlichen Kraft und der darauf basierenden Verwendung seiner Körperteile als magische Heilmittel aus.[75] Generell war der Heilaberglaube auch noch in der frühen Neuzeit für den Menschen so faszinierend, daß Tierarten, denen eine dementsprechende Wirkung zugeschrieben wurde, zum Aussterben verurteilt waren.

Die bereits erwähnten Tieropfer zur Eindämmung von Seuchen wurden noch bis ins 18. Jh. in bestimmten Gegenden Deutschlands in der Form des Begrabens der Tiere bei lebendigem Leibe praktiziert. Dies tat man bald in regelmäßigem Turnus, bald aus aktuellem Anlaß. Von einem Tierorakel – von auffälligen Tieren, vom Wiehern der Pferde oder vom Geschrei der Vögel ausgesprochen – ging man in diesem Handlungs- und Deutungskontext ebenfalls nicht selten aus. Als z.B. im Jahre 1680 in Köln verwunderliche Vögel von außergewöhnlicher Größe gesehen wurden, dachte man gleich an den letzten Krieg, dessen Beginn, so der Volksglaube, derartige Vögel angekündigt hatten.

Dem Bereich der religiösen Magie sind auch die zahlreichen in außergewöhnlicher handwerklicher Meisterschaft ausgebildeten Tierformen zuzuordnen, die die Offensiv- ebenso wie die Defensivwaffen der frühen Neuzeit »zierten«. Man erwartete von den häufig in Gestalt von Fabeltieren gefertigten Griffen und weiteren Teilen der Waffen die magische Partizipation an der exzeptionellen, numinos fundierten Kraft der Fabeltiere; die rein ästhetische Vergegenwärtigung solcher Figuren kennzeichnet die jüngste Neuzeit, wiewohl der Träger der Waffe selbst an ursprünglich ästhetisch motivierte theriomorphe Gestaltungen magische Vorstellungen anknüpfen bzw. von der theriomorphen Gestaltung zu solchen Vorstellungen angeregt werden konnte und weiterhin angeregt werden kann. Bezeichnenderweise sind aus der frühen Neuzeit auch eindeutige magische Maßnahmen überliefert, z.B. das (verborgene) Einarbeiten bestimmter Tierteile in die Waffe, das zeitweilige Einwickeln der Waffe in die Haut einer Schlange oder das Einreiben des Degens mit Schlangenblut.[76] Die kultische Verwendung des Schlangenbluts, der Schlangenhaut sowie weiterer Teile der Schlange stellt die »praktische« Seite des bis in die Neuzeit in verschiedenen Regionen Europas akuten Schlangenglaubens dar.

Die kirchliche Bannung von Tieren setzte sich ebenso wie die mit ihr zusammenhängende weltliche Bestrafung bis in die Neuzeit fort, dies auch in Form der Verfluchung (Malediktion) und des Ausschlusses aus der Gemeinschaft der Christen (Exkommunikation) sowie als ein in bestimmten Formen durchgeführtes Verfahren. Der protestantische Pfarrer an der Kreuzkirche zu Dresden z.B. bannte noch im Jahre 1559 die lästigen Sperlinge.[77] In den förmlichen Verfahren wurden die Tiere als beklagte Partei behandelt; ihnen wurde ein Prokurator zugeordnet, der ihre Interessen – i.d.R. freilich erfolglos – vor dem Richter vertrat. Das weltliche oder das geistliche Gericht sprach auch eine Strafe aus. Bei Tiergruppen bestand diese i.d.R. in der Ausweisung, nämlich in der Verbannung an einen benachbarten Ort, in die Wüste, ins weite Meer oder auf eine unbewohnte Insel, jedenfalls an einen Platz, wo sie der verurteilenden Gesellschaft nicht mehr schaden konnten. Bei Einzeltieren lief die Strafe meist auf die Tötung hinaus.

Im Vergleich zu den Verfahren im Mittelalter, bei denen die Tiere, so eine Interpretation, u.a. als Seelentiere resp. als Inkarnationen dunkler und böser Mächte abgeurteilt wurden, scheinen in der frühen Neuzeit mehr die profane Angst vor den unberechenbaren schädigenden Kräften sowie die verursachten Schäden für die Anklage der Tiere den Ausschlag gegeben zu haben. Der kirchlichen Bannung oder des weltlichen Verfahrens, bei dem die religiöse Legitimation im Hintergrund nachwirkte, bediente man sich dann als Mittel, um sich der schädlichen Tiere zu erwehren. Die Verschiebung der Motivation – im Zusammenhang mit der Säkularisation sowie als eine Komponente dieser – schloß freilich nicht aus, daß die Tiere, über die man zu Gericht saß, als Personen erlebt, daß sie zumindest während des Verfahrens als solche behandelt wurden. Den Übergang vom kultischen Verfahren zur praktischen Beseitigung von Schädlingen dokumentiert eine im Jahre 1587 in Gent gefällte Entscheidung: Die verurteilte Kuh durfte zum Schlachten verkauft werden. Nur ihr Kopf mußte am Galgenplatz auf einen Pfahl aufgesteckt werden.[78] In der vorangegangenen Epoche waren die Kadaver der verurteilten und getöteten Tiere auf den Schindanger gebracht oder andernorts verscharrt worden.

Gebannt wurden Tiere nicht nur von Gottesmännern resp. im Auftrag der Kirche, sondern auch von Laien. In Deutschland fuhren noch im 16. Jh. Personen umher, die sich darauf spezialisiert hatten, Ratten und Mäuse durch Malediktionen zu vertreiben. In der Christnacht – in dieser zogen nach dem Volksglauben Götter und Geister umher – verbannte im Jahre 1538 zu Möszkirch ein Abenteurer gegen Belohnung alle Ratten aus der Gemeinde. Der Rattenfänger von Hameln, der die Ratten der Stadt in einen nahegelegenen Berg verbannte, war sein Vorbild. Nach der erstmals um 1430 bis 1450 in einer Lüneburger Handschrift überlieferten Sage sollen im Jahre 1284 130 Kinder aus Hameln entführt worden sein. Die Sage wurde in der frühen Neuzeit mehrfach dichterisch behandelt, u.a. in Goethes Rattenfängerlied und in Julius Wolffs Verserzählung *Der Rattenfänger von Hameln* (1876). Die Sage vom Rattenfänger gehörte zum Allgemeinwissen der Zeit. Eine ebenfalls bis in die Neuzeit praktizierte juristische Maßnahme für oder gegen Tiere bzw. mit diesen stellt weiter deren Auftreten als Ankläger oder als Zeuge in Strafverfahren dar. Konkret bedeutete dieses Auftreten möglicherweise, daß bestimmte Verhaltensweisen eines zum Ankläger oder zum Zeugen bestellten Tieres als Aussagen gedeutet wurden, dies letztlich gemäß der im Volksglauben üblichen Bereitschaft, das Verhalten des zur sprachlichen Aussage unfähigen Lebewesens als hilfreichen Hinweis, als unvoreingenommene Information, als kenntnisreiches Urteil, als Weissagung oder gar als Gottesurteil zu erleben. Das deutsche Recht, insbesondere das alemannische, hatte v.a. die Zeugenschaft von Hunden, Katzen und Hähnen gekannt. In Frankreich vernahm man noch in der Revolutionszeit einen Papagei, in England war es in dieser Epoche und später noch üblich, Hunde, Papageien und andere Tiere als Zeugen anzurufen.[79]

Die den Tieren zugebilligte Funktion, Gottesurteile zu offenbaren, führte u.a. dazu, ihnen die Aufgabe des Vollstreckers von (göttlichen) Strafen zu übertragen. Sie konnten ferner die Funktion des Henkers resp. des Scharfrichters übernehmen, um Menschen von diesem wenig angesehenen Amt zu entlasten. Das Vierteilen, das Rädern, das Schleifen vor oder nach der Hinrichtung sowie das in der Sage geschilderte Anbinden an losgelassene Pferde stellen möglicherweise Nachklänge eines (von verschiedenen Autoren angenommenen) Tierhenkeramtes dar.[80]

6. Philosophie

Von der animalischen Basis hob das *Zedlersche Lexikon* (Leipzig 1732-54)[81] die Vernunft deutlich als dasjenige Prinzip ab, »welches Menschen und Vieh voneinander unterscheidet«, auch als das Prinzip, auf dem des Menschen Bestimmung zur Glückseligkeit beruhe. Letztere soll der Mensch »willkürlich« erreichen.[82] Die Vernunft einerseits und den (nach vernünftigen Kriterien für ethische Ziele sich einsetzenden) Willen andererseits sah das *aufklärerische Universal-Lexicon aller Wissenschaften und Künste* – mit anderen Denkern der Aufklärung – in engem Zusammenhang, allerdings noch nicht so konsequent und rigoros wie im deutschen Idealismus im allgemeinen und bei Kant sowie Hegel im besonderen. Insofern der Mensch gut ist, soll er es laut Hegel nämlich – anders als das Tier – »mit seinem Willen« sein: »Die natürlichen Dinge, die Tiere sind alle gut;

aber dieses Gutsein kann dem Menschen nicht zukommen.«[83] Und: »Das Böse ist erst innerhalb des Kreises der Entzweiung vorhanden; es ist das Bewußtsein des Fürsichseins gegen anderes [...]«[84] und resultiert erst aus dem menschlichen Geist.

Die Vernunft ist im Gedankengang von Descartes (1596–1650)[85] das einzige, was uns zu Menschen macht und von den Tieren unterscheidet. Und bei dieser Vernunft gibt es, wie der Philosoph mit Nachdruck betonte, nicht wie bei den Akzidentien ein Mehr oder Weniger; man besitze sie ganz oder gar nicht. Die Tiere haben damit, so Descartes[86] weiter, nicht weniger Verstand als die Menschen, sondern »gar keinen, und es ist die Natur, die in ihnen je nach der Einrichtung ihrer Organe wirkt, ebenso wie offensichtlich eine Uhr, die nur aus Rädern und Federn gebaut ist, genauer die Stunden zählt und Zeit messen kann als wir mit all unserer Klugheit«. Bei den Tieren handelt es sich nach Descartes also um zufriedenstellend funktionierende Uhren, und d.h. auch um eine glückliche, nicht vom menschlichen Verstand belastete Existenzweise. Die kategorische Absetzung des Menschen vom Tier und die Interpretation des Tieres als Maschine resultieren freilich aus der rigorosen ontologischen Dichotomie von res cogitans (Verstand) einerseits und res extensa (ausgedehntes Ding) anderseits sowie aus der Reservierung der unsterblichen Seele für den Menschen.[87] Und wenn Descartes von einer »Maschine« sprach, meinte er nicht einen der von Menschen zu bauenden und letztlich unvollkommenen Apparate, sondern etwas, das »aus den Händen Gottes kommt und daher unvergleichlich besser konstruiert ist und weit wunderbarere Getriebe in sich birgt als jede Maschine, die der Mensch erfinden kann.«[88]

Descartes' Interpretation des Tieres resultierte demnach aus ontologischen und theologischen Aussagen über den Menschen; sein Begriff der »Maschine« bezeichnet eine nicht mit (menschlicher) Vernunft und (menschlicher) Seele ausgestattete, aber durchaus vollkommene göttliche Schöpfung. Descartes' Position läßt sich insofern mit dem Begriff »methodischer Mechanismus«[89] nicht zureichend erfassen; der bei Descartes noch aktuelle theologische Hintergrund bleibt im Begriff »Mechanismus« nämlich unberücksichtigt. Erst die Nachfolger Descartes' gelangten zu simplen, von theologischen Prämissen befreiten »mechanistischen« Deutungen des Tieres. Wohin freilich die Umsetzung des Verständnisses des Tieres als »Maschine« in der Praxis führen konnte, demonstriert in beängstigender Drastik eine Malebranche[90] zugeschriebene Episode: Der sanfte und gebrechliche Geistliche, der die Körperwelt als eine Einschränkung des Geistes erlebte, soll eine ihm mit »freundlichem« Wedeln entgegenkommende Hündin so hart mit dem Fuß getreten haben, daß sie kläglich jaulte. Malebranche soll sich mit dem Argument gerechtfertigt haben, die Reaktion des Tieres mache nichts aus, es sei ja nur eine Maschine.[91] In welchem Maße die mechanistische Lehre – J. O. de Lamettrie[92] wandte sie später auf den Menschen an – sich generell zum Unheil der Tiere auswirkte, läßt sich allerdings schwer ausmachen. Jedenfalls braucht man nicht anzunehmen, die Malebranche – möglicherweise sogar durch die üble Nachrede der theologischen Gegner – zugeschriebene Behandlung des Hundes sei üblich und exemplarisch gewesen für den alltäglichen Umgang mit Tieren. Schon die unmittelbaren Anmutungen, die von Tieren, insbesondere von Jungtieren,[93] auf den Menschen ausgehen, dürften einen solch rohen Umgang unterbunden haben. Ferner war die mechanistische Auffassung nicht Allgemeingut der Zeit, sondern eine durchaus umstrittene Position. Gegen das cartesianische Verständnis wandte sich z.B. Leibniz.[94] Er sah im Tier eine »vis activa« (aktive Kraft), eine »entelechia primitiva« (einfaches Wesen, das seinen Zweck in sich trägt) bzw. eine Monade. Die verschiedenen Monaden, die tierischen ebenso wie die menschlichen, unterscheiden sich nach Leibniz allein durch den Klarheitsgrad, mit dem sie das Universum spiegeln. Jede Seele sei unsterblich, auch die Seele, die man Tieren nicht absprechen könne. Bezeichnenderweise soll Leibniz, wie Kant[95] informierte, ein Insekt nach der Beobachtung durch das Mikroskop schonend wieder auf sein Blatt zurückgesetzt haben, weil er sich durch dessen Anblick belehrt gefunden und so gleichsam eine Wohltat genossen habe.

Den Menschen verstand Leibniz[96] gleichwohl als ein vom Tier unterschiedenes Vernunftwesen, fähig zur »Erkenntnis der notwendigen und ewigen Wahrheiten« bzw. zur »Selbst- und Gotteserkenntnis«. Der Abstand zwischen Mensch und Tier ist nach Leibniz[97] fundamental und unaufhebbar, auch wenn er sich nicht ständig manifestiert: »[...] wenngleich es Menschen gibt, die ihr ganzes Leben lang den Tieren ähnlich bleiben, so setzt man doch voraus, daß dies nicht an dem Mangel des Vermögens oder des Prinzips, sondern an den Hindernissen liegt, die dieses Vermögen hemmen.«

Auf das Vermögen des Verstandes führte auch Locke[98] die Überlegenheit und die Herrschaft des Menschen »über alle übrigen empfindenden Wesen« zurück. Ob die Tiere »ihre Ideen zusammensetzen und dadurch irgendwie erweitern« können, war für den Philosophen zweifelhaft, sicher war für ihn aber, daß den Tieren »die Kraft des Abstrahierens vollkommen« fehlt und »der Besitz allgemeiner Ideen einen vollkommenen Unterschied zwischen Mensch und Tier« begründet und dem Menschen eine überragende Stellung zuweist, an die das Tier mit seinen Fähigkeiten unter keinen Umständen heranreicht.[99]

Locke legitimierte die Dominanz des Menschen über »alle übrigen empfindenden Wesen« in einer quasi naturrechtlichen Deduktion. Mit einer mehr am Handeln als am Verstand orientierten Ableitung hatte zuvor schon Spinoza[100] festgestellt, daß »die Menschen ein weit größeres Recht auf die Tiere als diese auf die Menschen« haben; eines jeden Recht werde nämlich durch seine Tugend oder Kraft definiert. In der Neigung, »unseren Nutzen zu suchen«, sah Spinoza ein Gebot der Vernunft, im Tier ein Objekt des menschlichen Nutzens resp. ein Mittel zu ihm. Ein Gesetz, das das Schlachten von Tieren verbiete, sei »mehr in einem eitlen Aberglauben und in weibischer Barmherzigkeit als in gesunder Vernunft« begründet. Die Empfindung sprach Spinoza den Tieren mit dieser Argumentation nicht ab, verwahrte sich jedoch eindeutig gegen die Auffassung, daß es gerade wegen dieser Empfindung nicht erlaubt sei, für den Nutzen des Menschen zu sorgen und die Tiere »nach Belieben zu gebrauchen und zu behandeln, wie es uns am besten paßt, da sie ja der Natur nach nicht mit uns übereinstimmen und ihre Affekte von den menschlichen Affekten der Natur nach verschieden sind«.

Durch seine »natürliche Kraft und Macht« gewinnt der Mensch auch nach der Argumentation von Hobbes[101] »ein Recht über vernunftlose Tiere«. Wenn nämlich im Naturzustand wegen des »Krieges aller gegen alle« jeder Mensch andere Menschen unterjochen oder töten dürfe, dann sei dies um so mehr gegenüber den Tieren erlaubt. Nach Belieben könne man also die Tiere in das Joch spannen, könne sie ferner in stetem Kriege als schädlich verfolgen und vernichten. Das Eigentum des Menschen an den Tieren entspringt laut Hobbes also »aus dem Naturrecht, nicht aus dem positiven göttlichen Recht«. Und wenn ein Tier – nach dem natürlichen Recht – einen Menschen töten könne, dann dürfe der Mensch nach demselben Recht die Tiere schlachten.

Locke[102] argumentierte ähnlich: Wer ein Kalb besitze, dürfe dies als sein Eigentum nach Gutdünken verspeisen oder opfern. Erst wenn das Gemeinwohl, z.B. in Zeiten drohender Hungersnot, durch den Tod des Tieres betroffen werde, gewinne die Obrigkeit das Recht, das Töten des Tieres zu verbieten.

Die auf der Basis der Macht ausgetragene Rivalität zwischen Mensch und Tier verstand Helvétius[103] als eine unausweichliche Gegebenheit. Er kennzeichnete den Menschen als einen »geborenen Todfeind der Tiere, entweder weil er sich von ihrem Fleisch ernähren will oder weil er gegen sie Vieh, Früchte, Korn und Gemüse verteidigen muß, die doch zu seinem Lebensunterhalt nötig sind«.

Für die »Einbeziehung der Tiere in das Naturgesetz« plädierte Rousseau,[104] obwohl diese das Gesetz nicht erkennen könnten, da ihnen Erkenntnis und Freiheit abgingen. Am Naturrecht müßten die Tiere aber aufgrund ihrer – der menschlichen ähnlichen – Sensibilität teilhaben, und der Mensch habe ihnen gegenüber gewisse Pflichten. Die Obligation, einem anderen nicht Schlechtes zuzufügen, basiere nämlich weniger auf dem Verstand und mehr auf dem Gefühl des Menschen. Und da letzteres Mensch und Tier gemeinsam sei, müsse man dem einen wenigstens das Recht einräumen, sich nicht unnütz von dem anderen peinigen zu lassen.

Die naturgesetzliche Argumentation führte Fichte[105] demgegenüber wie verschiedene zuvor erwähnte Autoren zur Auffassung des Tieres als eines Eigentums des Menschen und zum Verständnis von dessen Nutzung durch den Menschen: »Alles Eigentum wird zugestanden in Beziehung auf den dadurch erreichten Zweck; so auch das der Tiere .« Der Philosoph unterschied die Tierarten danach, ob sie Eigentum werden können, nämlich die zahmen, oder nicht, nämlich die wilden. In einem von der Wahrung der Besitzverhältnisse geprägten Staat ergibt sich nach der Argumentation Fichtes »gar kein möglicher Zweck, das Wild zu hegen und zu schonen, außer für den Jäger selbst«. Die Hege sei dem Jäger allerdings nur insofern zuzugestehen, als das Wild »den Zwecken der Kultur, die stets der Wildheit vorgehen, nicht hinderlich ist, d.h. inwiefern sein Wild im Walde bleibt«. Wer das Wild im Wald töte, vergreife sich am Eigentum des Jägers. »Wer es auf seinem Acker antrifft, der erschlägt es mit Recht, um die Beschädigung zu verhüten.« Die sachrechtliche Behandlung des Tieres im Fichteschen Staat kulminierte in der Formulierung: »Das Leben desselben ist gar nicht garantiert; es ist überhaupt im Staate gar kein möglicher Zweck, sondern nur der Tod desselben ist Zweck.«

Die in der Zeit der Aufklärung weitgehend geteilte Auffassung, der Mensch sei wesentlich durch die Vernunft konstituiert und vom Tier abgehoben, bedeutete nicht, der homo sapiens mache ständig von dem ihn auszeichnenden Vermögen Gebrauch. Die Vernunft erschien vielmehr als eine Potenz, die der Aktivierung bedarf. Ohne den Einsatz der Vernunft handelt der Mensch aus der Sicht verschiedener Aufklärer auf der Stufe der Tiere. Nach anderen Denkern sinkt er sogar unter dieses Niveau ab, vornehmlich in moralischer Hinsicht. Im deutschen Idealismus wurde hingegen mit Nachdruck die Auffassung vertreten, der Mensch bewege sich nicht erst aus der Tierheit heraus, er sei ihr vielmehr qua Vernunft immer schon enthoben, auch im Stadium latenter Vernunft wie z.B. beim Kind. Aus moralisch-religiöser Sicht sind es bes. mangelnde Erkenntnis, irregeleiteter Wille und ausufernde Triebe, die den Einsatz der Vernunft gefährden und die Würde des Menschen in Frage stellen: »Der Mensch ist von dem allgewaltigen Schöpfer aller Dinge mit einem weit vortrefflicheren Wesen als die Bestien begabet, und zu einem weit edleren Zweck erschaffen worden. Durch den Mißbrauch aber der natürlichen Kräfte, daran er sonst die unvernünftigen Thiere übertrifft, kommt es dahin, daß er schlimmer und elender wird, als die Bestien selber.«[106]

Wie die Tiere handeln die Menschen, so Leibniz,[107] wenn sie allein aufgrund ihres Gedächtnisses Schlußfolgerungen aus ihren Wahrnehmungen ziehen; darin glichen sie den »empirischen Ärzten, die bloße Praxis, aber keine Theorie besitzen«. Bei drei Vierteln unserer Handlungen bleiben wir laut Leibniz »reine Empiriker«, d.h. auf der Stufe der Tiere. Die Mehrzahl der Menschen und auch die Kinder lassen sich, so Hume,[108] bei ihren »gewöhnlichen Handlungen und Schlüssen« nicht durch einen Denkakt führen, ebenso wie die Tiere. Der Zustand der »Tierheit im Menschen«[109] ist laut Kant durch die Herrschaft der Vernunft zu überwinden.[110] Das Menschsein werde erst verwirklicht durch die »Befreiung des Willens vom Despotismus der Begierden«, die uns an »gewisse Naturdinge« heften und unfähig machen, »selbst zu wählen«. Kant verstand die Triebe in diesem Zusammenhang allerdings nicht allein als Gefährdungen von Freiheit, Willen und Vernunft; er sah in ihnen auch naturgegebene Leitfäden, »um die Bestimmung der Tierheit in uns nicht zu vernachlässigen oder gar zu verletzen«.[111] Dieses Zugeständnis an die Animalität ändert aus der Sicht Kants allerdings nichts an der Aufgabe, sich aus der Tierheit zur Menschheit – sie ist nicht selbstverständlich und vorgegeben – emporzuarbeiten.[112] Ohne das moralische Gefühl und ohne sittliche Lebenskraft würde die Menschheit sich nämlich, so Kant,[113] »in die bloße Tierheit auflösen und mit der Masse anderer Naturwesen unwiederbringlich vermischt werden«. Trotz dieser Gefährdungen der menschlichen Bestimmung und Würde wollte Kant an einem letztlich harmonischen und kosmischen Menschenbild festhalten. Der Menschen Neigung zu »viehischem Laster« berechtigt nach seiner Ansicht nämlich nicht dazu, ihnen eine »zu ihrer spezies gehörige Anlage dazu« beizulegen.[114] Diese Auffassung ist freilich mit den früheren, nach denen die Überwindung der Tierheit zur Menschheit eine besondere Leistung, und nicht eine allgemeine Mitgift darstellt, nur schwer in Einklang zu bringen.

Die Vernunft verstand Kant als ein Vermögen, »das sich über die Schranken, worin alle Tiere gehalten werden, erweitern kann«.[115] Dabei kennzeichnet nicht die Vernunft im Dienste des Sinnenwesens den Menschen, sondern die Vernunft »zu einem höheren Behuf, nämlich auch das, was an sich gut oder böse ist, und worüber reine, sinnlich gar nicht interessierte Vernunft nur allein urteilen kann, nicht allein mit in die Überlegung zu nehmen, sondern diese Beurteilung von jener gänzlich zu unterscheiden und sie zur obersten Bedingung des letzteren zu machen«.[116] Diese Vernunft war für Kant »das entscheidende Kennzeichen des menschlichen Vorzuges, um seiner Bestimmung gemäß sich zu entfernten Zwecken vorzubereiten«.[117]

Das Menschen- und Tierbild der Denker des deutschen Idealismus hob sich deutlich von den 200 Jahre zuvor gemachten Skizzen Montaignes[118] ab. Der französische Edelmann stellte die menschliche Überlegenheit über das Tier mit dem Hinweis auf diverse den menschlichen analoge Fähigkeiten der Tiere in Frage und sprach von der übertrieben hohen Meinung, die der Mensch von sich selbst hege: »Der Eigendünkel ist unsere natürliche Erbkrankheit. Das jämmerlichste, gebrechlichste aller Geschöpfe ist der Mensch, und zugleich das hochmütigste [...] In der Eitelkeit dieser Einbildung maßt er sich göttliche Eigenschaften an [...] Welches Recht gibt ihm der Vergleich zwischen seinen und ihren (sc. der Tiere; H. M.) Eigenschaften, auf die Dummheit zu schließen, die er ihnen beimißt? Wenn ich mit meiner Katze spiele, wer weiß, ob sie nicht mehr Zeitvertreib mit mir macht, als ich mit ihr?«

Die glückliche Unbekümmertheit des Tieres – im Gegensatz zur Gefährdung des Menschen – demonstrierte Montaigne[119] an einem drastischen Beispiel: »Als Pyrrho der Philosoph sich eines Tages bei sehr stürmischem Wetter an Bord eines Schiffes befand, zeigte er denen in seiner Umgebung, die er am meisten vom Schrecken ergriffen sah, ein Schwein, das da war, und ermutigte sie durch das Beispiel des Tieres, welches sich nicht im geringsten um den Sturm erschreckt oder bekümmert zeigte.« Die Vernunft ist uns zwar, so Montaigne, zu unserem Besten gegeben, aber ihr Vorzug, »um dessentwillen wir uns für die Herrn und kaiserlichen Gebieter der übrigen Geschöpfe halten«, könne auch zur Qual werden und dahin führen, daß wir durch die Kenntnis der Dinge feiger würden, Ruhe und Frieden verlören und auf einen niedrigeren Zustand als den des Schweins von Pyrrho uns herabdrücken ließen. Weder der Mensch, noch das Tier, so Montaignes[120] generelle Ansicht, ist allerdings von der Natur einseitig positiv oder einseitig negativ begabt worden: »In der Einrichtung der Welt herrscht eine größere Gleichheit und Angemessenheit.«

Mit Montaignes Wort vom Menschen als dem jämmerlichsten und gebrechlichsten aller Geschöpfe wurde ein generell wichtiger Akzent der frühneuzeitlichen Interpretation des Tieres angesprochen, nämlich die Überlegenheit der animalischen Basis des Viehs gegenüber der des Menschen: Erhaltung, Fortpflanzung und Wachstum vollziehen sich beim Tier komplikationsloser als beim Menschen. Das Tier ist seltener Krankheiten unterworfen, seine Erziehung erfordert geringere Mühe; es ist weniger von Affekten und Lastern geplagt, lebt in einer stimmigen Ordnung von Antrieb und Befriedigung – ohne die Sorgen und Bekümmernisse der menschlichen Reflexion. Die verschiedenen Nachteile, die der Mensch in seiner animalischen Natur dem Vieh gegenüber habe, wurden im *Zedlerschen Lexikon* [121] als Schwächen gedeutet; sie wurden mit den »verderbten Neigungen und Affecten« des Menschen verbunden und als Folgen des Sündenfalls gesehen.

Aufgrund ihrer Funktion der »Erwartung des Künftigen« ist die Vernunft nach Kant[122] nicht nur Fähigkeit, sondern auch Belastung: »Dieses Vermögen [...] ist das entscheidende Kennzeichen des menschlichen Vorzuges, um seiner Bestimmung gemäß zu entfernten Zwecken sich vorzubereiten – aber zugleich der unversiegendste Quell von Sorgen und Bekümmernissen, die die ungewisse Zukunft erregt und welcher alle Tiere überhoben sind [...].«

Den natürlichen Zustand kennzeichnete Rousseau[123] als einen glücklichen, in dem die unter den Tieren verstreuten Menschen der Tiere Geschicklichkeit nachahmten und auf diese Weise »bis zur Instinktsicherheit der Tiere« sich erhoben. Das Tier kann nach Rousseau nicht den Gesetzen des Instinkts entgehen, während der Mensch sich oft zu seinem Schaden von ihnen entfernt.[124] Der unbeeinträchtigte Naturzustand war aus der Sicht Rousseaus auch deshalb ein friedlicher, weil die Menschen kein Fleisch aßen, sondern sich von den frei wachsenden Früchten und Gemüsen ernährten. Der Mensch war so noch nicht der Feind des Tieres. Seine Sitten wurden zudem in der kämpferischen Auseinandersetzung mit dem Tier noch nicht verroht. Die Pflanzenfresser leben laut Rousseau[125] nämlich »untereinander in dauerndem Frieden«, und die Beute ist »fast der einzige Gegenstand der Kämpfe zwischen den Fleischfressern«. Auf antike Quellen und zeitgenössische Reiseberichte berief Rousseau sich bei dieser Ansicht. Die Quellen und Berichte führten den Denker weiter zu der Überzeugung, die Tiere bedürften im Naturzustand »bei so wenigen Quellen des Übels« kaum der Heilmittel und noch weniger der Ärzte. Rousseau[126] nahm eine »robustere Natur« der Tiere in der Wildnis an: »Sie büßen die Hälfte dieser Vorzüge ein, wenn sie Haustiere werden. Man kann sagen, daß alle unsere Bemühungen für die gute Behandlung und Ernährung dieser Tiere zu nichts anderem als ihrem Verderben führen.«

Für die Beeinträchtigung der animalischen Basis des Menschen nahm Rousseau eine Degeneration oder eine Art von säkularisiertem Sündenfall an, bedingt durch den Verstand und die aus ihm resultierende Selbstsucht des Menschen. Einerseits akzeptierte Rousseau das tierische Leben zwar als den vom Menschen verlassenen, stimmigen und glücklichen Naturzustand, andererseits sah er in der Überwindung der Tierheit aber die Aufgabe des Menschen. Der »Rückfall auf das Niveau der Tiere, der Sklaven ihres Instinktes,«[127] war in seinen Augen ein Mangel.

Daß der Mensch den Tieren »an Stärke und Sicherheit des Instinktes weit nachstehe, ja daß er das, was wir bei so vielen Tiergattungen angeborene Kunstfähigkeiten und Kunsttriebe nennen, gar nicht habe,« war für Herder[128] eine gesicherte Tatsache. Daß der Mensch, den sogar der künftige Hunger hungrig mache, »raublustiger als Wölfe, Bären und Schlangen«, nämlich raublustiger als Tiere ist, deren Raubgier nicht länger dauere als ihr Hunger und die nur grausam seien, wenn sie gereizt würden, räumte auch Hobbes[129] ein; gegen die Idealisierung des Naturzustandes – er ist das bellum omnium contra omnes (der Krieg aller gegen alle) – wandte er sich aber. Die natürliche Freiheit verstand Hobbes negativ als eine tierische Freiheit; »denn der Naturzustand verhält sich zum bürgerlichen Zustand, d.h. die Freiheit zur Untertänigkeit, wie die Begierde zur Vernunft oder wie das wilde Tier zum Menschen«. Der tierische Naturzustand ist hier also nicht eine glückliche Vergangenheit, sondern eine mit Hilfe der Vernunft im bürgerlichen Zustand zu überwindende prähominide Existenzweise.

Gegen die Idealisierung des tierischen Naturzustandes wandte sich auch Diderot.[130] Der französische Denker glaubte nicht, daß die Tiere frei seien »von den Tugenden und Lastern des Menschen« und nahm ebensowenig an, der Mensch sei frei von den Lastern und Tugenden des Tieres. Die Tiere stellen, so Diderot,[131] ebenso wie die menschliche Gattung »eine Ansammlung von mehr oder weniger mißratenen, mehr oder weniger kranken Individuen« dar. Aufgrund dieser Tatsache sei nicht an ein Lob für den angeblichen Schöpfer, sondern nur an dessen Verteidigung zu denken.

Die Vorteile der animalischen Natur des Tieres im Vergleich zu der des Menschen ließen sich freilich auch als Hilfe für den Menschen interpretieren. In der frühen Neuzeit wurde das Verhältnis von Mensch und Tier nämlich nicht nur essentialistisch, sondern auch funktional diskutiert. Der qua Vernunft über die Tierheit erhobene bzw. der derart sich erhebende Mensch erschien als der »Zweck der Natur«,[132] die Tiere mit ihren Vorzügen waren dementsprechend nur Mittel zu diesem Zweck, d.h. den Menschen zu Diensten: Das erste Mal, da der Mensch »zum Schafe sagte: den Pelz, den du trägst, hat dir die Natur nicht für dich, sondern für mich gegeben, ihm ihn abzog und sich selbst anlegte, ward er eines Vorrechtes inne, welches er vermöge seiner Natur über alle Tiere hatte, die er nun nicht mehr als seine Mitgenossen an der Schöpfung, sondern als seinem Willen überlassenen Mittel und Werkzeuge zur Erreichung seiner beliebigen Absichten ansah.« Derart läßt sich nach Kant[133] allerdings nur das Tier, nicht aber ein anderer Mensch sehen.

Die frühneuzeitliche Interpretation des Menschen als Zweck der Natur resultierte aus dessen religiöser Deutung als Krone und Nutznießer der Schöpfung; bei manchen Autoren stellte sie auch die säkularisierte Variante der religiösen Auffassung dar. Aufgrund der göttlichen Ordnung der Natur vermehrt das Tier sich sogar, so eine Annahme, häufiger als der Mensch, »weil es zum Dienst und Gebrauch der Menschen erschaffen war, und deswegen in großer Menge daseyn muste«.[134] Aus der Dominanz der Nutzfunktion des Tieres resultierte seine sachrechtliche Behandlung. Bei der Tötung von Tieren anderer stellte sich demgemäß vornehmlich die Frage der Ersatzleistung für den Besitzer.[135]

Nutzen durfte resp. sollte der Mensch das Tier aus religiöser Sicht aber nicht nur ökonomisch. Das Tier wurde nämlich nicht zuletzt zur Demonstration der Vollkommenheit Gottes sowie zu dessen Ehre geschaffen, d.h. auch, um dem Menschen die Güte und die Wohltaten Gottes vor Augen zu führen.[136] Diese Funktion betrifft die dem Menschen förderlichen Tiere, deren Zahl dem *Zedlerschen Lexikon* zufolge überwiegt. Die dem Menschen schädlichen Tiere, z.B. »das Ungeziefer«, gewannen nach dieser Interpretation als Strafe Gottes einen Nutzen für den Menschen. Grenzen findet die vielfältige Nutzung durch den Menschen nach dieser Deutung dort, wo Gottes oder des Menschen Würde beeinträchtigt werden, z.B. bei der Prophetie mit Hilfe von Tieren, bei der Anbetung lebender Tiere als Götter, bei der religiösen Verehrung verstorbener Tiere und auch bei der Sodomie.[137]

Der dem Menschen versagte glückliche Naturzustand der Tiere und die Vorteile der Tiere in ihrer organischen Ausstattung wurden dort, wo man sie anerkannte, nicht nur pejorativ gedeutet. In der frühen Neuzeit, insbesondere im deutschen Idealismus, interpretierte man die im Vergleich zum Tier beim Menschen feststellbaren »Mängel« auch als Voraussetzung für die Entfaltung der Vernunft in der menschlichen Wissenschaft und Kultur – ein Ansatz, der bereits in der griechischen Antike, speziell in Platons Mythos des Protagoras, expliziert worden war, dessen Sicht sich die scholastische Anthropologie bediente und der in unserem Jh. insbesondere die Anthropologie Arnold Gehlens fundierte. Bei der Erörterung des Geistes, der auf den organischen Mängeln aufbaut, in seiner Reichweite bei der Lebensführung von diesen ermöglicht wird und diese zugleich kompensiert, ist freilich stets zu berücksichtigen, daß der Geist auch in der frühen Neuzeit nicht auf seine pragmatische Kompensationsfunktion beschränkt, sondern von der Mehrzahl der Autoren v.a. als das transbiologische, nämlich das animalische Anliegen der Existenzfristung transzendierende Vermögen gesehen wurde und daß er v.a. in diesem transbiologischen Charakter die Sonderstellung des Menschen begründete.

Auf die aus den organischen Mängeln resultierenden Möglichkeiten ging z.B. Diderot[138] ein, als er die Vervollkommnungsfähigkeit des Menschen auf die Schwäche seiner Sinne zurückführte; keiner der menschlichen Sinne gewinnt nach seiner Ansicht die Vorherrschaft über die Vernunft. Hätte der Mensch z.B. den Geruchssinn des Hundes, dann würde er, so Diderot, stets schnuppern, hätte er das Auge des Adlers, so würde er unaufhörlich spähen.

Die Tiere verfügen, so Rousseau,[139] über die ihrer Art eigentümlichen Instinkte, und zwar im Gegensatz zum Menschen, der »vielleicht keinen ihm eigentümlichen« hat. Des Menschen »Geringfügigkeit als Tiermensch« tut laut Kant[140] »dem Bewußtsein seiner

Würde als Vernunftmensch« keinen Abbruch. Seiner (begrenzt leistungsfähigen) animalischen Basis könne der Mensch »mit dem Bewußtsein der Erhabenheit seiner moralischen Anlage« nicht nur entgegentreten; diese Selbsteinschätzung sei vielmehr »Pflicht des Menschen gegen sich selbst«. Obwohl der Vernunftmensch über den Tiermenschen erhoben sei, bedürfe der Mensch zum Leben der vitalen Basis. Daher sei die »Kultur der Leibeskräfte« nicht nur legitim, sondern die »fortdauernde absichtliche Belebung des Tieres am Menschen Pflicht des Menschen gegen sich selbst«.[141]

Im Gegensatz zum »nur angedeuteten und entworfenen« Menschen ist das Tier laut Fichte[142] vollendet und fertig, d.h., das Tier muß nicht erst werden, was es sein soll bzw. das Tier ist Zögling der Natur, der Mensch aber nicht. Fichte wandte sich im zuvor angesprochenen Sinne auch gegen die (ausschließlich) biologische Interpretation des Geistes, nämlich gegen sein Verständnis als pragmatisches Kompensationsphänomen für eine organisch und instinktiv unzureichende Ausstattung: »Ist er ein Tier, so ist er ein äußerst unvollkommenes Tier, und gerade darum ist er kein Tier. Man hat diese Sache oft so angesehen, als ob der freie Geist dazu da wäre, das Tier zu pflegen. So ist es nicht. Das Tier ist da, um den freien Geist in der Sinnenwelt zu tragen, und mit ihr zu verbinden [...].«

Beim Tier verläuft die Bewegung, so Hegel,[143] ohne Unterbrechung vom Drängen des Triebes zu seiner Befriedigung, anders als beim Menschen, der diese Bewegung hemmen, der die Unmittelbarkeit und die Natürlichkeit des Antriebs brechen kann und der derart seine Selbständigkeit gewinnt. Hegel sprach wie Fichte von der Fertigkeit des Tieres im Gegensatz zum Menschen, der sich erst zu dem machen müsse, was er sein solle; der Geist erfülle diese Aufgabe, müsse dazu aber »das Natürliche abschütteln«.[144] Eine den Menschen determinierende animalische Natur würde eine solche Selbstschaffung oder Selbstschöpfung nicht gestatten und auch nicht erforderlich machen. Die Differenz zwischen Mensch und Tier war demnach für Hegel prinzipiell: »[...] aus tierischer Dumpfheit konnte er (sc. der Mensch; H. M.) sich nicht entwickeln, wohl aber aus menschlicher Dumpfheit. Tierische Menschlichkeit ist ganz etwas anderes als Tierheit.«[145]

Anders als das in seinen Trieben und in seiner Beziehung zur Welt gefangene Tier ist der Mensch, wie Herder formulierte, der »erste Freigelassene der Schöpfung«.[146] Ähnlichkeiten zwischen Mensch und Tier akzeptierte Herder zwar, er verstand die Tiere auch als »der Menschen ältere Brüder«,[147] für ihn stand aber fest, »daß die Menschengattung über den Tieren nicht an Stufen des Mehr oder Weniger stehe, sondern an Art«[148] und daß die Tätigkeiten der Vernunft des Menschen »nicht etwa bloß schwache Schadloshaltungen gegen die ihm versagten größeren Tiervollkommenheiten« sind, sondern sein Wesen ausmachen. Dabei wandte Herder sich ausdrücklich gegen die »neue Philosophie, die große Gönnerin der Tiere«,[149] nämlich gegen eine Philosophie, die den Geist nur als Kompensationsphänomen verstand.

7. Bildende Kunst

Die direkte Begegnung mit den Tieren im allgemeinen und die mit den exotischen Lebewesen im besonderen vollzog sich bereits in der frühen Neuzeit in enger Verbindung mit indirekten Kontakten in literarischen Berichten und bildlichen Darstellungen. Weil die exotischen Tiere direkt relativ selten zu sehen waren und weil der Buchdruck Darstellungen in Wort und Bild weiteren Kreisen als zuvor zugänglich machte, darf man annehmen, daß in der frühen Neuzeit die indirekte Begegnung das Bild von den außergewöhnlichen Tieren bei den meisten Menschen deutlicher prägte als die direkte.

Die realen Tiere regten die Künstler ebenso wie die Kunsthandwerker zum Ab-bild an, zugleich förderten die Bilder das Interesse an den realen Tieren. Die realen Tiere wurden mit den an den Bildern geschulten Augen sowie mit dem von literarischen Berichten gespeisten Wissen gesehen, gelegentliche direkte Begegnungen mit außergewöhnlichen Tieren ließen Berichte mit besonderen Akzenten hören und Bilder mit besonderen Akzenten sehen. Man darf davon ausgehen, daß dieser Zusammenhang beim Adel – ihm waren sowohl die Tiere als auch deren Darstellung in einem sehr viel weitergehenden Maße zugänglich als dem einfachen Volk – deutlich intensiver verlief als in den unteren Schichten der Bevölkerung. Für die generellen Auswirkungen der Bilder und Berichte auf die reale

Begegnung spricht das häufige Auftreten der (exotischen) Tiere in der Wort- und in der Bildkunst ebenso wie im Kunsthandwerk. Die häufige Präsenz von Tieren in Bildern und Texten dokumentiert die ausgeprägte Neigung des Menschen, sich indirekt auch dort mit den Tieren zu umgeben, wo deren direkte Gegenwart mit Beeinträchtigungen des kultivierten Lebensstils verbunden war und weiterhin verbunden ist. Die Kultivierung des häuslichen Lebensstils – zu ihr gehören Sauberkeit, Ruhe und Ordnung – ist v.a. mit der unmittelbaren Gegenwart nicht stubenreiner, aggressiver, lauter oder auch bes. großer Tiere nur mit erheblichen Abstrichen vereinbar. Der kultivierte häusliche Lebensstil trug ausschlaggebend zur Definition der »Haus«tiere im engeren Sinne – Hunde, Katzen, in Käfige gesperrte Vögel und weitere Kleintiere – bei. Das Bild und die kunsthandwerkliche Darstellung des Tieres gestatten dessen Präsenz im kultivierten Wohnbereich ohne die Belastung durch Schmutz, Lärm, Aggression und weitere Faktoren. Die zunehmende Bekanntheit exotischer Tiere in der frühen Neuzeit und die zunehmende Kultivierung des häuslichen Lebensstils förderten in diesem Zusammenhang die Häufigkeit sowie bestimmte Weisen der Darstellung des Tieres in der Kunst und im Kunsthandwerk. Die vor Augen geführten Tiere konnten dabei auch in der frühen Neuzeit noch symbolisch erlebt und gedeutet werden, sie konnten als säkularisierte Sinnbilder wirken oder durch ihren profanen Reiz ansprechen.

In der Kunst wie in der Wissenschaft schlugen sich u.a. die intensiven Handelskontakte mit fernen Ländern nieder, die die weltlichen Herrscher und die vermögenden Kaufleute pflegten. Kaiser Maximilian I. schickte z.B. im Jahre 1517 den wagemutigen Freiherrn Sigismund von Herberstein von Augsburg nach Rußland. Im Auftrag Karls V. reiste der Edelmann 1526 erneut ins Zarenreich. 1549 erschien dann seine illustrierte Beschreibung der Landschaften, Tiere und Städte Rußlands. Bereits im Jahre 1505 hatten die Augsburger Kaufmannsfamilien der Fugger, der Welser und der Höchstätter die erste deutsche Expedition zu den Molukken-Inseln durchgeführt und dabei Informationen über die Tierwelt Asiens gesammelt. Im Jahre 1530 war Nikolaus Federmann im Auftrag der Welser nach Südamerika gereist. In seiner 1557 gedruckten »Indianischen Historia« hatte er u.a. die Tierwelt dieser Region beschrieben.

In den internationalen Handelsmetropolen und an den Fürstenhöfen konnten die bildenden Künstler die exotischen Tiere leibhaftig sehen, die sie in ihren Bildern vor Augen führten. Der Augsburger Maler Hans Burgkmair der Ältere z.B. illustrierte im Jahre 1508 den Reisebericht des Balthasar Sprenger mit Darstellungen von Tieren und Eingeborenen aus Afrika und Indien. Später finden sich die Tierdarstellungen dann in den bekannten Altarbildern von Burgkmair. Lucas Cranach der Ältere nahm Mitte des 16. Jh.s exotische Vertreter der Fauna in seine Bilder auf. Das berühmte illustrierte Falkenbuch des Stauferkaisers Friedrich II. wurde 1569 in Augsburg neu herausgegeben.

Eindrucksvolle Tierdarstellungen regten weitere Künstler an, diese in ihre Bilder zu integrieren. Die Kunst förderte insofern das Tierbild nicht weniger als die Natur. Bezeichnenderweise fühlte sich später Johann Elias Ridinger (1698–1767) dazu veranlaßt, mit Nachdruck zu betonen, sein umfangreiches Werk an Tier- und Jagdbildern – auch die Zeichnungen exotischer Tiere – nach der Natur geschaffen zu haben. Im Jahre 1748 malten Ridinger und auch Georg Philipp Rugendas (1666–1752) – er begründete die fünf Generationen währende Familientradition von Malern, die sich in besonderem Maße der Tierdarstellung widmeten – ein weibliches Panzernashorn, das in Augsburg in einem Käfigwagen ausgestellt worden war. Im Jahre 1760 hielt Ridinger die Dressurvorführung eines ausgewachsenen Löwen mit einer Terrierhündin fest.

Zu den berühmtesten Darstellungen, die nicht auf dem unmittelbaren Studium der Natur beruhen, gehört der 1515 entstandene Holzschnitt des Panzernashorns von Albrecht Dürer. Das abgebildete Tier war 1513 zu König Manuel den Großen von Portugal gelangt und von diesem für den Papst bestimmt gewesen, kam aber auf der Schiffsreise vor der Küste von Genua während eines Sturms um. Dürer hatte das Tier nicht persönlich gesehen, hatte sich vielmehr an der aus Portugal stammenden Darstellung von Valentin Ferdinand orientiert, die über den Augsburger Patrizier Batholomäus Welser aus Lissabon nach Nürnberg gekommen war. Eine Besonderheit des Dürerschen Nashorns bestand in einem kleinen Horn, das das Tier auf seiner Schulter trug, nämlich im berühmt gewordenen »Dürer-Hörnlein«. Üblicherweise findet sich das Schulterhorn bei den Nashörnern nicht, in seltenen Fällen allerdings doch. Man nimmt daher an, ein derartiger seltener Fall sei das 1513 in Lissabon gelandete Nashorn gewesen. Von 1515 bis 1741, nämlich seit Dürers Darstellung und bis zur Einfuhr eines Panzernashorns ohne Schulterhorn nach Holland, wurden Nashörner i.d.R. mit dem »Dürer-Hörnlein« abgebildet.[150]

Die von der realen Begegnung mit dem Tier inspirierte Darstellung der frühen Neuzeit wollte v.a. einen aufschlußreichen Ein-blick in die Natur ermöglichen. Sie hatte die Tiere demnach vor der Wiedergabe in ihren natürlichen Eigenschaften zu studieren, hatte v.a. ihren Körperbau und ihre Bewegungsweisen zu erkunden. Dieses Programm machte die realistische Kunst zu einer engen Verbündeten der Wissenschaft, häufig sogar zu deren Vorreiterin. Zur Wissenschaft erhob insbesondere Leonardo da Vinci (1452–1519) die künstlerischen Studien der Natur. Als Anatom und Physiologe verfuhr der Maler, indem er den Skelettaufbau, das Muskelsystem und die Bewegungsmechanismen von Mensch und Tier in Worten und mit dem Zeichenstift exakt wiedergab. Mit wissenschaftlicher Akribie arbeitete Leonardo ferner daran, die Statik wie die Dynamik der Körper durch Berechnungen und in Experimenten zu erfassen. Die Tierdarstellungen des Meisters entsprechen seinen Landschafts-, Architektur- und Maschinenskizzen; bezeichnenderweise verglich er tierische Organe auch mit Gesteinen, Gewässern und Bäumen. Symptomatisch ist ferner, daß die Künstler der frühen Neuzeit ihre anatomischen und physiologischen Kenntnisse häufig im eigenhändigen Sezieren menschlicher und tierischer Leichen oder durch die Anwesenheit bei solchen – häufig versteckt praktizierten – Maßnahmen gewannen. Dies gilt wohl auch für Albrecht Dürer (1478–1528), gilt aber insbesondere für den englischen Pferdemaler George Stubbs (*The Anatomy of the Horse*, 1758/59).

Die genaue metrische Erfassung der einzelnen Knochen sowie der verschiedenen Proportionen bildete eine integrale Hilfe für die mit der Wissenschaft eng verbundene realistische Darstellung. Dürers 1528 erschienenen *Vier Bücher von menschlichen Proportionen* sind für das bei Mensch und Tier gleichermaßen angewandte Verfahren symptomatisch, nicht minder seine drei Jahre zuvor publizierte *Underweysung der messung mit dem Zirckel und richtscheyt [...]* Natürlich bedienten die Künstler sich auch des Wissens der zeitgenössischen Naturkundler – ebenso wie diese auf die »Forschungen« der Künstler zurückgriffen. Zu letzteren trugen auch Lucas Cranach der Ältere (1472–1553), Raffaelo Santi (1483–1520) und Michelangelo Buonarotti (1475–1564) bei.[151]

Die Kooperation von Kunst und Wissenschaft bestand zu Anfang der Neuzeit auch in der Illustration von Tierbüchern durch die Künstler. Die Veröffentlichung solcher reichbebilderter Bücher profitierte in beträchtlichem Maße von den neuen Techniken des Buchdrucks, des Holzschnitts und des Kupferstichs.

Die Darstellungen der frühen Neuzeit zeigen häufig u.a. Tiere der heimischen Fauna, Pferde, Hunde, Katzen, Vögel und Fische. Die Hunde als Begleiter von edlen Frauen, von Fürsten und von Kindern aus adligem Hause dokumentieren die Verbundenheit zum Tier, signalisieren häufig aber auch Macht und – je nach der Rasse des Hundes – Wohlstand und Weltoffenheit. In zahlreiche Katzendarstellungen gingen weiterhin abergläubische Vorstellungen ein, obwohl die symbolische Bedeutung der Tiere – z.B. der durch den Hund repräsentierte Neid einer alten Frau – zunehmend ihrem profanen Reiz Platz machte. Letzterer bestand bei den (exotischen) Vögeln insbesondere in ihren Farben.[152]

Die weitgehend realistische Wiedergabe der Natur ließ sich bald als Verehrung der gottgeschaffenen Ordnung der Welt, bald aber auch als profane Darstellung der Vielfalt von Pflanzen und Tieren deuten. Aus diesem Grund gewann das Tier-Genre-Bild im 17. Jh. eine zuvor nicht gekannte Bedeutung, dies eben auch als ein Bild, mit dem sich die Profanierung der Inhalte künstlerischer Darstellung in kaschierter Weise vorantreiben ließ. Die Arbeiten des Niederländers Paulus Potter (getauft 1625 und begraben 1654) sind bezeichnend für diese Malerei. Potters Bilder zeigen fast ausschließlich Tiere in Landschaften, keine exotischen Lebewesen, sondern Pferde, Kühe und Schafe, die man allenthalben auf den Weiden sah. Im Jahre 1647 malte Potter z.B. einen lebensgroßen jungen Stier – das Bild mißt 236 x 339 cm – der vor einer Gruppe von Kühen und Schafen steht. Für den peniblen Naturalismus dieser Malerei sind neben den Details der großen Figuren diverse weitere Einzelheiten bezeichnend, z.B. die Fliege, die auf dem Stier, und der Frosch, der vor diesem sitzt.

V.a. weitere niederländische Maler übernahmen Potters Stil; sie trugen zu seiner Anerkennung sowie zu verschiedenen späteren Rezeptionen dieser Malerei inklusive ihrer Themen bei.

Der in der frühen Neuzeit v.a. bei den Kaufleuten wachsende Wohlstand gestattete eine Kultivierung des häuslichen Lebensstils, der das aufwendige Herstellen von Gebrauchsgütern und Ziergegenständen in Tierformen oder mit applizierten Tierdarstellungen erlaubte. Beliebt waren z.B. im 16. Jh. die bereits aus früheren Epochen bekannten Trinkgefäße in Tierformen aus vergoldetem Silber, nämlich sitzende Bären, springende Hirsche oder dahergehende Dromedare. Später wurden solche Gefäße auch als Keiler, Löwen, oder Frösche geformt. Nach Aufhebung der früheren, vom Adel erlassenen Luxusverbote für das Volk gestaltete auch das vermögende Bürgertum mit solchem Kunsthandwerk sein Dasein. Die Tierformen wurden in dieser Epoche allerdings nicht mehr in ihrer einstigen magischen Bedeutung erlebt, sondern in ihren profanen Reizen respektiert.

Die kunsthandwerklich gefertigten Tiere profitierten in ihrer zunehmenden Differenzierung von der technischen Meisterschaft der im 16. Jh. blühenden Goldschmiedekunst. Einzeltiere wurden zudem nicht selten durch Tiergruppen oder durch Mensch-Tier-Kompositionen abgelöst. Dabei wollte man nicht zuletzt die Lebendigkeit, das Charakteristikum der Tiere, vor Augen führen. Dies tat man durch sich bewegende Strauße, Bären, Löwen, Greife und Affen, z.B. durch solche, die mit Uhren verbunden waren und regelmäßig (jede Viertelstunde, jede halbe Stunde oder jede Stunde) eine bestimmte Bewegung ausführten. Aufwendig und schmuckvoll gearbeitete Möbel mit intarsierten Bildern von Tieren gehören ebenfalls in diesen Zusammenhang. Neben Bronze, Silber und Gold bediente das Kunsthandwerk sich nicht nur exotischer Hölzer, sondern in reichem Maße auch wertvoller tierischer Produkte, z.B. Elfenbein, Perlmutt, Schildpatt, Seide sowie ausgefallener Leder. Die europäischen Händler erstanden die tierischen Produkte in den Ursprungsländern meist in Tauschgeschäften für einen minimalen Preis, z.B. einen Stoßzahn des Elefanten für einen simplen Messingring. Eine solche Preisrelation förderte die Bereitschaft des Handwerks, die Produkte der exotischen Tiere in großem Stil zu verwenden. Diese Umstände gehören zu den Entstehungsbedingungen der zahlreichen im 17. Jh. in Europa gefertigten Elfenbeinskulpturen.

8. Literatur

In der Literatur der frühen Neuzeit spielte das Tier eine nicht minder wichtige Rolle. Dies gilt bes. für die Fabel, eine bereits in der Antike und im Mittelalter verbreitete Gattung: In den 14 Titeln der im Jahre 1530 von Martin Luther bearbeiteten und 1557 posthum herausgegebenen Fabeln des Äsop werden in 12 Fällen Tiere angesprochen, nämlich Hahn, Wolf, Lamm, Maus, Frosch, Hund, Schaf, Löwe, Rind, Ziege, Esel, Fuchs, Kranich, Fledermaus und Rabe. Zur Zeit Luthers erschienen auch zwei weitere vielgelesene Fabelsammlungen, nämlich der *Esopus* von Burkhard Waldes (1548) und *Das Buch der Tugend und Weisheit* von Erasmus Alberus (1550).[153] Der Franzose Jean de La Fontaine (1621–95) erreichte mit seinen 1668 in erster und 1694 in letzter Fassung veröffentlichten Fabeln Weltruhm; La Fontaine nutzte die gesamte zu seiner Zeit bekannte Fabelüberlieferung, auch die aus der Antike (Äsop, Phädrus). Gotthold Ephraim Lessing schrieb zwischen 1753 und 1759 30 Fabeln, wobei er diese als »Exempel der practischen Sittenlehre« verstand.
Generelle lebensphilosophische und spezielle sittliche Vorstellungen veranlaßten auch zur Berufung auf die Gemeinschaft der Tiere im allgemeinen und der Bienen im besonderen als Paradigma für das menschliche Zusammenleben. Georg Rollenhagen (1542–1609) griff 1595 im *Froschmeuseler*, einer Darstellung von umstrittener literarischer Qualität, die griechische Geschichte vom Frosch-Mäuse-Krieg wieder auf und erweiterte sie in moralisch-didaktischer Absicht. Bernard Mandeville zitierte in seiner *Bienenfabel* – im Jahre 1723 erschienen unter dem Titel *The Fable of the Bees or private vices made public benefits* – ebenfalls frühere Ausführungen zu diesem klassischen Topos der Mensch-Tier-Analogie. Harmonistische Interpretationen des Bienenstaates wiederholte Mandeville allerdings nicht. Programmatisch wies er vielmehr auf die Müßiggänger und die Ausbeuter hin, die bei den Bienen ebenso wie bei den Menschen

existierten; dennoch funktioniere der Bienenstaat. In den Augen Mandevilles bestätigte der Tier-«Staat» das liberale resp. liberalistische Konzept der menschlichen Gesellschaft.[154]

Im Jahre 1726 – Mandevilles Bienenfabel war bereits von einem Gericht als sittengefährdend verurteilt worden – schilderte Jonathan Swift ein Land in der Südsee, das den kuriosen Namen »Houyhnhnm« trägt und in dem »philosophische« Pferde herrschen, die über Institutionen verfügen, wie man sie von menschlichen Gesellschaften kennt. Swift veröffentlichte seinen als *Gullivers Reisen* bekanntgewordenen satirischen Roman unter dem Titel *Travel into several Remote Nations of the World, in four parts by Lemuel Gulliver, first a surgeon and then a captain of several ships*.[155]

Cervantes (Miguel de Cervantes Saavedra, 1547–1616) hatte schon mehr als ein Jh. zuvor in seine *Exemplarische(n) Novellen*[156] das »Gespräch zwischen Cipion und Berganza«, nämlich das Gespräch zwischen zwei Hunden, aufgenommen. Der Dialog der Tiere sollte nicht nur für die Novelle als literarische Gattung beispielhaft sein, sondern Ereignisse und Beziehungen des (menschlichen Lebens) »exemplarisch«, d.h. zum Zweck der moralischen Nutzanwendung (durch den Menschen), schildern. Für das Verständnis des Tieres zu Anfang des 17. Jh.s ist es bezeichnend, daß Cervantes das Gespräch der Hunde nicht ohne Vorbehalte beginnen ließ, die Hunde vielmehr feststellten, »indem wir sprechen, überschreiten wir die Grenzen der Natur«. Insbesondere überschreiten die Tiere diese Grenzen, so ihre literarische Selbstinterpretation, durch ein Gespräch »in vernünftigem Zusammenhang«. Dieser entspreche nämlich den »denkenden Wesen«, während sie »vernunftlose Geschöpfe« seien: »[...] beruht ja doch der ganze Unterschied zwischen Mensch und Tier auf dem Besitz oder Mangel der Vernunft«. Die schon in ihrer Existenz »verwunderliche« Selbstinterpretation beschränkt sich freilich nicht auf die Artikulation der Grenzen der Tiere im Vergleich zum Menschen; sie betont vielmehr auch die spezifischen Leistungen dieser nichtmenschlichen Lebewesen: »In der Tat scheinen einige bemerkt zu haben, daß wir einen in vielen Dingen höchst lebendigen und scharfen Instinkt besitzen, welcher offenbar nicht weit davon entfernt ist, auf unserer Seite ein gewisses Etwas von Verstand nachzuweisen, das selbst des Vernunftgebrauches nicht ganz unfä-

hig ist [...]. Was ich loben und preisen hörte, das ist unser gutes Gedächtnis, unsere Dankbarkeit und große Anhänglichkeit, so daß man uns als Sinnbild der Treue zu malen pflegt [...].«[156]
Ohne solch prinzipiellen Reflexionen über die eigenen Möglichkeiten und Grenzen ließ Friedrich von Logau (1604–55) – er publizierte unter dem Pseudonym Salomon von Golaw (Golau) – einen »Krieges-Hund« in einem kurzen Gedicht[157] von sich selbst reden, ließ ihn sein abwechslungsreiches Leben bei den »Helden« und unter den irregulären Umständen des Krieges dem Leben als Haus-, Jagd- und Hütehund vorziehen. Natürlich ging es auch hier nicht in erster Linie um die Schilderung der realen Lebensbedingungen domestizierter Hunde, sondern v.a. um die Skizze der reizvollen Akzente des Kriegslebens im Vergleich zum geordneten (Bürger-)Dasein.

Die Legenden, Sagen, Märchen und Mythen und selbst die zoologischen Lehrbücher der frühen Neuzeit berichteten nicht nur von den häufig vorkommenden und den seltenen Exemplaren der europäischen Fauna. Sie machten den Leser zudem mit den »Fabeltieren« vertraut, die das Mittelalter v.a. aus dem *Physiologus* kannte. Selbst im Bild wurden diese über die nüchterne Wirklichkeit hinausgehenden Wesen vor Augen geführt, dies meist nicht nur in naturwissenschaftlicher Absicht, sondern um die außergewöhnliche Gestalt, die übernatürliche Wirkung und die symbolische Kraft solcher Tiere eindrucksvoll zu vergegenwärtigen. In Reiseberichten erschienen diese Tiere – v.a. Drachen, geflügelte Schlangen, Wundervögel und Einhörner – ebenfalls. Im Volksglauben spielten sie eine nicht minder große Rolle, dies auch aufgrund der ihnen zugeschriebenen, den Menschen bald unterstützenden, bald aber auch gefährdenden Kraft. Der Volksglaube ging bei den Fabeltieren bruchlos in die Volksmedizin über. Häufig repräsentierten die Fabeltiere in der frühen Neuzeit weiterhin die dunklen Seiten des Lebens, nämlich das Chaos, das dem göttlichen Kosmos entgegensteht. Die profane wie die religiöse Deutung der Fabeltiere ebnete ihnen den Weg in die Heraldik im allgemeinen und in die Wappen von Familien und Institutionen im besonderen. Die profanierte Interpretation sieht in den Wappentieren, denen man ursprünglich magische Kraft einräumte und mit denen man sich ursprünglich identifizierte, auffallende Erkennungszeichen. Die Fabeltiere »zierten« bis in die frühe

Neuzeit Schild und Helm, Landesfahnen bis in die Gegenwart. Selbst wissenschaftliche Hochschulen – z.B. die Wuppertals – »wappnen« sich weiterhin mit einem zum Fabelwesen stilisierten Tier.

Besonders gefürchtet war noch in der frühen Neuzeit der Basilisk, ein Mischwesen zwischen einem Vogel und einer Schlange, häufig Sinnbild für den Tod, den Teufel, den Antichristen oder die Sünde. Bis in die frühe Neuzeit ist der Basilisk in europäischen Sagen virulent. Das bekannteste Fabeltier, der Drache, verbindet die Schlange, die Echse, den Vogel und manchmal auch den Löwen. Aus dem heroischen Drachenkampf der mittelalterlichen Helden wird im bürgerlich-bäuerlichen Milieu der Neuzeit das Unschädlichmachen eines scheußlichen Ungeheuers. Georg Conrad Horst beschrieb in der *Zauberbibliothek* (1821–26) die Verwandlung des Teufels in einen Drachen, Jacob Grimm verstand den Teufel in der *Deutschen Mythologie* als fliegenden Drachen. Nach einer Darstellung aus dem Jahre 1673 sollen noch in dieser Zeit in den Höhlen Siebenbürgens fliegende Drachen gehaust haben. In dieser Epoche entstanden dann auch noch Fabeln, die vom Wirken solcher Wesen kündeten. Nach der Aussage des *Musaeum Hermeticum* (1678) enthält der extrem giftige Drache auch die wirkkräftigste Medizin. Die Kirche nährte das Bild des Drachens und des Lindwurms, insofern nach ihrer Ansicht in deren Gestalt der Teufel erscheint.

Über das Einhorn – bald wurde es als »Roß mit mächtigem Horn auf der Stirn«, bald als Esel, Ziege, Rhinozeros oder Antilope mit derartiger Ausstattung dargestellt – existiert aus dem 16. und dem 17. Jh. eine umfangreiche Literatur. Im Volksglauben reichten Annahmen über das Wirken eines solchen Fabeltiers weit über das 18. Jh. hinaus. Im Volksmärchen vom tapferen Schneiderlein ist z.B. von einem Einhorn die Rede, das sich im Wald aufhält und großen Schaden anrichtet. Häufig begegnet man in Sagen, Märchen und Legenden weiter dem Greif, einem mit vier Füßen, zwei Flügeln, einem Adlerkopf und einem löwenartigen Körper ausgestatteten vogelartigen Wesen. Im *Schlangenbuch* (1589) des Naturforschers Conrad Gesner wird u.a. vom Lindwurm berichtet, einem dem Drachen sehr ähnlichen Reptil. Der Pegasus, das geflügelte Roß, läßt seinen Reiter im französischen Märchen gewaltige Taten vollbringen. Der Phönix, ein göttlicher Wundervogel, symbolisierte nicht nur Christus, das Leben, die Auferstehung, die Reinheit sowie die Keuschheit bis in die Neuzeit; den Alchimisten war der Phönix Inbegriff des Geheimnisses der Erneuerung, der Verjüngung und der ewigen Wiederholung. Bei den Freimaurern vergegenwärtigte das Tier die Verbindung des Verbrennens und des neuen Lebens.[158]

Selbst in der frühen Neuzeit wurden solche übernatürlichen Tiere entworfen, und zwar von dem zur Transzendenz der Wirklichkeit bereiten menschlichen Geist. Die Funde von Knochen ungewöhnlich großer Tiere und auch die Schilderung solcher Lebewesen in Reiseberichten dürften das Bild von den Fabeltieren bestärkt haben. Und dieses Bild scheint nicht nur auf eine Verzerrung realistischer Beobachtungen zurückgeführt werden zu können; in ihm ist auch eine spezifische »Leistung« der die beobachtbare Wirklichkeit transzendierenden menschlichen Phantasie zu sehen, und zwar einer Phantasie, die Künstler ebenso wie Kinder eindrucksvoll dokumentieren. Bezeichnenderweise wurde bis ins 18. Jh. u.a. von Riesen menschlicher Natur berichtet. Noch in der Mitte des 19. Jh.s referierte ein Zoodirektor Berichte über die Existenz des Einhorns in Afrika. Die Erwähnung des Einhorns in der Bibel sowie die integrale Bedeutung dieses Wesens in der christlichen Symbolik dürften dazu beigetragen haben, daß die Zweifel am wirklichen Vorkommen eines solchen Tieres sich erst in den letzten Jh.en durchsetzten, dies v.a. natürlich in der naturwissenschaftlich-medizinischen Literatur.

9. Musik

Im Bereich der Musik blieben die Bezüge zum Tier schon aufgrund des anderen Mediums weniger explizit, d.h. auch, die Anregung bestimmter Tonfolgen durch tierische Gestalten, Bewegungen und Laute wurden und werden weniger deutlich. Bekannt sind v.a. Titel von Musikstücken, die sich auf Tiere oder den Umgang des Menschen mit diesen beziehen. Scarlatti z.B. komponierte 1753 die *Katzen-Fuge*, Johann Sebastian Bach 1716 *Jagdkantaten*, Joseph Haydn 1781 *La chasse* und Wolfgang Amadeus Mozart 1784 das *Jagd-Quartett*.

10. Wissenschaft

Das intellektuelle Erfahren des Tieres und die geistige Auseinandersetzung mit ihm in der Wissenschaft entsprechen dem Menschen als dem geistigen Wesen. Die geistige Begegnung und das Wissen sind freilich nicht isoliert von den übrigen menschlichen Motiven, Einstellungen und Handlungen. Deshalb ist das Wissen stets auch eine (sublime) Modalität von Aneignung, Bemächtigung und Herrschaft. Dies spricht nicht gegen die Tatsache, daß das Wissen über die Tiere bald mehr um seiner selbst willen, bald mehr zur Optimierung der Nutzung der Tiere gesucht wurde. Zudem leistete das Wissen um die Tiere häufig auch einen Beitrag zum Bemühen des Menschen, sich selbst zu erkennen und zu verstehen.

Die vielfältigen Erkundungen der Welt und der Natur führten – nach der Kopernikanischen Wende: Nikolaus Kopernikus »De revolutionibus orbium coelestium libri VI« (1543) – in der frühen Neuzeit u.a. dazu, die Subsumierbarkeit aller Menschen unter eine einheitliche Art, nämlich homo sapiens, und dann auch die eindeutige Absetzung »des« Menschen vom Tier resp. von den Tieren fraglich erscheinen zu lassen. Die mehr oder weniger systematischen ethnologischen Beschreibungen, v.a. die vielfältigen Reiseberichte dieser Epoche, erläuterten die erheblichen Unterschiede zwischen den Individuen der verschiedenen Regionen und Kulturen, Unterschiede, die manche Autoren ausdrücklich als Aufweis der Existenz verschiedener Arten – und nicht als Zeugnisse verschiedener kultureller Prägung – deuteten. »Den« Menschen nicht mehr eindeutig »dem« Tier gegenüberzustellen, bedeutete konkret, »menschliche« Wesen anzunehmen, die zwischen den »eigentlichen« Menschen und den Tieren stehen. Diese Übergangsmenschen wurden vom (eigentlichen, nämlich als Kulturwesen existierenden) Menschen ebenso abgesetzt wie vom Tier, und zwar als eine andere Art, und nicht nur als eine begrenzt »kultivierte« Version des homo, der über die sapientia zwar verfügt, sich ihrer aber nur begrenzt bedient.

Die Wahrnehmung der erheblichen Diversifikation menschlicher Existenzweisen verband sich mit dem – schon von vorwissenschaftlichen Mensch-Tier-Vergleichen nahegelegten – Erkennen sowie Anerkennen vielfältiger Gemeinsamkeiten in der menschlichen und der tierischen Existenz. Beide Feststellungen ließen Übergangsphänomene zwischen dem (eigentlichen, nämlich kultivierten) Menschen und dem Tier plausibel erscheinen. Für diese Erkenntnissituation ist das Suchen nach den Zwischengliedern von Mensch und Tier ebenso bezeichnend wie die Diskussion um die Existenz eines homo ferus, nämlich einer Wildform des Menschen.

Im Zusammenhang mit solchen Auffassungen und Annahmen ist das Bemühen des aufklärerischen Friedrich II. (1712–86) zu sehen, aufgrund von Experimenten mit Kindern, die ohne den üblichen Kontakt mit Menschen aufwuchsen, zu erfahren, wie die menschliche Natur unabhängig von ihrer kulturellen Prägung resp. Mitgift aussieht.[159] Über acht ihm aus der Literatur bekannte Menschen, die ohne Umgang mit ihresgleichen aufgewachsen waren, hatte bereits Linné in seinem *Systema naturae* (1735) berichtet. Und die »Isolierungstypen« hatten ihn dazu veranlaßt, einen »Wildmenschen« (homo ferus) anzunehmen und ihm im Unterschied zum homo sapiens die Charakteristika mutus (stumm), tetrapus (vierfüßig) und hirsutus (behaart) zuzuschreiben. Diese für die Diagnose der Art des »Wildmenschen« kennzeichnenden Merkmale tauchen in den späteren Beschreibungen von Isolationstypen und Wolfskindern häufig wieder auf. Die Annahme von Wildmenschen als einer eigenen Art wurde augenfällig durch das übereinstimmende Fehlen von Sprache und aufrechtem Gang, den Spezifika des Kultur-Menschen, bei den Isolationskindern bestärkt. Im gleichen Sinne deutete man die bei den isoliert aufgewachsenen Kindern durchgängig beobachteten beträchtlichen Intelligenz- und Persönlichkeitsstörungen.[160]

Johann Wolfgang von Goethe (1749–1832) hatte von den »hundsköpfigen Göttern« der Alten Ägypter gesprochen und die – der herrschenden abendländischen Bewertung von Tierischem einerseits und Göttlichem andererseits entsprechende – übliche negative Bewertung der theriomorphen Apperzeption des Heiligen geteilt.[161] Er hatte aber auch die Nähe von Mensch und Tier auf dem Wandgemälde »Auffindung des Telephos« in der »Basilika« in Herkulaneum (um 190 v.Chr.) – es zeigt den nackten Herakles-Sohn Telephos, der am Euter einer Hindin saugt und von dem Tier abgeleckt wird – mit Anerkennung beschrieben: »Die Verschränkung der Glieder eines zarten

säugenden Knaben mit einem leichtfüßigen Thiergebilde einer zierlichen Hinde ist eine kunstreiche Komposition, die man nicht genug bewundern kann.«[162] Diesen und den weiteren »belletristischen« Äußerungen Goethes über das Tier und seine Beziehung zum Menschen stehen die naturwissenschaftlichen Arbeiten des Dichters gegenüber. Den Stellenwert dieser Arbeiten in seinem Schaffen offenbarte Goethe, als er als 81jähriger feststellte, ihnen habe er sein »Leben gewidmet« (Gespräch mit Eckermann 2.8.1830). Möglicherweise am ersten, sicher aber am zweiten und dritten Band von Lavaters vierbändigem Werk *Physiognomische Fragmente* (1775–78) hatte Goethe mitgearbeitet, obwohl er Lavaters eng religiöse Einstellung nicht teilte. Lavater verfolgte mit seiner zunächst auf den Menschen beschränkten und dann auf die Tierwelt ausgedehnten Physiognomik v.a. sittliche und religiöse Ziele. Das hieß u.a., die Gottebenbildlichkeit des Menschen und mit ihr den Abstand von Mensch und Tier zu betonen. In diesem Sinne ist im zweiten Band der Physiognomik zu lesen: »O Mensch, du bist kein Affe – und der Affe ist kein Mensch. Erniedrige dich nicht zum Affen, – freue dich, Mensch zu seyn, und sey, was du bist, und nicht, was andere sind, nicht sind, seyn wollen.« Lavaters Ausdehnung der Physiognomik auf die Tiere bestand freilich, so die heutige Sicht, in der Vermenschlichung der nichtmenschlichen Lebewesen.[163]
Goethes eigene zoologische und vergleichend-anatomische Untersuchungen wurden nicht nur von der Verbindung zu Lavater angeregt oder zumindest beflügelt; zu deren Hintergrund gehören auch die mit Herder geteilten und eingehend erörterten Gedanken über eine Entwicklungsreihe der Lebewesen in der Natur. Herder hatte in diesem Sinne in den *Ideen zur Philosophie der Geschichte der Menschheit*[164] die – »Vom Stein zum Krystall, vom Krystall zu den Metallen, von diesen zur Pflanzenschöpfung, von den Pflanzen zum Tier, von diesen zum Menschen« – aufsteigende »Form der Organisation« als zunehmende Komplexität beschrieben. Er hatte diese freilich als eine im Menschen kulminierende, in diesem zusammengefaßte und auch abgeschlossene Reihe, nämlich als einen zweckgerichteten Prozeß, dargestellt: »Bei dem Menschen stand die Reihe still; wir kennen kein Geschöpf über ihm, das vielartiger und künstlicher organisiert sei: er scheint das höchste, wozu eine Erdorganisation gebildet werden konnte.«

Auch wenn Goethe – ebenso wie Herder – noch keinen Evolutionismus vertrat, der den Menschen vorbehaltlos einschloß, so gingen seine evolutionistischen Anschauungen doch merklich weiter als die mancher prominenter Naturwissenschaftler seiner Zeit. Für diesen Umstand ist das Engagement bezeichnend, mit dem Goethe sich gegen die Theorie wandte, dem Menschen fehle in seinem Schädel im Vergleich zu allen Säugetieren der Zwischenkiefer (os intermaxillare) und das mache den homo sapiens auch schon anatomisch zu einem Sondergeschöpf. Begeistert teilte Goethe sowohl Herder als auch Frau von Stein im März 1784[165] sein Glück mit, nach dem vergleichenden Studium von Tier- und Menschenschädeln das os intermaxillare des Menschen entdeckt zu haben. Goethe sah sich durch diesen Fund in seiner Auffassung vom Menschen bestätigt, daß man »den Unterschied des Menschen vom Thier in nichts einzelnem finden könne«. Der Mensch sei vielmehr »aufs nächste mit den Thieren verwandt«. Schon im Jahre 1784 konzipierte Goethe seine Schrift *Über den Zwischenkiefer des Menschen und der Thiere*, die ausführlich erst 1820 gedruckt und mit den wichtigen Abbildungen erst 1831 veröffentlicht wurde, und zwar in den Verhandlungen der Kaiserlich-Leopoldino-Carolinischen-Akademie der Naturforscher. Mit unterschiedlicher Intensität beschäftigte Goethe sich in den Jahren und Jahrzehnten nach der Abfassung des Textes weiterhin mit osteologischen und vergleichend-anatomischen Studien. Er tat dies auf dem Hintergrund seiner generellen Ideen über die Entwicklung in der Natur. Der Dichter und Forscher sah in der Natur ein »haushälterisches« Geschehen, eine Ökonomie resp. eine »bewegliche Ordnung«, in der »Macht und Schranken«, »Willkür und Gesetz«, »Freiheit und Maß« sich verbinden (Metamorphose der Pflanzen, 1798). Nach seinem 1798 entstandenen Gedicht *Metamorphose der Pflanzen* verfaßte Goethe 1798/99 die *Metamorphose der Tiere*, die möglicherweise ein Fragment darstellt.[166] Goethe betonte hier erneut die Ökonomie der Natur. Diese bedeutet im Körperbau und in der Lebensbewältigung der Tiere v.a., daß Vorzüge bei einem Organ mit Mängeln bei anderen ausgeglichen werden und so insgesamt doch eine Harmonie entsteht. Im Einklang ist ferner, so Goethe in einer Vorwegnahme der von Uexküllschen Gedanken über die Wirkorgane und die ihnen entsprechende Lebensbewältigung resp. über den

Bau und die Funktion der Organe, die Gestalt der Tiere mit ihrer Lebensweise bzw. die Lebensweise mit der Gestalt. Der Mensch ist aus der Sicht Goethes über seine letztlich harmonische Konstitution hinaus fähig, der Natur den höchsten Gedanken (der Harmonie) nachzudenken und auch deshalb das »höchste Geschöpf der Natur«. Gegen Goethes Auffassung der Metamorphose der Tierarten vertrat der französische Zoologe und Paläontologe Baron Georges de Cuvier (1769–1832)[167] die Theorie der Konstanz der Arten inklusive der These des Aussterbens von Lebewesen durch katastrophenartige Veränderungen der Existenzbedingungen. Cuvier wandte sich v.a. gegen die deutsche Naturphilosophie seiner Epoche. Er warf ihr romantische Spekulationen vor. Im März 1830 stand in der Königlichen Gesellschaft der Wissenschaften in Paris Geoffroy de St. Hilaire (1772–1844) gegen Cuvier auf. Geoffroy hatte in seinen *Principes de Philosophie zoologique* (1830) den Formenwandel resp. die Inkonstanz der Arten beschrieben; Goethe hatte in ihm einen Verbündeten gesehen. Die Auseinandersetzung zwischen Cuvier und Geoffroy ging als »Pariser Akademiestreit« in die Biologie-Geschichte ein.

Die Gedanken zur Metamorphose in der Natur, zu den in Mensch und Tier sich offenbarenden Entwicklungsprinzipien der Natur sowie zu den anatomischen Ähnlichkeiten von Mensch und Tier machten Goethe nicht zum Darwinisten. Ähnlich wie Herder[168] den Menschen als »ersten Freigelassenen der Schöpfung« prinzipiell vom Tier abhob, tat es auch Goethe, und zwar v.a. aufgrund der moralischen Qualifikation des homo sapiens: »Edel sei der Mensch, hilfreich und gut, denn das allein unterscheidet ihn von allen Wesen, die wir kennen.« Als »Bruder« des Menschen erlebte Goethe den Affen, aber als »unvollkommeneren«.[169] Möglicherweise war ihm die Bruderschaft zu diesen »garstigen Tieren«, wie Ottilie die Affen in den »Wahlverwandtschaften« nannte, sogar unangenehm. Dies konnte den Dichter freilich nicht hindern, die Nähe von Mensch und Tier zu bekennen, z.B. in der Anmerkung, die Affen könnten Menschen werden, wenn es ihnen gelänge, Langeweile – sie offenbart nach Heidegger[170] das »Seiende im Ganzen« – zu haben, d.h., in dieser spezifisch menschlichen Befindlichkeit die Welt und sich selbst zu erfahren.

Wissenschaft

Die Kulmination der metamorphischen Prozesse im Menschen erlebte Goethe möglicherweise nicht stets als endgültig. Den zuvor angesprochenen Stillstand der Entwicklung im Menschen war ihm zumindest zeitweise ungewiß. In einem Gespräch mit Falk (1832)[171] erwog er nämlich, »ob nicht auch der ganze Mensch wieder nur ein Wurf nach einem höheren Ziele ist«. Ein solches höheres Ziel wurde vor und nach der Goetheschen Frage v.a. in Reflexionen über die Idee des moralischen Menschen einerseits und die Realität des Menschen andererseits häufig angesprochen, dies u.a. mit der Vision, den neuen moralischen Menschen sehr viel weiter vom Tier abzurücken, als es beim real existierenden Menschen der Fall ist. Nietzsche bezeichnete den Menschen in diesem Sinne als »ein Seil, geknüpft zwischen Tier und Übermensch«,[172] bezeichnenderweise nicht als einen Punkt zwischen den beiden Wesen, sondern als das (verbindende) Seil. Dem Seil entspricht die anthropologische Überzeugung, daß der Mensch – im Gegensatz zum Tier – sich eigentlich erst in der Kultur zu dem zu machen hat, was er ist resp. sein kann oder sein soll.

Die Beobachtung, die Deskription und die Analyse der animalischen Welt – sie folgten nicht zuletzt der Beobachtung, der Deskription und der Analyse der menschlichen Welt – führten u.a. dazu, neben der Respektierung der Unterschiede zwischen den einzelnen Arten die bereits aus der Antike bekannten Theorien von Evolution und Deszendenz systematischer als bisher zu untersuchen, sie differenzierter als bisher zu behaupten und auch detaillierter als bisher zu begründen. Das allgemeine Prinzip der Evolution war in der Antike insbesondere von Empedokles (483–424 v.Chr.) und Aristoteles (384–322 v.Chr.) erörtert worden. Leibniz (1646–1716), Kant (1724–1804), Herder (1744–1803) und Schelling (1775–1854) hatten diese Erklärung mehr oder minder beiläufig wieder aufgegriffen, und der Schelling-Schüler Lorenz Oken (1779–1851) verstand das organische Leben in seinem *Lehrbuch des Systems der Naturphilosophie* (1809–1811) als eine im zeitlichen Prozeß sich entfaltende Reihe von Klassen und Arten. Die häufig als »Väter der Evolutionstheorie« angesprochenen Autoren vertraten meist aber keine vollständige, sondern allein eine partielle Deszendenz, häufig die Entstehung ähnlicher Arten aus einer gemeinsamen Urform. Die Mehrzahl der Denker des letzten Drittels des 18. Jh.s plädierte in diesem Sinne auch für die Konstanz der Arten.[173]

Die systematische Darstellung der Deszendenztheorie lieferte an der Wende vom 18. zum 19. Jh. der französische Naturforscher Jean Baptiste de Monet de Lamarck (1744–1829) mit seiner im Jahre 1809 erschienenen *Philosophie zoologique*. Die Verwandtschaft der Organismen erklärte Lamarck durch deren Abstammung aus einer gemeinsamen Urform, ihre Verschiedenheit durch den Einfluß der Umgebung und durch die Adaptation, die aus dem stärkeren oder dem geringeren Gebrauch einzelner Glieder resultiere. Die Organisation des Menschen, insbesondere der aufrechte Gang und dessen Konsequenzen, schienen Lamarck[174] »einen dem der übrigen Säugetiere ähnlichen Ursprung« zu verraten.

Kennzeichnend für Lamarcks Argumentation sind u.a. seine Ausführungen über die Sprache: »Weil die Individuen der schon angeführten vorherrschenden Rasse (sc. der Menschen; H. M.) hingegen die Zeichen vermehren mußten, um ihre allmählich zahlreich gewordenen Gedanken rasch mitzuteilen, und weil weder pantomimische Zeichen noch mögliche Biegungen ihrer Stimme hinreichen konnten, um diese Menge notwendig gewordener Zeichen darzustellen, so werden sie durch verschiedene Anstrengungen dazu gelangt sein, artikulierte Laute zu bilden. Ursprünglich werden sie deren nur wenige und in Gemeinschaft mit Biegungen ihrer Stimme gebraucht haben; in der Folge werden sie dieselben entsprechend der Zunahme der Bedürfnisse und der größeren Übung vermehrt, vermannigfaltigt und vervollständigt haben. In der Tat wird die gewohnheitsmäßige Übung ihrer Kehle, ihrer Zunge und ihrer Lippen, um die Töne zu artikulieren, diese Fähigkeit bei ihnen außerordentlich entwickelt haben.«[175]

Lamarck skizzierte mit diesen Sätzen die natürliche Evolution der Sprache als sukzessiv wachsendes System von Zeichen. Gerade die evolutionäre Interpretation der Sprache war ketzerisch, weil diese Funktion von der religiös fundierten traditionellen Anthropologie als Spezifikum des Menschen beschrieben worden war. Lamarck wußte natürlich um diese Bedeutung seiner Erklärung. Wohl auch deshalb sicherte er sich ab und verschaffte sich selbst eine Art von Generalabsolution, indem er seine Analyse als Gedankenexperiment relativierte. Die konjunktivische Formulierung des Schlußsatzes seines die frühe Neuzeit abschließenden und das 19. Jh. einleitenden Werkes ist bezeichnend für die Tragweite dieser Zoologie und auch für die Vorsicht, mit der zu dieser Zeit eine den Menschen einschließende Evolutionstheorie vorgetragen wurde bzw. in manchen Kreisen vorgetragen werden mußte: »Dies würden die Reflexionen sein, die man anstellen könnte, wenn der hier als die vorherrschende Rasse betrachtete Mensch sich von den Tieren nur durch seine Organisationscharaktere unterscheiden würde, und wenn sein Ursprung von dem ihrigen nicht verschieden wäre.«[176]

Abb. 2
Der Walfisch als Säugetier (in: Gesner, »Historia animalium«, 1551/87)

Der Gegenüberstellung der physiologischen Abläufe bzw. der Funktionen bei verschiedenen Arten waren vergleichende zoologisch-anatomische Studien vorangegangen. Letztere wurden schon zu Anfang der Neuzeit intensiv betrieben, z.B. in der Gegenüberstellung der Skelettanatomie von Säugetieren, Vögeln, Kriechtieren und Lurchen, auch von Affen und Menschen. Solche Studien leisteten einen integralen Beitrag zur Revision der mittelalterlichen Überlieferungen. Gefördert wurden derartige Studien u.a. durch die Konfrontation interessierter Kreise mit exotischen Tieren, die – häufig nach Anregung durch Reise- und Expeditionsberichte – v.a. die Fürsten aus den neuentdeckten oder den durch neue Handelswege besser zugänglich gemachten Kontinenten nach Europa einführten. Die vergleichenden Studien verfolgten freilich auch das Ziel, die einheimischen Tierarten besser zu verstehen und ihre Vielfalt – u.a. in Anlehnung an die im griechischen Original bekanntgewordenen antiken zoologischen Schriften – in eine systematische Ordnung zu bringen.

Die genannten Forschungen führten zu den enzyklopädistischen Tierbüchern des 16. Jh.s. Deren Autoren werden häufig als die »Väter« der Zoologie bezeichnet. So erschien die fünfbändige *Historia animalium* des Schweizer Humanisten und Arztes Conrad Gesner (1516–1565) zwischen 1551 und 1587. Etwa 800 Tierformen werden in diesem »Brehm der frühen Neuzeit« beschrieben, nach Erscheinung, Physiologie und Verhalten, nach Krankheiten, Ursprungsort und Verbreitungsraum, nach Nutzen und Schaden für den Menschen, nach ihrer Bedeutung in Wappen, Märchen, Sagen, Religion und Sittenlehre. Fabeltiere werden ebenfalls erläutert und abgebildet, dies freilich mit skeptischem Kommentar. Vom Londoner Arzt Edward Watton (1492–1555) erschienen 1552 in Paris 10 Bücher über die Unterschiede der Tiere, von der auf 15 Bände geplanten Zoologie des italienischen Arztes Ulysse Aldrovandi (1522–1605) erschienen zu Lebzeiten des Forschers nur drei Bände über die Vögel und ein Band über die Insekten; die übrigen Bände – das Werk umfaßte insgesamt mehr als 7000 Seiten – gaben die Schüler Aldrovandis heraus.

Die im 16. Jh. rezipierten und wiederbelebten Aussagen der antiken Naturforscher wurden in der Zeit des Rationalismus und der Aufklärung zu einem beträchtlichen Teil widerlegt und durch die Ergebnisse der empirisch orientierten Naturerkenntnis revidiert. Zudem wurde die erfolgreiche metrisch-mechanische Methode der Physik auf das Studium der Tiere übertragen, wurden zudem generelle »mechanomorphe« Modelle der Lebewesen sowie der Lebensprozesse konzipiert.

Parallel zur mathematisch-deduktiven Methode von Descartes entstand die induktive von Francis Bacon (1561–1626), der Beobachtung, Vergleich und Experiment als Erkenntnismethoden favorisierte, von Einzelerscheinungen ausgehen, von diesen zu allgemeinen Gesetzen und weiter zur planvollen Erfindung gelangen wollte. Die Prinzipien von Bacon sowie die seines Schülers und zeitweiligen Sekretärs Thomas Hobbes (1588–1679) gingen in das Programm der 1645 als Forscherkollegium gegründeten, 1660 als Akademie an die Öffentlichkeit getretenen und 1662 von König Karl II. als Royal Society nobilitierten Institution ein, nämlich in das Programm, ohne Einmischung von Theologie und Metaphysik eine empirisch und experimentell orientierte Naturforschung zu betreiben. Das Studium der Tiere war ein zentrales Anliegen dieser Gesellschaft, deren Präsident im Jahre 1701 der Physiker Isaac Newton (1643–1727) wurde und die – wie andere europäische Forschergesellschaften und Akademien – die empirische Naturwissenschaft nicht selten gegen den Dogmatismus der Universitäten förderte.

Die vergleichende Anatomie und Physiologie des 17. Jh.s untersuchte bei Mensch und Tier einzelne Organe und komplexe Organsysteme. Sie sezierte zahlreiche tote Tiere, ging freilich auch zur Vivisektion über, dies in langsam, aber stetig wachsendem Maße mit der Verifizierung oder Falsifizierung von Hypothesen in experimentellen Verfahren. Die ersten medizinischen Experimente mit Hausmäusen fanden im Jahre 1664 statt, die ersten Versuche, Wanderratten zu Labortieren zu entwickeln, aber erst im letzten Drittel des 19. Jh.s.[177]

Die »mechanomorphe« Auffassung des tierischen Lebens, nämlich dessen Verständnis als »Körpermaschinen«, förderte möglicherweise die Vivisektion; zumindest stand sie ihr nicht im Wege. Wahrscheinlich war das Empfinden für die Leiden des Tieres im Experiment in der frühen Neuzeit im allgemeinen aber nicht ähnlich sensibilisiert, wie es im heutigen Mitteleuropa bei den Vivisektionsgegnern der Fall ist.

Die vivisektorischen Beobachtungen und Versuche an zahlreichen Tieren halfen u.a. bei der *Exercitatio anatomica de motu cordis et sanguinis* (1628), nämlich bei der Erkenntnis der Bewegung des Herzens und des Blutes durch William Harvey (1578–1657); diese – von der Entwicklung der Mikroskopie entscheidend geförderten – Beobachtungen und Versuche bildeten auch eine integrale Komponente für die wachsende Erforschung weiterer Organe, z.B. der Sinnesorgane, des Verdauungstraktes, der Lymphgefäße, der Leber, der Muskeln und des Gehirns. Aus dem Jahre 1678 stammt u.a. die Darstellung eines Hundes, bei dem zur Untersuchung der Verdauungssäfte eine Speichel- und eine Pankreas-Fistel angelegt wurde.[178] 1733 erkannte Stephen Hales die Bedeutung des Blutdrucks für den lebenden Organismus.

Das mechanomorphe Verständnis der Tiere schlug sich insbesondere in der Analyse von deren Bewegungen nieder. Ausgehend vom

Menschen beschrieb z.B. der – Mathematik Lehrende – Italiener Alfonso Borelli (1608–79) in einem zweibändigen Werk *Die Bewegungen der Tiere* (1680/81) aufgrund ihrer physikalischen Analyse. Der französische Militärchirurg Julien Offray de La Mettrie (de Lamettrie; 1709–1751) schloß später den Menschen in die mechanische Interpretation des Lebens ein: Der Mensch – eine Maschine.[179] Wegen der Schrift *L'homme machine* mußte de La Mettrie Frankreich und dann auch Holland verlassen; er flüchtete nach Berlin.

Der mechanomorphen Auffassung der Tiere stand die vitalistische gegenüber, die die individuellen Akzente sowie die ständigen Veränderungen der Organismen respektierte und diesen inhärente Lebenskräfte unterstellte. Das vitalistische Verständnis hob sich auch von einer Deutung der animalischen Welt als von Gott geschaffener und bewahrter konstanter Ordnung ab, und zwar eine Ordnung, die u.a. durch die unverändert überdauernden Arten gewährleistet werde. Die vitalistischen Auffassungen gingen demgegenüber nicht von der Konstanz einer bestimmten Anzahl von Gott geschaffener Arten aus, sie verstanden vielmehr auch diese als Resultat der Dynamik der Natur.

Die Entwicklung der animalischen Welt wurde von manchen Autoren des 17. und des 18. Jh.s im Zusammenhang mit einer allgemeinen Naturgeschichte gesehen, bei Georges Buffon (1707–1788) auch im Zusammenhang mit Ideen der mehr oder minder weitgehenden Differenzierung und Vervollkommnung der Lebewesen im Sinne einer Stufenleiter. Buffons 36 Bände (ohne die Ergänzungsbände) umfassende *Allgemeine und spezielle Naturgeschichte* (*Histoire naturelle générale et particulière*) erschien von 1749 bis 1789. Im Bild einer Stufenleiter stellte sich später auch Jean-Baptiste de Lamarck die Entwicklung der Tiere vor, und zwar eine Stufenleiter von Reihen von Tieren, die voneinander abstammen.

Die systematische Erfassung der vielfältigen Tierwelt – das Wissen um sie wuchs durch die bereits erwähnte wachsende Zahl von Reisen in ferne Länder und Kontinente ständig – wurde im 18. Jh. durch den schwedischen Arzt Carolus Linnaeus (1707–1778; ab 1762 Carl von Linné) entscheidend vorangebracht. Seine *Systema naturae* veröffentlichte er in der ersten Fassung im Jahre 1735, in der letzten zu seinen Lebzeiten überarbeiteten, nämlich der zwölften, 1767/68.

Linnés Tiersystem wurde für die Zoologie ebenso verbindlich wie sein Pflanzensystem für die Botanik. Der Forscher formulierte verbindliche Regeln für die Nomenklatur, für die Zuordnung zu Arten, Gattungen, Ordnungen und Klassen. Er gliederte die Natur u.a. mit den folgenden Worten: »Die Steine wachsen, die Pflanzen wachsen und leben, die Tiere wachsen, leben und fühlen.«

Zu den aus dem 17. Jh. überlieferten und im 18. Jh. fortgeführten Auseinandersetzungen gehörte die um die Präformation resp. die Epigenese der Organismen. Im 18. Jh. wurde der Disput in zunehmendem Maße durch den Rekurs auf empirische und speziell experimentelle Beobachtungen in der Embryologie bestritten. Die Theorie der Vorbildung des Embryos im Ei widersprach v.a. den Versuchen, die »Entwicklung« des Organismus als Reaktionen auf äußere Reize mechanistisch zu erklären. Die Präformationstheorie korrespondierte dem Glauben an die Schöpfung bestimmter konstanter Arten. Als Argument für die Epigenese wurden v.a. die Abhängigkeit der Ausbildung der Organismen von bestimmten Naturkräften und auch Regenerationen von Organismen bei Wirkung bestimmter Naturkräfte angesehen.[180] In der Lehre von der Gestaltbildung der Lebewesen wurden sowohl die Entwicklung der artspezifischen Gestalt als auch die von äußeren Einflüssen provozierten Formveränderungen als Spezifikum des Organischen den mechanischen Gesetzen der anorganischen Welt gegenübergestellt. Goethe begründete in diesem Sinne seine zuvor angesprochene Morphologie und Metamorphosenlehre als eine »genetische«, der Dynamik des Lebens entsprechende Wissenschaft, auch als eine Wissenschaft, die die Einseitigkeit simpler Präformation ebenso wie die der simplen Epigenese überwindet.

Die mechanomorphe Deutung des Lebens wurde durch eine biomorphe und auch psychomorphe abgelöst. Dies geschah u.a. in der als »Animismus« bezeichneten Lehre, nach der die Seele sich ihren Körper baut, organisiert und bewahrt. Das Spezifische des Lebens wurde ferner in der Reizbarkeit und der Sensibilität der Organe resp. der Zellen gesehen, dabei auch die der lebenden Substanz inhärente Potenz bestimmten physikalischen Kräften (Magnetismus, Gravitation, Elektrizität) gegenübergestellt.

Zu den Entwicklungen der frühneuzeitlichen Wissenschaft gehören weiter die Anfänge einer tierärztlichen Ausbildung im 18. Jh.. Bis zur Mitte des 18. Jh.s hatte es u.a. in Deutschland keine Tierärzte, keine tierärztliche Wissenschaft und keine tierärztlichen Schulen gegeben. Die ersten Vorlesungen über die Tierheilkunde wurden von Humanmedizinern oder von Praktikern gehalten, die ihr Wissen aus langjähriger Beschäftigung mit Tieren schöpften. Die ersten Hörer dieser Vorlesungen waren nicht Studenten der Tiermedizin – diese gab es noch nicht – sondern Landwirte, Volks- und Betriebswirte, Reitoffiziere und Angestellte des Marstalls. Über solche Praktiker gewann die Tierheilkunde auch ihre Wirkung, dies insbesondere in volkswirtschaftlicher Hinsicht. Die Erhaltung, Vermehrung und Nutzung des Haustierbestandes war ein vordringliches Ziel der Volkswirtschaft, insbesondere auch die Bekämpfung von Seuchen, der Abbau der vorzeitigen Dienstuntauglichkeit von Pferden in den Heeren, Gestüten sowie Marställen, die Reduzierung von Fortpflanzungsstörungen beim Nutzvieh und schließlich die veterinärmedizinische Lebensmittelkontrolle; der Tierschutz spielte in der Tierheilkunde dieser Zeit bestenfalls eine untergeordnete Rolle.

Erst in der zweiten Hälfte des 18. Jh.s errichteten die Regierungen verschiedener deutscher Länder – nach französischen Vorbildern – selbständige Fachschulen zur Ausbildung praktischer Tierärzte, die sich aus Hirtenbuben, Schmiedejungen und Reitzöglingen rekrutieren sollten. Das älteste tierärztliche Institut entstand in Deutschland im Jahre 1770 in Göttingen; 1777 folgte Gießen, und 1778 nahm in Hannover die »Roß-Arzney-Schule« als »Vieh-Arzney-Schule« ihren Lehrbetrieb auf.

11. Epochentypische Grundeinstellung

Die Geistes- und Kulturgeschichte der frühen Neuzeit spiegelt u.a. die Grundeinstellung resp. die verschiedenen Einstellungen der Menschen dieser Epoche zum Tier. Dem »Humanismus« – er vollzog den Übergang vom Mittelalter zur Neuzeit – ging es z.B., wie der Begriff sagt, v.a. um den Menschen und seine Lebensgestaltung, weniger oder nur indirekt um ein neues Verhältnis zur Kreatur. Die Zentralisierung des Menschen verband unterschiedliche Schwer-

punkte in dem Antike und Christentum zu einer neuen Synthese führenden Humanismus, nämlich die Kultivierung des Lebens in den italienischen Renaissancestädten ebenso wie die – im vermehrten Gebrauch von Uhren sich spiegelnde – rationale Arbeits- und Lebensplanung sowie die sprachliche Bildung.
Die Natur im allgemeinen war nicht das Thema der humanistischen Reflexionen und Erörterungen. Diese beschäftigten sich insbesondere mit dem Menschlichen, nämlich mit dessen Eigenart. Definiert wurde das Menschliche v.a. in der Absetzung vom Bestialischen und mit dem Blick auf das Göttliche. Über die menschliche »Natur« diskutierten die humanistischen Denker v.a. insofern, als sie über das Natürliche der übrigen Lebewesen hinausreicht und diese Transzendenz das Humanum bzw. das Wesen der Persönlichkeit ausmacht. Das städtische Leben mit der ihm entsprechenden Arbeits- und Existenzplanung sowie mit der von der Unmittelbarkeit der handfesten Dinge sich distanzierenden sprachlichen Bildung war solchem humanistischen Bemühen gemäß. Gemäß war solcher Einstellung und Lebensführung ferner eine Absetzung des Menschen vom Tier, eine Absetzung, die unmittelbar erlebt und nicht erst im Scheitern kluger Analogien und in raffinierten theologischen Diskursen begründet wurde. Des Menschen Einzigartigkeit ließ sich um so leichter vertreten, als die christliche Auffassung – trotz ihrer grundsätzlich weiterhin akzeptierten Geltung – an Relevanz verlor und damit das Verständnis der Natur als creatio Dei ebenso an Verbindlichkeit einbüßte wie die auf ihr basierende Analogie der diversen Modi des Kreierten, insbesondere der menschlichen und der tierischen Schöpfung. Die vermehrte Wendung des Humanismus zum Diesseits pointierte den Menschen vornehmlich in seiner mundanen Sonderstellung; erst bei weiterreichender Interpretation wurde der homo sapiens dem von Gott geschaffenen und erhaltenen Kosmos der Natur zu- und eingeordnet.
Die vermehrte Wendung des Humanismus zum Diesseits spiegelte sich u.a. in der zuvor angesprochenen Beschäftigung mit fremden, häufig »exotischen« Tieren, die seit dem Ende des 15. und dem Beginn des 16. Jh.s in den Menagerien zahlreicher Fürsten als Attribute eines standesgemäßen weltoffenen Lebens gehalten wurden.
Als außergewöhnliche Lebewesen bewunderte man in dieser Zeit zwar die Exoten, als Individuen verstand man sie eigentlich aber

nicht, sondern als Exemplare ihrer Art. Extraordinäre Individualität hielt man für ein Privileg des Menschen; solche Individualität auszubilden stellte ein besonderes Anliegen des Humanismus dar.[181] Die Individualisierung bedeutete für den Menschen die Verwirklichung einer Anlage, die ihn grundsätzlich über das Tier – ein an uniforme Dispositionen gebundenes Gattungswesen – erhob. Der Rekurs des Humanismus auf die Antike implizierte u.a. die Übernahme von deren anthropozentrischer Welt- und Lebensanschauung bzw. von einem Konzept, nach dem der Mensch aufgrund der ihn kennzeichnenden geistigen und moralischen Fähigkeit in der Lage und dann auch aufgerufen ist, seine triebhaften Appelle zu kontrollieren und sein Verhalten rational zu steuern. Bes. in dieser Hinsicht übernahm der Humanismus den von den Griechen ebenso wie von den Römern empfundenen Abstand zwischen Mensch und Tier; bes. in dieser Hinsicht bildete er die menschliche Abgehobenheit vom Nur-Natürlichen weiter aus.

Hatten die Griechen den Menschen noch als das auf die Gemeinschaft angelegte oder das über den Logos verfügende »Lebe-wesen« verstanden und insofern die den Menschen mit anderen Lebewesen verbindende Animalität respektiert, so trat diese zoologische Komponente im Humanismus bis zur völligen Vernachlässigung in den Hintergrund. Die Unmittelbarkeit der tierischen Antriebe war, so das humanistische Postulat, in der Mittelbarkeit der Ratio zu brechen, die Spontaneität der Appetenzen in der vernünftigen Überlegung aufzuheben. Das genuin Menschliche erlebte man in der Überwindung des Animalischen durch das Geistige: »Die Absetzung des Menschen vom Tier wurde also letztlich in dieser Transzendenz der auch für den Menschen gegebenen animalischen Basis. Der spätere abendländische Humanismus rekurrierte ausdrücklich auf dieses ›Mehr‹, insofern die römischen studia humanitatis bei ihm im Komparativ als studia humaniora erschienen. In diesem Hinweis auf die im menschlichen Existenzbereich angelegte Möglichkeit eines ›Mehr‹ scheint die eigentliche Berechtigung des Humanismus seit der Renaissance zu wurzeln.«[182] Nicht nur die Seins-, sondern auch die Rangdifferenz zwischen Mensch und Tier wurde also in den anthropologischen Aussagen des Humanismus verfestigt.

Pico della Mirandola (1463–94), der den Menschen als einen Mikrokosmos, nämlich als Gegenbild zum Makrokosmos, begriff, verfaßte mit seiner »Rede von der Würde des Menschen«, so Burckhardt,[183] eines der edelsten Vermächtnisse des Humanismus. Er sprach vom Menschen als einem Wesen, das an verschiedenartigen Möglichkeiten partizipiere, freilich Möglichkeiten, die der Aktivierung durch den Willen und die Gestaltungskraft des Individuums bedürften. Den Schöpfer ließ Pico della Mirandola zu Adam sagen: »Mitten in die Welt habe ich dich gestellt, damit du um so leichter um dich schauest und sehest, was darinnen ist. Ich schuf dich als ein Wesen, weder himmlisch noch irdisch, weder sterblich noch unsterblich allein, damit du dein eigener freier Bildner und Überwinder seiest; du kannst zum Tiere entarten und zum gottähnlichen Wesen dich wiedergebären. Die Tiere bringen aus dem Mutterleibe mit, was sie haben sollen, die höheren Geister sind von Anfang an oder doch bald hernach, was sie in Ewigkeit bleiben werden. Du allein hast die Entwicklung, ein Wachsen nach freiem Willen, du hast Keime eines allartigen Lebens in dir.«

Die im positivierten und kodifizierten Recht sich niederschlagende Rationalität stellt laut Machiavelli (1469–1520) – er bemühte sich auch in ethischer Hinsicht um die Regeneration Italiens – das Prinzip des Menschen zur Lösung von Konflikten dar, und zwar im Gegensatz zur Gewalt, dem für die Tiere charakteristischen Mittel. Die Partizipation am Recht – nicht an menschlichen Vorschriften, sondern an der von Zeus gegebenen Dike – hatte bereits Hesiod als Auszeichnung des Menschen vor den Tieren dargestellt.

Beim Rekurs auf das Recht erreichen die Menschen in den Augen Machiavellis häufig allerdings nicht die Einigung und die Eintracht. Daher müssen auch sie, so Machiavelli, sich zeitweise der Gewalt bedienen. Der Herrscher müsse fähig sein, neben der Natur des Menschen zeitweise die des Tieres anzunehmen, d.h. sich auf die Eigenschaften von Fuchs und Löwe zu verstehen. Der Fuchs wittere nämlich die Schlingen und der Löwe schrecke die Wölfe.[184] Am Beispiel der römischen Geschichte demonstrierte Machiavelli[185] die für die Führung resp. für die Regierung von Menschen unabdingbare »tierische« Natur des Fürsten im einzelnen. Dabei dienten ihm die sozialen Regulationen im Tierreich als Legitimation für das menschliche Handeln.

Zu blutigen Siegen kommt es selbst in Thomas Morus' (1478–1535) *Utopia* (1517) noch. Solche Erfolge beschämen allerdings die Utopier, die im Kampf mit körperlichen Kräften ein Charakteristikum der Tiere sehen, d.h. ein Charakteristikum von Wesen, die »alle zusammen von uns an Geist und Vernunft übertroffen« werden. Nach einem Sieg durch »Ränke und List« frohlockten die Utopier; sie sahen in diesem nämlich spezifische Leistungen des menschlichen Geistes,[186] anders als Machiavelli, der die List den tierischen Eigenschaften des Fürsten subsumierte.

In Utopia sollen die Tiere v.a. auf eine zweckmäßige Weise genutzt werden. Insofern blieb Morus den alltäglichen Realitäten seiner Zeit nahe. Die Hennen sollen, so die Sicht des englischen Humanisten, ihre Eier nicht mehr selbst ausbrüten; man soll die Produkte der Tiere vielmehr in großer Zahl gleichmäßiger Wärme aussetzen und die Küken derart zum Leben bringen. Nach dem Ausschlüpfen würden die kleinen Tiere dann nicht mehr ihren Hennenmüttern, sondern einem Menschen nachlaufen und diesen auch als ihre Mutter auffassen – ein Bild, das die Abhängigkeit des Tieres vom Menschen in eindrucksvoller Weise vor Augen führt und die modernen ethologischen Studien zur Prägung des Tieres auf den Menschen vorwegnahm. Dem Konzept der zweckmäßigen Nutzung entspricht weiter Morus' Rat, von den Pferden nur die bes. feurigen aufzuziehen und diese ausschließlich zur Schulung der Jugend in der Reitkunst zu verwenden. Die Arbeit im Gespann und am Pflug sollen die Ochsen verrichten; sie seien nämlich für einen solchen Einsatz ausdauernder und widerstandsfähiger als die Pferde, seien überdies »mit geringerem Aufwand an Mühen und Kosten« zu unterhalten. Die Lastochsen, die ausgedient haben, sollen dann noch als »Braten« genutzt werden.[187]

»Utopia« ist v.a. ein neues Reich für den Menschen. Mitleid sollen die Utopier zwar bei der Beobachtung der Jagd empfinden, bes. wenn »das arme Häslein von dem Hunde zerrissen« wird. Eine Utopie für Tiere – möglicherweise auf Anregung oder unter Einschluß des frühchristlichen Ideals des Vegetarismus – konzipierte Morus aber nicht. Beim Appell an das Mitleid hatte Morus auch keine generelle sympathetische Haltung zur Kreatur und ebenso keinen paradiesischen Zustand zwischen Mensch und Tier vor Augen. Ethisch-pädagogische, ästhetische und selbst hygienische Gesichtspunkte, nicht die Empfindungen der Tiere bestimmten deren Nutzung durch die Utopier. Das Metzgerhandwerk sollte bezeichnenderweise nicht abgeschafft, sollte vielmehr von Sklaven ausgeführt werden, weil das Töten und Schlachten ebenso wie das »ganze Geschäft des Jagens« den freien Männern Utopias nicht entspreche. Die Utopier duldeten nicht, daß die Gewöhnung an das Zerfleischen der Tiere »das Mitleid, diese menschlichste aller unserer natürlichen Empfindungen, allmählich abstumpfen« lasse. Die Tiere sollen von den Sklaven außerhalb der Stadt geschlachtet und mit fließendem Wasser gewaschen werden, damit nichts »Schmutziges und Unreines« in die Stadt gelange, keine Fäulnis die Luft verderben und keine Krankheit eingeschleppt werden könne. Die Schlachtung außerhalb der Stadt hatte v.a. den Vorteil, den Prozeß der Tötung nicht vor den Augen der freien Bürger Utopias zu vollziehen.

Die kirchlich-religiöse Erneuerungsbewegung der Reformation wollte den Individuen und der Kirche ihren falschen Dienst am Diesseits deutlich machen, die Heilsbestimmung des Menschen wieder in den Mittelpunkt des Lebens rücken und zu einem an ursprünglicher religiöser Erfahrung sowie engagierter Glaubensgewißheit orientierten und in der Welt sich bewährenden religiösen Leben anleiten. Solche Ziele erwuchsen aus einer religiösen Anthropologie, die im Menschen das durch göttliche Berufung gekennzeichnete, heilsfähige Wesen sieht und von dieser essentiellen Bestimmung her alle Gemeinsamkeiten zwischen Mensch und Tier als vordergründig einstuft. Der zum Glauben be-gabte und zum Heil be-rufene Mensch hat nach Ansicht der Reformatoren dieser als seiner eigentlichen Bestimmung bereits im irdischen Leben zu entsprechen, und zwar mit einer Einstellung und einem Handeln, die nur ihm und keinem anderen Lebewesen eigne, dies bei Unterstützung der allein dem Menschen von Gott zugedachten Gnade. Der Abstand zwischen Mensch und Tier stellt sich in einer solchen Anthropologie als unüberbrückbar dar. Wenn sich fromme Menschen und religiöse Virtuosen mit solchen Einstellungen in verbindlicher Weise des Tieres annehmen, dann leiten sie menschliches Wohlwollen, menschliche Güte und menschliche Barmherzigkeit, und zwar als Hinweise auf die im Menschen wirkende göttliche Güte und als Zugeständnis an die Menschen und Tieren gemeinsame Kreatürlichkeit. Die auf Wesensidentität beruhende – postulierte oder realisierte – Nähe zwischen Mensch und Tier erschien der skizzierten Anthropologie und Theologie als Odium mangelnder Würdigung des menschlichen Seins und der menschlichen Bestimmung, d.h. der religiös begründeten Sonderstellung des Menschen in der Natur.

Luthers Vorstellung von der Existenz der Tiere im Neuen Reich blieb angesichts des essentiellen reformatorischen Anliegens ebenfalls sekundär: Der Jüngste Tag ist nach Luther[188] ein »Tag der Restitution aller Dinge«. Für den neuen Himmel und das neue Erdreich werde Gott »neue Pelverlein und Hündlein« schaffen, Tiere mit goldener Haut und Haaren aus Edelsteinen, zudem Tiere, die einander nicht fressen. Selbst Kröten, Schlangen und dergleichen giftige Tiere, »die um der Erbsünde willen hie vergiftet und schädlich sind«, werden für den Menschen dann unschädlich sein – so »lieblich, lustig und angenehm«, daß der Mensch mit ihnen spielen werde. Die Tiere müssen demnach im Reich der Sünde – auch in den Augen Luthers – um der (den Menschen betreffenden) Erbsünde willen leiden; das ist bezeichnend für deren Subordination unter die menschlichen Interessen.

Der Reformator sah zwar in »allem Werken und Kreaturen Gottes« die »Worte« des Schöpfers (*Auf das überchristlich usw. Buch Bocks Emsers zu Leipzig Antwort, 1521*),[189] zugleich äußerte er aber die Ansicht, Gott habe es so geordnet, »daß immer eine Kreatur der anderen dienen soll« (*Predigt am Michaelstag, 29. September 1532*).[190] Kein Werk kann den Menschen, so Luther, »anders machen, als er ist«; das könne und tue allein der Glaube (*Predigt über das Evangelium am dreizehnten Sonntag nach Trinitatis, 15. September 1530*),[191] nämlich ein Glaube, der »alles gut macht, was am Menschen ist« (*Sermon am Himmelfahrtstag, 14. Mai 1523*),[192] und ein Glaube, der den Menschen im Vergleich zum Tier auszeichnet. Aufgrund seiner übernatürlichen Ausstattung ist der Mensch nach Luther eine »bessere Kreatur als Himmel und Erde mit allem, was in ihnen ist«. Der Mensch sei »eine besondere Kreatur, dazu geschaffen, daß er der Göttlichkeit und Unsterblichkeit teilhaftig« sei (*Vorlesung über 1. Mose, 1535–1545*).[193] Gegenüber den Tieren ist der Mensch in der

Auffassung Luthers ferner durch die Vernunft ausgezeichnet; sie sei »eine Wirklichkeit und das Haupt aller Dinge [...] und [...] gemessen an den übrigen Dingen des Lebens – das Allerbeste, ja etwas Göttliches« (*Die Disputation de homine, 1526*).[194] Die Vernunft erreicht, so Luther, allerdings nur die weltlichen Dinge. Im Reich Christi habe das Wort Gottes die Oberhand (*Predigten über 2. Mose, 1524–1527*).[195] Während der Glaube, der sich an die untrügliche Schrift als Gottes Offenbarung halte, in der Wahrheit sei, führe die »natürliche« Vernunft zu Ketzerei und Irrtum (*Evangelium in der Christmesse, Aus der Weihnachtspostille*, 1522).[196] Ebenso wie der Glaube und die Vernunft ist auch das Verständnis der Schrift eine dem Tier versagte Qualifikation.

Allzu sympathetisches Erleben des Menschen mit dem Tier lief aus humanistischer ebenso wie aus reformatorischer Sicht Gefahr, die Würde des Menschen zu ignorieren. Die Liebkosung des Hundes konnte dem puritanischen Pietisten z.B. zudem verwerflich sein, weil sie die Gefahr implizierte, sich affektiv an die Vordergründigkeit der Welt zu binden und die Verehrung des transmundanen Gottes aus dem Auge zu verlieren.[197] In profanierter Form wirkte eine solche Einstellung in der (pädagogischen) Befürchtung nach, beim ausgeprägten Respekt vor den Empfindungen des Tieres selbst die (profane) Würde des Menschen aus dem Auge zu verlieren. Einer solchen Befürchtung entsprach und entspricht weiterhin die Neigung, die »gesunde« Tierliebe[198] von der unangemessenen abzuheben und zu dekretieren: »Eine Überspannung der Tierliebe und des Tierschutzes widerspricht der Würde des Menschen. Nie darf die Liebe zum Tier über die Liebe zum Mitmenschen gesetzt werden. Man soll Katzen und Hunde nicht wie verzärtelte Kinder behandeln.«[199]

Selbst ein so mystisch orientierter Denker wie Blaise Pascal (1623–62) hielt es für »gefährlich, den Menschen zu sehr auf seine Verwandtschaft mit dem Tiere hinzuweisen, ohne ihn gleichzeitig mit seiner Größe bekannt zu machen«.[200] Pascal konnte sich zwar Menschen ohne Hände, ohne Füße und sogar ohne Kopf vorstellen, aber keine Menschen, die nicht denken. Demgemäß unterschied der Philosoph und Mathematiker prinzipiell zwischen zwei Naturen, nämlich zwischen der durch die Vernunft und der durch den Instinkt gekennzeichneten. Die Größe des Menschen liege in dem ausschließlich ihm vorbehaltenen Denken. Wenn Pascal den Papageien beschrieb, der seinen Schnabel putze, obwohl dieser sauber sei, dann kennzeichnete er den Instinkt des Tieres v.a. als eine Instanz, die das Tier zu unvernünftigen, nämlich zwecklosen Handlungen antreibt. Selbst dort, wo Pascal die Undefiniertheit, die Fragilität und die Riskanz des Menschen erläuterte und ihn als ein »Schilfrohr, das zerbrechlichste der Welt,« verstand, hob er ihn von den übrigen Lebewesen eindeutig ab, nämlich als das »Schilfrohr, das denkt«: »Nicht ist es nötig, daß sich das All wappne, um ihn zu vernichten: ein Windhauch, ein Wassertropfen reichen hin, um ihn zu töten. Aber, wenn das All ihn vernichten würde, so wäre der Mensch doch edler als das, was ihn zerstört, denn er weiß, daß er stirbt, und er erkennt die Übermacht des Weltalls über ihn; das Weltall aber weiß nichts davon.« Das Tier ebenso nicht! So könnte man als Präzisierung für die vorliegende Fragestellung dem Pascalschen Pensée[201] hinzufügen.

Die Machtergreifung der Vernunft in der Aufklärung – gleich ob man sie mehr mit Immanuel Kants Formel vom »Ausgang des Menschen aus seiner selbstverschuldeten Unmündigkeit«[202] oder mit Albert Mirgelers[203] Wort der »sich selbst ermächtigenden und absolut setzenden« Vernunft akzentuiert – beinhaltet die Inthronisierung der Ratio als eine Instanz, die sich dem traditionellen Konsens, der religiösen Vorschrift und dem irrationalen Gefühl nicht länger subordinierte, sondern diese kritisch in Frage stellte. Der Mensch avancierte zum individualisierten kritischen Erkenntnis- und zum rational gesteuerten, moralischen Handlungssubjekt. Diesem Menschen entsprach der Hiatus zwischen dem Antrieb und seiner Erfüllung, nicht die »animalische« Unmittelbarkeit des Affekts sowie des Seins bei den Dingen und in der Welt. Diese beiden existentiellen Positionen dachte man in der Aufklärung als einander ausschließende, erst später nach der Romantik und der Lebensphilosophie machten v.a. Denker des 20. Jh.s, vornehmlich Martin Heidegger (*Sein und Zeit*, 1927) und Jean-Paul Sartre (*L'Être et le néant*, 1943), deutlich, daß auch durch das Vermögen der Abstandnahme und selbst im Prozeß der Distanzierung das Sein des Menschen bei den Dingen und in der Welt nicht eliminiert wird.

Für das Verhältnis von Mensch und Tier bedeutete die Machtergreifung der Vernunft eine erneute Akzentuierung und Stabilisierung der Anthropozentrik. Die Mehrzahl der zeitbestimmenden Autoren definierte den Menschen erneut durch die allein ihn auszeichnende Vernunft, und zwar aufgrund eindeutiger Absetzung vom Tier. Den differenzierten Vergleich von Mensch und Tier mit detaillierter Diskussion der Gemeinsamkeiten und der Differenzen erachtete man i.d.R. nicht als erforderlich; wo er doch unternommen wurde, betraf er primär die animalische Basis, von der sich die als Phänomen sui generis qualifizierte geistige Existenz des Menschen abhob. Die Mensch und Tier gemeinsame bio-logische Existenz trat aufgrund ihrer Interpretation als animalische Basis in den Hintergrund. Diese Deutung wurde durch den zunehmenden Abbau der Verbindlichkeit der religiösen Dogmen erleichtert, d.h., der aufklärerische Geist apperzipierte die verschiedenen Lebewesen nicht mehr in erster Linie als Geschöpfe Gottes; primär sah er in ihnen durchaus natürliche Wesen, deren Differenzen unterschiedlicher Art und unterschiedlichen Maßes sich nicht in der essentiellen Gemeinsamkeit als creationes Dei aufhoben.

Die »Machtergreifung der Vernunft« in der Aufklärung ist für das Verhältnis von Mensch und Tier weiter insofern relevant, als sie sich mit der exakten sinnlichen Erkenntnis der Welt verband, »vernünftige« Ziele zu deren Bemächtigung sowie Veränderung entwarf und die Wege zur Realisierung dieser Ziele rational erörterte. In der Naturwissenschaft und der rational kalkulierenden Technik wurde die Aufklärung in weitreichendem Maße allerdings erst später praktisch.

Die Anthropozentrik der frühen Neuzeit lieferte gleichwohl die Legitimation für die Haltung sowie für die Nutzung des Tieres nach den Prinzipien der ökonomischen Rationalität. V.a. angesichts alternativer Mensch-Tier-Verhältnisse in außereuropäischen Kulturen erscheinen eine solche Haltung und eine solche Nutzung als die dominanten Gegebenheiten in der Mensch-Tier-Beziehung Europas sowie in der europäisch bestimmten Kultur Nordamerikas. Die später zu erörternde Intensivhaltung des 20. Jh.s erscheint als die extreme Konsequenz dieser Beziehung, die im Humanismus und in der Aufklärung – im Anschluß an die

Konzeptionen der Antike und des Mittelalters – grundgelegt wurde.

Die aufgrund der Analyse der generellen Ziele des Humanismus und der Aufklärung skizzierte Mensch-Tier-Beziehung vereinfacht die realen Gegebenheiten der frühen Neuzeit freilich. Das wirkliche Bild ist differenzierter, mehrschichtig und manchmal auch widersprüchlich. So schrieben manche Autoren in den Epochen des Humanismus und der Aufklärung dem Tier sogar verstandesähnliche Eigenschaften und quasi menschliche Empfindungen und Gefühle zu; sie fanden zu solchen Urteilen aufgrund sympathetischen Empfindens und/oder wurden von solchen Urteilen zu praktischen Maßnahmen zum Schutz des Tieres veranlaßt. Zudem übersieht das einseitige Urteil über das an der Vernunft wie an der Moral nicht partizipierende Tier die auch vom Humanismus und in der Aufklärung mehrfach betonte unkomplizierte und daher »glückliche« – oder zumindest unbelastete – Einbettung des Tieres in seine natürliche Lebenswelt, ungestört von den zur Ausuferung neigenden menschlichen Begierden und Lastern, weiter unbeschwert von der Vernunft und vom Willen, die selbst in der Aufklärung nicht nur als die den Menschen auszeichnenden Leistungen, sondern auch als der Ursprung des diesem Wesen immanenten Risikos angesehen wurden. Der Hinweis auf einige Aussagen aus dieser Zeit soll die Differenzierung dokumentieren. Zugleich soll er deutlich machen, daß Narrs[204] Zusammenfassung zwar den dominanten Akzent der aufklärerischen Mensch-Tier-Beziehung trifft, in ihrer Einseitigkeit das Gesamtphänomen aber auch verkürzt. Narr resümierte: »Die Grenze zwischen Mensch und Tier versteht sich bei den Aufklärern von selbst, sie wird gar nicht diskutiert. In häufigen stereotypen Formulierungen stellt man einheitlich fest, dem Tier komme keine Vernunft zu, und damit ist die Frage erledigt.«

Im 43. Band des *Großen vollständigen Universal-Lexicons* wurde im Jahre 1745 ausführlich auf das »Tier« eingegangen, dies allerdings nicht in der Beschränkung auf die beobachtbaren animalischen Gegebenheiten, sondern unter Berufung auf Gott als den Schöpfer der Tiere[205] und die den Menschen definierende Kraft.[206] Die Tiere teilt man, so das *Zedlersche Lexikon*,[207] »in vernünfftige und unvernünfftige, oder in Menschen und Vieh« ein. Der Mensch verfüge über zwei

Naturen, eine physikalische und eine moralische. »In Ansehung der Physikalischen Natur« sei der Mensch »in den wesentlichen Stücken einem Vieh gleich«.[208] Descartes[209] hatte zuvor von der denkenden und der körperlichen Natur des Menschen gesprochen, von der res cogitans und der res extensa. Kant[210] charakterisierte den Menschen später als Sinnenwesen – als solches »zu einer der Tierarten gehörig« – und als Vernunftwesen.

Mit der v.a. bis auf Thomas von Aquin[211] zurückgehenden Tradition schränkte das *Zedlersche Lexikon* die Identifizierung der »physikalischen Natur« des Menschen mit der des Viehs allerdings wieder ein: Denn der Mensch »gehet aufgerichtet einher, daß er den Himmel anschauen kan; dahingegen das Vieh den Kopf zur Erden kehret [...]« Der anthropologischen Tradition entsprach es auch, auf die Leistungen und Vorzüge der menschlichen Hand hinzuweisen.[212]

Der als Späthumanist und Vorläufer der Aufklärung einzustufende Montaigne[213] hatte zuvor auf verschiedene Tiere hingewiesen, die ebenfalls aufrecht gehen und den Himmel anschauen (können), hatte die häufige Darstellung dieser Eigenschaften als Privileg des Menschen also diskreditiert. Fichte[214] interpretierte den aufrechten Gang später als fundamentales menschliches Vermögen, nämlich als Voraussetzung zum Gebrauch von Auge und Hand: »Die Gattung hat meines Erachtens, frei sich vom Boden emporgehoben, und sich dadurch das Vermögen erworben, ihr Auge rund um sich herum zu werfen, um das halbe Universum am Himmel zu überblicken, indes das Auge des Tieres durch seine Stellung an den Boden gefesselt ist, welcher seine Nahrung trägt [...] durch diese Erhebung hat es der Natur zwei Werkzeuge der Freiheit abgewonnen, die beiden Arme [...] Dem Tiere ist der Boden Bette, und Tisch; der Mensch erhebt alles über die Erde.« Mit dem »aufgerichteten Gange« gewann der Mensch zudem, so Herder,[215] »eine Zartheit, Wärme und Stärke, die kein Tier erlangen konnte«.

Die Konstitution des Staates nach der Vertragstheorie schloß i.d.R. von vornherein aus, Tieren den Status von Gesellschaftsmitgliedern, den Menschen gleichberechtigt, zuzubilligen. Man kann nämlich mit den Tieren, so Hobbes,[216] keinen Vertrag schließen, da ihnen Sprache und Verstand abgehen; aus diesem Grunde könne man ihnen auch kein Recht gewähren oder nehmen. Mit ähnlicher Argumentation wandte Hobbes[217] sich gegen die aristotelische Auffassung, neben den Menschen die Ameisen, die Bienen und andere Tiere als »politische« Wesen zu bezeichnen. Nur vermöge der Vernunft könne man Verträge schließen und eine Regierung sich unterwerfen. Die Gemeinschaften von Tieren seien keine Staaten; »denn ihre Regierung beruht nur auf der Übereinstimmung, auf vielen auf einen Gegenstand gerichteten Willen, aber es herrscht bei ihnen nicht (wie es im Staate nötig ist) ein Wille«.

Zurückhaltender äußerte man sich im *Zedlerschen Lexikon*[218] zur Gesellschaftlichkeit der Tiere: Da ihnen die Vernunft nicht sicher zugeschrieben werden könne, seien sie nicht dem Recht und Gesetz unterstellt, insbesondere nicht dem Naturrecht. Möglich sei es allerdings, Tiere zu bestrafen, um sie dadurch – unabhängig von Verstand und Freiheit – zu bessern, eine Auffassung, die insbesondere Leibniz vertreten habe.

Den Tieren die menschliche Vernunft abzusprechen, bedeutete noch nicht, ihre Existenzweise nach mechanistischen Modellen zu erklären. Einmal war es möglich, ihnen »eine Art von Verstand« zuzubilligen; ferner lag es nahe, in ihnen empfindende Wesen zu sehen. Beides geschah in der frühen Neuzeit bei verschiedenen Autoren in unterschiedlicher Akzentuierung, vielfach in ausdrücklicher Absetzung von Descartes und seinen Nachfolgern. Bei der Betrachtung der Tiere »nach ihren äußerlichen und nach ihren innerlichen Theilen« findet man laut dem *Zedlerschen Lexikon*[219] z.B. untrügliche Kennzeichen, »aus welchen man schließen kann, daß in ihnen empfindende und denkende Wesen wohnen«. Das Lexikon[220] nahm ferner von Gott geschaffene tierische Seelen an, die nicht sterben und vergehen, weiter eine mit Gedanken verbundene Sprache, besondere Fähigkeiten wie die Webkunst der Spinnen, die Baukunst der Schwalben, das Schwimmen der Gänse oder das Nähen der Seidenwürmer, schließlich außergewöhnliche Tugenden wie die Geduld beim Schaf, die Klugheit bei der Schlange und die Einfalt bei der Taube.

Empfindungen räumte auch Spinoza[221] den Tieren ein. Auf die Zuneigung der Tiere zu ihresgleichen ging Hume[222] ein. Offenbar in der Gegenüberstellung zum Menschen konstatierte der Philosoph von dieser Zuneigung, in ihr sei nicht der leiseste Verdacht einer

Epochentypische Grundeinstellung

Vorstellung oder Heuchelei möglich. Eine »Art von Schlußfolgerung, die zwar die Vernunft nachahmt, aber von ihr unterschieden werden muß,« billigte Leibniz[223] den Tieren zu. Ein »gewisses Maß von Vernunft« – speziell an einzelne Sinnesempfindungen gebundene Schlüsse, keine Abstraktionen – ist den Tieren auch nach Lokke[224] nicht abzusprechen. Daß Tiere ihre Gedanken – »dunkel oder klar, aber nicht deutlich« – verbinden könnten, meinte Herder.[225] Laut Hegel[226] erreicht das Tier – anders als die Pflanze – Fürsichsein und Individualität.

Aus der Empfindungsfähigkeit des Tieres hatte Kant[227] die praktische Konsequenz des Verbots der Tierquälerei gezogen. Selbst die »Dankbarkeit für lang geleistete Dienste eines alten Pferdes oder Hundes (gleich ob sie Hausgenossen wären) gehört indirekt zur Pflicht des Menschen«. Die Rücksicht auf die Empfindungen und speziell auf das Leiden des Tieres bildete jedoch nicht den einzigen, wohl auch nicht den primären Grund für die Opposition der aufklärerischen Denker gegen die Tierquälerei, die man v.a. in verschiedenen Methoden der Jagd sah. In erster Linie war das Verbot gewaltsamer und grausamer Behandlung der Tiere »Pflicht des Menschen gegen sich selbst«, »weil dadurch das Mitgefühl an ihrem Leiden im Menschen abgestumpft und dadurch eine der Moralität im Verhältnisse zu anderen Menschen sehr diensame natürliche Anlage geschwächt und nach und nach ausgetilgt wird«.[228] Das entscheidende aufklärerische Argument gegen die Tierquälerei war demnach ein pädagogisches: Rohes Umgehen mit dem Tier führt zu einer allgemeinen Verrohung des Menschen, während eine empfindsame Beziehung zum Tier einer generell freundlichen Einstellung zum Menschen förderlich ist.[229] Die Funktion des Tieres als Medium der moralischen Einübung sprach der Philanthrop Christian Gotthilf Salzmann (1744–1811)[230] direkt an. Nach seiner Auffassung können Kinder im Umgang mit Tieren lernen, dem Mitmenschen Freude zu machen und Gutes zu tun. Dieser Aspekt des Umgangs mit Tieren ist bis in die heutige Pädagogik zu verfolgen.[231]

Im Humanismus, in der Aufklärung und auch in der Romantik blieb neben dem humanistisch-anthropozentrischen Argument gegen die Tierquälerei das theologische in Geltung, nämlich die Achtung vor den Tieren als Geschöpfen Gottes bzw. Mitgeschöpfen des Menschen, vorgebracht mit einer mehr oder minder ausgeprägten sympathetischen Einstellung zur gesamten Natur. Die Tiere sind nämlich, wie z.B. im *Zedlerschen Lexikon*[232] formuliert, zwar zum vielfältigen Nutzen des Menschen, aber nicht minder zur Demonstration der Vollkommenheit der göttlichen Schöpfung und zur Ehre Gottes geschaffen. Unbewußt leistet das Tier nach Ansicht des Hallenser Philosophen Georg Friedrich Meier (1718–1777)[233] bei der Erfahrung Gottes eine beträchtliche Hilfe; damit gewinne es eine hervorragende Stellung im Schöpfungsplan resp. in der Einheit der Schöpfung. Über die Annahme von Tierseelen, die mit dem physischen Tod die Freiheit gewinnen, sich in einem nächst höheren Wesen zu verkörpern und stufenweise aufzusteigen bis hin zum höchsten Glücksempfinden der Erkenntnis Gottes, fand Meier zu einem sympathetischen Gefühl, das ihn »in dem verächtlichsten Wurme einen zukünftigen Verehrer Gottes« finden ließ. Ähnlich empfand Hermann Samuel Reimarus (1694–1768), wie Meier Gegner der Auffassungen von Descartes und wie Meier von der Sonderstellung des Menschen überzeugt, aber nicht bereit, aus dieser Sonderstellung eine Verfügungsmacht des Menschen über das Tier abzuleiten.

In den angesprochenen theologischen Zusammenhängen tauchte die Tierschutzidee auch in kirchlichen Gesangbüchern auf; zudem bildete sich eine eigene Spezies von Liedern mit dieser Thematik aus bzw. derartige Lieder wurden vermehrt komponiert und gesungen.[234] Das Biberacher Gesangbuch von 1802 enthielt z.B. Tierlieder, die das pflichtgemäße Verhalten des Menschen gegenüber den Tieren sowie gegenüber den Pflanzen thematisierten. Dies ist bezeichnend für den bis in die Volksfrömmigkeit reichenden Einfluß solcher Einstellungen. Für einen derartigen Einfluß ist ferner das Berücksichtigen von Empfindungen des Tierschutzes in den Beichtspiegeln verschiedener Diözesen symptomatisch. In der christlich orientierten Begründung dominierten die Argumente, die Welt existiere nicht nur für den Menschen, sondern für alle Geschöpfe, sie alle zeugten in ihrer Vollkommenheit von ihrem Schöpfer und forderten daher den Respekt des Menschen, dies insbesondere in ihrer Eigenschaft als empfindungsfähige Wesen, und sie alle hätten Anspruch auf die der Liebe Gottes analoge menschliche Zuneigung, Fürsorge und Hilfe.[235] Pietistische Erweckungs- und Erneuerungsbewegungen wirkten dabei in der katholischen ebenso wie in der protestantischen Volksfrömmigkeit nach. Autoren wie Christian Adam Dann (1758–1837), Friedrich Hermann (1775–1819) oder Christian Kay Lorenz Hirschfeld (1742–1792) wandten sich insbesondere gegen die Quälereien in den Tierhatzen und Parforcejagden.[236] Auch das von Matthias Claudius (1740–1815) verfaßte *Schreiben eines parforcegejagten Hirsches*[237] gehört in diesen Zusammenhang.

Die von den philosophischen Lehren der frühen Neuzeit vertretene Einstellung des Menschen zum Tier wurde zuvor schon skizziert. Resümierend läßt sich hier dazu festhalten: Das christliche Verständnis des gottebenbildlichen Menschen und der zu seinem Nutzen geschaffenen Tiere bestimmte – zumindest als Hintergrund – die meisten Denker. Als Säkularisierung dieses Verständnisses läßt sich die Interpretation des menschlichen Geistes resp. der Vernunft als ein Vermögen sui generis verstehen, ein Vermögen, über das – neben Gott – ausschließlich der Mensch verfügt und das damit eine essentielle, unüberbrückbare Differenz zwischen Mensch und Tier begründet. Das Tier wird in dieser Auffassung v.a. durch seinen Mangel, nämlich nicht am Geist zu partizipieren, charakterisiert, wird dem Menschen subordiniert und in quasi naturrechtlicher Argumentation als Mittel für die übergeordneten menschlichen Zwecke gedeutet. Derart ist die Nutzung des Tieres durch den Menschen legitimiert, die Ausnutzung des Tieres wird mit solcher Argumentation freilich ebenfalls häufig akzeptiert.

Diese Sicht des Tieres wurde nicht selten mit einer anderen verbunden: Die den komplikationslosen Lebensvollzug unterbrechende reflexive Rationalität, die begrenzte Effektivität der organischen Ausstattung des Menschen, die Ausuferungsbereitschaft menschlicher Antriebe und die bei der rationalen Steuerung des Verhaltens nicht selten auftretenden Störungen ließen die Instinktsicherheit sowie die Umweltgebundenheit des Tieres als einen glücklichen Naturzustand erleben; die tierische Unmittelbarkeit und Unverstelltheit wurden der Vermitteltheit des menschlichen Lebens und auch der menschlichen Lüge als »bessere« Existenzweise gegenübergestellt – dies freilich nicht absolut, sondern stets neben der Glorifizierung des den Menschen auszeichnenden Geistes. Expliziert und glorifiziert wurde dieser Geist als transbiologisches Vermögen, als eine Potenz zur Erkenntnis und zur Moral, nämlich als die Kraft, die dem Menschen die Überwindung des Animalischen (in ihm) ermöglicht. Als moralisches Wesen könnte der Mensch sich, so die vorherrschende Auffassung, nicht konstituieren, wenn er mit sicher funktionierenden Instinkten in eine bestimmte Umwelt eingebunden wäre.

In der frühen Neuzeit war zwar auch die sympathetische Verbindung des Menschen mit dem Tier bekannt, dies u.a. im Zusammenhang mit dem Respekt vor den Empfindungen und den weiteren seelischen Regungen des Tieres. Solches Mitempfinden stellte auch eine integrale Voraussetzung für die Tierschutzbewegungen im 19. Jh. dar; für die Argumentation und für das praktische Verhalten in dieser Epoche gewann es aber nur einen begrenzten Einfluß.

In der frühen Neuzeit existierte das Phänomen des Tierschutzes freilich bereits. Der einseitige Blick auf die erst im 19. Jh. gegründeten Tierschutzvereine und die in größerem Umfang erst im 19. Jh. erlassenen Tierschutzgesetze verleitet leicht zu der Ansicht, der Tierschutz sei erst in der späten Neuzeit entdeckt worden und zuvor nicht bekannt gewesen. In Wirklichkeit ist der Tierschutz aber ein Phänomen, das sich aus verschiedenen Gründen generell mit der Tiernutzung verband, dessen Modi und dessen Ausmaß sich freilich im Laufe der (letzten) Jh.e beträchtlich wandelten und das in verschiedenen Kulturen und Epochen unterschiedlich legitimiert wurde.

Geht man von einer Intensivierung der Nutzung der Fleisch- sowie der Transporttiere in der frühen Neuzeit aus, dann hat man auch eine Intensivierung des Tierschutzes zu konstatieren. Die Intensivierung der Nutzung setzte nämlich voraus, die Bedingungen für diese Nutzung zu verbessern und derart deren Effekt zu steigern. Zu diesen Bedingungen gehörten die Stallungen der Tiere ebenso wie deren Fütterung, deren Pflege sowie die Hilfsmittel für deren Einsatz. Die zur Intensivierung der Nutzung betriebenen Maßnahmen förderten zumindest weitgehend die Gesundheit und das Wohlbefinden der Nutztiere; sie stellten de facto eine Art von Tierschutz dar, wiewohl sie nicht um der Tiere selbst willen ergriffen, sondern aus letztlich egoistischen Motiven der Nutzer betrieben wurden. Daß aus den egoistischen Zielen des Menschen altruistische Konsequenzen für das Tier resultieren können, stellt ein generelles Phänomen der Natur und bis heute die wohl stärkste Kraft im Tierschutz dar. Damit soll die spontane Zuneigung des Menschen zum Tier nicht in Frage gestellt werden, und zwar eine Zuneigung, die sich häufig mit der Nutzung des Tieres verbindet und die sich nicht selten parallel zur Intensivierung von Nutzungsverhältnissen ausbildet. Einen der sittlichen Pflicht gehorchenden Altruismus stellt freilich selbst diese Zuneigung nicht dar; in ihr lebt der Mensch vielmehr seine Einstellungen und Empfindungen aus, auch wenn diese, wie im Pietismus, von religiösen Ideen legitimiert werden.

Zur Intensivierung der Nutzung gehört es insbesondere, die Tiere zumindest über eine gewisse Zeit hin als Nahrungsbasis oder auch als Zugkraft zu erhalten. Auf diesen Zweck lassen sich diverse Modi von Tierherren, Schutzgeistern, Schutzpatronen und Schutzheiligen der Tiere zurückführen, die in den Mythen, Legenden, Märchen und Volksweisheiten der frühen Neuzeit erhalten blieben und nachwirkten. Die zentrale Lehre solcher Mythen, Legenden, Märchen und Volksweisheiten lautet nämlich: Die Herren, Schutzgeister oder Patrone der Tiere stellen dem Menschen das Tier zwar zu seiner Lebensfristung zur Verfügung, aber nur zu einer den menschlichen Existenzbedürfnissen angepaßten und »humanen« Nutzung, weder zum verschwenderischen Töten noch zum rücksichtslosen Quälen. Die Tierherrenfigur wirkte in der frühen Neuzeit, wie gesagt, nur noch nach; explizit wurde sie ersetzt durch den Schöpfergott, der u.a. die normierende und kontrollierende Funktion der Tierherren übernahm. Im Pietismus war es freilich nicht nur der Schöpfergott, der als Herr der Tiere die Menschen zum Schutz der Mitgeschöpfe veranlaßte. Nicht minder kennzeichneten in dieser religiösen Erneuerungsbewegung die Liebe und die Barmherzigkeit den Herrn über Leben und Tod. Diese Liebe und Barmherzigkeit wurde von den Gottesmännern – und -frauen – als exemplarische Einstellung des Menschen zur Schöpfung, insbesondere zur geschundenen Kreatur, erlebt. Daß der barmherzige Gott diese Kreatur einschließlich des Menschen trägt, erleichterte dem Menschen die Nutzung des Tieres, sofern er sich der Quälerei enthielt. Diese Deutung entlastete den Menschen auch dem Tier gegenüber, sofern er die Nutzung auf das für die Lebensfristung erforderliche Maß beschränkte.

Für die nachwirkenden Mythen von reglementierenden und kontrollierenden Tierherren ist es bezeichnend, daß nach einem deutschen Volksaberglauben der Mensch im Alter genau an dem Glied erkranken und erlahmen soll, an dem er als Kind ein Tier quält. Im gleichen Sinne ist die Legende zu deuten, nach der einem reichen Mann lauter stumme Kinder geboren wurden, weil er den Sperlingen, die von seinem Korn fraßen, die Zunge ausgerissen hatte; ferner die Legende, nach der ein Metzger ebenso wie seine Nachkommen zu schielen begann, weil er lebenden Kälbern die Augen ausgeschnitten hatte.[238] Die Nachwirkung der Tierherren-Vorstellung blieb nicht auf die Sagen und Legenden der frühen Neuzeit beschränkt; sie wirkte im Volksaberglauben – häufig mit der christlichen Legitimation des barmherzigen und auch gerechten Schöpfergottes – v.a. in ländlichen Distrikten bis in die jüngste Vergangenheit nach.

Die christliche Legitimation blieb bei manchen Inhalten des Volksaberglaubens im Hintergrund bzw. sie trat zu Anfang der Neuzeit vermehrt in den Hintergrund; zudem ist davon auszugehen, daß gerade in dem das Tier betreffenden Volksglauben vorchristliche »heidnische« Vorstellungen parallel zum christlichen Glauben lebendig blieben, ja durch die christliche Interpretation akzeptabel gemacht und so in ihrer Fortexistenz unterstützt wurden. Bei den das Tier betreffenden Inhalten liegt dies u.a. deshalb nahe, weil das Tier das »Tierische« und das »Animalische«, das Nicht-Menschliche und das Nicht-Göttliche, auch das Widermenschliche und das Widergöttliche, nämlich das Diabolische, repräsentierte.

Im Zusammenhang mit den frühen Vorstellungen der Tierherren wirkten in der frühen Neuzeit zudem alte Tierkulte nach, dies auch mit der Konsequenz »sittlicher Tierschonung« und »rechtlichen Tierschutzes«.[238] Solche Schonung und solcher Schutz bestanden u.a. in der Blutrache an und später in der Bestrafung von Menschen, die Tiere verletzt und getötet hatten. Die Blutrache zugunsten von Tieren ist die inverse Form der zugunsten des Menschen praktizierten Blutrache an Tieren, nämlich an den Tieren, die Menschen verletzt oder getötet hatten. An die Stelle der – häufig kultisch fundierten – Blutrache zugunsten des Tieres traten der Blutpreis, z.B. in Form der Buße oder des Wergeldes, und/oder die öffentliche (priesterliche oder richterliche) Strafe. Blutrache und Blutpreis stellten einen Rechtsschutz für das Tier dar; dieser setzte nicht voraus, dem Tier bestimmte psychische Fähigkeiten und aufgrund dieser die Rechtsverantwortlichkeit zu unterstellen. Bußen für das Töten von Jagdhunden z.B. finden sich in verschiedenen Volksrechten. Nach mehreren deutschen Mythen, Sagen und Märchen war die Meise gegen Fang und Tötung durch hohe Bußen geschützt. Das aus der Edda bekannte Wergeld, das für die Tötung einer Katze zu bezahlen war, mußte man im Züricherland noch bis zum Jahre 1780 entrichten. Die kultische Fundierung der Blutrache zugunsten der Tiere bedeutete letztlich, daß ein Vergehen gegen kultische Normen, v.a. auch gegen Götter und Geister, mit der Strafe gesühnt wurde, die Tiere demnach nur aufgrund ihrer Bedeutung als Repräsentanten numinoser Mächte geschützt wurden. Diverse – bis in die Neuzeit nachwirkende – Speiseverbote sind ebenfalls in diesem Zusammenhang zu sehen. Als Inkarnation numinoser Macht traf die Tiere freilich auch die Rache oder die Strafe, nämlich die Rache oder die Strafe, mit denen der Mensch sich gegen das im Tier personifizierte Böse zur Wehr setzte. Zudem konnte die Tiere u.U. eine Rache treffen, die eigentlich ihren Besitzern galt, d.h., die Tiere konnten als Objekte der Rache zu Stellvertretern ihrer Besitzer werden. Die Besitzer konnten demgegenüber – mit einem Bußgeld – anstelle der Tiere bestraft werden, die ob der Verletzung oder der Tötung eines Menschen eigentlich die Blutrache zu erwarten hatten.

In Montenegro konnten Besitzer von Ochsen, Stieren, Pferden oder Schweinen noch im letzten Jh. mit der Zahlung einer Geldbuße die Vollstreckung der Todesstrafe an ihren Tieren, die Menschen schwer verletzt oder getötet hatten, verhindern.[240] In manchen Fällen kam die Geldbuße freilich auch zur Tötung des Tieres hinzu. Dies war z.B. noch Ende des letzten Jh.s in Slawonien bei einem Schwein der Fall, das einem einjährigen Mädchen die Ohren abgebissen hatte.[241]

Eine der diversen Formen der gegenseitigen Vertretung von Tieren und ihren Besitzern findet sich in dem bis in die Neuzeit nachwirkenden allemannischen Recht, nach dem einen Hund, der einen Menschen getötet hatte, dann eine besondere Strafe traf, wenn die Geschädigten eine außergewöhnlich hohe Entschädigung verlangten; dann wurde der Hund nämlich über der Tür des Geschädigten aufgehängt, bis er verfaulte und stückweise abfiel.

Die kultische Begründung der Bestrafung der Tiertötung und Tierverletzung wirkte u.a. in dem Tierschutz nach, der v.a. mit der emotionalen Zuneigung zum Tier oder mit den Interessen des Tierbesitzers resp. des Tiernutzers gerechtfertigt wurde und weiterhin gerechtfertigt wird.

Gegenüber dem auf der Tierherrenkonzeption beruhenden Schutz des Tieres vor »unnötigen« Leiden erscheint der gesetzlich kodifizierte Schutz des Tieres als eine Maßnahme, die der Distanzierung von Mensch und Tier entspricht und v.a. dort erforderlich wird, wo Mythen, Legenden, Märchen, Volksweisheiten und Bräuche diesen Schutz nicht oder nicht mehr leisten. Eine solche Entwicklung wird nicht dadurch in Frage gestellt, daß bereits aus dem zweiten Jahrtausend v.Chr., nämlich aus der Gesetzessammlung des Königs Hammurabi von Babylon, eine schriftliche Strafandrohung für Tierhalter bekannt ist, die ihr Vieh über Gebühr arbeiten lassen, daß sich verschiedene Tierschutzvorschriften in den Texten des Alten Testaments finden und ferner in römischen Gesetzen Aussagen über die Rechtsposition des Tieres gemacht wurden.[242]

Zu den aus dem römischen Recht übernommenen und bis in die Neuzeit fortwirkenden Aussagen über das Tier gehörte u.a. dessen Bestimmung als Sache. Diese war in der frühen Neuzeit für den Tierschutz v.a. so lange folgenreich, wie sie noch nicht mit einem speziellen Tierschutzrecht resp. Tierschutzstrafrecht einherging. Tierquälerei stand unter dieser Bedingung so lange strafrechtlich nicht zur Diskussion, wie sie kein öffentliche Ärgernis erregte oder keine Interessen Dritter beeinträchtige. Eine Frau, die Dutzende von Katzen bei lebendigem Leibe gehäutet hatte, mußte daher z.B. freigesprochen werden, weil dies nicht öffentlich geschehen war und sich kein Besitzer der Katzen mit Schadensersatzansprüchen meldete.[243]

Die zivilrechtliche Behandlung des Tieres als Sache wurde v.a. beibehalten, um das Tier als kaufbares und verkaufbares Objekt behandeln zu können. Die (in der frühen Neuzeit ohnehin noch nicht zur Diskussion stehende) Gleichstellung von Mensch und Tier als Rechtspersönlichkeit hätte dem im Wege gestanden, hätte auch die

Jagd auf das Tier und seine Tötung nicht erlaubt und ferner verlangt, das Tier generell für sein Tun zur Verantwortung zu ziehen, und zwar derart, wie es in manchen Tierprozessen noch in der frühen Neuzeit geschah. Mit der Entwicklung des strafrechtlichen Schutzes der Tiere im 19. Jh. wurde die zivilrechtliche Auffassung des Tieres als Sache für den Tierschutz ziemlich irrelevant. Bezeichnenderweise blieb das Verständnis des Tieres als Sache in Deutschland bis in die jüngste Vergangenheit in Geltung. Erst seit dem Jahre 1990 werden die Tiere im Bürgerlichen Gesetzbuch nicht mehr als Sachen, sondern als »Mitgeschöpfe« verstanden. Die zivilrechtliche Behandlung des Tieres als Sache schloß, so Lorz,[244] nicht aus, es als einen Gegenstand sui generis zu behandeln, der mit leblosen Dingen nicht gleichzusetzen ist. In manchen Fällen, z.B. beim Kauf oder beim Verkauf von Tieren, werden die für Sachen geltenden Vorschriften allerdings weiterhin auf Tiere angewendet. Im häuslichen Bereich lebende Tiere sind nach der Neuregelung – anders als die zu Erwerbszwecken gehaltenen – nicht pfändbar. In das deutsche Tierschutzgesetz (§ 1) war der Begriff »Mitgeschöpf« im Jahre 1986 aufgenommen worden.

Für die geschilderten Zusammenhänge ist es bezeichnend, daß die zivilrechtliche Behandlung des Tieres als Sache kein relevantes Thema der Vorkämpfer des kodifizierten Tierschutzes in der frühen Neuzeit bildete. Diese engagierten sich für einen »humaneren« Umgang des Menschen mit dem Tier; sie argumentierten v.a. mit der allgemeinen Verrohung des Menschen und seiner Sitten durch das rohe Verhalten gegenüber dem Tier, warben freilich auch für das Mitgefühl mit dem Tier als einem (schmerz)empfindenden Mitgeschöpf.

Die in der frühen Neuzeit dominierende Sicht des Verhältnisses von Mensch und Tier als Spiegel zwischenmenschlicher Beziehungen legte nahe, dieses Verhältnis u.a. pädagogisch zu nutzen, und zwar zur moralischen Erfahrung und Einübung. So darf ein Kind nach Christian G. Salzmann[245] ein Tier nicht quälen; an seiner Verpflegung hat es vielmehr zu lernen, wie man seinen Mitgeschöpfen Freude machen kann. In der öffentlichen Argumentation dominierte demnach die anthropozentrische resp. die egoistische Rechtfertigung des Tierschutzes, wobei hier offenbleiben muß, inwieweit diese Argumente von ethischen Virtuosen v.a. vorgetragen wurden, um dem letztlich vom Mitleid mit den leidenden Tieren ausgelösten und insofern ethischen resp. altruistischen Schutz für die Tiere eine größere Akzeptanz zu verschaffen. Zumindest in einigen Fällen dürfte dies so gewesen sein; das legen jedenfalls die parallelen Aussagen über die Tiere als empfindende Mitgeschöpfe und über die Analogie von menschlicher und göttlicher Barmherzigkeit nahe.

Den anthropozentrischen Tierschutz der Aufklärung dokumentiert Friedrichs des Großen Diktum »Seit ich die Menschen kenne, liebe ich die Tiere!« ebenso wie dessen Ansicht, die Menschen, die ein treues Tier gleichgültig behandeln, hätten auch für ihresgleichen kein Herz.[246] Kant[247] formulierte im gleichen Sinne: Das Verbot gewaltsamer und grausamer Behandlung der Tiere ist eine »Pflicht des Menschen gegen sich selbst«, weil dadurch »das Mitgefühl an ihrem Leiden im Menschen abgestumpft« und »eine der Moralität im Verhältnisse zu anderen Menschen sehr diensame natürliche Anlage geschwächt und nach und nach ausgetilgt« werde. Als Feld der moralischen Prüfung kennzeichnete in gleicher Bedeutung der weitgereiste Alexander von Humboldt (1769–1859) den Umgang mit dem Tier. In der Grausamkeit gegen Tiere sah er »eines der kennzeichnendsten Laster eines niederen und unedlen Volkes«. Die grausame Behandlung der Tiere beruhe auf Unwissenheit und Roheit, denn »weder bei wahrer Bildung noch bei wahrer Gelehrsamkeit« finde sich ein solches Verhalten.[248] Die juristische Fakultät der Universität Leipzig verurteilte im Jahre 1766 einen Postillion, der seine Pferde zu Tode gehetzt hatte, bezeichnenderweise wegen »unmenschlichen Beginnens« zu zwölf Tagen Gefängnis; aus dem gleichen Grund war im vorangegangenen Jahr ein Mann zu sechs Wochen Gefängnis verurteilt worden, weil er einer Kuh die Hälfte ihrer Zunge herausgeschnitten hatte.[249]

Der anthropozentrisch-pädagogischen Argumentation dieser Zeit entsprachen Tierschutzappelle mit gleicher Begründung. Diese wandten sich v.a. gegen die Verrohung des menschlichen Gefühls durch das fürstliche Vergnügen einer Jagd, in der das Empfinden der Opfer unberücksichtigt blieb, wandten sich ferner gegen Tierkämpfe und Hetztheater. Das Geschehen im Wiener Hetztheater kennzeichnete Friedrich Nicolai im Jahre 1781 als »unmenschliches«

Schauspiel.[250] Der Dichter Matthias Claudius (1740–1815) verfaßte das Schreiben eines parforcegejagten Hirschen an den Fürsten, der ihn parforcegejagt hatte, mit folgendem Wortlaut: »Durchlauchtiger Fürst, Gnädigster Fürst und Herr! Ich habe heute die Gnade gehabt von Ew. Hochfürstlichen Durchlaucht parforcegejagt zu werden, bitte aber untertänigst, daß Sie gnädigst geruhen, mich künftig damit zu verschonen. Ew. hochfürstl. Durchlaucht sollte nur einmal parforcegejagt sein, so würden Sie meine Bitte nicht unbillig finden. Ich liege hier und mag meinen Kopf nicht aufheben, und das Blut läuft mir aus Maul und Nüstern. Wie können Ihr Durchlaucht es doch übers Herz bringen, ein armes unschuldiges Tier, das sich von Gras und Kräutern nährt, zu Tode zu jagen? Lassen Sie mich lieber totschießen, so bin ich kurz und gut davon. Noch einmal, es kann sein, daß Ew. Durchlaucht ein Vergnügen an dem Parforcejagen haben; wenn Sie aber wüßten, wie mir das Herz schlägt, Sie täten's gewiß nicht wieder [...].«[251]

Der Dichter appellierte an das humane Empfinden des Fürsten zugunsten des Tieres als eines Wesens, das ähnlich wie der Mensch Schmerzen und Leiden empfinde. An der Parforcejagd verurteilte er eigentlich nicht das Töten, sondern die Quälerei des Jagens, der gegenüber der schnelle Tod eine Erlösung bedeute. Die Würdigung des Tieres als eigenständiges und dem Menschen als treuer Partner an die Seite tretendes Wesen dokumentiert ferner Matthias Claudius' Gedicht *Als der Hund tot war*. Die letzten beiden Strophen lauten: »Am Eichbaum ist er oft mit mir gesessen, / In stiller Nacht mit mir allein; / Alard, ich will dich nicht vergessen / und scharr dich ein. / Wo du mit mir oft sasst, bei unsrer Eiche, / Der Freundin meiner Schwärmerei. – / Mond, scheine sanft auf seine Leiche! / Er war mir treu.«[252]

Eine solch enge sympathetische Empfindung zwischen Mensch und Tier blieb in der frühen Neuzeit Europas freilich ein Ausnahmephänomen. I.d.R. empfand man weiterhin die Anerkennung des Rangunterschiedes zwischen dem homo sapiens einerseits und der Animalität andererseits als Ausdruck des Respekts vor der Würde des als Abbild Gottes geschaffenen Menschen.

Zu den Ausnahmephänomenen dieser Epoche gehörte es auch, die den verschiedenen Lebewesen gemeinsame Empfindungsfähigkeit in der ethischen Reflexion – insbesondere gegenüber dem Vermögen der Rationalität – als ausschlaggebenden Faktor zu explizieren und die Mißachtung der Empfindungen der Tiere sowie deren achtlose Beherrschung durch den Menschen der Versklavung der Schwarzen durch den Weißen Mann an die Seite zu stellen. Der britische Jurist und Philosoph Jeremy Bentham schuf mit einer solchen Argumentation im Jahre 1780[253] eine wichtige Grundlage für die Tierrechtsbewegung des 20. Jh.s: »Der Tag mag kommen, an dem der Rest der belebten Schöpfung jene Rechte verlangen wird, die ihm nur von der Hand der Tyrannei vorenthalten werden konnten. Die Franzosen haben bereits entdeckt, daß die schwarze Hautfarbe kein Grund ist, ein menschliches Wesen hilflos der Laune eines Peinigers auszuliefern. Vielleicht wird eines Tages erkannt werden, daß die Anzahl der Beine, die Behaarung der Haut oder das Ende des Kreuzbeins ebensowenig Gründe dafür sind, ein empfindendes Wesen diesem Schicksal zu überlassen. Was anderes sollte die unüberschreitbare Linie ausmachen? Ist es die Fähigkeit des Verstandes oder vielleicht die Fähigkeit der Argumentation? Ein voll ausgewachsenes Pferd oder ein Hund ist aber unvergleichlich verständiger und mitteilsamer als ein einen Tag oder eine Woche oder sogar einen Monat alter Säugling. Doch selbst wenn es anders wäre, was würde es ausmachen? Die Frage ist nicht: Können sie verständig denken? oder: Können sie sprechen?, sondern: Können Sie leiden?«. Der Vergleich der Position der Tiere mit der der Sklaven stellte in der englischen ebenso wie in der deutschen Tierschutzbewegung des 19. Jh.s generell ein zentrales Argument dar.[254]

VII. 19./20. Jahrhundert
von Heinz Meyer

1. Nutzung und Jagd

Die Intensivhaltung der Nutztiere

Im 19. und in der ersten Hälfte des 20. Jh.s wurden die Tiere in Europa prinzipiell ähnlich, aber in deutlich intensiverer Weise genutzt als in der frühen Neuzeit. Die in dieser Zeit vollzogenen Veränderungen blieben jedenfalls zweitrangig im Vergleich zu den geradezu revolutionären Entwicklungen in den sechziger und siebziger Jahren unseres Jh.s. Diese Entwicklungen betreffen v.a. die zur Ernährung genutzten Tiere. Die Vermehrung der Zahl der gehaltenen Tiere und die Steigerung der Fleisch-, Milch- und Wollproduktion pro Tier sind bereits für das Ende des 18. und den Beginn des 19. Jh.s charakteristisch. Die Leistungen der Tiere wurden im 19. Jh. fast verdoppelt.

Solche Erfolge förderten den Glauben an die Beherrschbarkeit der Natur. Der diesem Glauben entsprechende Fortschrittsoptimismus stand u.a. hinter dem in der Mitte des letzten Jh.s propagierten Konzept der »Acclimatisation«, das die den Menschen bes. nützlichen Tiere in diversen Biotopen heimisch machen wollte. In Paris gründete man zu diesem Zweck im Jahre 1854 die »Société d'acclimatation«, die bald mit diversen Sektionen in Europa weit verbreitet war. In der neuen Gesellschaft wurde z.B. geplant, das Lama und auch den Yak in Europa anzusiedeln. Noch im Jahre 1909 erwog man, die genügsamen Lamas in die Alpen oder in die Lüneburger Heide zu verpflanzen. Im Rahmen der Maßnahmen der Acclimatisation wurden zudem in Europa heimische Tiere in ferne Länder gebracht, um dort ökonomischen Profit zu erzielen und/oder zeitweilige ökologische Probleme zu beseitigen, dies freilich häufig mit dem Resultat beträchtlicher weiterer ökologischer Dissonanzen. Ein Lombarde führte z.B. 1855 die ersten Honigbienen nach Chile ein. Zunächst hatte man mit den Bienen auch beträchtlichen wirtschaftlichen Erfolg. Später wurden die räuberisch gewordenen Tiere aber zu einer so starken Belastung für die Wein- und die Obstgärten in der Gegend von Santiago, daß man sie ins Innere des Landes verlegen mußte. Aufgrund der dort rationell betriebenen Zucht entwickelten sich Honig und Wachs zu einträglichen Exportartikeln, die v.a. nach Deutschland und Frankreich gingen. Um die Raupenplage in den Staaten New York und New Jersey zu bekämpfen, wurden im Jahre 1865 Sperlingspärchen aus England und aus Deutschland in die USA eingeführt. Die Vögel akklimatisierten sich so problemlos, daß sie bald – ähnlich wie bereits 1868 in Australien – selbst zu einer Plage wurden. Mit den als Raupenvertilgern begrüßten Tieren hatte man sich nämlich Körnerfresser ins Land geholt. Und die 1862 aus Europa importierten, ausgesetzten und bald verwilderten Kaninchen vermehrten sich in den USA so rasch, daß ihr Bestand 1892 auf 20 Mio. geschätzt wurde. Um die Population zu dezimieren, führte man Hunde ein, die freilich ebenfalls verwilderten und zu Schädlingen für verschiedene domestizierte Tiere wurden. Solchen Mißerfolgen stehen freilich u.a. die Zucht der aus Europa exportierten Forellen und Salme in Australien oder die Verpflanzung der europäischen Karpfen in die pazifischen Staaten als positive Resultate der Acclimatisation gegenüber.[1]

In Europa wurden die Leistungen der landwirtschaftlichen Nutztiere im 19. Jh. durch eine verbesserte Haltung und Ernährung, aber auch durch Fortschritte in der Zucht erreicht. Für letztere ist bei den Pferden die Einrichtung von staatlichen Gestüten bezeichnend. Diese dienten in erster Linie der Versorgung der landesherrlichen Hofhaltungen mit Reit- und Wagenpferden, weiter der Verbesserung der Pferde für das Militär und schließlich auch für den Einsatz in der Transport- und der Landwirtschaft. Die preußische Armee kaufte ihre Pferde im letzten Jh. hauptsächlich aus Podolien und anderen östlichen Teilen Europas. Man erwartete von diesen Pferden größere Genügsamkeit und Ausdauer als von den heimischen Tieren.[2] Die Haltung von Schafen ging in der zweiten Hälfte des 19. Jh.s – aufgrund der Konkurrenz der überseeischen Wollproduktion – wesentlich zurück, die Haltung von Schweinen wurde deutlich erweitert.

Insbesondere seit etwa 1800 und v.a. seit der zweiten Hälfte des 19. Jh.s war der Fleischkonsum der Menschen in Europa ständig gestiegen, nämlich von etwa 20 kg pro Kopf und Jahr über 40–50 kg vor dem Ersten Weltkrieg auf etwa 80 kg in den siebziger Jahren des 20. Jh.s. Nur die beiden Weltkriege hatten tiefe Einschnitte in diese Entwicklung verursacht, das v.a. in Deutschland. Der zunehmende Fleischkonsum bedeutet, daß die pflanzlichen Sättigungsnahrungsmittel durch Nahrungsmittel, die man als qualitativ besser erachtete, ersetzt wurden, sobald die ökonomischen Möglichkeiten dies gestatteten.

Als Schlachttiere nutzte man – aufgrund ihrer relativen Größe und des von ihr bestimmten Fleischquantums – v.a. das Rind, das Schwein und das Schaf, dies bei bemerkenswerten regional-, epochen- und schichtspezifischen Vorlieben. Zu den körperlich kleineren Fleischlieferanten gehörten und gehören in Europa v.a. Hühner und in weitaus geringerer Zahl Enten und Gänse, nicht Hunde und Katzen. Diese Auswahl spiegelt u.a. kulturspezifische Einstellungen. Der Konsum von Pferdefleisch z.B. war und ist in bestimmten Ländern, u.a. in Deutschland, relativ gering und hier auch häufig für die unteren Schichten bezeichnend; ähnlich verhält es sich mit dem Hammelfleisch. In anderen Ländern, z.B. in Frankreich, in Belgien und auch in Italien, wird mehr Pferdefleisch gegessen, ist der Verzehr von Pferdefleisch auch nicht schichtspezifisch.

Die im letzten Jh. gestiegene landwirtschaftliche Fleischproduktion entsprach der wachsenden menschlichen Neigung, Fleisch zu essen. Ernährungswissenschaftliche Einsichten spielten bei diesem Umstand bestenfalls eine untergeordnete Rolle. Es gibt nämlich sowohl Argumente und Erfahrungen, die für eine (partielle) Ernährung mit Fleisch sprechen, als auch Argumente, nach denen das vegetarische Leben das dem Menschen zuträglichere, nämlich gesündere, darstellt. Über einen sicher funktionierenden zweckgerichteten Appetit verfügt der Mensch nicht, jedenfalls nicht über einen Appetit, der eine optimale Bedarfsdeckung gewährleistet. Die Ernährung beruht vielmehr zu einem bemerkenswerten Teil auf gesellschaftsspezifischen Einstellungen und Sitten, d.h. auch, auf gesellschaftsspezifischen Definitionen des – u.a. physiologisch verstandenen – »Wertes« bestimmter Nahrungsmittel.[3]

Bezeichnenderweise erstreckt sich die Veränderung des Ernährungsangebots – v.a. in den industrialisierten Wohlstandsgesellschaften – nicht nur auf die Deckung des ernährungsphysiologischen Bedarfs des Organismus, sondern auch auf »geschichtlich erzeugte« Bedürfnisse, nämlich auch auf einen gesteigerten Genuß im Zusammenhang mit kulturellen und ästhetischen Ansprüchen. Die Verbesserung der Ernährung wird dann als Teil der »Erhöhung des Lebensniveaus« verstanden.[4] Zu den artifiziellen Ernährungsbedürfnissen gehört zum Beipiel das Verspeisen von Fischen, die man im Aquarium des Restaurants auswählt, ebenso wie das Verspeisen von Hunden oder des Affenhirns, das man kurz zuvor dem Tier entnimmt.

Bei der Mehrzahl der Europäer galt und gilt die Mahlzeit mit Fleisch weiterhin als diejenige, die die Gesundheit und die Schaffenskraft fördert. Zudem vermittelt die Ernährung mit Fleisch Sozialprestige, nämlich das Ansehen, sich eine solche Ernährung an bestimmten (Fest-)Tagen oder gar täglich leisten zu können. In den unteren Schichten ist das soziale Ansehen der Ernährung mit Fleisch häufig ausgeprägter als in den höheren. Für das Prestige der Fleischnahrung ist u.a. die Vorstellung von einem Fest(-tag) bezeichnend, bei dem der Braten generell einen wichtigen Faktor darstellt, an dem – anders als an den üblichen Tagen – Fleisch auf dem Tisch steht oder an dem – ebenfalls anders als an den üblichen Tagen – alle Familienmitglieder Fleisch essen, der Vater natürlich »das größte Stück«. Die Bevorzugung des Mannes beim Fleischkonsum stellt ein interkulturelles Phänomen dar.[5]

Angesichts solcher Einstellungen lag es und liegt es weiterhin nahe, wachsenden Wohlstand u.a. zu vermehrtem Fleischkonsum zu nutzen. Der vermehrte Fleischkonsum betrifft in erster Linie die Quantität des verspeisten Fleischs. Er verbindet sich aber mit veränderten, meist gesteigerten Ansprüchen an dessen Qualität, ferner mit veränderten Ansprüchen an die Auswahl der Tierindividuen sowie der Tierarten, deren Fleisch genossen wird. Hinzu kommen veränderte, meist erweiterte Ansprüche an die Art der Zubereitung des Fleischs. Der ökonomische Wohlstand ermöglicht die angesprochenen Verschiebungen. Diese beruhen in starkem Maße aber auch auf der wachsenden Mobilität der Mitglieder der Industriegesellschaften. In fernen Ländern lernte man u.a. von der vertrauten Küche abweichende Fleischarten und Fleischzubereitungen kennen, die neue Ansprüche entwickelten oder auch nur die Bereitschaft förderten, von den heimischen abweichende Fleischspeisen zu »probieren«. Der Nachfrage entspricht die v.a. in Deutschland in den letzten 30 Jahren deutlich gewachsene Zahl von Restaurants fremdländischer Küche; diese offerieren Alternativen, die mehr oder minder weitgehend genutzt werden. An den Ansprüchen der Gäste orientieren sich freilich auch die Restaurants, die den Besuchern im Ausland das bieten, was diese von zu Hause gewohnt sind, d.h., die das Angebot der landesüblichen Küche zugunsten einer Speisekarte reduzieren, die den Herkunftsländern der Gäste entspricht. Derart werden dann auch die Einwohner der bereisten Länder mit fremdländischen Speisegewohnheiten vertraut gemacht. Auch wenn die Zahl der Innovatoren – wie bei anderen Kulturgütern – relativ klein bleibt im Vergleich zu den Konservativen, lassen sich gerade derzeit in den Industriegesellschaften solche Verschiebungen feststellen. In Weltstädten wie London oder Paris sind diese natürlich zunächst einmal deutlicher als in Wolfsburg oder als in einem Dorf in den belgischen Ardennen. Derartige naheliegende Unterschiede können sich aber markant verschieben, wenn die Mobilität der Industrie sowie der Arbeiter dazu führt, daß in einer Stadt oder in einem Stadtteil von kleinerem oder mittlerem Ausmaß ein außergewöhnlich hoher Anteil von Gastarbeitern lebt. In diesen Städten oder Stadtteilen siedeln sich mit der Zeit (eingewanderte) Metzger und Restaurantinhaber an, die, den Speisegewohnheiten ihrer Landsleute entsprechend, die Speisegewohnheiten ganzer Städte oder Stadtzentren verändern. Der Einfluß der türkischen Küche auf die deutsche reichte in den letzten 30 Jahren z.B. weit und wird als solcher inzwischen häufig gar nicht mehr bemerkt. Die bei den Muslimen verbreitete Praxis, die Tiere mit dem Schächtschnitt ohne Betäubung zu töten, gewann durch den Einfluß der türkischen Küche auf die verschiedener anderer europäischer Staaten und durch die Präsenz zahlreicher Muslime in diesen Ländern eine größere praktische Bedeutung als zu der Zeit, da ausschließlich die Juden auf dem Schächten als Schlachtmethode bestanden.

Die Ausbreitung der Fast-food-Ketten sowie der Steak-Häuser war freilich wohl die folgenreichste Veränderung in der Gastronomie der Neuzeit, folgenreich auch für den gestiegenen Fleischkonsum in den verstädterten Wohlstandsgesellschaften. Bezeichnenderweise besteht das weltweit populärste Schnellgericht, nämlich der Hamburger, v.a. aus Fleisch.

Über die quantitativen Veränderungen des Fleischkonsums in unserem Jh. liegen Angaben vor, die präziser erscheinen, als sie in Wirklichkeit sind. Ermittelt wird der durchschnittliche Konsum pro Individuum nämlich annäherungsweise durch die Zusammenstellung der gesamten Fleischproduktion des Landes abzüglich der Exporte, zuzüglich der Importe und dividiert durch die Anzahl der (potentiellen) Konsumenten. Im einzelnen ergibt eine solche Rechnung u.a. folgendes Bild: Der Fleischkonsum des statistischen Durchschnittsbürgers der Bundesrepublik Deutschland betrug im Jahre 1971 38,4 kg Schweine-, 21,5 kg Rind-, 8,3 kg Geflügel-, 2,1 kg Kalbs- und 0,2 kg Lammfleisch, d.h. insgesamt 70,5 kg.[6] 1963/64 hatte der Pro-Kopf-Konsum an Fleisch in der Bundesrepublik Deutschland bei 64,4 kg gelegen, 1983/84 betrug er schon 89,2 kg. Um diesen Bedarf zu decken, wurden Hunderte Mio. Tiere getötet, Kleintiere und Fische nicht eingerechnet. Derzeit liegt der jährliche Verbrauch im Durchschnitt bei 90 kg, was im gesamten Leben des Menschen der Verantwortung für den Tod von etwa 600 Hühnern, 22 Schweinen, 20 Schafen und 7 Rindern entspricht.[7]

Zum Fleischkonsum der Menschen kommt der ihrer Hunde, Katzen und ihrer weiteren Hobbytiere hinzu. Für die Ernährung der Tiere werden nur in sehr begrenztem Maße von Menschen nicht verspeiste »Abfälle« verwendet. Über den Futterbedarf der Zoos liegen bemerkenswerte, detaillierte Angaben vor. So fraßen die Tiere des Frankfurter Zoos z.B. bereits in den sechziger Jahren jährlich 60 000 kg Pferdefleisch, 15 000 kg Walfleisch, 500 000 Süßwasserfische, 30 000 kg Salzwasserfische, 12 000 Eier, 12 000 kg Gerste, 50 000 kg Hafer, 30 000 kg Kleie, 8 000 kg Sojabohnen-Mehl, 36 Güterwagen Heu, 25 000 kg Äpfel, 25 000 Apfelsinen, 4 000 Bananen, 1 000 kg Rosinen und Feigen, 30 000 kg Möhren, 150 000 kg Futterrüben, 3 000 kg Futter-Trockenhefe, 5 000 kg Futterkalk, 1 000 kg Garnelen, 3 000 kg Milchpulver, 4 000 l Frischmilch, 10 kg Tee und 5 000 kg Zwieback.

Fleisch zu essen bedeutet nicht unbedingt, alle Formen der Nutztierhaltung zu akzeptieren. Nicht selten ist der Konsum mit dem (zumindest theoretischen) Bekenntnis zu einer artgerechten Haltung der Tiere verbunden, ein Bekenntnis, das freilich nicht selten davon entlastet, sich die Frage nach dem vegetarischen Verzicht auf den Fleischkonsum ernsthaft zu stellen.

Im 19. und in der ersten Hälfte des 20. Jh.s bildete der bäuerliche Betrieb weiterhin die Basis der (wachsenden) Fleischproduktion. Grundsätzlich war dieser Betrieb durch seine Diversifikation gekennzeichnet, d.h. auch, zum traditionellen Bauernhof gehörten Pferde ebenso wie Kühe, Schweine und Geflügel; zudem bewachten Hunde die Gehöfte, und Katzen sorgten dafür, daß die Mäuse sich auf dem Heuboden oder in der Kornkammer nicht zu sehr ausbreiteten. Schafe und Ziegen waren nicht unbedingt in diesem Bestand, jedenfalls in verschiedenen Regionen nicht. Die Zucht von Schafen und Ziegen betrieben schon früh Spezialisten. Haustiere wie Kanarienvögel, Zierfische und Meerschweinchen befanden sich ebenfalls nicht im »bäuerlichen Viehbestand«. Um die Großtiere kümmerte sich auf dem traditionellen Hof i.d.R. der Mann, um das Geflügel die Bäuerin. Ausnahmen stellen diese Regel nicht in Frage. Eine solche Ausnahme bildete die Sorge der Bäuerin um die Jungtiere, auch der Gang der Großmutter vor der Nachtruhe in den Pferdestall, um den Tieren noch eine kleine Ration Futter für die Nacht zu geben. Das Bild des typischen bäuerlichen Betriebs differierte zwar in den verschiedenen Regionen Europas beträchtlich, der Bestand von Tieren verschiedener Art ist aber ein generelles Charakteristikum eines solchen Betriebs. Einzelne Bauern bildeten bei der Haltung und der Zucht der verschiedenen Tierarten freilich Schwerpunkte, abhängig von individuellen Vorlieben und/oder aufgrund regionaler Futterangebote und/oder Absatzmöglichkeiten.

Zu den bis zur Mitte des 20. Jh.s üblichen Gegebenheiten des typischen bäuerlichen Viehbetriebs gehörte auch das relativ enge räumliche Zusammenleben von Mensch und Tier. Dieses spiegelt u.a. der Begriff der »Domestikation«; er beinhaltet nämlich die Bereitschaft des Menschen, mit dem Tier »zusammenzuziehen«, d.h., das Tier in die Wohnung, nämlich in seine Wohnung, zu holen. Die Tierställe waren ursprünglich ein Teil des Hauses der Menschen; auf dem bäuerlichen Hof gingen Wohnhaus und Stall unvermittelt ineinander über. Sich in der Nähe des Stalles aufzuhalten hatte u.a. in den kälteren Jahreszeiten den Vorteil, von der Wärme der Tiere zu profitieren. Nicht selten öffnete man die Türe von der Stube zum Stall mit der Absicht, die Wohnung derart etwas aufzuheizen. Zudem hatte die unmittelbare Nähe den Vorteil, die Tiere immer im Auge bzw. im Ohr zu haben, irgendwelche Unregelmäßigkeiten – z.B. beim Kalben der Kühe – gleich zu bemerken und korrigierend eingreifen zu können.

Der Synoikismos von Mensch und Tier im typischen landwirtschaftlichen Viehbetrieb wurde insbesondere bei den nach dem Zweiten Weltkrieg gebauten Aussiedler-Höfen meist aufgekündigt. Das Wohnhaus der bäuerlichen Familie rückte man als separaten Bau – u.a. mit hygienischen Argumenten – von den Stallungen der Tiere ab. Diese Entwicklung ist symptomatisch für das Verständnis von »Nutz«tieren in der technischen Gesellschaft, nämlich symptomatisch für die Dominanz des Nutzungsaspekts und die Reduktion der emotionalen Nähe zu den Tieren. Die Alternative zu dieser Entwicklung bildet die Aufnahme der meist kleinen Hobbytiere in die Stadtwohnungen der Arbeiter und Angestellten der Industriegesellschaft, nämlich als »Heim«-Tiere. In den Genuß dieser lokalen Nähe zum Menschen – für manche Tiere auch ein Dauerstreß aufgrund artwidriger Haltung – kommen allerdings immer nur wenige Individuen, zu denen der Mensch eine besondere emotionale Nähe hat oder – u.a. aufgrund des Synoikismos – aufbaut.

Die in der Aufkündigung des Synoikismos sich spiegelnde Entfernung des Menschen vom Tier bzw. die in ihm sich spiegelnde Betonung des Nutzungsaspekts entspricht weiter der zunehmenden Distanz zu den verschiedenen Tierindividuen, zwischen denen im traditionellen bäuerlichen Betrieb deutlich unterschieden worden war und in bestimmten Regionen weiterhin unterschieden wird. Die (emotionale) Nähe zu den verschiedenen Individuen dokumentieren u.a. deren Ruf-Namen, die nicht nur als Markierung dienten und die Identifizierung der verschiedenen Tiere im Gespräch über sie erlaubten. Mit den Namen verband man i.d.R. bestimmte (wirkliche oder vorgestellte) Eigenschaften. Diese assoziierte man mehr oder minder deutlich, wenn man das Tier mit »seinem« Namen ansprach. Die (zumindest begrenzte) emotionale Nähe schloß die handfeste Nutzung des Tieres nicht aus. Sie verband sich im bäuerlichen Betrieb vielmehr regelmäßig mit dieser. Manchmal ergaben sich auch Konflikte zwischen der handfesten Nutzung und der emotionalen Beziehung, z.B. wenn ein Individuum aus ökonomischen Gründen verkauft und speziell wenn es ans Messer des Metzgers geliefert werden sollte. Im bäuerlichen Betrieb gab es in solchen Fällen manchmal auch das Spannungsverhältnis zwischen der vom Bauern vertretenen Betriebsrationalität einerseits und der von der Bäuerin respektierten emotionalen Beziehung andererseits.

Der ähnlich wie im Mittelalter und in der frühen Neuzeit wirtschaftende bäuerliche Betrieb bestimmte die Nutzviehhaltung auch im 19. und in der ersten Hälfte des 20. Jh.s. Selbst derzeit existieren solche Betriebe in verschiedenen Regionen in der hergebrachten Form, in manchen Regionen vereinzelt, in anderen als die überwiegende Wirtschaftsweise. Von den früheren Jh.en unterscheidet die Neuzeit freilich die Entwicklung der Viehhaltung in einer Weise, die von der der Bauern in starkem Maße bzw. prinzipiell abweicht, die an Grundsätzen der Industrieproduktion orientiert ist und derart den größeren Teil des Fleischs erzeugt. Die bald parallel zur bäuerlichen Haltung existierende, bald diese ersetzende Weise wird aufgrund ihrer großen Zahl von auf kleinem Raum lebenden Individuen sowie aufgrund der nach strengen Kriterien des ökonomischen Profits betriebenen Nutzung üblicherweise als »Intensivhaltung« bezeichnet, und zwar im Gegensatz zur extensiven des traditionellen bäuerlichen Betriebs.

Die Intensivhaltung erscheint als eine bes. weit reichende Modalität der Bemächtigung des Menschen über das Tier. Sie orientiert sich an der nach dem gleichen Prinzip der Effizienz verlaufenden industriellen Produktion, entspricht freilich nicht nur dem das Verhältnis von Kosten und Nutzen kalkulierenden Erzeuger, sondern auch einem nach gleichem Prinzip verfahrenden Konsumenten. Das neue Verfahren ist v.a. durch die folgenden Merkmale charakterisiert: Einstallen einer möglichst großen Zahl von Tieren in Gebäuden von beträchtlichem Ausmaß, Eingrenzung der natürlichen Reize und des

Bewegungsspielraums der Individuen zur Reduktion des für die Fleisch-, Milch- und Eierproduktion unnötigen Energieverbrauchs, spezialisierte Zucht nach den verschiedenen klar umrissenen und einander weitgehend ausschließenden Produktionszielen, Fütterung nach ernährungswissenschaftlich erarbeiteten Plänen, medizinische Betreuung mit hohem Aufwand aufgrund spezieller veterinärwissenschaftlicher Erkenntnisse, Minimierung der Personalkosten, Standardisierung der betrieblichen Abläufe, u.U. auch auf Kosten des Verlustes von Individuen ohne hinreichende Streßresistenz, Erreichen der gewünschten Produktionsleistungen in minimaler Zeit, relativ kurze Nutzungs- resp. Lebensdauer der Individuen, kurze Generationenfolge, Versuch der züchterischen Adaptation der Tiere an die neuen Haltungsformen bei Wahrung ihrer maximalen Leistung und Aufstallung der Einzeltiere bei begrenztem oder fehlendem sozialem Austausch mit Artgenossen.

Zur Nahrungsproduktion wird die Intensivhaltung v.a. bei Hühnern, Kälbern, Kühen und Schweinen angewendet. Zur vermehrten Herstellung »preiswerter« Luxusgüter aus Tieren und bestimmten Organen der Tiere, v.a. aus Tierfellen resp. Tierhäuten, bedient man sich ihrer freilich ebenfalls. Die Intensivhaltung der Nutztiere in der zweiten Hälfte des 20. Jh.s erscheint als extreme Form der generellen menschlichen Bereitschaft, von extensiven Weisen der Nutzung der Tiere zu intensiven überzugehen und dabei die artspezifischen Ansprüche des Tieres an seine Unterbringung, seine Ernährung, seine Bewegung sowie seine Sozialkontakte in zunehmendem Maße zu ignorieren. Letztlich wurden in der Intensivhaltung Methoden fortgeführt und im Extrem ausgebildet, die mit der Selektion der Tiere nach ihrer Tauglichkeit für die Bemächtigung bei der Domestikation begannen. Der Mensch domestizierte nämlich die verschiedenen Arten nicht in ihrer Gesamtheit oder in ihren typischen Vertretern; er gab vielmehr den Individuen den Vorzug, die sich »durch verminderte Aggression, durch Unterordnung und Sanftheit« von ihren Artgenossen unterschieden.[8]

Mit der Domestikation nahm der Mensch den Tieren ihren natürlichen Biotop. Er bestimmte das Resultat ihrer geschlechtlichen Aktivitäten nach seinen Vorstellungen, d.h., er betrieb eine züchterische Selektion – beim Menschen »Eu«-genik genannt – nach seinen, nicht nach den jeweils arteigenen Leistungskriterien der Tiere. Zur Veränderung des natürlichen Biotops und der natürlichen Selektion kamen operative Eingriffe am Körper des Tieres als weitreichende Bemächtigungen des Menschen über das Tier hinzu. Die Kastration (i.d.R. der männlichen Tiere) ist einer der frühesten Eingriffe dieser Art. Die ihr zugrundeliegende Einstellung zum Tier als einem manipulierbaren Lebewesen unterscheidet sich letztlich wohl nur graduell von der neuzeitlichen, v.a. in Frankreich praktizierten Technik, das Sättigungszentrum im Gehirn von Mastgänsen zu zerstören und derart eine pathologische Gefräßigkeit zu erreichen, die die Leber der Tiere bis zum Gewicht von einem Pfund anwachsen läßt.[9] Diese Technik ist raffinierter als die vergleichsweise simple Methode, die Tiere zu »stopfen«, nämlich ihnen zur Erhöhung des Gewichts ihrer Leber dreimal täglich eine Futtermenge von bis zu 500 g Getreide in den Schlund zu zwingen, eine Menge, die beim Menschen einer täglichen Ration von etwa 15 kg Spaghetti entsprechen soll.

Die in der heute üblichen Form praktizierte Intensivhaltung wurde seit den sechziger Jahren eingeführt, zunächst in den USA. Sie gelangte anschließend über England auf den europäischen Kontinent, wo sie v.a. seit den siebziger Jahren die Produktion bestimmt. Bereits 1965 machte Harrison in ihrem Buch *Tiermaschinen* auf »die neuen landwirtschaftlichen Fabrikbetriebe« aufmerksam, nachdem zuvor schon Robert Jungk[10] dieses Phänomen aufgrund seiner Beobachtungen in den USA beschrieben hatte. Die Hühnerhaltung bildete das Übungsfeld für die neue »Bewirtschaftung« der Tiere. Kleine Versuchsanlagen mit Hühnerkäfigen – anstelle der in dieser Zeit üblichen Auslaufhaltung – wurden in den USA bereits im Jahre 1924 installiert. Entsprechend der Nachfrage nach Eiern und Fleisch spezialisierten sich insbesondere nach dem Zweiten Weltkrieg die stadtnahen Betriebe in den Südstaaten der USA auf die »Erzeugung« von Hühnern; dabei gingen sie auf die Käfighaltung über. Im Gebiet der Bundesrepublik Deutschland wurden 1953 die ersten Versuche mit Legebatterien gemacht.[11]

Die derart entwickelte und verbreitete Intensivhaltung stellt eine Modalität des technischen Fortschritts dar. Der Phase der Erfindung folgte die mit z.T. beträchtlichen Verlusten verbundene Phase der praktischen Anwendung und schließlich die Phase der industriellen Nutzung mit der Akzeptanz von Verlusten in bestimmter Größenordnung und der nur noch in kleinen Schritten vorangehenden Reduzierung der Kosten sowie der Steigerung der Leistungen. Insbesondere an der Entwicklung der intensiven Hühnerwirtschaft lassen sich diese Phasen aufzeigen.[12]

Unter »natürlichen« Bedingungen bedürfen die Küken für ihr gesundes Wachstum einer Aufzucht mit Sonnenlicht und Auslauf. Auf eine solche Aufzucht verzichtete man, als man die Bedeutung der Vitamine A und D für die gesunde Entwicklung des Organismus erkannt hatte und den Tieren diese über das Futter verabreichen konnte. Durch zahlreiche Versuche, Irrtümer und erneute Versuche gelang es weiter, die hohen Verluste zu reduzieren, die in den überfüllten Käfigen auftraten und durch das bis zur Tötung reichende Hacken sowie durch den Kannibalismus bedingt waren. Um dieses Ziel weiterhin zu verwirklichen, werden den Hühnern derzeit – manchmal mehrfach in ihrem Leben – die Schnäbel mit speziellen Maschinen gekürzt. Die in den großen Ställen leicht sich ausbreitenden und bes. folgenreichen Erkrankungen werden mit intensivem pharmazeutischem Aufwand in Grenzen gehalten.

Zu den entscheidenden Etappen in der »Erfolgs«geschichte der Hühnerhalter neuer Art gehört die in wenigen Jahren vollzogene Züchtung eines für die Massenproduktion geeigneten Masthähnchens, d.h. eines Hähnchens, das der neuen Haltungsform physisch und psychisch gewachsen ist und bei geringem Futterbedarf schnell ein hohes Schlachtgewicht erreicht. Das heutige Hähnchen hat in 7–8 Wochen das Ziel des Züchters – und des Konsumenten – erreicht, nämlich ein Marktgewicht von etwa 1,5 kg. Sein Vorgänger resp. das durch die neue Zucht überholte »Modell« benötigte die doppelte Zeit. Der Zucht des spezialisierten Masthähnchens – es lebt, eng an seine zahlreichen Artgenossen gerückt, auf dem Boden unter Heizstrahlern – folgte die der spezialisierten Legehenne, die inzwischen etwa 230 Eier im Jahr produziert, um die 25 % mehr als das vielseitig verwendbare Huhn der vierziger Jahre. Um den Kot der Hennen – sie haben eine Lebensdauer von 1–2 Jahren – ohne großen Arbeitsaufwand aus den Käfigen zu entfernen, bedient man sich eines Gitterbodens, der in veränderter Form als Bodenrost-Schienen aus Holz, Beton oder Metall auch bei Schweinen, Rindern und Schafen verwendet wird. Dieser Boden gestattet zwar die schnelle und saubere (Schwemm-)Entmistung, den Tieren erlaubt er aber nicht, wie bei der traditionellen Stallhaltung auf einem durchgehenden und strohbedeckten Boden zu stehen, zu liegen und auf verschiedene Weisen tätig zu werden. Die Größe der Käfige bzw. die Anzahl der in ihnen gehaltenen Hennen wechselte mit den diversen Erfahrungen, insbesondere mit den z.T. beträchtlichen Verlusten durch das bereits genannte Hacken inklusive des Kannibalismus. Käfige mit einer Bodenfläche von 40 x 45 cm und der Besetzung mit vier oder fünf Hennen stellen inzwischen eine Standardgröße dar. Die in einem Stall einer »Eierfabrik« untergebrachte Zahl der Hühner stieg von etwa 20 000 in den fünfziger Jahren auf etwa 80 000 in den siebziger Jahren.[13]

Spezialisiert ist auch die Zucht und die Haltung der unterschiedlichen Hühner bzw. der Hühner in den unterschiedlichen Stadien ihres Lebens. Die Basis bilden die sog. »Primärzüchter«, die Zuchttiere an die »Vervielfältigungsfirmen« weitergeben. Diese produzieren dann die Hühner, die entweder an die Eier- oder an die Brathuhnfarmen gehen. In den Vervielfältigungsbetrieben wird den Tieren der Auslauf auf dem Boden der Bruthäuser gestattet; die derart gehaltenen Hühner liefern nämlich einen höheren Prozentsatz an fruchtbaren Eiern.

Die Spezialisierung bedeutet, daß die Hühner nur in einer Funktion optimale Leistungen bringen, Legespezialisten nicht in der Mast, Mastspezialisten nicht im Eierlegen. Jedenfalls ist der Ertrag der Spezialisten in den ihnen nicht entsprechenden Disziplinen (im Vergleich zu den jeweiligen Spezialisten) so schwach, daß sich ihre Aufzucht für diesen Zweck nicht lohnt. Dieser Umstand trifft v.a. die Hähnchen der aufs Legen spezialisierten Populationen. Sie können keine Eier legen, werden also getötet,[14] dies z.T. bei unzureichender Betäubung.

Bei den übrigen Nutztieren – in Deutschland im Jahre 1995 15,9 Mio. Rinder, 24,7 Mio. Schweine, 2,3 Mio. Schafe und 0,09 Mio. Ziegen – verläuft die heute vorherrschende Haltung prinzipiell ähnlich wie bei den Hühnern, der überwiegenden Art bei den 109,9 Mio. Individuen der Kategorie »Geflügel« in Deutschland: Die intensiv »bewirtschafteten« Mastschweine erreichen ihr Schlachtgewicht von ca.100 kg in etwa 22 Wochen. Schon zwei Wochen nach der Geburt werden die Ferkel von ihrer Mutter getrennt. In diesem Alter werden ihnen die »Nadelzähne« gekappt und die Schwänze abgeschnitten, da diese sonst von den Artgenossen in der Mastbox abgefressen werden würden. Die männlichen Ferkel werden in diesem Alter auch kastriert, ein Eingriff, der wie die zuvor erwähnten – mit Erlaubnis des deutschen Tierschutzgesetzes (§ 5) und der schweizerischen Tierschutzverordnung (§ 65) – ohne Betäubung durchgeführt wird. Die Mastferkel leben wie die Masthühner in großer Zahl auf engem Raum bei weitgehender Einschränkung ihrer Bewegungsfreiheit. Die Zuchtsauen müssen in manchen Betrieben sogar auf den Sozialkontakt verzichten, d.h., sie müssen alleine in einem Stall leben, in dem sie nur stehen oder liegen, aber nicht umhergehen können. Manchmal sind sie auch bei ähnlicher Reduktion ihrer Bewegungsfreiheit angebunden. Nach der Besamung trägt die Sau ihre Ferkel aus, hält diese zwei Wochen bei sich und wird dann einem neuen Generationszyklus zugeführt, dies jeweils bei minimalem Bewegungsspielraum.

In der intensiven Haltung der Mastkälber kommt in verschiedenen Ländern als weiterer Belastungsfaktor der in seiner Verbindlichkeit schwankende Wert des weißen Fleisches hinzu. Dieses veranlaßt zur Produktion blutarmer Tiere durch die Fütterung eines flüssigen Milchersatzes, dem v.a. das für die Blutproduktion wichtige Eisen fehlt. Der Marktpreis für das weiße Kalbfleisch liegt beträchtlich höher als der für dunkles Fleisch, was wiederum bedeutet, daß die Halter der Kälber nur das verwirklichen, was die Konsumenten wünschen oder zumindest akzeptieren. Die Konsumenten tolerieren – jedenfalls in der Mehrzahl –, daß solche Kälber 14–16 Wochen in eine Box eingesperrt werden, die nicht viel größer als ihr Körper ist. In manchen Betrieben wird eine solche »Isolationshaft« inzwischen durch die Haltung in – freilich ebenfalls beengten – Gruppenboxen ersetzt.

Milchkühe werden mit intensiver, ernährungswissenschaftlich und pharmazeutisch gestützter Fütterung dazu gebracht, ihre Tagesleistung beträchtlich zu erhöhen. Der Erfolg – Steigerungen von 25 % und mehr, laut Streich[15] das 2–3fache der Leistung von vor 30 Jahren – bestärkt die Tierhalter in ihrem Bemühen.

Schafe in der Herde im Herbst über abgeweidete Felder und abgeerntete Weiden ziehen zu lassen, ist ebenfalls nur noch eine von verschiedenen möglichen Haltungsformen. Eine andere erfahren die Schafe, die ebenfalls in enge Boxen eingesperrt und möglichst schnell auf das gewünschte Schlachtgewicht gebracht werden. Zum Zweck der Mast hält man Fische – v.a. Forellen, Karpfen und Aale – in Erdteichen oder in künstlichen Aquakultursystemen ebenfalls in großer Zahl auf kleinem Raum. Um ihrer Felle willen werden Nerze, Nutrias, Füchse oder Chinchillas nicht minder intensiv gezüchtet. Die in großer Zahl benötigten Exemplare – z.B. 40–60 Nerze oder 130–200 Chinchillas für einen Mantel – leben in kleinen Käfigen in Betrieben mit etwa 25000 Muttertieren, dies bei hoher Gefahr von Seuchen, hoher Sterblichkeit der Jungen und reicher Fütterung von Medikamenten, u.a. Medikamente zur Reduktion der intraartlichen Aggression.[16]

Die wirtschaftlichen Erfolge der Intensivhaltung reizen sogar dazu, mit dieser bisher nur begrenzt für die Fleischproduktion genutzte Tierarten zu »bewirtschaften« und für deren Fleisch einen neuen Markt aufzubauen. Zu diesen Arten gehört z.B. das Kaninchen. Intensiv werden meist auch die Kleintiere gehalten, die der Mensch – häufig in großer Zahl – als sogenannte Delikatessen verspeist. Der ökonomische Wohlstand breiter Schichten der neuzeitlichen Industriegesellschaften bedingt u.a. das unabhängig von regionalen Angeboten luxurierende Speiseverhalten. Froschschenkel, die Gänsestopfleber oder Schildkrötensuppen gehören zum Speiseplan der Gourmets, auch zu dem mancher Gourmands. Auf Jungtiere verschiedener Arten erstrecken sich die artifiziellen Speisebedürfnisse nicht minder, auch auf ausgefallene Fische und auf Sing- und Zugvögel, die mit wenig waidmännischen Methoden gefangen werden. In den achtziger Jahren wurden weltweit pro Jahr etwa 2 Mrd. Froschschenkel gegessen, dadurch in manchen Regionen die Frösche als Vertilger von »Schad«insekten so weit dezimiert, daß man in starkem Maße mit Pestiziden gegen die Insekten vorging und hierfür mehr Geld ausgab, als der Verkauf der Frösche einbrachte. In der Bundesrepublik Deutschland wurden in den achtziger Jahren unseres Jh.s etwa 12 Mio. Froschschenkel pro Jahr gegessen, in der Schweiz 8 Mio., von denen die eine Hälfte tiefgefroren und die andere lebend eingeführt wurde. Der Genuß der Froschschenkel ist aus der Sicht des Tierschutzes auch deshalb bes. bedenklich, weil die Tiere häufig ohne Betäubung ihrer Beine entledigt werden.

Die einseitige Fütterung, das beschleunigte Wachstum, den Bewegungsmangel sowie das Fehlen artgemäßer sozialer Beziehungen verkraften die intensiv gehaltenen Tiere trotz ihrer Selektion auf Streßresistenz nur begrenzt. Nicht selten leben sie in einem Dauerstreß mit den entsprechenden Folgen. Bei Schweinen sind die manchmal tödlichen Folgen einer zusätzlichen Belastung bes. bekannt. Allein in Deutschland sollen derzeit etwa 400 000 Schweine auf dem Transport zum Schlachthof durch Herzschlag verenden. Bei Schweinen und Hühnern treten auch die Folgen des sozialen Stresses bes. häufig und bes. deutlich in aggressivem Beißen und Hacken sowie in kannibalistischen Verhaltensweisen auf. Der soziale Streß kann sowohl auf der Vereinsamung der auf sozialen Kontakt disponierten Tiere, kann aber auch auf der unzureichenden Ausweichmöglichkeit oder auf der mangelnden Chance beruhen, artgemäße Gruppen mit ihnen entsprechendem Rangverhalten aufzubauen. Mit der Amputation des Schwanzes und dem Kürzen des Schnabels (um das vordere Drittel), manchmal auch der Zehen, werden nur die Auswirkungen von Symptomen, nicht aber die Ursachen beseitigt.

Zu den Symptomen des – durch Abdunkelung der Ställe reduzierten – Dauerstresses zahlreicher intensiv gehaltener Tiere gehören neben psychischen Leiden weiter Probleme im Fortpflanzungsverhalten, denen v.a. mit Hormonbehandlungen begegnet wird. Ferner stellen die generell geringe Ausbildung von Abwehrkräften und die daraus resultierende Krankheitsanfälligkeit allgemeine Begleiterscheinungen von Dauerstreß dar. Die intensive medizinisch-pharmakologische Betreuung soll die Auswirkungen diese Umstandes in Grenzen halten.

Die »intensive medizinisch-pharmakologische Betreuung« bedeutet de facto die regelmäßige Zugabe von Substanzen, die weder die Gesundheit der Tiere noch die der Konsumenten des Fleischs langfristig fördern. Mason[17] sprach sogar von einer »Drogenabhängigkeit« zahlreicher intensiv gehaltener Tiere. Solche »Drogen« verstärken die Schadstoffbelastung des Menschen, dann auch die Schadstoffbelastung der Umwelt durch die Tierabfälle.

Zu ökonomischen, ökologischen und gesellschaftlichen Zusammenhängen der neuzeitlichen Intensivhaltung gehören u.a. die beträchtlichen Investitionen, die – anders als bei der Viehhaltung im traditionellen landwirtschaftlichen Betrieb – große Ställe mit entsprechender Ausrüstung durch Maschinen erfordern. Sie schaffen einen ökonomischen Druck, nämlich mit maximaler Produktion für die (schnelle) Amortisation der Maschinen zu sorgen. Die Gefahr der Überproduktion ist bei dieser Tendenz akut, mit ihr auch die Gefahr des Preisverfalls sowie der aus ihm resultierende Versuch, durch weitere Senkung der Produktionskosten konkurrenzfähig zu bleiben resp. Krisen zu überbrücken. Angesichts der stagnierenden oder nur noch wenig steigenden Produktionsleistungen erscheint die Senkung der Produktionskosten – i.d.R. zu Lasten der Tiere – in diesem Fall nämlich als der einzig erfolgversprechende Weg. Gegenüber solcher Betriebsrationalität[18] vertreten manche Befürworter der traditionellen Tierhaltung sogar die Ansicht, die Intensivhaltung sei nicht wirtschaftlicher als die traditionelle Haltung.[19] Zu bemerkenswerten gesellschaftlichen Veränderungen führt die mit hohen Investitionen betriebene und quasi systemimmanent zu maximaler Produktion gezwungene Intensivhaltung dadurch, daß in den Industriegesellschaften der größere Teil der Fleischproduktion von einer relativ kleinen Zahl von Betrieben erwirtschaftet wird. Dies bedeutet, daß die Intensivhaltung der traditionellen bäuerlichen Haltung zumindest weitgehend ihre Konkurrenzfähigkeit genommen hat, dies auch aufgrund des bereits angesprochenen Kosten-Nutzen-Verhaltens der Konsumenten. Zahlreichen traditionellen bäuerlichen Betrieben wurde derart die Existenzgrundlage genommen, zahlreiche ländliche Familien sowie Gemeinden wurden wirtschaftlich und gesellschaftlich umstrukturiert.

Für die Intensivhaltung ist es bezeichnend, die dem Tier eingeräumten Lebensbedingungen von der ökonomischen Rationalität des Menschen, nicht von den arttypischen Dispositionen des Tieres bestimmen zu lassen. Derart wird das Tier nach den Prinzipien der menschlichen Ökonomie organisiert und als manipulierbares Hilfsmittel zur Erfüllung menschlicher Ziele behandelt. In spezieller

Konsequenz offenbart sich diese Einstellung in den züchterischen Maßnahmen, die das Adaptationsvermögen an belastende Umweltbedingungen und hohe Leistungsanforderungen resp. die Resistenz gegenüber dem Streß, der aus diesen Bedingungen und Anforderungen resultiert, als integrale Selektionskriterien beachten. Konkret bedeuten solche Maßnahmen, die Tiere »auszumerzen«,[20] die sich für bestimmte Haltungsverfahren nicht eignen. Derart ergibt sich eine positive Selektion auf die vom Menschen erwünschten Haltungsbedingungen, und zwar eine Selektion, die die Anatomie, die Physiologie und auch das Verhalten der Tiere umfaßt. Dies geschieht mit beträchtlichem wissenschaftlichem Aufwand, bei Kenntnis des artgemäßen Verhaltens der Tiere und mit dem Versuch, die Adaptationsfähigkeit der Tiere bis an ihre Grenze auszunutzen und dabei auch gewisse pathologische Entwicklungen in Kauf zu nehmen, letztere im Rahmen der Kosten-Nutzen-Rechnung, nach der der ökonomische Profit bestimmter Haltungsverfahren den Verlust eines bestimmten Prozentsatzes der Tiere aufwiegt. Die Parallelität dieses Ansatzes zur Verarbeitung von natürlichen und künstlichen Werkstoffen in der Industrieproduktion, zur Berücksichtigung von Materialgesetzlichkeiten, von deren Toleranzen sowie Risiken ist offenbar. Die Maßnahmen der Ernährung sowie der (medizinischen) Versorgung der Tiere dürfen ebenfalls als Analoga zur ordnungsgemäßen Bedienung und fachlich kompetenten Wartung von Maschinen interpretiert werden. Die Wirtschaftlichkeit der tierischen Produktion verlangt, wie Comberg[21] mit einem gewissen Optimismus feststellte, »gesunde Tiere als Voraussetzung hohen Leistungsvermögens«. Optimistisch ist diese Feststellung insofern, als die Gesundheit v.a. wohl eine Voraussetzung dauerhafter maximaler Leistungsfähigkeit darstellt. Eine kurzfristige hohe Leistungsfähigkeit scheint auch bei gesundheitlicher Beeinträchtigung, bei Streß der Tiere oder bei Beeinträchtigung in bestimmten Bereichen möglich zu sein. Zudem kann die hohe Leistungsfähigkeit bei einem bestimmten Maß an Streß für den Produzenten kostengünstiger sein als die maximale beim Aufwand einer Haltung ohne Streß.

Die Leistungen der Haustiere wurden durch die züchterische Selektion und die Spezialnutzung generell erheblich gesteigert. Keines der Nutztiere erreichte zu Beginn der Domestikation seine derzeitigen Leistungen.[22] Die Leistungen der intensiv gehaltenen Tiere stiegen in der Quantität des erzeugten Fleischs, der gemolkenen Milch und der gelegten Eier – meist nicht in der geschmacklichen Qualität der Produkte – in den letzten 30 Jahren bes. deutlich und bes. schnell, sehr viel deutlicher und schneller als das Bevölkerungswachstum in dieser Zeit in Europa.

Die Bedingungen der landwirtschaftlichen Produktionstechnik sind für das Tier, wie Comberg[23] betont, generell »einschneidend und gravierend«. Dieser Umstand begrenzt die Verwirklichung des Postulats, »einen Gleichklang zwischen den Anforderungen der Individuen und dem Management in der tierischen Produktion« herbeizuführen. Die Geschichte der Haustiere macht deutlich, daß der Mensch üblicherweise die Leistung der Tiere unter bestimmten Lebensbedingungen und weniger die arttypischen Dispositionen der Tiere in den Vordergrund seines Bemühens rückte. Daher stellen »Hochzüchtungen« i.d.R. eine einseitige und weitreichende Veränderung des genetischen Bestandes der Wildtiere dar. Die züchterischen Maßnahmen des Menschen entsprechen keineswegs immer, so Comberg, dem »erforderlichen Gleichgewicht oder harmonischen Verhältnis innerhalb des Tierkörpers«. Derartige Disharmonien werden meist als »Konstitutionsschwäche« bezeichnet. Eine solche Konstitutionsschwäche stellt die zuvor angesprochene reduzierte Streßresistenz der hochgezüchteten Schweine in der Intensivhaltung dar. Schwächen dieser Art ergeben sich nicht nur dort, wo die Anatomie, die Physiologie und das Verhalten des Tieres nicht (mehr) mit den Umweltbedingungen korrespondieren, sondern auch dort, wo bestimmte Organe, physiologische Prozesse oder genetisch disponierte Verhaltensweisen nicht (mehr) den übrigen Organen, physiologischen Prozessen oder genetisch disponierten Verhaltensweisen entsprechen, d.h. wo die Abstimmung der verschiedenen Organe und Prozesse innerhalb des Gesamtorganismus gestört ist. Weil die Konstitutionsschwächen die Leistung der Tiere beeinträchtigen, Nutztiere aber nach Kriterien der Leistung gehalten und gezüchtet werden, treten diese Schwächen bei ihnen nicht in dem Maße wie bei den Heim- und Hobbytieren auf.[24] Die den Faktor »Wohlbefinden« respektierende Zucht kann die Tiere u.a. derart verändern, daß sie unter den unnatürlichen Existenzbedingungen zwar nicht mehr leiden, aber in ihren psychischen Dispositionen von ihren Vorfahren so erheblich abweichen, daß die »kreatürliche Würde« des Tieres[25] als verletzt angesehen wird.

Unnatürliche Haltungsbedingungen an sich beweisen nicht die Existenz von Schmerzen und Leiden bei den betroffenen Tieren. Anomale oder gar pathologische Symptome in der Anatomie, der Physiologie und dem Verhalten der Tiere legen demgegenüber nahe, Schmerzen und Leiden aufgrund der unnatürlichen Existenzbedingungen anzunehmen. Nach dem Urteil mancher Fachleute[26] verstößt die Intensivhaltung in Deutschland z.B. ständig sowohl gegen den Tierschutz als z.T. auch gegen das Arzneimittelgesetz. Im § 2 des Deutschen Tierschutzgesetzes heißt es nämlich: »Wer ein Tier hält, betreut oder zu betreuen hat, (1) muß das Tier seiner Art und seinen Bedürfnissen entsprechend angemessen ernähren, pflegen und verhaltensgerecht unterbringen, (2) darf die Möglichkeiten des Tieres zu artgemäßer Bewegung nicht so einschränken, daß ihm Schmerzen oder vermeidbare Leiden oder Schäden zugefügt werden.« Angesichts diese Gesetzes offenbart sich der Staat, mit dessen Duldung die zuvor skizzierte Intensivhaltung stattfindet, so Sommer,[27] »als kaum zu überbietender Heuchler«. Die mit der Intensivhaltung resp. der Leistungssteigerung einhergehenden Schäden – generell geringere Lebensdauer resp. frühzeitiger Tod und speziell reduzierte körperliche Abwehrkräfte, Störungen im generativen Verhalten, Euter-, Schleimhaut- sowie Lungenentzündungen, Kreislaufversagen, Beinschäden und diverse Verhaltensstörungen – sind nämlich offensichtlich und grundsätzlich unbestritten.[28] Die Zunahme einzelner Störungen und Erkrankungen – z.B. solche des Euters, der Klauen, der Gliedmaßen und der Fruchtbarkeit – verliefen bei Kühen z.B. in den letzten 40 Jahren parallel zum Wachstum der Milchleistung,[29] dies allerdings bei deutlichen Unterschieden in den verschiedenen Betrieben mit unterschiedlicher Intensität der Pflege der Tiere durch den Menschen. Die Häufigkeit des Auftretens mancher Krankheiten korreliert auch mit der Dichte der Bestände. Bei den pathologischen Auswirkungen einer Haltung, die die genetischen Dispositionen des Tieres hinsichtlich der Bedarfsdeckung und der Schadensvermeidung[30] mißachtet, stellt man grundsätzlich den Schäden (Technopathien) die Verhaltensstörungen (Ethopathien) gegenüber.[31]

Die begrenzte Streßresistenz der intensiv gehaltenen Nutztiere offenbart sich insbesondere bei Veränderungen ihrer Umwelt und ihres üblichen Lebensablaufs. Zu solchen Veränderungen gehört v.a. der Transport, meist der erste und der letzte im Leben der Tiere, nämlich der ins Schlachthaus. Häufig werden die todgeweihten Tiere bei diesem Transport bes. rüde behandelt, in zu großer Zahl auf kleinem Raum zusammengepfercht und bei Transporten über weite Strecken nur unzureichend getränkt und gefüttert. Der in Waggons erfolgende Transport von Schlachtpferden aus Rußland und Polen nach Frankreich (ca. 300000 im Jahr), Belgien, Italien (ca. 350000 im Jahr), Holland und auch Deutschland dauert nicht selten mehr als zwei Wochen und führt manchmal dazu, daß die Tiere während der Fahrt heftig geschaukelt und gestoßen, daß sie über Tage unzureichend getränkt und genährt werden, daß sie zudem bei begrenzter Frischluft bald der Kälte, bald der Hitze schutzlos ausgeliefert werden. Möglicherweise erging es den Kühen, die man in den USA in der zweiten Hälfte des letzten Jh.s vom Süden in die Schlachthäuser des Nordens getrieben hat, besser als den heutigen Schlachtpferden. Das Treiben der Herden durch die berittenen Cowboys wurde seit den achtziger Jahren in zunehmendem Maße durch den Bahntransport ersetzt. Diese Verfrachtung des Schlachtviehs stellt das historische Vorbild für die Schlachtpferdetransporte unserer Tage dar. Lebend wird das Vieh über weite Strecken transportiert, weil dies preisgünstiger ist als die Verfrachtung des Fleischs in Kühlwagen. Schmerzen und Leiden der Tiere werden dabei zugunsten der ökonomischen Vorteile in Kauf genommen. Daß in Tierschutzgesetzen speziell auf den Transport von Tieren eingegangen wird, dokumentiert diesen als eine problematische Begleiterscheinung neuzeitlicher Tiernutzung. Effizienter als die gesetzlichen Bestimmungen ist für den Schlachtviehtransport möglicherweise der Umstand, daß die Fleischqualität der Tiere durch außergewöhnliche physiologische Ereignisse beim Transport erheblich beeinträchtigt werden kann. Bei Schweinen z.B. lassen Überhitzung und Muskelverkrampfung das Fleisch blaß, weich und wässerig werden. Möglicherweise verhindert diese Tatsache einen noch rüderen Umgang mit den Tieren.

Eine (unausweichliche) Begleiterscheinung der Ernährung des Menschen mit dem Fleisch des Tieres stellt dessen Schlachtung dar. Diese wird häufig ebenfalls nach den Prinzipien der Ökonomie und bei geringer Respektierung des Empfindens der Tiere betrieben. Es gibt Schätzungen, nach denen weltweit jährlich 1 Mrd. Tiere geschlachtet werden, die Hälfte von ihnen ohne Betäubung. In Westeuropa sollen etwa 200 Mio. Tiere pro Jahr für die Ernährung des Menschen ihr Leben lassen, wobei hier etwa ein Viertel ohne Betäubung geschlachtet wird. Geflügel, Kleintiere und Fische sind bei diesen Schlachtungen nicht berücksichtigt. Auch in Europa dokumentieren gesetzliche Bestimmungen über die Betäubung vor der Schlachtung die Akutheit dieses Problems.

Neben dem Fleisch fallen beim Schlachten der Tiere nicht nur Knochen, Öl und Fette an, die zu diversen Produkten weiterverarbeitet werden. Die ursprüngliche Nutzung des Tieres umfaßte zudem die Verwendung seines Fells resp. seiner Haut zur Bekleidung. Für die Entwicklung im 19. und 20. Jh. ist der mit der Tierhaut erreichte Wärmeschutz mit Hilfe der Tierhaut allerdings nicht bezeichnend, wohl aber die über die Bedarfsdeckung hinausgehende, luxurierende Bekleidung mit dem Fell der ebenfalls intensiv gezüchteten Pelztiere.

Die skizzierte Intensivhaltung ist, wie gesagt, für die Nutzung des Tieres im 20. Jh. charakteristisch. Zu den Entwicklungen dieser Epoche gehören aber auch verschiedene Einstellungen und Maßnahmen, die dem Verhältnis von Mensch und Tier in der Intensivhaltung entgegenwirken: In der ausgedehnten Haltung von Haus- und Hobbytieren dokumentieren die Menschen eine ausgeprägte Nähe zum Tier. Sie sorgen nicht nur für dessen physisches Wohl, sondern binden sich auch psychisch eng an es. Sie wenden nicht nur manchmal beträchtliche finanzielle Mittel für das ins Haus gebrachte Lebewesen auf, sondern entwickeln eine Partnerschaft, Bruderschaft und auch »Liebe« zu ihm; sie praktizieren die Nähe handfest im Berühren, Belecken und Küssen.

Eine weitere Entwicklung gegen die Versachlichung des Tieres in der Intensivhaltung besteht in der »biologischen«, »ökologischen«, »artgemäßen« oder »humanen« Nutzung. Gerade angesichts der durch die Intensivhaltung hervorgerufenen physischen und psychischen Schäden der Tiere und auch angesichts des der Intensivhaltung zugrundeliegenden Verständnisses der Tiere formierten sich der Protest und die Rückbesinnung auf die einstige bäuerliche Tierhaltung. Die von der wissenschaftlichen Verhaltensforschung sowie von deren popularisierten Formen in den Massenmedien weiten Kreisen der Bevölkerung aufgezeigten natürlichen Bedürfnisse der Tiere machten die bedenklichen Entwicklungen der Intensivhaltung öffentlich. Die »biologische« Tierhaltung wurde von Tierschutzorganisationen und Verbraucherverbänden als Alternative zur Intensivhaltung propagiert, von landwirtschaftlichen Betrieben dann als eine neue Existenzgrundlage praktisch (wieder) aufgebaut. Bezeichnenderweise gelang es u.a., den Produkten solcher Tierhaltung das Ansehen hoher Qualität zu vermitteln. Ein solches Image verhindert jedoch nicht, daß die Bereitschaft der Konsumenten, für die Eier und das Fleisch aus biologischer Haltung einen höheren Preis zu zahlen, begrenzt ist, d.h., daß diese Bereitschaft auf eine Minorität der Bevölkerung beschränkt bleibt und damit in Deutschland z.B. die Menge der Produkte, die nach den Richtlinien der Europäischen Union für den ökologischen Landbau erzeugt werden, weiterhin relativ gering bleibt. Dieser Umstand bedingt, daß insbesondere die an der Mehrheit orientierten Supermärkte die »ökologisch« produzierten Waren nicht in dem Maße anbieten wie die aus der Intensivhaltung. Dem Konsumenten sind die ökologisch produzierten Waren damit auch nicht in dem Maße zugänglich wie die der üblichen Intensivhaltung. Gleichwohl scheint es legitim, ja sogar geboten zu sein, denjenigen der Anstiftung zur Tierquälerei zu bezichtigen, der nicht bereit ist, für Fleisch, Milch oder Eier den Preis zu zahlen, der der Erzeugung durch die extensive Haltung entspricht.

Beim Angebot des Fleischs in der Kühltheke ist dessen Aufbereitung und Verpackung bemerkenswert, nämlich die verbreitete Tendenz, die Herkunft des Lebensmittels vom einst lebendigen Tier nicht zu offenbar werden zu lassen oder gar zu kaschieren. Bes. deutlich ist diese Neigung bei der Verarbeitung des Fleischs in der Wurst oder in anderen Lebensmitteln, deren Verpackung den Zusammenhang des Verpackten mit der Schlachtung i.d.R. verbirgt.

Die begrenzte Bereitschaft der Konsumenten, das teurere Fleisch oder die teureren Eier von artgemäß gehaltenen Tieren den billigeren Produkten von intensiv gehaltenen vorzuziehen, läßt darauf schließen, daß ein Ende der Intensivhaltung nicht abzusehen ist. Lippenbekenntnisse der Verbraucher reichen weiter als deren reales Handeln. Die Informationen über die übliche Besetzung des Fleischs oder der Eier mit Schadstoffen führen ebenfalls nicht zur grundlegenden Modifikation des Verbraucherverhaltens. Zu deutlichen Einschnitten kommt es allerdings – zumindest für eine gewisse Zeit –, wenn außergewöhnliche Belastungen allgemein bekannt und in den Massenmedien ausführlich erörtert werden. Symptomatisch hierfür ist z.B. die Veränderung des Ernährungsverhaltens nach dem GAU (Größter Anzunehmender Unfall) im Atomkraftwerk im sowjetischen Tschernobyl im Jahre 1986, die markant gesunkene Nachfrage nach Schweinefleisch nach dem Auftreten der Schweinepest in Deutschland im Jahre 1995 und der rapide Abfall des Rindfleischkonsums nach der Veröffentlichung der wahrscheinlichen Übertragung des BSE-Rinderwahns (Spongiforme Enzephalopathie) auf den Menschen im April 1996 in den Massenmedien. In wissenschaftlichen Zeitschriften war der Zusammenhang zwischen der v.a. in Großbritannien aufgetretenen BSE-Seuche bei den mit Tierkadavermehl gefütterten Rindern und der Creutzfeld-Jacobschen Hirnerkrankung des Menschen schon bedeutend früher erörtert worden. Nach den alarmierenden Forschungsberichten in den Massenmedien sank der Konsum von Rindfleisch innerhalb weniger Tage auf etwa ein Drittel des früheren Umfangs. Aufgrund der anhaltenden Berichterstattung über dieses Problem stieg er auch nach Monaten noch nicht über etwa 60% des früheren Umfangs an. Die begrenzten Veränderungen des Konsumverhaltens durch die öffentliche Diskussion des Leidens der Tiere unter der Intensivhaltung einerseits und die – zumindest eine gewisse Zeit anhaltenden – weitreichenden Modifikationen angesichts der Gesundheitsgefährdung des Menschen durch belastetes Fleisch, belastete Milch und belastete Eier andererseits offenbaren die beschränkte Kraft der menschlichen Moral im Bereich des Tierschutzes. Resultate der Meinungsforschung sowie das reale Verhalten lassen fragen, ob der Fleischkonsum in Europa Ende der achtziger Jahre nicht vielleicht seinen Höhepunkt erreichte, d.h. auch, ob er derzeit nicht anhaltend sinkt, zumindest in manchen Regionen und/oder in manchen

Gruppen der Bevölkerung. Zudem sind gruppen- und regionalspezifische Veränderungen in der Qualität des Konsums zu vermuten.
Dem Verständnis des Tieres als manipulierbarem Hilfsmittel wurden und werden durch gesetzliche Maßnahmen im Bereich des Tierschutzes Grenzen gezogen. Auch wenn diese Gesetze i.d.R. hinter den Forderungen der Tierschutzorganisationen zurückbleiben, schützen sie die Tiere doch im zunehmenden Maße vor der Vernachlässigung ihrer angeborenen Dispositionen in der Intensivhaltung. Der Gesetzestext ist freilich nur die Norm, der für das Tier ausschlaggebende Faktor deren Anwendung. Die Käfighaltung der Hühner z.B. wurde bereits bei der Beratung des deutschen Tierschutzgesetzes vom Jahre 1972 – mit widersprüchlichen Gutachten – intensiv diskutiert. Ausführlicher erörterte man die Intensivhaltung dann vor der Novellierung im Jahre 1986 und im Zusammenhang mit der erneuten Novellierung im Jahr 1998. U.a. waren und sind die Tierschutzorganisationen– gegen den Widerstand der Züchter – weiterhin bemüht, Maßnahmen wie das Kupieren der Schweineschwänze oder das Kürzen der Hühnerschnäbel verbieten zu lassen.
Das schweizer Tierschutzgesetz von 1978 schränkte die industrielle Zucht und Haltung von Tieren bereits in verschiedener Hinsicht ein. So muß Mastkälbern eisenhaltiges Futter und auch Rauhfutter vorgelegt werden. Ferner beschloß man in der Schweiz – der in Umfragen geäußerten Meinung der Bevölkerung entsprechend – bereits 1978 das ab 1991 gültige Verbot von Batteriekäfigen für Legehennen.
Das Ziel, die Wettbewerbsfähigkeit der heimischen Tierproduktion zu erhalten, ging als gewichtiger Faktor in diese sowie in weitere Beschlüsse ein. Aufgrund der Mobilität der Güter können gesetzliche Regelungen in diesem Bereich die Tiere im 20. Jh. allerdings nur dann effektiv schützen, wenn sie eine europa- bzw. weltweite Geltung erhalten. Andernfalls werden die Probleme der Intensivhaltung nur in ein anderes Land transferiert, nämlich in ein Land mit permissiver Gesetzgebung. In diesem Sinne ist die geplante europaweite Übereinkunft gegen eine die Ansprüche des Tieres mißachtende Intensivzucht eine bemerkenswerte Entwicklung in die Richtung der Globalisierung des Tierschutzes. Die europaweiten Richtlinien bedeuteten bisher de facto freilich stets, sich in der Ri-

gorosität der Gebote und Verbote an den Staaten mit einer relativ permissiven Gesetzgebung zu orientieren, d.h. nur halbherzige Vorschriften zu erlassen.

Weitreichende Konsequenzen hat auch die bereits angesprochene intensive Fütterung der Nutztiere, nämlich die Tatsache, daß diese Tiere nicht mehr in erster Linie die Pflanzen in Eiweiß umsetzen, mit denen der Mensch sich nicht zu ernähren vermag. Die Tiere fressen vielmehr in zunehmendem Maße Gewächse, die auch der Mensch verdauen könnte; sie werden insofern zu »Nahrungskonkurrenten von Menschen«.[32]

Die in den Industrieländern oder für diese gehaltenen und ernährten Tiere nehmen etwa 40 % des gesamten von Menschen produzierten Getreides auf.[33] Bei diesem Prozeß der Umsetzung von Rohprotein in tierisches Eiweiß geht aber ein beträchtlicher Teil der Energie verloren, und zwar bei der Nutzung von Eiern, Milch und Geflügelfleisch 75–80 %, bei der Nutzung von Hammelfleisch sogar 96 %. Für letzteren Fall ist es u.a. bemerkenswert, daß nur etwa 40 % des Lebendgewichts eines Tieres eßbares Fleisch darstellt. Die durchschnittliche Milchkuh frißt in Mitteleuropa soviel Getreide, wie zur Ernährung von 4–5 Personen (ausschließlich mit Getreide) notwendig ist. Die Hochleistungskühe, die im Jahr 7 000–8 000 kg Milch geben, verbrauchen sogar den Getreidebedarf von 15 Personen. Mit dem Getreidebedarf von fünf Hühnern ließe sich ein Mensch ernähren. Diese Zahlen machen deutlich, daß die verstärkte Produktion von tierischem Eiweiß gerade nicht geeignet ist, den wachsenden Nahrungsbedarf in der Welt zu decken, sondern angesichts dieses Bedarfs eine (asoziale) Vergeudung darstellt. In welchem Maße gerade die Intensivhaltung eine solche Verschwendung fördert, offenbart die Kuh, die mit der Ernährung durch (das für den Menschen ungenießbare) Gras 3 000–4 000 kg Milch produzieren kann, während sie für jedes weitere Kilo erzeugter Milch der Zufütterung von – heute meist mit Hilfe von Kunstdünger wachsendem – Getreide bedarf. Gerade das intensiv gehaltene Tier wird also zum Nahrungsmittelkonkurrenten des Menschen. Dies trifft insbesondere für das Schwein und das Huhn zu, die ursprünglich Verzehrer des Abfalls im landwirtschaftlichen Betrieb bzw. in der landwirtschaftlichen Familie waren. Um ein Kilo Hühner- oder

Schweinefleisch zu erzeugen, werden heute 5–7 kg Getreide »geopfert«. Und um ein Kilo Rindfleisch bester Qualität zu erzeugen, sind etwa 10 kg Getreide aufzuwenden. Solche Relationen werden v.a. angesichts des zuvor bereits erwähnten gestiegenen, generell mit wachsendem ökonomischen Wohlstand sowie mit wachsender Verstädterung verbundenen Fleischkonsums in den Industriegesellschaften (Europas) relevant. Dieser Konsum hat sich seit den dreißiger Jahren bis heute verdoppelt, beim Geflügelfleisch sogar verfünffacht, obwohl er mit der größeren Anfälligkeit für Krankheiten, insbesondere Kreislaufschäden, einhergeht. Zudem ist für diese Entwicklung der im Vergleich zu früheren Epochen niedrige Preis der von Tieren gewonnenen Nahrungsmittel symptomatisch, niedrig z.B. angesichts des Lohns für eine Stunde Arbeit in der Industrie.

Angesichts des durch die rasch wachsende Weltbevölkerung beträchtlich steigenden Eiweißbedarfs liegt die Frage nach den Möglichkeiten der Reduktion der Kosten der Produktion von tierischem Eiweiß nahe, und zwar eine Reduktion durch eine veränderte Ernährung der Tiere, durch deren veränderte Fütterung resp. durch die Verwendung von Tieren, die in der Lage sind, Pflanzen geringerer Qualität bzw. Pflanzen, mit denen der Mensch sich nicht ernähren kann, umzusetzen. Ferner wird postuliert, die bei der Ernährung des Menschen sich ergebenden Abfälle stärker als bisher zur Ernährung von Tieren, v.a. von Schweinen und Hühnern, zu verwenden. Beide Maßnahmen würden helfen, die Tiere wieder aus der Rolle von Nahrungsmittelkonkurrenten des Menschen zu verdrängen.

Das zentrale Faktum der Welternährung besteht – entgegen der 1798 ausgesprochenen Prognose von Thomas Robert Malthus (1766–1834) – (vorerst jedenfalls) darin, daß die Weltproduktion an Nahrungsmitteln – v.a. die Weltproduktion bei Intensivierung der Bewirtschaftung des Bodens in den Entwicklungsländern – selbst für die wachsende Weltbevölkerung ausreicht, daß aber den Agrarüberschüssen in wirtschaftlich entwickelten Ländern quantitative und qualitative Nahrungsmitteldefizite in verschiedenen Entwicklungsländern gegenüberstehen: In den industrialisierten Regionen wird mehr als die Hälfte der gesamten Nahrungsmittel produziert, während in diesen Ländern nur etwa ein Drittel der Weltbevölkerung lebt. Bei der Erzeugung der Nahrungsmittel tierischer Herkunft sind die Unterschiede noch deutlicher. Ein Drittel der Menschheit verfügt über zwei Drittel der von Tieren gewonnenen Lebensmittel. Aufgrund der in den unterentwickelten Ländern deutlich stärker als in den entwickelten steigenden Bevölkerungszahlen ist trotz der agrartechnischen und viehwirtschaftlichen Fortschritte in den Entwicklungsländern eher eine Verstärkung als eine Lösung dieses Problems in Sicht.

Die erheblichen Fortschritte in der Nahrungsmittelproduktion werden v.a. durch eine intensivierte Nutzung der vorhandenen Flächen – nicht durch deren Ausweitung – erreicht; sie bedürfen des vermehrten Einsatzes von (künstlichen) Düngemitteln, von Pestiziden, von Energie für die Bewässerung und von Brennstoffen für die Maschinen, sind also mit hohen Kosten verbunden und von den Entwicklungsländern nur begrenzt zu finanzieren. Bis zum Jahr 2000 wuchs die Weltbevölkerung auf etwa 6,3 Mrd. an, d.h. auch, die Weltbevölkerung verdoppelt sich heute in etwa 35 Jahren. In der frühen Neuzeit bedurfte es dazu einer Spanne von 150–200 Jahren, vor unserer Zeitrechnung sogar einiger tausend Jahre. Das Wachstumstempo der Weltbevölkerung läßt sich als Vorgabe für das Wachstum der Welternährung verstehen. Die ausnutzbaren Nahrungsmittelreserven der Welt werden freilich von Fachleuten als erheblich angesehen, von manchen auch als ausreichend zur Ernährung der Weltbevölkerung im Jahre 2000 und später, wenn diese Reserven rationell genutzt und ausgeglichen verteilt werden.[34]

Bei solchen Überlegungen ist zu berücksichtigen, daß nur 11% der Landgebiete der Welt als Ackerland genutzt werden; 23% dienen demgegenüber als Dauerweiden oder -wiesen, 32% sind von Wäldern oder Büschen besetzt, 34% stellen vom Menschen ungenutzte Wüsten, Halbwüsten und Tundren dar. Der größte Teil der Bodenerosion (90%), des Wasserverbrauchs (80%) und der Entwaldung (70%) wird von manchen Autoren[35] auf die verschwenderische Ernährung des Menschen mit dem Fleisch der mit Getreide gefütterten Tiere zurückgeführt. Die Umstellung der Ernährung der Haustiere von Getreide und Gras auf ausschließlich Gräser könnte in den USA, so wurde in einer Modellstudie errechnet,[36] einen Energiegewinn von 38% bringen. Die Nutzung von Hausgeflügel und Hausschweinen würde dabei allerdings weitgehend reduziert werden; ferner würden sich die Erträge von Fleisch und Milch bei den Hauswiederkäuern beträchtlich vermindern. Die Menschen müßten sich deshalb stärker von pflanzlichen Nahrungsmitteln, insbesondere von eiweißreichen Hülsenfrüchten ernähren, müßten allerdings keine konsequenten Vegetarier werden. Derzeit zeichnet die menschliche Nahrung sich im Vergleich zu der der landwirtschaftlichen Nutztiere (mit Ausnahme der Kälber) durch einen hohen Fettgehalt und einen relativ niedrigen Gehalt an leichtlöslichen Kohlehydraten sowie an Proteinen aus, und zwar unabhängig von den von Menschen in Form von Alkohol aufgenommenen Energiemengen (in manchen Gesellschaften bis um die 10%).

Die Tatsache, daß die Zahl der konsequenten Vegetarier – insbesondere die Zahl der auch auf das Verspeisen von Milch(produkten) und Eiern verzichtenden Vegetarier – klein ist, beruht u.a. darauf, daß sich mit einer Mischung aus pflanzlichen und tierischen Produkten am leichtesten eine »vollwertige Ernährung« erreichen läßt. Der tierische Anteil kann bei einer solchen gemischten Ernährung nur aus Milch und Milchprodukten oder aus Fleisch, Fisch und Eiern bestehen. Als vollwertig bezeichnet man dabei eine Kost, die sowohl eine hinreichende Menge an Kalorien als auch (unverzichtbare) Nährstoffe in der erforderlichen Menge und Zusammensetzung zur Verfügung stellt. Die tierischen Eiweiße sind der Struktur der Proteine des menschlichen Organismus relativ ähnlich, daher für den Menschen auch von hohem biologischem Wert, i.d.R. höher als pflanzliche Proteine. Grundsätzlich läßt sich auch aus rein pflanzlichen Nahrungsmitteln eine ausreichende Ernährung gewährleisten. Dies ist jedoch schwieriger als mit einer Kost, die auch tierische Produkte enthält. Mit anderen Worten: Bei einer rein pflanzlichen Ernährung kommt es eher zu Mangelerscheinungen, v.a. zum Mangel an Eiweiß und Vitaminen. Die rein pflanzliche Ernährung bedarf insofern besonderer Aufmerksamkeit, besonderer Planung und besonderer Kenntnisse. Die Forderung hinreichender Quantität sowie hinreichender Qualität gilt insbesondere für das Eiweiß. Die Zufuhr an hochwertigem Eiweiß – dies ist v.a. das tierische Eiweiß und das bestimmter (hochwertiger) Pflanzen – liegt in einigen Ländern bes. tief, unter dem für ein gesundes Wachstum und ein gesundes Leben erforderlichen Minimum. Zu den klinischen Zeichen von Eiweißmangel gehören Kraftlosigkeit, Gewichtsabnahme, Anämie, Leukopenie, Hypoproteinämie, gestörte Laktation, reduzierte Widerstandsfähigkeit gegen Infektionen, verlangsamte Wundheilung und gestörte Hormon- sowie Enzymbildung. Begrenzte Leistungsfähigkeit und Leistungsbereitschaft beruhen häufig ebenfalls auf ungenügender Eiweißzufuhr, neben einer generell unzureichenden Menge von Kalorien.[37]

Die zuvor geschilderte Intensivnutzung der Tiere beruht in starkem Maße auf einer Pflanzen- resp. Futterproduktion, die durch die Düngung der Äcker und Wiesen mit tierischen Exkrementen sowie mit »Kunst«dünger seit dem Ende des letzten Jh.s und nochmals seit der Mitte unseres Jh.s beträchtlich gesteigert wurde. Aufgrund der hohen Tierdichten der Intensivhaltung haben die Ausscheidungen der Tiere in manchen Regionen inzwischen freilich zu beträchtlichen Umweltbelastungen geführt. Ein bezeichnendes Beispiel dieser Entwicklung stellt in Deutschland die Steigerung der Nitratwerte im Grundwasser im Raum Vechta dar. Dort fällt durch die Massenhaltung von Schweinen Gülle, das Gemisch aus Kot und Harnausscheidungen, in einem Quantum an, das die sandigen sorptionsschwachen Böden dieser Region überdüngt, d.h., das diese schnell an die tieferen Bodenschichten abgeben. Die Steigerung der Nitratkonzentration im Grundwasser bedingt eine Belastung des Trinkwassers und stellt insofern ein gesundheitliches Risiko für Mensch und Tier dar. Interessanterweise bilden nicht nur ökonomische Überlegungen, sondern auch transrationale gesellschaftliche Einstellungen (Sozialprestige durch die Anzahl der besessenen Tiere, geringes Ansehen der Schweinezucht im Vergleich zur Großviehzucht, konfessionelle Abgrenzung des katholischen Oldenburger Münsterlandes zum protestantischen Umland) die Grundlage dieser Schweinezucht. Bereits um die Jh.wende existierten in dieser Gegend – durch den preiswerten Futtertransport ermöglichte – Betriebe, die um die tausend Schweine hielten.[38]

Die Jagd
Eine Erfindung, die die Jagd in dem Maße wie die Feuerwaffen in der frühen Neuzeit revolutionierte, gab es in den letzten beiden Jh.en nicht. Auch wenn die fortentwickelte Waffentechnik die Jagd

in verschiedenen Details veränderte, in ihren kennzeichnenden Verläufen und Methoden blieb sie so wie in den vorangegangenen Jh.en. Das Bild der Jagd wurde freilich insofern umgezeichnet, als die sportlich betriebene Jagd in zunehmendem Maße die Jagd zum Nahrungserwerb ersetzte, und zwar so weitgehend, daß man in den Industriekulturen mit dem Begriff »Jagd« nur noch dann den Nahrungserwerb verbindet, wenn man zugleich an prähistorische Jäger- und Sammlergesellschaften denkt; ansonsten assoziiert man mit dem Begriff »Jagd« v.a. die Natur, elitäre Menschen, wirtschaftliche Potenz, Freizeitkleidung, Tiere in der Natur und den mehr oder minder akzeptierten Tod dieser Tiere durch die Kugel des Jägers. Bezeichnenderweise bedient die Konsumgüterwerbung sich solcher Assoziationen, häufig z.B. die Werbung für Geländeautos oder für bestimmte Alkoholika.

Das Bild der Jagd wurde ferner hinsichtlich der an ihr Beteiligten umgezeichnet. In zunehmendem Maße verloren die tradierten Privilegien ihre Geltung. Mit dem Abbau der Ordnung der Stände verlor auch die Jagd ihren zuvor eindeutigen gesellschaftlichen Stellenwert. Bürger und Bauern reihten sich in die Jagdgesellschaft ein, Industrielle, Ärzte und Rechtsanwälte v.a. aufgrund ihrer ökonomischen Möglichkeiten, Bauern aufgrund ihrer Verbindung zu Wald und Feld sowie zu den Tieren. Von einem Standesprivileg entwickelte die Jagd sich zu einer Freizeitbeschäftigung der wirtschaftlich Vermögenden, dies auch mit dem Akzent, durch die Teilnahme am einstigen Vergnügen des Adels Wohlstand zu demonstrieren, und zwar einen Wohlstand, der nicht durch das Odium neuen Reichtums belastet wird. Wirtschaftlicher Wohlstand ist v.a. erforderlich, um in einem landschaftlich reizvollen Revier mit nicht minder reizvollem Wildbestand Jagdpächter zu werden. Mit viel geringerem Aufwand läßt sich im Feld auf Hasen jagen. Und noch geringere ökonomische Anforderungen werden an den gestellt, der sich nur wie ein Jäger – in Grün mit Gummistiefeln und gewachster Wetterjacke – kleidet, ohne Waffe durch Wald und Feld streift, sich über jeden hoppelnden Hasen freut, vom gesichteten Reh Bekannten und Unvertrauten erzählt – derart der industriellen Stadtkultur für eine beschränkte Zeit den Rücken kehrt und eine der möglichen Alternativen lebt.

Die Verschiebung von der zum Nahrungserwerb betriebenen

Jagd zur Sportjagd ist v.a. ein Phänomen der industrialisierten Regionen Europas. Die Sportjagd geht mit einer weitgehend intensivierten Landwirtschaft einher, d.h. mit einer Landwirtschaft, die Fleisch in hinreichender Menge und Qualität produziert und den Nahrungserwerb von der Jagd unabhängig macht. Die Entwicklung zur Sportjagd basiert ferner auf der Entfaltung einer Überflußgesellschaft, nämlich auf einer Gesellschaft, in der man die – für die basale Existenzfristung nicht in Anspruch genommenen – Mittel produzieren kann, die die Ausübung der Jagd erfordert. Schließlich entwickelte sich die Sportjagd in einer Freizeitgesellschaft, in der die Art der Gestaltung dieser Freizeit als zentraler Inhalt der Selbstverwirklichung erlebt sowie angesehen wird und in starkem Maße das gesellschaftliche Ansehen des Individuums bestimmt.

In manchen mehr agrarisch orientierten Gesellschaften wird die Jagd in postfeudaler Zeit insofern als Volkssport betrieben, als an bestimmten Tagen, vor allem an Sonntagen, zahlreiche Männer aller Schichten mit und ohne Waffe in Wald und Feld ihr Glück versuchen. Daß die Jagd bei diesem Verfahren nicht immer waidgerecht verläuft, liegt – wie z.B. die Verhältnisse in Portugal und Italien zeigen – nahe. Bezeichnenderweise ist der Übergang von der Jagd zur legalisierten Wilderei hier fließend. Einen solchen Übergang erlebt der dem unmittelbaren Umgang mit dem Tier Entwöhnte v.a. dort, wo Tiere in urtümlicher Form brutal erschlagen werden, wo man so insbesondere mit Jungtieren verfährt. Die weltweiten vehementen Proteste gegen die Robben»jagd« sind hierfür symptomatisch. Die Proteste führten immerhin dazu, daß das europäische Parlament im Jahre 1983 die Einfuhr der Felle der auf dem kanadischen Packeis erschlagenen Robbenbabies nach Europa verbot und den »Jägern« damit den Absatzmarkt nahm. Weniger laut wird gegen den Abschuß von Sing- und Zugvögeln im Süden Europas protestiert. Eine Schätzung aus den siebziger Jahren besagt, daß allein in Italien jährlich 200 Mio. Zugvögel – dabei 80 Mio. kleine Singvögel – abgeschossen werden.[39] Durch diese u.a. mit Hilfe von Lockvögeln und Leimruten betriebene Jagd werden die Bestände an Zugvögeln erheblich verringert, und zwar Bestände, die darüber hinaus durch die übliche Vergiftung der Umwelt sowie durch die unter dem Begriff »Ölpest« zusammengefaßten Ereignisse dezimiert werden.

Auf Tauben schießt man in verschiedenen Regionen Europas im Rahmen sportlicher Wettbewerbe mit ausgeschriebenen Preisen. Die erfolgreichen Teilnehmer sind in ständigem Training (im Totschießen der zu diesem Zweck gezüchteten Vögel). Einen besonderen Schwierigkeitsgrad erreichen solche – in Deutschland verbotenen – Wettbewerbe, wenn den Tieren die Steuerfedern beschnitten werden und sie torkelnd, nämlich auf nicht berechenbarer Bahn, durch die Luft fliegen. Das Schießen auf bewegte Papierscheiben sowie auf Tontauben könnte in stärkerem Maße, als es bisher geschieht, an die Stelle der Jagd auf lebende Tiere treten. Das Ersetzen lebender Tiere durch unbelebte Ziele reicht beim sportlichen Schießen freilich schon weiter als beim Sportangeln, bei dem Methoden des Trocken-Zielangelns zwar existieren, aber relativ unbekannt sind.

Beim waidgerechten Verlauf der Jagd werden nicht nur die Voraussetzungen für den Jagderfolg und die Sicherheit der menschlichen Mitstreiter berücksichtigt, sondern auch die Ansprüche des Tieres respektiert. Zu diesen gehören v.a. die mit den generativen Aufgaben zusammenhängenden, in Abhängigkeit von der Jahreszeit wechselnden Verhaltensweisen des Wildes. Der Jäger versteht sein Tun insofern auch als Wildhege. Forderungen des Tierschutzes, u.a. die möglichst schmerzfreie Tötung, gingen in jüngerer Zeit ebenfalls in verstärktem Maße in die waidgerechte Jagd ein. Die Wildhege – in manchen Regionen inklusive der Fütterung im Winter – wird häufig als Legitimation für eine Jagd vorgebracht, die man nicht mehr als selbstverständliche Nutzung der Tiere durch den Menschen erlebt und die angesichts radikaler Formen der Tierethik einer besonderen Rechtfertigung bedarf.

Wildhege, so die Kritik des organisierten Tierschutzes, stellt häufig freilich nicht das naturschützende Bemühen um die Erhaltung der Art in einem bestimmten Biotop dar. Geschützt wird auch nicht stets mit dem Ziel, die Leiden des Tieres in der Natur zu minimieren, sondern zu dem Zweck, Objekte für den Abschuß durch die Sport- und Trophäenjäger bereitzustellen. Gerade weil die Anzahl und auch die gesellschaftliche Herkunft der Jäger sich veränderte, ist das Angebot an jagbarem Wild eine wichtige Voraussetzung für weite Bereiche der Sportjagd. Angesichts dieses Umstandes liegt es u.a. nahe, auch solche Individuen durch Zusatzfütterung am Leben zu erhalten, die den üblichen Kampf ums Dasein nicht bestehen würden. Und es liegt ferner nahe für den (lukrativen) Abschuß im Revier nicht zur Verfügung stehende Tiere heranzuschaffen und auszusetzen, d.h. große und kleine, fliegende, laufende und schwimmende Jagdtiere zu züchten und in Jagdgebieten freizulassen. Die Züchter und die Importeure der Tiere verdienen an diesem Geschäft ebenso wie die Jagdpächter.

Derartige Entwicklungen der Sportjagd in der technischen Gesellschaft führen nicht selten zu beträchtlichen Belastungen für die Tiere, in manchen Fällen auch zu Störungen des ökologischen Gleichgewichts von Futterangebot und Wildbestand in einem bestimmten Biotop. Im Bereich der Sportfischerei liegen die Probleme ähnlich, wobei die Sportfischerei allerdings im Vergleich zur Sportjagd eher ein Hobby der unteren Schichten darstellt. In der Bundesrepublik Deutschland vervierfachte sich die Zahl der Hobbyangler zwischen 1960 und 1980. Mehr als eine Million organisierter Sportangler wurden Mitte der achtziger Jahre gezählt. Ethisch-moralische Probleme wirft bereits die Verwendung des Hakens auf, den Angler häufig einfach aus den gefangenen Tieren reißen, bevor diese – nicht selten ungetötet – in Plastikbeuteln verschwinden und dort ersticken. Die Praxis, lebende kleine Fische als Köder beim Fang der größeren zu benutzen, gehört ebenfalls zu den rüden Praktiken mancher Angler. Dabei gilt es heute als erwiesen, daß Fische aufgrund ihrer neuralen Ausstattung Schmerzen als solche empfinden.

Bei der Sicherung des waidgerechten Verfahrens können die Verbände der Jäger sich nicht auf das tradierte Wissen ihrer Mitglieder um die Natur und die Tiere verlassen. Die Aufkündigung der Standesgemäßheit der Jagd bedeutet nämlich auch, daß auf solche zuvor selbstverständlichen Methoden nicht mehr zu rechnen ist. An ihre Stelle sind explizite Vorschriften getreten, ferner eine intensive Ausbildung und auch die gegenseitige Kontrolle der Waidmänner, die ihre Frauen meist daheim lassen. Die Schulung und Prüfung der Jäger dient freilich nicht nur der Informationsvermittlung und -kontrolle; sie selektiert ferner beim Eintritt in die

Gemeinschaft der Jäger und hilft weiter bei der Propagierung der Jagd als Wildhege.

Das weitgehende Festhalten an bestimmten Regeln waidgerechter Jagd ermöglicht das in den verschiedenen Revieren relativ übereinstimmende Verfahren. Damit ist der Jäger in der Ausübung seines Hobbys nicht an sein bzw. das ihm vertraute Revier gebunden, d.h., die regional weitgehend übereinstimmenden Methoden bilden eine wichtige Voraussetzung für den nationalen sowie den internationalen Jagdtourismus, dessen Ausmaß in den technischen Gesellschaften für diese charakteristisch ist. In früheren Epochen gehörte die Einladung zur Jagd (auf bestimmtes Wild) zu den gegenseitigen Gesten des aufrichtigen Wohlwollens und der zweckgerichteten Zuneigung beim Adel; das in den technischen Wohlstandsgesellschaften praktizierte Ausmaß des Jagdtourismus ist aber ein Novum.

Neben dem Wohlstand und neben der Freizeit stellt die gesteigerte Mobilität mit Hilfe der technischen Verkehrsmittel eine wichtige Voraussetzung für diesen Tourismus dar. Die umfangreicher gewordene Gruppe der Jäger muß die Stadt verlassen, um »ihr« Wild zu finden. Wohlstand, Freizeit und Mobilität gestatten es zudem, die Aufmerksamkeit vom naheliegenden und üblichen Wild auf das außergewöhnliche, vom kleinen auf das große, vom heimischen auf das exotische zu richten. Der internationale Jagdtourismus unserer Tage in Europa und über dessen Grenzen hinaus hatte ein weithin bekanntes Vorbild in den USA, nämlich die von den Eisenbahngesellschaften in den siebziger und achtziger Jahren des letzten Jh.s veranstalteten Bisonjagden, bei denen Spezialisten zu Tagesleistungen von bis zu 250 Individuen kamen. Derart wurden die Bisons in einigen Jahrzehnten bis auf wenige, heute streng geschützte Restbestände ausgerottet, während die Indianer die Bestände der Tiere weitgehend konstant erhalten hatten, obwohl sie jährlich hunderttausende von ihnen erlegten, um deren Fleisch ebenso wie deren Fell zu nutzen,[40] und obwohl auch sie manchmal, z.B. im Jahre 1832, Jagden veranstalteten, bei denen Büffel in so großen Zahlen abgeschlachtet wurden, daß deren Fleisch nur teilweise verwertet werden konnte.[41] Bei der Dezimierung des größten Landtieres Nordamerikas wirkten allerdings auch die Seuchen mit, die von den in den Norden getriebenen Rinderherden Ende der sechziger und der siebziger Jahre des letzten Jh.s auf die Bisons übertragen worden waren.

Die Ausrottung von Tierbeständen durch eine rücksichtslose Jagd hängt eng mit der Kommerzialisierung des Jagens zusammen. Dies belegt u.a. die Kommerzialisierung des Fangs der Wandertauben in Südeuropa.[42] Zahlreiche mitteleuropäische Jäger reisen in der Gegenwart nach Osteuropa, um dort Hochwild zu schießen. Als Devisenbringer sind auch solche Touristen willkommen. Wer exotisches Großwild erlegen möchte, kann dies außerhalb Europas tun. In den Entwicklungsländern stellt der Jagdobulus des Weißen Mannes nicht selten ein kleines Vermögen dar, freilich ein Danaergeschenk, weil die Vernichtung von Arten und die Störung ökologischer Gleichgewichte auch dort nicht selten die Folge der kommerzialisierten Jagd darstellen. An der Jagd in fernen Ländern reizen die Europäer nämlich nicht nur die exotischen Tiere, sondern auch die mancherorts liberal gehandhabten Jagdvorschriften inklusive der dem Artenschutz dienenden Regelungen.

Der Übergang von der Jagd zur (staatlich protektionierten) Wilderei war, wie bereits gesagt, zumindest bis in die letzten Jahrzehnte zeitweise fließend, nämlich bis in die Zeit, seit der Kontrollorgane und Medien weltweit auf Mißstände und Folgen des Jagdtourismus aufmerksam machen. Die auf die exotischen Tiere sich erstreckende Wilderei ist freilich weiterhin ein Problem, dies v.a. deshalb, weil für solche Tiere enorme Summen gezahlt werden, der Einsatz kostspieliger technischer Hilfsmittel sich lohnt und die Jagd im Verborgenen ausschließlich nach dem Prinzip der ökonomischen Effizienz betrieben wird, d.h. auch, weil Schmerzen, Leiden und Schäden der Tiere – z.B. bei der Hetzjagd mit dem Auto – unberücksichtigt bleiben. Zusammen mit dem Jagdtourismus stellt die Wilderei ferner deshalb ein Problem dar, weil sie zuvor nicht gekannte Dimensionen annahm, die Tätigkeit der Wildhege und der Jagd von verschiedenen Händen, Köpfen und Herzen betrieben wird und manche Einheimische mit der Aufgabe der Wildhege angesichts der finanziellen Verlockungen durch europäische Jäger oder Käufer der Tiere moralisch überfordert sind.

Möglicherweise ist die Jagd in der späten Neuzeit auch dadurch gekennzeichnet, daß zwischen dem traditionellen Waidwerk und der rücksichtslosen Wilderei eine breite Grauzone mit »Fallenstellern« liegt, die zwar mehr oder minder effektiv durch Regeln kontrolliert werden, vornehmlich aber am Erfolg ihres Tuns und weniger am Prozeß der Begegnung sowie der Auseinandersetzung mit dem Tier interessiert sind. Jedenfalls scheint Ortega y Gassets (1883–1955) Schilderung der modernen Sportjagd nur einen Ausschnitt des breiten Spektrums zu treffen. In seinen *Meditationen über die Jagd* [43] (1942) schilderte Ortega diese nämlich als »künstliche Rückkehr« zur »urväterlichen Nachbarschaft mit Tieren, Pflanzen und Gestein« und als »so etwas wie Ferien vom Menschsein«.[44] Die faustische Haltung entspricht dem Jäger laut Ortega. »Eine gewisse Seltenheit des Wildes« [45] sei wesentlicher Bestandteil des Jagens; es mache den Erfolg der Jagd vom Suchen und von technischen Manipulationen beim Ergreifen oder für dieses abhängig. Die rationale Kalkulation des jägerischen Vorgehens sprach Ortega an, als er das Jagen »mit der Ordensregel der Mönche und der militärischen Dienstordnung auf eine Stufe«[46] stellte. Der Ausgang des Prozesses der Jagd ist dieser aus der Sicht des Philosophen freilich nicht sekundär, sondern unverzichtbar. Der Tod des Tieres sei wesentlich, weil es ohne ihn kein echtes Jagen gebe. Die Tötung verstand Ortega als das Ziel und den natürlichen Ablauf der Jagd, nicht als das Ziel des Jägers. Der Jäger erstrebe die Tötung nur, »weil sie das Zeichen ist, das jedem Jagdvorgang Wirklichkeit verleiht«.[47] Zum guten Jäger gehört aus der Sicht Ortegas sogar »eine Unruhe im Gewissen angesichts des Todes, den er dem bezaubernden Tier bringt«.[48]

Diese Unruhe bewegt den Jäger, so Ortega weiter, freilich nicht dazu, auf den Tod des Tieres zu verzichten, d.h. sich als Jäger aufzugeben. Insofern ist die Safari (mit und ohne Videokamera), ebenfalls eine Errungenschaft Europas in diesem Jh., nicht die Jagd mit anderen Mitteln, sondern der – möglicherweise zeitgemäße, angesichts der Situation der Tiere aber auch nicht unproblematische – Ersatz für sie. Für Ortega war die »Jagd mit dem Photoapparat« bezeichnenderweise »eine Maniriertheit und keine Verfeinerung«, nämlich »ein ethisches Mandarinentum, das nicht weniger beklagenswert ist als das geistige der anderen Mandarine«.[49] Sehr viel nüchterner als Ortega charakterisierte Drewermann[50] die Jagd: »Freiluftschlächterei«! Das Eingehen auf das Wild und die mit ihm verbundene

Schule des Intellekts und der Antriebe haben jedenfalls in der heutigen Sportjagd nicht annähernd die Bedeutung, die sie für die Jagd in vortechnischer Zeit hatten.

Zu einer besonderen Form der Hetzjagd kommt es manchmal in der Nacht auf den Straßen, wenn verängstigtes Wild ins Scheinwerferlicht eines Autos gerät und die Fahrer dem Reiz der Jagd folgen. Derart sterben manche Tiere qualvoll; manche werden verletzt und müssen unter starken Schmerzen weiterleben. Generell ist die Zahl der im Straßenverkehr bzw. durch diesen sterbenden Tiere – u.a. Rehe, Hunde, Katzen, Frösche, Kröten und diverse weitere Kleintiere – beträchtlich, der Straßenverkehr demnach auch als eine meist unabsichtlich sich ergebende, manchmal freilich auch absichtlich praktizierte neuzeitliche Methode der Tötung von Tieren durch den Menschen zu respektieren.

Die Problematik der Nutzung des Tieres durch den Menschen im Europa der Gegenwart läßt sich abschließend mit dem Hinweis auf wenige, teilweise bereits erwähnte Zahlen deutlich machen. Diese betreffen zwar einen statistisch errechneten »Durchschnitts«bürger, können dem Individuum aber seine Beteiligung an der Nutzung und Ausnutzung der Tiere vor Augen führen: Im Laufe seines Lebens von etwa 70 Jahren verspeist der Mensch der Wohlstandsgesellschaften, so die Schätzung des Briten Festing, 7 Rinder, 20 Schafe, 22 Schweine und 600 Hühner! Hinzu kommen die (Versuchs)Tiere, die pro Individuum für die Forschungen zur Gesundheit (inklusive der Umweltuntersuchungen) geopfert werden, nämlich 5 Mäuse, 2 Ratten, 1 Huhn, ein Drittel eines Meerschweinchens sowie ein Fünfzigstel eines Hundes oder einer Katze.[51]

2. Arbeitskraft

Das 19. und das 20. Jh. sind zwar die Jh.e der weitreichenden technischen Erfindungen. Dies schließt aber den Einsatz der Tiere als Arbeitskraft, v.a. den der Pferde, der Ochsen und der Esel, in dieser Epoche nicht nur nicht aus; zahlreiche Erfindungen des 19. und 20. Jh.s gewannen vielmehr erst mit Hilfe der tierischen Arbeitskraft ihre praktische Bedeutung. Erst mit Hilfe dieser Kraft wurde auch die Anwendbarkeit dieser Erfindungen so weit vorangetrieben, daß die neuen Geräte schließlich der tierischen Kraft nicht mehr bedurften, d.h. die tierische Kraft durch die mechanische abgelöst werden konnte. Dieser Umbruch fand v.a. im 20. Jh. statt. Er markiert in der Nutzung und Ausnutzung der Natur durch den Menschen eine Epochenscheide. Von den technisch progressiven Gesellschaften wurde der Umbruch schon vor einigen Generationen vollzogen, die technisch retardierten Gesellschaften und Individuen leisteten ihn i.d.R. aufgrund begrenzter ökonomischer Mittel bisher häufig noch nicht. Zahlreiche dieser Individuen und Gesellschaften streben derzeit die Ablösung der tierischen Arbeitskraft durch die mechanische an oder werden zu ihr – u.a. mit technologischen Hilfsmaßnahmen – gedrängt. Parallel zu solchen Bestrebungen und Maßnahmen wächst in den technisch avancierten Gesellschaften eine Überzeugung, die eigentlich die Vorbehalte gegenüber dem Wechsel von der tierischen zur mechanischen Arbeitskraft stärken müßte, nämlich die Überzeugung, daß der Übergang zur mechanischen Kraft zwar die wirtschaftliche Produktion erhöht, zugleich aber die Entfernung von der »Sach«logik der Natur, die ausbeuterische Einstellung des Menschen zur Natur, das Tempo der technischen Bemächtigung über die Natur sowie die Störung der Harmonie des Menschen mit der Natur und mit sich selbst fördert.

V.a. mit Hilfe der Pferdekraft förderte der Mensch die technischen Erfindungen. Er tat dies in der Land- ebenso wie in der Personen- und der Gütertransportwirtschaft. Seit dem Beginn der Neuzeit und bes. seit dem 18. sowie dem 19. Jh. wurde die Bearbeitung des Akkers mit dem Ziel der intensiveren Nutzung vorangetrieben. Von der traditionellen einfachen Drei-, Vier- und Mehrfelderwirtschaft ging man zu verbesserten Formen mit (durch Blattfrüchte) bebauter Brache über. Den nächsten Schritt bildete die Fruchtwechselwirtschaft mit Blatt- und Halmfrüchten. Die neuen Arbeitsgänge waren mit Hilfe verbesserter Ackergeräte möglich. Sie bedurften solcher Geräte und förderten gleichzeitig deren Entwicklung und Verbreitung. Bis in die siebziger Jahre des 19. Jh.s stellten Pflug, Egge und Walze die wichtigsten Ackergeräte dar. Nach der Jh.wende wurden sie durch den Kultivator ergänzt. Dieser lockerte den Boden tiefer auf als die Egge, erfaßte damit auch das tiefersitzende Unkraut weitergehend als die Egge. Ein ausschlaggebender Unterschied dieser Geräte zu denen der früheren Epoche bestand darin, daß sie nicht mehr nur mit Eisen beschlagen, sondern gänzlich aus Eisen gefertigt waren. Auch der Pflug wurde in den dreißiger Jahren erstmals ganz aus Eisen geschmiedet, nach dem Zwischenschritt des Holzpflugs mit eiserner Schar und eisernem Streich«brett«. Mit dem Eisenpflug konnte man tiefer als zuvor pflügen, mit der Zeit die Ackerkrume von 10 auf etwa 25 cm und tiefer erweitern und damit die für die Nährstoff- und die Wasserhaltung wichtige Humusschicht vergrößern. Die tiefer in den Boden gehenden Geräte bedurften allerdings einer stärkeren Zugkraft; und sie war nur mit schwereren oder mit mehr Tieren zu erbringen. Die Lösung dieser Aufgabe förderte die Technik der Mehrspännernutzung, wobei die Landwirtschaft bald Vorreiter für die Anspannung am Transportwagen wurde, bald aber auch von deren Anwendung in anderen Bereichen profitierte. Der tiefer in den Boden gehende Einscharpflug ließ sich von zwei Pferden ziehen, der Mehrscharpflug bedurfte des Drei-, Vier- oder Mehrspänners.

Zu Beginn des 19. Jh.s wurde eine brauchbare Rillensämaschine konstruiert. Zu den neuen Erntegeräten gehörte die 1834 patentierte Mähmaschine, die man in den siebziger Jahren um den Garbenbinder erweiterte. Bereits in den achtziger Jahren des letzten Jh.s vereinigte man in den technologisch führenden USA die Mäh- und die Dreschmaschine zu einem Mähdrescher, den 20–40 (!) Pferde zogen. Eine solche Anspannung stellte selbst bei ruhigen Ackerpferden eine bedeutende Leistung dar. In Europa wurde der Mähdrescher allerdings – v.a. in breitem Ausmaß – mit beträchtlicher zeitlicher Verzögerung eingesetzt. Im ersten Jahrzehnt des 20. Jh.s zog in den USA ein Fahrzeug mit Verbrennungsmotor und »Raupen«antrieb den Mähdrescher.[52]

Der Personentransport mit Hilfe der Pferdekraft tat im 19. Jh. durch die technische Verbesserung des Wagens ebenfalls weite Entwicklungsschritte. Durch die Optimierung des Fahrtempos, der Pünktlichkeit der Abfahrt sowie der Ankunft und auch der Sicherheit (Räuber, Wegelagerer) wurden v.a. die britischen Post- und Reisewagen bekannt. Auf dem Höhepunkt der Entwicklung des Personentransports mit pferdebespannten Wagen sollen im letzten Jh.

täglich mehr als 1 000 Coaches von London abgefahren sein. In der Übergangszeit in den dreißiger und vierziger Jahren des letzten Jh.s konkurrierten die bespannten Wagen sogar mit der dampfbetriebenen »Eisenbahn«; seit den vierziger Jahren mußten die Pferdewagen dann in zunehmendem Maße den Dampfbahnen weichen. Im Jahre 1824 war in England eine »Lokomotive« patentiert worden, die von einem Rollteppich bewegt werden sollte, den ein auf ihm schreitendes oder trabendes Pferd in Gang hielt. Im Jahre 1850 patentierte man sogar – als Alternative zu den Lokomotiven mit Dampfantrieb – eine Zugmaschine, die auf Schienen lief und von vier auf einem Rollteppich gehenden Pferden fortbewegt werden sollte.

In den europäischen Metropolen fuhren zahlreiche leichtere Wagen, die Droschken und die Fiaker auf Abruf. Ferner wurden in den Städten seit dem Ende der zwanziger Jahre geräumigere Kutschen auf festgelegten Routen eingesetzt. Von solchen Kutschen – bald als Omnibus bezeichnet – konnte man sich (gemeinsam mit anderen Fahrgästen) eine bestimmte Strecke gegen Entgelt transportieren lassen. Der berühmte Londoner Doppeldeckeromnibus wurde zunächst ebenfalls von Pferden gezogen. Pferde gingen auch vor den ersten auf Schienen laufenden Personenwagen, nämlich den »Pferde«bahnen. Für den Beitrag des pferdebespannten Personenverkehrs zur Entwicklung des Dampf- oder des Eisen«rosses« – so nannte der Volksmund die ersten Motorfahrzeuge – ist das äußere Bild der Dampfwagen bezeichnend. Die Eisenbahnwagen und auch die ersten Autos wurden nach den Vorbildern der Kutschen gebaut, quasi als die vertrauten Pferdewagen, aber ohne Pferd und mit dem Zusatz eines Motors. Die ersten Automobiltypen benannte man daher auch nach den Pferdewagen, nicht selten bauten die traditionellen Wagenfabriken auch die Autos.[53]

Der erste Straßendampfwagen war 1769 gebaut worden. Im Jahre 1803 hatte Richard Trevithick (1771–1833) die erste Dampfeisenbahn auf einem Schienenkreis mit 60 Meter Durchmesser fahren lassen und die staunenden Besucher zum Einstieg in den Wagen eingeladen, und zwar bei einem Entgelt von einem Schilling pro Person. Zwischen Stockton und Darlington hatte die Eisenbahn seit 1825 den öffentlichen Personenverkehr aufgenommen, zwischen Liverpool und Manchester 1830, zwischen Nürnberg und Fürth 1835.

Als Vorfahren des Automobils wurden in den dreißiger Jahren Dampfmotorwagen – auch Dampfmotoromnibusse – entwickelt, im letzten Drittel des 19. Jh.s Gas-, Benzin- und Dieselmotoren. Elektromotoren waren schon in den dreißiger Jahren konstruiert worden. Der erste Motorwagen von Carl Benz (1844–1929) fuhr 1886. Beim Automobilrennen von Paris nach Bordeaux legte der Sieger im Jahre 1895 die 1300 km lange Strecke mit einer durchschnittlichen Geschwindigkeit von 27 km/h zurück. Die ersten mit Verbrennungsmotoren angetriebenen Lastkraftwagen tauchten um die Wende zum 20. Jh. auf. Mit drei Wagen und insgesamt 18 wagemutigen Passagieren fuhr im Jahre 1879 in Berlin die erste Schienenbahn mit »elektrischer Traktion«, und zwar als Alternative zur Pferdebahn, die auf ebener Straße eine Geschwindigkeit von 10 km/h erreichte. Die erste Pferdebahn in Europa hatte nach dem Vorbild von New York seit der Mitte des 19. Jh.s in Paris verkehrt.

Die verschiedenen Daten zur technischen Entwicklung der mit Dampf-, Benzin-, Diesel- oder Elektromotoren ausgestatteten Fahrzeuge machen die enorme Energie und den enormen Aufwand deutlich, mit denen im 19. Jh. die Ablösung der tierischen Kraft durch die der Motoren betrieben wurde. Die Versuche, diese Entwicklung aufzuhalten sind verständlich; sie waren angesichts der überlegenen Kraft der Motoren und angesichts des Transporttempos auf der Schiene aber zum baldigen Scheitern verurteilt. Zu den Widerständen, die beim Bau der für den Baumwolltransport wichtigen Bahnstrecke zwischen Liverpool und Manchester – 40 km landeinwärts von der Hafenstadt Liverpool gelegen – zu überwinden waren, gehörten die Proteste des Landadels, der der Dampfbahn vorwarf, das Wild zu vertreiben und die Jagd zu vernichten, mit dem Lärm und der Explosionsgefahr der Kessel die Verkäuflichkeit und damit den Preis des Landes zu mindern, Häuser und Getreidefelder in Flammen zu setzen. Diese Proteste verstummten angesichts der Leistungen der Eisenbahn ebenso wie die der Wagenbauer, der Kutscher, der Pferdehändler und der Gastwirte. Sie verstummten auch deshalb, weil die Bahngesellschaft die Güter der einflußreichen Opponenten mit der Streckenführung umging und weil den Gegnern Beteiligungen an der finanziell erfolgreichen Bahn angeboten wurden.[54]

Die Ablösung der tierischen Kraft durch die der Motoren vollzog sich in den technisch progressiven Gesellschaften früher als in den konservativen, in der Industrie früher und weitergehend als in der Landwirtschaft, in kapitalkräftigen Großbetrieben früher als beim kleinen Bauern mit begrenzten finanziellen Mitteln. Mitglieder technisch progressiver Gesellschaften erleben heute die Nutzung des Tieres in der Öffentlichkeit, z.B. das Pferdefuhrwerk des kleinen Bauern in Osteuropa oder das Eselgespann auf dem Land in Südeuropa, als Anachronismus bzw. als Indiz einer glücklicheren Vergangenheit oder einer noch nicht erreichten besseren Gegenwart. Dabei wird häufig übersehen, daß der Wechsel von der tierischen zur mechanischen Kraft in der mitteleuropäischen Landwirtschaft in breitem Umfang erst nach dem Zweiten Weltkrieg stattfand, etwa eine Generation später als in den USA und im Rahmen eines Strukturwandels, der durch Mechanisierung der Arbeitsverfahren, durch wachsende Produktion und durch die Verringerung der Zahl der Betriebe sowie der Arbeitskräfte gekennzeichnet war. Die seit 1950 sinkenden Pferdezahlen bei gleichzeitig steigender Zahl der Traktoren und dann auch der Melkmaschinen sowie der Mähdrescher in West- und in Ostdeutschland belegt den Ersatz der tierischen Zugkraft durch die der Motoren. Die mitteleuropäischen Pferdebestände von 1950 hatten weitgehend denen von 1935 entsprochen, nahmen dann aber im Verlauf der fünfziger Jahre rapide ab. Die fortentwickelten Traktoren ersetzten und ersetzen nicht nur die tierische Zugkraft, sondern mit ihren Hydrauliken auch die durch Hilfsmittel nutzbare tierische sowie menschliche Hubkraft. Die umfangreichen und mehrfach erneuerten Versuche, die tierische Kraft in der Landwirtschaft durch Dampfmaschinen (Dampfpflug, Dampfdrillmaschine, Dampfdreschmaschine) oder durch Elektrotraktoren zu ersetzen, hatten in Europa ebenso wie in den USA nur zeitweiligen und keinen durchschlagenden Erfolg.[55]

Mit der zunehmenden Zahl der Traktoren sank v.a. die Zahl der Zugpferde; die in den letzten Jahrzehnten v.a. im Westen Deutschlands sowie in anderen europäischen Wohlstandsgesellschaften gestiegenen Pferdezahlen betreffen nicht Zug-, sondern Sportpferde unter dem Sattel. In den kleineren Betrieben des Westens ist der Strukturwandel im allgemeinen und der Wandel des Mechanisierungsgrades seit den fünfziger und den sechziger Jahren noch offensichtlicher als in den schon früher ausgedehnten Betrieben des Ostens. Die für die Ernährung der Zugpferde nicht mehr genutzten Acker- und Weideflächen standen für die erweiterte Rindvieh- und Schweinezucht zur Verfügung. Mit der erst aufgrund des wachsenden Wohlstands in den sechziger und den siebziger Jahren ausgeweiteten Haltung von Reitpferden entwickelte sich die Nachfrage nach Futter für diese Pferde, die mit relativ großem Aufwand gehalten und ernährt werden, die damit auch manchen ansonsten nur noch begrenzt existenzfähigen kleineren landwirtschaftlichen Betrieben eine zusätzliche resp. eine neue Einnahmequelle bieten.

An die einstige Bedeutung der Pferdehaltung erinnern neben der Verteilung der Poststationen und der Gasthöfe auf dem Lande u.a. die Stallungen, die vor dem Umstieg aufs Automobil und auf den Traktor nicht nur zum Bauernhof, sondern auch zum ländlichen Bürgerhaus und zum Stadtpalais gehörten und die i.d.R. auch direkt mit dem Wohnhaus verbunden waren. Die heute häufig als bes. reizvolle, weil vom Verkehr abgeschirmte Wohnungen genutzten ehemaligen Stallungen der Stadtpalais bekunden die Ambivalenz dieser Entwicklungen, die ursprünglich erst mit Hilfe des Pferdes genutzt und deren heutige Relevanz mit Hilfe der Pferdekraft vorbereitet wurden.

Als Arbeitskraft fungierten in der Neuzeit auch die »Brief«tauben, die Informationen schneller als auf dem üblichen Postweg (mit Hilfe von Pferden) transportierten. Organisiert wurde ein solcher Einsatz u.a. von Unternehmern, die die Taubenpost regelmäßig betrieben und die sich Erfahrungen der militärischen Verwendung der Tauben als Informationsübermittler zunutze machten. Bei der Belagerung vom Harlem im Jahre 1572 und von Leiden im Jahre 1574 sollen die Tauben erstmals zu diesem Zweck eingesetzt worden sein. Der deutsche Journalist Paul Julius Freiherr von Reuter (1816–1899), seit 1871 der Adelsname von Israel Beer Josaphat, richtete Ende der vierziger Jahre des letzten Jh.s eine Taubenpost zwischen Aachen und dem belgischen Verviers ein und verband derart das deutsche Telegraphennetz (von Berlin nach Aachen) mit dem französisch-belgischen, das von Verviers u.a. nach Brüssel führte. Der französische Baron Jakob Rothschild (1792–1868) soll einen Teil seiner Gewinne mit Hilfe der schnellen Börseninformationen durch die Taubenpost gemacht haben. Der Taubenpostorganisator Reuter begründete den bis heute zu bekannten englischen Nachrichtendienst. Die Nachrichtenübermittlung mit Hilfe der elektrischen Telegraphenlinien – Werner von Siemens (1816–1892) begann 1848 mit der Verlegung der Linie von Berlin nach Aachen – löste die Taubenpost ab. Die Epoche der Taubenpost bescherte den Menschen u.a. die ersten photographischen Aufnahmen aus der Luft.

Bei einer sehr speziellen Form des Arbeitseinsatzes bedient der Mensch sich bis in die heutige Zeit des außergewöhnlichen Orientierungsvermögens und speziell des Geruchsinns von Tieren: Hunde werden als Führer von Blinden und auch zum Aufspüren von Drogen und verschütteten oder begrabenen Menschen eingesetzt, Schweine schon seit geraumer Zeit bei der Trüffelsuche und jetzt auch bei der Drogenfahndung.

3. Militärische Nutzung

Im Zweiten Weltkrieg starben Schäferhunde, denen ferngesteuerte Minen angeschnallt worden waren, nachdem man sie zuvor auf die Annäherung an feindliche Panzer dressiert hatte. Nach diesem Vorbild setzten die USA im Vietnamkrieg zur Entlastung ihrer Unterwasserkampftruppen bewaffnete Delphine gegen feindliche Froschmänner ein, um die Gegner mit Schwertmessern zu zerfetzen.[56] In der Wehrforschung wird weiterhin die Wirkung von Kampfgiften, Kugeln und Sprengladungen an Hunden, Affen und anderen Tieren ausprobiert. Diese u.ä. Maßnahmen demonstrieren die weitgehende Bereitschaft des Menschen, seine militärischen Gegner auch mit »inhumanen« Mitteln zu vernichten und das Risiko dieser inhumanen Mittel auf Tiere zu übertragen. Der Tierversuch in der Medizin lieferte das Vorbild für einen solchen Risikotransfer, dessen sich dann auch die Brüder Montgolfier bedienten, als sie am 19. September 1783 in Versailles vor den Augen des französischen Königs, des gesamten Hofstaates und 130 000 weiteren Zuschauern einen Warmluftballon von 11 m im Durchmesser und 15 m in der Höhe mit einem Korb emporsteigen ließen, in dem ein

Hammel, eine Eule und ein Hahn saßen. Der König hatte den Aufstieg mit einem »menschlichen« Passagier für zu gefährlich gehalten, wollte zwar einen inhaftierten Verbrecher für diesen Testflug zur Verfügung stellen, dem Kriminellen aber nicht den Ruhm eines erfolgreichen Fluges zuteil werden lassen. Nach sieben Minuten landeten die Tiere wohlbehalten. Am 15. Oktober 1873 stieg der erste Mensch mit einer Montgolfière auf.[57] Beim ersten »bemannten« resp. »beweibten« Weltraumflug kreiste im November 1957 die Hündin Laika als Vorposten des Menschen im Weltall in einem Sputnik um die Erde. Der Affe Ham begleitete 1961 als erster Passagier einen US-amerikanischen Weltraumflug. Der französische Arzt Guillotin (1738-1814) hatte die Wirkungsweise des schon aus dem 13. Jh. bekannten und in der Französischen Revolution bes. bewährten Fallbeils lange zuvor an Schafen ausprobiert und demonstriert.[58]

Diese u.ä. Einsätze des Tieres im engeren und weiteren Bereich des Militärwesens blieben freilich auch im 19. und 20. Jh. Randphänomene im Vergleich zur Verwendung des Esels, des Maulesels und des Maultiers als Lastträger und v.a. im Vergleich zur Verwendung des Pferdes unter dem Sattel sowie als Zugtier zum Transport der Versorgungsgüter, der Munition und der Geschütze. Das Pferd fungierte – neben dem Menschen – gerade in dem nicht auf vorgezeichneten Wegen stattfindenden Krieg auch während des 19. Jh.s und in den ersten vier Jahrzehnten des 20. Jh.s als die ausschlaggebende Transportkraft. Dieser Kriegseinsatz verlief i.d.R. nicht spektakulär, wiewohl von den Tieren häufig Leistungen verlangt wurden, die an die Grenzen ihrer Fähigkeit gingen und diese nicht selten auch überschritten. Insbesondere bei den widrigen Witterungsverhältnissen, auf nichtbefestigten Wegen sowie aufgrund unzureichender Fütterung wuchsen die den Tieren in der Kriegssituation zugemuteten Strapazen in einem Ausmaß, das ihre Gesundheit beeinträchtigte, das sie manchmal sogar das Leben kostete und das mit den heutigen mitteleuropäischen Normen des Tierschutzes nicht vereinbar wäre.

Der militärische Einsatz des Pferdes unter dem Sattel verlief in der ersten Hälfte des 19. Jh.s grundsätzlich ähnlich wie in der vorangegangenen Epoche, an deren Ende v.a. die nach der Anregung durch die mameluckischen Reiter erweiterte napoleonische Kavallerie in Rußland auf dem Schlachtfeld wie bei den Unternehmungen des indirekten Krieges bes. effektiv wirkte. In der Zeit der napoleonischen Kriege wurden freilich auch die Feuerwaffen technisch verbessert, wurde v.a. deren Perkussionskraft beträchtlich verstärkt. Diese Entwicklung führte in der zweiten Hälfte des 19. Jh.s zu einer insbesondere die Kavallerie betreffenden neuen kriegstechnischen Situation. Beim Deutschen Krieg 1866 – er entschied den Dualismus von Österreich und Preußen zugunsten des letzteren und zugunsten der kleindeutschen Lösung – bestimmte die preußische Kavallerie nicht mehr den Verlauf der Schlacht; die Reiter leisteten auch in der Aufklärung sowie in der Verschleierung nicht viel.[59] Das Versagen der preußischen Kavallerie und die großen Verluste der österreichischen Reiterei durch die preußischen Feuerwaffen bestärkten den Eindruck der Machtlosigkeit der traditionellen Reiterwaffe gegen die neue Kraft der Infanterie und der Artillerie.

Dem skeptischen und resignativen Urteil über die Zukunft der Reiterei traten freilich zahlreiche Reiterführer energisch entgegen, unter ihnen Prinz Friedrich Karl von Preußen, der neu ernannte Inspekteur der Kavallerie. Neben der Aufklärung und der Verschleierung forderte er von der Kavallerie die Ausnutzung der Erfolge der Infanterie und der Artillerie auf dem Schlachtfeld. Die neugeschaffene Heereskavallerie sollte der Infanterie und der Artillerie vorausreiten, sollte die Bewegung der eigenen Truppe verschleiern und die der Gegner – u.U. sogar mit Hilfe kleiner Gefechte – auskundschaften. Der preußischen Kavallerie gelang es im deutsch-französischen Krieg 1870/71 dann auch, ihr Versagen von 1866 wettzumachen. Ihre Leistungen scheinen sogar Anlaß gegeben zu haben, die neue wehrtechnische Situation der Berittenen gegenüber den Feuerwaffen zu verkennen. Dieses Fehlurteil wurde zudem dadurch veranlaßt, daß die Schußwaffe der berittenen Truppe, nämlich der Karabiner, ebenfalls verbessert und der Entwicklung des Infanteriegewehrs angepaßt worden war. Die Bewaffnung der gesamten Kavallerie mit dem Karabiner setzte sich allerdings erst im letzten Drittel des 19. Jh.s durch.[60]

Die russische Kavallerie war gleich nach dem Ende des Krimkrieges (1854–56) im Rahmen einer generellen Heeresreform modifiziert worden, und zwar als Antwort auf die erhöhte Perkussionskraft der Feuerwaffe, die sich in den Auseinandersetzungen der Russen mit den Türken zumindest partiell ausgewirkt hatte. Die Modifikation bestand v.a. in der Verminderung der Zahl der Kavalleristen und in der Verbesserung ihrer Wendigkeit und Schnelligkeit zum verstärkten Einsatz bei der Aufklärung, der Verschleierung und der Beunruhigung des Gegners.[61]

Die neuen gezogenen Waffen mit erheblich vergrößerter Schußweite hatten bereits im italienischen Einigungskrieg von 1859 für Angst und Schrecken bei den Berittenen gesorgt. Die Österreicher hatten daraufhin ihre Kavallerie wesentlich reduziert. In Preußen versuchte man hingegen, das grundsätzliche Dilemma der Kavallerie angesichts der Effizienz der verbesserten Feuerwaffen als organisatorisches Problem herunterzuspielen und zu lösen. Man erweiterte die Reiterei, die vor den italienischen Kriegen 80 Eskadrons schwerer und 72 Eskadrons leichter Kavallerie umfaßt hatte, auf insgesamt 200 Eskadrons und deckte damit die Lücke, die sich aus dem Fortfall der Landwehrkavallerie ergeben hatte.[62] Der erfolgreiche Einsatz der Kavallerie 1870/71 – mit mittelbaren Gefechtsdiensten und attackenartigen Angriffen – auf französischer und deutscher Seite schien diese Maßnahme zu rechtfertigen; in den Augen mancher Heerführer ließ er die Effizienz der Kavallerie weiterhin als Resultat ihrer Größe und ihrer Ausbildung erscheinen. Der distanzierte Betrachter mußte demgegenüber rigoros – vielleicht zu rigoros – feststellen: »Die Kavallerie, noch bei Waterloo eine schlachtentscheidende Waffe, war jetzt in den blutigen Dramen der Geschichte weiter nichts mehr als ein retardierendes Moment. Sie mußte bei ihren Angriffen auf die Infanterie, die den Hinterlader in ihren Händen hielt, einer nahezu vernichtenden Niederlage mit Gewißheit entgegensehen. Aber die Atempausen, die die attackierende Reiterei der eigenen Infanterie und Artillerie verschafften, waren von unschätzbarem Wert, und so sind bei Beaumont die Kürassiere des 12. Korps auf der Walstatt und in den Fluten der Maas nicht zwecklos zugrunde gegangen.«[63] Mit anderen Worten bedeutete dieses vernichtende Urteil über die Reiterei, daß ihr nur noch die Funktion zukam, der Infanterie Atempausen zu verschaffen, diese aber mit dem Leben ihrer Leute und ihrer Pferde zu bezahlen.

Militärische Nutzung 451

Im Verlauf des Ersten Weltkriegs, v.a. seit der Verschiebung vom Bewegungs- zum Stellungskrieg, verminderte sich der Einfluß der Kavallerie in zunehmendem Maße. Durch ihre vornehmliche Verwendung bei der Aufklärung, der Verschleierung und der Verfolgung gewann die Heeresreiterei anstelle der taktischen vermehrt strategische Bedeutung, die sie später mit den Flugzeugen teilte und schließlich an diese abgab.[64] Insgesamt entsprach die deutsche Kavallerie im Ersten Weltkrieg den in sie gesetzten Hoffnungen nicht. Ihre Ausfälle und Schwächen wurden von den traditionell orientierten Reiterführern allerdings mit zu geringem Umfang der Truppe, mit organisatorischen Mängeln und mit der unzureichenden Ausbildung von Pferd und Reiter begründet.

Hohes Ansehen gewann die vom legendären Reitergeneral Semen Michajlowitsch Budjonnyj (1883–1973) im Jahre 1918 organisierte und dann auch geführte Kavallerie im russischen Revolutionskrieg. Die Truppe der Roten Armee eroberte in kurzer Zeit die Ukraine und anschließend den Süden Rußlands. In den wahrscheinlich größten Reiterschlachten des 20. Jh.s kämpften auf der Seite der Roten Armee 15 000 und auf weißgardistischer Seite 25 000 Mann vom Sattel aus.[65] Im Krieg gegen Polen wurde den sowjetischen Reitern erst kurz vor Warschau und Thorn Einhalt geboten. Aufgrund dieser Erfolge sprach Marschall Woroschilow (1881–1969) sich beim 17. Kongreß der Kommunistischen Partei im Jahre 1934 gegen die Ersetzung des Pferdes durch die Maschine aus.[66] Im Zweiten Weltkrieg verfügte die Sowjetunion dann auch – neben Polen – über die umfangreichste Kavallerie. Die polnischen Reiter stellten in diesem Krieg die letzte Kavallerie dar, die in hergebrachter Weise selbständig operierte. Die vornehmlich aus Kreisen der Gutsherren und der Intelligenz rekrutierte Truppe war es auch, die im August 1920 die Roten Reiter des Marschalls Budjonnyj bei Warschau und Thorn geschlagen und damit Polen vor dem sowjetischen Zugriff gerettet hatten. Im Zweiten Weltkrieg ritten die insgesamt 70 000 polnischen Kavalleristen bes. mutige Einsätze in der Schlacht an der Bzura im September 1939. Die mit Männern aus der Äußeren Mongolei verstärkten sowjetischen Reiterverbände erwarben sich bei ihren ebenso mutigen wie verlustreichen Attacken unter MG-, Panzer- und Flugzeugbeschuß an der Front sowie bei ihren Operationen im Hinterland bedeutende Verdienste.

Zu den bemerkenswerten Leistungen der deutschen Kavallerie im Zweiten Weltkrieg gehört es, daß eine Schwadron unter Georg von Boeselager am 9. Juli 1940 mit ihren Pferden schwimmend die Seine überquerte und damit die für den Frankreichfeldzug operativ wichtige Flußlinie nahm. Am 5. November 1941 wurde die deutsche Kavallerie aufgelöst, obwohl kleine neuformierte Kosakeneinheiten an der Ostfront weiter im Partisanenkrieg erfolgreich waren und 1943 nochmals eine Heereskavallerie mit etwa 5800 Reitern aufgestellt wurde und auch die französische, die italienische und die britische Kavallerie zwischen 1940 und 1942 noch erfolgreiche Aktionen unternahm.

Die generell aussichtslose Position des Pferdes in dem von technisch perfektionierten Feuerwaffen bestimmten Kampf hatten freilich schon die ersten Kavallerieattacken des Zweiten Weltkriegs offenbart: Polnische Ulanenreiter galoppierten am 1. September 1939 bei Krojanty mit gezücktem Säbel gegen die deutsche Front. Maschinengewehre und Panzer schossen die Schar von etwa 250 Mann in wenigen Augenblicken bis auf die Hälfte zusammen. Die polnischen Ulanen waren bei diesem Unternehmen – wie bei weiteren Angriffen gegen eine von Panzern und bzw. oder Flugzeugen gedeckte Infanterie – nicht blind in den Tod gerannt. Sie hatten auch nicht geglaubt, den Panzern mit ihren Säbeln etwas anhaben zu können, hatten vielmehr ihre einzige Überlebenschance darin gesehen, in einem riskanten Vorstoß die Panzer möglichst schnell zu passieren.[67] Das wahrscheinlich letzte reine Kavalleriegefecht der Kriegsgeschichte lieferten sich am 23. September 1939 polnische Ulanen und deutsche Kavalleristen bei Krasnobrod unweit von Lublin mit Säbeln. Als die deutschen Reiter sich aus diesem Gefecht zurückzogen, gerieten die Polen bei deren Verfolgung in das Kreuzfeuer der deutschen MG-Stellungen. Dieser Verlauf bedeutete, daß die polnischen Reiter mit ihrer Offensive ins Verderben galoppierten, während die deutschen mit ihrer Flucht zum Erfolg ihrer Armee beitrugen.

Mit motorisierten Waffengattungen waren Berittene in verschiedenen europäischen Heeren zwischen dem Ersten und dem Zweiten Weltkrieg verbunden worden, dies auch im Sinne der Delegation der Reiterei als Hilfswaffe der motorisierten und gepanzerten Ein-

heiten. In der sowjetischen Armee konnten die Reiter in dieser Funktion mehrfach wichtige Beiträge zur Schwächung des Gegners leisten, insbesondere in der Abwehrschlacht vor Moskau.[68]
Der breite und vielfältige Einsatz des Pferdes im Zweiten Weltkrieg spricht nicht gegen dessen auch zu dieser Zeit bereits aussichtslose Position in der Auseinandersetzung mit den laufend verbesserten technischen Waffen. 573 000 Pferde setzte das deutsche Heer bei Kriegsbeginn ein. Etwa ein Viertel des gesamten Aufgebots an Pferden kam in jedem Kriegsjahr um. Die durchschnittliche Lebenserwartung eines Kriegspferdes betrug demnach vier Jahre, bedeutend weniger als die eines Soldaten, aber mehr als die eines Kraftfahrzeugs.
Das Pferd wurde, wie Piekalkiewicz resümierte, im Zweiten Weltkrieg so rücksichtslos wie nie zuvor ausgenutzt: »Man ritt es gegen Panzer und führte mit ganzen Regimentern berittene Durchbruchsattacken trotz massiven MG- und Kanonenfeuers. Es war der erste, der dabei getroffen wurde, selten gab es eine Deckung oder ein Entkommen, wenn es vor ein Geschütz oder einen Troßwagen gespannt war. Im harten russischen Winter standen die Pferde oft bei Temperaturen bis minus 50 Grad an den Katen und fraßen morsche Holzschindeln oder fauliges Stroh von den Dächern. Beinahe doppelt so viele wie im Ersten Weltkrieg, 2,75 Mio. Pferde einschließlich der Maultiere, zogen für Führer und Vaterland ins Feld. Die Rote Armee, getreu ihrer Reitertradition, schickte gut 3,5 Mio. Rosse in den Kampf; wieviele von ihnen das Gemetzel überlebten, werden wir nie erfahren.«[69] Gut 60% der Pferde des deutschen Heeres – insgesamt etwa 1 600 000 – starben im Zweiten Weltkrieg, im Durchschnitt 865 pro Tag. Allein der Kessel von Stalingrad kostete 52 000 Pferden das Leben. Als Adolf Hitler am 8. Mai 1944 der 17. Armee befahl, die Halbinsel Krim, die strategische Schlüsselstellung im Schwarzen Meer, zu räumen, fällte er indirekt das Todesurteil über etwa 30 000 Pferde, die den sowjetischen Truppen nicht in die Hände fallen sollten. An der Steilküste der Sewrnaja-Bucht, in der der Hafen von Sewastopol liegt, wurden die Tiere erschossen und in den Abgrund gestürzt.[70]
Die Kriegsreiter nutzten ihre Pferde nicht nur als technische Hilfsmittel im Kampf; häufig bauten sie auch – wie Pferdehalter generell

– enge Bindungen zu den Tieren auf, selbst Bindungen, die an der Front – neben den Kriegskameradschaften – den familiären Austausch ersetzten. Der Tod ihrer Pferde, mit denen sie nicht selten manche kritische Situation durchlebt hatten, führte bei zahlreichen Kavalleristen zu emotionalen Reaktionen, die denen beim Verlust menschlicher Kameraden ähnlich waren. Verschiedene Kriegsreiter verarbeiteten ihre Trauer in Abschiedsbriefen an die Pferde, die in den Ohren des distanzierten Lesers ähnlich sentimental klingen, wie die Abschiedsbriefe der Kinder an ihre verstorbenen Lieblingstiere, Briefe, die freilich die Bereitschaft zahlreicher Menschen bekunden, sich an bestimmte Tiere in ähnlicher Weise emotional zu binden wie an bestimmte Menschen.

4. Vergnügen

Menagerie und Zoo
Sowohl die Tiervorführungen fahrender Schausteller als auch die Menagerien des Adels blieben im 19. und 20. Jh. bemerkenswerte Phänomene der Mensch-Tier-Beziehung, wiewohl die Tierbestände, die Formen ihrer Haltung und auch die Leistungen, mit denen die Tiere die Aufmerksamkeit der Betrachter auf sich zogen, in den verschiedenen Epochen variierten. In Berlin z.B. baute der bes. tierfreundliche Friedrich Wilhelm III. (1770–1840) zusammen mit der Königin Luise auf der Pfaueninsel – Friedrich Wilhelm II. hatte dort Pfauen und anderes Edelgeflügel angesiedelt – die »königliche Menagerie« zu einem zoologischen Garten aus. Dieser beheimatete ab 1830 u.a. Affen, Bären und einen afrikanischen Löwen. Zu Anfang des Jahres 1842 umfaßte die Menagerie insgesamt 847 Tiere. Zu den traurigen Bilanzen dieses Tiergartens und zahlreicher ähnlicher Einrichtungen gehörte das nicht selten frühe Verenden der gehegten Tiere, dies meist aufgrund einer Haltung und einer Ernährung, die den natürlichen Bedürfnissen der Tiere wenig entsprachen. Hinzu kamen die von den Tieren häufig nicht verkrafteten Klimawechsel. Spätfolgen langwieriger Transporte trugen ebenfalls zum frühen Tod zahlreicher Tiere bei. Die Neuan-

schaffung der Tiere wurde nicht nur durch deren Kaufpreis, sondern auch durch die nicht selten erheblich höher liegenden Kosten für die Überführung nach Europa belastet. Vor dem Problem der Akklimatisierung in Europa stellten das Einfangen und der Transport häufig entscheidende Risikofaktoren für das Leben der Tiere dar.[71]

Die begrenzte Beachtung der artspezifischen Bedürfnisse der Tiere beruhte nicht nur auf mangelndem Wissen, sondern auch auf dem beschränkten Aufwand in diesem Bereich. Im Jahre 1814 hatte z.B. König Friedrich von Württemberg in Stuttgart einen großzügigen Tiergarten eingerichtet, der die Ansprüche der Tiere weitgehend berücksichtigte, nach drei Jahren aber wieder aufgelöst wurde, weil der Nachfolger Friedrichs die hohen laufenden Kosten nicht tragen wollte bzw. konnte. Und nach dem Tod Friedrich Wilhelms III. im Jahre 1840 strich der mehr an der Kunst als an der Natur interessierte Friedrich Wilhelm IV. die Mittel für die Menagerie in Berlin so weitgehend zusammen, daß deren Existenz gefährdet wurde. Einen Teil der Tiere seiner Menagerie übertrug der König dem 1842 gegründeten zoologischen Garten in Berlin. Unter diesen Tieren befand sich auch eine Gans mit drei Füßen und ein Ziegenbock mit vier Hörnern. Diese Kuriosa hätten gut in den Bestand mancher umherziehender, v.a. bei Jahrmärkten, Kirmes- und Erntefesten auftretender Schausteller gepaßt. Diese begnügten sich – als Alternative zum Tiergarten – v.a. im 19. Jh. allerdings nicht mit dem bloßen Vorführen ungewöhnlicher Tiere. Sie weckten insbesondere mit bestimmten Dressuren der Exoten die Aufmerksamkeit des breiten Publikums. Einzelne Tierbändiger stellten Tiergemeinschaften – z.B. die einer Hyäne mit einer Löwin – vor, die so in der Natur nicht existierten. Auf die Zuschauer übte zudem die Vermenschlichung der Tiere – z.B. die Nahrungsaufnahme von Affen, die auf Stühlen an einem Tisch saßen – weiterhin eine besondere Faszination aus. Neben der exotischen Herkunft der Tiere und neben ihrer vermenschlichten Darstellung konnten aber auch artistische Leistungen das Interesse der Besucher wecken. Letzteres war v.a. bei den diversen Dressuren der Fall, in denen Pferde und ihre Reiter – meist im Rahmen von Zirkusvorstellungen – außergewöhnliches Können demonstrierten.

In einer der Ende des 18. Jh.s und zu Beginn des 19. Jh.s in Berlin gegründeten Tierhandlungen empfing in den Jahren 1825 und 1826 sogar eine junge Löwin die Kunden; der Löwenkäfig stand mitten im Laden. Das Tier war in einer Berliner Menagerie geworfen worden. Im Sommer 1804 hatte Berlin bereits eine andere animalische Sehenswürdigkeit erlebt, nämlich einen Edelhirsch, der zumindest ohne auffällige Zeichen der Erregung Pistolenschüsse ertrug und ein an sein Geweih gebundenes Feuerwerk abbrennen ließ. Der Dresseur des Hirschs erklärte das, was die meisten Lehrer angesichts eines solchen Resultats verkünden, nämlich daß die Schulung ohne Hunger und ohne andere Strafen durchgeführt worden sei, nur mit »Güte, Geduld und Schmeichelei«. Einen Löwen, einen Tiger, eine Hyäne sowie verschiedene Leoparden, Gazellen, Springböcke und Affen erlebte Berlin im Jahre 1806 in den Vorstellungen einer weiteren Menagerie. Und im Garten der Königlichen Tierarzneischule veranstaltete eine andere Menagerie im Jahre 1811 ein Tiergefecht mit zwei Bären, einem Wolf, einem Pferd und einem Esel. Damit die Auseinandersetzung nicht zu folgenreich ausfiel und wiederholt werden konnte, waren den Bären und dem Wolf die Zähne ausgebrochen worden. Die Alternative zu solchen Kämpfen und zu dem durch diese symbolisierten Chaos der Natur bildete das Schauspiel der Eintracht eines ausgewachsenen Löwen mit einem Hund und die durch dieses Bild vergegenwärtigte Friedlichkeit der göttlichen Schöpfung. Ein zahmer Leopard, der seinem Wärter aufs Wort gehorchte, 1818 in Berlin zu sehen, offenbarte den pazifizierenden Eingriff des menschlichen Geistes in die bildungsfähige Natur, zugleich die »natürliche« Subordination der Animalität unter den (menschlichen) Geist. Die Anzahl solcher Vorführungen mit exotischen Tieren sowie die Anzahl der vorgestellten Tiere wuchs im Laufe des ersten Drittels des 19. Jh.s beträchtlich. Diese Entwicklung stellt einen der Hintergründe für die Einrichtung der zoologischen Gärten als öffentlichen und allgemein zugänglichen Einrichtungen dar.

Neben den Menagerien des Adels und dann auch des begüterten Bürgertums und neben den Tiervorführungen umherziehender Schausteller entwickelten sich nämlich im 19. Jh. öffentliche zoologische Gärten als eine dritte Art von Einrichtungen, in denen diverse

Tiere unterschiedlicher Herkunft gehalten wurden. Diese konnten aus den Tiergärten des Adels entstehen oder – mit mehr oder minder weitgehender Unterstützung der politisch Mächtigen – zur Belehrung und Unterhaltung des Volkes von Forschern und Tierfreunden gegründet werden. Die Grenze zwischen einer Menagerie des Adels und einem öffentlichen Tiergarten war in manchen Fällen resp. zeitweise fließend. Der Zoo in Paris entstand z.B. schon in der frühen Neuzeit als eine Tierabteilung im Jardin des Plantes, einer königlichen Einrichtung. Der 1828/1829 in London gegründete zoologische Garten gilt i.d.R. als die erste Einrichtung seiner Art in Europa, der 1838 in Amsterdam eröffnete als der erste des europäischen Festlandes. In den Jahren 1842–1844 entstand der erste deutsche, heute noch existierende bürgerliche zoologische Garten in Berlin, wie verschiedene andere Zoos getragen von einer zu diesem Zweck gegründeten Aktiengesellschaft. Auf den Britischen Inseln waren 1830 der Zoo in Dublin und 1836 die Zoos in Bristol und Manchester gegründet worden. Bereits zehn Jahre nach seiner Eröffnung verfügte der Londoner Zoo über einen Bestand von 1 000 verschiedenen Arten. Die öffentlichen Zoos in England konnten sich bei ihrer Entwicklung auf bedeutende private Tiergärten stützen, z.B. auf den des 13. Earl of Derby (1775–1851), einen Sohn des Begründers der nach ihm benannten Pferderennen. Der 1843 in Antwerpen eröffnete zoologische Garten wurde zum architektonischen Vorbild für den Bau bzw. den Ausbau der Zoo-Bauten in Berlin, Frankfurt (1858) und Köln (1860). Zudem fanden in Antwerpen – Kapitäne und Matrosen großer Seeschiffe brachten nicht selten exotische Tiere nach Europa – renommierte Tierversteigerungen statt. Und Antwerpen war neben London auch der Sitz des überseeischen Marktes für Wildhäute. Brüssel eröffnete seinen zoologisch-botanischen Garten im Jahre 1852, löste ihn 1878 aber wieder auf. Im belgischen Gent existierte von 1851–1904 ein Zoo, in Stuttgart von 1840–1874.

Die Denkschrift, mit der für die Einrichtung des zoologischen Gartens in Berlin geworben wurde, betonte neben der Unterhaltung des Volkes und neben der Kultivierung der Tierwelt die Belehrung sowie die sittliche Erziehung des Menschen als Zweck einer solchen Institution, die der Natur des Tieres besser als frühere Einrichtungen zu entsprechen habe: »Man ist nicht mehr zufrieden, die Muster der Tierwelt eingesperrt in enge Käfige vor sich zu sehen, man will sich an ihren freien Bewegungen erfreuen, man sucht nicht mehr das Grauen vor wilder Unbändigkeit, sondern das Wohlgefallen an schöner Gestalt und an befremdlicher Abweichung von dem Gewöhnlichen [...], die eigentliche Aufgabe solcher Anstalten wäre [...] die Vermehrung und Verbreitung schöner und nützlicher Tiere, die Veredlung unserer Haustiere, Rassen durch Kreuzung mit reinen ursprünglichen Arten [...]. Die Befriedigung der Neugier und Schaulust des Volkes, wiewohl ihr ein würdigerer Gegenstand kaum geboten werden kann, wäre sonach nur Nebenzweck, doch kein unerheblicher, weil gerade durch seine Erreichung dem ganzen erst ein festes Bestehen in und durch sich selbst gesichert werden mag [...]. Die Anlage sei ein wahrer Tierpark (kein Zwinger), ein kleiner Park, verschönert durch alle Mittel, die die neueste Gartenkunst an die Hand gibt, aber geschmückt daneben mit allem, was die Tierwelt Buntes, Zierliches, Wohlgefälliges, demnächst Befremdliches und allenfalls Staunenswürdiges darbietet, aber ausschließend alles Grausenerregende und alles Grauenhafte, sowie alles die Sinne, das feinere sittliche Gefühl widrig Berührende.«[72]

Der König stellte – neben direkten finanziellen Hilfen – für den Berliner Zoo 86 Morgen Land zur Verfügung, eine Fläche, die bis 1899 die größte aller Tiergärten in der Welt und bis 1928 die größte aller Tiergärten in Deutschland war. Im Jahre 1845 lag der Gesamtbestand des Berliner Zoos bei 229 Tieren, zehn Jahre später bei 666 Tieren und im Frühjahr 1856 bei 804 Tieren; der jährliche Futteretat für letztere belief sich auf 7000 Thaler. Ende 1938 beherbergte der Berliner Zoo 926 Vogelformen mit 2519 Exemplaren und 385 Säugetierformen mit 1196 Exemplaren.

Durch die Bombenangriffe im Zweiten Weltkrieg wurde der Bestand des Berliner Zoos erheblich dezimiert; zudem kam nur eine kleine Zahl der evakuierten Tiere wieder in den Zoo zurück. Die erste Bestandsliste nach dem Zweiten Weltkrieg (vom 31. Mai 1945) umfaßte nur noch 91 Tiere. 1956 übergab Katharina Heinroth, die erste Leiterin nach dem Krieg, einen Bestand von 467 Arten resp. Rassen und 1939 Exemplaren an ihren Nachfolger Heinz-Georg Klös. Katharina Heinroth war die Gattin von Oskar Heinroth (1871–

1945), dem v.a. als Ornithologe bekannt gewordenen Lehrer von Konrad Lorenz (1903–1989). Heinroth – er schrieb ein vierbändiges Werk über *Die Vögel Mitteleuropas, in allen Lebens- und Entwicklungsstufen photographisch aufgenommen und in ihrem Seelenleben bei der Aufzucht vom Ei ab beobachtet* (1924–1928) – hatte das Aquarium im Berliner Zoo ab 1911 aufgebaut und von 1913–1944 geleitet.

Zum »Staunenswürdigen« der zoologischen Gärten verschiedener europäischer Metropolen gehörten neben den Tieren und ihren Leistungen häufig ihre »Häuser«, nämlich die Bauten, in denen die Tierkäfige untergebracht waren. Man baute diese Häuser nämlich in dem Stil, der in den Herkunftsländern der Tiere üblich war, z.B. Gebäude im Stil von Moscheen für die Elefanten, solche im Stil von ägyptischen Tempeln für die Strauße und solche in aztekischem Stil für die Tapire. Dem Interesse der Besucher und dem Ansehen des Zoos dienten solche Bauten, häufig aber nicht den Ansprüchen der Tiere. In den exotisch gestalteten Bauten standen nämlich Zwinger – bezeichnenderweise wurden mit diesem Wort auch die Menagerien als Ganze benannt – und Käfige, die nach außen von schweren Eisengittern begrenzt wurden. Mit der fortschreitenden Respektierung der natürlichen Bedürfnisse der Tiere seit der Mitte unseres Jh.s ersetzte man die Zwinger und Käfige in zunehmendem Maße durch Freianlagen, bei denen (z.T. mit Wasser gefüllte) Gräben die Tiere von den Zoobesuchern trennen. Wegweisend wirkte in diesem Punkt – ebenso wie bei der tierschonenden Dressur – der v.a. als Tierhändler bekanntgewordene Carl Hagenbeck (1844–1913), der 1904 in Hamburg seinen Tierpark auf- bzw. umbaute und dort die ersten gitterlosen Freianlagen für Tiere in Europa schuf; die Umzäunung bestand in Trocken- oder in Wassergräben. Hagenbeck war es auch, der im letzten Drittel des 19. Jh.s im Zusammenhang mit bedeutenden Tierschaubildern Völkerausstellungen in die Metropolen Europas und der USA brachte, und zwar angeregt durch die Aufmerksamkeit, die die fremdländischen Begleiter seiner in großer Zahl importierten Tiere in Europa auf sich zogen.[73]

Gegen die Darstellung des zoologischen Gartens als eines Tiergefängnisses betonte Hediger[74] das Berücksichtigen des artspezifischen Verhaltens der Tiere im heutigen Tiergarten, v.a. die artgerechte Haltung und Fütterung sowie das Ermöglichen artgerechter

Sozialkontakte. Für letzteres ist das verstärkte Bestreben der Zoos bezeichnend, in ihrem Bestand die Zahl der Individuen auf Kosten der der Arten zu erhöhen. Zudem charakterisierte Hediger die Gehege resp. die Käfige der Tiere als deren artgerechte Territorien.
Aufgrund seiner vier zentralen Funktionen erfüllt der zoologische Garten, wie Hediger argumentierte, weiterhin kulturelle Aufgaben: Er ist Erholungsraum für die Mitglieder der technischen Gesellschaft (»Psychohygiene der strapazierten Großstadtmenschen«), liefert Naturkunde für das breite Publikum (»Brücke zur Natur«, »Fenster zur Natur«), schafft bedrohten Arten einen Schutzraum (»Artenschutz« durch Asyl mit anschließender Wiederaussetzung in die Natur resp. anschließender Verwilderung) und fördert die wissenschaftliche Erforschung der Tiere. Für letzteren Punkt ist es bezeichnend, daß wissenschaftliche Anliegen bei der Einrichtung verschiedener Zoos von ausschlaggebender Bedeutung waren, z.B. bei der des Londoner Tiergartens im Jahre 1828/29 oder bei der des New Yorker Bronx Zoos im Jahre 1899. Der Zoo in Amsterdam hatte 1928 ein »Laboratorium für tierpsychologische Forschung« eingerichtet.
Die im Zoo vermittelte Naturkunde für das breite Publikum ist deutlich vom Reiz des Außergewöhnlichen beeinflußt. Bezeichnenderweise blieb der 1874 eröffnete Baseler Zoo nicht bei seinem ursprünglichen Programm der Hege einheimischer Tiere; auf Wunsch der Besucher wurden bald auch Exemplare exotischer Arten in den Bestand aufgenommen. Hedigers[75] Definition des Zoos als wissenschaftlich geleitete, gemeinnützige »kulturelle Institution, in welcher Wildtiere nach den Grundsätzen der Tiergartenbiologie der Nachwelt erhalten bleiben«, entspricht dem Bemühen des langjährigen Zoodirektors, die Institution Zoo gegenüber ihren Kritikern zu verteidigen. Hediger hatte allerdings schon 1942[76] vom Tiergarten als einem »Kulturfaktor ersten Ranges« gesprochen. Ein solches Urteil kann freilich die über Jh.e dominierende Funktion der reizvollen Unterhaltung (Befriedigung von »Schaulust«) nicht in Frage stellen. Zugleich kann es nicht die Unterschiedlichkeit der Motive bei den Zoodirektoren, bei den Geldgebern und bei den Besuchern übersehen lassen. Die Wildtiere in den Zoos um ihrer selbst willen zu halten und zu erhalten scheint, sieht man von Ausnahmen ab, eine Errungenschaft des 20. Jh.s darzustellen.[77]

In der zweiten Hälfte des 20. Jh.s erfreuten und erfreuen die zoologischen Gärten sich weltweit großer Beliebtheit, dies generell und nicht nur für den Klassenausflug der Schüler. Grzimek,[75] der langjährige Leiter des Frankfurter Zoos, sah in der nach dem Zweiten Weltkrieg in Deutschland zunehmenden Zahl zoologischer Gärten und ihrer Besucher – ebenso wie in der Beliebtheit von Tierbüchern und Tierfilmen – »einen Ersatz für den täglichen, natürlichen Umgang mit Tieren und der Natur«. In dieser Funktion werden die zoologischen Gärten durch allgemein zugängliche zooähnliche Einrichtungen ergänzt, die als kommerzielle Unternehmen betrieben werden. Neben diesen existieren private Zoos, die von der Haltung verschiedener Tiere in der Etagenwohnung bis zum »Frei«gehege reichen und die schrittweise in öffentliche Tiergärten übergehen können.

Weltweit registrierte das Internationale Zoojahrbuch für das Jahr 1970 z.B. 916 zoologische Gärten und Aquarien.[79] Allein in der Bundesrepublik Deutschland existierten nach den Mitteilungen des Verbandes Deutscher Zoodirektoren im Jahre 1973 42 Zoos, in denen 43 Mio. Besucher gezählt wurden, übrigens Besucher, die den Zootieren nicht nur ihre Ruhe nehmen, sondern für zahlreiche Individuen auch eine reizvolle Anregung in ihrem häufig recht »reizlosen« Leben darstellen. 1985 erfaßte man in Deutschland 124 Zoos, Tierparks, Freigehege und Aquarien. Allein den Frankfurter Zoo besuchten in den siebziger Jahren jährlich etwa 3,5 Mio. Menschen, die Zoos in den USA jährlich etwa 90 Mio.

In der zweiten Hälfte des 20. Jh.s wuchs freilich auch die Kritik am Zoo: Durch seine Ankäufe unterstützte er indirekt die Wilderei. Die – trotz der Zoo-Tendenz zu »besserer Haltung für weniger Arten« – letztlich unnatürlichen Existenzbedingungen führen selbst bei der Entlastung der Tiere vom »struggle for life« häufig zu einem Zoostreß und zu dementsprechenden Dauerschäden inklusive anomalem Verhalten, relativ hoher Anfälligkeit für (u.a. menschliche) Krankheiten und relativ geringer Lebensdauer. Die wissenschaftliche Forschung wird i.d.R. nicht im Zoo geleistet. Die Zoobesucher beobachten die Tiere meist nur kurze Zeit, bestärken dort häufig nur ihre Vorurteile; sie lernen nicht nur wenig, sondern Unzutreffendes. »Weil das, was zoologische Gärten uns lehren, falsch ist und gefähr-

lich, wären Menschen und Tiere besser daran, wenn diese Gärten abgeschafft würden.«[80]
Letzteres steht, wie die zuvor genannten Zahlen über die zoologischen Gärten dokumentieren, nicht in Aussicht. Es liegt auch deshalb nicht nahe, weil die Zoos insbesondere in den Städten für zahlreiche Menschen eine Alternative zur technischen Welt darstellen, weil die im Zoo gehaltenen Tiere die Menschen in anderer Weise und mit anderen Akzenten ansprechen, als die üblichen Arbeitsplätze und Freizeiteinrichtungen dies tun. Zudem gestattet der Zoo »direkte« Erfahrungen und Begegnungen, die sich mit den »indirekten«, nämlich durch Wort, Bild und Film vermittelten, in Beziehung setzen lassen.

Heimtierhaltung
Die psychischen sowie insbesondere die psycho-physischen Aspekte der Begegnung des Menschen mit dem Tier wurden in jüngerer Vergangenheit mehrfach betont, von Psychologen und Pädagogen ebenso wie von Medizinern und Psychotherapeuten: Tiere bewähren sich als psycho-physische Sozialpartner von Geselligen und Einsamen, von Gesunden und psychisch Gestörten, von Kindern und Alten. Sie regen den jungen ebenso wie den betagten Menschen zur Bewegung an. In der Beschäftigung mit Tieren läßt sich soziales Verhalten einüben. Ab dem Alter von etwa zehn Jahren können die Kinder die Rücksicht auf die artspezifischen Bedürfnisse des Tieres lernen, während die jüngeren Kinder deutlicher »ichbezogen« mit den Tieren spielen, d.h. sich noch nicht in sie »hineinversetzen«. Häufig nimmt man vom Kind an, es stehe noch nicht in dem Maße wie der Erwachsene unter den Normen der Rationalität, daher auch dem Tier näher als der Erwachsene.[81] Die Praxis, beim Umgang mit dem Tier Herrschaft auszuüben und zu lernen, wird in den pädagogischen Betrachtungen zum Mensch-Tier-Verhältnis häufig nicht oder nur pauschal erörtert.
Die psychischen Aspekte des Animalischen als Alternativen zur technischen Welt stellen einen zentralen Faktor der umfangreichen privaten Haltung von sogenannten Heim- und Hobbytieren in den Wohlstandsgesellschaften der Gegenwart dar. Eine solche Haltung

läßt sich auch als das Betreiben eines Privatzoos von minimalem Umfang verstehen. Diese Feststellung soll nicht darüber entscheiden, ob die Haltung von Tieren oder der Verzicht auf eine solche in stärkerem Maße der Erklärung bedarf.

In Deutschland wurden im Jahre 1994 rund 20 Mio. Heimtiere gehalten, d.h. auch, jeder dritte Haushalt unterhielt einen »Zoo« mit mindestens einem Tier. Die Tendenz der privaten Tierhaltung ist weiterhin steigend; 1995 wurde der Bestand bereits auf 23 Mio. erhöht. Von den 20 Mio. Heimtieren des Jahres 1994 waren 5,8 Mio. Katzen, 5,5 Mio. Ziervögel, 4,9 Mio. Hunde und 3,7 Mio. Kleintiere (wie Meerschweinchen, Zwergkaninchen, Hamster und andere). Hinzu kamen die Tiere in den 3,1 Mio. Aquarien. Die Zahl der Zierfische lag in den »Familienzoos« deutlich über der der übrigen Tiere. Zu den 5,5 Mio. Heimziervögeln kamen noch 3,6 Mio. Ziervögel in Großvolieren oder in Aufzuchtstationen. Für die 20 Mio. Heimtiere wurden 1994 3,1 Mrd. DM für Futter und 1,2 Mrd. DM für diversen Bedarf (Leinen, Käfige, Decken, Pflegeutensilien, Tierheime), insgesamt also 4,3 Mrd. DM ausgegeben. Die Unterhaltung der 23 Mio. im Jahre 1995 gehaltenen Tiere kostete 4,4 Mrd. DM. Der Zentralverband Zoologischer Fachbetriebe resümierte zur Fütterung der Heimtiere in den letzten Jahren, die Trends der menschlichen Ernährung seien auch bei der Tierernährung festzustellen, nämlich »Diätfutter« für magenempfindliche Tiere, »Leichtkost« für ältere Tiere, »gesunde Snacks für Zwischendurch« und »portionsgerecht abgepacktes Futter für unterwegs«. Der diverse Heimtierbedarf wird von den Zoofachgeschäften sowie von den Tierhaltern auf einer Spezialmesse gesichtet und geordert.

Die von den Tieren nicht aufgenommenen Substanzen des Futters werden als Kot wieder ausgeschieden. Diesen empfinden viele Menschen als eine Belastung, wenn er sich auf Gehwegen, in Parks und auf Kinderspielplätzen findet und wenn die öffentlich finanzierte Stadtreinigung ihn beseitigt. In Deutschland wird eine solche Belästigung von Gerichten in zunehmendem Maße als solche anerkannt und geahndet, auch die Belästigung durch das Bellen der Hunde, denen der Zutritt zu Lebensmittelläden in den Städten meist versagt ist. Die Geräusche, Gerüche und Exkremente von Vögeln und Katzen erleben zahlreiche Menschen ebenfalls als eine Belästigung, auch die Zudringlichkeit mancher Tiere, auf die die ihnen Unvertrauten nicht selten mit Angst reagieren. Pferden resp. ihren Besitzern wird manchmal vorgeworfen, Waldwege zu zertreten und Spaziergänger das Fürchten zu lehren. (Zu) zahlreiche Tiere in den Stadtwohnungen erlebt man häufig ebenfalls als Belästigung der Mitbewohner.

Der Tierhandel stellt einen wichtigen ökonomischen Faktor der Tierhaltung dar. Neben dem Handel mit landwirtschaftlichen Nutz- und Schlachttieren (einschließlich der Schlachttiere für Delikatessen) ist der Handel mit Sportpferden, mit Heimtieren, mit Zootieren, mit Tieren zum Auffüllen der Jagd- und Angelareale, mit Versuchstieren und mit Farmtieren bes. zu erwähnen. Von Landwirtschaftskammern werden u.a. die mit der Pferdehaltung verbundenen Sach- und Dienstleistungen als »Markt mit Zukunft« und als (Neben-)Erwerbsmöglichkeit für die Landwirte propagiert.

Die 60 Mio. Briten hielten Mitte der achtziger Jahre etwa 20 Mio. Heimtiere. In Deutschland lag die Zahl der »Heim«katzen in dieser Zeit nur leicht über der der Hunde, die Schweizer hielten demgegenüber fast doppelt so viele Katzen wie Hunde. Bei den Österreichern war die Überzahl der Katzen noch deutlicher, während die Franzosen und auch die Schweden mehr Hunde als Katzen zu sich gesellten. In Frankreich war die Zahl der Tiere pro Einwohner etwa dreimal so hoch wie in Deutschland, in Österreich etwa doppelt so hoch, in den USA etwa viermal so hoch, in Japan etwa halb so groß wie in Deutschland.[82]

Zahlreiche Heim- und Hobbytiere werden mit artifiziellen Farb-, Form- und Leistungszielen gezüchtet, dies u.a. nach dem Modell der erfolgreichen Zucht von Vollblutpferden für den Rennsport seit dem 18. Jh. und den späteren erfolgreichen Zuchten von landwirtschaftlichen Nutztieren, auch den Zuchten von Kampfstieren, Brieftauben und den auf der Rennbahn laufenden Windhunden.

Bei den Heim- und den Hobbytieren gehen die Beeinträchtigungen der Funktions- und Überlebensfähigkeit durch die artifizielle züchterische Selektion in der Gegenwart sehr viel weiter als bei den Nutztieren.[83] Hunde, die haarlos sind, oder solche, die ihre Jungen nur noch mittels eines Kaiserschnitts gebären können, sind bezeichnend für solche »Qualzuchten«, die laut Lorz[84] die »geschöpfliche Würde« des Tieres mißachten und die in Zukunft weitergehend als bisher gesetzlich (§ 11b Dt. TSchG) unterbunden werden sollen.

Bestimmte Körperformen, nämlich die der Jungtiere, und solche, die den Formen der Jungtiere ähnlich, nämlich pädomorph, sind, sprechen die Mehrzahl der Menschen bes. intensiv emotional an. Die Kopfform und der Haarschnitt (Trimmen) der Pudel sind bezeichnend für den Versuch der Züchter und der Halter, sich am »Kindchenschema«[85] von Mensch und Tier zu orientieren und mit ihm eine spontane Zuneigung des Menschen zu den Tieren zu provozieren. Die Entwicklung der Haustiere geht allerdings nicht generell mit einer Verstärkung der »Pädomorphie« bzw. mit der sukzessiven »Retention jugendlicher Merkmale« einher.[86]

Die zuvor genannten Summen, die für die Tierhaltung ausgegeben werden, sind bezeichnend für die Sorge, die Besitzer – nach dem Kauf – für ihre Tiere übernehmen. Diese Summen entsprechen weiter i.d.R. der emotionalen Bindung der Besitzer an ihre Schützlinge, eine Bindung, die in manchen Fällen durchaus mit begrenztem Wissen um das artspezifische Verhalten der Tiere und mit der praktischen Mißachtung der Ansprüche der Tiere verbunden sein kann. Für die Bindung zahlreicher Besitzer an ihre Tiere ist häufig auch deren Vermenschlichung symptomatisch, zudem die Trauer der Menschen beim Tod der Tiere. Häufig wird dem Tod der Tiere (ebenso wie dem der Menschen) aus dem Wege gegangen, häufig wird er in einer rituellen Bestattung der Tiere – u.a. auf Tierfriedhöfen (z.B. in Paris, in London oder in Berlin) – verarbeitet. Die Nähe der Menschen zu ihren Heimtieren drückt sich ferner in den häufig quasi menschlichen psychischen Eigenschaften aus, die den Tieren unterstellt werden. Die Nähe zu den eigenen Heimtieren schließt allerdings die bedenkenlose Nutznießung der intensiv gehaltenen landwirtschaftlichen Tiere durch den Kauf preiswerter Nahrungsmittel nicht aus. Die üblicherweise intensive Bindung schließt ferner nicht aus, daß manche Besitzer das Interesse an ihren Tieren verlieren, daß ihr Engagement bei der Sorge um die Tiere abnimmt, daß sie schließlich auch bereit werden, ihre (lästig gewordenen) Tiere vor oder bei der Abreise in die Ferien auszusetzen und ihrem Schicksal zu überlassen.

Sport

Schichtspezifisch wie die Haltung der Hobbytiere – sprichwörtlich die Tauben bei den Kumpeln und die Rennpferde beim Adel und bei den wirtschaftlich Begüterten – ist auch der in der Gegenwart weiterhin betriebene Sport mit Tieren. »Sportlich« wird u.a. die Zucht von Heim- und Hobbytieren betrieben, eindeutiger aber deren Leistung im Fliegen, Laufen oder Springen kultiviert. Die Flüge der Tauben, die Rennen der Windhunde und der Pferde sowie die weiteren Reit- und Fahrwettbewerbe mit Pferden sind bes. populäre Konkurrenzen. Auf manchen Dorffesten veranstaltet man als Kuriosa und zur allgemeinen Belustigung zudem Rennen von Tieren, die für eine solche Leistung nur sehr bedingt geeignet sind, nämlich Wettbewerbe für berittene Ochsen und Schweine.

Die Brieftauben konkurrieren über Flugdistanzen von 80 bis über 1 000 Kilometer. In Deutschland, v.a. im Rheinland und in Westfalen, besitzen etwa 90 000 Züchter etwa 6 Mio. Tauben, die, nämlich als »Rennpferde des Kleinen Mannes«, streng nach Leistung selektiert werden. Im Jahre 1894 war der Verband deutscher Brieftaubenliebhaber-Vereine gegründet worden.

Wettbewerbe im Fischen, die ausschließlich um des Wettbewerbs willen erfolgen, werden in Deutschland seit jüngerer Zeit im vermehrten Maße als Verstoß gegen das Tierschutzgesetz angesehen, weil die Schmerzfähigkeit der Fische inzwischen als erwiesen gilt und die mit dem Fang verbundenen Maßnahmen bei den Tieren länger anhaltende erhebliche Schmerzen (§ 17 TschG) auslösen.

Kämpfe, in denen Tiere einander auf Leben und Tod gegenüberstehen oder in denen der Mensch seine Überlegenheit über das Tier zu demonstrieren sucht, gehörten und gehören weiterhin in verschiedenen Ländern Europas zu den Volksbelustigungen. Die Auseinandersetzungen zwischen Hähnen und anderen Vögeln begeisterten und begeistern v.a. den einfachen Mann, ebenso die Wettbewerbe (von lokaler Bedeutung) im Gänse- oder Hahnenköpfen, die in verschiedenen Regionen Europas, unter anderm in einigen nordrhein-westfälischen Städten und Dörfern, verbreitet sind und in denen ursprünglich wohl das Dämonische symbolisch vernichtet wurde. Der spanische Stierkampf war demgegenüber einst die Kraftprobe adliger junger Männer mit dem Tier, dies möglicherweise in Erinnerung an die Stierspiele der Minoer auf Kreta und ebenfalls als symbolische Überwindung des Bösen (in der Natur). Die erste beglaubigte Nachricht über das vom Sattel des Pferdes aus geführte Gefecht mit dem Stier stammt in Spanien aus dem 11. Jh. v.Chr. Von verschiedenen Regenten weiß man, daß sie erfolgreich beim Stierkampf auf der Plaza auftraten. So tötete Kaiser Karl V. (1500–1558) zur Feier der Geburt seines Sohnes Philipp II. (1527–1598) einen Stier auf dem öffentlichen Rund. Philipp II. wandte seine Gunst ebenfalls – zumindest zeitweise – dem Stierkampf zu. Er gründete nämlich 1562 eine Korporation von Edelleuten, die den Sinn für die Ritterlichkeit wiederbeleben sollte und der auch die Plazas de toros unterstellt wurden. Philipp III. (1578–1621) war – anders als Philipp II. – selbst leidenschaftlicher Stierkämpfer. Philipp IV. (1605–1665) kümmerte sich ebenfalls intensiv um diese Spiele. Mit Philipp V. (1683–1746) begann, so Joest,[87] der Verfall der ritterlichen Stiergefechte. Der König lehnte die Stierkämpfe persönlich ab, konnte sie aber nicht beenden, weil er damit die Sympathien seiner Untertanen verloren hätte. Er sicherte sich das Wohlwollen der Spanier u.a. mit dem Bau eines Amphitheaters für Stierkämpfe in Madrid; dieses bot 14 000 Zuschauern Platz. Anfang des 16. Jh.s waren die ersten Arenen für den Stierkampf gebaut worden, der zuvor auf den öffentlichen Plätzen und Märkten stattgefunden hatte. Die Ursachen des Verfalls sah Joest im Übergang von den adligen Kämpfern zu »bezahlten Gesellen«, die vor dem eigentlichen Kampf eine Vielzahl von Pferden zur Unterhaltung des »Pöbels« von den Stieren töten ließen. Mit dem Rückzug der Ritterschaft gewannen immer weitere Schichten Einfluß auf den Stierkampf, und die rituelle Tötung des Tieres ging in eine »gewerbsmäßige Abschlachterei und zwecklose Tierquälerei«[88] über.

Das besondere Empfinden der Spanier für die außergewöhnlich wilden und wendigen Stiere ihres Landes stellt eine wichtige Komponente des Stierkampfes dar, den Schriftsteller als exzeptionelles Fest der Männlichkeit – mit zahlreichen weiblichen Besuchern und Verehrern der Toreros – glorifizierten. Tierschützer sahen demgegenüber im Stierkampf einen bezeichnenden Beleg für die Rohheit der Südländer im Vergleich zu den Nordeuropäern, bei denen verschiedene Versuche, den Stierkampf heimisch zu machen, scheiterten. Für die Rücksichtslosigkeit gegenüber den Pferden und den Stieren ist es nach Joest[89] u.a. bezeichnend, daß die Attraktivität und die Bedeutung einzelner Stierkämpfe in der breiten Öffentlichkeit u.a. nach der Anzahl der bei ihnen getöteten Pferde bemessen wurde. Die aus dem 19. Jh. vorliegenden Zahlen vermitteln einen Eindruck von der Größenordnung der getöteten Tiere. Im letzten Jahrzehnt des letzten Jh.s wurden in Spanien jährlich etwa 500 Stierkampfveranstaltungen durchgeführt, bei denen etwa 3000 Stiere und 4500 Pferde ihr Leben ließen, und zwar bei einem durchschnittlichen Besuch von 6000 Zuschauern pro Kampftag. Derzeit sollen in Spanien jährlich ebenfalls insgesamt etwa 3000 Stiere in den etwa 350 offiziellen Arenen und auf den umgebauten Marktplätzen bei insgesamt etwa 500 Meetings mit je 6 Kämpfen (einschließlich der bei den Dorffesten auf freiem Feld stattfindenden) ihr Leben lassen, dies vor insgesamt mehr als 30 Mio. Zuschauern. Weitere Kämpfe finden in Südfrankreich, Portugal und in Lateinamerika statt. Im Gegensatz zum spanischen Stierkampf endet der portugiesische nicht mit dem Tod zahlreicher Pferde und Stiere; er erregt die Zuschauer (daher) auch weniger als der spanische.

Die Begeisterung der Spanier für den Stierkampf blieb, wie die zuvor genannten Zahlen belegen, auch im 19. und frühen 20. Jh. erhalten. Erst in den letzten Jahrzehnten gewann das Fußballspiel einen bemerkenswerten Anteil von der Volksgunst, die zuvor dem Stierkampf gegolten hatte. Die Attraktivität diese Spiels und seiner Helden beeinträchtigen den Stierkampf insofern weitergehend als die seit der frühen Neuzeit bekannten Proteste der Tierschützer, die den Mut zahlreicher Espadas bzw. Toreros respektierten, die Quälerei der Pferde und der Stiere aber aufs schärfste verurteilten und die spanische »Nationalbelustigung« als Symptom begrenzter Kultivierung geißelten. Der Schriftsteller Elias Canetti äußerte seine Abscheu vor dem Stierkampf; er wollte den Stier als Sieger sehen, während Ernest Hemingway die rituelle Tötung des Tieres als »großes Meßopfer« und die Arena als »Kathedrale« feierte.

Das rauhe Pendant zum kultivierten und auch manirierten spanischen Stierkampf stellt im Westen Nordamerikas das Rodeo dar. Bei diesem Sport versuchen fast ausschließlich junge Männer aller Schichten, acht Sekunden auf dem Rücken oder im Sattel bockender

Pferde oder auf dem Rücken wild umherspringender Bullen zu bleiben, wilde Pferde zu satteln und zu besteigen, Kälber mit dem Lasso zu fangen oder mit der Hand zu Boden zu werfen. Der auf die handfeste Cowboy-Praxis in der zweiten Hälfte des 19. Jh.s – und nicht auf eine Leistungsdemonstration des Adels – zurückgehende und seit dem Sommer 1882 entwickelte Rodeo-Sport ist – trotz eines traditionellen Damenwettbewerbs (Barrel-Racing) und trotz einzelner nur von Damen bestrittener Veranstaltungen – wie der spanische Stierkampf ein »männlicher« Wettbewerb, auch ein Kult ungebundener, wagemutiger und naturnaher Männlichkeit, ferner ein Kult der »männlichen« Auseinandersetzung des Menschen mit der Natur. Im Gegensatz zum Stierkampf dominiert die Natur beim Rodeosport freilich häufig über den Menschen; meist werfen die Pferde und die Stiere ihre Reiter in den Sand, stets verlassen die Tiere lebend die Arena. Aus der Perspektive des Tierschutzes ist das Einfangen der Kälber mit dem um ihren Hals geworfenen Lasso wohl die problematischste Aktion der Rodeo-Meetings, von denen in Nordamerika etwa 1 000 alljährlich stattfinden.[90] Im vorliegenden Kontext ist deshalb auf den nordamerikanischen Rodeo-Sport hinzuweisen, weil v.a. in der Bundesrepublik Deutschland in den siebziger Jahren zahlreiche Rodeo-Veranstaltungen stattfanden, dies v.a. in der Nähe der Camps der US-amerikanischen Besatzung. Ferner ist hier auf diesen Sport hinzuweisen, weil er in der USA-Begeisterung zahlreicher Westeuropäer nach dem Zweiten Weltkrieg und speziell in der Heroisierung der männlichen Kraft, Freiheit und Naturverbundenheit des »Wilden Westens« eine bemerkenswerte Komponente darstellt und weil er dementsprechend in weiten Bereichen der Produktwerbung in Europa erfolgreich verwendet wurde und weiterhin verwendet wird. Letzteres bedeutet u.a., daß die durch großflächige Werbeplakate sowie durch häufig auftauchende Fernsehbilder vermittelten Eindrücke von einer Mensch-Tier-Beziehung die Vorstellung des städtischen Menschen in Europa häufig weitergehend bestimmen als der Kontakt mit den Tieren selbst. Zum Western-Reiten finden die Europäer auch insofern Kontakt, als die weltweit erfolgreiche Jeans-Mode von der Nietenhose der Cowboys ausging. Schließlich gewinnt der Western-Stil als Methode des Reitsports seit den siebziger Jahren in Europa zunehmend an Bedeutung.

Luxusartikel und Repräsentation

Die Nutzung von Haaren, Federn und Fellen der Tiere zur Bekleidung geht häufig über die Funktion der Isolation gegen Kälte weit hinaus und in den Bereich der luxurierenden Erweiterung des Lebens über, bezeichnenderweise regelmäßig im Zusammenhang mit wachsendem Wohlstand. Pelzjacken und -mäntel leisteten sich z.B. zu Anfang unseres Jh.s Menschen unterschiedlicher Schichten in zunehmendem Maße. Die Weltproduktion von Rauchwaren, die zu einem beträchtlichen Teil nach Europa ging, wurde zwischen 1910 und 1930 verdreifacht, dies u.a. mit dem Resultat der Dezimierung freilebender Wildtiere. Pelztierzuchten entstanden seit 1872 zuerst in Kanada, in Europa zunächst in Norwegen. In Deutschland existierten 1923 erst zwei, zehn Jahre später aber schon 500 Zuchtfarmen.[91]

Das Ausmaß des »Verbrauchs« an Wildtieren – gemäß der üblichen Einstellung wurden sie problemloser als z.B. Hunde oder Hauskatzen verwendet[92] – basierte u.a. auf dem Umstand, daß für einen Mantel 17 Luchs-, 17 Ozelot-, 12 Wolfs-, 8 Seehund- oder 6 Leopardenfelle verarbeitet wurden.[93] Die quantitative Bedeutung der Mode, sich mit Federn ungewöhnlicher Tiere zu schmücken, erhellt aus der Tatsache, daß im Jahre 1878 eine einzige deutsche Großhandelsfirma 800 000 Bälge von Tauchern, 300 000 Flügel von Schnepfenvögeln und 32 000 Bälge von Kolibris auf Lager hatte, und zwar trotz – oder auch wegen (Vorrat für Zeiten des Verbots) – der Proteste von Tierschutzorganisationen des In- und des Auslands, v.a. Proteste gegen die Vernichtung der reizvoll gefärbten Kolibris. Stärker als solche Proteste bestimmte der Wechsel der Moden das Schicksal der Vögel. Für ein Paar mit Kolibribälgen verzierte Damenschuhe wurden immerhin 6 000 Goldmark gezahlt. 300 000 Mio. Ziervögel sollen jährlich zur modischen Akzentuierung der Bekleidung der europäischen Frauen (und Männer) verwendet worden sein. In Paris waren die Schmuckfedern bes. beliebt, gehandelt wurden sie v.a. in London.[94]

Der Akzentuierung der luxurierenden Einrichtung der Wohnung dienten auch noch im 19. und 20. Jh. Arbeiten aus Elfenbein. Um die Jh.wende wurden auf dem zentralen Markt in Antwerpen jährlich 36 000 Elefantenzähne umgesetzt. In den Jahren 1920–28 tötete man pro Jahr etwa 6000 – später allein im ehemaligen Belgisch-Kongo sogar 10000–20000 – Elefanten, um den wachsenden Bedarf breiter Schichten zu decken. Verarbeitet wurde das Elfenbein u.a. zu Schmuckstücken und Kunstgegenständen, zum Belegen von Klaviertasten und zu Billardkugeln. Die durch Feuer eingekreisten Elefanten jagte man mit Speeren und Fallgruben, später auch mit Feuerwaffen. Um die Tiere an der Flucht zu hindern, wurden ihnen u.a. die Achillessehnen durchgeschlagen. Einheimische Tiere opferte man ebenfalls modischen Neigungen. Die Eckzähne im Oberkiefer des Rothirschs – Hirschgrandeln oder Hirschgräne genannt – wurden z.B. zu Krawattennadeln und Broschen verarbeitet.[95]

Für die Beziehung des Menschen zu den Tieren ist schließlich die Bewertung dieser Beziehung durch andere Menschen relevant, sowohl als Vorwurf gegen die Überbewertung der Tiere auf Kosten (unterprivilegierter) Menschen wie auch als ethische Anerkennung der Zuwendung zur Kreatur. Prominente aus dem Bereich der Kunst und der Politik zeigten sich und zeigen sich nicht selten mit ihren Lieblingstieren in der Öffentlichkeit, z.B. so unterschiedliche Persönlichkeiten wie Otto von Bismarck, Richard Wagner, Hermann Göring, Adolf Hitler, François Mitterand oder die britische Königin Elisabeth II. Für die Bewertung der Tierbeziehung politischer Führer ist die Glorifizierung Adolf Hitlers durch Zukowsky symptomatisch, dies auch als Ausnutzung der Tiere zur Sicherung von Wohlwollen und Gefolgschaft: »Nur wenige hatten das Glück zu sehen, wie der Führer das zarte Köpfchen des verwaisten Rehkitzes in seine weiche Hand bettet und den liebenden, mitfühlenden Blick zu beobachten, mit dem er den kleinen, vierbeinigen Erdenbürger betrachtet. Jeder wahrhaft große Mensch ist den Tieren ein echter Freund – unter ihnen einer der Größten ist unser Führer! – Führerworte sind den deutschen Menschen nicht Evangelium, sondern Religion! Sie brennen sich in unser Herz wie glühender Stahl: ›Ich habe mich immer zu der Auffassung bekannt, daß es nichts Schöneres gibt als Anwalt derer zu sein, die sich selbst nicht gut verteidigen können!‹ – ›Im neuen Reich darf es keine Tierquälerei mehr geben!‹«[96]

5. Religion

Die europäische Kultur des 19. und bes. die des 20. Jh.s stellt eine weitgehend säkularisierte Gestaltung des individuellen sowie des gesellschaftlichen Lebens dar. Das Erfahren von Numinosem ist bei der Mehrzahl der (Stadt-)Menschen auf Randbereiche des Lebens sowie auf Existenzkrisen beschränkt. Die Zahl der Individuen, die sich von einem transzendenten Numinosen im christlichen oder in einem anderen Sinne faszinieren lassen, reduziert sich weiter. Akzeptabel bleibt für viele die Interpretation der Religion als soziales Engagement. Die »unsichtbare« Religion (außerhalb der Institutionen) ist mehr Fiktion als gelebte Wirklichkeit.[97]

Eine solche Kultur schafft keinen Zugang zu tiergestaltigen Göttern. In einer solchen Kultur gibt es vornehmlich profane Nachwirkungen des theriomorphen Heiligen und rationale Reflexionen über animalische Erscheinungsweisen des Heiligen in Mentalitäten, denen die des säkularen technischen Zeitalters nicht (mehr) entspricht.

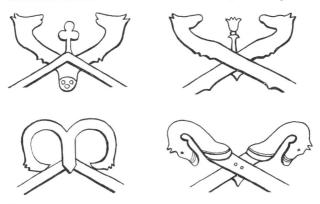

Abb. 1
Giebelzeichen (Zillertal, Ötztal und Passeier, 19./20. Jh.) als Reste des vorchristlichen Glaubens an den Schutz durch Pferdeköpfe

Die einstigen Tierkulte gingen in profane Riten über, die im Rahmen der Traditionspflege nachvollzogen und wiederbelebt werden. In verschiedener Hinsicht eignen solche Riten – z.B. die bereits erwähnten Leonhardi-Ritte, ähnliche Umzüge und selbst die in ländlichen Regionen noch praktizierten Tiersegnungen – sich dazu, als Alternative zur technischen Welt erlebt und begangen zu werden. Die traditionellen Tierbilder mit magischer Bedeutung werden ausschließlich ästhetisch verstanden, die einstigen dämonischen Eigenschaften der Tiere als Verhaltensweisen im Rahmen eines artspezifischen Ethogramms erklärt, das von dem des Menschen beträchtlich abweicht. Die numinose Scheu vor bestimmten Tieren wird in ihren Ursprüngen analysiert und entzaubert. Die Grenzen der Bemächtigung des Menschen über das Tier stellen sich als Folgen beschränkten menschlichen Wissens und beschränkten menschlichen Geschicks dar.

Die Nachwirkungen der einstigen Besetzung des Tieres mit numinoser Valenz sind meist schon nicht mehr offensichtlich; deutlich werden sie erst aufgrund spezieller Aufmerksamkeit. Auf den säkularisierten Glauben an die besondere (Heil-)Kraft bestimmter tierischer Substanzen wurde bereits hingewiesen, auch auf die Gefährdung der Existenz von Bibern, Schlangen, Fledermäusen, Nashörnern und anderen Tieren aufgrund solchen Glaubens und der aus ihm resultierenden Praxis, die Tiere rücksichtslos zu jagen, und die aus ihnen gewonnenen (vermeintlichen) Heilsubstanzen gewinnbringend zu vermarkten. Die Existenz der Tiere steht insbesondere dann zur Disposition, wenn die als Heilmittel verwendeten tierischen Substanzen nur in begrenzter Quantität verfügbar sind und wenn von ihnen die Förderung zentraler menschlicher Anliegen – z.B. Verjüngung und Liebeskraft beim Nashorn – erwartet wird. Hilfreich ist und war es für das Überleben der heilkräftigen Tiere demgegenüber, wenn ihre Ausscheidungen die außergewöhnlichen Wirkungen tun sollten, z.B. der Löwenkot, den die Stuttgarter Hofapotheke sich noch im letzten Jh. aus dem herzoglichen Schloßgarten in Tübingen als wichtiges Geheimmittel getrocknet liefern ließ. Als Geheimmittel wurden und werden die von Tieren gewonnenen Substanzen häufig behandelt; dies trug und trägt weiterhin dazu bei, sie nur in begrenztem Maße naturwissenschaftlich auf ihre Wirkungen hin zu untersuchen, sie auch in einer ansonsten »aufgeklärten« Epoche anzuwenden und über das Ausmaß ihres Einsatzes mehr Vermutungen anzustellen als gesicherte Informationen zu verbreiten, dies v.a. in den Gesellschaften oder

Gruppen, in denen Naturheilverfahren ein hohes Ansehen genießen. In das profane Erleben und die profane Beurteilung der Eigenschaften verschiedener Tiere gehen zuvor religiös begründete Wertungen häufig ebenfalls ein, z.B. in das Erleben und die Beurteilung der Schlange als gefährlich und hinterlistig. Bei dieser Feststellung ist allerdings zu berücksichtigen, daß das religiöse Verständnis der Tiere keine zufällige Zuschreibung von Eigenschaften darstellt, sondern meist vom realen menschlichen Erleben des Tieres ausgeht und insofern meist reale Eigenschaften des Tieres – z.B. die nicht selten versteckte Schlange als reale Gefahr für den in der Natur als (Bar-)Fußgänger sich fortbewegenden Menschen – respektiert, diese häufig auch akzentuiert. Solche Bewertungen könnten sogar als schematisierte Feindbilder genetisch verankert sein. Ihre religiöse Deutung, Legitimation und Verstärkung könnte auf bestimmte Epochen der Geschichte der Menschheit und/oder auf bestimmte Gruppen beschränkt gewesen bzw. weiterhin beschränkt sein.

Für die progressive Säkularisierung im 19. und 20. Jh. ist u.a. die Geschichte des Tierorakels bezeichnend: Ende des letzten Jh.s ließ man sich, so Hopf,[98] zwar nicht mehr von Rindern und Tauben den Standort von Kirchen und Schlössern anweisen, Schicksalstiere, deren Verhalten man als Aussage über die Zukunft interpretierte, spukten aber weiterhin »noch überall in Deutschland in den Köpfen gläubiger Phantasten«. Hunde, Katzen, Pferde und Rinder fungierten z.B. weiterhin als Todesboten. Hopf[99] sprach von der »Zähigkeit altheidnischer Ueberlieferungen, [...] der [...] sogar mancher hochgebildete Geist in schwachen Augenblicken unterliegt«, um die (quälende) Ungewißheit und Unsicherheit, so könnte man anfügen, abzubauen.

Zu den Nachwirkungen der religiösen Weltdeutung sind auch die Fälle zu zählen, in denen in Frankreich vereinzelt noch im letzten Jh. Hunde von einem Polizeigericht als gemeingefährlich zum Tode verurteilt wurden, wobei man dieses Urteil allerdings als »Verwaltungsmaßregel« durchführte.[100] Die Auswahl der Methoden, mit denen die abgeurteilten Tiere getötet wurden, spiegelte häufig die Überzeugung von der Besetzung der Tiere durch böse Mächte; die Methoden der Tötung entsprachen den menschlichen Vorstellungen von den notwendigen Maßnahmen gegen das – in den Tieren wirkende – Böse. Tiere, die bei der Verletzung oder Tötung eines Menschen gestellt wurden, erwartete z.B. häufig ein bes. grausamer Tod, nicht selten eine im Ablauf genau vorgeschriebene (magische) Tötung oder Verstümmelung. An Galgen durften z.B. noch in der zweiten Hälfte des letzten Jh.s Winzer bei Bordeaux die Hunde aufhängen, die sie ohne Maulkorb in ihren Weinbergen einfingen. Diese Maßnahme stellte freilich dann auch eine profane Bestrafung der Hundebesitzer dar, und zwar eine Strafe mit der ausgeprägten Funktion der Abschreckung.

Noch im Jahre 1866 erwehrte man sich im Pozegaertal in Slawonien einer Heuschreckenplage mit einer Verbannung: Im Dorf Vidovici fingen die Bauern eine große Heuschrecke ein; sie hielten Gericht über sie und verurteilten sie zum Tode. Die Bewohner des Dorfes sollen dann mit dem Tier zum Orljavafluß gezogen sein und es unter Verwünschungen ins Wasser geworfen haben.[101] In Kalabrien wandte man sich zu dieser Zeit mit Maledikionen gegen einen bes. gefährlichen Wolf. In Thüringen sagte man den Raupen bei ihrer Verwünschung, daß sie im Nachbardorf das Kirmesfest, nämlich ein reizvolles Leben, erwarte. Manchmal entschuldigten die Verwünscher der Tiere sich auch bei diesen. In Westfalen ließ man Kohlraupen durch einen »Besprecher« vertreiben, der den Tieren durch horizontal gelegte Holzstäbchen den Weg anwies, auf den sie die Stätte ihres schändlichen Wirkens zu verlassen hatten.[102] Letztere Maßnahme stellt einen Übergang von der religiösen zur profanen Magie dar, weiter einen Übergang zu rationalen Methoden der Beseitigung der Tiere.

Häufig wirkten und wirken religiöse Einstellungen und Interpretationen der Welt – neben direkten theologischen Aussagen – in der geistigen Deutung der Tiere nach. Das christliche Verständnis der göttlichen Schöpfung der verschiedenen Tierarten stellte z.B. den ausschlaggebenden Hintergrund diverser Argumente gegen die Evolutionstheorie dar. Theistisch oder pantheistisch begründete Kosmos-Konzepte gingen zuvor in das auch von Goethe geteilte Verständnis der Natur ein, nämlich das Verständnis der Natur als eines in manchen Details vielleicht unharmonisch und irrational, insgesamt aber harmonisch, sinnvoll und ökonomisch verlaufenden Geschehens. Solche Kosmos-Konzepte standen offensichtlich auch hinter der

Evolutionstheorie des Anthroposophen Rudolf Steiner, weniger offenkundig hinter zahlreichen anderen Äußerungen, die im Sinne des Natur- und speziell des Tierschutzes die Möglichkeit eines einträchtigen Umgangs des Menschen mit der Natur im allgemeinen und den Tieren im besonderen unterstellen und dementsprechende Postulate zum Umgang mit dem »Bruder Tier« propagieren.

Offensichtlicher Aberglaube und offensichtliche mythologische Vorstellungen wurden nicht selten durch Theorien korrigiert und legitimiert, deren religiöse Fundierung man kaschierte. Derart wirkten z.B. die Tierkreislehren, die auf mythischen Kosmologien beruhen und mit denen weiterhin bestimmte menschliche Eigenschaften durch den Rekurs auf häufig vermeintliche Eigenschaften von Tieren in ihrer Genese erklärt werden, und zwar Eigenschaften von Tieren, die man den menschlichen Individuen aufgrund ihres Geburtsdatums zuordnet.

Einen wichtigen Komplex der religiösen Deutung der Tiere bilden in Europa weiterhin die theologischen Aussagen, die sich als religiös begründeter Natur- und Tierschutz zusammenfassen lassen und auf die bereits hingewiesen wurde. Seit der Zeit des Pietismus, der protestantischen Erweckungsbewegung des späten 17. und des 18. Jh.s, begründete man sympathetische Einstellungen zum Tier in verstärktem Maße mit der Mensch und Tier verbindenden Kreatürlichkeit. Die pietistischen Strömungen verbanden sich im 19. und 20. Jh. mit der Gefühlskultur der Empfindsamkeit sowie mit vitalistischen Ideen. Diese Strömungen stellten wichtige Quellen für den organisierten Tierschutz des 19. und 20. Jh.s dar, v.a. wichtige Quellen zu dessen letztlich theologischer Begründung. Die theologische Legitimation blieb insbesondere eine der zentralen Akzente der »Ethik der Ehrfurcht vor dem Leben«,[103] auch wenn diese sich in der Zeit vom 17. bis zum 20. Jh. in einzelnen Punkten wandelte. Das Ausmaß dieser Modifikation wird von Theologen häufig als beträchtlich, von denjenigen, die v.a. zwischen religiösen und profanen Legitimationen des Tierschutzes unterscheiden, aber nicht als gravierend angesehen. Bes. bekannt wurden in jüngerer Zeit die theologischen Aussagen Albert Schweitzers zum Tierschutz, wobei man diese allerdings häufig ohne ihre theologische Begründung zitiert. Schweitzer hatte formuliert: »Die Ethik der Ehrfurcht vor dem Leben ist die universelle erweiterte Ethik der Liebe. Sie ist die als denknotwendig erkannte Ethik Jesu.« In der Darstellung von Teutsch[104] besteht die »Ethik der Ehrfurcht vor dem Leben« im Erleben der »Nötigung [...] allem Willen zum Leben die gleiche Ehrfurcht vor dem Leben entgegenzubringen wie dem eigenen«. In dieser Nötigung sah Teutsch das »denknotwendige Grundprinzip des Sittlichen«: »Gut ist Leben erhalten und Leben fördern; böse ist, Leben vernichten und Leben hemmen.«

In welchem Maße sich solcher Rigorismus christlicher Theologen de facto dann doch in eine pragmatische, opportunistische und auch anthropozentrische Ethik wandelt, offenbart selbst Schweitzers »Ethik der Ehrfurcht vor dem Leben«. Der Theologe wandte sich nämlich zwar gegen den »Unterschied zwischen höherem und niederem, wertvollerem und weniger wertvollem Leben«. Dem »wahrhaft ethischen Menschen« gestattete er aber »Unterschiede [...] von Fall zu Fall und unter dem Zwange der Notwendigkeit«, nämlich dann, wenn er in die Lage kommt, entscheiden zu müssen, »welches Leben er zur Erhaltung des anderen zu opfern hat«.[105] Schweitzers letztlich relativ opportunistische Einstellung wurde weiter offenbar, als er in Afrika Eingeborenen zum Tode bestimmte Fischadler abkaufte und sie mit Fischen ernährte, die er zu diesem Zweck tötete. Schweitzer hatte offenbar die von verschiedenen theologischen Ideologien ignorierte Konstitution der Natur zu respektieren, nämlich die Existenzsicherung von Leben auf Kosten und häufig speziell durch das Auslöschen anderen Lebens. Schweitzer[106] spürte die Problematik resp. die Unausweichlichkeit des Töten-Müssens neben der rationalen Sanktion seiner Entscheidung: »Aber jeden Tag empfinde ich es als etwas Schweres, daß auf meine Verantwortung hin dieses Leben dem anderen geopfert wird.« Zur Kritik an der Konstitution der (gottgeschaffenen) Natur war er – ebenso wie viele andere Theologen – nicht bereit.

Im Zusammenhang mit den theologischen Begründungen profanen Handelns ist hier abschließend noch auf die in der europäischen Rezeption des Hinduismus und des Buddhismus häufig ignorierte hinduistisch-buddhistische Legitimation des Vegetarismus hinzuweisen, des radikalen Vegetarismus, der sich sämtlicher tierischer Produkte enthält, des Ovo-Lacto-Vegetarismus, bei dem Eier und

Milch-Produkte, aber kein Fleisch konsumiert werden, oder des Lacto-Vegetarismus, bei dem man nur Milchprodukte zu sich nimmt. Die hinduistisch-buddhistische Theologie begründete den Vegetarismus ursprünglich weder mit dem Argument des Tierschutzes noch mit dem der hygienischen Vorteile der Pflanzennahrung. Für die Orthodoxie war der Vegetarismus eine Konsequenz der magisch-ritualistischen Tabuierung des Lebens resp. in diesem Postulat wurde die rituelle Reinheit gefordert. Dieser Ursprung schloß die spätere Interpretation des Ahimsa-Gebotes als bes. weitreichendes Tierschutzpostulat – Tiere ebenso wie Pflanzen nicht töten und auch nicht peinigen! – nicht aus.

6. Literatur

Zu den literarischen Gattungen, in denen das Tier schon immer eine zentrale Rolle spielte, gehört das Märchen. Diese Rolle wandelte sich freilich mit den Veränderungen des Märchens, d.h. mit den Veränderungen des Welt- und des Selbstverständnisses des Menschen im Märchen. Das neuzeitliche Märchen bzw. die neuzeitliche Version des Märchens repräsentiert z.B. ein distanzierteres Verhältnis des Menschen zum Tier als das der Antike; in der neuzeitlichen Erzählung werden Wesensunterschiede zwischen Mensch und Tier deutlicher ausgedrückt als in der antiken, verlaufen die Verwandlungen vom Menschen zum Tier ebenso wie die vom Tier zum Menschen nicht so vorbehaltlos wie in den Schilderungen, hinter denen das – wie auch immer begründete – Erlebnis einer mythischen oder auch mystischen Einheit der verschiedenen Lebewesen steht. Das von Einsichten der neuzeitlichen Evolutionstheorie veranlaßte Erleben der essentiellen Nähe zum Tier dokumentiert sich weniger im – heute nur noch in Grenzen aktuellen – Volksmärchen und mehr in populären Tierfilmen. Die Tierfilme, v.a. die Serien in den Fernsehprogrammen, haben viel von der Aufmerksamkeit und viel von den Funktionen gewonnen, die vor der Mitte des 20. Jh.s in starkem Maße von den Märchen ausgingen.

Die in Deutschland weiterhin bekannteste Sammlung von »Kinder- und Hausmärchen« ist die von den Gebrüdern Jacob und Wilhelm

Grimm erstmals von 1818–1822 in drei Bänden herausgebrachte. Dieses Kompendium von Märchen wurde häufig nachgedruckt und von verschiedenen Künstlern illustriert. In 37 Titeln der 210 Grimmschen Märchen sind Tiere erwähnt, in einer weit größeren Zahl der Märchen treten Tiere im Verlauf der Erzählung auf. Die im Märchen agierenden Tiere sind meist nicht domestiziert, können aber dennoch als Helfer des Menschen wirken. Zu den bedeutungsvoll im Märchen erscheinenden Tieren gehören neben dem Pferd, dem Hund und dem Rind u.a. der Schwan, der Adler, verschiedene Fische, der Bär, der Wolf, der Eber, der Löwe, die Schlange, der Drache, der Esel, der Fuchs, die Gans, die Katze, der Hase, der Igel, der Sperling, die Geiß, der Rabe, die Maus, das Huhn und die Eule. Häufig handelt es sich um Tiere, die sprechen, deren Sprache der Mensch versteht oder die die menschliche Sprache zu deuten vermögen. Solches gegenseitiges Verständnis ist im Märchen i.d.R. selbstverständlich, d.h., es bedarf keiner besonderen Erklärung und keiner besonderen Lernprozesse.

Tiere erscheinen im Märchen als gut oder böse, als dem Menschen gleichgestellt oder als triebhafte Wesen ohne die (menschliche) Fähigkeit zur Steuerung der Antriebe. Über die »Grausamkeit« der Tiere im Märchen wurde in jüngerer Zeit häufig diskutiert, freilich über eine »Grausamkeit« aus der Sicht von Erwachsenen mit bestimmten Einstellungen; möglicherweise empfinden die Kinder diese Grausamkeit nicht mit den Akzenten, die manche Erwachsene zum Postulat der Zensur der Märchen veranlaßte. Weit übertroffen wird die Grausamkeit der Märchentiere freilich von derjenigen, mit der Tiere in zahlreichen derzeit von Fernsehsendern ausgestrahlten und von vielen Kindern gesehenen Trickfilmen agieren.

Die naturkundlich zutreffende Darstellung ist kein Anliegen des Märchens; das Tier wird vielmehr in seiner Physiognomie, in seinem Körperbau, in seiner Haltung und in seiner Lebensweise aus der Sicht des Menschen verstanden und gedeutet. Insofern erscheint es als eine Art Mensch in tierischer Gestalt, auch als verwandelter Mensch. Die Verwandlung des Tieres zum Menschen und des Menschen zum Tier stellt ein generelles Motiv des Märchens dar, dies meist aber als eine Verwandlung, mit der letztlich menschliche

Zwecke verfolgt werden. Die Verwandlung des Menschen in die Gestalt des Tieres kann von einem Tier veranlaßt oder ermöglicht werden, nämlich als Dank an den Menschen. Letztlich ist es aber nicht mehr die mythische Macht des Tieres, die den Menschen im neuzeitlichen Märchen verwandelt, sondern dieser verwandelt sich selbst. Diese und weitere Veränderungen des Verwandlungsmotivs in der Geschichte des Märchens offenbaren, so Röhrich,[107] die Etappen der fortschreitenden Rationalisierung des Menschen bzw. der fortschreitenden Rationalisierung des menschlichen Verhältnisses zur Welt im allgemeinen und zum Tier im besonderen.

Für die Tierverwandlungen in den Grimmschen Märchen ist es weiter bezeichnend, daß selbst eheähnliche Bindungen zwischen Mensch und Tier keine sodomistischen Kohabitationen einschließen, und zwar im Gegensatz zu den Märchen der Naturvölker, in denen solche Beziehungen noch möglich, in denen sie unbedenklich und selbstverständlich sind. Die von der menschlichen Selbsteinschätzung als Krone der Schöpfung diktierte Diskriminierung der Sodomie verbietet dem neuzeitlichen europäischen Märchen eine solche Verbindung, sofern ihr nicht die Verwandlung in die artspezifische Gestalt des Partners vorangeht oder sie in eine solche Verwandlung mündet. Manche tiefenpsychologische Deutungen des Märchens und der in ihm angesprochenen Sexualsymbole respektieren die Entsexualisierung dieses Dramas resp. die Kaschierung des Sexuellen in ihm nur begrenzt.

Partiell werden Wandlungen im neuzeitlichen Märchen dort vollzogen, wo nicht die gesamte Gestalt sich verändert, sondern das Tier (zeitweilig) das es kennzeichnende Fell abwirft. Die partiellen sowie die totalen Verwandlungen resp. die Rückverwandlungen von der einen in die andere Gestalt repräsentieren nicht selten in handfester Form die Erlösung von Leiden, von einer unglücklichen Existenz oder vom Bösen.[108]

Die Anthropozentrik ist freilich nicht die einzige Deutung des Verhältnisses von Mensch und Tier im Märchen. Die beiden Lebewesen existieren laut Franke[109] auch im neuzeitlichen Märchen noch nebeneinander, verbunden in einer Lebensgemeinschaft. Weder der Mensch noch das Tier stehen bewußt im Mittelpunkt. Das Tier erscheint nicht als reines »Tier«, wird allerdings nicht vermenschlicht.

Es ist, so Franke weiter, eine Person, kraft seines eigenen Daseins, nicht kraft menschlicher Begabung.

Erzählt werden die Märchen vornehmlich den Kindern, die in ihnen und insbesondere von den im Märchen handelnden Tieren etwas über menschliche Normen und Ziele, auch etwas über das menschliche Wirken in der Welt erfahren. Insofern dienen die Märchen der Orientierung in der Welt der Dinge, der Mitmenschen sowie der moralischen Ansprüche.

Ähnlich wie der Mythos, das geistige Pendant zum vorgeschichtlichen Ritus, vollzieht das Märchen ein zumindest partiell ahistorisches Drama sprachlich nach. Bezeichnenderweise fordern die Kinder mit Nachdruck, daß bestimmte Passagen mit stets gleichen Worten erzählt werden. Das Kunstmärchen – poetischer als die stärker historisch orientierte Sage – wird meist allerdings nicht mehr erzählt, sondern wortgetreu vorgelesen. Dies macht das Kunstmärchen statischer als das Volksmärchen, das in der freien Weitererzählung über Generationen die Verschiebung des Welt- und des Selbstverständnisses aufnimmt resp. aufnahm. Im Tiermärchen spiegelt sich wie im Märchen generell, so Beit,[110] die »Spannung zwischen dem nichtverstandenen mythischen Denken, das darum tabu wird, und der profanen Rationalität«. Das Märchen verbindet insofern das archaische und das rationale Denken.

Die progressive Rationalisierung der Mensch-Tier-Beziehung wurde auch für die Volkssage konstatiert: Je mehr der primitive Charakter der Sage sich verflüchtigte und die Einwirkungen des rationalen Denkens sich geltend machten, desto größer wurde die Distanz vom Menschen zum Tier sowie zu allen anderen Dingen. Dabei veränderte sich auch das Bild des Tieres, nämlich entsprechend den Erfahrungen und dem ernüchterten Denken des Menschen.[111] Versteht man die Fabel als die »Textsorte«, in der das Tier seine Eigenständigkeit verliert, anthropomorphisiert und als Maske sowie als Mittel verwendet wird, dann ist sie ebenso wie das Märchen weniger wirklichkeitsnah als die Legende, die von den vorgefundenen Eigenschaften des Tieres ausgeht. D.h.: Das außergewöhnliche Geschehen in der Legende schließt sich an die Realität des Tieres an.[112]

Die strenge Trennung der verschiedenen Erzählgattungen erscheint aus der Sicht der Volkskundler als eine Konstruktion der Literaturwissenschaftler. Die Division ist ähnlich umstritten wie die Ansicht, nach den beiden Höhepunkten der Fabeldichtung im 16. und 18. Jh. gehöre diese poetische Form im 20. Jh. der Vergangenheit an. Diesem Urteil läßt sich u.a. mit dem Hinweis auf (deutschsprachige) Fabelsammlungen von Wolfdietrich Schnurre (1957), Rudolf Kirsten (1947; 1948; 1960) und Helmut Arntzen (1966), auch mit dem Hinweis auf Texte von Franz Kafka, Bertolt Brecht, Martin Buber und Ernst Bloch widersprechen.[113] In der knappen, gezielten und pointierten »Gleichniserzählung«[114] der Fabel sind die Tiere auch insofern Akteure, als man ihre Eigenschaften nicht mehr zu beschreiben braucht. Bestimmte Eigenschaften und Verhaltensweisen, die die Fabeltiere kennzeichnen, sind einem u.a. von Sprichwörtern und weiteren Redensarten vertraut, auch von der bereits erwähnten Heraldik. Mit den naturkundlichen Erkenntnissen braucht das Verständnis der einzelnen Tiere in der Fabel nicht übereinzustimmen. Bemüht die Fabel sich um die naturkundliche Wahrheit, dann nähert sie sich der Tiergeschichte oder dem Tierepos an. Das »Animalische« stellt eine essentielle Qualität des Tieres in der Fabel dar, auch eine Animalität, die der Mensch in gewissen Punkten mit dem Tier teilt und die menschlichen Hochmut als Resultat einer falschen Selbsteinschätzung offenbart. Bestimmte Tiere stehen in der Fabel für bestimmte Eigenschaften, die Bedeutung mancher Tiere wechselt manchmal aber auch mit dem Kontext des Dramas. Der Wolf kann z.B. den Mächtigen repräsentieren, der den unschuldigen Schwachen – mit dem Anschein des Gerechten – vernichtet, ferner den Menschen, der die Freiheit mit Entbehrungen dem Wohlstand in der Knechtschaft vorzieht, weiter den Undank, die Plumpheit oder die Torheit.[115] Der von der Fabel Angesprochene identifiziert sich mit einer bestimmten Eigenschaft oder Verhaltensweise und wird so selbst zum Akteur im Drama. Gegen das häufige Verständnis der Fabel als moralische Geschichte und abstrakte Lebensweisheit wurde ihr Bezug auf eine konkrete existentielle oder auch sozialpolitische Situation, d.h. ihre Veranschaulichung einer solchen Situation, betont.[116] Einer derartigen Absage an das rationalisierende, moralisierende und pädagogisierende Verständnis der Fabel entspricht die Forderung, das Geschehen in dieser poetischen Form auf die eigene konkrete Situation anzuwenden und sein eigenes

Verhalten in den Fabelbildern zu erkennen. Derart wird die Fabel auch zur Existenz- und Gesellschaftskritik; derart gewinnt und behält sie gerade auch mit dem von ihr repräsentierten Bild des Tieres ihre Aktualität für das Handeln.

Von besonderer Relevanz ist die Bedeutung des Tieres im Jugendbuch der Gegenwart. Einzelne Werke führen diese Bedeutung exemplarisch vor Augen. Literatursoziologische Untersuchungen geben einen Überblick über die in den Neuerscheinungen bestimmter Epochen dominant auftretenden Themen. In diesem Sinne wurden z.B. 251 Jugendbücher auf ihren Inhalt hin analysiert, und zwar eine Stichprobe von Jugendbüchern, die – original oder übersetzt – in den Jahren 1967–69 in deutschen Verlagen erschienen und in der *Deutschen Bibliographie* den »Jugendbüchern« zugeordnet waren. Unter den 251 Büchern befanden sich 152 belletristische, 56 Bilder- und 53 Sachbücher. Die Analyse ergab, daß in 76 % der Bücher der Themenbereich »Natur und Tiere« erwähnt und dargestellt war. Dieses Resultat bedeutet, daß in diesen Büchern »Natur und Tiere« das am häufigsten behandelte Thema bildete, noch häufiger als die familiären Beziehungen. Die Darstellung der Natur sowie der Tiere erfolgte freilich nur in einem Teil der Bücher als Information über die Natur und die Tiere. In der Mehrzahl der Fälle wurden mit diesem Thema über die naturwissenschaftlichen Erkenntnisse hinausgehende Inhalte vermittelt, d.h. auch, die Tiere wurden mit menschlichen und übermenschlichen Eigenschaften geschildert und als ausgeprägte positive und negative Phänomene des Lebens vor Augen geführt. Nur in 34 % der Bücher war eine an der (Natur-)Wissenschaft orientierte Darstellung der Tiere gewählt worden, in 66 % eine anthropomorphe, und in 4 % der Fälle hatte man den Tieren übermenschliche Eigenschaften zugeschrieben. Die anthropomorphe und die numinose (Ver-)Zeichnung der Tiere reichte so weit, daß sie die Information über die reale Nutzung des Tieres in der gegenwärtigen Gesellschaft ausschloß. Im Vordergrund – nämlich bei 61 % der Bücher – stand die Darstellung von Lebensgemeinschaften von Mensch und Tier, dies aber nur in 21 % der Fälle unter dem Aspekt der Nutzung des Tieres durch den Menschen. Und wenn die Autoren ein in sich geschlossenes Tierreich – nämlich in 18 % der Fälle – behandelten, taten sie dies ebenfalls bald anthropomorph, bald naturwissenschaftlich zutreffend. Dieses Bild trifft für die für Mädchen geschriebenen Bücher ebenso zu wie die für Jungen verfaßten.

Die Dominanz der anthropomorphisierenden Darstellung gegenüber der naturwissenschaftlich orientierten ist bes. bei den Büchern für Jugendliche im Alter von bis zu elf Jahren ausgeprägt (74 zu 26%), bei den Büchern für Jugendliche ab elf Jahren verschwindet sie (55% naturwissenschaftlich orientiert gegenüber 45% anthropomorphisierend). Bei Bilderbüchern (78 zu 22%) und bei belletristischen Werken (65 zu 35%) ist die Dominanz der anthropomorphisierenden Darstellungen erwartungsgemäß deutlich, bei Sachbüchern das Verhältnis umgekehrt (69% naturwissenschaftlich orientiert und 31% anthropomorphisierend). Mit der Anthropomorphisierung wird, so Nauck,[117] »i.d.R. eine Stereotypisierung von Eigenschaften und Verhaltensweisen verbunden [...], die auf die soziale Wahrnehmung« des Lesers oder des Betrachters der Bücher »nicht ohne Einfluß bleiben dürfte«. Letzteres heißt, daß in der (literarischen) Begegnung mit dem Tier Wahrnehmungsmodelle für die zwischenmenschliche Begegnung ausgebildet werden, heißt dann aber auch, daß die Tiere häufig nicht in ihrer biologischen Wirklichkeit gesehen, sondern stereotyp resp. nach Maßgabe der über sie herrschenden Vorurteile aufgefaßt und diese dann auf zwischenmenschliche Phänomene übertragen werden. Eine derartige Feststellung entspricht der aus der Beobachtung von Zoo-Besuchern gewonnenen, nämlich der Feststellung, daß selbst die realen Tiere häufig nach Maßgabe der menschlichen Vorurteile über sie aufgefaßt werden, d.h. die (kurzzeitige) reale Begegnung mit bestimmten Tieren im Zoo häufig nicht dazu führt, die Vorurteile über diese Tiere zu korrigieren.

Tiere dürften im skizzierten Sinne auch in weiten Bereichen der belletristischen Erwachsenenliteratur sowie in den unterhaltenden Tierfilmen mit anthropomorphisierender Darstellung stereotyp erfahren werden. Unter welchen Bedingungen das mehrfache und intensivere Wahrnehmen von Tieren dann doch einen Beitrag zur Korrektur der Vorurteile leistet, ist nur begrenzt untersucht.

Anthropomorphisierende Darstellungen von Mensch-Tier-Beziehungen sind freilich geeignet, Kindern und Jugendlichen Modelle des Verhaltens zum Tier exemplarisch vor Augen zu führen, die eine Alternative zur nüchternen Nutzung und Ausnutzung darstellen. Zu den erfolgreichsten Kinderbüchern dieser Art gehört *Die Geschichte von Dr. Dolittle*, verfaßt von dem US-Amerikaner Hugh Lofting (1886–1947). Das 1920 erschienene, mehrfach ausgezeichnete, in verschiedene Sprachen übersetzte und weltweit vielgelesene Buch spielt in England. Es handelt von einem exzentrischen Humanarzt, der zunächst neben den Menschen Tiere behandelt und sich auf Tiere spezialisiert, als die Menschen, die die Tiere in der Humanpraxis stören, zunehmend fortbleiben. In Dr. Dolittles Haus wohnen Kaninchen in der Speisekammer, weiße Mäuse im Klavier, ein Eichhörnchen in der Wäschekammer und im Keller ein Igel. Eine Kuh und ein Kalb, ein altes lahmes Pferd, Hühner und Tauben, zwei Lämmer, Goldfische und manche andere Tiere beheimatet der Doktor auf seinem Anwesen. Den kranken Tieren kann der Arzt u.a. deshalb so weitgehend helfen, weil er deren Sprache gelernt hat. Dr. Dolittle erzählt so, als sei er von einer Schar Kinder umgeben; er erzählt weder leutselig herablassend, noch in verkrampfter Selbstverkleinerung zu den Kindern hinaufsehend. In diversen neuen Abenteuern wurden die Geschichten von Dr. Dolittle fortgesetzt; verschiedentlich wurden sie auch – mit begrenztem Erfolg – nachgeahmt. Vorangegangen war Loftings Erzählungen insbesondere Selma Lagerlöfs (1858–1940) *Wunderbare Reise des kleinen Nils Holgersson mit den Wildgänsen* (1907 in deutscher Übersetzung), nämlich die phantasievolle Schilderung, in der sowohl die Religiosität als auch die moralischen Vorstellungen der 1909 mit dem Nobelpreis für Literatur ausgezeichneten schwedischen Autorin im Medium der Tiergeschichten artikuliert werden.

Zu den erfolgreichsten Kindertierbüchern aus jüngerer Zeit gehören *Bartls Abenteuer* (1964) und *Müssen Tiere draußen bleiben* (1967) der österreichischen Schriftstellerin Marlen Haushofer (1920–1970). In *Bartls Abenteuer* werden die Erlebnisse eines Katers beschrieben, der einerseits engen Kontakt zu einer menschlichen Familie hat und andererseits die Freundschaft zu Artgenossen ebenso kennt wie die Auseinandersetzungen mit diesen, den Schutzraum im Haus des Menschen ebenso erfährt wie die bald erfreulichen, bald widrigen Ereignisse in der (Katzen-)Natur.

Die »hohe« Literatur handelt nicht in dem Maße wie die Märchen oder die Kinderbücher von Tieren. In ihr werden meist keine eigentlichen »Tiergeschichten« geschrieben, die Tiergeschichten thematisieren vielmehr indirekt Menschliches oder legen zumindest die Übertragung auf den Menschen nahe. Aufgrund seiner Verbindung zum Menschen, aufgrund seiner Anhänglichkeit, seiner »Treue« und seines Gehorsams widmen die Schriftsteller sich bes. häufig dem Hund bzw. über die Vermittlung des Hundes dem Menschen. Marie von Ebner-Eschenbach schrieb z.B. *Krambambuli, die Geschichte eines treuen Hundes* (1910), Thomas Mann zeichnete die 1919 veröffentlichte Idylle *Herr und Hund,* und Günter Grass publizierte 1963 den Roman *Hundejahre* mit dem Hund als Titelfigur. Katzen treten in der »hohen« Literatur ebenfalls nicht selten auf. Heinrich Heine (1797–1856) und Rainer Maria Rilke (1875–1926) schrieben Gedichte über diverse Tiere, auch über nichtdomestizierte.

7. Musik

Schriftsteller verfaßten ferner Texte für »Tier-Opern«, Erich Kästner z.B. für Degens Dreiakter *Konferenz der Tiere* (1950). In den Titeln musikalischer Kompositionen werden Tiere in der Neuzeit generell nicht selten angesprochen. Bes. bekannt sind von Beethoven *Die Elegie auf den Tod eines Pudels* (1787), *Der Wachtelschlag* (1803) und der *Gesang der Nachtigall* (1813), von Mozart der Kanon *Auf den Tod einer Nachtigall* (1782) und der *Katzengesang*, von Brahms *Der Falke* (1884), *Nachtigallen schwingen* (1852), *An die Nachtigall* (1864) und *Lerchengesang* (1877), von Schubert *Nachtigall* (1821), *An die Nachtigall, Auf den Tod einer Nachtigall* (1815/16), *Die Forelle* (1817), *Die Lerche, Der Schmetterling* (1819) und *Die Vögel* (1823), von Loewe *Der verliebte Maikäfer, Der Kuckuck, Die Katzenkönigin, Wer ist der Bär?, Der Edelfalk* und *Die wilde Gazelle* (1826), von Schumann *Marienwürmchen* (1849), *Der weiße Hirsch* (1848) und *Vögel als Prophet* (1849), von Tschaikowsky *Nachtigall* (1889) und *Kuckuck* (1891), von Wolf *Das Vöglein* (1878), *Der Rattenfänger, Der Schwalben Heimkehr* und *Zitronenfalter im April*, von Strawinsky die *Katzen-Wiegenlieder* (1916) und von Ravel das *Katzenduett* (1926).

Einen unmittelbaren Einfluß gewannen die Tiere in der Musik dort, wo ihre Laute – v.a. der »Gesang« von Vögeln, aber auch die Töne der Grasmücken – direkt übernommen wurden, d.h. wo solche Laute Musikstücken integriert oder wo ausschließlich sie komponiert wurden.

8. Bildende Kunst

In der bildenden Kunst blieb das Tier ebenfalls bis in die Gegenwart ein zentraler Gegenstand der Darstellung, d.h., die seit der Antike nicht unterbrochene Tradition der Tierdarstellung setzte sich bis in die Gegenwart fort. In letzterer findet sich das Tier natürlich nicht in der abstrakten Kunst, aber in der realistischen und in der surrealen. Noch häufiger als in der sogenannten »hohen« Kunst erscheinen Tiere in der »trivialen«, in der Volkskunst und in den Darstellungen von Kindern. Tiere sind selbst ein international beliebtes Motiv auf Briefmarken.

Der Stil der Abbildung des Tieres ist in der Gegenwart – der generellen Entwicklung der Kunst entsprechend – vielfältig, ohne eine bestimmte Richtung, nicht selten auch eklektisch bzw. derart eklektizistisch, daß sich seine Vorbilder in der traditionellen Malerei leicht benennen lassen.[118]

Bei der Interpretation der vielfältigen Tierdarstellungen in der bildenden Kunst wurde häufig auf die Parallelität oder die Interdependenz der geistigen, kulturellen und gesellschaftlichen Situation einerseits und des Tierbildes andererseits hingewiesen. Solche Beziehungen vereinfacht man aber erheblich, wenn man sie für die Tierdarstellung generell behauptet und wenn man weiter die autonomen Akzente der Entwicklung der Darstellungsstile unberücksichtigt läßt.

Als Objekt der Bildenden Kunst liefert das Tier auch im 20. Jh., so Piper,[119] einen Beitrag zum Erkennen und Deuten der Natur. Der Künstler schaffe mit dem Tierbild ein »neues Stück Wirklichkeit« und zugleich vermittle er mit seiner Darstellung ein »Sinnbild des Lebens«, dies insbesondere als Alternative zu den »Großstädten« sowie zur »Verkünstlichung und Mechanisierung aller Lebensbedingungen«. In besonders tendenziöser Form nutzt die Karikatur[120] die Tierdarstellung sowie die Amalgamierung von Mensch und Tier, um menschliche Handlungen und Einstellungen deutlich vor Augen zu führen. Dabei beläßt die tendenziöse Darstellung die Tiere nicht in ihrer natürlichen Gestalt; sie gibt ihnen vielmehr das Antlitz der zu kennzeichnenden menschlichen Personen. Sie gibt ihr dieses Antlitz gänzlich oder nur in charakteristischen Zügen. Sie läßt ein individuelles Erkennen der gemeinten Personen zu. Eine solche Identifizierung ist weder möglich noch erforderlich, wenn Menschen zur Karikierung genereller zwischenmenschlicher Situationen oder genereller menschlicher Eigenschaften mit Tierköpfen ausgestattet werden. Die politische wie die soziale Karikatur wurde in den satirischen Zeitschriften des 19. Jh.s zu besonderer Meisterschaft entwickelt.

Abb. 2
Adenauer-Karikatur von Henri Meyer-Brockmann im »Simplizissimus« (1954)

Generell vergegenwärtigte die Bildende Kunst des 19. und des 20. Jh.s das Tier mit unterschiedlichen Akzenten als Symbol der der Technik gegenübergestellten Natur. Es repräsentiert bald die heile und harmonische Welt im Gegensatz zu den Konflikten der menschlichen Gesellschaft, bald das Animalische und das Chaotische im Gegensatz zur Ordnung menschlicher Rationalität, bald die Bändigung der Natur in der menschlichen Kultur, dann auch die menschliche Bemächtigung über das Animalische mit ambivalenten Folgen.

Insbesondere seit der zweiten Hälfte des 20. Jh.s stellt der Fernsehfilm die »Kulturtechnik« mit der größten Verbreitung bei erheblicher Vielfalt dar. Im Vergleich zu Mythen, Märchen, Fabeln, Legenden und Sagen repräsentiert der Film optisch die realen Formen und Verhaltensweisen der Tiere; diese verbindet er mit der sprachlichen Interpretation. Die sachliche Schilderung des Aussehens und der Existenzweise der Tiere steht in den diversen Filmen neben anthropomorphisierenden Deutungen und Nutzanwendungen; die beiden Typen werden zudem miteinander verbunden. Zugunsten hoher Einschaltquoten liegt die popularisierte Darstellung mit Übertragungen von der tierischen auf die menschliche Existenz nahe. Dabei werden analoge Verhaltensweisen zwischen Mensch und Tier häufig zu Homologien simplifiziert und derart zur undifferenzierten Orientierung aufbereitet.

Die Orientierung stellt ein zentrales Phänomen im seelischen Geschehen beim Erleben der Fernsehfilme dar, und zwar bei Kindern ebenso wie bei Erwachsenen. Der Tierfilm gehört freilich auch zu den Medien, mit denen der – dem handfesten Umgang mit dem Tier häufig entwöhnte – Mensch der technischen Gesellschaften sein seelisches Geschehen erweitert, steigert oder vertieft, d.h. auch, seine übliche Welt in der Phantasie transzendiert. Nicht selten liegen den Tierfilmen bestimmte kulturelle, gesellschaftliche und sittliche Einstellungen zugrunde. Häufig führen solche Filme Verhaltensnormen paradigmatisch oder ausdrücklich vor Augen; häufig stiften sie zur moralischen Ereiferung an bzw. bieten sie dieser ein Medium der Entfaltung.

Der Tierfilm gehört, wie verschiedene Umfragen und die aufgrund der Einschaltquoten zusammengestellten Sendeprogramme ausweisen, zu den stärksten Interessengebieten der Fernsehzuschauer. Bei der konkurrierenden Übertragung von außergewöhnlichen Sportereignissen oder bei der konkurrierenden Sendung von Kriminalfilmen bestimmter Serien sinken die Einschaltquoten der Tierfilme, bei politischen und sozialen Dokumentationen in den konkurrierenden Sendern steigen sie. Die Beeinflussung der Einschaltquoten durch konkurrierende Sendungen wa v.a. so lange bes. deutlich zu beobachten, wie das Fernsehangebot in Deutschland z.B. auf zwei Sender beschränkt blieb. Mit der zunehmenden Vielfalt des Programmangebots nimmt – von den Ausnahmen bestimmter Sportübertragungen sowie bestimmter Unterhaltungssendungen abgesehen – die Konzentration der Mehrzahl der Zuschauer auf einzelne Sendungen ab.

Zu den klassischen Tiersendungen der sechziger und siebziger Jahre gehörten in der Bundesrepublik Deutschland vor allen die von Professor Grzimek mit Einschaltquoten von 60–65 % der zu dieser Zeit 18 Mio. Fernsehgeräte in bundesdeutschen Haushalten. Heinz Sielmanns *Expeditionen ins Tierreich* gehörten zu den Fernsehsendungen, die von den Zuschauern die höchsten Wertnoten erhielten. Neben den mehr naturkundlichen Serien lief und läuft in den Fernsehprogrammen eine Vielzahl von Tierfilmen und Tierfolgen zur »Unterhaltung« von Kindern und Erwachsenen. Zu den klassischen Streifen dieser Kategorie sind u.a. Erlebnisfilme mit Skippy, Poly, Flipper oder Lassie, auch manche Filme über Affen und Meerestiere, zu zählen. In zahlreichen Cowboyfilmen spielen Tiere ebenfalls eine integrale Rolle, und zwar als verläßliche Partner des Menschen ebenso wie als Repräsentanten der unerbittlichen Natur. In den heutigen Horrorfilmen ängstigen tierische Monster den Menschen, ähnlich wie manche Fabeltiere in früheren Jh.en. Kinder werden auf das Erleben solcher Bilder und Dramen intensiv vorbereitet, nämlich in den Zeichentrickfilmen, in denen vertraute oder mit übernatürlichen Eigenschaften ausgestattete Tiere in kurzen Ereignisfolgen ihr Unwesen treiben.

9. Umgangssprache

Die Umgangssprache bedient sich ebenfalls häufig diverser Tierarten und tierischer Verhaltensweisen.[121] So verwendet man z.B. Tiernamen beim gegenseitigen Necken und auch im diffamierenden Urteil oder in der ebenso pointierten wie anschaulichen Charakterzeichnung. Schafe, Ochsen, Esel, Hammel, Gänse, Stiere, Kaninchen und Schweine existieren in diesem sprachlichen Zoo u.a. neben den Bärchen, den Täubchen und den Mäuschen, auch neben den Häschen, den Bienen und den Miezen. Mit den Diminutivformen der Tierbezeichnungen werden die Kindchenschemata der verschiedenen Tierarten assoziiert. Wirkliche oder vermeintliche Eigenschaften der Tiere liegen den Charakterisierungen von Menschen durch verschiedene Tierarten häufig zugrunde: Die Majestät des Löwen, die Grausamkeit des Tigers, die Gefräßigkeit des Wolfs, die Weisheit des Elefanten, die Verschlagenheit des Fuchses, die Treue des Hundes, die Falschheit der Katze, die Geilheit des Bocks, die Unflätigkeit des Schweins, die Langsamkeit oder die Dummheit von Esel, Kuh, Ochse, Huhn, Hund und Schwein.

Ob in den als Schimpfwörter verwendeten Tierbenennungen totemistische Vorstellungen nachwirken, ist fraglich. Die von den Tieren hergeleiteten Familiennamen – z.B. Fuchs, Löwe, Hammel, Adler, Bär, Wolf, Hase oder Maus – scheinen sich jedenfalls wie die charakterlichen Kennzeichnungen von Menschen durch Tiere auch profan als Analogien erklären zu lassen.

Die generelle Bedeutung, die Tiere und Tierverhalten zur sprachlichen Erfassung der Welt gewinnen, machen exemplarisch die auf Hund, Katze und Pferd bezogenen Wendungen deutlich, z.B.: »wie Hund und Katze zueinander stehen«, »armer Hund«, »auf den Hund kommen«, »Hunde, die bellen, beißen nicht«, »hundsgemein«, »Katzenmusik«, »Katzenwäsche«, »Katzenbalgerei«, »wie die Katze um den heißen Brei gehen«, »für die Katz' sein«, »arbeiten wie ein Pferd«, »Pferdestärken«, »Scheuklappen wie ein Pferd«, »dem geschenkten Gaul schaut man nicht ins Maul«, »das Pferd von hinten aufzäumen«, »auf hohem Roß sitzen« oder »vom Pferd auf den Esel kommen«.

10. Wissenschaft

Evolutionstheorie und Verhaltensforschung

Über die Vermittlung deistischer Interpretationen wurde die Welt resp. die Natur im 19. und v.a. im 20. Jh. in zunehmendem Maße als autonome Substanz und dann auch als autonomer Prozeß aufgefaßt, nämlich als ein mundanes Phänomen, das nicht auf einen übernatürlichen Schöpfer hinweist, nicht auf diesen verwiesen und in ihrer Existenz nicht von diesem abhängig ist. Das atheistisch-naturalistische Verständnis der Welt resp. der Natur stellte zwar nicht die unbedingte Voraussetzung für deren intensive Erforschung dar, es gestattete aber die weniger voreingenommene Analyse der Natur und dann auch die Anwendung der Erkenntnisse mit geringeren Vorbehalten als zuvor beim theistischen Weltbild. Die Autonomie der Natur bedeutete, daß ihre Entwicklung durch die ihr immanenten Gesetzlichkeiten sowie durch die äußeren Faktoren determiniert wird, daß sie insofern auch nach den Gesetzen von Ursache und Wirkung sich verändert oder in einem stabilen Zustand verbleibt, daß sie bei Kenntnis der Gesetze und der Wirkkräfte in ihrem Ablauf voraussagbar und grundsätzlich auch der Beherrschung durch den Menschen zugänglich ist. Gerade letzteres machte es sinnvoll, die Natur inklusive des Menschen und der Tiere in ihren verschiedenen Entfaltungsmodi intensiv zu studieren. Nachdem das theistische Weltbild an Verbindlichkeit verloren hatte, konnte man dies v.a. hinsichtlich der Gemeinsamkeiten und der Unterschiede von Mensch und Tier tun, ohne sich dem Vorwurf menschlichen Hochmuts gegenüber Gott als dem Schöpfer und Erhalter der Lebewesen auszuliefern. Die Mehrzahl der von konkreten Erfahrungen mit Menschen und Tieren ausgehenden und/oder in diesen sich niederschlagenden Forschungen ließen Mensch und Tier als einander verwandter erscheinen, als es die Anthropozentrik von Christentum, Humanismus und Aufklärung zu Anfang der Neuzeit getan hatten.

In den ersten Jahrzehnten des 19. Jh.s versuchten zwar noch verschiedene Forscher, mit Hilfe der philosophischen Theorien Schellings die Natur inklusive ihrer Lebewesen zu erklären. Im weiteren Verlauf dieses Jh.s setzte sich dann aber die empirisch-experimentelle Methode in den verschiedenen Bereichen der Erkundung der Lebewesen durch. Manche Forscher verbanden auch die beiden Ansätze, z.B. Lorenz Oken (eigentlich Okenfuß; 1779–1851), hinter dessen empirischen Arbeiten die naturphilosophische Überzeugung von der Einheit der organischen Welt und vom Zusammenhang aller Erscheinungen des Weltganzen standen.

Eine generelle Theorie der Entstehung, der Veränderung und der Höherentwicklung der Organismen hatte der zuvor bereits erwähnte Lamarck in seiner *Philosophie zoologique* (1809) vertreten. Für Lamarck beruhte die Ähnlichkeit im einzelnen unterschiedlicher Reihen von Organismen auf Verwandtschaft resp. Abstammung.

Die Ursache der Umgestaltungen sah Lamarck in der Verschiebung von Umweltbedingungen und in der Reaktion der Organismen auf diese aufgrund des ihnen innewohnenden Vervollkommnungstriebs. Dieser bedinge die Entwicklung von den einfachen zu den komplizierten Tierarten. In den Jahren 1815–1822 veröffentlichte Lamarck seine siebenbändige *Naturgeschichte der wirbellosen Tiere*.

Das zuvor skizzierte neue geistige Klima und die in der Mitte des 19. Jh.s verbreiteten und später u.a. von Alfred Russel Wallace (1823–1913) formulierten Überlegungen zur Evolution bildeten den Hintergrund für die Forschungen von Charles Robert Darwin (1809–1882), der sich nach dem Studium der Medizin (1825–27) und der Theologie (1828–31) ursprünglich als Landpfarrer niederlassen und dabei auch naturhistorisch arbeiten wollte. In den Jahren 1831–1836 nahm Darwin dann aber an der Weltumsegelung mit der »Beagle« teil und lernte dabei v.a. die Geologie sowie die Tier- und Pflanzenwelt in Südamerika und Australien, im Pazifischen und im Indischen Ozean kennen. Diese Erfahrungen veränderten Darwins Berufsperspektive und Darwins Weltbild grundlegend. Der Wandel des Weltbildes betraf v.a. drei Komplexe, nämlich die Überzeugung von der Änderung der Arteigenschaften im Rahmen einer auf der realen Abstammung beruhenden Evolution, die Überzeugung von der natürlichen Selektion durch den Kampf ums Dasein (struggle for existence, struggle for life) zwischen den in Überzahl entstehenden Individuen und die Überzeugung von der individuellen erblichen Variation innerhalb der Art.[122]

Den Artenwandel im Verlauf der Erdgeschichte, nämliche die Phylogenese, bezeichnete Darwin – dem Sprachgebrauch der Zeit entsprechend – zunächst weiterhin als »Transmutation«. Erst später übernahm er den Begriff der »Evolution«, der ursprünglich und bis zur Mitte des letzten Jh.s die individuelle Entwicklung (einer immanenten Anlage) bedeutete. Über die Vermittlung durch seinen Großvater Erasmus Darwin beschäftigte Charles Darwin sich mit der Theorie der Evolution von Lamarck. Er begründete und systematisierte dieses Konzept durch reiches empirisches Material. Die Grundlage der Theorie erweiterte er durch den Faktor der natürlichen – nicht einer teleologischen – Selektion. Nach der natürlichen Selektion überleben diejenigen der intraartlich variierenden Individuen im Kampf ums Dasein, die an die Umwelt am besten angepaßt sind, d.h., die die Umwelt am besten zum Zweck des Überlebens zu nutzen vermögen. Individuen mit einer derart optimalen Ausstattung pflanzen sich auch am besten fort, will sagen, deren Nachkommen haben die besten Überlebenschancen. Die Selektion bedient sich also der individuellen erblichen Variationen, nämlich der Mutationen, die Veränderungen des Erbgutes darstellen und sich als mehr oder minder weitgehende Anpassungen an die Umwelt auswirken. Innerhalb großer Zeiträume und auf der Basis einer umfangreichen Population vollzieht sich nach dem evolutionistischen Konzept durch Mutation und Selektion der Artenwandel. Darwin berief sich in diesem Punkt auf die Theorie der Überbevölkerung, die der britische Sozialforscher Thomas Robert Malthus aufgestellt hatte. Malthus widersprach dem harmonistischen Weltbild, das den Einklang von Individuenzahl und Lebensraum unterstellte oder postulierte. Das Bibelwort von den Vögeln des Himmels, die alle ernährt werden, stand hinter dem harmonistischen Weltbild und/oder begründete es ausdrücklich. Die generelle Bedeutung von Ungleichgewichten in Wildtierpopulationen und die generelle Bedeutung von chaotischen Zuständen resp. »dissipativen Strukturen« wurde erst im 20. Jh.s ausführlich als Voraussetzung des Wandels und der Neuorganisation erörtert.[123]

Mit der Annahme des Artenwandels opponierte Darwin gegen das theologisch-naturkundliche Dogma von der Konstanz der gottgeschaffenen Arten. Der Brisanz seiner Darstellung war der Naturforscher und Theologe sich bewußt. Die Einleitung der 1859[124] veröffentlichten *Entstehung der Arten* schloß er nämlich mit den Sätzen: »Ich bin vollkommen überzeugt, daß die Arten nicht unveränderlich sind; daß die zu einer sogenannten Gattung zusammengehörigen Arten in direkter Linie von einer anderen gewöhnlich erloschenen Art abstammen, in der nämlichen Weise, wie die anerkannten Varietäten irgend einer Art Abkömmlinge dieser Art sind. Endlich bin ich überzeugt, daß die natürliche Zuchtwahl das wichtigste, wenn auch nicht das ausschließliche Mittel zur Abänderung der Lebensformen gewesen ist.« Seine zweibändigen Studien über die Variation domestizierter Pflanzen und Tiere beendete Darwin 1868[125] mit dem Hinweis auf den Widerspruch des Kampfes der variierenden

Formen ums Dasein einerseits und der Ordnung durch einen vorausschauenden Schöpfer andererseits.

Genetisch betrachtete Darwin nicht allein die Körperformen der verschiedenen Lebewesen, sondern auch ihr Verhalten, nämlich ihre Instinkte. Diese Erklärung wurde v.a. seit der Mitte unseres Jh.s von der vergleichenden Ethologie aufgegriffen, in ihrer Tragweite erkannt und erweitert. Die in den Mutationen sich ereignenden spontanen Variationen respektierte Darwin zwar grundsätzlich, das Ausmaß ihrer Funktion in der Evolution unterschätzte er aber. Bezeichnenderweise verwarf Darwin Lamarcks (unzutreffendes) Prinzip der Vererbung erworbener Eigenschaften nicht, räumte dieser Vererbung vielmehr eine integrale Bedeutung bei der Entwicklung ein.[126]

Darwins Werk *On the origin of species by means of natural selection, or the preservation of favoured races in the struggle for life* (*Die Entstehung der Arten durch die natürliche Zuchtwahl oder die Erhaltung der bevorzugten Rassen im Kampf ums Dasein*) erschien am 24. November 1859. Der Verkaufserfolg dokumentiert das Interesse, dem dieses Buch entsprach: In wenigen Tagen wurde die erste Auflage von 1250 Exemplaren verkauft, und die sechs Wochen später publizierte zweite Auflage von 3000 Stück war ebenfalls bald vergriffen.[127] Bereits im Jahre 1842 hatte Darwin seine Theorie der natürlichen Selektion skizziert, 1844 dann in den Grundzügen ausformuliert, d.h., er hatte die Publikation u.a. aufgrund anderer Arbeiten 15 Jahre hinausgeschoben und 1859 erst unter dem Druck einer Arbeit von Alfred Russel Wallace zur Evolution fertiggestellt. Darwin war 1859 bereits ein angesehener Forscher, nämlich durch die Veröffentlichung des Berichts der Reise mit der »Beagle« weltweit bekanntgeworden.

Zur Frage der Anwendung der Evolutions- und der Deszendenztheorie auf den Menschen äußerte Darwin sich in der *Entstehung der Arten* nur in drei Sätzen. Diese klingen zwar programmatisch, lassen Darwins Position im einzelnen aber mehr erahnen als wissen: »In einer fernen Zukunft sehe ich die Felder für noch weit wichtigere Untersuchungen sich öffnen. Die Psychologie wird sich mit Sicherheit auf den von Herbert Spencer bereits wohlbegründeten Satz stützen, daß notwendig jedes Vermögen und jede Fähigkeit des Geistes nur stufenweise erworben werden kann. Licht wird auf den Ursprung der Menschheit und ihrer Geschichte fallen.«[128] Erst im Jahre 1871 verwirklichte Darwin das Programm: *The descent of man, and selection in relation to sex (Die Abstammung des Menschen und die geschlechtliche Zuchtwahl)*. Dabei war Darwin[129] wohl bereits seit 1837 oder 1838 von der Abstammung des Menschen aus dem Tierreich überzeugt.

Das 1872 erschienene Werk Darwins *The expressions of emotions in man and animal (Der Ausdruck der Gefühle bei Mensch und Tier)* läßt sich als Begründung der wissenschaftlichen Verhaltensforschung resp. der Tierpsychologie verstehen. Theologen, die in der Entwicklungs- und Deszendenztheorie – mit Recht – einen Angriff auf den orthodoxen Glauben sahen, kritisierten die *Entstehung der Arten* bes. vehement.[130] Darwin[131] wollte freilich – zu dieser Zeit – (noch) keinen triftigen Grund erkennen resp. zugeben, warum die in der *Entstehung der Arten* aufgestellten Ansichten »gegen irgendjemandes religiöse Gefühle verstoßen« sollten. Er schloß seine Darstellung mit den Sätzen: »Es ist wahrlich eine großartige Ansicht, daß der Schöpfer den Keim allen Lebens, das uns umgibt, nur wenigen oder nur einer einzigen Form eingehaucht hat, und daß, während unser Planet den strengsten Gesetzen der Schwerkraft folgend sich im Kreise geschwungen, aus so einfachem Anfange sich eine endlose Reihe der schönsten und wundervollsten Formen entwickelt hat und noch immer entwickelt.«

Die Religion verlor für Darwin – darauf deutet seine Biographie[132] hin – mit wachsendem Alter an Bedeutung; der ehemalige Theologe polemisierte aber weder gegen sie noch gegen die Kirche. Darwin gelangte wohl zum Agnostizismus,[133] über diesen möglicherweise auch zu einem praktischen, aber nicht zum grundsätzlichen Atheismus. In einem Brief aus dem Jahre 1879[134] bekannte der Forscher nämlich, »in den äußersten Zuständen des Schwankens [...] niemals Atheist« gewesen zu sein und die »Existenz eines Gottes« nicht »geleugnet« zu haben. In einem im Jahre 1873 geschriebenen Brief verstand Darwin das »großartige und wunderbare Weltall« als »Hauptbeweisgrund für die Annahme der Existenz Gottes«.[135] Als gereifter Mann hatte Darwin[136] freilich auch konstatiert: »So beschlich mich sehr langsam der Unglaube, bis ich am Ende völlig ungläubig wurde. Er kam so langsam über mich, daß ich kein Unbehagen empfand und in keinem Augenblick habe ich seit jener Zeit an der Richtigkeit meiner Schlußfolgerungen gezweifelt [...] Man könnte ganz zutreffend sagen, daß ich ein Mensch bin, der farbenblind geworden ist. [...] In der zweiten Hälfte meines Lebens ist nichts bemerkenswerter als die Verbreitung des religiösen Unglaubens und der Rationalismus.« Bei der Frage, ob Darwins Agnostizismus in einen praktischen Atheismus überging, ist zu berücksichtigen, daß der Forscher sich scheute, »die Empfindlichkeit Anderer in religiösen Angelegenheiten zu verletzen«.[137]

Die theologischen Anfeindungen gegen Darwin und gegen den Darwinismus wurden u.a. von dem aggressiven Ton ausgelöst, den der deutsche Zoologe Ernst Haeckel (1834–1919) v.a. gegen den Katholizismus anschlug. Der atheistische Eiferer Haeckel vertrat die Theorie der Entwicklung und der Deszendenz radikal und bezog in sie den Menschen ein. Bereits im Jahre 1859 bekannte Haeckel sich zu Darwins Konzept, und am 19. September 1863 referierte er auf der ersten allgemeinen Sitzung der 38. Versammlung deutscher Naturforscher und Ärzte zu Stettin »Über die Entwicklungstheorie Darwins«. In diesem Vortrag sprach der 29jährige Haeckel u.a. von den »höheren, vollkommeneren Säugetieren, welche endlich in der Ausbildung der menschenähnlichen Affen und zuletzt der Menschen selbst ihre höchste Stufe erreichen«.[138] Haeckel kennzeichnete den Menschen zudem als ein Wesen, das sich »nur äußerst langsam und allmählich aus dem primitiven Zustande tierischer Rohheit zu den ersten einfachen Anfängen der Kultur emporgearbeitet hat«, das bedeutet auch, ein Wesen, das nicht aus der Hand eines göttlichen Schöpfers kommt. Im gleichen Sinn und ebenfalls gegen das Verständnis des Menschen als göttliches Geschöpf konstatierte Haeckel fünf Jahre später in seiner »natürlichen Schöpfungsgeschichte« die wissenschaftliche Begründung der »tierischen Abstammung des Menschen«.[139] Er sprach vom »Induktionsgesetz der Deszendenztheorie« und vom daraus resultierenden »Deduktionsschluß« der allmählichen und schrittweisen Entwicklung des Menschen »zunächst aus affenartigen Säugetieren«.[140] Eine bes. große Leserschaft fanden die 1899 veröffentlichten resp. gelösten »Welträtsel« des Jenaer Professors für Zoologie. Die Erforschung der Entwicklungsgeschichte der Individuen beflügelte Haeckel durch seine

Formulierung des biogenetischen Grundgesetzes im Jahre 1872; nach diesem Gesetz rekapituliert die Ontogenese nämlich in kurzer Zeitspanne die Phylogenese. Über die Kenntnis der Ontogenese suchte man demnach Aufschluß über die Phylogenese.

In der Theorie der Evolution sowie der Deszendenz fanden Materialisten unterschiedlicher Provenienz im 19. und frühen 20. Jh. eine Bestätigung ihrer Position. Friedrich Engels z.B. las Darwins *Entstehung der Arten* gleich nach ihrer Publikation. Schon am 11. oder 12. Dezember 1859 – gut zwei Wochen zuvor war das Buch erschienen – schrieb er an Karl Marx: »Übrigens ist der Darwin, den ich gerade lese, ganz famos. Die Teleologie war nach einer Seite hin noch nicht kaputtgemacht. Das ist jetzt geschehen. Dazu ist bisher noch nie ein so großartiger Versuch gemacht worden, historische Entwicklung in der Natur nachzuweisen, und am wenigsten mit solchem Glück. Die plumpe englische Methode muß man natürlich in den Kauf nehmen.«[141] Am 19. Dezember 1860, also erst etwa ein Jahr später, schrieb Karl Marx an Friedrich Engels: »Obgleich grob englisch entwickelt, ist dies (sc. *Die Entstehung der Arten;* H. M.) das Buch, das die naturhistorische Grundlage für unsere Ansicht enthält.«[142] Für die Brisanz der Darwinschen Gedanken in der Mitte des 19. Jh.s ist es weiter bezeichnend, daß am 30. Juni 1860, also ein halbes Jahr nach der *Entstehung der Arten,* bei der »British Association for the Advancement of Science« in Oxford eine Auseinandersetzung zwischen Bischof Samuel Wilberforce (1805–1873) und dem Evolutionisten Thomas Henry Huxley (1825–1895) über die Entwicklungs- und Deszendenztheorie stattfand und dieses Streitgespräch zahlreiche weitere Dispute veranlaßte. In diesen ging es weniger um die Evolution und die Deszendenz im allgemeinen und mehr um die Einbeziehung des Menschen in dieses »natürliche« Geschehen. Mit der Einbeziehung des Menschen wurde nämlich die christliche Lehre der Schöpfung des Menschen durch Gott nach seinem Bild ebenso negiert wie die essentielle Differenz zwischen Mensch und Tier.

Die essentielle Differenz zwischen Mensch und Tier verteidigten auch die »Humanisten« unterschiedlicher Herkunft gegen den Evolutionismus. Sie taten dies im 20. Jh. in philosophischen Anthropologien, die mit der Tradition an der Sonderstellung des Menschen festhielten, taten und tun es weiterhin in der Opposition gegen die

Verhaltensforschung, die sich nicht nur mit Tieren beschäftigt, sondern mit den bei diesen bewährten Methoden und Theorien auch das Verhalten des Menschen erklärt. Dabei berief und beruft die Ethologie sich weiterhin mehr oder minder explizit auf den Evolutionismus, der in der Naturwissenschaft nur noch von Außenseitern in Frage gestellt, von den Fachleuten allerdings differenziert und präzisiert wird. Konrad Lorenz[143] schrieb bezeichnenderweise ein Buch mit dem eindeutigen Titel *Darwin hat recht gesehen*.

Die Theorie der intraartlichen Variabilität und Selektion bedurfte, so Darwin, der Ergänzung durch eine Vererbungstheorie, um die stammesgeschichtlichen Entwicklungsprozesse kausal zu erklären. Dies führte um die Jh.wende dazu, die Bedeutung der in den sechziger Jahren des 19. Jh.s durch den Augustinerpater Gregor Johann Mendel (1822–1884) an Pflanzen ermittelten und 1866 veröffentlichten Vererbungsgesetze zu erkennen und mit diesen die Entwicklungen im Tierreich zu erklären. Derart wurden die Grundlagen für die Genetik und die Populationsforschung geschaffen. Die generelle Analyse genetischer Bausteine und genetischer Programme ging im 20. Jh. in den Versuch über, diese auch im einzelnen zu entschlüsseln, sie zu verändern und insbesondere neu zu kombinieren. Die Molekularbiologie und die Genforschung erarbeiteten das Wissen, das derzeit in der Biotechnologie angewandt wird. Diese verfolgt nicht nur die gentechnische Manipulation einzelner Arten, kann vielmehr auch die genetische Vermischung von Mensch und Tier ins Auge fassen. Joshua Lederberg (*1925), der US-amerikanische Nobelpreisträger für Biochemie, dachte bei der von ihm proklamierten genetischen Manipulation u.a. an die Optimierung des Menschen durch die Übernahme von Tierchromosomen. Er sprach ferner von paramenschlichen Infanten, die er als intelligente Affen – mit einigen menschlichen Erbinformationen ausgerüstet – zu Hausklaven heranziehen wollte.[144] Die an Tieren entwickelte Biotechnologie umfaßt weiter den Plan, menschliche Embryos von Tieren austragen, menschliche Zellen in künstlichen Gebärmüttern heranwachsen und verschiedene identische Individuen (cloning) entstehen zu lassen.[145] Über das Stadium der künstlichen Besamung und des Transfers arteigener Embryos geht diese Technologie inzwischen also weit hinaus. Einen entscheidenden Schritt auf diesem Weg bildete die

»Schiege«, nämlich die züchterische Verbindung des Schafes und der Ziege. Gegner solcher Entwicklungen beschreiben v.a. die Gefahr unkontrollierter Auswirkungen und speziell die Bildung von Organismen, die das menschliche Leben bedrohen.

Die philosophische Anthropologie bediente sich seit ihren Anfängen des Vergleichs von Mensch und Tier. Diese Tradition setzte sie im 19. und 20. Jh. fort, dies freilich mit differenzierterer Argumentation als in früheren Epochen. Die neue Differenzierung der Argumentation entsprach v.a. den neuen Erkenntnissen über die sozialen Dispositionen und die geistigen oder quasigeistigen Fähigkeiten der Tiere, entsprach aber auch der zunehmenden Akzeptanz der evolutionären Deutung des Menschen. Darwin hatte sich, wie gesagt, in *The Descent of Man* nicht auf den morphologischen sowie den physiologischen Vergleich von Mensch und Tier beschränkt, sondern diesen auf die geistigen Fähigkeiten ausgedehnt. Mensch und Tier teilen laut Darwin die Opponierbarbeit von Daumen und Zeigefinger und das aus dieser resultierende Vermögen der Greifhand, wiewohl das Geschick des Menschen hier deutlich über dem des Tieres liegt. Mensch und Tier teilen laut Darwin aber auch die Fähigkeit des Geistes. Selbst der Hund scheint, so Darwin,[146] allgemeine Begriffe zu bilden, wiewohl der Mensch über diese Fähigkeit in sehr viel stärkerem Maße verfüge und mit Hilfe des Denkens Waffen, Werkzeuge und strategische Pläne, Kleidung, Hütten und Feuer erfinde und seine hervorragende Stellung auf der Erde begründe.[147]

Darwin explizierte die quantitative Differenz zwischen Mensch und Tier, d.h. die Negation des zuvor selbstverständlichen qualitativen Unterschieds. Und er begriff den Geist nicht als die reflexive Potenz eines sein Leben und/oder das Leben generell in Frage stellenden Wesens, sondern als Instrument zur Bewältigung des Lebens, d.h. als pragmatische Fähigkeit.

Darwins eher pauschale Aussagen wirkten v.a. im 19. Jh. auf die philosophische Anthropologie, im 20. Jh. taten dies v.a. die Forschungen, in denen versucht wurde, Darwins Thesen resp. Komponenten sowie Konsequenzen seiner Thesen mit empirischen Methoden zu verifizieren oder in ihrer Geltung einzuschränken. Köhlers Versuche mit Schimpansen auf der Insel Teneriffa machten z.B. deutlich, daß Affen ihnen vertraute Werkzeuge (Stöcke, Kästen,

Zweige, Leitern, Seile) gezielt zur Überwindung von Distanzen einzusetzen vermögen. Insofern wurden die Leistungen der Affen als Bestätigung der Darwinschen Thesen aufgenommen und u.a. als Diskreditierung des traditionellen christlichen Menschen- und auch Weltbildes erörtert. Die philosophischen Anthropologien der ersten Hälfte des 20. Jh.s diskutierten die intellektuellen Leistungen von Mensch und Tier und gingen dann auch auf die den verschiedenen Lebewesen gemeinsamen Antriebe und Emotionen ein.

Die von Philosophen häufig vertretene Lehre einer starren Instinktgebundenheit des Tieres diskreditierte z.B. bereits Max Scheler (1874–1928)[148] mit Nachdruck: Das Tier ist weder ein Triebmechanismus noch ein Instinktautomatismus, noch ein Assoziations- und Reflexmechanismus. Der Zerfall instinktiver Determinationen resp. die Instinktarmut oder Instinktreduktion stellen zentrale Erklärungsfaktoren der »philosophischen« Anthropologie für die Entwicklung der höheren Tiere und für den Menschen dar. Die Aufhebung der starren Instinktgebundenheit ermöglicht aus der Sicht der Philosophen den Einfluß der Reize der Außenwelt, das assoziative Gedächtnis und die praktische Intelligenz (beim Tier). Bald wurde die Instinktreduktion als sukzessiver Prozeß bei der Entwicklung des Menschen angenommen, z.B. bei Kornrad Lorenz, bald der Mensch als ein ursprünglich und prinzipiell instinktarmes Wesen bestimmt, z.B. bei Arnold Gehlen.

Max Schelers 1927 publizierte kleine Schrift über *Die Stellung des Menschen im Kosmos* ist einer der wegweisenden Entwürfe der philosophischen Anthropologie unseres Jh.s. Bezeichnenderweise erkannte Scheler die Forschungen Darwins ebenso wie die Köhlers v.a. mit dem Eingeständnis an, zwischen einem klugen Schimpansen und dem ausschließlich als Techniker aufgefaßten Erfinder Edison bestehe »nur ein – allerdings sehr großer – gradueller Unterschied.«[149] Für Scheler betraf die graduelle Differenz freilich nur die praktische Intelligenz, nicht die für den Menschen bezeichnende Vernunft bzw. den für ihn bezeichnenden Geist, das »allem und jedem Leben überhaupt, auch dem Leben im Menschen entgegengesetzte Prinzip: eine echte neue Wesenstatsache, die als solche überhaupt nicht auf die ›natürliche Lebensevolution‹ zurückgeführt« werden könne.[150] Dieses Verständnis des Geistes beschränkt sich also nicht auf das des Pragmatismus, nach dem das menschliche Denken, wie der deutlich von Darwin beeinflußte Dewey[151] betonte, erst im Anblick und zur Überwindung handfester Schwierigkeiten einsetzt.

Scheler akzeptierte für die pragmatische Funktion der Intelligenz also Darwins und Köhlers Erkenntnisse, betonte zugleich aber die durch den Geist begründete Sonderstellung des Menschen im traditionellen, u.a. von Thomas von Aquin explizierten Verständnis. Er akzeptierte das Schema von aufeinander aufbauenden Stufen der Entwicklung weitgehend, sah im Geist aber »etwas total anderes«, ein neues, von den vorangehenden Stufen grundsätzlich unterschiedenes Prinzip. Die nur »weitgehende« Akzeptanz des Stufenschemas bedeutet konkret u.a., daß für Scheler – ähnlich wie für Thomas von Aquin – bereits der Leib des Menschen auf den Geist hin orientiert ist, d.h. das »Tierische« im Menschen bereits etwas Menschliches ist, wie gerade der Vergleich des Menschen mit dem Tier offenbare.

Im Vergleich zu dem an eine bestimmte Umwelt gebundenen und in ihr orientierten Tier ist der Mensch laut Scheler ferner durch seine Weltoffenheit gekennzeichnet. Weltoffenheit bedeutet speziell, über »Welt« zu verfügen und nicht auf eine durch relativ wenige Merkmale charakterisierte Umwelt eingeschränkt zu sein. Den Begriff »Umwelt« präzisierte v.a. der Biologe Jacob von Uexküll (1864–1944)[152] als Schlüsselbegriff zum Verständnis von Mensch und Tier.

Anders als das Tier geht der Mensch laut Scheler zudem stets über den unmittelbaren Weltbezug hinaus, d.h., sein Geist läßt ihn stets die Welt und sich selbst transzendieren, während das Tier immer bei den Dingen bzw. bei seinen Wahrnehmungen und den Reaktionen auf diese ist. Die menschliche Sprache – vom bloßen Ausdruck (des Tieres) deutlich zu unterscheiden – stellt einen integralen Faktor bei dieser Transzendenz dar. Helmuth Plessner (*Die Stufen des Organischen und der Mensch*, 1928) bemühte sich ebenfalls um eine philosophische Anthropologie, die der naturwissenschaftlichen Erkenntnis über das Tier gerecht wird. Als verschiedene Stufen des Lebendigen hob Plessner die Pflanze, das Tier und den Menschen voneinander ab. Die ausschlaggebende Differenz zwischen Mensch und Tier sah der Philosoph darin, daß das Leben des Tieres »zentrisch«, nämlich auf ein bestimmtes Umfeld gerichtet, ist und zwar im Gegensatz zum Menschen, der stets auch exzentrisch lebt, nämlich über eine enge Beziehung zu einer bestimmten Umwelt immer auch hinausgeht,[153] sich ihr resp. diese sich gegenüberstellt. Letzteres heißt auch: Der Mensch »lebt und erlebt nicht nur, sondern er erlebt sein Erleben«.[154] Plessner verstand die Exzentrizität bzw. die exzentrische Position des Menschen in enger Beziehung zu den sogenannten anthropologischen Grundgesetzen: Die »natürliche Künstlichkeit«[155] besagt, daß der Mensch sich – anders als das Tier – »zu dem, was er schon ist, erst machen« muß. Die »vermittelte Unmittelbarkeit«[156] bedeutet, daß der Mensch – anders als das Tier – über die Vermittlung die Unmittelbarkeit der Beziehung zur Welt erreichen und insofern Unmittelbarkeit und Mittelbarkeit verbinden kann. Das anthropologische Gesetz des »utopischen Standorts«[157] beinhaltet die Transzendenz des jeweils Erreichten. Plessner sah schließlich in der Sprache – von den artspezifisch festgelegten und situationsgebundenen Lauten des Tieres deutlich zu unterscheiden – ein Spezifikum des Menschen.[158]

Arnold Gehlen (1904–76) (*Der Mensch*, 1940) rezipierte die Forschungen zur »morphologischen Sonderstellung des Menschen« (Louis Bolk: Retardation; O. H. Schindewolf: Proterogenese),[159] lehnte das »Stufenschema« rigoros ab und verstand den Menschen als »ganz einmaligen sonst nicht versuchten Gesamtentwurf der Natur«.[160] Die Sonderstellung des Menschen besteht demnach nicht in einem graduellen, sondern in einem prinzipiellen Unterschied zum Tier, freilich nicht in einem metaphysischen, sondern in einem biologischen. Auf transbiologische und transmundane Erklärungen stützte Gehlen sich in der Begründung dieser Sonderstellung nicht. Mit Herder[161] verstand er den Menschen als ein »Mängelwesen«, dies freilich nur hinsichtlich der Ausstattung mit den üblichen tierischen Mitteln zur Lebensfristung, v.a. mit hochspezialisierten und an die Umwelt angepaßten Organen zum Angriff, zur Verteidigung und zur Flucht sowie mit instinktiv vorgeprägtem Verhalten. Diese »Mängel« stellen aus der Sicht Gehlens freilich die Voraussetzungen für die Tätigkeit des Geistes dar; sie läßt sich insofern »biologisch« interpretieren, nämlich als integraler Faktor in der Sonderstellung des Menschen.

Die biologisch an sich negativ – nämlich als Reizüberflutung – zu bewertende Weltoffenheit des Menschen verstand Gehlen insofern als zweckmäßig, als sie dem Menschen »ein wahrhaft unendliches Feld wirklicher und möglicher Sachverhalte« zur Veränderung des Gegebenen vor Augen führt; derart kompensiert der Mensch seine organischen Mängel, derart schafft er seine Kultur.[162] Im – vom Antriebsüberschuß aktivierten und vom Geist geführten – Handeln schafft der Mensch laut Gehlen seine »zweite Natur«, die die Funktion übernimmt, die die Umwelt bei den Tieren erfüllt. In der Kultur resp. in den Institutionen stellt der Mensch sein Handeln laut Gehlen[163] auf Dauer, eine Leistung, die ihn prinzipiell vom Tier unterscheide.

In der philosophischen Anthropologie des 20. Jh.s ging der Mensch-Tier-Vergleich über die Illustration bestimmter Aussagen also grundsätzlich hinaus. Er diente der essentiellen Bestimmung, bei Scheler, Plessner und Gehlen der prinzipiellen Absetzung des Menschen vom Tier – gegen die Relativierung dieser Differenz durch die konsequenten Evolutionisten. Anders als Darwin wollten die Philosophen den Menschen also nicht an das Tier heranrücken, sondern gerade die Differenz erläutern. Letztere wurde dabei als höhere (Plessner) oder (anscheinend) wertindifferent als besondere Stellung (Gehlen) vertreten.[164]

Die (»humanistischen«) Verteidiger der Sonderstellung des Menschen wandten sich seit der Mitte unseres Jh.s v.a. gegen die vergleichende Verhaltensforschung, die seit den dreißiger und den vierziger Jahren von Konrad Lorenz begründet wurde, die auf der Theorie der Evolution und der Deszendenz beruht, das Verhalten der Lebewesen (inklusive des Menschen) ebenso wie deren Anatomie und Physiologie evolutionär erklärt und anatomische Strukturen sowie physiologische Prozesse in engem gegenseitigem Zusammenhang mit dem Verhalten erforscht sowie interpretiert. Die Verbindung der Verhaltensforschung zur Physiologie war und ist generell eng, bei manchen Forschern freilich stärker als bei anderen. Das Verhalten des Menschen wurde ebenfalls schon immer in der Ethologie berücksichtigt, in jüngerer Zeit aber sehr viel detaillierter als zuvor behandelt, dies auch mit intensiver Einbeziehung der Völkerkunde bzw. mit einer weitgehend eigenständig betriebenen Ethnologie.

Auch wenn Konrad Lorenz in manchen humanistischen Kreisen umstritten blieb, wurden seine Forschungen doch weltweit und in verschiedenen Wissenschaftsdisziplinen anerkannt, engagiert vertreten und detailliert fortgeführt. Lorenz fand eine ganze Reihe von Mitstreitern in der Beschreibung des angeborenen Verhaltens von Mensch und Tier; ihm folgten zudem verschiedene Generationen von Schülern – in der ersten Generation v.a. Irenäus Eibl-Eibesfeldt (*1928),[165] Wolfgang Wickler (*1931)[166] und Paul Leyhausen[167] –, und an seinen Arbeiten orientieren sich weltweit zahlreiche Forschungsstätten. Im Jahre 1973 wurden Konrad Lorenz, Nikolaas Tinbergen (1907–1988)[168] und Karl von Frisch (1886–1982)[169] gemeinsam mit dem Nobelpreis für Medizin ausgezeichnet, mit dem Preis für Medizin, weil es einen solchen für die Ethologie nicht gibt.

Zum intensiven und weltweiten Erfolg der Verhaltensforschung trug nicht nur ihre Fähigkeit bei, auf anstehende Fragen mit einem relativ geringen Maß an Zusatzhypothesen sowie an Restproblemen empirisch überprüfbare Antworten zu liefern und sich dabei in verschiedenen Wissenschaftsdisziplinen zu bewähren; in diesen Erfolg ging auch die Bereitschaft zahlreicher Verhaltensforscher ein, griffig und selbst populär zu formulieren und ihre Erkenntnisse derart breiten Leserkreisen zugänglich zu machen. Die Darstellung im Wort und die im Bild verband sich schließlich in vielen Filmen, die v.a. über das Fernsehen zahlreiche Zuschauer erreichten. Die griffige und populäre Schilderung war und ist manchmal mit gewagten Homologien und Analogien zwischen Mensch und Tier verbunden, manchmal ferner mit einer anthropomorphen Beschreibung des Erlebens der Tiere, dies selbst bei Lorenz, z.B. in seinem Buch über die Hunde,[170] oder auch bei Hediger,[171] der z.B. davon sprach, daß ein Arbeitselefant die Bemühungen des Menschen bei der Dressur eines jungen Elefanten »sinnvoll« unterstützte.

Die von verschiedenen Wissenschaftsdisziplinen geförderte und in verschiedene Disziplinen eingegangene Verhaltensforschung expliziert die Mensch und Tier gemeinsame biologische Basis, gleicht dabei die unterschiedlichen Lebewesen allerdings nicht simpel einander an, profiliert neben den strukturellen und den funktionalen Gemeinsamkeiten vielmehr die differenten Strategien in der Lebensbewältigung, auch die differenten Strategien in der Lebensbewältigung des Menschen und der Tiere im allgemeinen sowie der verschiedenen Tierarten im besonderen. Die unterschiedlichen Weisen der Lebensbewältigung werden dabei als wertäquivalente oder als wertunabhängige Modalitäten beschrieben und nicht nach dem Ausmaß des Beitrags des Geistes zur Lebensfristung – das charakteristische Indiz »humanistischer« Positionen – in eine Rangordnung gebracht.

Die vergleichende Ethologie weist mit Nachdruck auf die auch den Menschen leitenden »angeborenen Formen möglicher Erfahrung«[172] hin und kennzeichnet die Gegenüberstellung der Verhaltenssteuerung durch die Instinkte beim Tier andererseits und durch die Vernunft beim Menschen andererseits als eine unzulässige Simplifizierung. Im Gegensatz zu dem ausschließlich von der Funktion des Lernens resp. der Erfahrung ausgehenden Behaviorismus (John Watson 1878–1950; B. F. Skinner 1904–1991)[173] betonte die Verhaltensforschung schon seit ihren Anfängen für Mensch und Tier die Verbindung der angeborenen Formen mit Erfahrungen, dies z.B. bei Lorenz[174] im Begriff der »Instinkt-Dressurverschränkung«. Die ethologischen Studien erstreckten sich mit wachsender Akzeptanz der Beobachtung der Lebewesen in ihren angestammten Biotopen auf eine zunehmende Anzahl von Tierarten, auf eine zunehmende Anzahl von Detailproblemen bei diesen und auch in vermehrtem Maße auf den Menschen. Bei letzterem wurden die ererbten Verhaltensschemata trotz mehr oder minder ausgeprägter kultureller Überformung in diversen Gesellschaften beschrieben. Beim Vergleich zwischen tierischem und menschlichem Verhalten unterscheidet die Ethologie zwischen Homologien – aufgrund von Organen gleichen Ursprungs – und Analogien, nämlich den funktional einander entsprechenden Leistungen. Dem Menschen räumte diese Wissenschaft eine Sonderstellung unter den Lebewesen ein, freilich keine axiologische und keine transbiologische Sonderstellung, vielmehr eine Sonderstellung, die die Lebensbewältigung betrifft und im Verhalten offenbar wird. Von der Deutung der artspezifischen Verhaltensweisen ging die Verhaltensforschung zur Interpretation kultureller Gegebenheiten über, dies auch im Zusammenhang mit ökologischen Gedanken.[175] Bei solchen Übertragungen formulierte sie manchmal spekulative Zusammenhänge und auch ausgeprägte (meist konservative) Werturteile. Die von bestimmten Tierarten praktizierten Lösungen bio-logischer Probleme wurden in diesen Zusammenhängen nicht selten als Modelle für das Verhalten menschlicher Individuen und Gesellschaften vorgestellt.

Verschiedene weiterhin ungelöste Probleme der Verhaltensforschung liegen v.a. in der physiologischen Erklärung resp. im physiologischen Aufweis der Akkumulation von Verhaltensbereitschaften sowie in der Auslösung dieser Bereitschaften durch spezifische und auch durch unspezifische Reize. Solche Probleme betreffen die physiologische Erklärung des tierischen ebenso wie die des menschlichen Verhaltens.

Die Analyse der artspezifischen Lebensleistungen löste v.a. anthropomorphisierende Darstellungen der Tiere ab. Solche Darstellungen kennzeichnen freilich weiterhin diverse volksnahen Schilderungen. Eine der bekanntesten und erfolgreichsten Veröffentlichungen dieser Art war *Brehms Tierleben*, das ab 1863 als *Illustriertes Thierleben* resp. als *Allgemeine Kunde des Thierreichs* erschienen war, zunächst (1864–69) in 6 Bänden, in der zweiten Auflage in 10 Bänden und 1916 in 13 Bänden. Der Zoologe Alfred Edmund Brehm (1829–1884) hatte drei Jahre (1863–66) den Hamburger Zoo geleitet und anschließend das Berliner Aquarium aufgebaut und geführt (1867–74). *Brehms Tierleben* stellte die Tiere mit quasi menschlichen Charaktereigenschaften – und nicht mit »Trieben« – vor; zudem fällte der Verfasser anthropomorphisierende Werturteile über sie. Gleichwohl oder gerade deshalb stand das in zahlreichen Auflagen erschienene Werk bis zur Mitte unseres Jh.s in fast allen gutbürgerlichen Bücherschränken. *Brehms Tierleben* war, wie der Dichter Hugo von Hofmannsthal formulierte, ein Buch, »das im Volk gewirkt hat wie weniges und in einer der Natur sich entfremdenden Epoche den Sinn und die Sehnsucht nach den Naturwesen lebendig erhalten hat«.

Die generellen anthropologischen Reflexionen sowie die alltäglichen Erfahrungen zu den Gemeinsamkeiten und den Unterschieden von Mensch und Tier veranlaßten auch im 19. und frühen 20. Jh. zu speziellen Untersuchungen, die der Frage nachgingen, welche Fähigkeiten einzelne Tiere, bes. die dem Menschen näher verwandten, mit dem Menschen teilen und über welche Vermögen sie nicht verfügen. Zu gelegentlichen Untersuchungen und »Proben« hatten derartige Fragen die Menschen verschiedener Epochen und Regionen angeregt. Den Übergang von den vorwissenschaftlichen Erkundungen zu den systematischen Experimenten mit eingeengter und präzisierter Fragestellung sowie mit Hypothesen, zu denen die theoretischen Vorannahmen führten, erreichte im 19. und v.a. im 20. Jh. in Europa die traditionelle Tierpsychologie. Die Erforschung der Leistungen des Tieres diente dem besseren Verständnis seines »Wesens« resp. seiner Lebensbewältigung; sie diente stets aber auch der Selbsterkenntnis des Menschen.

V.a. ging es in diesen an der »Vermögenspsychologie« des Menschen orientierten Experimenten darum, die Leistungen des Tieres mit der Frage zu untersuchen, ob die Tiere nicht doch über Fähigkeiten verfügen, die der Ratio (des Menschen) entsprechen, die zumindest Vorstufen zu dieser darstellen und die damit die Auszeichnung des Menschen durch die Ratio, d.h. auch die Sonderstellung des Menschen, relativieren. V.a. seit der Anwendung der Evolutionstheorie auf den Menschen lag es nahe, die »Stufen« der Entwicklung von den tierischen Fähigkeiten zum menschlichen Geist im einzelnen zu entdecken, zu explizieren und für das Selbstverständnis des Menschen zu deuten.

Seit dem letzten Drittel des 19. Jh.s erkundeten wissenschaftlich geschulte Psychologen und engagierte Laien mit ausgeprägter Intensität bei diversen Tierarten die Leistungen, die denen des menschlichen Geistes am nächsten kommen. Die Wissenschaftler wie die Laien vertraten häufig außergewöhnliche Theorien, deren Wahrheitsgehalt sie in den Experimenten beweisen wollten. Die Prüfung der Theorien mit empirischen Methoden ist bezeichnend für den Übergang von den vorwissenschaftlichen Erkundungen zur systematischen Naturwissenschaft in der zweiten Hälfte des 19. Jh.s. Aus diversen Epochen und Kulturen wird z.B. von Hunden berichtet, die in der Lage gewesen sein sollen, mit Hilfe von Klopfzeichen zu rechnen und sogar zu sprechen. Diese Hunde bildeten das Vorbild zur Demonstration der Rechenfähigkeit beim Pferd. Größeres Aufsehen erregte der »kluge Hans« des Wilhelm von Osten (1838–1909) zu Anfang unseres Jh.s in Berlin und darüber hinaus. Der Pferdefreund von Osten war der Überzeugung – jedenfalls äußerte er sie – ihm sei es gelungen, seinem Pferd das Rechnen, Lesen und Sprechen beigebracht zu haben. In der Klopfsprache (mit den Hufen) beherrschte der russische Hengst, so von Osten, neben verschiedenen Lese- und Denkfähigkeiten die Grundrechenarten (Addition, Subtraktion, Multiplikation, Division) bis zur Größenordung der Zahl 30 einwandfrei.

Das Bemühen des Herrn von Osten, sich die Rechen- und Denkfähigkeit seines Pferdes wissenschaftlich bescheinigen zu lassen, mißlang allerdings. Der bekannte Psychologe Carl Stumpf (1848–1936) und sein Assistent Oskar Pfungst (1874–1932) brachten nämlich gegen die enthusiastischen Verehrer des klugen Hans – in einem methodisch umstrittenen Gutachten – vor, daß dieser zwar ein genau beobachtendes und sehr gelehriges, aber kein denkendes Tier sei. Wie die Leistungen verschiedener zuvor und auch später geschulter Hunde beruhten die des Pferdes nämlich auf der Wahrnehmung von Zeichen, die der Versuchsleiter unbewußt dem Tier gab. Waren dem Versuchsleiter die vom Tier erwarteten Antworten nicht bekannt, dann versagte dieses. Enttäuscht gab von Osten seine Arbeit auf, fand aber in dem Elberfelder Juwelier Karl Krall (1863–1929) einen ehrgeizigen Nachfolger, der zunächst mit dem klugen Hans und dann mit weiteren Pferden die Studien fortsetzte und u.a. versuchte, den Tieren die französische Sprache beizubringen und an ihrem Verhalten selbst die Möglichkeit einer übersinnlichen Gedankenübertragung zu demonstrieren.[176]

Dem Übergangsfeld von menschlicher und tierischer Intelligenz kam Wolfgang Köhler (1887–1967)[177] sehr viel näher, als er in der Zeit des Ersten Weltkrieges auf Teneriffa seine berühmten Versuche an Schimpansen durchführte und mit diesen die Grundlage für das bis in die fünfziger Jahre gültige Wissen über das (Intelligenz-)Verhalten der Schimpansen legte. Köhler konnte auf eindrucksvolle Weise den Werkzeuggebrauch bei Schimpansen demonstrieren, insbesondere die Fähigkeit der Tiere, mit Hilfe ineinander gesteckter und derart verlängerter Stöcke oder mit Hilfe aufeinander gestellter Kisten die Distanz zu einem unmittelbar nicht erreichbaren Gegenstand zu überwinden. Köhler resümierte zu seinen diversen Versuchen zum Werkzeuggebrauch der Tiere pauschal: »Die Schimpansen zeigen einsichtiges Verhalten von der Art des beim Menschen bekannten.«[178] In zahlreichen Fortführungen der Köhlerschen Versuche wurde das Vermögen der Schimpansen dokumentiert, verschiedene voneinander unabhängige Werkzeuge in bestimmter Reihenfolge zu nutzen oder beim Scheitern des erlernten Werkzeuggebrauchs – z.B. beim Nicht-Erreichen der Klinke einer zu öffnenden Zimmertür mit Hilfe des herangeschafften üblichen Stuhls – die Anzahl der beigebrachten und eingesetzten Werkzeuge – z.B. die Anzahl der Stühle – zu erhöhen. Schimpansen leisten solches freilich nur, wenn sie zuvor mit den Stöcken, Stühlen, Leitern, Seilen und weiteren Hilfsmitteln gespielt oder experimentiert, d.h. wenn sie deren Funktionen zuvor erfahren haben. Dieser Umstand veranlaßte manche Forscher,[179] solchen pragmatischen Werkzeuggebrauch von der menschlichen Einsicht in Zusammenhänge unmißverständlich zu unterscheiden.

An den menschlichen Fähigkeiten orientierten sich weiter die zahlreichen seit Ende der vierziger Jahre unternommenen Versuche, Menschenaffen per Nachahmung in einem mehr oder minder systematischen Unterricht Wörter der menschlichen Sprache beizubringen. Enttäuschend verlief der bis in die fünfziger Jahre unternommene Einsatz u.a. deshalb, weil den Tieren neben dem Sprachzentrum im Gehirn die anatomischen Voraussetzungen zur differenzierten Artikulation im Mundraum und im Kehlkopf fehlen und weil sie an solchen Sprachversuchen auch kein Interesse zeigten, letzteres offenbar aufgrund der erfolgreichen Lebensbewältigung mit Hilfe ihrer arteigenen Lautgebung. In den sechziger Jahren wuchs – ausgehend von Forschungen in Amerika – auch in Europa die Bereitschaft, den Tieren eine Verständigung unabhängig von der menschlichen Wortsprache zuzubilligen. Auf dieser Basis versuchte man u.a., ihnen die Zeichensprache beizubringen, mit der Taubstumme sich verständigen. Nach dem Vorbild der in den USA unterrichteten Schimpansenkinder Washoe, Viki und Lana, des Bonobos Kanzi und des Gorillas Koko forschte man auch in Europa, gestand den Menschenaffen die Fähigkeit zu, abstrakte Begriffe – als Bezeichnung von Eigenschaften, die an verschiedenen Gegenständen auftreten – zu bilden, verschiedene, als einzelne gelernte Zeichen in der Art von Wortkombinationen zu verbinden und diese dann auch dem Menschen mitzuteilen. Solche Erfolge veranlaßten zu der Hypothese, Menschenaffen fehle es nicht an Begriffen, sondern an der menschlichen Sprache; über eine Zeichensprache verfügten die Tiere gleichwohl, und zwar in einer Weise, die die Frage nahelege, ob es nicht in absehbarer Zeit gelingen könne, daß Tiere in der ihnen eigenen Zeichensprache dem Menschen Aussagen über Sachverhalte machten, die der Mensch von sich aus nicht zu erfassen vermag.

Die Tanzsprache und Orientierung der Bienen hatte der Physiologe und Zoologe Karl von Frisch[180] ab 1912 untersucht. Gemeinsam mit Konrad Lorenz und Nikolaas Tinbergen erhielt er, wie bereits gesagt, im Jahre 1973 den Nobelpreis für Medizin. Lilly[181] hatte die über die gegenseitige Verständigung der Tiere hinausgehende »Konversation« zwischen dem Menschen und dem (mit einem relativ großen Gehirn ausgestatteten) Delphin beschrieben. Eine solche Konversation ist aber, wie die kritische Analyse der diversen Sprachversuche mit Tieren offenbart, gerade nicht möglich, dies auch deshalb nicht, weil die Tiere zwar Wörter in beträchtlicher Zahl zu lernen vermögen, diese aber nicht nach einer Grammatik komponieren, die der des menschlichen Sprechens korrespondiert. Generell brachten die über etwa 50 Jahre durchgeführten Sprachversuche mit Menschenaffen und anderen Tierarten nur begrenzte Erfolge. Über die Zwei- und Drei-Wort-Sätze der Kinder kamen sie nicht hinaus.

Die meisten neueren Untersuchungen zur »Intelligenz« der Menschenaffen wurden in den USA durchgeführt; häufig bauten sie freilich auf den früheren Untersuchungen in Europa auf. Zu den frühen Vorläufern der jüngeren Arbeiten gehörten u.a. die Versuche, in denen Tiere mit ihrem Spiegelbild konfrontiert wurden. Für die Frage des Selbstbildes beim Tier gewannen solche Erkundungen eine besondere Relevanz, wenn Menschenaffen – anders als Tieraffen – das ihnen vertraute Bild des eigenen Körpers mit ausgesprochenem Interesse untersuchten, nachdem dieses – von ihnen unbemerkt – zuvor (durch Farbflecken) verändert worden war. Ein solches Verhalten deutet auf die Existenz eines (gelernten) Selbstbildes hin, nicht unbedingt auf die eines Selbstbewußtseins bei den Menschenaffen.

Zu diversen Überlegungen über den genuinen Charakter der menschlichen Kultur trugen auch in der europäischen Wissenschaft die in den fünfziger Jahren in Japan gemachten Beobachtungen über die Erfindung des Batatenwaschens und über dessen Ausbildung zu einer »Kultur« bei den Rotgesichtsmakaken bei. Ein junges Makakenweibchen hatte 1953 eine der zu besonderen Zwecken der Beobachtung ausgelegten und mit Sand bedeckten Süßkartoffeln ins Wasser eines Baches getaucht, so »gewaschen« und dann verspeist. Dieser Vorgang wurde von weiteren jungen Affen, von deren Müttern sowie von den älteren Weibchen – nicht von den abseits von der Gruppe lebenden Männchen – nachgeahmt und als gruppenspezifische Angewohnheit tradiert. Zudem kamen die Affen dieser Gruppe dazu, die Bataten im salzigen Meerwasser zu waschen und derart ihren Geschmack zu akzentuieren. Erörtert wurde dieses Phänomen v.a. als Exempel für (menschliche) Erfindungen, für deren Tradition sowie für deren Ausbildung zu einer gesellschaftsspezifischen Kultur. Es leistete ferner einen Beitrag zur Relativierung der üblichen Opposition von Gewohnheiten in den Tiergruppen einerseits und menschlicher Kultur andererseits.[182] Bei der Beobachtung der Menschenaffen in freier Wildbahn werden heute weniger Intelligenzleistungen und mehr das soziale Verhalten erforscht. U.a. wird dabei das moral-analoge Verhalten der Tiere untersucht.

Tierversuche
Einen anderen als den bisher beschriebenen »wissenschaftlichen« Umgang mit Tieren stellt die Vivisektion dar. Diese gehört zu den bes. umstrittenen Weisen der Nutzung des Tieres, v.a. von Medizinern und Pharmakologen als integrale Hilfe bei der neuzeitlichen Entwicklung der menschlichen Heilkunst begrüßt, von organisierten Tierschützern als nutzlose bestialische Quälerei verdammt. Mäuse, Ratten, Hunde, Katzen, Kaninchen, Meerschweinchen, Hamster, Affen, Schweine, Pferde, Rinder, Schafe und Ziegen dienten und dienen dem Menschen in den Laboratorien grundsätzlich ebenso wie Frösche und Vögel, wiewohl die Ratten, Mäuse, Meerschweinchen und Hamster nach Angaben der Pharmazeutischen Industrie 90%, die Hunde, Katzen und Affen 1% der Versuchstiere ausmachen. Zur Erprobung von Medikamenten, Operationen und Behandlungsmethoden, aber auch von Kosmetika, Wasch- und Putzmitteln, von Waffen und selbst von Foltermethoden zog und zieht

man weiterhin Tiere heran; die Auswirkungen von Stromstößen, von Lärm und Druck, von Hitze und Kälte, von Staub, Streß und weiteren belastenden Faktoren der Umwelt wurden und werden an Tieren getestet, um dem Menschen Verletzungen und Krankheiten durch die mit Hilfe der technischen Rationalität entwickelten Neuerungen zu ersparen. Dabei nehmen Menschen Schmerzen, Leiden und Schäden zahlreicher Tiere in Kauf, Schmerzen, Leiden und Schäden, die bes. dort offenbar sind, wo man Tiere um bestimmter Erkenntnisse willen vergiftete, erdrosselte und verbrühte, wo man sie mit Krankheiten infizierte oder sie auf bestimmte pathologische Dispositionen hin züchtete, wo man sie bestrahlte, mit Waffen beschoß oder gegen Betonwände schleuderte, wo man dies tat und wo man es weiterhin tut, wo man die Tiere derart tötete oder erheblich verletzte. Die Schulung der Chirurgen am lebenden Tier ist in diesem Zusammenhang ebenfalls zu berücksichtigen, und zwar eine Schulung, die u.a. dazu dient, die Anzahl der Todesfälle zu reduzieren, die durch begrenztes technisches Vermögen des Arztes hervorgerufen werden. Aus den USA stammt eine Schätzung, nach der im Durchschnitt etwa 12 Patienten pro Chirurg ihr Leben lassen müssen, bis dieser, v.a. in der Mikrochirurgie, die Operationstechniken beherrscht.

Aus der Sicht der Kritiker der Vivisektion hat gerade die jüngere Vergangenheit gezeigt, wie begrenzt die aus den Tierversuchen gewonnenen Erkenntnisse dort sind, wo es um die Hilfe für den Menschen geht. Nicht der Erkenntnis dienten die – im Glauben an die Allmacht der Wissenschaft unternommenen – medizinischen Experimente in Wirklichkeit, sondern dem Prestige der Forscher und deren wissenschaftlichen Karrieren; zudem übten die Chirurgen an Tieren, obwohl sie an leblosen Objekten gleiche Erfahrungen machen könnten. Die Pharma-Industrie produziert, so die Kritiker weiter, aus ökonomischen Interessen unnötige und gefährliche Medikamente, die keine wesentlichen Verbesserungen versprechen und nur kurze Zeit auf dem Markt bleiben, manchmal zudem Medikamente, mit denen – irrtümlicherweise – Störungen entgegengewirkt werde, die in Wirklichkeit psychisch bedingt und letztlich durch die krankmachende Lebensweise in der Industriegesellschaft hervorgerufen seien. Bes. heftig wurden und werden die von der kosmetischen Industrie sowie die von der Rüstungsforschung unternommenen Tierversuche angegriffen, in denen Hunde, Schweine, Affen, Ziegen, Katzen und Meerschweinchen absichtlich angeschossen und anschließend operiert wurden, in denen man mit übermäßiger Geräuschbelastung ihre Organe zerstörte, sie mit dem Hautgift Lost (Senfgas) einrieb, mit Kobalt bestrahlte und ihnen (in Kosmetika verwendete) giftige Substanzen in die Augen sprühte (Drazie-Test).[183] Als Resümee seiner Kritik an der Gebrauchs- und Verbrauchshaltung der Forschung gegenüber den Tieren forderte Spira:[184] »Die Wissenschaftler müssen endlich erkennen, daß man 1 000 Kaninchen oder 10 000 Mäuse nicht wie einen Karton Glühbirnen ordern kann.«

Das Verständnis des Tieres als eine im Versuch konsumierbare Ware offenbart sich aus der Sicht der Kritiker v.a. im sogenannten LD (letale Dosis) 50-Test. In diesem wird festgestellt, welche Dosen der schädigenden Substanzen oder anderer schädigender Einflüsse verabreicht werden müssen, um bei der Hälfte der untersuchten Gruppe (von etwa 40–200 Individuen) in einer bestimmten Zeit den Tod herbeizuführen.

Gegen die Argumente des organisierten Tierschutzes betonen v.a. die Mediziner und die Pharmakologen die Effizienz des Tierversuchs, d.h. v.a. seine Übertragbarkeit auf den Menschen. Dabei gehen die Forscher nicht von einer pauschalen Übertragbarkeit, sondern von Erkenntnissen in bestimmten Bereichen resp. für bestimmte Funktionen aus, gewonnen an bestimmten Tieren, in manchen Fällen gerade an Spezialzüchtungen wie haarlosen oder mit Diabetes belasteten Mäusen. Das Paradebeispiel für das Problem der Effizienz bildet für die Vivisektionsgegner wie für die -befürworter das seit 1957 hergestellte und in Westeuropa sowie in Kanada unter verschiedenen Handelsnamen – v.a. »Contergan« – vertriebene Beruhigungs- und Schlafmittel Thalidomid. Dieses löste weltweit bei zahlreichen Kindern von Müttern, die Contergan in den ersten beiden Monaten ihrer Schwangerschaft eingenommen hatten, erhebliche Mißbildungen aus. Im Jahre 1961 wurden diese Auswirkungen erkannt bzw. erste Vermutungen angesichts der gehäuft auftretenden Mißbildungen geäußert.[185] Daß die Probleme von Thalidomid in den Tierversuchen vor der Einführung des Wirkstoffs nicht auftraten, offenbart für die Vivisektionsgegner die Nutzlosigkeit der Tierversuche; schädliche Substanzen würden mit ihrer Hilfe nicht eliminiert, manchen nützlichen zudem die Zulassung verweigert. Diesem Argument stellten die Befürworter des Tierversuchs die Minderung des Risikos für den Menschen – nicht dessen totale Ausschaltung – durch den Tierversuch entgegen. Der Risikominderung entspricht aus der Sicht der pharmazeutischen Industrie u.a. der Umstand, daß nur eine von 8000–10000 geprüften neuen Substanzen in die Medizin eingeführt wird, daß die in diesem Verhältnis zum Ausdruck kommenden Prüfungen für ein den Markt erreichendes Medikament in den letzten Jahrzehnten erheblich ausgeweitet wurden, daß sich schließlich die Entwicklungsdauer sowie die Entwicklungskosten eines Medikaments erheblich vergrößerten, wobei freilich auch die verworfenen Substanzen in Tierversuchen getestet wurden. Etwa 300000 Stoffe sollen z.B. bereits bis 1980 auf ihre mögliche Verwendbarkeit zur Krebstherapie (u.a. in Tierversuchen) getestet worden sein.

Der Fall »Thalidomid« beruhte, so die pharmazeutische Industrie, auf der typischen Situation der Forschung, die aufgrund begrenzten Wissens noch nicht in der Lage gewesen sei, die zutreffenden Fragen zu stellen. Man habe im Fall »Thalidomid« nämlich nicht auf Mißbildungen hin untersucht, d.h. auch, entsprechend den in der Pharmazie üblichen und gesetzlich vorgeschriebenen Prüfungsverfahren wurden keine Versuche an trächtigen Tieren durchgeführt. Als man dies dann später tat, kam es bei Kaninchenbabies zu unterschiedlichen, bei Affenbabies aber zu Mißbildungen, die den beim Menschen aufgetretenen ähnlich sind. Der Tierversuch zeigt, so die Pharmazeuten, was geschehen kann, nicht unbedingt das, was wirklich geschieht. Und wenn die Prüfung von Medikamenten in Tierversuchen mit (verschärften) Maßstäben durchgeführt würden bzw. durchgeführt worden wären, wie sie die Erfahrungen mit Thalidomid nahelegen, dann würden Wirkstoffe wie Insulin, Penicillin, Streptomycin und Cortison die Zulassung nicht mehr erreichen bzw. nicht erreicht haben. Die Contergan-Ereignisse und die durch sie ausgelösten Unsicherheiten der Wissenschaftler sowie die Zweifel in der Bevölkerung bildeten in der Bundesrepublik Deutschland den Anlaß, die für die Prüfung eines Medikaments vorgeschriebenen Tierversuche drastisch heraufzusetzen. Für die durch den Fall »Thalidomid« offenbarten Möglichkeiten und Grenzen des Tierversuchs ist es u.a. bezeichnend, daß in den USA keine Mißbildungen durch diesen Wirkstoff auftraten, weil man Thalidomid dort (noch) nicht zugelassen hatte, und zwar aufgrund der Befürchtung neuropathischer Wirkungen sowie aufgrund der Forderung weiterer Prüfungen, insbesondere von Langzeitversuchen mit Tieren.[186]

Einen anderen bes. folgenreichen Fall von Medikament-Nebenwirkungen, die im Tierversuch nicht entdeckt wurden, stellt die durch das (als Antidiarrhoikum angewandte) Wundantiseptikum Clioquinol ausgelöste Krankheit SMON (Subakute Myelo-Optico-Neuropathie) dar; 20 000–30 000 Japaner verschiedenen Alters erlitten schwere und schwerste Lähmungen, die in mehreren hundert Fällen sogar zum Tod führten.[187]

In der ersten großen Epoche der Pharma-Forschung mit Hilfe von Tierversuchen wurde die schmerzlindernde und fiebersenkende Wirkung von Phenazon (Antipyrin) im Jahre 1885, von Acetanilid (Antifebrin) im Jahre 1887 und Acetylsalicylsäure (Aspirin) im Jahre 1898 entdeckt. Nach der Jh.wende entwickelte die Pharma-Forschung die ersten sogenannten Chemotherapeutika, z.B. im Jahre 1909 das Arsphenamin gegen die Syphilis, im Jahre 1910 das Wundantiseptikum Acriflaviniumchlorid, im Jahre 1916 das Suramin-Natrium gegen die afrikanische Schlafkrankheit, in den Jahren 1924–29 die Anti-Malaria-Mittel Mepacrin, Pamaquin und Chloroquin, in den Jahren 1935–38 die Sulfonamide gegen Infektionskrankheiten. Versuche mit Meerschweinchen hatten 1901 die Entwicklung des Serums gegen die Diphterie, Versuche mit Hunden 1923 die Entwicklung der Insulintherapie gegen Zuckerkrankheit entscheidend vorangebracht.

Mit der Entdeckung resp. der durch Versuche mit Mäusen ausschlaggebend geförderten Entwicklung der Antibiotika – dem ersten Penicillin im Jahre 1943, dem Streptomycin im Jahre 1944, dem ersten Tetracyclin im Jahre 1946 und dem Chloramphenicol im Jahre 1947 – sowie des entzündungshemmenden und antiallergischen Cortison im Jahre 1946 leitete die pharmazeutische Industrie eine neue Epoche ein, die den lange Zeit mit dieser Industrie verbundenen Fortschrittsoptimismus begründete. U.a. entwickelten die

Pharmazeuten in den fünfziger und sechziger Jahren Wirkstoffe gegen die Tuberkulose, orale Antidiabetika sowie die ersten Tranquilizer. Ende der siebziger Jahre (1978/79) umfaßte die sogenannte »Rote Liste« die Produktion von 95 % der westdeutschen Arzneimittelfirmen, nämlich 8800 Medikamente in 11052 verschiedenen Darreichungsformen. 6570 der 8800 Medikamente von 458 Herstellern waren chemisch definiert. In der 1978 von der Weltgesundheitsorganisation WHO zusammengestellten »Modell-Liste der unentbehrlichen Medikamente für die Arzneimittelversorgung in den Entwicklungsländern« waren demgegenüber nur 224 Mittel aufgeführt und zudem 34 von diesen als entbehrlich deklariert.[188] Im Zusammenhang mit den an Tieren erprobten Substanzen ist auch auf diejenigen hinzuweisen, die den Tieren direkt entnommen wurden und weiterhin zur Anwendung bei Mensch und Tier entnommen werden. Bezeichnenderweise ist z.B. der Begriff »Vakzinierung« (lat. vacca = die Kuh) in der Medizin ein Synonym für die Schutzimpfung: Tiere, die mit Krankheitserregern infiziert wurden, produzieren Antikörper gegen diese Erreger, und die Antikörper werden mit dem Serum des Blutes zur Förderung der Abwehrkraft gegen die betreffenden Erreger auf Mensch und Tier übertragen.

Der Beitrag der von der Pharma-Industrie in der Vergangenheit entwickelten Mittel zur Volksgesundheit wird von der Mehrzahl der Fachleute nicht bestritten, eine ähnliche Leistung in der Gegenwart und der Zukunft aber bezweifelt und in dem Satz »Vor der Kinderlähmung können wir schützen, vor Krebs noch nicht« v.a. ein geschickter Werbeslogan gesehen. Den Beitrag der pharmazeutischen Fortschritte zur Volksgesundheit anzuerkennen, bedeutet freilich nicht, die beträchtliche Erhöhung der durchschnittlichen Lebenserwartung ab der Mitte des letzten Jh.s v.a. auf sie zurückzuführen und die wohl effektiveren Faktoren – Reduktion der Säuglingssterblichkeit, verbesserte Ernährung aufgrund des erhöhten Lebensstandards, verbesserte hygienisch-sanitäre Verhältnisse und allgemein erhöhte Abwehrkapazität – zu unterschätzen. Diese Anerkennung bedeutet auch nicht, die durch Medikamente hervorgerufenen Leiden und Schäden zu übersehen. Letztere bestehen u.a. darin, daß ein bemerkenswerter Anteil der Unfälle im Straßenverkehr – Schätzungen sprechen von 15–20 % – auf die Wirkung von Medikamenten zurückzuführen ist und – nach anderen, hohe Dunkelziffern einrechnenden Schätzungen – 6% aller Krankenhauspatienten wegen schwerer Arzneimittelschäden hospitalisiert werden, 3% der im Krankenhaus Sterbenden Opfer von Arzneimitteln sind, 6% aller Krankheiten mit Todesfolge, 25% aller organischen Krankheiten, 61% aller Mißbildungen und 80% aller Totgeburten durch Medikamente hervorgerufen werden.[189]

Gegen den Vorwurf der leichtfertigen Verschwendung von Tieren betonen die Forscher den Umstand, daß der Tierversuch die teuerste Methode der Arzneimittelprüfung darstellt und daß nur von gesunden, artgerecht gehaltenen Tieren zuverlässige Resultate zu erwarten sind. Die hohen Kosten der Forschung mit Tieren und die schrittweise Entwicklung von Alternativen begründete, so die Mediziner und die Pharmazeuten, die rückläufige Zahl der verwendeten Versuchstiere seit 1971. Nach Aussagen der Versuchstiergegner beruht der sinkende »Verbrauch« in der pharmazeutischen Industrie allerdings auf der wirtschaftlichen Rezession. In der medizinischen sowie der biologischen Forschung wurde die Anzahl der Tierversuche freilich u.a. durch die Veränderungen der Forschungsthemen reduziert, in der Physiologie z.B. durch die abnehmende Aktualität der an isolierten Teilen des Tieres forschenden Organphysiologie und durch das zunehmende Interesse an der Systemphysiologie, die das Gesamtverhalten des Organismus bei gewandelten äußeren Bedingungen untersucht.[190]

In England z.B. – dort wurden Tierversuche seit 1876 recht zuverlässig registriert – sank die Zahl der eingesetzten Versuchstiere von 5,6 Mio. im Jahre 1970 auf 4,3 Mio. im Jahre 1981, in der Schweiz von 2 Mio. im Jahre 1983 auf 1,6 Mio. im Jahre 1985. Für die Bundesrepublik Deutschland wurde im Jahre 1983 ein Einsatz von 7–14 Mio. Individuen angegeben, für den weltweiten Verbrauch schwanken die Schätzungen zwischen 70 und 300 Mio. in den achtziger Jahren. Nach anderen Angaben »verbrauchte« man allein in den USA in dieser Zeit jährlich 90 Mio. Tiere. Die steigende Zahl von Tierversuchen in der ersten Hälfte unseres Jh.s dokumentieren die Zahlen aus England ebenfalls: 95 731 Versuche im Jahre 1910, 1 779 215 im Jahre 1950 und 5 580 876 im Jahre 1970.[191]

Neuere Alternativen zu den Tierversuchen – der Selbstversuch durch den Forscher stellt eine traditionelle Alternative dar – ermöglichten die Fortschritte in der Zellbiologie. Die sogenannten biologischen Testmethoden bestehen v.a. in der Arbeit mit (homogenen) Gewebekulturen (z.T. menschlichen Ursprungs), mit isolierten Organen, mit Hühnereiern, mit Kulturen von Bakterien und Pilzen sowie mit anderen Reagenzglas-Tests an nicht schmerzfähigen Substanzen. Diese Arbeit gehört heute zum festen, in seiner Bedeutung wachsenden Bestand der Forschung, Prüfung und Produktion von Arzneimitteln sowie zu den bewährten Methoden in der medizinischen Forschung. Solche Verfahren – auch vor dem Tierversuch und ergänzend zu diesem durchgeführt – sind zwar kostengünstiger und in ihren Resultaten häufig auch genauer als der Tierversuch, diesen können sie aber, so die Auffassung der Mediziner und der Pharmazeuten, (noch) nicht gänzlich ersetzen, letzteres v.a. deshalb nicht, weil isolierte Organe keine Parameter für die Wechselwirkung der Organe im Gesamtorganismuns darstellen. Pflanzen scheiden als Alternativen zum Tierversuch u.a. deshalb weitgehend aus, weil zahlreiche für Mensch und Tier giftige Substanzen Pflanzen entstammen. In manchen Fällen stellen zudem Dummies, nämlich unbelebte Objekte, meist in Form von Puppen, und andere chemische oder physikalische Modelle Alternativen zum Tierversuch dar.[192]

Manche Wissenschaftler sprechen nicht nur von der Erlaubnis des – mit unauflösbaren Konflikten verbundenen – Tierversuchs, sondern von der Verpflichtung zu diesem aus humanitären Gründen. Sie wissen sich dabei in Übereinstimmung mit der vorherrschenden Einstellung in den mitteleuropäischen Gesellschaften. Die Hilfe des Menschen hat für die Forscher Vorrang, auch auf Kosten des Tieres. Diese Einstellung schließt nicht aus, heute intensiver als früher den Zweck und die Erfolgschancen eines Tierversuchs zu erörtern, die Ersetzbarkeit dieses Versuches durch alternative Methoden kritisch zu prüfen, die Zahl der Versuchstiere möglichst klein zu halten und die Belastung der Tiere im Versuch auf das angesichts des Versuchszwecks unvermeidliche Maß zu reduzieren. Die ökonomischen Motive verbinden sich bei diesem Vorgehen eng mit denen des Tierschutzes.[193] Der Tierversuch zugunsten der menschlichen Gesundheit läßt sich in diesem Zusammenhang auch als kulturelle Leistung und als eine Komponente des kulturellen Fortschritts verstehen.

Begrenzt werden das Ausmaß und die Art der Tierversuche in Europa durch Gesetze und Verordnungen, deren Durchführung mit Hilfe von Bewilligungsorganen und Ethikkommissionen überprüft wird. Eine europaweite Vereinheitlichung der Anzeige- und Genehmigungsverfahren inklusive ihrer zentralen Erfassung zur Vermeidung von Doppelversuchen ist allerdings noch nicht erreicht. Der Europarat traf im Jahre 1986 freilich ein »Übereinkommen zum Schutz von Wirbeltieren, die für Versuche und andere wissenschaftliche Zwecke verwendet werden«. Nach § 9 des Deutschen Tierschutzgesetzes von 1998 sind Versuche an »höheren« Tieren nur erlaubt, wenn Versuche mit »niederen« Tieren keine ausreichenden Resultate zeitigen. D.h. z.B., daß Versuche mit Amphibien nur dann erlaubt sind, wenn die mit Fischen keine brauchbaren Ergebnisse bringen.

Solche gesetzlichen Restriktionen des Tierversuchs stellen in den Augen der radikalen Vivisektionsgegner freilich inakzeptable Kompromisse dar: Als der Bonner Chirurgie-Professor Alfred Güttgemann im Mai 1974 das Leben einer 23jährigen Krankenschwester, die an infektiöser Gelbsucht litt, dadurch zu retten suchte, daß er an ihren Kreislauf die beiden Lebern von zwei Mantelpavianen anschloß, beschimpfte man ihn als »Tiermetzger« und »dreckiges Mordschwein«. Man wünschte ihm einen qualvollen Tod und forderte, für solche Eingriffe nicht die Organe unschuldiger und wehrloser Tiere, sondern die der Gewaltverbrecher in den Strafanstalten zu verwenden. Die Tatsache, daß der Eingriff mißlang und die Krankenschwester starb, wertete man u.a. als Fingerzeig Gottes.[194] Der Versuch des Wissenschaftlers und verschiedene Reaktionen der Bevölkerung auf diesen sind bezeichnend für die wohl extremer als in früheren Epochen divergierenden Einstellungen zur Vivisektion. Radikal ablehnende Urteile werden auch in Europa häufig über die von Robert J. White seit 1963 in Cleveland/USA durchgeführten Experimente mit isolierten Gehirnen gefällt. Diese Arbeiten führten u.a. dazu, bei Hunden Köpfe zu transplantieren. Der Sowjetrusse Wladimir Demichow pflanzte im Jahre 1967 einem Hund den Kopf eines Artgenossen inklusive des Halses und einer Vorderpfote an, wobei das transplantierte Organ resp. der Hund mit dem transplantierten Organ sehen, hören, fressen, riechen und bellen konnte. Zum Verständnis solcher »Versuche« mit Tieren ist anzumerken, daß die ersten Transplantationen von Herzteilen und ganzen Herzen an Kälbern und Schweinen vorgenommen worden waren.[195] Den Zustand der Schwerelosigkeit im Weltraum beobachtete man ebenfalls zunächst an Tieren, nämlich 1957 an der sowjetischen Hündin »Laika« und 1961 am US-amerikanischen Schimpansen »Ham«. Gegenüber den zuletzt genannten Versuchen waren diejenigen recht harmlos, die Ottomar Anschütz 1870 mit einem Pferd im Sprung unternahm, um die ersten photographischen Bewegungsstudien zu machen. Eadweard Muybridge (1830–1904)[196] demonstrierte die neuen Möglichkeiten der Bewegungsphotographie ebenfalls seit den siebziger Jahren in erster Linie an Tieren, zunächst an Pferden, bei denen er die Phase der freien Schwebe (vier Füße ohne Kontakt zum Boden) demonstrieren sollte, und zwar für einen Auftraggeber, der den Beweis für seine mit einer Wette verbundene Feststellung liefern wollte.

Auf die Beobachtung von Formen und Funktionen der Tiere beschränkten sich manche weiteren Nutzungsweisen, nämlich solche, bei denen technische Geräte, z.B. Flugzeuge oder andere Maschinen zur Fortbewegung, nach dem Modell der Tiere konstruiert wurden.[197]

11. Epochentypische Grundeinstellung

Die Ideen

In der frühen Neuzeit hatten normativ-rationale Anthropologien die kognitive Distanz des Menschen zur Welt vom unmittelbaren Bezug des Tieres zu den Dingen abgehoben. Gegen diese Deutung wandten sich im 19. und 20. Jh. zahlreiche Denker unterschiedlicher geistiger Provenienz. Sie betonten die ebenfalls unmittelbare Beziehung des Menschen zu den Dingen, explizierten eine enge Verschränkung von Unmittelbarkeit und Mittelbarkeit im menschlichen Verhältnis zur Welt und/oder sahen in der distanzierten Objektion von Erkenntnisgegenständen eine besondere, und nicht die ständige, einzige und obligate Position zur Welt. Im einzelnen unterschiedliche lebensphilosophische Konzepte von der Romantik bis zum Existentialismus opponierten gegen die einseitige Interpretation des Menschen als Erkenntnissubjekt und als rational handelndes Wesen, gegen die auf dieser Interpretation basierende Absetzung des Menschen vom Tier resp. des Tieres vom Menschen.

Unmittelbare Anmutungen und Antriebe, ausgeprägte Gefühle und diffuse Gemütsregungen – Bereiche, die als das Es oder als der endothyme Grund des Menschen bezeichnet wurden – bestimmen nach vitalistischer Auffassung das menschliche Handeln zumindest ebenso weitgehend wie der Geist. Genuiner Vitalismus ordnete den kognitiven Bereich sogar dem der vitalen Antriebe unter. Er interpretierte die Erkenntnis als Derivat unmittelbarer Lebensinteressen.

Die nicht nur deskriptiv, sondern auch postulatorisch vertretenen vitalistischen Ideen wurden als Einschränkung der Hegemonie der Vernunft als Steuerungskraft menschlichen Handelns dargestellt, wurden so auch verstanden – befürwortet oder abgelehnt. In die Befürwortung wie in die Ablehnung ging die durch den Vitalismus veränderte Interpretation des Menschlichen sowie des Animalischen ein, bald implizit, bald explizit: Das bisher den Menschen vor dem Tier auszeichnende Vermögen des Geistes wurde relativiert, damit das Ranggefälle zwischen Mensch und Tier reduziert. Nach den Epochen prononcierter Absetzung des Menschlichen vom Tierischen gewannen mit dem Vitalismus und der von theologischen Präskriptionen befreiten Naturbeobachtung im 19. und 20. Jh. Anschauungen die Oberhand, denen alle Lebewesen als einander wesensverwandt erschienen. Dem spontanen und unkomplizierten Weltbezug des Tieres bzw. dem derart interpretierten Weltbezug schrieb man erneut – jetzt aber ohne den Hinweis auf die dem Menschen gebührende Demut gegenüber der gottgeschaffenen Ordnung – exemplarischen Charakter für ein glückliches menschliches Dasein zu.

Die Gefühlskultur des Pietismus und der Empfindsamkeit förderte vitalistische Ideen ebenso wie die Romantik, in der dem Tier, so Franke,[198] die unsterbliche Seele und damit die »Höhe des Geschöpfes« zurückgegeben wurden. Wegweisende Ansätze für die Lebensphilosophie lieferten im 19. und beginnenden 20. Jh. insbesondere Arthur Schopenhauer, Friedrich Nietzsche und Henry

Bergson.[199] Sie stellten die abendländische Anthropozentrik mit unterschiedlicher Argumentation in Frage. Schopenhauer tat dies z.B. u.a. durch den Rekurs auf pantheistische und universistische Ideen der indischen Religion. Diese Ideen gingen weniger von der Vernunft und mehr vom Empfinden aus; sie gestatteten ein vom abendländischen Rationalismus deutlich unterschiedenes Verständnis für das Tier.

Der Begriff des Vitalismus wird hier bes. weit und umfassend verstanden, vornehmlich als Betonung der Eigenständigkeit des Lebendigen und seines Wertes. Als Vitalismus werden daher nicht nur die Auffassungen bezeichnet, die sich programmatisch gegen die chemisch-physikalische Erklärung der Lebensvorgänge wandten und dies mit z.T. mystisch anmutenden Interpretationen sowie unter Berufung auf eine besondere Lebenskraft taten, die als Wirkkraft in allem Lebendigen dargestellt wurde. Weder ausschließlich noch vornehmlich wird hier an den Neovitalismus gedacht, der die Eigenständigkeit des Vitalen in zielgerichteten Kräften sah, die über einen chemisch-physikalischen Mechanismus hinausgehen. Unabhängig von speziellen Schulmeinungen kennzeichnet die vitalistischen Ansätze die Zentralisierung der Grundfunktion »Leben«, die sich in den variantenreichen Handlungs- und Organisationsformen der diversen Lebewesen manifestiert. Verschiedene Richtungen der in erster Linie den Menschen thematisierenden Lebensphilosophie lassen sich insofern dem Vitalismus subsumieren, als sie von der vitalen Basis, und nicht von der geistigen Konstitution menschlichen Daseins ausgingen und das Wesen des Menschen als Prozeß des Existierens bestimmten. Die vitalistischen Konzepte hoben das Leben resp. das Lebendige vom Unbelebten ab und/oder suchten das Totsein als Endstadium des Lebens zu verstehen und insofern in das System Leben hineinzunehmen. Dabei wurde die Gegenüberstellung von Mensch und Tier relativiert bzw. durch die Explikation der fundamentalen Gemeinsamkeit, nämlich am Prinzip Leben – freilich auf unterschiedliche Weise – zu partizipieren, ersetzt.

Die vitalistischen Konzepte wandten sich gegen die Rationalismen verschiedener Prägung. Manche von ihnen suchten auch nach einer Deutung des Natürlichen, die an die Stelle des theologisch-metaphysischen Weltbildes theistischer oder deistischer Überzeu-

gung treten konnte. Die Absage an transmundane Werte führte zwar nicht dazu, dem diesseitigen Leben den gewissermaßen freigewordenen Ewigkeitscharakter des Jenseitigen zu übertragen; eine neue Weihe erhielt das Diesseits dennoch, und zwar insofern, als die Existenz auf Erden nicht mehr als vorläufiges Durchgangsstadium zu einem transmundanen Sein, sondern als das Eigentliche, Wesentliche und Unwiederholbare des menschlichen Daseins erschien.
Die Reduktion des menschlichen Lebens auf das diesseitige Existieren bedeutete, den Menschen essentiell näher an das Tier heranzurücken, als es zuvor die theologische Interpretation mit der Mensch und Tier verbindenden Kreatürlichkeit einerseits und der den Menschen vom Tier absetzenden Heilsberufung andererseits getan hatte – auch näher als die Betonung des menschlichen Geistes es gestattete. Wo auf die transmundane Herkunft und Bestimmung des Menschen verzichtet wurde, gewannen die Beziehung des Menschen zur Welt und das Wirken in dieser eine Unmittelbarkeit und Endgültigkeit, die denen des Tieres weitgehend analog waren. Vitalistische Auffassungen ließen sich freilich auch auf traditionellem christlichem Hintergrund entwickeln, dies allerdings erst mit Hilfe veränderter Akzentuierung der christlichen Anthropologie. Die Veränderung bestand v.a. darin, der Kreatürlichkeit ein neues Gesicht zu geben und die Empfindungs-, speziell die Leidensfähigkeit der verschiedenen Geschöpfe zu betonen und deren Gemeinsamkeiten – an Stelle des sie trennenden Geistes – zu explizieren. Eine solche Neuorientierung der christlichen Anthropologie bedeutete letztlich aber nicht, die essentielle Differenz zwischen Mensch und Tier zu negieren und die Lehre derart den profanen vitalistischen Auffassungen anzugleichen.
Jean Paul – Johann Paul Friedrich Richter (1763–1825) schrieb unter diesem Namen – empfahl im skizzierten Sinne in seiner Erziehungslehre,[200] dem jungen Menschen das Herz eines Kindes, und nicht das eines cartesianischen Philosophen zu geben. Zum Herzen des Kindes gehört es aus der Sicht Jean Pauls, alles tierische Leben heilig zu halten. Als »das größte Wunder der Schöpfung« soll man, so Jean Paul weiter, den »sogenannten Instinkt der Tiere« respektieren. Der Pfarrerssohn ging freilich nicht so weit, aufgrund der »äußeren Tat-Ähnlichkeit der Menschen mit Tieren« eine Wesensverwandtschaft

zwischen ihnen anzunehmen: »Lasset denn nie den schamhaften Halbjüngling irgendeine Ähnlichkeit seiner Verehrten mit den Tieren des Feldes erträumen oder ergrübeln. Die reine, kindliche, obwohl weissagende Natur erhebt vor dieser Ähnlichkeit.«

Einer solchen Forderung kam Schopenhauer[201] nicht mehr nach. Er konstatierte die »Identität des Wesentlichen in Mensch und Thier« und wandte sich gegen die Gelehrten seiner Zeit, die eine Verwandtschaft der verschiedenen Lebewesen weiterhin ablehnten. Er geißelte ferner die Einstellungen, die im Tier nur einen mittelbaren – nämlich der Erziehung des Menschen dienenden – und nicht einen unmittelbaren Gegenstand moralischer Pflicht sahen. Nicht Erbarmen schuldet der Mensch den Tieren, so Schopenhauer, sondern Gerechtigkeit. Das »ewige Wesen, welches, wie in uns, auch in allen Thieren lebt,« soll »erkannt, geschont, und geachtet« werden. Man müsse an allen Sinnen blind oder durch den »foetor Judaicus völlig chloroformirt seyn, um nicht einzusehn, daß das Thier im Wesentlichen und in der Hauptsache durchaus das Selbe ist, was wir sind, und daß der Unterschied bloß im Accidenz, dem Intellekt liegt, nicht in der Substanz, welche der Wille ist.« Die Tiere sind nach Schopenhauer damit auch kein »Fabrikat zu unserem Gebrauch«.

Schopenhauer brach mit der traditionellen (idealistischen) Bewußtseinsphilosophie. Er stellte, wie Gehlen[202] interpretierte, den handelnden Menschen als leibliches Wesen in den Mittelpunkt seines Denkens, nämlich eines vom Religiösen geschiedenen positivistischen Denkens. Derart eröffnete Schopenhauer, so Gehlen weiter, »eine neue Epoche der Philosophie, die über Nietzsche bis zur Gegenwart führt«.

Nicht am Geist, sondern am »Willen zum Leben« orientierte Schopenhauer sein Verständnis der Natur sowie das des Menschen: »Alles drängt und treibt zum Daseyn, womöglich zum organischen, d.i. zum Leben, und danach zur möglichen Steigerung desselben: an der thierischen Natur wird es dann augenscheinlich, daß der Wille zum Leben den Grundton ihres Wesens, die einzige unwandelbare und unbedingte Eigenschaft desselben ist.«[203] Mit dieser Auffassung vom »Willen zum Leben« – keine »beliebige Hypostase« und kein »leeres Wort« – wandte Schopenhauer sich expressis verbis gegen eine Philosophie, die »allgemeine Begriffe konstruirt und daraus Kartenhäuser baut«.

Der Philosoph verstand den »Willen zum Leben« nicht als ein »Geschenk zum Genießen«, sah in ihm vielmehr ein »unermüdliches Triebwerk, einen unvernünftigen Trieb, der seinen zureichenden Grund nicht in der Außenwelt habe, sondern den einzelnen festhalte auf diesem Schauplatz«. Der Wille zum Leben sei »das Erste und Unbedingte, die Prämisse aller Prämissen und eben deshalb das, wovon die Philosophie auszugehen hat; indem der Wille zum Leben sich nicht in Folge der Welt einfindet, sondern die Welt in Folge des Willens zum Leben.«[204]

Der das Tier ähnlich wie den Menschen kennzeichnende »Wille zum Leben« gewann bei Friedrich Nietzsche (1844–1900) einen bes. ausgeprägten leidenschaftlichen Akzent: »Diese Welt ist der Wille zur Macht – und nichts außerdem! Und auch ihr selbst seid dieser Wille zur Macht – und nichts außerdem!«[205] Das Leben verstand Nietzsche als »Ausdruck von Wachstumsformen der Macht«.[206] Der Wille zur Macht läßt das Leben, so Nietzsche, nicht zur Anpassung innerer Bedingungen an äußere werden; er unterwirft vielmehr »von innen her immer mehr ›Äußeres‹«.[207] Als Gattung stellt der Mensch laut Nietzsche keinen Fortschritt dar. Höhere Typen würden zwar erreicht, aber sie hielten sich nicht. Das Niveau der Gattung werde nicht gehoben. Insbesondere »im Vergleich zu irgendeinem anderen Tier« stellt der Mensch, wie Nietzsche formulierte, als Gattung keinen Fortschritt dar. Die gesamte Tier- und Pflanzenwelt entwickele sich nicht generell vom Niederen zum Höheren, sondern »alles zugleich und übereinander und durcheinander und gegeneinander«. Die reichsten und komplexesten Formen gingen leichter zugrunde; nur die niedrigsten hielten »eine scheinbare Unvergänglichkeit« fest. Auch in der Menschheit gingen unter wechselnder Gunst und Ungunst die höheren Typen, die Glücksfälle der Entwicklung, am leichtesten zugrunde. Die Prinzipien der Entwicklung des menschlichen Individuums setzte Nietzsche demnach mit denen der Tiere und selbst mit denen der Pflanzen gleich.

Die menschlichen Triebkräfte, die in der frühen Neuzeit mit negativem Akzent der Animalität bzw. der Tierheit im Menschen zugeordnet wurden, gewannen in der Anthropologie Nietzsches eine quasi heroische Bedeutung, dies u.a. im Zusammenhang mit zivilisations- resp. kulturkritischen Ideen. Die »Domestikation« des Menschen, nämlich seine Kultur, reicht in den Augen Nietzsches nicht weit. Wo sie »tief« gehe, sei sie sofort »Degenereszenz«. Der »›wilde‹ Mensch (oder, moralisch ausgedrückt: der böse Mensch)« sei die »Heilung von der Kultur«, eine Rückkehr zur Natur, d.h. die Wiederherstellung des ursprünglichen Menschen.[208] Vom (instinktsicheren) Tier unterscheiden den Menschen, so Nietzsche, neben der Fragilität und der Riskanz seines Daseins die Triebfülle und die Triebkonflikte. Eine Vielzahl gegensätzlicher Triebe und Impulse habe der Mensch »in sich groß gezüchtet« und vermöge dieser »Synthesis« sei er der Herr der Erde. An den Widersprüchen der Triebe gehe der Mensch nicht zugrunde, da in den Moralen »beschränkte Rangordnungen« der Triebe sich entwickelten.

In den Trieben glorifizierte Nietzsche eine Kraft, die im traditionellen Verständnis gerade für das Animalische (im Menschen) bezeichnend war und die in diesem Verständnis die (geistige) Würde des Menschen in Frage stellte. Auch wenn Nietzsche den Triebbegriff im einzelnen mit anderen Akzenten als die Tradition faßte und wenn er bei den Trieben stets deren Bändigung im Auge hatte, so rückte seine Darstellung das Antriebsgeschehen des Menschen doch sehr viel näher an das des Tieres heran, als es die rationalistischen Konzepte der traditionellen Philosophie getan hatten. Bezeichnenderweise verfügt der »höchste« Mensch laut Nietzsche über »die größte Vielheit der Triebe«, auch über Triebe »in der relativ größten Stärke, die sich noch ertragen« lasse. Wo »die Pflanze Mensch« sich stark zeige, finde man die »mächtig gegeneinander treibenden Instinkte (z.B. Shakespeare), aber gebändigt«.[209]

Nietzsches »Wille zur Macht« sowie seine Heroisierung der Triebe – und ihrer Bändigung – stellte freilich nicht die Übertragung der Darwinschen Deutung der Entwicklung in der Natur auf den Menschen dar. Nietzsches Konzept ist ferner nicht als Vorwegnahme der ethologischen Erklärung des v.a. im Tierreich ermittelten und anschließend generalisierten »Prinzips Eigennutz«[210] zu verstehen. Vom Darwinismus distanzierte Nietzsche sich bezeichnenderweise ausdrücklich: Weder das Kriterium der Nützlichkeit noch der Einfluß äußerer Umstände erklärt nach seiner Auffassung das Wesentliche am Lebensprozeß. Im »Willen zur Macht« liege vielmehr der letzte Grund aller Veränderung, und zwar in einem Willen, der sich der äußeren Umstände zu seinen Zwecken bediene. Der »Wille zur Macht« bedeutete für Nietzsche allerdings nicht die Selektion zugunsten des Stärkeren im Sinne Darwins. Die Stärksten und Glücklichsten seien vielmehr »schwach« gegenüber der »Präponderanz der mittleren und niederen Typen«. Und der »Gesamtaspekt der Welt der Werte« zeige, daß »in den oberen Werten, die über der Menschheit heute aufgehängt sind, nicht die Glücksfälle, die Selektionstypen die Oberhand haben: vielmehr die Typen der décadence [...]«[211]

Am Phänomen »Leben« partizipieren Mensch und Tier, so die Argumentation Wilhelm Diltheys (1833–1911),[212] in grundsätzlich gleicher Weise, auch wenn das Leben sich vielfältig manifestiert und die Kategorie »Entwicklung« dabei von integraler Bedeutung ist. Vom »Rätsel des Lebens« sprach Dilthey, nämlich von einem Rätsel, das sich in wechselnden Lebenserfahrungen spiegele, »widerspruchsvoll, Lebendigkeit zugleich und Gesetz, Vernunft und Willkür, immer neue Seiten darbietend, und so im einzelnen vielleicht klar, im ganzen vollkommen rätselhaft«.

Genuin lebensphilosophische Positionen sprach Dilthey[213] weiter an, als er sich gegen das Verständnis der Reife als Ziel und Zweck der Entwicklung des Lebens wandte, auch gegen den Usus, einem solchen Ziel und Zweck alle früheren Stadien als Mittel unterzuordnen: »In der Natur des Lebens liegt vielmehr die Tendenz, jeden Moment mit der Fülle des Wertes zu sättigen.« Das Leben erschien Dilthey als das vollkommenste, in welchem »jeder Moment mit dem Gefühl eines selbständigen Wertes erfüllt« sei. Dilthey wies in diesem Zusammenhang auf die »Entdeckung der Individualität« in der Renaissance und auf die Konzeption der Individualität bei Wilhelm von Humboldt (1767–1835) und Friedrich Schleiermacher (1768–1834) hin.

Die Individualität ist ein Prinzip, das der Mensch ebenso wie das Leben mit dem Tier teilt. Dieses Prinzip – an Stelle des Geistes z.B. – zu betonen, besagte demnach, das Mensch und Tier Gemeinsame zu akzentuieren und dem Trennenden eine untergeordnete Bedeutung einzuräumen. Auf das gleiche Resultat lief die in der Lebensphilosophie übliche Verbindung des Prinzips Individualität mit dem des Gefühls resp. der Empfindung hinaus, nämlich auf die Artikulierung des Mensch und Tier Verbindenden. Auch dieser Akzent unterschied die Lebensphilosophie von den Rationalismen verschiedener Provenienz, denen das Gefühl – ähnlich wie der Trieb – keine spezifisch menschliche, sondern eine eher animalische Kraft war, die der Eingrenzung oder der Überwindung durch den Geist bedurfte. Bezeichnenderweise wetterte z.B. Hegel[214] in der Vorrede zur *Phänomenologie des Geistes* gegen die Berufung auf das Gefühl als eine legitimierende Instanz. Im Gefühl sah der Denker des deutschen Idealismus eine dunkle, individualisierende und prärationale Kraft: »Indem jener sich auf das Gefühl, sein inwendiges Orakel, beruft, ist er gegen den, der nicht übereinstimmt, fertig; er muß erklären, daß er dem weiter nichts zu sagen habe, der nicht dasselbe in sich finde und fühle; mit anderen Worten, er tritt die Wurzel der Humanität mit Füßen. Denn die Natur dieser ist, auf die Übereinkunft mit anderen zu dringen, und ihre Existenz nur in der zustande gebrachten Gemeinsamkeit der Bewußtseine. Das Widermenschliche, das Tierische besteht darin, im Gefühle stehen zu bleiben und nur durch dieses sich mitteilen zu können.«

Das Mensch und Tier Gemeinsame wurde auch dann in den romantischen und den lebensphilosophischen Konzeptionen angesprochen und als relevant dargestellt, wenn diese den Trieb, die Emotionalität und die Individualität nicht in einem simplen Positivismus als Akzente von Leben verstanden, sondern als humane, vom Geist akzentuierte und insofern über ihre »tierische« Version hinausgehende Phänomene darstellten und das eigentlich personale Leben sowie die exzeptionelle Individualität dem Menschen vorbehielten. Als Annäherung von Mensch und Tier werden solche Konzeptionen v.a. deshalb aufgefaßt, weil die Differenzierungen in der Rezeption häufig verloren gingen und man den von diesen Autoren gemeinten Trieb, die von ihnen explizierte Emotionalität sowie die von ihnen dargestellte Individualität mit dem üblicherweise den Tieren zugestandenen Trieb, der ihnen eingeräumten Emotionalität und der bei ihnen erfahrenen Individualität gleichsetzte.

Die Menschen und ihre Errungenschaften erörterte auch Bergson[215] als Manifestationen des Prinzips »Leben«. Selbst die menschliche Intelligenz erschien diesem Philosophen nicht als transnatürliches Vermögen, sondern als Ausdrucksform von Leben, im gleichen Sinne alle Ethik als ein Phänomen »biologischer Natur«. Konsequenterweise plädierte Bergson für das Verständnis der Biologie als eine resp. als die universale Wissenschaft.

Den Begriff des Lebens wieder so zu fassen, wie ihn Nietzsche ursprünglich konzipiert habe, war eines der Ziele von Ludwig Klages (1872–1956).[216] Den eigentlichen Ausdruck des Lebens sah der Philosoph und Psychologe in der Seele, nicht in dessen »Widersacher«, dem Geist. Das echte »Leben« war für Klages nicht das Denken, sondern das Hingegebensein an Dinge und Tätigkeiten, das Spielen, das Tanzen und das Träumen, d.h. das unreflektierte Dasein der Kleinkinder und der »Primitiven«, auch das der Pflanzen und der Tiere. Der Geist tötet aus der Sicht von Klages das Leben. Unklar bleibt an dieser Feststellung allerdings, inwieweit Klages bei ihr allein den entarteten Geist im Auge hatte, wie er am Schluß seines Hauptwerkes – zu seiner Verteidigung – anmerkte.

Von der Existenzphilosophie Jean-Paul Sartres (1905–1980) und von der Existentialontologie Martin Heideggers (1889–1976) läßt sich im Hinblick auf ihre lebensphilosophischen Komponenten schließlich feststellen: Diese Aussagen implizieren Verbindungslinien des Menschen zum Tier, die ungleich enger sind als die des Christentums, des Humanismus und der Aufklärung. Heideggers[217] als Existenz gedeutetes Dasein ist zwar ebensowenig wie Sartres »Haben«, »Machen« und »Sein« – nämlich dessen »hauptsächliche Kategorien der menschlichen Realität«[218] – blindes Schaffen oder unreflektiertes Dahinvegetieren. Heidegger und auch Sartre sahen im Denken allerdings nur eine Modalität des Daseins, eine Modalität neben anderen, in denen Mensch und Tier, so die allgemeine Auffassung, einander ähnlicher sind als in der Rationalität. Die mundanen Differenzen zwischen Mensch und Tier kommen insbesondere in der Existenzphilosophie voll zur Geltung, weil sie nicht durch metaphysische Gemeinsamkeiten, v.a. nicht durch einen sie verbindenden göttlichen Ursprung, relativiert werden. Daß der Mensch – im unausgesprochenen Gegensatz zum Tier – (nur oder erst) das ist, zu dem er sich macht, nämlich sein Dasein seinem Wesen vorangeht, ist in diesem Sinne bezeichnend für Sartres Anthropologie.

In welchem Maße die vitalistischen und die evolutionistischen Gedanken bereits im 19. Jh. zur Begründung weitgehender Forderungen des Tierschutzes und der Tierethik herangezogen wurden, dokumentiert Bregenzers *Thier-Ethik*, die 1894 erschien und sich als »Darstellung der sittlichen und rechtlichen Beziehungen zwischen Mensch und Thier« verstand. Ausdrücklich wandte Bregenzer sich gegen die »teleologische Naturauffassung«, die »Mensch und Thier in einen ebenso scharfen als [...] unbegründeten Gegensatz« bringt. Der frühe Tierethiker hielt dagegen: »Die körperliche Gleichartigkeit des Menschen und der Thiere, mindestens der höchsten Thiere, kann wissenschaftlich nicht mehr in Frage gestellt werden.« Ausdrücklich berief Bregenzer sich auf die Biologie als die »kompetente Fachwissenschaft«, der sich bezeichnenderweise auch »die neuere Philosophie [...] mehr und mehr« zuneige.[219] Mit der Biologie sprach Bregenzer sich für die nur »graduelle Verschiedenheit« von Mensch und Tier aus. Er sah im Leben, in der Seele resp. im Geist »keine Substanz, sondern ein(en) Prozeß« mit akzidentellen Eigenschaften. »Ausgangs- und Mittelpunkt und daher materieller Hauptfaktor des Lebens« ist laut Bregenzer das Gefühl, und zwar als eine Kraft, die sich bei jedem Tier finde. Die zentrale Funktion des Gefühls kommt aus dieser Sicht nicht zuletzt darin zum Ausdruck, daß »das Erkennen und Denken [...] nach seinem ganzen Umfange lediglich [...] ›eine Folgeerscheinung des Gefühls‹« darstelle, nicht anders als der Wille. Das Seelenleben des Menschen ist also laut Bregenzer[220] »im Prinzip und Wesen mit dem der Thiere gleichartig«; dies betreffe selbst die Spache und das Selbstbewußtsein, auch die Sozialität und die Sittlichkeit.

Auf diesem Bild von Mensch und Tier baute Bregenzer[221] eine »Gefühlsmoral« mit der Liebe, dem Mitgefühl resp. der Sympathie als zentralen Gefühlen auf. Diese Moral stellte er gegen die »rationalistischen Moralprinzipien«, die die sittlichen Triebfedern in die Vernunft oder den Verstand verlegten und »den ›unvernünftigen‹ Thieren den Eingang in den Tempel der Sittlichkeit« verwehrten. Im Sinne seiner Theorie sah Bregenzer[222] die Hauptquelle der modernen Tierschutzidee »gleich der naiven Thierliebe [...] in der Gefühlssphäre, und zwar in einem etwas unklaren, aber sehr lebhaften Thiermitleid«.

Das Tier und die technische Welt
Die im 20. Jh. relevanten, generell intensivierten und/oder in verschiedenen Wissenschaftsdisziplinen zu verstärkter Bedeutung gelangenden vitalistischen Strömungen unterschiedlicher Provenienz förderten eine bis dahin im Abendland so nicht gekannte Annäherung von Mensch und Tier. Parallel dazu behielten allerdings die anthropozentrischen Ansätze und Renaissancen ihre Geltung, dies insbesondere mit der Versachlichung des Tieres. Diese basierte auf der Betonung der Mensch-Tier-Differenz aus christlicher oder aus humanistisch-rationalistischer Sicht sowie auf der mit diesen Perspektiven zusammenhängenden faustischen Neigung zur Beherrschung und Gestaltung der Welt. Unabhängig von den lebensphilosophischen Konzepten führte die europäische Rationalität in der Gestaltung des Lebens, der Arbeitswelt sowie ihrer Hilfsmittel zu Konsequenzen, die es berechtigt erscheinen lassen, vom technischen Zeitalter oder von der technischen Welt zu sprechen und in den vom Abendland ausgehenden Normen und Errungenschaften die Grundlage einer neuen Weltkultur zu sehen.[223] Der Ersatz der tierischen Kraft durch die maschinelle ist eine der charakteristischen Veränderungen der neuen Welt. Zugleich läßt diese sich freilich kennzeichnen durch die Rationalisierung und Versachlichung der Tiernutzung auf der einen und die Entlastung der Mensch-Tier-Beziehung von ökonomischen Zwecken auf der anderen Seite.

Aus dem üblichen Arbeits- und v.a. aus dem Produktionsprozeß der technischen Welt wurde das Tier weitgehend eliminiert, im Gesamtsystem dieser Welt und ihrer Menschen stellt es jedoch weiterhin eine integrale Komponente dar, und zwar in der industriellen Bewirtschaftung von Nutztieren einerseits und dem luxurierenden partnerschaftlichen Umgang mit Tieren in der Freizeit andererseits. Zwischen den polaren Positionen der nüchternen ökonomischen Kalkulation in der Tierproduktion und der persönlichen Bindung an das »Luxus-Tier« als lebendigen, empfindenden und empfindsamen Partner oszilliert das mehrdimensionale und ambivalente Verhältnis des Menschen zum Tier in der technischen Welt. Die Ambivalenz zwischen diesen Polen ist zwar ein generelles Merkmal der Beziehung des Menschen zum Tier, das Ausmaß dieser Ambivalenz sowie die Ausprägung der verschiedenen Pole sind freilich charakteristisch für das technische Zeitalter. Die weitgehende Entlastung der Mehrzahl der Menschen von unmittelbaren ökonomischen Zwecken bei der Nutzung des Tieres einerseits sowie die fortschreitende technisch-rationale Beherrschung und Gestaltung der Welt andererseits bilden die Basis für die neue Form der Ambivalenz.

Die weitgehende Entlastung der Mensch-Tier-Beziehung von ökonomischen Zwängen gestattet die Ausbildung einer intensiven Bindung sowie eines ethischen Anspruchs, die beide mit der Versachlichung des Tieres in dessen profitorientierter Produktion kollidieren. Die im Stil der Industrieunternehmen praktizierte Nutzung und Ausnutzung der Tiere – Jungk[224] stellte bereits 1953 die »intensiv« genutzten Tiere als »Maschine Tier« dar und Harrison[225] sprach 1964 von »Tiermaschinen« – erlaubte es, diese Maßnahmen von wenigen Personen ausführen zu lassen, d.h. auch, die Mehrzahl der Menschen der technischen Welt von den das Tier versachlichenden Methoden der Tierindustrien fernzuhalten, ihnen den ethischen Konflikt bei der intensiven Haltung sowie beim Töten der Tiere zu ersparen und durch sie ethische Normen ausbilden sowie propagieren zu lassen, gegen die die Intensivhaltung und -nutzung laufend verstoßen. Dieses Spannungsverhältnis wird dadurch nicht aufgelöst, daß diese Mehrzahl an der sachlichen Nutzung der Tiere letztlich doch partizipiert bzw. daß sie diese Nutzung sogar betreibt, nämlich indem sie deren Produkte v.a. in Form von Fleisch, Eiern und Milch konsumiert; die zu Lebensmitteln verfremdeten Tiere werden nämlich nicht (mehr) als Teile oder Produkte von getöteten oder noch lebenden Tieren erlebt bzw. nicht (mehr) mit den in ihrer lebendigen Gestalt nur wenig bekannten Tieren identifiziert. Die Tiernutzung in Form der Steaks, des Ragout fin, des Schenkelfleischs oder der »streichzarten« Pastete ist eben etwas anderes als die Ernährung mit Tieren, die man im eigenen Stall aufzog, die man mit Skrupeln oder auch ohne solche tötete, zerhackte und für das Mahl verarbeitete, das Verspeisen des mit dem Beil zerlegten Tieres im Erleben etwas anderes als das Frühstück mit dem Fleisch aus der Dose, die

Schlachtung im eigenen Haus oder auf dem Schlachthof schließlich etwas anderes als der Einkauf beim Metzger oder der noch unverbindlichere im Kaufhaus aus dem Regal für diverse Wurstsorten in Dosen, und zwar in Dosen, die den Gefäßen für Marmelade oder Gemüsesuppe manchmal täuschend ähneln.

Das quantitative Verhältnis der wenigen Tierproduzenten zu den zahlreichen Menschen, die sich aufgrund der von anderen betriebenen industriellen Tierhaltung ein von sachlicher Behandlung sowie insbesondere von der absichtlichen Tötung befreites Verhältnis zum Tier leisten (können), stellt einen ausschlaggebenden Faktor für die Entwicklung der hohen ethischen Normen des Tierschutzes, für die Resonanz der Tierschutzgedanken und -aktionen in der Öffentlichkeit sowie für das Maß der Empörung dar, mit der theoretisch und praktisch auf offensichtliche oder derart erscheinende Formen von Tierquälerei reagiert wird.

Die Differenz, die zwischen den hohen ethischen Ansprüchen des Tierschutzes einerseits und den Methoden der Intensivhaltung andererseits besteht, ist bezeichnend für den – nicht zuletzt ökonomischen – Druck zur Versachlichung des Tieres in dessen industrieller Haltung und Nutzung. Der nicht seltene Widerspruch zwischen den ethischen Normen des Tierschutzes und der Behandlung der Luxus-Tiere ist symptomatisch für die von ökonomischen Zwecken unabhängigen Ziele, die Menschen häufig – bewußt oder unbewußt – beim Umgang mit Tieren verfolgen; neben der mangelnden Rücksicht auf das Tier zugunsten der Durchsetzung bestimmter menschlicher Ziele basiert der quälerische Umgang mit Luxus-Tieren freilich häufig auf mangelndem Wissen. Der in der technischen Gesellschaft im allgemeinen reduzierte »sach«kompetente Umgang mit Tieren bedeutet nämlich u.a., eine adäquate Behandlung des Tieres im allgemeinen Sozialisationsprozeß nicht mehr zu lernen und über das durch (positive und negative) Erfahrungen gesicherte »Sach«wissen nicht mehr zu verfügen. Dem Mangel an Lern- und Einübungsgelegenheiten korrespondieren eine Unsicherheit und eine Variabilität des Verhaltens, die häufig vom Extrem der intensiven Zuneigung zu dem der mechanischen Behandlung et vice versa umschlagen lassen. Solche auch radikalen Varianten des Verhaltens sind, wie angedeutet, grundsätzlich zwar anthropologisch prädisponiert; das Ausmaß und die Art ihrer Verwirklichung werden jedoch kulturell, gesellschaftlich und/oder epochal geprägt.

Die Ablösung der tierischen Kraft durch die maschinelle in der Industrie, in der Land- sowie in der Transportwirtschaft resultierte aus dem der ökonomischen Rationalität immanenten Bemühen, die Kraftentfaltung zu maximieren und sie unabhängig von bestimmten Entfaltungsbedingungen einzusetzen. Den Systemzwängen der technischen Welt bzw. des Aufbaus der technischen Welt entspricht es nämlich, Kräfte zu verwenden, mit denen sich möglichst uneingeschränkt »rechnen« läßt und die sich ohne besondere Rücksichten in den Dienst vorgegebener Ziele und Zwecke stellen lassen. Das lebendige, oft spontan agierende Tier kollidiert mit diesem Anliegen, dies auch deshalb, weil seine Kraft nur in Grenzen auszuweiten ist und weil deren Einsatz die spezifischen Existenzbedingungen des Tieres zu respektieren hat. Jedenfalls korrespondiert die tierische Kraft den Sachgesetzlichkeiten der technischen Welt weit weniger als die maschinelle. Das Tier »funktioniert« erst aufgrund differenzierter Einübung, Behandlung und »Wartung«; es verlangt Erholungspausen, bedarf eines relativ großen Lebensraums und muß selbst an Sonn- und Feiertagen durch personellen Einsatz und die damit verbundene Lokalpräsenz der Pfleger »betriebsbereit« gehalten werden. In der Kosten-Nutzen-Analyse wiegen die häufig geringeren Kosten für die Anschaffung sowie die Unterhaltung der tierischen Kraft diese Nachteile meist nicht auf.

Aufgrund der angesprochenen Inkompatibilitäten wurden zunächst der industrielle sowie der städtische Bereich und dann auch die industriell bearbeiteten agrarischen Regionen zu einer Welt ohne Tiere. Die lebenden Tiere verschwanden selbst in ländlichen Distrikten aus der öffentlichen Umgebung der Menschen. Der relativ streng normierte Straßenverkehr in den Städten sowie die durch die vertikale Bauweise repräsentierte Raumknappheit in den Zentren des urbanen Lebens eliminierten aufgrund ihrer Systemzwänge in zunehmendem Maße diejenigen Wesen, die dem Geschehen der technischen Welt nicht entsprechen. Größere Tiere können in der neuen Welt nur noch mit besonderem Aufwand und/oder mit besonderen Einschränkungen und Rücksichten gehalten werden. U.U. schaltet man sie auch durch gesetzliche Maßnahmen aus dem öffentlichen Leben der städtischen Zentren aus. Die für das Wohlergehen der Tiere oft durchaus sinnvollen, aber nicht mit Rücksicht auf sie, sondern aufgrund des Interesses der Hauseigentümer erwirkten mietrechtlichen Bestimmungen sind für diesen Druck des Systems ebenso symptomatisch wie das hygienisch begründete »Ihr müßt draußen bleiben!« in den Lebensmittelläden, das Fahrverbot für Pferdefuhrwerke in verschiedenen Großstädten oder das Verbot für Nichtmotorisierte, sich auf den Autobahnen fortzubewegen. Die einzelnen Begründungen solcher Maßnahmen sind sekundär; entscheidend ist das Verbot, nämlich der Ausschluß von Faktoren, die den reibungslosen Ablauf des Systems beeinträchtigen.

Für das technische Zeitalter ist auch das Ausmaß von kulturell-zivilisatorischen Eingriffen des Menschen in die natürlichen Lebensräume von Tieren symptomatisch. Die Mehrzahl dieser Eingriffe verlief und verläuft weiterhin für die Tiere negativ, d.h., ihre Lebensbedingungen werden nicht nur verändert, sondern meist belastet oder gar zerstört. In verschiedenen Fällen gelang es den Tieren freilich, der menschlichen Umgestaltung der Natur zu folgen, die veränderten Nahrungsangebote zu nutzen und/oder einen besonderen Schutz vor Feinden zu finden. In diesem Sinne werden die »Kulturfolger« den »Kulturflüchtern« gegenübergestellt. Die beträchtlichen Lebensmittelabfälle in den Wohlstandsgesellschaften der technischen Welt stellen z.B. für verschiedene Tierarten Nahrungsangebote dar, die in früheren Epochen so nicht existierten. Solche Angebote finden sich u.a. an speziellen Orten der technischen Welt, nicht nur auf offiziellen Mülhalden, sondern auch an den inoffiziellen Abfallplätzen, u.a. an Autobahnausfahrten, an denen häufig restliche Lebensmittel aus den Autos geworfen werden. Eichhörnchen können von solchen Abfällen ebenso profitieren und in der Nähe der Abfallplätze vermehrt auftreten wie verwilderte Katzen, Ratten oder verschiedene Vogelarten. Wildtauben sind als Kulturfolger bes. bekannt, weil sie sich in vielen Städten in so großer Zahl finden, daß ihr Bild einerseits zwar eine touristische Attraktion darstellt, die Belastung der Plätze und der (historischen) Gebäude durch den Kot der Tiere andererseits häufig ein Ausmaß erreicht, das dazu veranlaßt, das Füttern der Tiere zu verbieten, um ihre Anzahl nicht noch weiter wachsen zu lassen, und zwar auch deshalb nicht, weil die Tauben für den Menschen hygienisch nicht ungefährlich sind, nämlich Krankheiten übertragen.

Die Beeinträchtigung der Fauna durch den Menschen und seine Lebenstechniken nahm v.a. in den letzten beiden Jh.en ein zuvor ungekanntes Ausmaß an: Die »zerstörerische Kraft« des Menschen stellt, so Schultze-Westrum,[226] in dem ansonsten »natürlichen« Wandel in der Biosphäre einen neuen Faktor dar. Durch die maschinellen Methoden der Nutzung von Flora und Fauna sei dem Menschen der technischen Welt das den Naturvölkern eignende, aufgrund langer Erfahrung erlernte und in den tradierten Verhaltensnormen festgelegte Gespür für die Belastbarkeit der Umwelt – ohne nachteilige Dauererfolgen – abhanden gekommen. »Mit der Loslösung von der alten Ordnung riß das Band der Naturverbundenheit; die überlieferten Kenntnisse gingen verloren. Gleichzeitig nahm die Steigerung der Umweltnutzung sprunghaft zu.« Dies trifft auch für die nach dem Vorbild Europas und z.T. auch im Interesse Europas in außereuropäischen Regionen ausgelösten Entwicklungen zu. Mit dem Aufstieg zur Hochkultur ist i.d.R., so Schultze-Westrum weiter, eine »fatale Doppelwirkung« verbunden. Die Beziehung der Hochkultur zur Umwelt sei nämlich meist gleichbedeutend mit »Raubbau und Ausbeutung, Unterwerfung oder Kampf gegen Naturgewalten, nicht aber mit einer Eingliederung in ein naturgegebenes System«.

Neben den vielseitigen Fähigkeiten des Menschen und neben seiner außergewöhnlichen Potenz des Geistes stellt der Individuenreichtum des homo sapiens den integralen Faktor für die Position des Menschen als des »beherrschenden Tieres« dar.[227] Im 20. Jh. erlebte die Menschheit eine zuvor »nie dagewesene Bevölkerungsexplosion«. Bis zum Jahr 2000 soll die Weltbevölkerung auf 6,3 Mrd. gestiegen sein, wobei die Hälfte dieser Menschen ihre Lebenschancen in der Stadt sucht. Das relativ wohlhabende Europa dürfte allerdings weitgehend verschont bleiben von der Entwicklung zu Mega-Städten, die fast ausnahmslos in den bes. armen Ländern entstehen, v.a. durch die (trügerische) Hoffnung der Landbewohner, in der Stadt (bessere) Existenzmöglichkeiten zu finden.

Die natürlichen Lebensräume der Tiere wurden insbesondere durch die Trockenlegung von Sumpf- und Riedgebieten sowie durch die Ruinierung der natürlichen Pflanzendecke mit anschließender Verkarstung und Versteppung reduziert. Die tödlichen Folgen dieser Eingriffe werden als indirekte Ausrottung der direkten durch veränderte Jagdmethoden, insbesondere durch die (in Europa entwickelten) modernen Feuerwaffen, gegenübergestellt.[228] Insgesamt sollen seit dem Jahre 1600 etwa 150 Säugetier- und 120 Vogelformen »ausgerottet« worden sein. Das zuvor bereits erwähnte Schicksal der Büffel und der Wandertauben ist bes. bekannt.[229] Um solche Dezimierungen zu stoppen, wurde 1973 das Washingtoner Abkommen über den Artenschutz geschlossen.

Den (menschlichen) Eingriffen in die Biotope bestimmter Arten lassen sich auch die Schäden subsumieren, die verwilderte Haustiere erzeugen, z.B. Hunde, Katzen, Schweine und Ziegen. Neben den unabsichtlichen Verwilderungen gibt es absichtliche, nämlich solche, mit denen bestimmte Ungleichgewichte in der Natur, v.a. solche zum Nachteil des Menschen, oder bestimmte menschliche Probleme in bestimmten Regionen abgebaut werden sollen. Wohl auch aufgrund europäischer Normen menschlicher Sittlichkeit wurden z.B. auf den australischen und den melanesischen Inseln Schweine verwildert, um der Anthropophagie in diesen Regionen entgegenzuwirken; man führte dieses Phänomen nämlich u.a. auf den Fleischhunger der Insulaner zurück. Die verwilderten Schweine vermehrten sich freilich in unvorhergesehenem Maße und vernichteten wider Erwarten die endemische Tierwelt der Inseln weitgehend. Man hatte nicht einmal annähernd vorwegbestimmen können, ob das jagbare Wild wirklich als Ersatz für die gejagten Menschen akzeptiert wurde und in welcher Häufigkeit die Tiere vorkommen mußten, um diese Funktion zu erfüllen. Man ging von unzutreffenden, meist vereinfachten Vorstellungen über Ursachen, Wirkungen und Nebenfolgen aus oder handelte nach dem Prinzip von trial and error. Unvorhergesehene Auswirkungen auf nichtberücksichtigte Bereiche stellten sich meist ein. Die Konsequenzen der chemischen Bekämpfung der »Schädlinge« der Kulturpflanzen sowie die Ausrottung von Konkurrenten der Haustiere wurden ebenfalls erst im nachhinein erkannt.

Zu den vereinfachten Erklärungen komplexer Zusammenhänge der Natur und des menschlichen Einwirkens in sie gehört freilich auch die bereits angesprochene und häufig mit zivilisationskritischen

Ideen verbundene Neigung, das Aussterben von Tierarten generell auf den Einfluß des Menschen zurückzuführen. Insbesondere beim Wandel der Fauna in großen Zeiträumen stellten nämlich Veränderungen des Klimas und daraus resultierende Modifikationen der Biotope häufig den ausschlaggebenden Faktor dar, und zwar lange vor der Entwicklung moderner Jagdmethoden. Ideen der Zivilisationskritik und eine illusionäre Verzeichnung des Naturzustandes stützen nicht selten die Darstellung des Gleichgewichts von Fauna und Flora, das der »primitive« Jäger stets respektiert haben soll. In den frühen Gesellschaften wurden Normen – v.a. in den Mythen von den Tierherren – ausgebildet, die dafür sprechen, daß ein Bewußtsein für ein solches Gleichgewicht wirklich bestand, die freilich auch belegen, daß Verletzungen des Gleichgewichts vorkamen und man ihnen mit Sanktionen entgegenwirkte. Die begrenzte Existenz von Absatzmärkten und ihnen entsprechenden Verführungen dürfte ebenfalls stabilisierend gewirkt haben. Mit dem Aufbau von Absatzmärkten – in Europa und/oder in europäisch bestimmten Kulturen – und auch mit den neuartigen Jagdtechniken erreichten die verführerischen Angebote zunächst in der Alten Welt und dann auch außerhalb von Europa einen zuvor in diesem Maße nicht gekannten Reiz, zudem zuvor nicht gekannte Möglichkeiten, diesem nachzugeben. Die von Europa ausgehende rücksichtslose Ausbeutung der Natur führte in Europa und dann auch außerhalb Europas zu Veränderungen, die die Existenz von Fauna und Flora zunehmend gefährden. Bezeichnend sind auch die in Europa initiierten Entwicklungen des Tier- sowie des Naturschutzes und der ökologischen Programme, mit denen man die Folgen der extremen Ausnutzung von Tieren und Pflanzen zu reduzieren sucht. Die Zivilisationskritik und die häufig mit ihr verbundenen ökologischen Verklärungen des Mensch-Tier-Verhältnisses im Naturzustand des Menschen – diesen hat es wohl nie gegeben – bildeten und bilden weiterhin eine integrale Orientierung für solche Ideen und Programme. Seit den achtziger Jahren des 20. Jh.s wird die öffentliche Diskussion in Europa von einem gesteigerten Umweltbewußtsein geprägt.

Die Realität der nach den Methoden der industriellen Produktion und der Betriebsrationalität betriebenen Intensivhaltung und -nutzung steht einem solchen Bewußtsein allerdings gegenüber. Mit den diesem Bewußtsein korrespondierenden Ideen und Programmen ist die Beschränkung des Tieres auf die Produktion von Fleisch, Milch und Eiern, von Häuten, Fellen, Federn und Souvenirs ebensowenig vereinbar wie weite Bereiche der Verwendung des Tieres in der Vergnügungsindustrie. In der eindeutigen Zweckbeziehung in der Intensivzucht werden die Tiere nämlich nicht als empfindende Lebewesen mit nützlichen Nebenwirkungen aufgefaßt, sondern als Investitionen zur Güterproduktion sachlich kalkuliert und bewirtschaftet. Die zuvor geschilderte Intensivhaltung in Ställen und Käfigen mit eingeschränkter Bewegungsfreiheit entspringt nicht der Phantasie pathologisch verrohter Menschen; sie resultiert vielmehr aus der betriebswirtschaftlichen Rationalität.

Eine der frühesten und der konsequentesten Formen der rationalen Bewirtschaftung tierischer Leistungen und dann auch der Tiere selbst stellen der Pferderennsport – das erste dokumentierte Rennen fand im Jahre 1377 als Konkurrenz von zwei Adelsmännern im Sattel statt – und die Zucht der Vollblutpferde dar. Auch wenn die Zucht und der Sport zu einem großen Teil ein reizvolles und kostspieliges Hobby Vermögender darstellen und über ihre Existenz nicht nach einer rein ökonomischen Kosten-Nutzen-Analyse entschieden wird, liegen dem Rennbetrieb und der ihm entsprechenden Produktion sowie Selektion der verwendeten Pferde doch nüchterne Planungen nach industriellen Modellen zugrunde. Aufgrund der von ihnen erbrachten Leistungen sowie aufgrund der von den Nachkommen erwarteten Leistungen werden die Tiere seit dem Anfang des 18. Jh.s miteinander gepaart; mit dem Bemühen um die optimale Entfaltung der genetischen Dispositionen wird die Aufzucht betrieben und das weitere Schicksal der Tiere im Sport sowie in der Zucht geplant und gesteuert. Seit 1723 hält man in einem Rennkalender die Resultate der Rennen fest, seit 1791 sind mit der Einführung des generellen Stutbuches (1793 erschien der erste Band der Dokumentation) die einzelnen züchterischen Maßnahmen nachvollziehbar. Während der Ursprung der Stammütter dieser Zucht sich nicht exakt nachweisen läßt, gehen alle Vollblüter in der männlichen Linie auf drei Hengste orientalischer Provenienz zurück.

Zur rationalen Kalkulation und Manipulation gehört der Versuch, die

Leistung der Tiere durch künstliche Mittel zu beeinflussen. Die Leistungssteigerung und in geringem Maße auch die Leistungsminderung, nämlich das Doping und das Nobling, sind daher ähnlich alt wie der Rennsport. Zunächst betrieben Tüftler die unerlaubten Eingriffe, häufig taten sie dies aufgrund von Zufallsbeobachtungen oder aufgrund von Vermutungen, die auf Erfahrungen aus der Humanmedizin basierten, generell also aufgrund von Versuch und Irrtum. Heute liegen dem Doping und dem Nobling komplizierte medizinisch-physiologische Forschungen im Labor zugrunde, und zwar Forschungen mit bemerkenswertem finanziellem Einsatz und unter dem Druck, den Kontrollverfahren der Fahnder stets einen Schritt vorausgehen zu müssen. Die künstliche Leistungsbeeinflussung der Tiere erstreckt sich auf die einmalige Spitzenleistung, auf die langfristige Einsatz- und Leistungsfähigkeit sowie auf die Reduktion und das Kaschieren von Verschleißerscheinungen aufgrund der speziellen Anforderungen. Im Rennsport ist das Problem der unerlaubten Manipulation der Leistung der Tiere deshalb älter und von größerer Bedeutung als in den übrigen Pferdesportdisziplinen, weil sich die auf das Lauftempo beschränkte Leistung der Rennpferde leichter und mit deutlicher kalkulierbaren Folgen als die Leistungen der Pferde in den übrigen Reitsportdisziplinen beeinflussen läßt, weil es im Rennen um größere finanzielle Summen als im Reitsport geht und weil der Rennsport professioneller als weite Bereiche des Reitsports betrieben wird. Der Rennsport kannte aufgrund des Dopingproblems auch früher als der Reitsport strenge Verbote gegen die künstliche Leistungsbeeinflussung, diese jedoch nicht in erster Linie zum Wohl der Tiere, sondern auf Drängen der Wetter, die einen unbeeinflußten Rennverlauf als Bedingung für ihren finanziellen Einsatz forderten.[230] Von anderen Regeln sportlicher Wett-Kämpfe ist ebenfalls bekannt, daß sie zumindest nicht ausschließlich auf das Verlangen der aktiv Beteiligten, sondern in einem beträchtlichen Maß auf die Ansprüche der Wetter zurückgingen.[231]

Die von ökonomischen Kalkulationen und rationalen Vorbehalten unabhängige Partnerschaft stellt die andere Seite der ambivalenten Beziehung des Menschen der technischen Welt zum Tier dar. Die Zahl der Menschen, die eine solche Partnerschaft suchen und die sie mit z.T. beträchtlichem Aufwand ermöglichen, ist größer als die

Zahl derjenigen, die die Intensivhaltung oder die die Forschung mit Tieren an den Hochschulen und in den Labors der pharmazeutischen Industrie durchführen. Zur Widersprüchlichkeit der menschlichen Motivation sowie des menschlichen Verhaltens im allgemeinen und zur Widersprüchlichkeit der Motivation sowie des Verhaltens der zahlreichen Menschen, die eine enge Partnerschaft zum Tier aufbauen, gehört es freilich, daß diese zahlreichen Tierfreunde das Fleisch, die Milch und/oder die Eier anderer Tiere verspeisen und daß sie insbesondere das billigere Fleisch, die billigere Milch und billigeren Eier der intensiv gehaltenen Tiere dem teureren Fleisch, der teureren Milch und den teureren Eiern der extensiv gehaltenen Tiere vorziehen. Die Vielzahl der Tierfreunde verhalten sich demnach ähnlich wie die Besitzer, die nicht bereit sind, das Wohlbefinden ihres eigenen Hundes durch disziplinierende Strafen zu stören, fremden Hunden aber die Annäherung mit Fußtritten und/oder mit einer nachgeworfenen Holzkeule verleiden. Bezeichnenderweise darf ein Hundebesitzer nach dem deutschen Recht einen fremden Hund, der seinen eigenen Hund angreift, mit Nachdruck abwehren, unter extremen Umständen sogar mit einer bis zur Tötung des Angreifers reichenden Intensität.[232]

Anders als die der rationalen Kalkulation unterworfene Nutzung der Tiere stellt die intensive Partnerschaft zu den Hobby- resp. den Luxustieren eine Alternative zur Technizität der Arbeitswelt dar, für viele Menschen wohl auch eine Kompensation gegenüber den einseitigen Anforderungen in der technischen Welt. Letztere erleben das Tier als das ansprechbare »Du«, das lebendige, das spontane und das empfindende Wesen, dies in bewußter Absetzung von der Unlebendigkeit, der Kälte und dem Nüchtern-Geplanten mechanischer und speziell maschineller Prozesse. Generelle menschliche Bedürfnisse scheinen neben den in der Sozialisation vermittelten den Menschen dazu zu veranlassen, die Begegnung mit dem Natürlichen, dem Lebendigen und dem Prärationalen zu suchen. Nicht nur der Umgang mit den Tieren im allgemeinen, sondern auch spezielle Formen und Akzente dieses Umgangs sprechen für solche Bedürfnisse sowie für den Versuch, auf sie in der Beziehung zum Tier einzugehen. Die intensive, von materiellen Zwecken freie Beziehung des Menschen zum Tier ist freilich nicht auf die Kompensation von Defiziten in der technischen Welt im allgemeinen und am Arbeitsplatz im besonderen zu reduzieren. Neben den Individuen, die nur in der Beziehung zu Tieren ein enges persönliches Verhältnis finden, existieren zahlreiche, die in herzlicher Verbindung zu anderen Menschen leben und den Pflanzen ebenfalls sorgend zugetan sind. Neben der Kompensation ist demnach das analoge Verhalten zu respektieren, mit dem man sich den verschiedenen Lebewesen mit ähnlicher Anteilnahme widmet. Auf unterschiedliche Deutungen der Beziehung des Menschen zum Tier wies Zillig[233] am Beispiel des freundschaftlichen Verhältnisses von Mädchen zu Tieren hin. Dieses Verhältnis könne »Teilerscheinung eines allgemeinen, der Natur und dem Lebendigen geltenden, gefühlsgetragenen Interesses«, könne »daneben oder vorwiegend Kompensation von Mängeln« sein, die in der Persönlichkeitsausstattung oder in den Umweltverhältnissen des Menschen oder in beiden lägen. Unter den Tierfreundinnen fand Zillig »Einzelkinder, denen das Tier eine Art Ersatz für den fehlenden menschlichen Gefährten ist; Mädchen mit schizothymen Zügen, die sich in der Gesellschaft eines anhänglichen Tieres wohler fühlen als in der lauten Geselligkeit ihrer Altersgenossinnen; und schließlich Mädchen, die unter schulischen Mißerfolgen leiden und ihre damit verbundenen Minderwertigkeitsgefühle, ihre Entmutigung in freundlichem Umgang mit anhänglichen Tieren ausgleichen«.

Die intensive partnerschaftliche Beziehung des Menschen zum Tier stellt eine generelle Modalität der Begegnung mit einem anderen Lebewesen sowie der Bindung an dieses dar. Sie kann Defizite in den zwischenmenschlichen Beziehungen ausgleichen, verläuft aber auch parallel zu erfüllenden zwischenmenschlichen Beziehungen und geht weiter über diese hinaus. Wahrscheinlich stellt die Beziehung des Menschen zum Tier eine Modalität der generellen Bindungsbereitschaft des Menschen dar; wahrscheinlich entspricht sie der generellen Sozialität des »Zoon politikon«, d.h. des auf Gemeinschaft disponierten Lebewesens. Wahrscheinlich bedarf daher die Distanz zum Tier mehr als die Nähe zu ihm der Erklärung. Die begrenzte Berücksichtigung der prärationalen Bedürfnisse in der technischen Welt scheint die Beziehung zum Tier intensivieren zu können. Die technische Welt kennzeichnet freilich auch ein Wohlstand, der die Haltung von Luxus-Tieren in einem zuvor nicht ermöglichten – wenn in manchen Fällen auch gewünschten – Maße gestattet. Für den Ersatz zwischenmenschlicher Beziehungen durch solche zu Tieren spricht u.a. die in manchen Distrikten, z.B. in Westberlin in den siebziger Jahren statistisch gesicherte überdurchschnittlich hohe Anzahl von alleinstehenden Menschen im Alter von über 65 Jahren und die ebenfalls gesicherte überdurchschnittlich hohe Zahl von Katzen- und Hundebesitzern in diesen Bezirken.[234]

Die Betreiber zoologischer Gärten berichten in gleicher Weise von der Substitution zwischenmenschlicher Kontakte durch solche zu Tieren: V.a. bei älteren Menschen läßt sich häufig eine stärkere persönliche Bindung zu Tierindividuen anthropomorpher Arten beobachten. Manche Zoobesucher kommen täglich zu »ihrem« Tier, erzählen ihm Geschichten oder bringen ihm Ständchen. Die Tiere belohnen diese Mühen, indem sie »ihren« Besuch häufig wiedererkennen und bei dessen Erscheinen Freude ausdrücken.[235]

Das Ausmaß, in dem Hobby-, Heim- und/oder Luxustiere in der technischen Welt gehalten werden, läßt sich sogar als Indiz für die prä- oder transrationalen Bedürfnisse des Menschen deuten. Diese Bedürfnisse sind nicht auf spezielle Gruppen beschränkt, sondern schichtübergreifend. Die verschiedenen Schichten unterscheiden sich allerdings durch die von ihnen gehaltenen Tierarten, mit denen sie den allgemeinen Bedürfnissen entsprechen. Bei manchen Menschen erreichen die Tauben das, was bei anderen die Wellensittiche, die Meerschweinchen, die Fische, die Katzen, die Hunde oder die Pferde vollbringen.

Die Intensität der Bindung offenbart sich im Verhalten der Besitzer, insbesondere in Liebkosungen, die der Intensität zwischenmenschlicher Bindungen korrespondieren. Die Intensität wird weiter durch den Aufwand dokumentiert, der für die Luxus-Tiere – unabhängig von einer ökonomischen Kosten-Nutzen-Rechnung – geleistet wird, und zwar Aufwand an Pflege und materieller Aufwand zur Ausstattung und Ernährung der Tiere. Das Tierfutter, meist von Spezialfirmen bei Beratung durch Ernährungswissenschaftler produziert, stellt einen bemerkenswerten wirtschaftlichen Faktor dar. Das Ausmaß dieses Aufwands kann aus bestimmten Perspektiven sogar zum Ärgernis werden, z.B. beim Vergleich der Quantität und der

Qualität der Nahrung für die Luxustiere mit der Nahrung für die Kleinkinder oder mit der hungernden Menschen in Entwicklungsländern zur Verfügung stehenden Nahrung.

Die Intensität der Beziehung äußert sich ferner im zeitlichen Aufwand zur Haltung und Pflege der Tiere. Zu diesen gehören nicht nur die Ernährung und die für das physische Wohlergehen erforderliche Pflege, sondern auch die für den spielerischen Umgang mit dem Tier aufgebrachte Zeit und auch die Zeit, in der man sich theoretisch mit dem Tier beschäftigt. Dem Zubehör der Tierhaltung sind in diesem Sinne ferner Bücher, Zeitschriften und Filme über die Tiere im allgemeinen und über die verschiedenen Tierarten im besonderen zu subsumieren. In Deutschland z.B. erschien schon in den sechziger Jahren die Verbandszeitung der Brieftaubenzüchter mit einer Auflage von 60000 Exemplaren. Mehr als ein Dutzend überregionale und regionale Zeitschriften widmen sich derzeit in Deutschland ausschließlich dem Pferdesport und der Pferdezucht.

Der emotionale Aufwand und die emotionale Nähe zum Tier lassen sich schließlich auch an der Sorge um die Tiere bei deren Verletzung und v.a. in der Trauer bei deren Tod ablesen. Die Intensität letzterer erreicht nicht selten das Ausmaß der Trauer beim Verlust eines nahestehenden Menschen. Ähnlich den US-amerikanischen und den französischen Anlagen existiert u.a. in Berlin-Lankwitz ein Tierfriedhof, auf dem sich die Trauergemeinde zum »Lied vom guten Kameraden« am Grab des Verschiedenen versammelt.

Die erlebte emotionale Nähe des Menschen zum Tier läßt sich auch in Umfragen über die Einstellungen zum Tier dokumentieren. Im Jahre 1959 z.B. erklärten 69 % der Bürger der Bundesrepublik Deutschland, sie seien der Ansicht, die Tiere hätten eine Seele. In einer in den siebziger Jahren erstellten Erhebung bezeichneten 82 % der Bundesbürger sich als tierlieb. Die Mehrzahl der Befragten hielt die Tierquälerei für ein bes. schlimmes Verbrechen, strafwürdiger als Kindesmißhandlung und Prügel für die Ehefrau. Die Beamten waren nach dieser Studie den Tieren am meisten zugetan, am wenigsten die Studenten und die Landwirte,[236] bei denen der ökonomische Druck eine entlastete und luxurierende Zuneigung zum Tier offenbar verbietet.

Die Tierquälerei rangiert in den Umfragen über bes. verabscheuungswürdiges Verhalten regelmäßig auf einem der vorderen Ränge, meist kurz hinter der Kindesmißhandlung. Die moralische Entrüstung über offensichtliche Tierquälerei ist ebenfalls bezeichnend für das verbreitete sympathetische Empfinden mit dem Tier: Wie bedenkenlos auch alltäglich Hunde, Katzen, Vögel, Reptilien und Amphibien auf den Autostraßen getötet – in Dänemark sollen es ohne die Insekten jährlich 10 Mio. sein[237] – oder die »Schädlinge« im Hausgarten skrupellos vergast werden, so empfindlich und vehement reagiert man auf offensichtliche Tierquälerei in der Öffentlichkeit. Derjenige, der seinen Hund vor den Augen anderer züchtigt, muß i.d.R. mit deren Entrüstung rechnen. Wer gegen Unpäßlichkeiten oder Leiden der Tiere zu Felde zieht, kann auf ungeteilte Akklamation rechnen. 2 Mio. Bürger der Bundesrepublik Deutschland unterschrieben bereits im Jahre 1974 eine Invektive gegen die Intensivhaltung. 1981 sprachen sich in einer EMNID-Umfrage 24 % der Gesamtbevölkerung gegen das Töten von Tieren für die Ernährung und die Bekleidung des Menschen aus, sogar 33 % der 14–24jährigen. Bei einer 1983 in der Schweiz durchgeführten Umfrage plädierten 82 % der Befragten für das Verbot der Kälbermast in engen und dunklen Stallungen, 69 % gegen die Käfighaltung von Hühnern, 29 % gegen Tierversuche. Etwa 10 % der Bürger der Bundesrepublik Deutschland sprachen sich in den achtziger Jahren strikt gegen Tierversuche aus, auch wenn sich mit diesen das Krebs- und das Herzinfarktproblem lösen ließe. Bei den (jungen und gesunden) 14–24jährigen lag der Prozentsatz der konsequenten Tierversuchsgegner sogar doppelt so hoch.[238]

Die mangelnde Kenntnis der Lebensbedingungen und der artspezifischen Ansprüche der Tiere gestattet zahlreichen Menschen anthropomorphisierende Bewertungen und läßt Unpäßlichkeiten der Tiere bereits als rüde Quälereien erscheinen, ein Vorgang, der dem gesundheitsschädigenden Overprotecting in der Verzärtelung oder in simpler Überfütterung durchaus analog ist. Die Haltungsbedingungen mancher Haustiere werden nicht selten kritischer erörtert als die Gegebenheiten in menschlichen Biotopen. Häufig akzeptiert das moralische Urteil vieler Bürger Unpäßlichkeiten des Menschen mehr oder weniger resignierend als leider unvermeidliche Gegebenheiten des Daseins, während es ähnliche Inkommoditäten beim

Tier als Quälereien wertet und den Menschen hierfür moralisch zu belangen sucht.

Von bemerkenswerter Konsequenz ist das aus der Türkei berichtete Engagement derjenigen, die auf dem Markt angebotene Vögel kaufen, um sie freilassen zu können.[239] Für Tiere, die auf ein Leben in Freiheit nicht vorbereitet wurden, könnte ihre legale Befreiung freilich problematischer werden, als sie auf den ersten Blick erscheint. In ähnlicher Weise dokumentieren in verschiedenen Ländern Europas aufgebaute und unterhaltene Horte und Altersheime für die Tiere zwar die moralische Einsatzbereitschaft ihrer meist privaten Gründer. In manchen Fällen verlängern sie aber auch ein belastendes Leben aufgrund der menschlichen Bewertung der Lebensverlängerung und ohne die Frage, ob die Euthanasie nicht die dem Tier förderlichere Maßnahme wäre. Manche Gnadenhöfe für alternde Tiere vermitteln sogar den Eindruck, als diene der Einsatz für das Tier zumindest in einem bemerkenswerten Maße den Menschen dazu, die – letztlich chaotische, zumindest aber desillusionierende – Tatsache des Sterbens für eine gewisse Zeit zu entwirklichen.

Der von ökonomischen Interessen freie partnerschaftliche Umgang mit dem Tier stellt keine total zweckfreie Beziehung dar. Der Kontakt des Menschen mit dem Tier entspricht vielmehr psychischen Bedürfnissen des Menschen resp. er erfüllt bestimmte psychische Funktionen. Grundsätzlich handelt es sich bei diesen Bedürfnissen und Funktionen nicht minder um Zwecke, freilich um psychische. Der partnerschaftliche Umgang stellt insofern ebenfalls eine Nutzung des Tieres durch den Menschen dar, auch wenn dieser sublimer als z.B. das Verspeisen der Tiere verläuft. Die in der technischen Welt für das Gros der Menschen mögliche Distanz zum handfesten Ausüben der industriellen Tierproduktion und auch zum Töten der in verfremdeten Teilen oder Formen verspeisten Tiere gestattet die Beschränkung auf die relativ sublime Nutzung. Vom Menschen ein absolut zweckfreies Verhältnis zu verlangen, erscheint – trotz des menschlichen Vermögens zur Distanz von der Umwelt – als eine Idee, die die generelle Beziehung des Menschen auf die (physische oder psychische) Welt übersieht. Die Beschränkung des Umgangs mit dem Tier auf psychische Zwecke kann allerdings dazu führen, die (meist unreflektierten) Perspektiven und Anliegen des Menschen derart ausschlaggebend werden zu lassen, daß sie die Wirklichkeit des Tieres verzerren und zu Handlungen veranlassen, die den artspezifischen Bedürfnissen des Tieres nicht (mehr) gerecht werden.

Die Ambivalenz oder gar die Polyvalenz der menschlichen Beziehung zum Tier läßt sich als die Basis des zuvor angesprochenen vielgestaltigen Tierbildes in der darstellenden Kunst des technischen Zeitalters verstehen. Die Vielfalt wird dabei verstanden als die andere Version des Eklektizismus ohne bestimmte Richtung. Der Begriff »Eklektizismus« faßt das Phänomen der Rezeption diverser Bildformen nämlich negativ gegenüber dem Wert kreativer Eigenständigkeit. Letztere bedeutet i.d.R., die mögliche Vielfalt in bestimmter Richtung einzuschränken, was allerdings nicht dem Liberalismus der technischen Welt entspricht.

Der Tierschutz

Die »moderne Tierschutzidee« beruht laut Bregenzer wie die naive Tierliebe auf dem Gefühl, nämlich auf einem »etwas unklaren, aber sehr lebhaften Thiermitleid, als dessen Träger in erster Linie die höheren und mittleren Klassen der Kulturvölker [...] sich präsentieren«.[240] V.a. engagierte Einzelgänger förderten die Tierschutzbewegung. Einzelne Geistliche, nicht die Kirchenorganisationen, propagierten in der ersten Hälfte des 19. Jh.s den Tierschutz; sie gründeten und führten zudem nicht selten die ersten Tierschutzvereine. Insbesondere in Deutschland leisteten die Schulen und die Schulbehörden einen wichtigen Beitrag zur Verbreitung der Gedanken des Tierschutzes (bei der Jugend wie bei den Erwachsenen). Religiöse Empfindungen motivierten die frühen Tierschützer häufig. Insbesondere in England pflegte man solche Empfindungen in Gruppen und Vereinen. Unter Mitwirkung von Theologen wurde auf der Insel dann auch der erste »Antitierquälereiverein« im Jahre 1824 in London gegründet. In Deutschland erfolgte die erste Vereinsgründung – durch Pfarrer Albert Knapp (1798–1864) nach Vorbereitung von Pfarrer Christian Adam Dann (1758–1837) – im Jahre 1837 in Stuttgart; weitere Vereinsgründungen in München, Dresden und Berlin schlossen sich an. Der evangelische Pfarrer Knapp aus Stuttgart gilt als »Vater des deutschen Tierschutzgedankens«. V.a. protestantische Pfarrer erwarben sich auch in anderen Städten besondere Verdienste um den Tier-

schutz, dies häufig als Gründer der örtlichen Organisationen. Mit Knapp[241] äußerten sie u.a. die Auffassung, »die arme Thierwelt« bedürfe »gleichermaßen wie die Sklavenwelt [...] einer Emanzipation«.
Im Jahre 1892 waren weltweit 780 Tierschutzvereine bekannt, davon in England 244, in Deutschland 191 (mit insgesamt 70000 Mitgliedern), in den USA 105, in Österreich-Ungarn 25, in der Schweiz 22, in Rußland 21, in Schottland 20, in Britisch-Nordamerika 17, in Schweden und Norwegen 31, in Finnland 15, in Holland 12, in Frankreich und Italien je 10, in Australien und Britisch-Indien je 8, in Irland 7, in Südafrika 6, in Spanien, Algerien und Westindien je 5, in Südamerika 3, in Belgien und Portugal je 2 und in Mexiko sowie in der Türkei je 1.[242]
Die Vorgänge bei der Entwicklung des europäischen Tierschutzes in England dokumentieren die Hindernisse, gegen die die gesetzliche Absicherung der Hilfe für die Tiere mit Zähigkeit und politischem Geschick von engagierten Persönlichkeiten durchgesetzt wurde: Im Jahre 1809 brachte der Schatzkanzler Lord Thomas Erskine im Parlament einen Gesetzentwurf zum Schutz der Arbeitstiere gegen Mißhandlungen ein. Er begründete den Antrag u.a. mit dem Argument, ohne das Mitleid mit den Tieren gebe es keine wahrhaft gute Erziehung.[243] Die Petition blieb freilich ohne Erfolg; das Parlament lehnte die Vorlage ab. Mit dem gleichen Resultat endete ein zweiter Versuch. Nicht anders erging es dem Iren Richard Martin, der es im Jahre 1821 abermals übernahm, eine gesetzliche Grundlage zum Schutz der Arbeitstiere zu schaffen. Martins Antrag ging im verständnislosen Gelächter der Parlamentsmitglieder unter, als einer der Mitstreiter des Iren den Schutz auf die Lastesel ausdehnen wollte. Lord Erskine und Richard Martin gaben freilich nicht auf; am 22. Juli 1822 hatten sie Erfolg. An diesem Tag wurde das erste Gesetz zum Schutz der Tiere verkündet. Seine Bestimmungen erstreckten sich allerdings nur auf Pferde und Großvieh; der Versuch, Hunde, Katzen und Esel einzubeziehen, war nicht gelungen. Erst im Jahre 1835 wurde das Gesetz auf alle Haustiere ausgedehnt. Ein Quäker hatte den Erweiterungsantrag eingebracht, wesentlich gefördert vom ersten Tierschutzverein der Welt, den der englische Geistliche Reverend Arthur Broome und der Ire Richard Martin im Jahre 1824 – nach der Vorläuferschaft verschiedener kurzfristig be-

stehender Schutzgemeinschaften – gegründet hatte. Der neuen Vereinigung war es gelungen, Prinzessin Victoria, die spätere Königin, und ihre Mutter als Protektoren zu gewinnen, ein Erfolg, aus dem gesellschaftliches Renommee und politischer Einfluß resultierten: Ein Votum gegen diesen Verein und seine Ziele wäre einer Maßnahme gegen das königliche Haus gleichgekommen.[244]

Bis zum Jahre 1822 erstreckte sich in England nur ein Gesetz auf Tiere, und zwar das Jagdgesetz. Dieses schützte allerdings nicht die domestizierten Tiere, sondern das Wild der Landleute; es schützte das Wild jedoch nicht vor der Jagd durch seine »Besitzer«, sondern vor den Nachstellungen durch Wilderer, schützte letztlich also den Besitz der Landlords resp. deren Besitzstand. Bezeichnenderweise hatte man gegen die ersten Entwürfe von Gesetzen zum Schutz der (Nutz-)Tiere u.a. vorgebracht, sie würden sich ohne Not und ohne Recht in die Verfügung eines Individuums über seinen Besitz (an Tieren) einmischen. Dieses Argument ist bei Jägern bzw. Jagdpächtern weiterhin verbreitet.[245]

Beim frühen Tierschutz lassen sich bestimmte Maßnahmen unterscheiden, auf die mehr oder minder weitgehender Schutz sich bezog, v.a. die Nutzung, der Transport und das Schlachten von Tieren, weiter die Vivisektion, die Tierkämpfe, die Tierrennen und die Methoden der Jagd auf Tiere. Ferner sind beim frühen Tierschutz die geschützten Tiere vom Gros der nichtgeschützten zu unterscheiden, v.a. die Haus- und speziell die Zugtiere einerseits und die Wildtiere andererseits. Häufig wurden im frühen Tierschutz zudem die verschiedenen Haustierarten unterschiedlich behandelt, im niederländischen Recht z.B. der Schutz auf Hunde und Katzen beschränkt, im serbischen Recht auf Zug- und Reittiere. In Frankreich, in den schweizer Kantonen Genf und Tessin sowie in England und Rußland erstreckte sich der Strafrechtsschutz Ende des letzten Jh.s nur auf Haustiere. Von derart restringiertem Schutz ist der auf sämtliche Tiere bzw. auf sämtliche Tiere einer bestimmten organischen Ausstattung und/oder einer bestimmten Empfindungsfähigkeit abzuheben. Der erweiterte Schutz zeugt laut Bregenzer[246] von einer »höheren Sittlichkeitsstufe«. Das dem Tier eingeräumte Recht ist nach Ansicht Bregenzers generell ein »Gradmesser [...] ethische(r) Kultur«.[247]

Der frühe Tierschutz wurde in den staatlichen Gesetzen unterschiedlich begründet, v.a. mit der Rohheit des Handelns, mit der dadurch vollzogenen Verletzung des Empfindens anderer Menschen, d.h. mit dem Erregen eines Ärgernisses, und mit der Öffentlichkeit solchen Handelns. Ende letzten Jh.s machte sich z.B. in Österreich-Ungarn (Österreichische Ministerial-Verordnung vom 15. Februar 1855 und Ungarisches Strafgesetzbuch über Übertretungen vom 12. Juni 1879) nur der strafbar, der in der Öffentlichkeit mit seiner rohen Behandlung des Tieres unmittelbar Ärgernis erregte, d.h., rohe Behandlungen, die kein Ärgernis erregten, die dies nur mittelbar oder nicht in der Öffentlichkeit taten, waren nicht strafbar. Nach dem deutschen Reichsstrafgesetzbuch (§ 360, Nr. 13; formuliert nach dem Tierschutzparagraphen 340 im Preußischen Strafgesetzbuch vom 13. Mai 1851) wurde Ende letzten Jh.s mit einer Geldstrafe von bis zu 150 Mark und Haft bis zu sechs Wochen belangt, »wer öffentlich oder in Aergerniß erregender Weise Thiere boshaft quält oder roh mißhandelt«. Strafbar war demnach die öffentliche, ärgerniserregende und boshafte Quälerei bzw. eine derartige rohe Mißhandlung. Die zuvor geltenden Gesetze von Hannover (1847), Sachsen (1855), Württemberg (1839) und Baden (1863) hatten die Rohheit und das Erregen von Ärgernis als Eigenschaften der strafbaren Behandlung der Tiere festgelegt. Die Gesetze Frankreichs, Rußlands sowie des schweizer Kantons Tessin schränkten den Schutz auf das grundlose öffentliche Quälen (von Haustieren) ein, und zwar unabhängig vom Erregen eines Ärgernisses. In den schweizer Kantonen Bern, Glarus, Graubünden, Zürich und Zug kennzeichnete demgegenüber das Erregen eines Ärgernisses das strafbare Verhalten. In manchen Ländern – z.B. in Dänemark und in der Praxis auch in den Niederlanden – war neben der ärgerniserregenden Mißhandlung diejenige strafbar, die mit bestimmten subjektiven Einstellungen vollzogen wurde, nämlich »grausam«, »boshaft« oder »roh«. Die Gesetze von Schweden, Finnland und Norwegen sprachen Ende letzten Jh.s nicht von »Mißhandlungen«, sondern von »Grausamkeit«. »Boshaftes« oder »rohes« Quälen bzw. Mißhandeln setzten auch verschiedene deutsche Partikulargesetze (Sachsen, Hessen-Darmstadt, Bayern, Waldeck, Braunschweig, Mecklenburg und Hamburg) für die Strafbarkeit des Verhaltens voraus. Bregenzer sah im Jahre 1894[248] die »höchste bis jetzt erreichte Stufe« des Tierschutzes in den Gesetzen der schweizer Kantone Basel-Stadt, Basel-Landschaft, Schaffhausen, Aargau, Appenzell-Innerrhoden, Obwalden, Nidwalden, Schwyz, Uri, St. Gallen, Thurgau, Luzern, Waadt und Solothurn, der Länder Belgien, Luxemburg und Italien sowie Kanada, Australien und der meisten Staaten der USA; in ihnen waren die strafbaren Handlungen nämlich durch die »Mißhandlung«, das »Quälen« bzw. das »grundlose Quälen« gekennzeichnet.

Gesetzliche Vorschriften gegen Tierquälerei wurden zunächst in England erlassen, und zwar seit dem 22. Juli 1822 (für Pferde und Großvieh resp. für landwirtschaftliche Nutztiere) und seit 1835 (für alle Haustiere). Ab 1838 folgten solche Gesetze in Deutschland, nämlich mit dem Sächsischen Kriminalgesetzbuch von 1838, dem Entwürfe, die die Strafbarkeit von Tiermißhandlungen vorsahen, in den Jahren 1821 und 1824 vorangegangen waren. Den sächsischen Gesetzen folgten Bekanntmachungen, Erlasse, Verordnungen und Gesetze in Württemberg (1839), im Fürstentum Schwarzburg-Sondershausen (1840), in Bremen und in Hessen-Darmstadt (1846), in Hannover (1847), in Preußen und Baden (1851), in Frankfurt (1853), in Waldeck und Braunschweig (1855), in Oldenburg (1858), in Bayern (1861), in Mecklenburg (1865) und in Hamburg (1869). Diese Partikularrechte wurden nach der Gründung des Deutschen Reiches durch den § 360 des Deutschen Reichsstrafgesetzbuchs vom 15. Mai 1871 abgelöst.[249]

In Norwegen wurden die ersten Gesetze zum Schutz der Tiere 1842 erlassen, in der Schweiz ab 1844 (Bern; Glarus 1846, Freiburg 1852, Neuchâtel 1855, Zürich 1857), in Österreich 1846, in der Toskana 1849, in Frankreich 1850, in Dänemark 1857, in Italien 1859, in Schweden 1864, in Belgien und Luxemburg 1867, in Rußland 1871, in Ungarn 1879, in den Niederlanden 1881 und in Finnland 1889. In den USA gab es solche Gesetze seit den sechziger Jahren des letzten Jh.s, in Kolumbien seit 1873, in Chile seit 1874, in Neuseeland seit 1878 und in Kanada seit 1886.[250] Das wohl bekannteste Gesetz zum Wohl von Tieren, nämlich der britische »Cruelty to Animals Act«, stammt aus dem Jahre 1876. Lange Zeit waren die Tierschutzorganisationen der verschiedenen Staaten in zwei parallel existierenden Verbänden zusammengeschlossen; diese vereinigten sich im

Jahre 1981 zu einer Welt-Tierschutz-Gesellschaft (World Society for the Protection of Animals).

Den expliziten Gesetzen gingen in einzelnen Ländern Bestrafungen voran. In Sagan in Preußen z.B. verurteilte man schon im Jahre 1684 einen Mann, der sein Pferd durch Schläge und Stiche roh mißhandelt hatte, zur Ausstellung am Schandpfahl für zwei Tage und zu einer Geldbuße von 25 Talern. Die juristische Fakultät der Universität Leipzig bestrafte im Jahre 1765 einen Mann, der einer Kuh die Zunge zur Hälfte abgeschnitten hatte, zu sechs Wochen Gefängnis, und im folgenden Jahr einen Postillon zu zwölf Tagen Haft, weil er eines seiner Pferde zu Tode gehetzt hatte. In beiden Fällen nahm die Fakultät ein außergewöhnliches Verbrechen (Crimen extraordinarium) an. Der den gesetzlichen Maßnahmen vorangehenden Rechtspraxis sind allerdings die zahlreichen Mißhandlungen von Tieren gegenüberzustellen, die trotz der Existenz diesbezüglicher Gesetze nicht verfolgt wurden. Bemerkenswert ist auch die Strafart und das Strafmaß, das in verschiedenen Gesellschaften resp. in den Gesetzen der verschiedenen Länder für die Mißhandlungen vorgesehen waren. In England, Rußland, Italien und verschiedenen schweizer Kantonen verhängte man Ende letzten Jh.s ausschließlich oder in der überwiegenden Zahl der Verurteilungen Geldstrafen. Freiheitsstrafen – in Verbindung mit Geldstrafen – drohte man u.a. in Frankreich, Belgien, Luxemburg, Österreich-Ungarn, Norwegen, Finnland, Holland, Dänemark sowie in verschiedenen schweizer Kantonen an.[251]

Den Ausgangspunkt des strafrechtlichen Tierschutzes bildeten v.a. menschliche Interessen, insbesondere die Achtung vor dem Gefühl des Mitleids. Wo das »öffentliche Ärgernis« den Grund für die Strafbarkeit bildete, stellte das menschliche Sittlichkeitsempfinden die Basis für den Tierschutz dar. Diese Grundlage verband sich freilich häufig mit dem Respekt vor der göttlichen Kreatur resp. vor dem Schöpfer. Von bes. engagierten Individuen sowie Vereinen wurde dann auch schon im 19. Jh. der Tierschutz um der Tiere willen gefordert. Zu den speziellen Inhalten der Schutzpostulate gehörte neben der allgemeinen Nutzung das Verbot des Schlachtens ohne Betäubung, der Vivisektion und der Tierkämpfe.

»Zur Ehre und im Interesse der Menschheit« resp. »für die allgemeine

Sittlichkeit« hielt z.B. Ehrenstein[252] den Einsatz gegen die Mißhandlungen der Tiere für »dringend nothwendig«. Die »dem Menschen angeborene Tugend« des Mitleids – die »Basis für die Menschlichkeit« – müsse sich auch auf das Tier erstrecken.[253] Auf verschiedene menschliche Neigungen führte Ehrenstein[254] die Tierquälerei zurück, nämlich auf Geringschätzung, Leichtsinn, Eitelkeit, Prahlerei, Übermut, Roheit, Jähzorn, Grausamkeit, Eigennutz und Geiz.
Einige dieser Eigenschaften wurden bezeichnenderweise häufig Metzgern zugeschrieben, d.h. den Menschen, deren Profession u.a. darin besteht, Tiere zu töten: In England z.B. konnten Metzger zu Anfang des letzten Jh.s keine Schöffen werden, weil man bei ihnen zu wenig Mitgefühl für die Schmerzen von Lebewesen und damit auch für die möglicherweise zum Tod verurteilten Mitmenschen erwartete. Einen Zusammenhang zwischen der Metzger-Lehre des deutschen Kindermörders Jürgen Bartsch, der Schlachtmesser in den Leib lebender Schweine gestoßen habe, und seiner gegen junge Menschen gerichteten Roheit behauptete Zwerenz.[255] Weiss[256] sah eine Verbindung zwischen der »Bedenkenlosigkeit im Umgang mit Versuchstieren« in der Medizin und der Entfremdung der Ärzte von ihren Patienten, Thürkauf[257] eine Verbindung zwischen den wissenschaftlichen Tierversuchen und den »›wissenschaftlich‹ begründeten Verbrechen an Menschen«.
Der frühe, nämlich vom zwischenmenschlichen sittlichen Empfinden geleitete, Tierschutz läßt sich als indirekter Tierschutz verstehen, nämlich als ein Tierschutz nach dem Motto »Tiere schützen, heißt Menschen nützen«. Die Tiere »um ihrer selbst willen« zu schützen setzte sich im allgemeinen Bewußtsein der Bevölkerung sowie in der Tierschutzgesetzgebung erst später durch. In die deutsche Gesetzgebung ging diese Legitimation erst 1933 ein, von Tierethikern freilich schon bedeutend früher vertreten. Bregenzer[258] argumentierte Ende letzten Jh.s u.a. gegen von Hippel,[259] der in der Verletzung des menschlichen Sittlichkeitsgefühls das Hauptargument gegen die Tierquälerei gesehen hatte. Bregenzer sprach sich für den Schutz der Tiere »um ihrer selbst willen« aus, damit für die Autonomie »tierischer Interessen«[260] sowie für die »subjektive Rechtsfähigkeit« von Tieren.[261] Er plädierte für ein Verbot der Tiertötung, auch wenn diese ohne Mißhandlung geschehe, sowie für die

Körperintegrität und die Gesundheit als ein Rechtsgut des Tieres,[262] räumte dem Menschen aber das Recht zur »sozialen Nothwehr gegen schädliche Thiere«,[263] das »soziale Nothstandsrecht der Thieraneignung«, insbesondere der Jagd und der Fischerei,[264] das »soziale Nothstandsrecht« des Verbrauchs von Tieren und tierischen Produkten[265] sowie das »Gebrauchsrecht an Thieren (Domestikation)«[266] ein und akzeptierte selbst die Vivisektion, sofern die Linderung menschlichen Leidens durch sie wahrscheinlich erreicht wird und auf anderem Wege nicht erreicht werden kann.[267]

Die anthropozentrische Motivation des abendländischen Tierschutzes hatte zuvor schon Schopenhauer[268] mit bissigen Worten gegeißelt: »Die Tierschutzgesellschaften [...] brauchen noch immer das schlechte Argument, daß Grausamkeit gegen Thiere zu Grausamkeit gegen Menschen führe; als ob bloß der Mensch ein unmittelbarer Gegenstand der moralischen Pflicht wäre, das Thier bloß ein mittelbarer, an sich eine bloße Sache! Pfui!« Seine Kritik an dem um der ethisch-ästhetischen Erziehung des Menschen willen betriebenen Tierschutz schloß Schopenhauer (als Fußnote) seiner polemischen Darstellung des Verhältnisses der jüdisch-christlichen Kultur zum Tier an: In Europa und Amerika fällt der Schutz der Tiere, so Schopenhauer, »den ihn bezweckenden Gesellschaften und der Polizei« anheim, die beide aber »gar wenig vermögen gegen jene allgemeine Ruchlosigkeit des Pöbels«. Dieser verfahre rücksichtslos mit den Tieren. Er gewähre ihnen bestenfalls »Erbarmen«, obwohl er ihnen Gerechtigkeit schulde. Mit dem so gegenüber dem Tier auftretenden »Pöbel« meinte Schopenhauer keinen anderen als den »christlichen Pöbel«. Ihm stellte der stark von fernöstlicher Weisheit beeinflußte Philosoph die asiatische Kultur gegenüber. In dieser seien Gesellschaften zum Schutz der Tiere »die überflüssigste Sache der Welt«, da dort die Religion die Tiere hinreichend schütze.

Schopenhauers herbe Kritik vereinfachte die Ambivalenz der christlichen Einstellung zum Tier, die gerade durch den Pietismus sowie durch die (Natur-)Romantik akzentuiert worden war. Er ignorierte die aus dem Anliegen der Verherrlichung des Schöpfers in der Pflege der Natur resultierenden Auswirkungen auf den Tierschutz und ignorierte zudem, daß (bes. engagierte) Christenmänner bei der Propagierung der Tierschutzideen zum Anfang des 19. Jh.s sowie bei der Gründung der ersten Tierschutzvereine und bei der Kodifizierung der ersten Tierschutzvorschriften in Europa ausschlaggebend beteiligt waren. Diesen Einsatz anzuerkennen, muß nicht bedeuten, die christliche Sicht der essentiellen Differenz zwischen dem heilsberufenen Menschen einerseits und dem ihm zum Dienst geschaffenen Tier andererseits zu ignorieren.

Die Ambivalenz der christlichen Position spiegelt sich in zahlreichen Äußerungen zum Verhältnis von Mensch und Tier in der jüngeren Vergangenheit. Den französischen Ministerpräsidenten Clemenceau z.B. erschütterte das Leiden der Pferde in den Feldzügen im Ersten Weltkrieg. Er folgerte daraus: »Zu meinen großen Zukunftsidealen gehört die Erhebung der Tiere zum fünften Stand. Oder gehört es sich nicht, daß wir unsere Tiere, die treuesten Helfer des Menschen, mit demselben Lebensrecht ausstatten, das wir für uns verlangen?«[269] Diese Formulierung legt die Vermutung nahe, daß Clémenceau nicht wirklich an »dasselbe«, sondern an ein dem Menschen ähnliches Lebensrecht dachte. In diese Richtung deutet auch die Erhebung der Tiere in den fünften Stand. In einer Zeit, da der vierte Stand schon seit einigen Generationen nicht mehr als bes. menschenwürdig galt, stellte diese nämlich keine Auszeichnung dar.

Aus der Sicht des Christen stört die Tierquälerei die Harmonie der Natur resp. die Harmonie des Menschen mit der Natur. Sie mißachtet den göttlichen ordo der Natur und des menschlichen Wirkens in ihr. Insofern ist sie eine Modalität von Sünde, wie Papst Pius XII. (1876–1958) im Jahre 1950 deutlich machte: »Die Tierwelt ist wie die ganze Schöpfung eine Bekundung der Weisheit und Güte Gottes und verdient als solche Achtung und Beachtung durch den Menschen. Jedes unbedachte Umbringen von Tieren, jeder Akt unnützer Unmenschlichkeit, jede gemeinsame Grausamkeit gegen sie ist verdammenswert. Überdies ist ein solches Verhalten ein wahres Gift für alle gesunden und anständigen menschlichen Gefühle und muß aus dem Menschen einen Rohling machen.«[270]

Der Papst sprach nicht vom Umbringen generell, sondern vom »unbedachten« Umbringen. Die konsequenten Tierschutzethiker unserer Tage stellten demgegenüber das Recht des Menschen, ein Tier zu töten, generell in Frage. Die Einstellung von Papst Pius XII. zu den Tieren unterscheidet sich freilich beträchtlich von der seines Namensvetters Pius IX. – er amtierte von 1846–1878 – im letzten Jh. Pius IX. hatte die Überzeugung, der Mensch habe irgendwelche Verpflichtungen dem Tier gegenüber, für einen theologischen Irrtum gehalten und mit dieser Auffassung gegen die Gründung einer Gesellschaft zur Verhinderung von Grausamkeiten gegen Tiere in Rom argumentiert.[271] In Spanien soll die Tierschutzbewegung selbst noch nach dem Ersten Weltkrieg von der Kirche unterbunden worden sein.[272] Das begrenzte Engagement der Kirchen im Bereich des Tierschutzes[273] beruhte wohl auf der Sorge, mit einer dem Respekt vor dem Menschen angeglichenen Achtung des Tieres die Würde und die Sonderstellung des nach dem Bild Gottes geschaffenen und zum Heil berufenen homo sapiens aus dem Auge zu verlieren. Papst Paul VI. (1897–1978) machte 1966 allerdings deutlich: »Die Mißhandlung von Tieren ist nach christlichem Standpunkt ein verwerflicher Akt der Grausamkeit. Sowohl das Schießen auf lebende Tauben wie jede Sportart, die auf unnötiger Grausamkeit gegen Tiere beruht, müßte verboten werden. Ein klassisches Beispiel dafür ist der Stierkampf.«[274] Die Beziehung des Menschen zum Tier ist nach den derzeitigen kirchlichen und theologischen Aussagen freilich weiterhin ambivalent und uneinheitlich. In Küngs siebenhundertseitigem Werk *Christsein*[275] wird das Verhältnis des Menschen zum Tier bezeichnenderweise nicht behandelt, d.h. nicht als relevant angesehen.

Zu den Mitbegründern der »Society for the Prevention of Cruelty to Animals« gehörte im Jahre 1824 Louis Gompertz, ein Mann jüdischer Abstammung und Überzeugung, der mit seiner Schrift *Moral Inquiries on the Situation of Man and Brutes* wegweisende Anregungen und Argumente für den Tierschutz lieferte. Gompertz dachte radikal und versuchte, dementsprechend konsequent zu handeln: Er ernährte sich vegetarisch, fuhr in keinem (von Tieren gezogenen) Wagen und hielt es generell für unerlaubt, Tiere zu menschlichen Bedürfnissen zu benutzen.[276]

Die Tatsache, daß Gompertz sich als Jude so rigoros für die Tiere einsetzte, ist u.a. insofern bemerkenswert, als das Verhältnis zwischen dem Judentum und den Tierschutzvereinen – abgesehen von der generellen jüdischen Einstellung zum Tier – gespannt war und weiterhin gespannt ist, weil die konsequenten Tierschützer die

Schächtpraxis der Juden als eine Quälerei anprangerten und weiterhin anprangern.

Das Schächten ist selbst im Judentum nicht unumstritten. Verschiedene Rabbiner z.B. lehnten es ab, dies auch mit dem Argument, in den Mosaischen Gesetzen sei das Schächten mit keinem Wort erwähnt. Die eindeutige Mehrzahl der Rabbiner und der strenggläubigen Juden hielt jedoch an der rituellen Schächtmethode fest. Sie tut es bis heute zu und stützt sich dabei vornehmlich auf das biblische Verbot (Lev 17,10 ss.), vom beseelten Blut resp. von unreinen Tieren zu essen. Im Talmud, der als Kommentar zur Thora, den fünf Büchern Mose, gelesenen Zusammenfassung der Lehren, Vorschriften und Überlieferungen des nachbiblischen Judentums, finden sich dann auch im Traktat »Chullin« Richtlinien über das Schächten. Wahrscheinlich geht der jüdische Ritus auf eine vorjüdische Praxis zurück. Die frühen Opferkulte basieren, so Kunkel,[277] auf der Vorstellung, die Gottheit verlange zur Versöhnung die Rückgabe des Lebens. Im Blut sah man dementsprechend den Träger des Lebens; im feierlichen Verbluten, dem eigentlichen Opferakt, wurde der Gottheit das Leben dargebracht, und zwar das Tieropfer an Stelle des zuvor praktizierten Menschenopfers. Im Zusammenhang mit dieser Opferpraxis sowie mit der zuvor erwähnten hygienischen sowie kultischen Reinheit von Tieren ist hier an die zeitweise in bestimmten Gesellschaften möglicherweise verbreitete Praxis zu erinnern, nur Fleischteile von den lebendigen Tieren abzuschneiden, um den Rest (am lebendigen Tier) länger frisch zu halten.

Zahlreiche Muslime essen ebenfalls ausschließlich das Fleisch von geschächteten Tieren. Der Koran schreibt das Schächten freilich auch nicht vor. Er verlangt nur das vollständige Ausbluten der Tiere. Nach Ansicht einer zunehmenden Zahl von Theologen wird dabei die vorherige Betäubung nicht ausgeschlossen.[278] Man verbindet daher z.B. das Brechen des Genicks mit dem Kehlschnitt, um den Tieren das Bewußtsein und mit ihm die quälende Angst beim Ausbluten zu nehmen.

Verschiedene europäische Staaten berücksichtigen die religiösen Minderheiten der Juden sowie der Muslime und verzichten beim Schächten auf die Forderung, Tiere nur unter Betäubung zu töten.

Andere sehen in einer solchen Maßnahme eine Toleranz im menschlichen Interesse und zum Nachteil des Tieres. In der Schweiz z.B. ist das Schächten bereits seit der Volksabstimmung im Jahre 1893 verboten. Diese Maßnahme wird allerdings durch die Erlaubnis, Fleisch von geschächteten Tieren einzuführen, relativiert. In Island, Norwegen und Schweden wird die Betäubung von Tieren vor ihrer Schlachtung ohne Ausnahme gefordert. In diesen Ländern akzeptieren die Juden und die Muslime die Betäubung mit dem Elektroschock vor dem Schächtschnitt. In Deutschland wurde das Schächten zur Zeit des Nationalsozialismus verboten, und zwar schon vor dem Inkrafttreten des Reichstierschutzgesetzes am 24. November 1933, nämlich durch die am 21. April 1933 erlassene Verordnung über das Schlachten von Tieren. Diese Verordnung forderte generell die Betäubung vor dem Schlachten. Die Juden betraf die Maßnahme in besonderer Weise. Wohl mit Rücksicht auf diesen politischen Zusammenhang erwähnt das Tierschutzgesetz der Bundesrepublik Deutschland von 1972 das Schächten nicht. Die Behörden der verschiedenen Bundesländer verfuhren in der Praxis mit dem Schächten unterschiedlich. Nach dem novellierten Tierschutzgesetz vom 25. Mai 1998 wird die Betäubung einheitlich vorgeschrieben, Ausnahmen (für den Inlandsbedarf) werden aber mit besonderer Genehmigung (§ 4a,2) erlaubt.

Um die weiterhin diskutierte Problematik des Schächtens hinsichtlich des Tierschutzes zu entschärfen oder gar als inexistent darzustellen, vertrat man mit Hilfe physiologischer Argumente die Auffassung, die Schmerzen für das Tier seien beim Schächten gering, wenn dieses unter bestimmten Voraussetzungen und sachgerecht durchgeführt werde, d.h. wenn die Bewußtlosigkeit bald nach dem Durchtrennen der Halsschlagader eintrete.[279]

Den v.a. für die Theorie der Mensch-Tier-Beziehung wichtigen Übergang vom anthropozentrischen Tierschutz zum ethisch motivierten resp. zum altruistischen erreichte in Deutschland das vom Strafgesetzbuch losgelöste Reichstierschutzgesetz vom 24. November 1933. Obwohl Männer wie Herrmann Göring und Adolf Hitler ihr enges Verhältnis zu Tieren mit Nachdruck öffentlich dokumentierten, ging dieses Gesetz nicht einseitig auf die nationalsozialistische Regierung zurück. In ihm gewannen vielmehr »Gedanken, die von Tierfreunden und Juristen durch lange Jahrzehnte verfochten wurden, rechtliche Gestalt«.[280] Bereits kurz nach der Jh.wende (1906, 1909, 1911, 1913 und 1919) waren verschiedene Vorlagen und Entwürfe erarbeitet worden, und seit dem Jahre 1927 hatte der Deutsche Reichstag aufgrund einer Entscheidung des Otto-Hartmann-Bundes in Dresden mehrfach über den Erlaß eines verselbständigten Tierschutzgesetzes debattiert.[281]

Das ebenfalls nach langen Vorbereitungen am 24. Juli 1972 in Kraft getretene Tierschutzgesetz der Bundesrepublik Deutschland löste das Gesetz aus dem Jahre 1933 ab. In ihm ging es in noch stärkerem Maß als in früheren Tierschutzbestimmungen darum, nicht nur Übergriffe einzelner Personen zu unterbinden, sondern die Ausnutzung des Tieres in der (v.a. seit den sechziger Jahren) industriell betriebenen Zucht einzugrenzen und dabei einen Kompromiß zwischen den Forderungen der Tierschutzverbände einerseits und der Respektierung der ökonomischen Interessen sowie der internationalen Wettbewerbsfähigkeit der Tierproduzenten andererseits zu finden. Im Mittelpunkt des Gesetzes standen die Belange der Tiere, d.h. das Ziel, ihre Schmerzen, Leiden und Schäden in der Zucht, in der Haltung und in der Nutzung durch den Menschen zu minimieren.

In der Novellierung des deutschen Tierschutzgesetzes vom 18. August 1986 sowie in der vom 25. Mai 1998 änderte sich die grundsätzliche Aufgabe des Gesetzes nicht, wiewohl in den letzten Jahren einerseits die industriell betriebene Tierzucht weiter vorangetrieben wurde und andererseits der Einfluß der Tierschutzverbände und ihrer Ideen wuchs. Weiterhin darf nach diesem Gesetz zum »Schutz des Lebens und Wohlbefindens des Tieres« niemand einem Tier »ohne vernünftigen Grund Schmerzen, Leiden oder Schäden« zufügen. Die in der Theorie und v.a. in der Rechtspraxis sich ergebende Problematik dieser allgemeinen Formulierung besteht erstens in der Feststellbarkeit von Schmerzen, Leiden und Schäden, zweitens in der Entscheidung über die Vernünftigkeit eines Grundes und drittens im Ausmaß der Schmerzen, Leiden und Schäden, das durch einen vernünftigen Grund zu legitimieren ist. Mit »vernünftigem« Grund zu handeln bedeutet dabei ursprünglich, dies nicht »willkürlich«, nicht »grundlos«, nicht »roh«, nicht »grausam«, nicht »boshaft« und/oder nicht »mit böser Absicht« zu tun. Erst in zweiter

Linie – in der juristischen Praxis allerdings in zunehmendem Maße – besagt der »vernünftige« Grund, daß das Handeln angesichts seiner kalkulierten Folgen sowie seiner Nebenfolgen effektiv, »sinnvoll« oder allgemein akzeptabel ist. Zahlreiche Formulierungen der Gesetzestexte von 1972, 1986 sowie 1998 stellen Kompromisse aus divergierenden Extremforderungen dar, v.a. aus der Forderung der Tierschutzverbände, die Intensivzucht als Tierquälerei zu diskriminieren, einerseits und dem Druck der Züchter, die Intensivzucht zur Sicherung ihrer Existenz und zum Wohl der Verbraucher zu praktizieren, andererseits. Bei der Beratung der Gesetze lagen und liegen zu verschiedenen Punkten bezeichnenderweise divergierende Gutachten vor, d.h. u.a. Gutachten, die manche Annahmen und Feststellungen der Tierschutzverbände als unzutreffend oder als unbewiesen diskreditieren.

Der Kompromißcharakter der geltenden Gesetzestexte und der anstehenden Novellierungen resultieren weiter aus der Respektierung europäischer Normen resp. aus der Orientierung an dem Ziel, zu europaweit übereinstimmenden Tierschutzvorschriften zu finden. Die allgemein akzeptierten Bestimmungen berücksichtigen die Länder mit restriktiven Tierschutzgesetzen nicht so weitgehend wie die mit permissiven. Die eher permissiven Kompromisse in den europäischen Gesetzen wurden u.a. mit dem Ziel des Abbaus von Wettbewerbsverzerrungen sowie mit der Aussicht auf restriktivere Maßnahmen in der Zukunft ausgehandelt. Im Vergleich zum deutschen Tierschutzrecht ist z.B. das schweizer Recht restriktiver. In der Schweiz wurde u.a. die Käfighaltung von Hühnern gesetzlich unterbunden, wurde die »Angst« als Belastung des Tieres ins Gesetz aufgenommen, wurden zudem Tierversuche beträchtlich eingeschränkt und für den Fall sogar verboten, daß sie mit schweren Leiden der Tiere verbunden sind. Der Agrarministerrat der Europäischen Gemeinschaft beschränkte sich 1986 darauf, für Käfighennen eine Bodenfläche von mindestens 450 cm² pro Tier zu fordern; die Vertreter des organisierten Tierschutzes hatten 600 cm² verlangt. Beide Institutionen blieben hinter den in der schweizer Tierschutzverordnung festgelegten Abschaffung der Käfighaltung – sie wurde durch die Haltung in Volieren ersetzt – prinzipiell zurück.

Mit späteren Empfehlungen (1995) und Mitteilungen (1998) revidierte die Europäische Union praktisch ihre Richtlinie aus dem Jahre 1986 zugunsten der Tiere. Die deutsche Hennenhaltungsverordnung von 1987 übernahm die 450 cm² »unbeschränkt benutzbare Käfigbodenfläche« (für schwere Rassen 550 cm²). Das Bundesverfassungsgericht annullierte diese Verordnung jedoch 1999, weil mit der genannten Raumgröße die vom Tierschutzgesetz (§2) geforderte »verhaltensgerechte Unterbringung« nicht gewährleistet werde, das heißt auch, weil die Verordnung die Belange des Tierschutzes zugunsten der wirtschaftlichen Interessen der Tierhalter zurückdränge. Diese Entscheidung des Bundesverfassungsgerichtes dürfte für die weitere Gesetzgebung und Rechtsprechung im Bereich des Tierschutzes exemplarische Bedeutung gewinnen.

Kompromisse zwischen divergierenden Interessen stellten und stellen die Gesetzestexte auch hinsichtlich des Versuchs am lebenden Tier in der medizinischen Forschung und in der pharmazeutischen sowie der kosmetischen Industrie dar. Ähnlich wie in anderen Bereichen sind hier weniger die Grundpositionen des Gesetzes und mehr die Interpretationsfähigkeit der Ausnahmen von praktischer Bedeutung.

Zu den zentralen Themen der derzeitigen Tierschutzdiskussion gehören weiterhin die intensive Zucht, Haltung, Fütterung, Behandlung und Verwendung von Nutz-, Heim- und Hobbytieren, der Transport von Tieren und der Handel mit ihnen, die Tierversuche in Lehre, Forschung und pharmazeutischer sowie kosmetischer Industrie, die Biotechnologie, sportliche Wettkämpfe mit Tieren, das Doping und das Nobling von Tieren, Eingriffe am Tier – v.a. solche, die das Tier an artwidrige Haltungs- und Leistungsbedingungen adaptieren sollen – sowie verschiedene Methoden der legalen Jagd und der Wilderei. Einen besonderen Komplex der umstrittenen Zucht stellt die bereits erwähnte »Qualzucht« dar, nämlich die Zucht von Tieren, denen aufgrund ihrer (manipulierten) genetischen Dispositionen Körperteile oder Organe für die artgemäße Lebensfristung fehlen oder bei denen die Körperteile oder Organe durch züchterische Maßnahmen derart in ihrer Funktionstüchtigkeit beeinträchtigt sind, daß dem Tier dadurch Schmerzen, Leiden oder Schäden zugefügt werden.

Das deutsche Tierschutzgesetz in der Fassung vom 25. Mai 1998 bestimmt in § 1 seinen Zweck, nämlich »aus der Verantwortung des Menschen für das Tier als Mitgeschöpf dessen Leben und Wohlbefinden zu schützen«. Niemand dürfe einem Tier »ohne vernünftigen Grund, Schmerzen, Leiden oder Schäden« zufügen. Die folgenden Paragraphen behandeln v.a. die Tierhaltung, das Töten von Tieren, die Eingriffe an Tieren, die Tierversuche, die Eingriffe und Behandlungen zur Aus-, Fort- und Weiterbildung, die Zucht und den Handel von Tieren, bestimmte Einfuhrverbote und Durchführungs- sowie Strafvorschriften. Zum deutschen Tierschutzrecht gehören weiter die Verordnungen, die als Maßnahmen zur Durchführung des Tierschutzgesetzes zu verstehen sind. So gibt es z.B. Verordnungen über das Halten von Hunden im Freien, zum Schutz von Tieren beim grenzüberschreitenden Transport, über die Tierschutzkommissionen beim Bundesminister für Ernährung, Landwirtschaft und Forsten, über Aufzeichnungen zu Versuchstieren und über deren Kennzeichnung, über den Schutz von Schweinen bei Stallhaltung, über die Meldung von Wirbeltieren, die in Versuchen verwendet werden, sowie über den Schutz von Tieren bei der Beförderung in Behältnissen. Die deutsche Legehennenverordnung wurde 1999 vom Bundesverfassungsgericht für nichtig erklärt. Etappen auf dem Weg zur europäischen Vereinheitlichung des Tierschutzes stellen die – nach der Zustimmung durch den deutschen Bundestag auch in Deutschland verbindlichen – europäischen Übereinkommen zum Tierschutzrecht dar, z.B. das Übereinkommen zum Schutz von Tieren beim internationalen Transport vom 13. Dezember 1968, das Übereinkommen zum Schutz von Tieren in landwirtschaftlichen Tierhaltungen vom 10. März 1976, das Übereinkommen zum Schutz von Schlachttieren vom 10. Mai 1979, das Übereinkommen zum Schutz der für Versuche und andere wissenschaftliche Zwecke verwendeten Wirbeltiere sowie das Übereinkommen zum Schutz von Heimtieren vom 13. November 1987.

Der nicht um des Menschen, sondern um der Tiere willen betriebene »ethische« bzw. altruistische Tierschutz wurde in den siebziger Jahren des 20. Jh.s politisiert, und zwar im Sinne der zuvor erwähnten, bereits im Jahre 1780 von Jeremy Bentham artikulierten Version, daß der Tag kommen könne, »an dem der Rest der tierischen Geschöpfe die Rechte an sich reißt, die ihnen nur durch die

Hand der Tyrannei vorenthalten werden könnten«. Ausdrücklich wandte und wendet die neue Bewegung sich gegen einen um des Menschen willen betriebenen ebenso wie gegen einen ausschließlich auf der Zuneigung und dem Mitleid basierenden Tierschutz. Dabei argumentiert sie auch gegen die mit derartigem Tierschutz häufig verbundene Heraushebung des Menschen als des vernunftbegabten und sprachfähigen Wesens aus der Natur. Gegen eine solche Anthropozentrik stellt die neue Bewegung die Empfindungs- und Leidensfähigkeit als das verbindende Vermögen der verschiedenen Arten und fordert gegen den »speziesbezogenen Egoismus« des Menschen, die Empfindungs- und Leidensfähigkeit zur Grundlage der Moral und des Anspruchs auf Schutz zu machen, und zwar zur Grundlage eines rechtlich fundierten Anspruchs.[282] Die »Tierschutzethik«[283] fordert auf dieser Basis, das gleichgerichtete Interesse – v.a. das der Vermeidung von Schmerzen und Leiden – bei den Lebewesen unterschiedlicher Art als gleichwertig anzusehen, d.h. der Schmerzunterbindung beim Menschen keinen höheren Stellenwert zuzuschreiben als der beim Tier.[284]

Diese Begründung des Tierschutzes geht über die frühere anthropozentrische und auch über die christlich begründete der »Ethik der Mitgeschöpflichkeit« – letztere sieht das Tier als Geschöpf Gottes, dem die Achtung des Menschen gebührt [285] – hinaus. In ihr resultiert aus der Leidensfähigkeit und dem Bestreben, Leiden zu vermeiden, ein Rechtsanspruch. In der Betonung der Mensch und Tier verbindenden Leidensfähigkeit korrespondiert die Tierschutzethik dem traditionellen hinduistisch-buddhistischen Empfinden; in der rationalen Begründung und Formulierung eines »Rechtsanspruchs« wird sie europäischem Denken gerecht. Für die Auswirkungen des hinduistisch-buddhistischen Empfindens ist es zweitrangig, daß das Ahimsa-Gebot (das Verbot der Tötung von Lebewesen) primär auf die Reinheit gegenüber der Welt, und nicht auf das Mitleid mit der Kreatur abzielte, ähnlich wie die vegetarische Lebensweise der Pythagoräer, die ebenfalls nicht vom Tierschutz ausging. Hinter solchen vegetarischen Programmen, die indirekt aus religiösen Ideen resultierten, blieben und bleiben aus der Sicht der Tiere u.a. die Postulate weit zurück, die sich auf die Verweigerung der Produkte von artwidrig gehaltenen Tieren beschränken.[286]

Die Forderungen der konsequenten Vertreter der auf den Eigenwert des Individuums sich berufenden und mit der Menschenrechtsbewegung verbundenen Tierrechtsbewegung reichen weit. Bei Regan[287] enthalten sie v.a. die völlige Abschaffung des Gebrauchs von Tieren in der Wissenschaft, die völlige Auflösung kommerzieller Tierwirtschaft und die völlige Beseitigung kommerzieller und sportlicher Jagd sowie Fallenstellerei: »Das grundlegende Unrecht ist das System, das es uns erlaubt, Tiere als unsere Ressourcen zu betrachten, die für uns vorhanden sind – um gegessen, chirurgisch manipuliert oder für Sport oder Geld ausgenutzt zu werden.« Die Tierrechtsethiker gehen von der Überzeugung aus, über die Macht verfüge zwar die andere Seite, das Recht liege aber bei ihnen, und das könne Menschen mobilisieren. Als Befreiungstheologie verstand Linzey[288] seine »Theologie des Tieres«, analog zur Theologie der Frauen, der Schwarzen und der Homosexuellen – nicht als profane, sondern als eine theologisch orientierte und begründete Befreiung.

Manche bes. engagierte Individuen und Tierschutzorganisationen, nach deren Ansicht die Kompromisse der Gesetzgeber zu weit reichen oder die Polizei sowie die Rechtsprechung nur halbherzig und mit zu großer Verzögerung für das Wohl der Tiere einschreiten, beschränkten sich nicht auf die öffentliche Anklage und den öffentlichen Appell; sie versuchten, ihre Ziele mit handfester Gewalt durchzusetzen. Im Jahre 1978 wurde z.B. in England eine weitreichende konzertierte Aktion gegen das Abschlachten von Robben in Schottland organisiert: Zunächst zogen Boote von Greenpeace vor den Robbenjägern auf und erregten die Aufmerksamkeit der Medien. Über ganzseitige Anzeigen in der britischen Presse wurde dann die Öffentlichkeit derart mobilisiert, daß der damalige Premierminister 17000 Briefe zu diesem Thema erhielt. Der Protestmarsch zum Ministerium komplettierte die erfolgreiche Gesamtaktion, die die Regierung zu einer Korrektur ihrer Position zwang. In den achtziger Jahren sorgten gewaltsame Tierbefreiungen in England, Frankreich und der Bundesrepublik Deutschland – ebenso wie solche in den USA, in Kanada und in Australien – für Schlagzeilen. Mit Demonstrationen, Sitzstreiks, Sachbeschädigungen (Zerstörung der Robbenfangboote), Einbrüchen in Tierlaboratorien und Briefbomben an führende Politiker setzten die organisierten Tierschützer ihre Gegner unter Druck, dies u.a. in dem Wissen um die Unterstützung durch weite Teile der Bevölkerung. Diese Unterstützung – zumindest die Unterstützung der gewaltfreien Aktionen – kam in verschiedenen Umfragen sowie im Echo in den Medien zum Ausdruck. Für diese Umfragen ist z.B. die 1983 vom Institut für Demoskopie in Allensbach für die Bundesrepublik Deutschland ermittelte »Abscheuliste« bezeichnend: 77 % der Bundesbürger verabscheuten die Tierquälerei.

Zu den handfesten Aktionen in England gehörte u.a. die Sabotage der Hetzjagden mit Hunden auf Hirsche, Füchse und Hasen. Die Sabotage bestand in der Ablenkung der Hunde von der Fährte, bestand aber auch darin, die Luft aus den Reifen der Transportautos der Jäger zu lassen oder Eisenstifte in die Türschlösser der Autos der Jäger zu stecken. In Hetzjägern sahen die Aktivisten »dieselbe Sorte Mensch« wie in diejenige, die die Knöpfe zum Abschießen von Bomben drückt und so Millionen von Menschen tötet.[289] Über finanzielle Verluste und persönliche Gefährdungen sollten die »Ausbeuter der Tiere« zur Veränderung ihres Verhaltens gezwungen werden.

Aktiv wurden in England nicht nur die Mitglieder der »Royal Society for the Prevention of Cruelty to Animals«, die älteste Gesellschaft für den Tierschutz auf der Insel, sondern auch die diversen weiteren Gesellschaften, die bald mit Gewalt die Revolution der hergebrachten Zustände, bald die Politik des Möglichen in kleinen Schritten und mit dem Marsch durch die Institutionen verfolgten. Zur Strategie verschiedener Organisationen gehörten u.a. Maßnahmen, die von mehreren europäischen Ländern ausgingen resp. in mehreren Ländern durchgeführt wurden. Ferner trugen auf einzelne Aktionen bezogene Zusammenschlüsse verschiedener Verbände wesentlich zu deren Erfolgen bei. Mit Hilfe solcher Allianzen gelang es z.B., die politischen Parteien von der Macht der Tierschützer an der Wahlurne zu überzeugen. Im Tierschutzjahr 1976/77 liefen u.a. in dieser Hinsicht in England wichtige Entwicklungen an. 1978/79 machten die drei wichtigsten englischen Parteien z.B. in ihren Wahlprogrammen Aussagen über den Tierschutz. 1983 erklärte die – bei der Wahl unterlegene – Labour Party in ihrem Programm, die Hetzjagden mit Hunden ebenso wie das Fangen von Tieren mit Schlingen generell verbieten zu wollen. Solche Erfolge führten die

Fundamentalisten in der vielgliedrigen britischen Tierschutzbewegung ebenso auf ihre Strategie zurück, wie es die Pragmatiker bzw. die Gradualisten taten.[290]

Die Einheit der Schöpfung mit der Verständigung zwischen den Tieren sowie zwischen Menschen und Tieren zu propagieren[291] oder den Tag zu erwarten, »an dem wir Menschlichkeit gerade darin erblicken werden, niederkniend Tiere um Verzeihung zu bitten für alles, was wir ihnen angetan haben«,[292] stellt nur eine Strategie der Tierschutzbewegung des 20. Jh.s dar; eine andere beansprucht das Recht zur »Notwehr zugunsten von Tieren«, ja geht von einer »Hilfeleistungspflicht zugunsten eines Tieres« aus.[293]

Abkürzungen im Anhang

Allgemeine Abkürzungen

Art. = Artikel
Bd. = Band
Bde. = Bände
Bf. = Bischof
d.Ä. = der Ältere
dt. = deutsch
d.Gr. = der Große
Diss. = Dissertation
d.J. = der Jüngere
Einf. = Einführung
engl. = englisch
Erzbf. = Erzbischof
Frg. = Fragment(e)
frz. = französisch
FS = Festschrift
Fst. = Fürst
germ. = germanisch
Gf. = Graf
griech. = griechisch
Hb. = Handbuch
Hg. = Herausgeber
hg. = herausgegeben
hl. = heilig
Hwb. = Handwörterbuch
Hz. = Herzog
Jb. = Jahrbuch
Jh. = Jahrhundert
Kap. = Kapitel
kelt. = keltisch
Kfst. = Kurfürst
Kfstn. = Kurfürstin
Kg. = König
Kgn. = Königin
Ks. = Kaiser
Ksn. = Kaiserin
lat. = lateinisch
Lit. = Literatur
MA. = Mittelalter
ma. = mittelalterlich
Markgf. = Markgraf
Mitt. = Mitteilungen
ND. = Nachdruck, Neudruck
NF. = Neue Folge
österr. = österreichisch
röm. = römisch
Taf. = Tafel
Übers. = Übersetzung
übers. = übersetzt
Unters. = Untersuchungen
Vs. = Vers(e)
Wb. = Wörterbuch
Wiss. = Wissenschaft(en)
wiss. = wissenschaftlich
zit. = zitiert in
Zs. = Zeitschrift

Siglen

AK = Archiv für Kulturgeschichte

AQ = Ausgewählte Quellen zur deutschen Geschichte des MA, Darmstadt

Diehl = Anthologia Lyrica Graeca, ed. E. Diehl, fasc. 1: Poetae Elegiaci, Leipzig ³1949; fasc. 2: Theognis, Ps.-Phocylides, Chares, Anonymi Anlodia, Leipzig ³1950; fasc. 3: Iamborum Scriptores, Leipzig ³1964

Hausrath = Corpus Fabularum Aesopicarum, vol. prius: Fabulae Aesopicae soluta oratione conscriptae, ed. A. Hausrath, Leipzig 1957

HDA = Handwörterbuch des dt. Aberglaubens, Berlin/ Leipzig 1927–1942 (ND Berlin/New York 1987)

KLNM = Kulturhistorik leksikon for nordisk middelalder, Kopenhagen 1956–1978

Krenkel = Römische Satiren: Ennius, Lucilius, Varro, Horaz, Persius, Seneca, Petron, Juvenal, Sulpicia, hg. von W. Krenkel, Berlin 1970 (ND Darmstadt 1976)

Lcl = Lexikon der christlichen Ikonographie, Freiburg i.Br. u.a. 1968–1976

LexMA = Lexikon des Mittelalters, München/Zürich 1977ff.

MGH = Monumenta Germaniae Historica

Nauck = Tragicorum Graecorum Fragmenta, rec. A. Nauck, Petersburg 1892 (ND Hildesheim 1964)

Perry = Aesopica. A series of Texts Relating to Aesop or Ascribed to Him or Closely Connected with the Literary Tradition that Bears His Name, coll. and critically ed., in part translated by B. E. Perry, Urbana 1952

Pfeiffer = Callimachus, ed. R. Pfeiffer, vol. I: Fragmenta, Oxford 1949 (ND Oxford 1965); vol. II: Hymni et Epigrammata, Oxford 1949 (ND Oxford 1965)

PL = Patrologiae cursus completus, series latina, hg. von J. P. Migne

RGA = Reallexikon der germanischen Altertumskunde, Berlin 1973ff.

SWB = Sachwörterbuch der Mediävistik, hg. von P. Dinzelbacher, Stuttgart 1992

Anmerkungen

Vorwort

1) Reinhart Fuchs, Berlin 1834, I.
2) Der Terminus stammt aus der Philosophie Paul Tiedemanns (Über den Sinn des Lebens, Darmstadt 1993, 167 ff.).
3) S. unten S. 285.
4) Zit. Passmore, Treatment, 203.
5) Passmore, Treatment, 203; Passmore, Man's Responsibility for Nature, New York 1974, 112 f.
6) M. Vodopivec, Tierversuche, in: Lexikon für Theologie und Kirche, Bd. 10, Freiburg i.Br. 1965, 192.
7) Anthropolgie in pragmatischer Hinsicht, Bd. 1, in: Gesammelte Schriften, Bd. 7, Berlin 1909, 127.
8) J. Filip-Fröschl, Rechtshistorische Wurzeln der Behandlung des Tieres durch das geltende Privatrecht, in: Harrer/Graf, Tierschutz, 21–35.
9) Sellert, Tier, 83.
10) Epistola 24, hg. von G. Constable, Cambridge, Mass. 1967, Bd. I, 47.
11) *Forschungen eines Hundes*, *Bericht an eine Akademie*, *Die Verwandlung*.

Urgeschichte

1) Herrmann/Ullrich, Menschwerdung.
2) Grundsätzliches zum Faunen- und Florenwandel während der Eiszeit in: Kahlke, Eiszeitalter, sowie in: Probst, Deutschland in der Urzeit.
3) Mania, Homo erectus, 326–337; Mania, Urmensch.
4) Grote/Thieme, Fiszeitliche Jagdtiere, 51–57.
5) Mania, Archäologische Kulturen, 34–40.
6) Mania/Toepfer, Königsaue.
7) Rabeder/Gruber, Höhlenbär und Bärenjäger.
8) Zusammenfassungen der Diskussion um den Bärenkult in: Jéquier, Le moustérien alpin, sowie in: Leroi-Gourhan, Paläolithikum.
9) Thieme, Alt- und Mittelsteinzeit.
10) Soffer, The Upper Paleolithic.
11) Beispiele in: Probst, Deutschland in der Steinzeit, 83 ff.
12) Z.B. Sturdy, Some reindeer economies.
13) Weniger, Magdalenian settlement.
14) Bosinski, Kunst der Eiszeit.
15) Beutler, Großtierfauna Europas.

16) Mellars, Early Postglacial Settlement.
17) Benecke, Archäozoologische Studien.
18) Nobis, Wildsäugetiere.
19) Benecke, Archäozoologische Studien, Tab. 7.
20) Crabtree/Campana, Domestication of the Dog.
21) Andralojc, Dog Burials.
22) Feustel/Ullrich, Bestattungen.
23) Teichert/Teichert, Tierknochenfunde.
24) Beispiele in: Probst, Deutschland in der Steinzeit, 85; 104.
25) Cziesla, Jäger und Sammler, 256 f.
26) Uerpmann, Anfänge von Tierhaltung, 27–37.
27) Zusammenfassend in Benecke, Archäozoologische Studien, 42 ff.
28) Vgl. Übersichten in: Bökönyi, History of Domestic Mammals; Döhle, Haustierhaltung und Jagd; Benecke, Der Mensch und seine Haustiere.
29) Archäologische Befunde zur Herausbildung neuer Nutzungsaspekte bei Haustieren zusammenfassend in: Sherratt, Secondary Exploitation; Sherratt, Wool, wheels and ploughmarks; Beranová, Landwirtschaft im Neolithikum und Äneolithikum. – Die archäozoologischen Befunde zusammenfassend in: Benecke, Archäozoologische Studien, 93 ff.
30) Vgl. Hänsel/Zimmer, Indogermanen und Pferd, sowie Uerpmann, Domestikation des Pferdes.
31) Dietz, Vorbronzezeitliche Trensenbelege.
32) Hüttel, Bronzezeitliche Trensen.
33) Teichert, Haus- und Wildtierknochen.
34) Lehmkuhl, Archäozoologische Unters.
35) Clason, Bemerkungen über Viehzucht.
36) Beispiele in: Probst, Deutschland in der Steinzeit, 393 ff.
37) Behrens, Trichterbecherkultur.
38) Vgl. Übersichten in: Bökönyi, History of Domestic Mammals, 32 ff., und in: Benecke, Archäozoologische Studien, 119 ff.
39) Benecke, Der Mensch und seine Haustiere, 103.
40) Benecke, Archäozoologische Studien, 131 ff.
41) Benecke, Archäozoologische Studien, 119 ff.
42) Teichert, Tierleichenbrandreste vom Lausitzer Flachgräberfeld.
43) Ambros, Katalog der Tierbeigaben, 8–85.
44) Behm-Blancke, Heiligtümer, Kultplätze und Religion, 166–176.
45) N. Benecke, Neue archäozoologische Forschungen am Burgwall von Lossow, Ortsteil von Frankfurt a.d.O. Einige vorläufige Ergebnisse: Acta Praehistorica et Archaeologica 26/27 (1995), 14–23.
46) Teichert, Tierreste aus dem germ. Opfermoor.

Griechische Antike

1) Homer, Ilias, z.B. II, 380 ff.; III, 270 ff.; VI, 80; 270; VII, 307 ff.; XI, 715 ff.
2) Z.B. Hasenjagd auf der Chigikanne in Rom, Museo di Villa Giulia, um 640 v.Chr.; Simon, Griech. Vasen, Taf. 25/6, 48 ff.
3) Vgl. Anm. 1: Alle genannten Textstellen beziehen sich auf den Fleischverzehr beim Opfer.
4) Meuli, Griech. Opferbräuche, 211 ff.

5) Homerischer Hymnus auf Hermes 64.
6) Euripides, Iphigenie in Aulis 180.
7) Burkert, Homo Necans, 31 ff.
8) Platon, Protagoras 322b.
9) Simon, Götter, 147 ff.
10) Bucholz, Jagd, 129.
11) Bucholz, Jagd, 73.
12) Vgl. den Frevel des Buphagos: Pausanias, Beschreibung Griechenlands 8,27,17.
13) Xenophon, Schrift über die Jagd 1,18; 12,1 ff.; Platon, Gesetze 822d ff.
14) Homer, Odyssee XIX, 428 ff.
15) Simon, Griech. Vasen, Taf. V, 45 f.
16) Hesiod, Theogonie 319 ff.
17) Daltrop, Jagd.
18) Brommer, Herakles, 7 ff.
19) Xenophon, Schrift über die Jagd 9,1 ff.
20) Z.B. Chigikanne (vgl. Anm. 2).
21) Platon, Gesetze 8,22 ff.
22) Böhr, Vogelfang, 573 ff.
23) Xenophon, Schrift über die Jagd 12,1.
24) Plutarch, Alexander 40,1 ff.; Curtius Rufus, Geschichte Alexanders des Großen 8,1,11 ff.
25) Z.B. Graeve, Alexandersarkophag; allerdings zeigt die schriftliche und bildliche Überlieferung, daß die Löwenjagd bereits seit dem 8. Jh. v.Chr. den Griechen vertraut war; vgl. Archaeologia Homerica, 1973, J, 9 ff.
26) Anderson, Hunting, 80.
27) Hölscher, Ideal und Wirklichkeit, 28; 32; 39 f.
28) Athenaios, Sophistenmahl 5,201b-c.
29) Tierjagd als Schau: Anderson, Hunting, 81.
30) Homer, Ilias XXIV, 265–717.
31) Diodor, Bibliothek XVIII, 27,5.
32) Homer, Odyssee VI, 25 ff.; XXIV, 782.
33) Homer, Ilias XVII, 742–745; X, 351–353.
34) Schefold, Frühgriech. Sagenbilder, Taf. 52.
35) Tyrtaios, Frg. 5,1 Diehl.
36) Herodot, Historien I, 31,2.
37) Lysias, Reden 24,10.
38) Homer, Odyssee III, 475–497.
39) Sophokles, König Ödipus 801–812.
40) Curtius Rufus, Geschichte Alexanders des Großen V, 6,9; IX, 10,17.
41) Varro, Über die Landwirtschaft II, 5,4.
42) Anderson, Horsemanship, 140 ff.; Greenalgh, Warfare, 19 ff.; 63 ff.; Snodgrass, Waffen, 65 ff.
43) Snodgrass, Waffen, 173 ff.
44) Xenophon, Über die Reitkunst I, 17,18.
45) Snodgrass, Waffen, 176 f.
46) Thukydides, Geschichte des Peloponnesischen Krieges 7,11–13.
47) Anderson, Horsemanship, 141.
48) Xenophon, Über die Reitkunst 4,18 ff.
49) Snodgrass, Waffen, 216 ff.
50) Xenophon, Über die Reitkunst 1,17 f.
51) Charbonneaux, Hellenistisches Griechenland, Abb. 115.
52) Snodgrass, Waffen, 248.

53) Archaeologia Homerica, 1987, T, 31.
54) Snodgrass, Waffen, 35 ff.
55) Cook, Dogs, 38 ff.
56) Seibert, Kriegselefanten, 351 ff.; Scullard, Elephant, 74.
57) Arrian, Indische Geschichte V, 8,4 ff.; Diodor, Bibliothek XVII, 87 ff.
58) Diodor, Bibliothek XVIII, 33 ff.
59) Diodor, Bibliothek XIX, 27 ff.
60) Polybios, Geschichte 79–86.
61) Zur Niederlage z.B. des Demetrios vgl. Diodor, Bibliothek XIX, 84; Seibert, Unters. zur Geschichte Ptolemaios I., 70 f.
62) Graeve, Alexandersarkophag, 136 ff. mit weiterer Lit.
63) Homer, Odyssee XIII, 428 ff.
64) Bakchylides, Siegesgesänge V, 56 ff.
65) Vgl. Ovid, Metamorphosen VIII, 270 ff.
66) Homer, Ilias XIII, 254 ff.
67) Homer, Ilias XXIII, 258ff: Wettkämpfe zu Ehren des Patroklos; Hesiod, Werke und Tage 654 ff.
68) Pindar, Pythische Oden V, 49 spricht in einem Fall von 41 Gespannen, was jedoch deutlich über der Norm gelegen haben dürfte.
69) Pausanias, Beschreibung Griechenlands VI, 20,10–21,1.
70) Fragment des Sophilos, Athen, Nationalmuseum, um 575 v.Chr.; Simon, Griech. Vasen, Taf. 50.
71) Solon, Frg. 13, zit. Fränkel, Dichtung, 264.
72) Pindar, Olympische Oden I, 97 ff.
73) Homer, Odyssee XVII, 292–327.
74) Z.B. Chigikanne (vgl. Anm. 2).
75) Z.B. Grabstele vom Ilissos, Athen, Nationalmuseum, um 330 v.Chr., abgebildet bei Lullies, Griech. Plastik, Taf. 226.
76) Z.B. Homer, Odyssee XVI, 1 ff.
77) Sofia, Nationalmuseum, abgebildet bei Pfuhl/Möbius, Ostgriech. Grabreliefs, Bd. 1, Taf. 4.
78) Pfuhl/Möbius, Ostgriech. Grabreliefs, Bd. 1, Taf. 31 und S. 109 ff.
79) Athen, Nationalmuseum, um 420 v.Chr., abgebildet bei Lullies, Griech. Plastik, Taf. 182.
80) Z.B. Choenkännchen, München, Antikensammlung, um 410 v.Chr., abgebildet bei Parke, Feste, Abb. 47; Pfuhl/Möbius, Ostgriech. Grabreliefs, Bd. 1, Taf. 10 ff.; 23.
81) Das Spielen der Hippolyte mit einem Vogel auf dem Epinetron des Eretriamalers in Athen, Nationalmuseum (um 425 v.Chr.) deutet Simon (Griech. Vasen, 146, Taf. 216) als Verliebtsein.
82) Richter, Korai, Abb. 186 ff.; 275 ff.
83) Vgl. Freyer-Schauenburg, Bildwerke der archaischen Zeit, 29 f.
84) Koch-Harnack, Knabenliebe.
85) Platon, Lysias 211e; Ailianos, Tiergeschichten 2,28; vgl. Pyxisdeckel des Eretriamalers in Worcester, um 410 v.Chr., abgebildet bei Lezzi-Hafter, Eretria-Maler, Taf. 163; Taf. 165; Dumont, Les combats de coq.
86) Flachrelief einer Statuenbasis in Athen, Nationalmuseum, um 510, abgebildet bei Lullies, Griech. Plastik, Taf. 57.
87) Vgl. Plinius, Naturkunde XXXIV, 84 über die Bronzegruppe des Boethos; Skulptur in München, Glyptothek, abgebildet bei Lullies, Griech. Plastik, Taf. 253.
88) Dierichs, Erotik, 115 ff.

89) Landfester, Geschichte der griech. Komödie, 365.
90) Sianaschale in Rom, Villa Giulia, um 570 v.Chr., abgebildet bei Simon, Griech. Vasen, Taf. 61.
91) Nilsson, Religion, 383 ff.
92) Brommer, Satyroi.
93) Simon, Götter, 147 ff.; Zazoff, »Laufende Gorgo, stehende Artemis?«
94) Burkert, Homo Necans, 31 ff.
95) Bammer, Tieropfer, 107 ff.; Tuchelt, Tieropfer, 61 ff.; bes. 75 ff.
96) Diodor, Bibliothek XVI, 83,2.
97) Aischylos, Eumeniden 283; Darstellungen in: Lexicon Iconographicum Mythologiae Classicae, Bd. VII, 1, Zürich/München 1994, 74, Nr. 48 ff.; Bd. VII, 2, Zürich/München 1994, 54, Abb. 48.
98) Nilsson, Religion, 568 ff.
99) Nilsson, Religion, 392.
100) Nilsson, Religion, 348 f.
101) Burkert, Griech. Religion, 114.
102) Burkert, Griech. Religion, 247.
103) Naumann, Ikonographie, 101 ff.
104) Vermeule, Funerary, 49 ff.
105) Kurtz, Thanatos, 293.
106) Friedländer, Epigrammata, 139a.
107) Kurtz, Thanatos, 57; 56; 294.
108) Die meisten Stellen nach den einzelnen Tierarten geordnet bei Körner, Tierwelt; vgl. außerdem die Sachregister in den Ausgaben: Homer, Ilias, übertragen von H. Rupé, München [2]1961; Homer, Odyssee, griech. und dt., übertr. von A. Weiher, München 1955
109) Homer, Ilias V, 9–30; 192–205; VI, 37–43; XXII, 286–305.
110) Homer, Ilias XV, 679–684.
111) Richter, Landwirtschaft.
112) Homer, Odyssee IX, 231–251; 307–315; 335–341.
113) Homer, Odyssee XVII, 290–327. Zu dieser Stelle und einer großen Anzahl weiterer antiker Äußerungen und auch literarischer Gestaltungen zum Thema »Mensch und Hund« vgl. die Textsammlung: Perfahl, Wiedersehen.
114) Fränkel, Gleichnisse; Lee, Similes.
115) Homer, Ilias V, 134–143; 159–164.
116) Homer, Ilias XX, 164–175; demgegenüber vgl. aber auch XVIII, 316–322: Die Trauer Achills um seinen gefallenen Freund Patroklos wird mit der Trauer einer Löwin um ein geraubtes Junges verglichen.
117) Homer, Ilias XII, 298–309.
118) Besonders eindrucksvoll: Ilias XVI, 155–167.
119) Homer, Ilias VII, 256–257 zusammen mit dem Löwen; XI, 324–327 u.a.
120) Homer, Ilias XV, 688–695; XVII, 674–678 u.a.
121) Homer, Ilias XXII, 21–24.
122) Homer, Ilias XXII, 137–144.
123) Homer, Ilias II, 85–90.
124) Homer, Ilias II, 455–473.
125) Homer, Odyssee V, 432–435.
126) Apollonios Rhodios, Argonautenepos I, 1265–1272; IV, 485–487, 1337–1342
127) Apollonios Rhodios, Argonautenepos III, 1259–1201.
128) Apollonios Rhodios, Argonautenepos II, 123–128.
129) Apollonios Rhodios, Argonautenepos I, 879–885.
130) Apollonios Rhodios, Argonautenepos IV, 12–19. – Zum Text vgl. Apollonios

Rhodios, Das Argonautenepos, hg., übers. und erläutert von R. Glei und S. Natzel-Glei, Darmstadt 1996; zu den Gleichnissen Drögemüller, Gleichnisse, und Gummert, Erzählstruktur, 109–116.

131) Aischylos, Agamemnon 827 f.
132) Aischylos, Sieben gegen Theben 392 f.; Aischylos, Agamemnon 1639–1642.
133) Aischylos, Sieben gegen Theben 380 f.; Aischylos, Perser 81; vgl. Homer, Ilias XXIII, 93–95.
134) Aischylos, Perser 126 f.
135) Homer, Odyssee XIX, 518–523.
136) Aischylos, Hiketiden 60–62; Aischylos, Agamemnon 1142–1148.
137) Sophokles, Elektra 147–149.
138) Euripides, Frg. 773, 23–26 Nauck.
139) Diese und weitere Beispiele bei Sideras, Aeschylus Homericus, 244–252.
140) In alle wichtigen Fragestellungen sowie die Forschungsgeschichte führt mit ausführlichen Literaturangaben ein: Holzberg, Fabel. An Textsammlungen sind besonders heranzuziehen: Aesopica, hg. von B. E. Perry, Urbana 1952 (mit ausführlichem Testimonien-Teil zur Vita Aesops), und Corpus fabularum Aesopicarum, hg. von A. Hausrath, Leipzig 1940/56. Eine vollständige Ausgabe der antiken Fabeln in dt. Übers. liegt vor in: J. Irmscher (Hg.), Antike Fabeln, Berlin 1987.
141) Hesiod, Werke und Tage 201–211.
142) Archilochos, Frg. 172–181 West (= Frg. 89–95 Diehl; vgl. M. Treu, München ²1979); als weitere Fabel findet sich in diesem Kontext bei Archilochos, Frg. 185–187 West (= Frg. 81–83 Diehl), diejenige vom »Affen und Fuchs«.
143) Frg. 8.9 West = Aesopica 443 Perry; Frg. 13 West = Aesopica 3 Perry; Frg. 7 West; s. Fränkel, Dichtung, 232 ff.
144) Herodot, Historien II, 134–135.
145) Vgl. z.B. Aischylos, Agamemnon 717–736; Sophokles, Aias 1142–1158; Herodot, Historien II, 141; Aristophanes, Wespen 1401–1405; 1427–1440; Aristophanes, Vögel 471–475; Xenophon, Memorabilien I, 7,13 f.
146) Vgl. Platon, Phaidon 60b-c, Phaidros 259b-c; Aristoteles, Meteorologika 356b 11–17, Politika 1284a 15–17, Rhetorik 1393b 10–22; 1393b 22–94a 1.
147) Platon, Phaidon 60d-61b.
148) Vgl. Babrius and Phaedrus, hg. von B. E. Perry, London ²1975 (mit engl. Übers. und ausführlicher Einleitung).
149) Vgl. Otto, Sprichwörter, 384–387, zusammen mit: R. Häußler (Hg.), Nachträge zu A. Otto, Hildesheim 1968.
150) Vgl. u.a. Aesopica 149; 154; 155a (= Babrius 67); 264; 267; 292 Hausrath; Babrius 95 (= Archilochos, Frg. 96–99 Diehl); 102; 103.
151) Vgl. u.a. Aesopica 10; 12 (= Babrius 180); 14 (= Babrius 81); 15 (= Babrius 19); 17; 24; 41; 53; 83; 268; Babrius 53; 77; 86.
152) Vgl. u.a. Aesopica 99; 158–166; Babrius 89; 101; 105; 130.
153) Vgl. u.a. Aesopica 93; 134–139; 265; 283; Babrius 79; 85; 87; 104; 110.
154) Vgl. u.a. Aesopica 190–207; Babrius 111; 125; 139.
155) In dem nur sehr fragmentarisch erhaltenen Iambus VI des Kallimachos (Frg. 196. 22 ff. Pfeiffer) begegnet eine Anspielung auf Aesopica 254 Hausrath: »Schildkröte und Hase«; in Iambus V (Frg. 194. 96 Pfeiffer) wird die Pflanzenfabel vom »Granatapfelbaum, Apfelbaum und Dornstrauch« (Aesopica 233 Hausrath) gestaltet.
156) Aesopica 302 Hausrath. Vgl. insgesamt: R. Glei, Die Batrachomyomachie. Synoptische Edition und Kommentar, Frankfurt a.M. 1984.
157) Aristophanes, Frieden 124 ff., und zwar mit direkter Bezugnahme auf die aesopische Fabel vom »Adler und Mistkäfer« (Aesopica 3 Hausrath).

158) Aristophanes, Frösche 209–269.
159) Vgl. Landfester, Geschichte der griech. Komödie. Die Beliebtheit phantasievoll ausgestalteter Chöre bereits in den Vorformen der Komödie beweisen Vasenbilder aus dem 6. Jh. v.Chr., wo Chöre von Rittern, Vögeln, Delphin- und Straußenreitern u.a. dargestellt sind: Vgl. Pickard-Cambridge, Dramatic Festivals, 210–223 mit Abb. 75–105, und Newiger, Drama, 479 ff.
160) Vgl. Effe, Dichtung und Lehre.
161) Vgl. Rosenmeyer, Green Cabinet, und Böschenstein-Schäfer, Idylle; als Ausgabe vgl. Theokrit, Gedichte, griech.-dt., hg. von F. P. Fritz, München 1970.
162) Textausgabe mit engl. Übers.: Scholfield, Ailianos; jeweils eine Auswahl in dt. Übers. bieten: Treu, Ailianos, sowie Perfahl, Wiedersehen, 25–57: Geschichten über Hunde bei Ailianos.
163) Desborough, Pottery, Taf. 5.560.
164) Simon, Griech. Vasen, Taf. I.
165) Charbonneaux, Archaisches Griechenland, Abb. 293; 296–298.
166) Ohly, Goldbleche, 76 ff.
167) Hölscher, Tierkampfbilder, 100 ff.
168) Martini, Magie, 45 ff.
169) Rodenwaldt, Köpfe, 14 f.; Taf. 11 f.
170) Lullies, Griech. Plastik, Taf. 155.
171) Lullies, Griech. Plastik, Taf. 269.
172) Charbonneaux, Hellenistisches Griechenland, Abb. 192.
173) Lullies, Griech. Plastik, Taf. 302.
174) Andreae, Odysseus, 49 ff.
175) Schneider, Hellenismus, 108 ff.
176) Lullies, Griech. Plastik, Taf. 253.
177) Charbonneaux, Hellenistisches Griechenland, Abb. 181 ff.
178) Charbonneaux, Hellenistisches Griechenland, Abb. 158.
179) Homer, Ilias III, 23–26.
180) Die Fragmente der Vorsokratiker, hg. von H. Diels/W. Kranz, Hamburg/Berlin ⁶1951, Frg. 12 A30, A11.
181) Hippokrates von Kos, Über die Lebensweise II, 46–48.
182) Flashar, Aristoteles, 402.
183) Aristoteles, Kunde von den Lebewesen II, 3,501b19.
184) Eusebios, Vorbereitung auf das Evangelium 15,809c.
185) Aristoteles, Teile der Tiere 1,5.
186) Kullmann, Wiss. und Methode, 257.
187) Übersicht bei Flashar, Aristoteles, 271–274.
188) Vgl. dazu Stückelberger, Einf., 139–151.
189) Xenophon, Griech. Geschichte III, 4,15.
190) Plinius, Naturkunde XXIX, 24; Celsus, Über die Medizin 5,23,3; Galenos 14,152 ff.
191) Nikandros, Heilmittel gegen den Biß giftiger Tiere 377 ff.
192) Lamotte, Bucephalas, 1 ff.
193) Homer, Odyssee XVII, 290–327: Argos erkennt als erster seinen Herrn Odysseus.
194) Chigikanne (vgl. Anm. 2).
195) Grabstele vom Ilissos, Athen, Nationalmuseum, abgebildet bei Lullies, Griech. Plastik, Taf. 226.
196) Homer, Odyssee XVI, 1 ff.
197) Aristophanes, Wespen 891–1008.

198) So z.B. auf den Metopen Süd 4 und 5 des Parthenon in Athen; abgebildet bei Brommer, Parthenonskulpturen, Taf. 21,1; 15; 16,2.
199) Spitzamphora des Kleophradesmalers in München, Antikensammlung, abgebildet bei Simon, Griech. Vasen, Taf. 124.
200) Koch-Harnack, Knabenliebe.
201) München, Glyptothek, abgebildet bei Lullies, Griech. Plastik, Taf. 253.

Römische Antike

1) Bes. Petronius, Das Gastmahl des Trimalchio 47–74.
2) Mielsch, Villa, 16 ff.
3) Toynbee, Tierwelt, 2 f.; 188.
4) Vgl. Neumeister, Rom, 170 ff.
5) Britannia (1971), 126 f.; 138 ff.
6) Mielsch, Villa, 23 ff.
7) Plinius, Naturkunde IX, 170.
8) Varro, Über die Landwirtschaft III, 17,2.
9) Vergil, Landbau 1,299–310.
10) Anderson, Hunting, 87 f.
11) Grattius, Über die Jagd 497 ff.
12) Oppian von Apameia, Über die Jagd (Anfang 3. Jh. n.Chr.).
13) Nemesianus, Über die Jagd (Ende 3. Jh. n.Chr.).
14) Polybios, Geschichte 31,29,1 ff.
15) Plutarch, Aemilius 6.5.
16) Cicero, Vom Wesen der Götter 2,64 (161); Gespräche in Tusculum 2,40.
17) Toynbee, Tierwelt, 2 ff.
18) Toynbee, Tierwelt, 3.
19) Sueton, Domitian 19.
20) Sallust, Catilina 4,1.
21) Varro, Menippeische Satiren 161; 293 ff.
22) Historia Augusta, Hadrian 26,2 ff.; Martini, Jagd der Eliten.
23) Dio Cassius, Römische Geschichte 72,14.
24) Andreae, Jagdsarkophage, 17 ff.
25) Andreae, Jagdsarkophage, 27.
26) Hönle/Henze, Röm. Amphitheater, 66 ff.; 104 ff.
27) Toynbee, Tierwelt, 4 ff.
28) Livius, Römische Geschichte 29, 22,1–2.
29) Sueton, Julius Caesar 10,1.
30) Cicero, Briefe an seine Freunde 7,13.
31) Taten 22.
32) Daltrop, Jagdmosaiken; zuletzt: Mielsch, Realität, 459 ff.
33) Plautus, Aulularia 494.
34) Varro, Über die Landwirtschaft II, 8,5; Cato, Über den Landbau 62.
35) Varro, Über die Landwirtschaft III, 17,7; Seneca, Briefe an Lucilius 87,4.
36) Horaz, Satiren 1,5,13–23.
37) Columella, Über die Landwirtschaft 6,37,11.
38) Apuleius, Metamorphosen 9,13,1.
39) Varro, Über die Landwirtschaft I, 20,3.
40) Columella, Über die Landwirtschaft 6, Vorwort 7.

41) München, Staatl. Antikensammlung.
42) Z.B. Horaz, Episteln 1,15,10–13; Apuleius, Metamorphosen 1,2,2.
43) Properz, Liebeselegien 4,8,15; Ovid, Liebesgedichte 2,16,49 f.
44) Seneca, Briefe an Lucilius 87,10.
45) Anthologia Graeca 9,20, übersetzt von H. Beckby.
46) Z.B. Athenaios 201a; Strabon 11,506; 16,748; Plinius, Naturkunde XII, 63 ff.
47) Varro, Über die Landwirtschaft 2,5,4.
48) Columella, Über die Landwirtschaft 6, Vorrede 7.
49) Cato, Über den Landbau 162.
50) Ovid, Fasten 6,311 f.; 347 f.
51) Columella, Über die Landwirtschaft 2,21,5.
52) Cato, Über den Landbau 138.
53) Varro, De lingua latina 6,20; Livius, Römische Geschichte 1,9,6.
54) Caesar, Bürgerkrieg I, 41.
55) Anderson, Horsemanship, 140 ff.
56) Arrian, Taktik 4.
57) Arrian, Taktik 22 ff.
58) Keim, Schatzfund.
59) Vergil, Aeneis 5,545 ff.; Arrian, Taktik 32–44. Vgl. Dinzelbacher, Trojaspiel.
60) Toynbee, Tierwelt, 161; Varro, Über die Landwirtschaft II, 8,5.
61) Plutarch, Pyrrhus 16–27.
62) Scullard, Elephant, 109 ff.
63) Plinius, Naturkunde VIII, 17.
64) Polybios III, 53,8.
65) Toynbee, Tierwelt, 28.
66) Livius, Römische Geschichte 27,48,10; 49,1.
67) Caesar, Der afrikanische Krieg 83–86.
68) Cicero, Philippische Reden 5,17,46.
69) Toynbee, Tierwelt, 31.
70) Zu »cave canem« vgl. vor allem Petron, Satyrica 29,1; als bekanntestes Beispiel für diese Inschrift auf Fußbodenmosaiken ist diejenige im Eingang zum »Haus des Tragödiendichters« in Pompeji (Regio VI, Insula 8) erhalten. – Beispiele für Epigramme auf Hundegrabmalen bei Keller, Tierwelt, Bd. 1, 132 f. Besonders bezeichnend ist das Epigramm: Carmina Latina Epigraphica 1176.
71) Vgl. Martials Gedicht auf die Hündin Issa: Martial, Epigramme I, 109.
72) So eine fette und überfressene Hündin in Trimalchios Haus: Petron, Satyrica 64,6.
73) Plinius, Briefe IV, 2,3 f.
74) Vgl. Toynbee, Tierwelt, 190 mit Bildnachweis in Anm. 17.
75) Plautus, Casina 138.
76) Catull, Gedichte 2.3; vgl. Toynbee, Tierwelt, 268 zum Problem der genauen Identifizierung von »passer«: Sperling oder Dompfaff?
77) Belege bei Toynbee, Tierwelt, 238 f.
78) Vgl. Toynbee, Tierwelt, 264 ff. mit Belegen. Als »locus classicus« für »sprechende Vögel« vgl. Plinius, Naturkunde X, 117.
79) Statius, Wälder II, 4: Ein Epicedion auf einen Papageien, das auf Ovid, Liebesgedichte II, 6 anspielt; vgl. außerdem Martial, Epigramme XIV, 73. – Bereits in Griechenland wurden den späteren röm. Verhältnissen vergleichbar Tiere gezähmt sowie dressiert und waren Lieblinge, Kuscheltiere usw.; vgl. Jennison, Animals, 10–40.
80) Vgl. Varro, Über die Landwirtschaft II, 13. Vgl. insgesamt zu solchen Freigehegen und »Privatzoos« Toynbee, Tierwelt, 2 ff.; Grimal, Jardins, 290 ff.; Jennison, Animals, 133 f.; Friedländer, Sittengeschichte Roms, Bd. 2, 81 ff.

Römische Antike 579

81) Nero: Sueton, Nero 31,1; Domitian: Sueton, Domitian IV, 4; Iuvenal, Satiren IV, 100; Gordian III. (238–244): Historia Augusta, Gordian 33,1; Prokop, Gotenkrieg I, 22,10; I, 23,14 ff.
82) Vielfache Belege bei Toynbee, Tierwelt, 202 f.
83) Martial, Epigramme IV, 30,3–7.
84) Plinius, Naturkunde VIII, 65; XXXVI, 40.
85) Plinius, Naturkunde VIII, 96.
86) Sueton, Augustus 43,4.
87) Seneca, Briefe an Lucilius 41,6.
88) Vgl. zum Grundsätzlichen Meier, Agones, sowie Vanhove, Sport dans la Grèce antique, mit reichhaltigem Bildmaterial.
89) Vgl. Monumentum Ancyranum 22; Sueton, Nero 12; Tacitus, Annalen XX, 4; Sueton, Domitian 4 f.
90) Vgl. Cicero, Vom Staat II, 36.
91) Vgl. Valerius Maximus, Denkwürdige Taten und Aussprüche II, 4,7.
92) Zu den Circusspielen sowie zu »venationes« und »munera« im Amphitheater vgl. insgesamt Jennison, Animals; Toynbee, Tierwelt, bes. 1–23; Friedländer, Sittengeschichte Roms, Bd. 2, 1–162; Auguet, Cruauté; Cameron, Circus Factiones; Heucke, Circus; Veyne, Brot und Spiele; Weeber, Panem et circences; Hönle/Henze, Amphitheater.
93) Juvenal, Satiren X, 81.
94) Tertullian, Über die Schauspiele 16. Ganz gegensätzlich hierzu versieht Martial in den Epigrammen seines *Buchs der Schauspiele*, das seine Epigrammsammlung einleitet, zumindest vordergründig alle Taten und Untaten im Kontext der Wett- und Schauspiele mit Ruhm und Anerkennung. Eine eindrucksvolle poetische Schilderung, die anachronistisch die Eindrücke bei den Rennen im Circus maximus mitverarbeitet, gelingt dem flavischen Epiker Statius in seinem mythologischen Epos *Thebais* (entstanden ca. 78–90 n.Chr.): In VI, 296–549 wird ein Wagenrennen im traditionellen Kontext heroischer Leichenspiele geschildert.
95) Vgl. Martial, Epigramme X, 50, ein Gedicht auf den tödlich verunglückten Wagenlenker Scorpus.
96) Lyons, Musée de la Civilisation Gallo-Romaine.
97) Corpus Inscriptionum Latinarum VI, 10074–10076.
98) Corpus Inscriptionum Latinarum VI, 10047.
99) Tacitus, Annalen XIII, 31. Einen lebendigen Eindruck vom Luxus dieses hölzernen Amphitheaters Neros und auch der Atmosphäre dort bei den Aufführungen gibt der zeitgenössische Dichter Calpurnius Siculus, der in seiner Ekloge VII einen »naiven« Hirten von seinem Besuch in Rom und im Amphitheater des Nero berichten läßt.
100) Seneca, Briefe an Lucilius 7,4.
101) Vgl. Toynbee, Tierwelt, 15 ff.
102) Livius, Römische Geschichte 39,22,1 f. Alle hier genannten sowie noch weitere Stellen bei Toynbee, Tierwelt, 4 f.
103) Livius, Römische Geschichte 44,18,8.
104) Plinius, Naturkunde VIII, 64; VIII, 96.
105) Plinius, Naturkunde VIII, 4; XX, 21; XX, 53; XX, 64; XX, 70; XX, 71; Cicero, Briefe an seine Freunde VII, 1,3.
106) Plinius, Naturkunde VIII, 53;182; Sueton, Julius XXXVII, 2.
107) Vgl. die Zahlen und Belege dazu bei Toynbee, Tierwelt, 4–6; 9.
108) Vgl. Toynbee, Tierwelt, 8 f.
109) Vgl. die Belege bei Toynbee, Tierwelt, 9 ff.; ausführlich Weismann, Kirche.
110) Gellius, Attische Nächte 5,14.

111) Zur röm. Gottesvorstellung etwa: Latte, Röm. Religionsgeschichte, 50 ff.
112) Toynbee, Tierwelt, 220.
113) Vergil, Aeneis 5,84 ff.
114) Wissowa, Religion, 176 f.; Fröhlich, Lararien- und Fassadenbilder, 56 ff.
115) Simon, Götter, 19 f.; 23 f.; 48 f.; 105 f.
116) Zanker, Augustus, 57 f. und passim.
117) Wrede, Consecratio, 51; 82; 87; 126; 168.
118) Horaz, Carmina 1,17,9.
119) Zanker, Augustus, passim.
120) Gundel, Zodiakos 160; 275 ff.
121) G. Neumann, in: Würzburger Jb. 2 (1976), 219 ff.; Latte, Religionsgeschichte, 201 ff.
122) Latte, Religionsgeschichte, 157 ff.
123) Sueton, Caligula 14.
124) Paulus, 1 Kor 8.
125) Martini, Löwe, 48 f.
126) Martini, Löwe, 33 f.
127) J. Stroszek, in: Bulletin Medelhavsmuseet 26 (1991), 110 ff.
128) Andreae, Jagdsarkophage, 27.
129) Goette, Corona, 573 ff.
130) Sinn, Museo, 78 ff.
131) Schauenburg, Lupa, 265 ff.
132) Vgl. Homer, Ilias VI, 506–11; XV, 263–268; Apollonios Rhodios, Argonautenepos III, 1259–1262; Ennius, Annalen 535–539 Skutsch; Vergil, Aeneis XI, 493–497. In zwei weiteren Gleichnissen der fragmentarisch erhaltenen *Annalen* des Ennius (vgl. The Annals of Ennius, ed. with introd. and comm. by O. Skutsch, Oxford 1985) begegnet das jeweils ungestüme Reitpferd bzw. das Rossegespann vor dem Start (Annalen 79–81, 463 f. Skutsch; zur letzten Stelle vgl. Homer, Odyssee XIII, 81 ff.; Vergil, Aeneis V, 144 f.; Landbau I, 152 und Horaz, Satiren I, 1,114).
133) Vgl. zu dem komplexen und viel diskutierten Forschungsgegenstand der vergilischen Gleichnisse etwa Rieks, Gleichnisse Vergils, 1011–1110.
134) Eine tabellarische Übersicht zu den Gleichnissen der *Aeneis* gibt Rieks, Gleichnisse Vergils, 1093–1096. Eine knappe Auswahl der wichtigsten Tiergleichnisse daraus lautet: Aeneis I, 389–401: Schwäne für Schiffe (in Verbindung mit einem Prodigium); I, 423–436: Bienen für die Tyrier, die Karthago erbauen; II, 220–224: Gebrüll des Opferstiers für das Aufschreien des Laokoon; II, 347–360: Wölfe für die Troer; IV, 65–73: vom Pfeil getroffene Hindin für die in Liebe entbrennende Dido; IV, 397–411: Betriebsamkeit der Ameisen für die zur Abfahrt rüstenden Troer; V, 592–595: das Kreuzen der Delphine für den Kampfreigen der Knaben; VI, 707–709: Schwirren der Bienen für das Schweben der Letheseelen; VII, 698–702: Schwäne für die Heerschar; IX, 59–69: Wolf für Turnus; IX, 339–342: Löwe für Nisus und Euryalus; IX, 729–733; IX, 791–796; X, 453–456; XII, 1–9: Tiger bzw. Löwe für Turnus; X, 702–731: Eber bzw. Löwe für Mezentius; XI, 491–497: Hengst für Turnus; XI, 906–815: Wolf für Arruns; XII, 101–106: Stier für Turnus; XII, 473–480: Schwalbe für Iuturna; XII, 710–724; XII, 746–755: Stierkampf bzw. Kampf zwischen Jagdhund und Hirsch für den Zweikampf zwischen Aeneas und Turnus.
135) Eine exemplarische Interpretation liefert Albrecht, Silius Italicus, 90–118, zu den Gleichnissen in den *Punica* (*Epos über den 2. Punischen Krieg*) mit vielen Ausblicken auf die Gleichnistechnik bei den anderen kaiserzeitlichen Epikern.

136) Ennius, Satiren, Frg. 21–58 Vahlen, vgl. die dt. Übers. in: Irmscher, Fabeln, 155 f. Die Fabel ist bekannt durch die Paraphrase bei Gellius, Attische Nächte II, 29. Variierende Fassungen auch bei Babrius, Fabeln 88 und Avianus, Fabeln 21.
137) Lucilius, Frg. 1074–1083 Krenkel (vgl. Irmscher, Fabeln, 157).
138) Horaz, Satiren II, 6,79–117; vgl. Aesopica 297 Hausrath und Babrius, Fabeln 108.
139) Horaz, Briefe I, 1,73–75; I, 3,18–20 (ausführliche Fassung bei Babrius, Fabeln 72; bei Phaedrus, Fabeln I, 3 von der Krähe, die sich mit Pfauenfedern schmückt); I, 7,29–33 (vgl. Aesopica 31 Hausrath, und Babrius, Fabeln 86).
140) Livius, Römische Geschichte 2,32,5–12.
141) Vgl. bes. Phaedrus, Fabeln III, prol. 33–37. Für den Phaedrus-Text sei verwiesen auf: Irmscher, Fabeln, 165–242 und Phaedrus, Fabeln, lat.-dt., hg. und übers. von H. Oberg, Zürich 1996.
142) Zum Text in dt. Übers. vgl. Irmscher, Fabeln, 405–436, sowie die lat.-frz. Ausgabe von F. Gaide: Avianus, Fables, Paris 1980.
143) Der Text in dt. Übers. in: Irmscher, Fabeln, 343–404; vgl. außerdem die Ausgabe von G. Thiele, Der lat. Äsop des Romulus, Heidelberg 1910, ND Hildesheim 1985.
144) Zusammenfassende Würdigungen bei Effe, Dichtung und Lehre, 66–79; 80–97. Als Textausgaben mit dt. Übers. vgl. Lukrez, Von der Natur, lat.-dt., hg. und übers. von H. Diels, München 1993, und Vergil, Landleben, lat.-dt., hg. von J. und M. Götte, München ⁴1981. Für die Sacherklärung zu den *Georgica* vgl. den Kommentar von W. Richter, Vergil. Georgica, München 1957.
145) Lukrez, Von der Natur V, 783–924.
146) Vgl. den »Venushymnus«, der feierlich die Dichtung des Lukrez eröffnet: Lukrez, Von der Natur I, 1–43.
147) Lukrez, Von der Natur VI, 1138–1286; Flucht oder Tod der Tiere: 1215–1224. Vorbild für die lukrezische Pestschilderung ist Thukydides, Geschichte des Peloponnesischen Krieges II, 47–52. Die lukrezische Pestschilderung regt an und beeinflußt ähnliche Beschreibungen, in denen auch das Dahinsiechen der Tiere ausführlich geschildert wird, bei Vergil, Landbau III, 478 ff. (»norische Viehseuche«); Ovid, Metamorphosen VII, 523 ff.; Lukan, Über den Bürgerkrieg VI, 80 ff.; Silius Italicus, Epos über den 2. Punischen Krieg XIV, 580 ff.
148) Vgl. Effe, Dichtung und Lehre, 75–77 mit Bemerkungen zu der kontroversen wiss. Diskussion über den lukrezischen Werkschluß.
149) Vergil, Landbau II, 475–542; vgl. hierzu: Klingner, Lob des Landlebens; außerdem insges. zu den *Georgica* Klingner, Virgils Georgica.
150) Vergil, Landbau III, 242–283. Übers. nach H. Naumann, modifiziert.
151) Vergil, Landbau III, 384–439.
152) Vergil, Landbau III, 474–566.
153) Vergil, Landbau IV, 149–227 und speziell IV,220
154) Vergil, Landbau IV, 228–314.
155) Vergil, Landbau IV, 315–558.
156) Vergil, Landbau IV, 454–527.
157) Die Komplexität dieser Dichtung verdeutlicht besonders Schmidt, Bukolische Leidenschaft.
158) Vgl. den bekannten Aufsatz von Snell, Arkadien; zum sog. »Arkadienproblem« vgl. jetzt Schmidt, Bukolische Leidenschaft, 239–264 mit kritischen Bemerkungen insbes. auch zur Auffassung Snells (242–245).
159) Vgl. bes. Vergil, Ekloge I und IX.
160) Vergil, Ekloge IV, 21 f.; zum Motiv des Tierfriedens vgl. u.a. Buchheit, Tierfrieden.

161) Eine Textausgabe mit Übers., knappen Würdigungen und Erläuterungen bei Korzeniewski, Hirtengedichte aus neronischer Zeit.
162) Vgl. zu Nemesian und Endelechius (Texte, Übers., Würdigung und Lit.) Korzeniewski, Hirtengedichte aus spätröm. und karolingischer Zeit.
163) Endelechius, Das Rindersterben 96 ff.
164) Textausgaben zu Grattius, Nemesian usw. mit engl. Übers. bei Duff, Minor Latin Poets.
165) Zum Text vgl. Ovid, Ibis, Fragmente, Ovidiana, lat.-dt., hg., übers. und erläutert von W. Häuptli, Darmstadt 1996, 60–73; 303–311 mit einer Tabelle der in großer Zahl genannten Fischarten (309 ff.).
166) Vgl. Küppers, Das Proömium der Cynegetica Nemesians (mit weiterer Lit.) sowie Daltrop, Jagdmosaiken, und Mielsch, Realität.
167) Vgl. zu den *Metamorphosen* Ovids als knappe Gesamtwürdigung Holzberg, Einf., in: Ovid, Metamorphosen, lat.-dt., hg. von E. Rösch, München 1990, 713–734, und Holzberg, Ovid, 123–158.
168) Zu den Mythen im einzelnen, ihrer Genese und Deutung vgl. den monumentalen *Metamorphosen*-Kommentar von F. Bömer, 7 Bde., Heidelberg 1969–1986.
169) Vgl. Ovid, Metamorphosen XV, 75–175; XV, 453–478.
170) Vgl. Ovid, Metamorphosen XV, 361–417. Zu Pythagoras (6. Jh. v.Chr.) und zum Pythagoreismus vgl. als erste Hinführung Röd, Philosophie der Antike, Bd. 1, 53–80.
171) Als Text vgl. Apuleius, Der Goldene Esel. Metamorphosen, lat.-dt., hg. und übers. von E. Brandt/W. Ehlers, München ⁴1989.
172) Vgl. van Thiel, Eselsroman I, mit ausführlicher Diskussion der Forschungsproblematik (insbes. auch bezüglich Kurz- und Langfassung des griech. Eselsromans); außerdem Holzberg, Antiker Roman, 86–92.
173) Gellius, Attische Nächte 5,14: Die Geschichte ist dem nicht erhaltenen Werk des alexandrinischen Gelehrten Apion (1. Jh. n.Chr.) entnommen. Sie wird dann auch von Ailianos, Tiergeschichten 7,48 erzählt.
174) Gellius, Attische Nächte 16,19: Diese berühmte Geschichte wird bereits bei Herodot, Historien I, 23 ff. berichtet und von dort von Gellius übernommen.
175) Zanker, Pompeji, 174 ff.
176) Zanker, Pompeji, 190 ff.
177) Toynbee, Tierwelt, 274 ff.
178) Vergil, Hirtendichtung, 4. und 8. Ekloge.
179) La Rocca, Ara, Abb. 18–21.
180) Coarelli, Guida, Abb. 114 f.
181) Zanker, Augustus, 177 ff.
182) Brommer, Parthenonfries, Taf. 52 f.; 154 ff.
183) Kraus, Weltreich, Taf. 178d; Curtius, Rom, Abb. 22.
184) Zanker, Augustus, Abb. 76 f.; 136 ff.
185) Toynbee, Tierwelt, Abb. 29; 101.
186) Übers.: R. König.
187) Aelianos, Tiergeschichten I, 18.
188) Aelianos, Tiergeschichten III, 41; XVI, 20.
189) Cicero, Über die Wahrsagung II, 76.
190) Livius, Römische Geschichte 1,6,4.
191) Artemidor, Das Traumbuch II, 12.
192) Aelianos, Tiergeschichten X, 34.
193) Plinius, Naturkunde VIII.
194) Vegetius, Tierheilkunde II, 60; I,63.
195) Plinius, Naturkunde XXIX, 24.

196) Seneca, Medea 670–739.
197) Plinius, Naturkunde XXVIII, 87 ff.
198) Plinius, Naturkunde XXVIII, 123 ff.
199) Plinius, Naturkunde XXIX-XXX.
200) Plinius, Naturkunde, bes. XXXII, 42 ff.
201) Plinius, Naturkunde XXX, 123 f., Übers.: R. König.
202) Plinius, Naturkunde VIII, 13.
203) Plinius, Naturkunde VIII, 142.
204) Plinius, Naturkunde VIII, 146.
205) Plinius, Naturkunde VIII, 155.
206) Plinius, Naturkunde VIII, 60 f.
207) Aelianos, Tiergeschichten II, 6; VI,15.
208) Aelianos, Tiergeschichten VI, 42.
209) Aelianos, Tiergeschichten VI, 44.
210) Aelianos, Tiergeschichten VI, 63.
211) Plinius, Naturkunde VIII, 21.
212) Plinius, Naturkunde VIII, 5.

Germanisch-keltisches Altertum

Aus Platzgründen werden die in der Regel von Philologen und Archäologen gemeinsam verfaßten tierkundlichen Artikel im Reallexikon der germanischen Altertumskunde (Berlin 1973 ff.) in den folgenden Anmerkungen ohne Nennung der Autoren, Band- und Seitenzahl lediglich mit der Abkürzung RGA und der Angabe des entsprechenden Stichworts zitiert. Im übrigen wird vor allem auf allgemeine und zusammenfassende Darstellungen neueren Datums verwiesen, in denen sich Angaben zu weiterführender Spezialliteratur finden.

1) Vgl. dazu Herrmann, Quellen; Lund, Germanenbild; Dobesch, Barbaricum, und Maier, Celts and Cyclopes.
2) Zur Jagd und zum Fischfang zusammenfassend Green, Animals, 44–65; Méniel, Chasse et élevage; von den Driesch, Haustierhaltung und Jagd; Teichert/Grünert, Viehwirtschaft, Jagd und Fischfang, 450–452, sowie Teichert/Müller, Jagd und Fischfang.
3) Herrmann, Quellen I, 574.
4) RGA, Art. Dorsch.
5) Vgl. Herrmann, Quellen I, 472 f. und 573, sowie RGA, Art. Auerochse. Zur kulturgeschichtlichen Bedeutung der Verwendung von Trinkhörnern vgl. Krauße-Steinberger, Trinkhornbeschläge, sowie Mac Cana, Drinking Horn.
6) RGA, Art. Elch.
7) RGA, Art. Bogen und Pfeil.
8) RGA, Art. Angel, Fischerei und Fischereimethoden.
9) Herrmann, Quellen I, 472.
10) Zur Viehhaltung zusammenfassend Green, Animals, 5–43; Müller, Haustiere; Méniel, Chasse et élevage ; von den Driesch, Haustierhaltung und Jagd; Teichert/Grünert, Viehwirtschaft, Jagd und Fischfang, 436–450; Teichert/Müller, Haustierhaltung.
11) Vgl. für den germ. Bereich zusammenfassend Esterle, Boviden, und für das kelt. Irland Lucas, Cattle.

12) RGA, Art. Fleisch.
13) Vgl. Spindler, Frühe Kelten, 313, sowie von den Driesch, Haustierhaltung und Jagd, 127.
14) RGA, Art. Dreschen.
15) Zum historischen Hintergrund der Verwendung des Pferdes als Zug- und Reittier vgl. Hänsel/Zimmer, Indogermanen und Pferd; RGA, Art. Fahren und Reiten; Davies/Jones, Horse, sowie Mallory, Chariot.
16) Die folgenden Beispiele nach Lambert, Langue gauloise.
17) Zusammenfassend Pare, Wagons and Wagon-Graves.
18) Biel, Keltenfürst, 95 und 141–159.
19) Herrmann, Quellen II, 240.
20) Vgl. Green, Animals, 57, und Lambert, Langue gauloise, 200.
21) Für den kelt. Bereich zusammenfassend Green, Animals, 66–91.
22) Zum kelt. Streitwagen vgl. Furger-Gunti, Chariot; Green, Animals, 80–87; Müller, Wagen, sowie Raftery, Fahren und Reiten.
23) Raftery, Ireland, 79.
24) Biel, Keltenfürst, 64–66.
25) Vgl. Teichert/Müller, Jagd und Fischfang, 121, sowie RGA, Art. Beizjagd.
26) Maier, Lexikon, 246 f. und 309 f.
27) Maier, Lexikon, 74 f.
28) Maier, Lexikon, 27 f.; zur Verwendung der irischen Bezeichnungen des Bären (art) und des Luchses (lug) als Metaphern für den Krieger vgl. Maier, art .i. día, sowie ders., Kelt. Namen von Carlisle und Colchester.
29) Maier, Lexikon, 114 f.; Euskirchen, Epona; RGA, Art. Epona.
30) Simek, Lexikon, 289 f.
31) Vgl. dazu zusammenfassend Jankuhn, Beobachtungen; Jankuhn, Heiligtümer; Méniel, Sacrifices d'animaux, sowie Haffner, Heiligtümer.
32) Capelle, Bauopfer.
33) Vgl. dazu Müller-Wille, Pferdegrab und Pferdeopfer; Oexle, Pferdebestattungen, sowie Werner, Childerichs Pferde.
34) Zum Tier in der kelt. und germ. Kunst vgl. allgemein Eggers u.a., Kelten und Germanen; Gebhard, Tierfiguren; Green, Animals; Megaw, Art, sowie Schwappach, Tierdarstellungen.
35) Haseloff, Tierornamentik.
36) Maier, Lexikon, 153.
37) Maier, Lexikon, 229.
38) Eggers u.a., Kelten und Germanen, 11; Megaw, Art, 138 f.
39) Megaw, Art, 59.
40) Megaw, Art, 138; vgl. dazu Maier, Water-Bull.
41) Hägg, Feuerböcke.
42) Eggers u.a., Kelten und Germanen, 49–51.
43) Maier, Lexikon, 79 mit Abb.
44) Vgl. dazu Beck, Eber-Signum.
45) Maier, Lexikon, 158–160.
46) RGA, Art. Butter.
47) RGA, Art. Ei.
48) Biel, Keltenfürst, 130.
49) Zusammenfassend Knaack, Handwerkliche Tätigkeiten; Green, Animals, 30–32 und 41–43, sowie Spindler, Frühe Kelten, 247–252.
50) Vgl. RGA, Art. Fellboot.
51) RGA, Art. Flöte.
52) Biel, Keltenfürst, 65 und 103.

53) RGA, Art. Filz.
54) Maier, Lexikon, 91, 129 und 284.
55) Vgl. Simek, Lexikon, 367–369, und RGA, Art. Adler, Dichtermet.
56) Simek, Lexikon, 202 f. und 377.
57) Beck, Ebersignum.
58) Vgl. Maier, Lexikon, 46, 219 und 238, sowie (zu möglichen antiken Vorläufern dieser Gestalt) Bloch, Corbeau divin.
59) Simek, Lexikon, 96 f.
60) Maier, Lexikon, 309.
61) Maier, Lexikon, 42.
62) Maier, Lexikon, 176 f.
63) Vgl. Simek, Lexikon, 462 f., sowie Heizmann, Lein(en) und Lauch.
64) Vgl. Beck, Bitheriophore Personennamen; Birkhan, Germanen und Kelten; Müller, Theriophore Personennamen, sowie Reichert, Altgerm. Personennamen.
65) Maier, Lexikon, 219 f.

Mittelalter

1) SWB, 220. Das Thema ist in den letzten Jahren sehr beliebt geworden, vgl. z.B. M. W. Adamson (Hg.), Food in the Middle Ages, New York 1995.
2) E. Wackernagel, Die Viehverstellung, Weimar 1923; D. Rippmann, Bauern und Städter. Stadt-Land-Beziehungen im 15. Jh., Basel 1990, 203 ff.
3) Salisbury, Beast, 57.
4) Benecke, Archäozoologische Studien, 201.
5) Schwabenspiegel M 204, hg. von K. Eckhardt, Aalen 1971, 250.
6) Benecke, Archäozoologische Studien, 207.
7) Benecke, Archäozoologische Studien, 201.
8) Cortonesi, Ruralia, 165 ff.
9) A. Sandklef, Biskötsel, in: KLNM, Bd. 1, 631–634.
10) Cortonesi, Ruralia, 183 ff.
11) Stadtluft, Hirsebrei und Bettelmönch (Katalog), Stuttgart 1992, 298; S. Häsler, Unters. zur ma. Viehwirtschaft und Jagd in der Herrschaft Löwenburg, Diss. Bern 1980, 85 ff.
12) Voisenet, Bestiaire, 166.
13) Pastor R. de Togneri, Conflictos sociales y estanciamento económico en la España medieval, Barcelona 1973.
14) Hiltbrand/Wildhaber, Hirtenkulturen; Carlen, Recht; K. Biddick, The Other Economy. Pastoral Husbandry on a Medieval Estate, Berkeley 1989.
15) KLNM, Bd. 20, 674–689; W. von Stromer, Wildwest in Europa, in: Kultur und Technik 3/2 (1979), 36–43.
16) KLNM, Bd. 20, 678.
17) KLNM, Bd. 9, 589.
18) L. Vones, Mesta, in: LexMa, Bd. 6, 565 f.
19) SWB, 871 f.
20) Hermann von Tournai, Miracula B. Mariae Laud. 22 f.
21) C. Carozzi, Le voyage de l'âme dans l'au-delà, Rom 1994, 272.
22) SWB, 249.
23) C. Matthiessen, Kastration, in: KLNM, Bd. 9, 596–599.
24) Benecke, Archäozoologische Studien, 184; 188.

25) KLNM, Bd. 20, 518–520.
26) LexMA, Bd. 1, 1199.
27) Cortonesi, Ruralia, 164 f.; 168.
28) Vgl. Salisbury, Beast, 51 f.
29) Nibelungenlied 916, hg. von K. Bartsch/H. de Boor, Wiesbaden [19]1967, 153.
30) L. Okken, Kommentar zum Tristan-Roman Gottfrieds von Strassburg, Amsterdam 1984, 172.
31) Lutterbach, Speisegesetzgebung; De Waardt, Voedselvoorschriften, 61; Bonnassie, Aliments, 1037.
32) Benecke, Archäozoologische Studien, 193.
33) Justinian, Institutiones 2,1,12; Spieß, Jagd, 253.
34) Gregor von Tours, Historia Francorum 10,10.
35) J. Semmler, Der Forst des Königs, in: J. Semmler (Hg.), Der Wald in MA und Renaissance, Düsseldorf 1991, 130–147, 141.
36) C. Villani, Il bosco del re, in: B. Andreolli/M. Montanari (Hg.), Il bosco nel medioevo, Bologna 1988, 73–81.
37) J. Verdon, Les loisirs au Moyen Age, Paris 1980, 52.
38) Semmler, Forst (wie Anm. 35), 133 f.
39) Spieß, Jagd, 238; 246 f.
40) Brackert/Kleffens, Hunde, 69 f.; Spieß, Jagd, 243.
41) Spieß, Jagd, 250 f.; Verdon, Loisirs (wie Anm. 37), 53; 55.
42) Landr. 2,61,2.
43) Verdon, Loisirs (wie Anm. 37), 54.
44) Semmler, Forst (wie Anm. 35), 132.
45) R. Bechmann, Trees and Men. The Forest in the Middle Ages, New York 1990, 33.
46) Nibelungenlied 950,4, ed. cit. (wie Anm. 29), 158.
47) Dalby, Lexicon; Krause, Jagd.
48) R. Krohn, Gottfried von Straßburg. Tristan, Stuttgart 1980, III, 44 ff.; L. Okken, Kommentar zum Tristan-Roman Gottfrieds von Strassburg, Amsterdam 1984, 169 ff.; E. S. Dick, The Hunted Stag and the Renewal of Minne, in: Tristania 17 (1996), 1–26; A. Schultz, Das höfische Leben zur Zeit der Minnesinger, ND Osnabrück 1965, Bd. 1, 461 ff.; Krause, Jagd, 130–188.
49) Nibelungenlied 926 ff.
50) Verdon, Loisirs (wie Anm. 37), 53 f.; Fenske, Jagd, 56 ff.
51) Rahewin, Gesta Frederici 4,86.
52) Militzer, Jagd, 356.
53) W. Schäfer, Agnes Bernauer und ihre Zeit, München 1987, 156; Rösener, Jagd, 311.
54) S. Schwenk, Beizjagd, in: LexMa 1, 1825 f.; H. Scheel, Falke- og hýgejagt, in: KLNM, Bd. 4, 154–156.
55) Oggins, Falconry, 48.
56) R. Bechmann, Trees and Men. The Forest in the Middle Ages, New York 1990, 28.
57) Hg. von C. A. Willemsen, Leipzig 1942. Vgl. D. Walz, Das Falkenbuch Friedrichs II., in: Micrologus 2 (1994), 151–184; D. Walz, Das Falkenbuch Friedrichs II., Graz 1994.
58) D. Abulafia, Herrscher zwischen den Kulturen. Friedrich II. von Hohenstaufen, Berlin 1991, 260.
69) Hg. von M. Montandon-Hummel, 1986.
60) Hg. von K. Lindner, 1954.
61) Oggins, Falconry, 50.

62) G. Eis, Forschungen zur Fachprosa, Bern 1971, 267.
63) D. Galbreath/L. Jéquier, Hb. der Heraldik, München 1989, 161. Vgl. J. Raths, Wolfsangeln und Wölfe, in: Oldenburger Jb. 58/1 (1959), 223–228.
64) Eis, Forschungen (wie Anm. 62), 284 ff.
65) G. Bise, Das Buch der Jagd von Gaston Phoebus, Fribourg 1978, 93.
66) § 315, hg. von C. Beaune, Paris 1990, 172.
67) De miraculis S. Mariae Rupis Amatoris, 2, 15, hg. von E. Albe u.a., Toulouse 1996, 198.
68) R. Bechmann, Trees and Men. The Forest in the Middle Ages, New York 1990, 29; A. Rey (Hg.), Dictionnaire historique de la langue française, Paris 1992, Bd. 1, 1148; Moretti, Specchio, 244.
69) R. Bechmann, Trees and Men. The Forest in the Middle Ages, New York 1990, 29.
70) Ortalli, Natura, 272.
71) Rösener, Jagd, 436.
72) Bise, Buch der Jagd (wie Anm. 65), 96.
73) Verdon, Loisirs (wie Anm. 37), 57.
74) KLNM, Bd. 7, 549.
75) Revelationes 6,76, ed. Rom 1628, II, 147.
76) A. Franz, Die kirchlichen Benediktionen im MA, Bd. 1, Freiburg i.Br. 1909, 624 ff.
77) Acta et Processus Canonizacionis b. Birgitte, hg. von I. Collijn, Uppsala 1924/31, 514.
78) Eis, Forschungen (wie Anm. 62), 275, Orthographie leicht modernisiert.
79) T. Edgren/L. Törnblom, Finlands Historia I, Esbo ³1993, 362 f.
80) T. Weigl, Das Rätsel des Königslutterer Jagdfrieses, in: Schriftenreihe der Kommission für Niedersächsische Bau- und Kunstgeschichte 2 (1985).
81) Astronomus, Vita Hludowici 46.
82) Landr. 2,28,4.
83) Gambini/Pasquale, Tori.
84) Verdon, Loisirs (wie Anm. 37), 95 f.
85) Verdon, Loisirs (wie Anm. 37), 91.
86) H. Guttormsen, Hva vet vi om den norske tørrfiskhandelen i middelalderen, in: Hålýgminne 17 (1985), 3–24.
87) Verdon, Loisirs (wie Anm. 37), 95.
88) Eis, Forschungen (wie Anm. 62), 288.
89) Liber miraculorum S. Fidis 3, 12, hg. von L. Robertini, Spoleto 1994.
90) M. Illi, Wasserentsorgung in spätma. Städten, in: Die Alte Stadt 20/3 (1993), 221–228; 224.
91) Abb.: M. Kneise, Lebensspuren Martin Luthers, Eisenach 1996, 62.
92) D. Gaborit-Chopin, Elfenbeinkunst im MA, Berlin 1978.
93) P. Dinzelbacher, Die Bedeutung des Buches in der Karolingerzeit, in: Archiv für Geschichte des Buchwesens 24 (1983), 258–287; 261 f.; Salisbury, Beast, 23.
94) Blaschitz, Katze, 595.
95) J. Bernström, Katt, in: KLNM, Bd. 8, 365.
96) Grimm'sches Wb. s.v.
97) Knittler, Tiere, 12 f.
98) Benecke, Archäozoologische Studien, 222.
99) Salibury, Beast, 20.
100) Hestesko, in: KLNM, Bd. 6, 545–548.
101) F. W. Henning, Hb. der Wirtschafts- und Sozialgeschichte Deutschlands, Bd. 1, Paderborn 1991.

102) Langdon, Horses.
103) E. Castelnuovo, I mesi di Trento, Trento 1986, 170 f.; 182 f.
104) Liber miraculorum S. Fidis 4, 20, hg. von L. Robertini, Spoleto 1994.
105) J. Bernström, Hund, in: KLNM, Bd. 7, 64–74.
106) Blaschitz, Katze, 593.
107) R. Delort, in: LexMA, Bd. 5, 1079.
108) J. Bernström, Katt, in: KLNM, Bd. 8, 364.
109) Tierhalterhaftung, in: Hwb. zur dt. Rechtsgeschichte 33 (1991), 231–237.
110) Übers. in C. Schwerin, Germanenrechte, Bd. 7, Weimar 1935, 60 f.
111) U. Lindgren (Hg.), Europäische Technik im MA. 800–1400, Berlin 1996, 240.
112) J. Grimm, Dt. Rechtsaltertümer, ND Darmstadt 1983, Bd. 2, 271; A. Ebenbauer, Blutaar, in: RGA, Bd. 3, Berlin 1978, 80 f.
113) Grimm, Rechtsaltertümer (wie Anm. 112), Bd. 2, 273 f.
114) Grimm, Rechtsaltertümer (wie Anm. 112), Bd. 2, 279 ff.; C. Bukowska Gorgoni, Die Strafe des Säckens, in: Forschungen zur Rechtsarchäologie und rechtlichen Volkskunde 2 (1979), 145 ff.
115) Martyrium des hl. Hippolyt von Rom: Abb. z.B. in Bibliotheca Sanctorum, Bd. 7, 877.
116) R. Rex, Wild Horses, Justice, and Charity in the Prioress's Tale, in: Papers in Language and Literature 22 (1986), 339–351.
117) Vs. 9009 ff., hg. von D. Kartschoke, Frankfurt a.M. 1970, 390.
118) Grimm, Rechtsaltertümer (wie Anm. 112), Bd. 2, 286.
119) Berkenhoff, Tierstrafe, 42; 72.
120) Grimm, Rechtsaltertümer (wie Anm. 112), Bd. 2, 261 ff.; H.-R. Hagemann, Basler Rechtsleben im MA, Bd. 1, Basel 1981, 308.
121) Schwenk, Hundetragen, 299.
122) Grimm, Rechtsaltertümer (wie Anm. 112), Bd. 2, 287.
123) Grimm, Rechtsaltertümer (wie Anm. 112), Bd. 2, 309 ff.; Schwenk, Hundetragen.
124) Otto von Freising, Gesta Frederici 2, 48.
125) Grimm, Rechtsaltertümer (wie Anm. 112), Bd. 2, 312 ff.
126) 2, 104 (2021 ff.), hg. von R. Menéndez Pidal/W. S. Merwin, New York 1962, 182 f.
127) J. Fleckenstein, Maifeld, in: LexMA, Bd. 6, 113.
128) Hägermann, Pferd II, in: LexMA, Bd. 6, 2029 f.
129) J. Fleckenstein, Ritter, -tum, -stand: in: LexMA, Bd. 7, 866 f.
130) F. Ohly, Ausgewählte und neue Schriften zur Literaturgeschichte und zur Bedeutungsforschung, Stuttgart 1995, 336 ff.
131) F. Rünger, Herkunft, Rassezugehörigkeit, Züchtung und Haltung der Ritterpferde des Dt. Ordens, in: Zs. für Tierzüchtung und Züchtungsbiologie 2 (1925), 211–308.
132) U. Lehnart, Die Schlacht von Worringen 1288. Kriegführung im MA, Frankfurt a.M. 1993, 49 f.
133) Lehnart, Schlacht (wie Anm. 132), 48; 63.
134) J. Fleckenstein, Ritter, -tum, -stand: in: LexMA, Bd. 7, 866 f.
135) Ackermann-Arlt, Pferd, 258.
136) Lehnart, Schlacht (wie Anm. 132), 145.
137) Ackermann-Arlt, Pferd, 258.
138) Ackermann-Arlt, Pferd, 259.
139) Lancelot, Vs. 2698 ff., hg. von D. Poirion u.a., Chrétien de Troyes, Œuvres complètes, Paris 1994, 573.
140) I, 475, 4 f., zit. Ackermann-Arlt, Pferd, 261.

141) S. Morillo, Warfare under the Anglo-Norman Kings 1066–1135, Woodbridge 1994, 140; 157 f.
142) Lehnart, Schlacht (wie Anm. 132), 144.
143) 35, 1044 ff., (wie Anm. 148), 96.
144) Lehnart, Schlacht (wie Anm. 132), 145, Anm. 552.
145) Lodewijk van Veltherm, De Guldensporenslag, hg. von W. Waterschoot, Den Haag 1979, 27; 407.
146) Hartmann von Aue, Iwein 7116 ff.
147) Henri de Laon, Le dit des hérauts 101, hg. von A. Langfors, in: Romania 43 (1913), 216–225; 223.
148) Lodewijk van Veltherm, De Guldensporenslag, hg. von W. Waterschoot, Den Haag 1979, 15 f.
149) Richer von Saint-Rémi, Historiae 4, 83 f.
150) LexMA, Bd. 3, 1810 f.; Muratova, Sources; Druce, Elephant.
151) Jacobs, Schützenkleinodien, 8.
152) Nitschke, Tiere, 78 ff.
153) Gottfried von Durham, Vita 19.
154) F. C. Tubach, Index exemplorum, Helsinki 1969, Nr. 891.
155) Audoin-Rouzeau, Bêtes, 23.
156) Benecke, Archäozoologische Studien, 227 f.
157) Schultz, Das höfische Leben (wie Anm. 48), Bd. 1, 450; 455; Brackert/Kleffens, Von Hunden und Menschen, 65.
158) O. Beneke, Von unehrlichen Leuten, Berlin 1899, 237.
159) Klingender, Animals, 446; E. G. Grimme, Dt. Madonnen, Köln 1966, Nr. 9; 13.
160) Thomasevangelium 2.
161) R. Brednich, Vogel am Faden. Geschichte und Ikonographie eines vergessenen Kinderspiels, in: E. Ennen/G. Wiegelmann (Hg.), FS M. Zender, Bonn 1972, 513–559; Beer, Eltern, 296.
162) Liber miraculorum S. Fidis 3, 12, hg. von L. Robertini, Spoleto 1994, 200.
163) Stadtluft, Hirsebrei und Bettelmönch (Katalog), Stuttgart 1992, 392 ff.
164) 5, 136; 172; 11, 1 ff.
165) Schultz, Das höfische Leben (wie Anm. 48), Bd. 1, 450.
166) O. Neubecker, Wappenkunde, München 1991, 129; Grössinger, The World Upside-Down. English Misericords, London 1997, 100; Janson, Apes.
167) E. Schubert, Fahrendes Volk im MA, Bielefeld 1995, 109 f.; 232.
168) F. Zoepfl, Dt. Kulturgeschichte, Freiburg i.Br. 1931, Bd. 1, 206.
169) Zoepfl, Kulturgeschichte (wie Anm. 168), 84 ff.
170) E. Schubert, Fahrendes Volk im MA, Bielefeld 1995, 110.
171) Ebd., 231.
172) Andreolli, Orso, 46.
173) Benecke, Archäozoologische Studien, 186.
174) Kaufmann, Thierliebhaberei, 407.
175) Eckhart IV., Casus S. Galli 136, AQ 10, 266.
176) Brackert/Kleffens, Von Hunden und Menschen, 68.
177) E. Michael, Geschichte des dt. Volkes vom 13. Jh. bis zum Ausgang des MA, Bd. 3, Freiburg i.Br. 1903, 419.
178) J. Steadman, The Prioress's dogs and benedictine discipline, in: Modern Philology 54 (1956), 1–6, 1.
179) Brackert/Kleffens, Von Hunden und Menschen, 100.
180) S. Hartmann, »sitehe und tûben« – zur Vogelsymbolik im »Helmbrecht«, in: S. Hartmann/C. Lecouteux (Hg.), Dt.-frz. Germanistik, Mélanges E. Zink, Göppingen 1984, 143–159, 145. Vgl. auch die Camera del Pappagallo

im Vatican: Jacobs, Schützenkleinodien, 54 f.
181) Annoscia, Animali, 91.
182) Matthäus Paris, a.a. 1235, zit. Schultz, Das höfische Leben (wie Anm. 48), Bd. 1, 452.
183) Michael, Geschichte des dt. Volkes (wie Anm. 177), 418.
184) Matthäus Paris, a.a. 1255.
185) Kaufmann, Thierliebhaberei, 408.
186) Militzer, Jagd, 357 f.
187) Militzer, Jagd, 405.
188) Militzer, Jagd, 416 ff.
189) Giorgio Vasari, Le vite ..., Rom 1931, 255 f.
190) Gregor von Tours, Historia Francorum 8,36; Caesarius von Arles, Sermo 61,3.
191) Fenske, Jagd, 89.
192) Berkenhoff, Tierstrafe, 42; Forsyth, Theme; J. Dumont, Les combats de coq furent-ils un sport?, in: Pallas 34 (1988), 34–44, behandelt nur die griech. Antike.
193) Grössinger, The World (wie Anm. 166), 172 f.; Kaufmann, Thierliebhaberei, 406.
194) S. Solheim, Hestekamp, in: KLNM, Bd. 6, 538–540.
195) Eis, Forschungen (wie Anm. 62), 169 ff.
196) Eis, Forschungen (wie Anm. 62), 173.
197) Justinus von Lippstadt, Lippiflorium, 131 f., zit. Michael, Geschichte des dt. Volkes (wie Anm. 177), 307, Anm. 4.
198) Tubach, Index (wie Anm. 154), Nr. 2624.
199) E. Schubert, Fahrendes Volk im MA, Bielefeld 1995, 110; 232 f.
200) M. Laderos Quesada, Stierkampf, in: LexMA 8, 171.
201) I. Mateo Gómez, La lidia de toros en el arte religioso español de los siglos XIII al XVI, in: M. Núñez Rodríguez (Hg.), El rostro y el discurso de la fiesta, Santiago de Compostela 1994, 173–183.
202) G. Pochat, Theater und bildende Kunst im MA und in der Renaissance in Italien, Graz 1990, 171 f.
203) Darnton, Katzenmassaker, 100; 106 f.
204) Jacobs, Schützenkleinodien, 72.
205) Jacobs, Schützenkleinodien, 20.
206) P. Walter, Les corbeaux de saint Vincent et le coq de saint Tropez. Du mythe celtique à l'emblème médiévale, in: Taíra 5 (1993), 123–142; Sartori, Martin, hl., in: HDA, Bd. 5, Berlin 1933 (ND 1987), 1710.
207) Eis, Forschungen (wie Anm. 62), 221 (Orthographie modernisiert).
208) Vgl. Galloni, Cervo.
209) Semmler, Forst (wie Anm. 35), 130.
210) Szabó, Kritik, 219 f.
211) R. Willard, Chaucer's »text that seith that hunters ben nat hooly men«, in: University of Texas Studies in English 26 (1947), 209–251; Szabó, Kritik, 177 ff.
212) Peter von Blois, Epistola, PL 207, 169–171.
213) Verdon, Loisirs (wie Anm. 37), 85.
214) MGH, Cap. 1, Nr. 23,31; 33,19.
215) Bise, Buch der Jagd (wie Anm. 65), 42 ff.
216) Grimm, Rechtsaltertümer (wie Anm. 112), Bd. 1, 486 f.
217) Verdon, Loisirs (wie Anm. 37), 57.
218) Johann von Viktring, Liber certarum historiarum 3,4.
219) J. Klapper (Hg.), Exempla aus Handschriften des MA, Heidelberg 1911, 36, Nr. 44.

220) Salisbury, Beast, 87 ff.; Salisbury, Bestiality.
221) Le Guide du Pèlerin de Saint-Jacques de Compostelle, hg. von J. Vielliard, Macon ⁵1978, 28.
222) Salisbury, Beast, 95.
223) J. A. Brundage, Law, Sex, and Christian Society in Medieval Europe, Chicago 1987, 168.
224) J. Granlund u.a., Tidelag, in: KLNM, Bd. 18, 268–270.
225) M. Goodich, The Unmentionable Vice, Santa Barbara 1979, 34.
226) M. Goodich, The Unmentionable Vice, Santa Barbara 1979, 66; Brundage, Law (wie Anm. 223), 400, vgl. 473.
227) Salisbury, Beast, 93.
228) P. Träskman, Om »menniskor som af Sathan och sin onda begiärelse later förföra sigh«, in: Historisk Tidskrift för Finland 75 (1990), 248–263.
229) R. Easting (Hg.), Peter of Bramham's Account of a Chaplain's Vision of Purgatory (c. 1343?), in: Medium Aevum 65 (1996), 211–229, 225.
230) Vgl. z.B. A. Guerreau-Jalabert, Index des motifs narratifs dans les romans arthuriens français en vers, Genf 1992, 23 ff.
231) T. Edgren/L. Törnblom, Finlands Historia I, Esbo ³1993, 243 ff.
232) Grimnismál, 25 f.
233) Snorri Sturluson, Gylfaginning 12, hg. von G. Lorenz, Darmstadt 1984, 194.
234) F. Dubost, Aspects fantastiques de la littérature narrative médiévale (XIIème-XIIIème siècles). L'Autre, l'Ailleurs, l'Autrefois, Paris 1991, 554.
235) M. Müller-Wille, Pferdegrab und Pferdeopfer im frühen MA, in: Berichten van de Rijksdienst voor het Oudheidkundig Bodemondersoek 20 (1970), 119 ff.
236) W. Baetke, Die Religion der Germanen in Quellenzeugnissen, Frankfurt a.M. 1937, 69 f.
237) Adam von Bremen, Gesta Hammaburgensis Ecclesiae pontificum 4, 27.
238) L. Wamser, Eine thüringisch-fränkische Adels- und Gefolgschaftsgrablege des 6./7. Jh.s bei Zeuzleben, Würzburg 1984.
239) J. Brøndsted, The Vikings, Harmondsworth 1965, 301 ff.; 293.
240) C. Daxelmüller, Bauopfer, in: LexMA, Bd. 1, 1669 f.
241) P. Saintyves, Saint Christophe successeur d'Anubis, d'Hermes et d'Héraclès, in: Revue anthropologique 45 (1935), 309–355, 344 ff.
242) Eis, Forschungen (wie Anm. 62), 282.
243) Eis, Forschungen (wie Anm. 62), 322.
244) Paulus Diaconus, Historia Langobardorum 6,55.
245) W. Baetke, Die Religion der Germanen in Quellenzeugnissen, Frankfurt a.M. 1937, 22; 74 ff.
246) B. Ruiz Martínez, Notas sobre las creencias y supersticiones de los caballeros castellanos medievales, in: Cuadernos de historia de Espagna 3 (1945/46), 158–167.
247) Historia Hierosolymitanae expeditionis 1,31: PL 166,410; vgl. Voisenet, Bestiaire, 166 f.
248) Lodewijk van Velthem, De Guldensporenslag, hg. von W. Waterschoot, Den Haag 1979, 24.
249) J. Staber, Ein altbayerischer Beichtspiegel des 15. Jh.s, in: Bayerisches Jb. für Volkskunde (1963), 7–24, 22.
250) Boehm, Spatulimantie: in: HDA, Bd. 8, Berlin 1937 (ND 1987), 125 ff.
251) Auf die mediävistisch inkompetente Leugnung dieses Sachverhalts in der modernen dt. Volkskunde kann hier nicht eingegangen werden.
252) U. Schwab, »Hirez runeta« und die lat. Randeinträge im Cod. Brux. 8860–8867, in: Letteren en Schone Kunsten van Belgie, Kl. der Letteren 55 (1993/1), 1–49.

253) Schwab, Hirez runeta (wie Anm. 252), 24.
254) Capitula presbyteris data 14: PL 125,776 B. – Vgl. P. Walter, Der Bär und der Erzbischof, in: D. Altenburg (Hg.), Feste und Feiern im MA, Sigmaringen 1991, 377–388.
255) Walter, Bär (wie Anm. 254), 39.
256) Gaignebet/Lajoux, Art profane, 250 f.
257) Hermann von Tournai, Miracula B. Mariae Laud. 3,22.
258) De miraculis S. Mariae Rupis Amatoris, 2, 25, hg. von E. Albe u.a., Toulouse 1996, 218.
259) Rowland, Animals, 22 f.; Berkenhoff, Tierstrafe; 74; H. Kindermann, Das Theaterpublikum des MA, Salzburg 1980, 95 f.
260) Miracula 23, in: A. Mulder-Bakker, Der kluizenaar in de eik. Gerlach van Houthem en zijn verering, Hilversum 1995, 204.
261) Lorcin, Rage.
262) J. Fohl, Hubert, in: Lexikon für Theologie und Kirche, Bd. 5, Freiburg i.Br. 1933, 165 f.; H. Gaidoz, La Rage et St-Hubert, Paris 1887.
263) H. Günter, Psychologie der Legende, Freiburg i.Br. 1949, 182.
264) A. Franz, Drei dt. Minoritenprediger aus dem XIII. und XIV. Jh., Freiburg i.Br. 1907, 130.
265) J. Klapper (Hg.), Erzählungen des MA, Breslau 1914, 288 ff.
266) Günter, Psychologie (wie Anm. 263), 186.
267) Günter, Psychologie (wie Anm. 263), 179 ff.
268) Günter, Psychologie (wie Anm. 263), 184 f.; H. Günter, Die christliche Legende des Abendlandes, Heidelberg 1910, 81.
269) Vita 15,36, in: Werke I, hg. von G. Winkler, Innsbruck 1990, 524 f. (gekürzt).
270) Vgl. die Stichworte im LcI, Bde. 5–8.
271) R. Benz, Die Legenda aurea, Heidelberg [8]1975, 949; Beer, Einhorn, 68 ff.
272) Bescheidenheit 12,10 f., hg. von H. Bezzenberger, Halle 1872.
273) Penco, Simbolismo.
274) Epistola 42,6: Opera omnia, hg. von J. Leclercq u.a., Rom 1957 ff., Bd. 7, 105.
275) Hg. von M. Léonard, in: Romania 104 (1983), 236–257.
276) Brieven I, hg. von J. van Mierlo, Antwerpen 1947, 203 f.
277) H. Gillmeister, Chaucer's Conversion, Frankfurt a.M. 1984. Vgl. oben S. 239 die Ecbasis.
278) Schmidtke, Geistliche Tierinterpretation, 331–347.
279) Melitonis Clavis 8,7 (Distinct. Mon. 1), hg. von J. B. Pitra, Spicilegium Solesmense II, Paris 1855, 482.
280) Marie de France, Del dragun e del vilein: Fables, hg. von H. Spiegel, Toronto 1987, 154 ff.
281) Schmidtke, Geistliche Tierinterpretation, 315 ff.
282) F. Lanzoni, Il sogno presago della madre incinta nella letteratura medievale e antica, in: Analecta Bollandiana 45 (1927), 225–261.
283) Schmitt, Windhund, 198.
284) Gerhardt, Hund, 119.
285) Gerhardt, Hund, 119.
286) Schmidtke, Geistliche Tierinterpretation, 315 ff.
287) Alten, Devil.
288) K. Grubmüller, Des hundes nôt, in: Die dt. Lit. des MA. Verfasserlexikon, Bd. 4, Berlin/New York 1983, 306 f.
289) Brackert/Kleffens, Von Hunden und Menschen, 94 f.
290) N. Harris, The Latin and German »Etymachia«, Tübingen 1994, §§ 75 ff.
291) F. Ohly, Schriften zur ma. Bedeutungsforschung, Darmstadt 1977, 48 ff.

292) Schmidtke, Geistliche Tierinterpretation, 302 ff.
293) Disputation de l'asne, in: R. Foulché-Delbosc, Revue hispanique 24 (1911), 358–479; vgl. Kindlers Literaturlexikon s.v. »La disputa de l'ase«.
294) Berkenhoff, Tierstrafe, 74 f.
295) Vgl. die jeweiligen Lemmata im LcI, Bde. 1–4, die im folgenden nicht einzeln zitiert werden.
296) Benton, Menagerie, 114 f.
297) C. Gerhardt, Die Metamorphosen des Pelikans, Frankfurt a.M. 1979.
298) M. Rubin, Corpus Christi, Cambridge 1991, 311.
299) R. Bechmann, Villard de Honnecourt. La pensée technique au XIIIe siècle et sa communication, Paris 1991, 132 f.; 300.
300) Commentarius in Ezechielem, 1,1. Vgl. J. H. Emmminghaus, Evangelisten in der bildenden Kunst, in: Lexikon für Theologie und Kirche, Bd. 3, Freiburg i.Br. 1959, 1254 f.; M. Werner, On the Origin of Zooanthropological Evangelist Symbols, in: Studies in Iconography 10 (1986), 1–35.
301) H. Schwartz, Soest in seinen Denkmälern, Bd. 2, Soest 1956, 139.
302) F. P. Mittermaier (Hg.), Lebensbeschreibung der sel. Christina, gen. von Retters, in: Archiv für Mittelrheinische Kirchengeschichte 17 (1965), 209–251; 18 (1966), 203–238; 242.
303) Mittermaier, Lebensbeschreibung (wie Anm. 302), 243.
304) Dinzelbacher, Adlersymbolik, 188 ff.
305) Vita et Revelationes, c. 154, hg. von P. Dinzelbacher/R. Vogeler, Göppingen 1994, 330 f.
306) Berengarius Donadei, Vita, hg. von P. A. Semenza, in: Analecta Augustiniana 17 (1939/40), 87–102, 98.
307) Janson, Apes.
308) Jones, Motifs, 193; 209; Gaignebet/Lajoux, Art profane, 84.
309) Vita et Revelationes, c. 71, hg. von P. Dinzelbacher/R. Vogeler, Göppingen 1994, 174 f.
310) E. Bauer, Die Armen Seelen- und Fegefeuervorstellungen der altdt. Mystik, Diss. Würzburg 1960.
311) Vita 8 ff. Vgl. J. Stoffels, Die Angriffe der Dämonen auf den Einsiedler Antonius, in: Theologie und Glaube 2 (1910), 721–732; 809–830; A. C. Baynes, St. Antony and the Demons, in: Journal of Egyptian Archaeology 40 (1954), 7–10.
312) Vita 12; 14; 30: Rolls' Series 75/I, London 1882, 295–325.
313) Pierre de Vaux, Vie cc. 153–63, hg. von U. d'Alençon, in: Archives franciscaines 4 (1911), 3–201, 131 ff.
314) A. Linsenmayer, Geschichte der Predigt in Deutschland, München 1886, 363 f.
315) KLNM, Bd. 8, 366 f.
316) J. Staber, Ein altbayerischer Beichtspiegel des 15. Jh.s, in: Bayerisches Jb. für Volkskunde (1963), 7–24, 16.
317) P. Fontana, Metamorfosi diaboliche nella Liguria del Quattrocento, in: Lares 62 (1996), 21–30.
318) De Civitate Dei 18,16 ff.
319) Blaschitz, Katze, 610.
320) Übers. F. Fürbeth, Frankfurt a.M. 1989, 45 ff.
321) Otia imperialia 1,93.
322) Zit. M. Steiner, Wasserspeier an Kirchengebäuden als Bestandteil des ma. Dämonenglaubens, Diss. Erlangen 1953, 187.
323) Processo alla strega Matteuccia di Francesco, hg. von D. Mammoli (Res Tudertinae 8), Todi ²1983, 30.
324) Martina, hg. von A. von Keller, Stuttgart 1856, 106.

325) Liber visionum 2, 7, hg. von F. W. E. Roth, Brünn 1884, 42 f.
326) Inferno 13, 124 ff.; vgl. I monstra nell'Inferno dantesco, Spoleto 1997.
327) Das Buch vom Espurgatoire S. Patrice der Marie de France und seine Quelle, hg. von K. Warnke, Halle 1938, 72.
328) J. Baschet, Les justices de l'au-delà, Rom 1993, fig. 27; 32; 111 f.; 149; 164.
329) J. Baschet, Les justices de l'au-delà, Rom 1993, 111; 157; ebenso im Schäferkalender: Le grant kalendrier et compost des Bergiers avecq leur Astrologie, Faksimilie Paris 1981.
330) B. Fidjestøl, Sólarljóð. Tyding og tolkingsgrunnlag, Bergen 1979, 69.
331) J. Baschet, Les justices de l'au-delà, Rom 1993, 279 ff.; E. Guldan, Das Monster-Portal am Palazzo Zuccari in Rom, in: Zs. für Kunstgeschichte 32 (1969), 229–261; P. Sheingorn, Who can open the doors of his face? in: C. Davidson/T. Seiler (Hg.), The Iconography of Hell, Kalamazoo 1992, 1–19.
332) P. Sebillot, L'âme sous forme animale, in: Revue des traditions populaires 15 (1900), 625–640.
333) LcI, Bd. 4, 141.
334) P. Dinzelbacher, Vision und Visionslit. im MA, Stuttgart 1981, 102 f.; 117; 174; 179.
335) Ciccarese, Visioni, 294 ff.
336) P. G. Schmidt (Hg.), Die Vision von Vaucelles (1195/96), in: Mittellat. Jb. 20 (1985), 155–163, 160.
337) Vs. 89 ff., zit. H. R. Patch, The Other World, ND New York 1970, 189; n. 49.
338) Mosella 240 ff.
339) L. Bieler, Irland, Olten 1961, 65 f.
340) Davies, Medieval English Lyrics, 52.
341) Carmina 50; 72.
342) MGH Poetae lat. 1, 1881.
343) Wehrli, Formen, 116; vgl. J. Ziolkowski, Sedulius Scottus's De quodam verbece a cane discerpto, in: Mediaevalia 9 (1983), 1–24.
344) Ohly, Ausgewählte Schriften (wie Anm. 130), 325 f.
345) Der Renner 4203 ff., hg. von G. Ehrismann, Tübingen 1908, Bd. 1, 173.
346) SWB, 699.
347) G. Schwekle (Hg.), Die mittelhochdt. Minnelyrik, Bd. 1, Darmstadt 1977, 190.
348) Lit.: SWB, 833.
349) Reiser, Falkenmotive.
350) A. Guerreau-Jalabert, Index des motifs narratifs dans les romans arthuriens français en vers, Genf 1992, F 989.15.
351) Lecouteux, Drache; Dubost, Aspects (wie Anm. 234), 455 ff.
352) Heinrich der Löwe und seine Zeit (Katalog), München 1995, Bd. III, passim.
353) Das hat im Gegensatz zur dominierenden literaturwiss. Dogmatik, die der ma. Dichtung Realitätscharakter möglichst absprechen will, R. Weick gezeigt (Ornithologisches bei Hartmann von Aue, in: Würzburger medizinhistorische Mitt. 7, 1989, 83–100).
354) A. Hilka/O. Schumann (Hg.), Carmina Burana, Heidelberg 1930 ff., 215, Nr. 130.
355) Vs. 809 ff.: The Owl and the Nightingale, hg. von H. Sauer, Stuttgart 1983.
356) Vs. 1395 ff.
357) P. Lehmann, Die Parodie im MA, Stuttgart ²1963, 83.
358) Mateo Gómez, La lidia (wie Anm. 201), 182.
359) P. Bec, Burlesque et obscénité chez les troubadoures, Paris 1984, 85 ff.
360) Gedichte, hg. von E. Schröder, Darmstadt 1900.
361) Letaldo di Micy, Within piscator, hg. von F. Bertini, Florenz 1995.

362) H. Bidermann (Hg.), St. Brandanus, Graz 1980, f. 163 v.; Tubach, Index (wie Anm. 154), Nr. 5250; Schmidtke, Geistliche Tierinterpretation, 448 ff.
363) SWB, 232 f.; G. Hasenohr/M. Zink (Hg.), Dictionnaire des lettres françaises. Le Moyen Age, Paris 1992, 716 ff.
364) Satura 2, 6, 79 ff.
365) §§ 1370–1383; A. Catinelli, Antecedentes ilustres del mur de Monferrando y del mur de Guadalajare, in: M. Criado de Val (Hg.), El Arcipreste de Hita, Barcelona 1973, 273–278.
366) G. Kratzmann/E. Gee (Hg.), The Dialoges of Creatures Moralysed, Leiden 1988.
367) Cap. 45, Stockholm 1483, Faksimile Uppsala s.a. (1983), vgl. Kommentar 383 f.
368) SWB, 822 f.
369) SWB, 821 f.
370) X. Kawa-Torpor, L'image du roi dans le Roman de Renart, in: Cahiers de Civilisation Médiévale 36 (1993), 263–280.
371) A. Dauzat (Hg.), Nouveau dictionnaire étymologique et historique, Paris ^{2}1971, 642.
372) A. G. Rigg, A History of Anglo-Latin Literature, Cambridge 1992, 102 ff.
373) P. Knapp, in: SWB, 822.
374) J.-M. Pastré, A propos du Reinhart Fuchs, in: Buschinger/Spiewok (Hg.), Tierepik im Mittelalter, 71–82.
375) Vs. 3 ff., hg. von K.-H. Göttert, Stuttgart ^{2}1987, 6.
376) Lit.: LexMA, Bd. 3, 1536.
377) S. Hartmann, »siteche und tûben« – zur Vogelsymbolik im »Helmbrecht«, in: S. Hartmann/C. Lecouteux (Hg.), Dt.-frz. Germanistik, Mélanges E. Zink, Göppingen 1984, 143–159, 153.
378) Paraphrase nach Richard de Fournival, Il bestiario d'amore, hg. von F. Zambon, Parma ^{3}1991, 64 ff. Vgl. Ortner-Buchberger, Bestiarium.
379) Vs. 905 ff., hg. von W. W. Skeat, London 1912, 335.
380) Vgl. J. Steadman, Chaucer's Eagle – a Contemplative Symbol, in: Publications of the Modern Language Association of America 75 (1960), 153–159.; J. Leyerle, Chaucer's Windy Eagle, in: University of Toronto Quarterly 40 (1971), 247–265; Dana, Chaucer.
381) Ohly, Ausgewählte Schriften (wie Anm. 130), 335 f.
382) H. Birkhan (Hg.), Die alchemistische Lehrdichtung des Gratheus filius philosophi, Wien 1992, Bd. 1, 476; Bd. 2, 268 ff.
383) O. Behrendsen, Darstellungen von Planetengottheiten an und in dt. Bauten, Straßburg 1926, Abb. IX.
384) B. Haage, Alchemie im MA, Zürich 1996, 266, Abb. 4.; Haage, Ouroboros (1).
385) M. W. Evans, Medieval Drawings, London 1969, Pl. 77.
386) Gruenter, Vremede Hirz.
387) D. Schmidtke, Die »Jagd« des Hadamar von Laber als melancholisches Kunstwerk, in: C. Gottzmann (Hg.), Geist und Zeit. Wirkungen des MA in Lit. und Sprache. FS R. Wisniewski, Frankfurt a.M. 1991, 277–290.
388) Schwenk, Jagdtraktate.
389) The Hunting Book of Gaston Phébus, hg. von M. Thomas/M. Schlag, London 1998.
390) Rudolph von Liebegg, Pastorale novellum 4, 29 ff.
391) Verdon, Loisirs (wie Anm. 37), 76 f.
392) Bormann, Jagd; Borchert, Jagd; Schultz, Das höfische Leben (wie Anm. 48), Bd. 1, 448 ff.; H. Brackert, »deist rehtiu jegerîe«, in: Rösener, Jagd, 365–406.
393) Vgl. W. Blank, Jagdallegorie, in: Die dt. Lit. des MA. Verfasserlexikon, Bd. 4 Berlin/New York 1983, 468 f.

394) Dubost, Aspects (wie Anm. 234), 431–567.
395) Dubost, Aspects (wie Anm. 234), 500 ff.
396) V. M. Schmidt, A Legend and its Image. The Aerial Flight of Alexander the Great in Medieval Art, Groningen 1995.
397) G. Burgess/J. Curry, Si ont berbioletes non, in: French Studies 43 (1989), 129–139.
398) Dubost, Aspects (wie Anm. 234), 443 ff.
399) Solinus, Collectanea 40, 11 f. Danach in den Bestiarien.
400) El Victorial 89.
401) Heinrich der Löwe (wie Anm. 352), 18; 118.
402) Fünfzehntes Jahrhundert (Weltausstellungskatalog), Sevilla 1992, 158.
403) 313, 17 ff.; Lit. in: F. Ohly, Schriften zur ma. Bedeutungsforschung, Darmstadt 1977, 342, Anm. 70.
404) R. Bechmann, Villard de Honnecourt. La pensée technique au XIIIe siècle et sa communication, Paris 1991, 306 ff.
405) M. Hütt, Aquamanilien, Mainz 1993, 60.
406) M. Hütt, Aquamanilien, Mainz 1993, 56 ff.; Heinrich der Löwe (wie Anm. 352), Bd. 2, 244 ff.
407) R. Wittkower, Allegorie und der Wandel der Symbole in Antike und Renaissance, Köln 1984, 21–86; 346–364.
408) Muratova, Sources.
409) M. W. Evans, Medieval Drawings, London 1969, Pl. 127.
410) M. W. Evans, Medieval Drawings, London 1969, Pl. 8.
411) Flores, Mirror.
412) Monumenta Bergomensia 5, Milano 1961 (Faksimile).
413) Die Libelle im Stundenbuch Vat. lat. 3769, f. 69 r (um 1515), in: Biblioteca apostolica vaticana (Katalog), Köln 1993, 298.
414) E. Trenkler, Das »Livre du cuer d'amours espris« des Herzogs René von Anjou, Wien 1946, T. 19.
415) N. Gramaccini, Das genaue Abbild der Natur – Riccios Tiere, in: Natur und Antike in der Renaissance (Katalog), Frankfurt a.M. 1985, 198–225.
416) P. Dinzelbacher, Judastraditionen, Wien 1977.
417) Z.B. O. Moe, Dyreornamentik, in: KLNM, Bd. 3, 406–411.
418) Sälzle, Tier, 386 ff.
419) K. Olsen, Animated Ships in Old English and Old Norse Poetry, in: Houwen, Animals, 53–66.
420) Für das folgende vgl. ausführlicher Dinzelbacher, Monstren.
421) Bibliotheque Mazarine, Ms. 1; F. Garnier, La guerre au moyen âge, Poitiers 1976, 53, Nr. 43.
422) R. Crozet, L'Art roman en Saintonge, Paris 1971, 54, Nr. 44, Pl. LXXIII B.
423) M. de Riquer, L'arnès del cavaller, Barcelona 1968, 34, f. 25.
424) Goldschmidt, Albanipsalter, 71.
425) Lit.: A. Legner (Hg.), Romanische Kunst in Deutschland, München 1995, 33; 160; Nr. 135 (mit anderer Deutung).
426) R. Hamann, Kunst und Askese, Worms 1987, 246 ff.
427) M. Camille, Image on the Edge, London 1992.
428) Gerhardt, Hund, 291 ff.
429) J. Baltrusaitis, Das phantastische MA, Frankfurt a.M. 1985.
430) W. Speiser, China, London 1960, 33 ff.
431) I. Tetzlaff, Romanische Kapitelle in Frankreich, Köln ³1979, Abb. 45 f.
432) Zit. ohne Stellennachweis bei Möbius, Bauornament, 118.
433) 12, 29, Opera, hg. von J. Leclercq u.a., Rom 1957 ff., III, 106, 14 ff.

434) Ed. M. R. James, in: Archaeologia or Miscellaneous Tracts 94 (1951), 141–166, 142 ff.
435) M. Camille, Image on the Edge, London 1992, 69.
436) A. Weir/J. Jerman, Images of Lust. Sexual Carvings on Medieval Churches, ND London 1993, 74.
437) Blankenburg, Tiere, 264 ff.
438) KLNM, Bd. 1, 379.
439) KLNM, Bd. 4, 110–115; LcI, Bd. 2, 1–4.
440) S. Zaradacz-Hastenrath, Die Manticora, in: Aachener Kunstblätter 41 (1971).
441) LcI, Bd. 1, 592.
442) Beer, Einhorn, Abb. 103.
443) G. Jászai, Das Gewölbe-Ornament der Kathedralkirche Sankt Paulus in Münster, Münster 1988, 20; 50 f.
444) Lurker, Löwen am Münsterportal.
445) P. Bloch, in: LcI, Bd. 3, 117; zit. PL 111, 218 ff.; 112, 983.
446) Baltl, Löwensymbolik, 205.
447) Guibert de Nogent, Autobiographie, hg. von E.-R. Labande, Paris ²1981, 178 f., Anm.
448) J. Sauer, Symbolik des Kirchengebäudes, Münster ²1924, 143 ff.; 221; L. Kretzenbacher, Real-Bildwerke und Symbolauslegungen zum »Hahn auf dem Kirchturm« zwischen FrühMA und Reformation, in: AK 62 (1980), 29–47.
449) Zit. Kretzenbacher, Real-Bildwerke (wie Anm. 448), 37.
450) J. Klapper (Hg.), Exempla aus Handschriften des MA, Heidelberg 1911, 38 f., Nr. 48.
451) R. von Retberg, Löwe und Hund auf Grabdenkmälern, in: Zs. für dt. Kulturgeschichte NF 2 (1873), 318–320.
452) Brackert/Kleffens, Von Hunden und Menschen, 84.
453) J. Bernström, Katt, in: KLNM, Bd. 8, 365.
454) Cuccini, Grifo.
455) R. M. Thomson, The Satirical Works of Berengar of Poitiers, in: Medieval Studies 42 (1980), 89–138, 121.
456) D. Sprunger, Parodic Animal Physicians from the Margins of Medieval Manuscripts, in: Flores, Animals, 67–81.
457) M. Camille, Image on the Edge, London 1992, 71, fig. 36.
458) Berkenhoff, Tierstrafe, 72.
459) Grössinger, The World (wie Anm. 166), 10; 13; 114 ff.
460) L. Jonsson, Musik mellan himmel och helvete, in: Katolsk årsskrift (1978), 49–140, 98 ff.
461) Jonsson, Musik (wie Anm 460), 101. Vgl. Grössinger, The World (wie Anm. 166), 55.
462) Paris, BN ms. fr. 372, f. 59 r.
463) Wie oben Anm. 259.
464) I. Shachar, The Judensau, London 1974.
465) F. Gregorovius, Geschichte der Stadt Rom im MA, ND München 1978, Bd. 2, 888.
466) O. Hupp, Scheltbriefe und Schandbilder, Regensburg 1930; G. Schmidt, Libelli famosi, Diss. Köln 1985.
467) G. Reese, La musica nel medioevo, Florenz 1960, vor 331; 196.
468) Reese, La musica (wie Anm. 467), 298 f.; 495 f.
469) W. T. Marocco, Fourteenth Century Italian cacce, Cambridge, Mass. ²1961; H. Schmid, Caccia, in: LexMA, Bd. 2, 1334; Chasse, in: LexMA, Bd. 2, 1761 f.
470) Karstädt, Jagdmusik, 1667.

471) J. Huizinga, Herbst des MA, Stuttgart 1987, 326.
472) Huizinga, Herbst (wie Anm. 471), 307.
473) Etymologiae 12, 2, 20.
474) 5, 99 ff.
475) Naturales historiae 28, 122.
476) C. Hünemörder, Luchs, in: LexMA, Bd. 5, 2158; E. Halna-Klein, Sur les traces du lynx, in: Médiévales 28 (1995), 119–128.
477) F. C. Sautman, La religion du quotidien. Rites et croyances populaires de la fin du moyen âge, Florenz 1995, 67 ff.
478) B. Haage, Alchemie im MA, Zürich 1996, 101.
479) Gerhardt, Zoologie.
480) A. Squires (Hg.), The Old English Physiologus, Durham 1988.
481) Muratova, Aspects de la transmission, 583.
482) Linsenmayer, Geschichte (wie Anm. 314), 175 ff.; 446 f.
483) Dicta Chrysostomi, hg. von F. Wilhelm, Denkmäler dt. Prosa des 11. und 12. Jh.s, München 1914, 11, B 29.
484) Grubmüller, Überlegungen, 169.
485) Grubmüller, Überlegungen, 164.
486) Liber monstrorum 3, 18, hg. von F. Porsia, Bari 1976, 278.
487) Engl. Bestiarium, zit. F. Unterkirchner, Tiere, Glaube, Aberglaube, Graz 1986, 82 ff.
488) Wilhelm, Denkmäler (wie Anm. 483), A 8; B 22.
489) G. Cronin, The Bestiary and the Medieval Mind, in: Modern Language Quarterly 2 (1941), 191–198.
490) MGH, Briefe der dt. Kaiserzeit IV/2, 491.
491) LexMA, Bd. 8, 786.
492) Le bestiaire et le lapidaire du »Rosarius«, hg. von S. Sandqvist, Lund 1996.
493) Clark/Munn, Beasts.
494) C. Fasbender, Das vêch tierl, in: Beiträge zur Geschichte der dt. Sprache und Lit. 117 (1995), 432–436.
495) M. Hoogvliet, De ignotis quarundam bestiarum naturis, in: Houwen, Animals, 189–208.
496) J. McNelis, A Greyhound Should Have »Eres in the Manere of a Serpent«, in: Houwen, Animals, 67–76.
497) S. Flanagan, Hildegard of Bingen, London 1989, 90.
498) Zit. Brackert/Kleffens, Von Hunden und Menschen, 92.
499) Eis, Forschungen (wie Anm. 62), 260 ff.
500) Gottfried von Durham, Vita, 24.
501) Vs. 95984, 96175, MGH Dt. Chron. 5.
502) Predigt 12, hg. von J. Quint, Stuttgart 1938 ff., I, 199 f.
503) J.-C. Fauchon, La représentation de l'animal par Marco Polo, in: Médiévales 32 (1997), 97–117.
504) C. Hünemörder, Aristoteles B I, in: LexMA, Bd. 1, 939 f.
505) Oggins, Falconry, 51.
506) Hg. von F. J. Carmody, Genf 1975. Vgl. J. Maurice, La place du Livre des animaux de Brunetto Latini dans la tradition des bestiaires médiévaux, in: Febel/Maag, Bestiarien, 40–47.
507) J. Weisheipl (Hg.), Albertus Magnus and the Sciences, Toronto 1980.
508) H. Wilms, Albert der Große, München 1930, 68.
509) Wilms, Albert (wie Anm. 508), 70; 72.
510) J. Fried, Kaiser Friedrich II. als Jäger, in: Rösener, Jagd, 149–165, 161.
511) R. Hiestand, König Balduin und sein Tanzbär, in: AK 70 (1988), 343–360.

512) Wilms, Albert (wie Anm. 508), 64.
513) Wilms, Albert (wie Anm. 508), 72; 79.
514) D. Abulalfia, Herrscher zwischen den Kulturen, Friedrich II., Berlin 1991, 262.
515) J. Zahlten, Die »Hippiatria« des Jordanus Ruffus, in: AK 53 (1971), 20–46; B. Prévot, La science du cheval au Moyen Age. Le traité d'hippiatrie de Jordanus Rufus, Paris 1994.
516) C. Hühnermörder, in: LexMA, Bd. 2, 1716 f.
517) Der Renner 14360 ff., hg. von G. Ehrismann, Tübingen 1908, Bd. 2, 208.
518) Feigl, Homicida, 21 f.
519) Übers. G. Sollbach, Frankfurt a.M. 1990, 97 ff.
520) Über das Exemplarische hinausgehend: Muratova, Chapiteaux.
521) M. Taylor, The Pentecost at Vézelay, in: Gesta 19 (1980), 9–12.
522) Muratova, Chapiteaux, 106.
523) T. W. Köhler, Anthropologische Erkennungsmerkmale menschlichen Seins. Die Frage der »Pygmei« in der Hochscholastik, in: Miscellanea mediaevalia 21 (1992), 703–717.
524) L. Jongen, Do Centaurs Have Souls? in: Houwen, Animals, 139–154.
525) O. Fritzsche, Der Brief des Ratramnus über die Hundsköpfe, in: Zs. für wiss. Theologie 24 (1881), 56–67.
526) Ohly, Ausgewählte Schriften (wie Anm. 130), 727 ff.
527) III C, 10, zit. P. Michel, Tiere als Symbol und Ornament, Wiesbaden 1979, 77.
528) B. Frederiksen, Dyrerim, in: P. Pulsiano (Hg.), Medieval Scandinavia, New York 1993, 145.
529) O. J. Benedictow, Plague in the Late Medieval Nordic Countries, Oslo ²1993, 156 ff.
530) Blaschitz, Katze, 596; Das Arzneibuch des Erhart Hesel, hg. von B. Haage, Göppingen 1973, 55 ff.
531) 10, 60; 12, 24 f.; 15, 10 ff., zit. U. Schwab, Sizilianische Schnitzel. Marcellus in Fulda und einiges zur Anwendung volkssprachiger magischer Rezepte, in: A. Fiebig/H.-J. Schiewer (Hg.), Dt. Lit. und Sprache von 1050–1200, FS U. Hennig, Berlin 1995, 261–296, 269 f.
532) B.-J. Kruse, Verborgene Heilkünste. Geschichte der Frauenmedizin im Spät-MA, Berlin 1996, 210; 328.
533) R. Lentsch, La proba. L'épreuve des poisons à la cour des papes d'Avignon, in: F. Bériac (Hg.), Les prélats, l'église et la société XIe-XVe siècles, Bordeaux 1994, 155–162.
534) Beer, Einhorn, 159 ff.
535) LexMA, Bd. 8, 774–780 (Lit.!).
536) LexMA, Bd. 8, 775; C. Auliard, Les maréchaux à l'époque médiévale – forgerons ou vétérinaires?, in: Médiévales 33 (1997), 161–174.
537) Liber miraculorum S. Fidis 3, 11, hg. von L. Robertini, Spoleto 1994, 199.
538) Eis, Forschungen (wie Anm. 62), 129; 152.
539) Lindgren, Narren, 278 ff.
540) Eis, Forschungen (wie Anm. 62), 279.
541) U. Schwab, In sluhtere bebunden, in: H. Uecker (Hg.), FS H. Beck, Berlin 1994, 554–583, 557 f.
542) Zit. R. Kieckhefer, Magie im MA, München 1992, 187.
543) C. H. Lea, Geschichte der Inquisition im MA, ND Nördlingen 1987, Bd. 3, 514.
544) Lea, Geschichte der Inquisition (wie Anm. 543), Bd. 3, 514 f.
545) Z.B. Burchard von Worms, Corrector 160; Frater Rudolphus, De officio cherubim 2, 9, 42.

546) M. Mostert, Boerengeloof in de dertiende eeuw, in: M. Mostert/A. Demyttenaere, (Hg.), De betovering van het middeleeuwse christendom, Hilversum 1995, 217–261, 258 f.
547) P. Dinzelbacher, Ma. Religiosität, in: LiLi. Zs. für Literaturwiss. und Linguistik 20 (1990), 14–34; P. Dinzelbacher, Religiosität/MA, in: P. Dinzelbacher (Hg.), Europäische Mentalitätsgeschichte, Stuttgart 1993, 120–137.
548) F. S. Bodenheimer, Animal and Man in Bible Lands, Leiden 1960; J. Félkis, The Animal World of the Bible, Tel-Aviv 1962; W. Pangritz, Das Tier in der Bibel, München/Basel 1963; R. Pinney, The Animals in the Bible, Philadelphia 1964.; A. Schauten van der Velden, Die Tierwelt der Bibel, Stuttgart 1992; B. Janowski, Gefährten und Feinde des Menschen. Das Tier in der Lebenswelt des alten Israel, Neukirchen 1993.
549) De Waardt, Voedselvoorschriften; Bonnassie, Aliments.
550) Bernhard von Clairvaux, De diligendo Deo 2, 3, Opera, hg. von Leclercq III, 121; Super Cantica 5, 3, ebd. I, 22.
551) Sententiae II, 1, ed. Grottaferrata 1971, 333.
552) Pierre de Poitiers, victorin (+ ca. 1216), Traité *In capite ieivnii*, hg. von J. Longère, in: Sacris erudiri 35 (1995), 293–346, 318.
553) Summa Theologiae I, I, 96.
554) Eike von Repgow, Sachsenspiegel, Landr. 2, 61, 1, hg. von C. von Schwerin, Stuttgart 1974, 91.
555) De natura deorum 2, 154–161.
556) Beispiel: Bernhard von Clairvaux, Super Cantica 5, 1 und 3.
557) Salisbury, Beast, 4 f.
558) Salisbury, Beast, 76.
559) Brackert/Kleffens, Von Hunden und Menschen, 88 ff.
560) Weimarer Ausgabe 38, 188 f.
561) Liber miraculorum S. Fidis 1, 3, hg. von L. Robertini, Spoleto 1994, 91.
562) Ackermann-Arlt, Pferd, 260.
563) II, 58, 21 ff.
564) Lewis, Tier, 177.
565) Salisbury, Beast, 28; 35.
566) E. Castelnuovo, I mesi di Trento, Trento 1986, 178 f.; 188; H. Körner, Grabmonumente des MA, Darmstadt 1997, 146 f.
567) Weick, Ornithologie, 256 f.
568) Plinius, Naturalis historia VIII, 61,3.
569) Tubach, Index (wie Anm. 154), Nr. 1700 ff.
570) Chronicon 1, 16.
571) Lex Salica 18, ed. Eckhardt, 58; Lex Ribuaria 88 (85), 2 ed. Beyerle, 132; vgl. Grimm, Rechtsaltertümer (wie Anm. 112), Bd. 2, 334 f.; T. Bühler, »Wargus – friedlos – Wolf«, in: FS R. Wildhaber, Basel 1972, 43–48.
572) Berkenhoff, Tierstrafe, 64.
573) N. Lid, Berserk, in: KLNM, Bd. 1, 501–503; Blaney, Berserker. Vgl. Anm. 577.
574) Vatnsdaela saga 9.
575) Paulus Diaconus, Historia Langobardorum 1, 11.
576) Zit. G. Müller, Zum Namen Wolfhetan und seinen Verwandten, in: Frühma. Studien 1 (1967), 200–217, 200.
577) O. Bø, Mannbjørn, in: KLNM, Bd. 11, 322 f.; M. Eliade, Initiation, rites, sociétés secrètes, Paris 1976, 181 ff. (auf den Spuren der Wiener Schule). Vgl. Anm. 573
578) Snorri, Ynglinga saga 6.
579) Andreolli, Orso, 44 f.

580) Beck, Ebersignum; Scheibelreiter, Tiernamen, 41; 69 ff.; Sälzle, Tier, 392 ff. Vgl. schon Tacitus, Germania 45.
581) B. Thomas, Harnische, Wien 1947, 20.
582) Die Kunst der Donauschule (Katalog), Linz 1965, 192, Nr. 457, Abb. 35.
583) Leubuscher, Wehrwölfe; J. Grimm, Mythologie, Bd. 3, 915 ff.; J. Granlund/O. Bø, Varulf, in: KLNM, Bd. 19, 558–560; C. Lecouteux, Geschichte der Gespenster und Wiedergänger im MA, Wien 1987, 216 ff.; C. Lecouteux, Fées, sorcières et loups-garous, Paris 1992; Dubost, Aspects (wie Anm. 234), 540–567. Bibliographie: South, Creatures, 286 ff.
584) Egils saga Skalla Grímssonar 1.
585) Zit. Dubost, Aspects (wie Anm. 234), 543.
586) Vs. 5 ff., Lais, hg. von D. Rieger, München 1980, 186. Vgl. zuletzt L. Dunton-Downer, Wolf Man, in: J. J. Cohen/B. Wheeler (Hg.), Becoming Male in the Middle Ages, New York 1997, 203–218.
587) Dubost, Aspects (wie Anm. 234), 552.
588) C. W. Dunn, The Foundling and the Werewolf. A Literary History of Guillaume de Palerne, Toronto 1980.
589) H.-R. Hagemann, Basler Rechtsleben im MA, Bd. 1, Basel 1981, 255.
590) Malleus maleficarum, hg. von A. Schnyder, Kommentar, Göppingen 1993, 363.
591) Berkenhoff, Tierstrafe, 42 ff.; Feigl, Homicida, 49 ff.
592) LcI, Bd. 4, 241 f.; H. Günter, Die christliche Legende des Abendlandes, Heidelberg 1910, 244 s.v.
593) Paulus Diaconus, Historia Langobardorum 3, 34; vgl. Lixfeld, Guntramsage.
594) F. Ström, Fylgja, in: KLNM, Bd. 5, 38 f.; E. Mundal, Fylgjemotiva i norrøn litteratur, Oslo 1974; C. Lecouteux, Gespenster und Wiedergänger, 205 ff.
595) Lecouteux, Gespenster und Wiedergänger, 211 ff.; C. Lecouteux, Voirloup et loup-garou, in: Mythologie française 136 (1985), 20–25; 143 (1986), 64–68.
596) Paraphrase nach Brüder Grimm, Dt. Sagen, 408 (ND Zürich 1974, 376 f.), mit Änderungen nach dem Original (Paulus Diaconus, Historia Langobardorum 6, 6, hg. von E. Bartolini, Milano ³1990, 264).
597) W. Seelmann (Hg.), Arnt Buschmanns Mirakel, in: Niederdt. Jb. 6 (1880), 32–67, 41.
598) P. Dinzelbacher, Vision und Visionslit. im MA, Stuttgart 1981, 102 f.
599) Scheibelreiter, Tiernamen, 32 ff.
600) Klingender, Animals, 127; 538; LexMA, Bd. 5, 2080 ff.
601) Müller, Tiersymbolik, 211.
602) Etymologien nach O. Wimmer/H. Melzer, Lexikon der Namen und Heiligen, Innsbruck ⁴1982.
603) O. Oexle, in: Heinrich der Löwe (wie Anm. 352), 62 ff.
604) KLNM, Bd. 3, 269 f.
605) Chrétien, Yvain, 117.
606) Medeltid (Ausstellungskatalog), Läckö Slott 1988, 91.
607) Feldzeichen, in: RGA, Bd. 8, 307–326; Scheibelreiter, Tiernamen, 59 ff.
608) Scheibelreiter, Tiernamen, 134.
609) J. Martínez de Aguirre Aldaz/F. Menéndez Pidal de Navascués, Emblemas Heráldicos en el Arte Medieval Navarro, Pamplona 1996, 383 ff.
610) LexMA, Bd. 4, 2173–2175.
611) Vs. 736, 9 ff.; vgl. B. Haage, Die Schlange »Ecidemon« im Parzival Wolframs von Eschenbach, in: J. Chocheyras (Hg.), De l'aventure épique à l'aventure romanesque, Mélanges A. de Mandach, Paris 1997, 257–268.
612) W. Meyer-Hofmann, Psitticher und Sterner, in: Basler Zs. 67 (1967), 5–21.
613) A. Ranft, Ritterbünde, in: LexMA, Bd. 7, 876 f.

614) Salisbury, Beast, passim.
615) Bonnassie, Aliments, 1038.
616) Salisbury, Beast, 96.
617) Salisbury, Bestiality, 178 f.; 182 f.
618) Spruch 99 f.
619) Predigten, hg. von F. Pfeiffer, ND Berlin 1965, Bd. 1, 554 ff.
620) Schmitt, Windhund.
621) Ep. 74, AQ 4 b, 228.
622) Blaschitz, Katze, 602 ff.; E. Peters, Heresy and Authority in Medieval Europe, Philadelphia 1980, 196.
623) R. Delort, in: LexMA, Bd. 5, 1079.
624) Medeltid (Ausstellungskatalog), Läckö Slott 1988, 38 f.
625) Galbert von Brügge, De multro 57; Übers.: J. Ross, Galbert of Bruges. The Murder of Charles the Good, New York 1967, 211 f.
626) Laufs, Tier, 118 f.
627) Grimm, Rechtsaltertümer (wie Anm. 112), Bd. 2, 261 ff.; H.-R. Hagemann, Basler Rechtsleben im MA, Bd. 1, Basel 1981, 308.
628) P. Priskil, Die rechtliche Sonderstellung des Hundes im christlichen SpätMA, in: System ubw: Zs. für klass. Psychoanalyse 3 (1985), 66–79.
629) 138, 5 f. (vgl. Anm. 272).
630) Berkenhoff, Tierstrafe, 17 f.
631) Berkenhoff, Tierstrafe, 26, Feigl, Homicida, 67.
632) Berkenhoff, Tierstrafe, 34.
633) O. Opet, Zur Personifikation der Tiere im Strandrecht, in: Mitt. des Instituts für österr. Geschichtsforschung 48 (1934), 414–422.
634) Chène, Juger, 130.
635) Summa Theologiae II, II, 90, 3 (1697), ed. Cinisello Balsamo ²1988, 1472. Weiteres A. Franz, Die kirchlichen Benediktionen im MA, Bd. 2, Freiburg i.Br. 1909, 147 ff.
636) A. Franz, Die kirchlichen Benediktionen im MA, Bd. 2, Freiburg i.Br. 1909, 150 ff.; Chène, Juger.
637) Ed. cit. (wie Anm. 293), 408.
638) Lindgren, Narren, 278 (mit anderer Folgerung).
639) Salisbury, Beast, 21.
640) Benecke, Archäozoologische Studien, 185.
641) Strubel/Saulnier, Poétique, 107 f.
642) J. Fried, Kaiser Friedrich II. als Jäger, in: Rösener, Jagd, 149–165, 152.
643) Zit. A. Legner (Hg.), Romanische Kunst in Deutschland, München 1995, 85.
644) Penco, Simbolismo, 13 f.
645) Bonaventura, Vita, zit. Salisbury, Beast, 176.
646) Ohly, Ausgewählte Schriften (wie Anm. 130), 357; 363.
647) Suger, Vita Ludovici grossi regis 21.
648) KLNM, Bd. 7, 65.
649) Nitschke, Tiere, 77 ff.
650) H. Günter, Die christliche Legende des Abendlandes, Heidelberg 1910, 27; 29; Donatus, Beasts.
651) Vita S. Abbani 16, zit. Nitschke, Tiere, 88, Anm. 71.
652) Nitschke, Tiere, 80 ff.
653) Vita S. Moluae 33, zit. Nitschke, Tiere, 87, Anm. 65.
654) Günter, Psychologie (wie Anm. 263), 179 f.
655) Eadmer, Vita 2, 18.
656) Vita Ia 3, 7, 28, in: PL 185, 320 A.

657) Kaufmann, Thierliebhaberei, 417; J. Grimm, Mythologie, Bd. 2, 557.
658) Reginald, Vita 40, 88 f., zit. Nitschke, Tiere, 94.
659) Legatus divinae pietatis 1, 8.
660) P. Strauch (Hg.), Margaretha Ebner und Heinrich von Nördlingen, Freiburg i.Br. 1882, 10.
661) Thomas von Celano, Vita I, 1, 27 ff.; Speculum perfectionis 11, 113 ff.
662) Thomas von Celano, Vita I, 1, 29, übers. von P. Schmidt, Basel 1919, 59.
663) Vgl. J. Jörgensen, Der hl. Franz von Assisi, München 1911, 412 ff.; 497 ff.; F. Cardini, Franceso d'Assisi e gli animali, in: Studi Francescani 78 (1981), 7–46.
664) Passmore, Treatment, 200.
665) Speculum perfectionis 11, 116 f.
666) Joscelin von Furness, Vita 3, 40, in: AASS Aug. 1, 1867, 259 F.
667) Johann von Fordun, Vita 1, 30, ed. M. Bell, Wulfric of Haselbury, o.O. 1933, 46 f.
668) De miraculis S. Mariae Rupis Amatoris, 2, 14, hg. von E. Albe u.a., Toulouse 1996, 196.
669) Nigellus von Longchamps, Speculum stultorum, in: Rolls' Series 59, 108.
670) B. O. Huws, Praise lasts longer than a horse, in: Davies/Jones, Horse, 141–161.
671) M. Manitius, Zur poetischen Lit. aus Bruxell. 10615–729, in: Neues Archiv der Gesellschaft für ältere dt. Geschichtskunde 39 (1913), 155–175, 161 ff.; vgl. M. Manitius, Geschichte der lat. Lit. des MA, Bd. III, München 1931, 710.
672) Summa Theologiae II, II, 25, 3 (1341), ed. cit. (wie Anm. 635), 1200.
673) Summa Theologiae II, II, 154, 11 (1955).
674) Summa contra gentiles 3, 113.
675) De moribus ecclesiae catholicae 2, 17, 54 und 59, in: Corpus scriptorum ecclesiasticorum latinorum 90, 136 f., 141. Vgl. Augustinus, De Civitae Dei 1,20.
676) Z.B. Thomas von Aquin, Summa theologiae II, qu. 64, 1 (1559).
677) Canterbury Tales, Gen. Prol. I, 142 ff., hg. von L. D. Benson, Boston 1987. Unter den zahlreichen Aufsätzen zu dieser Stelle ist immer noch Steadman, The Prioress's dogs (wie Anm. 178), besonders treffend.
678) Marquard von Stein, Der Ritter vom Turn, hg. von R. Harvey, Berlin 1988/96, 111 und Kommentar.
679) Züricher Stadtbücher des 14. und 15. Jh.s, Bd. I, Zürich 1906, 146.
680) J. Filip-Fröschl, Rechtshistorische Wurzeln der Behandlung des Tieres durch das geltende Recht, in: F. Harrer/G. Graf (Hg.), Tierschutz und Recht, Wien 1994, 32.
681) Hoffmann-Krayer, Meise, in: HDA, Bd. 6, 124–126.
682) J. Grimm, Mythologie, Bd. 2, 569, dort auch die Stellen aus den Weistümern.
683) Hoffmann-Krayer, Meise, in: HDA, Bd. 6, 125.
684) J. Filip-Fröschl, Rechtshistorische Wurzeln (wie Anm. 680), 32.
685) Liber miraculorum S. Fidis 1, 3 f.; 3, 11, hg. von L. Robertini, Spoleto 1994.
686) Liber miraculorum S. Fidis 4, 19, hg. von L. Robertini, Spoleto 1994; Lindgren, Narren, 279.
687) Cap. 52, hg. von G. Manganelli, Milano 1975, 60 f.
688) Der Renner 9487 f., hg. von G. Ehrismann, Tübingen 1908, Bd. 2, 3.
689) Predigten, ed. cit. (wie Anm. 619) I, 551.
690) Sermo in festo Purificationis 1, in: PL 171, 612 B.
691) Kaufmann, Thierliebhaberei, 404.

Frühe Neuzeit

1) Wirths, Ernährungssituation, 37.
2) Henning, Landwirtschaft, Bd. 2; Henning, Landwirtschaft, Bd. 1; Abel, Landwirtschaft.
3) Bennecke, Haustiere, 124.
4) Siehe zu diesen und den folgenden Angaben: Abel, Landwirtschaft; Henning, Landwirtschaft, Bd. 2; Henning, Landwirtschaft, Bd. 1; Henning, MA; Wirths, Ernährungssituation Bd. 1 und 2.
5) Eckardt, Jagd, 61 ff.
6) Wacha, Tierhaltung, 230 ff.
7) Kumerloeve, Schadtier, 177 ff.
8) Eckardt, Tierhaltung, 76 ff.
9) Jordan, Nutztiere, 48 ff.
10) Gorgas, Anekdoten, 27.
11) Jordan, Nutztiere, 108.
12) Jordan, Nutztiere, passim.
13) Jordan, Nutztiere, 136.
14) Langdon, Horses, 291.
15) Abel, Landwirtschaft, 250.
16) Abel, Landwirtschaft, 186.
17) Harris, Wohlgeschmack, 102.
18) Harris, Wohlgeschmack, 90 ff.
19) Abel, Landwirtschaft, 246 ff.
20) Tarr, Kutsche, 228.
21) Treue, Achse.
22) Klemm, Technik, 194 f.
23) Henkel/Schöne, Emblemata, 575 ff.
24) Feldhaus, Kulturgeschichte, 135.
25) Henning, MA, 626.
26) Meyer, Reiterkrieger, 7 ff.
27) Delbrück, Kriegskunst, 328.
28) Delbrück, Kriegskunst, 138.
29) Ullrich, Kriegswesen, 113.
30) Ullrich, Kriegswesen, 114.
31) Ullrich, Kriegswesen, 115.
32) Ullrich, Kriegswesen, 115.
33) Delbrück, Kriegskunst, 167; Ullrich, Kriegswesen, 117 f.
34) Ullrich, Kriegswesen, 115.
35) Pieri, Montecucculi, 136.
36) Osten-Sacken, Preußen, 70.
37) Mirgeler, Geschichte, 196.
38) Delbrück, Kriegskunst, 223 ff.
39) Ullrich, Kriegswesen, 216.
40) Delbrück, Kriegskunst, 262.
41) Jähns, Roß, 271.
42) Delbrück, Kriegskunst, 328.
43) Denison, Cavallerie, 321 ff.
44) Denison, Cavallerie, 322.
45) Puzyrevski, Kampf.
46) Meyer, Pferd, 62.
47) Klös, Menagerie, 9.
48) Hässlin, Köln, 9 ff.

49) Gorgas, Anekdoten.
50) Montaigne, Journal, 45 f.
51) Burckhardt, Renaissance, 12.
52) Giese, Menagerien, 30.
53) Jamieson, Gärten, 165.
54) Jamieson, Gärten, 176.
55) Herre/Röhrs, Haustiere, 264.
56) Giese, Menagerien, 27 ff.
57) Loisel, Menagerien (2), 68.
58) Giese, Menagerien, 48.
59) Arnold, Weltgeschichte, 78.
60) Klös, Menagerie.
61) Wacha, Tierhaltung, 250 ff.
62) Stöcklein, Technik, 79; Feldhaus, Kulturgeschichte, 94.
63) Wacha, Tierhaltung, 242.
64) De Beaulieu, Vollblut; Miller/Uppenborn, Vollblutpferde, 79.
65) Sälzle, Tier, 157.
66) Gieysztor, Slawen, 128 ff.
67) Wacha, Tierhaltung, 230 ff.
68) Mandeville, Bienenfabel.
69) Swift, Reisen.
70) Luther, Tischreden, 568.
71) Mengis, Tierquälerei, in: HDA, Bd. 8, Berlin 1937 (ND 1987), 938.
72) Lorz, Tierschutzgesetz, 30.
73) Froehner, Tierheilkunde, 77 ff.
74) Mengis, Tierköpfe, in: HDA, Bd. 8, Berlin 1937 (ND 1987), 849.
75) Ziswiler, Aussterben, 17.
76) Sälzle, Tier, 388 ff.
77) Mengis, Tierprozeß, – strafen, in: HDA, Bd. 8, Berlin 1937 (ND 1987), 933.
78) Mengis, Tierprozeß, – strafen, in: HDA, Bd. 8, Berlin 1937 (ND 1987), 931.
79) Bregenzer, Thier-Ethik, 163.
80) Bregenzer, Thier-Ethik, 164.
81) Zedler, Thier, 1338.
82) Zedler, Thier, 1338.
83) Hegel, Religion, 115.
84) Hegel, Religion, 109.
85) Descartes, Méthode, 2.
86) Descartes, Méthode, 48.
87) Descartes, Méthode, 48.
88) Descartes, Méthode, 45.
89) Heintel, Tierseele, 83.
90) Malebranche, Wahrheit.
91) Ortega y Gasset, Jagd, 571; Heintel, Tierseele, 83.
92) De Lamettrie, L'homme.
93) Eibl-Eibesfeldt, Verhaltensforschung.
94) Leibniz, Monadologie, §14; Leibniz, Vernunftprinzipien §4; Leibniz, Verstand, 88.
95) Kant, Vernunft, 183.
96) Leibniz, Monadologie, §29.
97) Leibniz, Verstand, 344.
98) Locke, Verstand, 22.
99) Locke, Verstand, 180.

100) Spinoza, Ethik, 221.
101) Hobbes, Bürger, 165.
102) Locke, Toleranz, 67.
103) Helvétius, Menschen, 267.
104) Rousseau, Ungleichheit, 43.
105) Fichte, Naturrecht, 220 ff.
106) Zedler, Thier, 1340.
107) Leibniz, Monadologie, § 28.
108) Hume, Verstand, 124.
109) Kant, Religion, 26.
110) Kant, Urteilskraft, 303.
111) Kant, Urteilskraft, 301.
112) Kant, Metaphysik, 227.
113) Kant, Metaphysik, 242.
114) Kant, Metaphysik, 320.
115) Kant, Menschengeschichte, 52.
116) Kant, Vernunft, 72.
117) Kant, Menschengeschichte, 54.
118) Montaigne, Essays, 244 ff.
119) Montaigne, Versuche, 56.
120) Montaigne, Essays, 246.
121) Zedler, Thier, 1335 ff.
122) Kant, Menschengeschichte, 54.
123) Rousseau, Ungleichheit, 87.
124) Rousseau, Ungleichheit, 105 f.
125) Rousseau, Ungleichheit, 87.
126) Rousseau, Ungleichheit, 101.
127) Rousseau, Ungleichheit, 241.
128) Herder, Sprache, 15.
129) Hobbes, Bürger, 116; Hobbes, Menschen, 17.
130) Diderot, Schriften (2), 485.
131) Diderot, Schriften (1), 609.
132) Kant, Menschengeschichte, 54.
133) Kant, Menschengeschichte, 54.
134) Zedler, Thier, 1336.
135) Zedler, Thier, 1385.
136) Zedler, Thier, 1371 ff.
137) Zedler, Thier, 1376 f.
138) Diderot, Schriften (1), 609.
139) Rousseau, Ungleichheit, 87.
140) Kant, Metaphysik, 286.
141) Kant, Metaphysik, 299.
142) Fichte, Naturrecht, 79 ff.
143) Hegel, Geschichte, 57.
144) Hegel, Geschichte, 58.
145) Hegel, Geschichte, 161.
146) Herder, Geschichte, 145.
147) Herder, Geschichte, 67.
148) Herder, Sprache, 19.
149) Herder, Sprache, 57.
150) Hediger, Zoologische Gärten, 9.
151) Jahn, Biologiegeschichte, 140 ff.

152) Wacha, Tierhaltung, 230 ff.
153) Dithmar, Fabel, 33 ff.
154) Mandeville, Bienenfabel.
155) Swift, Reisen.
156) Cervantes, Novellen, 639 ff.
157) Logau, Getichte, 155 f.
158) Schöpf, Fabeltiere, 7 ff.
159) Salimbene von Parma, Chronik, Bd. 1, bearbeitet von A. Doren (Die Geschichtschreiber der dt. Vorzeit, Bd. 93), Leipzig 1914, 359.
160) Schmalohr, Mutterentbehrung, 18.
161) Hornung, Ägypten, 73; Hornung, Gottesvorstellungen, 1 ff.
162) Hafner, Kreta, 238.
163) Brednow, Goethe, 6 ff.
164) Herder, Geschichte, 166.
165) Goethe, Werke IV, 6, 258 f.
166) Brednow, Goethe, 24.
167) De Cuvier, Animal.
168) Herder, Geschichte, 145.
169) Goethe, Werke II, 8, 70.
170) Heidegger, Metaphysik, 31.
171) Brednow, Goethe, 37.
172) Nietzsche, Zarathustra, Vorrede IV.
173) Wichler, Darwin, 20; 32.
174) Lamarck, Philosophie, 90.
175) Lamarck, Philosophie, 90 f.
176) Lamarck, Philosophie, 91.
177) Herre/Röhrs, Haustiere, 116.
178) Jahn, Biologiegeschichte, 174.
179) De Lammetrie, L'homme.
180) Jahn, Biologiegeschichte, 265 ff.
181) Burckhardt, Renaissance (1), 141 f.; Burckhardt, Renaissance (2), 11 f.
182) Mirgeler, Gegenwart, 35.
183) Burckhardt, Renaissance (2), 74.
184) Machiavelli, Principe, 71 f.
185) Machiavelli, Discorsi, passim.
186) Morus, Utopia, 90.
187) Morus, Utopia, 44.
188) Luther, Tischreden, 568.
189) Aland, Luther, 200.
190) Aland, Luther, 200.
191) Aland, Luther, 144.
192) Aland, Luther, 144.
193) Aland, Luther, 228.
194) Aland, Luther, 361.
195) Aland, Luther, 362.
196) Aland, Luther, 363.
197) Narr, Menschenfreund, 299.
198) Lexikon der Pädagogik, Bd. 4, 618.
199) Lexikon der Pädagogik, Bd. 4, 615 f.
200) Hemleben, Darwin, 153.
201) Pascal, Religion, 168 f.
202) Kant, Aufklärung, 1.

203) Mirgeler, Europa, 355; Mirgeler, Geschichte, 238 ff.
204) Narr, Menschenfreund, 297.
205) Zedler, Thier, 1342.
206) Zedler, Thier, 1336.
207) Zedler, Thier, 1334.
208) Zedler, Thier, 1334.
209) Descartes, Méthode, 29.
210) Kant, Metaphysik, 262.
211) Thomas von Aquin, Summa I, 76, 5.
212) Zedler, Thier, 1335.
213) Montaigne, Essays, 249.
214) Fichte, Naturrecht, 83.
215) Herder, Geschichte, 149.
216) Hobbes, Bürger, 92.
217) Hobbes, Bürger, 126.
218) Zedler, Thier, 1374 f.
219) Zedler, Thier, 1347 f.
220) Zedler, Thier, 1354 f.
221) Spinoza, Ethik, 221.
222) Hume, Moral, 153.
223) Leibniz, Monadologie, §26.
224) Locke, Verstand, 181.
225) Herder, Sprache, 58.
226) Hegel, Realphilosophie, 141; Hegel, Phänomenologie, 187.
227) Kant, Metaphysik, 296.
228) Kant, Metaphysik, 296.
229) Narr, Menschenfreund, 300.
230) C. G. Salzmann, Pädagogische Schriften, I. Theil, hg. von R. Busse/J. Meyer, Wien 1886, zit. Narr, Menschenfreund, 441.
231) Lexikon der Pädagogik, Bd. 4, 615 ff.; Lexikon der Pädagogik, Bd. 2, 777.
232) Zedler, Thier, 1371.
233) Meier, Seele, 118.
234) Narr, Menschenfreund, 300.
235) Teutsch, Tierschutzethik, 165 ff.
236) Narr, Menschenfreund, 299 ff.
237) Elchenbroich, Dichtung, 332.
238) Mengis, Tierquälerei, in: HDA, Bd. 8, Berlin 1937 (ND 1987), 939.
239) Bregenzer, Thier-Ethik, 136.
240) Bregenzer, Thier-Ethik, 152 f.
241) Bregenzer, Thier-Ethik, 152 f.
242) Lorz, Tierschutzgesetz, 4.
243) Schlosser, Machtbereich, 58.
244) Lorz, Tierschutzgesetz, 62 f.
245) C. G. Salzmann, Pädagogische Schriften, I. Theil, hg. von R. Busse/J. Meyer, Wien 1886, zit. Narr, Menschenfreund, 411.
246) Ennulat/Zoebe, Recht, 20.
247) Kant, Metaphysik, 696.
248) Lexikon der Pädagogik, Bd. 4, 775.
249) Hippel, Tierquälerei, 1.
250) Giese, Menagerien, 46.
251) Elchenbroich, Dichtung, 332.
252) Claudius, Werke, 44.

253) Bentham, Principles, Kap. XVII, § 1, Anm. zu 4.
254) Ehrenstein, Tierquälerei, 154 ff.

19. und 20. Jahrhundert

1) Hässlin, Köln, 25.
2) Henning, MA, 803.
3) Pflanz, Ernährungssitten, 576 ff.
4) Schilling, Ernährungsbedürfnisse, 558 f.
5) Pflanz, Ernährungssitten, 576 ff.
6) Illies, Nahrung, 484.
7) Holst, Tierversuche, 628.
8) Herre/Röhrs, Umweltbedingungen, 475.
9) Illies, Nahrung, 484.
10) Jungk, Zukunft.
11) Schmidt, Hühnerhaltung, 17; Mason, Bauernhof, 136 ff.
12) Schmidt, Hühnerhaltung, passim.
13) Mason, Bauernhof, 138 ff.
14) Mason, Bauernhof, 140 f.
15) Streich, Global 1990, 122.
16) Lambertz, Zuchthaus, 8 ff.
17) Mason, Bauernhof, 152.
18) Unshelm, Tierschutzprobleme, 396.
19) Sommer, Nutztierhaltung, 75 ff.
20) Heusser, Umwelt.
21) Comberg, Umweltbedingungen, 18.
22) Hinrichsen, Forderungen, 22.
23) Comberg, Umweltbedingungen, 18 f.
24) Herre/Röhrs, Haustiere, 368.
25) Lorz, Tierschutzgesetz, 33 ff.
26) P. Leyhausen, Mündliche Äußerungen beim Tierschutzhearing des dt. Bundestages am 2.2.1972; Sommer, Bauern, 40; Sommer, Tierschutzgesetz, 65 ff.
27) Sommer, Bauern, 40.
28) Sommer, Tierschutzgesetz, 66 ff.; Boehncke, Tierproduktion, 9 ff.
29) Sommer, Tierschutzgesetz, 67.
30) Tschanz, Haustierhaltung, 267; Tschanz, Ethologie, 45.
31) Sambraus, Intensivhaltung, 203.
32) Herre/Röhrs, Haustiere, 363 ff.
33) Streich, Global 1990, 139.
34) Streich, Global 1990, 143 ff.; 243 ff.; von der Decken/Lorenzl, Nahrungsbilanzen, 548 ff.; Wirths, Ernährungssituation, Bd. 2, 111.
35) Schleifer, Nutztiererzeugung, 105.
36) Pimentel, Potential, 848 ff.
37) Cremer, Ernährung, 498 ff.; von der Decken/Lorenzl, Nahrungsbilanzen, 548 ff.
38) Teherani-Krönner, Intensivtierhaltung, 358 ff.
39) Teutsch, Soziologie, 86.
40) Ziswiler, Aussterben, 1; Lattin, Zoogeographie, 55.
41) Catlin, Indianer, 177.
42) Ziswiler, Aussterben, 3.

43) Ortega y Gasset, Jagd.
44) Ortega y Gasset, Jagd, 568.
45) Ortega y Gasset, Jagd, 545.
46) Ortega y Gasset, Jagd, 529.
47) Ortega y Gasset, Jagd, 578.
48) Ortega y Gasset, Jagd, 571.
49) Ortega y Gasset, Jagd, 576.
50) Drewermann, Fortschritt, 209.
51) Holst, Tierversuche, 628.
52) Brentjes, Technik, 272 ff.
53) Treue, Achse, 278.
54) Brentjes, Technik, 231 ff.
55) Berdrow, Erfindungen, 72 ff.; Henning, Landwirtschaft, Bd. 2, 245 ff.
56) Illies, Anthropologie, 238.
57) Feldhaus, Kulturgeschichte, Bd. 2, 117.
58) Barring, Götterspruch, 156 f.
59) Ullrich, Kriegswesen, 231.
60) Ullrich, Kriegswesen, 221.
61) Denison, Cavallerie, 397.
62) Denison, Cavallerie, 398.
63) Delbrück, bearb. von Daniels, Kriegskunst, 318 f.
64) Ullrich, Kriegswesen, 249.
65) Gless, Militärwesen, 101.
66) Piekalkiewicz, Weltkrieg, 252.
67) Piekalkiewicz, Weltkrieg, 10.
68) Gless, Militärwesen, 119.
69) Piekalkiewicz, Weltkrieg, 4.
70) Piekalkiewicz, Weltkrieg, 4; 71.
71) Hagenbeck, Tiere, 47 ff.
72) Zit. Klös, Menagerie.
73) Hagenbeck, Tiere, 47 ff.
74) Hediger, Zoologische Gärten, 8 ff.
75) Hediger, Zoologische Gärten, 11.
76) Hediger, Gefangenschaft, 13; 176.
77) Kirchshofer, Gärten, 496 ff.
78) Grzimek, Geleitwort, 7.
79) Kirchshofer, Gärten, 496 ff.
80) Jamieson, Gärten, 178.
81) Hediger, Kind, 95; Zillig, Mädchen, 59; 63; 140; Adrian, Tier, 9 ff.; Koenig, Tier, 28 ff.
82) The Economist, April, 1986; Herre/Röhrs, Haustiere, 30.
83) Herre/Röhrs, Haustiere, 368.
84) Lorz, Tierschutzgesetz, 33 ff.
85) Lorenz, Erfahrung, 274 ff.
86) Herre/Röhrs, Haustiere, 220 f.
87) Joest, Stiergefechte, 32.
88) Joest, Stiergefechte, 32 ff.
89) Joest, Stiergefechte, 69.
90) Lawrence, Rodeo, 3 ff.
91) Jordan, Nutztiere, 130.
92) Lorz, Tierschutzgesetz, 330.
93) Lambertz, Zuchthaus, 123.

94) Jordan, Nutztiere, 144.
95) Jordan, Nutztiere, 153.
96) Zukowsky, Männer, 179.
97) Meyer, Religionskritik, 381 ff.
98) Hopf, Thierorakel, 32 ff.
99) Hopf, Thierorakel, 33.
100) Bregenzer, Thier-Ethik, 154 ff.
101) Bregenzer, Thier-Ethik, 159.
102) Bregenzer, Thier-Ethik, 160 f.
103) Schweitzer, Kultur, Kap. 21.
104) Teutsch, Soziologie, 169.
105) Schweitzer, Leben, 209 f.
106) Schweitzer, Leben, 210.
107) Röhrich, Märchen, 236.
108) Röhrich, Märchen, 200 ff.
109) Franke, Tierdichtung, 20.
110) Beit, Märchen, 179.
111) Kampf, Volkssage, 96.
112) Franke, Tierdichtung, 30 f.
113) Dithmar, Fabel, 73.
114) Dithmar, Fabel, 84 ff.
115) Dithmar, Fabel, 113.
116) Dithmar, Fabel, 115 ff.
117) Nauck, Jugendbücher, 155.
118) Steiner, Tierbild, 175.
119) Piper, Kunst, 7.
120) Klima, Karikatur, 1 ff.
121) Brang, Lit., 46 ff.
122) Darwin, Domestication I, II; Darwin, Tagebuch; Darwin, Erinnerungen.
123) Prigogine, fluctuation, 93 ff.
124) Darwin, Zuchtwahl, 26.
125) Darwin, Domestication II, 563 f.
126) Wichler, Darwin, 127 ff.; Hemleben, Darwin, 108; Jahn, Biologiegeschichte, 391 ff.
127) Darwin, Erinnerungen, 102; Wichler, Darwin, 157; Hemleben, Darwin, 105; Lanham, Epochen, 138 ff.; Jahn, Biologiegeschichte, 391 ff.
128) Darwin, Zuchtwahl, 563.
129) Darwin, Erinnerungen, 110.
130) Wichler, Darwin, 57 ff.; Gruber/Barrett, Darwin on Man, 177 ff.
131) Darwin, Zuchtwahl, 555 f.
132) Darwin, Erinnerungen; Darwin, Leben.
133) Darwin, Domestication II, 564; Darwin, Erinnerungen, 82; Sobol, Darwin, 17.
134) Darwin, Leben, 281 ff.
135) Darwin, Brief an J. Fordyce, in: Darwin, Leben, 283.
136) Darwin, Erinnerungen, 77 ff.
137) Darwin, Brief an J. Fordyce, in: Darwin, Leben, 282.
138) Haeckel, Darwin, 26 f.
139) Haeckel, Schöpfungsgeschichte, Bd. 1, 14.
140) Haeckel, Schöpfungsgeschichte, Bd. 2, 344.
141) Engels, Brief an J. Fordyce, in: Darwin, Leben, 524.
142) Marx, Brief an J. Fordyce, in: Darwin, Leben, 131.
143) Lorenz, Darwin.

144) Illies, Anthropologie, 88 f.
145) Allgeier, Tierexperimente, 144.
146) Darwin, Mensch, 78 ff., 90 ff.
147) Darwin, Mensch, 90.
148) Scheler, Kosmos, 22 ff.
149) Scheler, Kosmos, 36.
150) Scheler, Kosmos, 37 f.
151) Dewey, How we think.
152) Uexküll, Umwelt.
153) Plessner, Stufen, 291 f.
154) Plessner, Stufen, 292.
155) Plessner, Stufen, 309 ff.
156) Plessner, Stufen, 321 ff.
157) Plessner, Stufen, 341 ff.
158) Plessner, Stufen, XVI f.
159) Gehlen, Mensch, 86 ff.
160) Gehlen, Mensch, 14.
161) Herder, Sprache, 57.
162) Gehlen, Mensch, 40.
163) Gehlen, Urmensch.
164) Martins, Anthropologie.
165) Eibl-Eibesfeldt, Verhaltensforschung; Eibl-Eibesfeldt, Liebe; Eibl-Eibesfeldt, Biologie; Eibl-Eibesfeldt, Mensch.
166) Wickler, Stammesgeschichte; Wickler, Verhalten; Wickler/Seibt, Verhaltensforschung; Wickler/Seibt, Eigennutz.
167) Lorenz/Leyhausen, Antriebe.
168) Tinbergen, Instinktlehre; Tinbergen, Tiere.
169) Frisch, Tanzsprache.
170) Lorenz, Hund.
171) Hediger, Tierpsychologie, 297.
172) Lorenz, Erfahrung.
173) Skinner, Wiss.
174) Lorenz, Instinktbegriff, 294.
175) Lorenz, Böse; Lorenz, Wirkungsgefüge; Lorenz, Todsünden.
176) Pfungst, Pferd; Krall, Tiere; von Maday, Tiere; Moekel, Hund; Moekel, Erinnerungen; Neumann, Mensch und Tier; Jutzler-Kindermann, Tiere.
177) Köhler, Intelligenzprüfungen; Köhler, Tierpsychologie.
178) Köhler, Intelligenzprüfungen, 191.
179) Rensch, Abstammungslehre; Rensch, Biologie.
180) Frisch, Tanzsprache.
181) Lilly, Dolphin, 310.
182) Vogt, Lernen, 59 ff.
183) Smyth, Tierversuche, 139; Allgeier, Tierexperimente, 51; Weiss, Tierversuche, 7 ff.
184) Spira, Kämpfen, 310.
185) Nitschmann, Entwicklung, 56.
186) Smyth, Tierversuche, 131 ff.
187) Fickentscher, Pharma-Forschung, 15.
188) Fickentscher, Pharma-Forschung, 11 f.
189) Fickentscher, Pharma-Forschung, 15 f.; Nitschmann, Entwicklung, 168.
190) Holst, Versuchstier, 94 ff.
191) Weiss, Tierversuche, 7; Ryder, Science, 30; Ryder, Speziezismus, 119; Rosen-

bauer, Mißbildungen, 125 ff.; Fickentscher, Pharma-Forschung, 11 ff.; Zwerenz, Minenpferde, 153; Allgeier, Tierexperimente, 25.
192) Smyth, Tierversuche, 139 f.
193) Tierschutz, 22 ff.
194) Morlock, Tiere, 143.
195) Allgeier, Tierexperimente, 125 ff.
196) Muybridge, Locomotion.
197) Holst, Tierflug, 71 f.
198) Franke, Tierdichtung, 22.
199) Windelband, Philosophie; Hirschberger, Philosophie; Ulmer, Nietzsche; Hasse, Schopenhauer; Jurevics, Bergson.
200) Jean Paul, Erziehlehre, 230 ff.
201) Schopenhauer, Parerga, 395 ff.
202) Gehlen, Schopenhauer, 314 ff.
203) Schopenhauer, Wille, 309 f.
204) Schopenhauer, Wille, 406 ff.
205) Nietzsche, Macht, 376.
206) Nietzsche, Macht, 331.
207) Nietzsche, Macht, 236 f.
208) Nietzsche, Macht, 236 f.
209) Nietzsche, Macht, 326.
210) Wickler/Seibt, Eigennutz.
211) Nietzsche, Macht, 232 ff.
212) Dilthey, Weltanschauung, 86.
213) Dilthey, Psychologie, 210 f.
214) Hegel, Phänomenologie, 56.
215) Bergson, Quellen, 321.
216) Klages, Geist, passim.
217) Heidegger, Sein, passim.
218) Sartre, Sein, 359.
219) Bregenzer, Thier-Ethik, 270 f.
220) Bregenzer, Thier-Ethik, 273 f.
221) Bregenzer, Thier-Ethik, 302 ff.
222) Bregenzer, Thier-Ethik, 304.
223) Mirgeler, Geschichte, 234 ff.
224) Jungk, Zukunft.
225) Harrison, Tiermaschinen.
226) Schultze-Westrum, Umwelt, 585.
227) Klausewitz, Mensch, 533.
228) Ziswiler, Aussterben, 46.
229) Schultze-Westrum, 585.
230) Büscher, Doping.
231) Krockow, Sport, 14 ff.
232) Lorz, Tierschutzgesetz, 332.
233) Zillig, Mädchen, 164.
234) Klee, Glück.
235) Morlock, Tiere, 145; Hediger, Gefangenschaft.
236) Klee, Glück.
237) Hansen, Tiere, 11.
238) Teutsch, Tierschutzethik, 163 f.
239) Landmann, Anthropologie, 94.
240) Bregenzer, Tier-Ethik, 304.

241) Knapp, Thierquälerei, 157.
242) Bregenzer, Thier-Ethik, 305.
243) Kyber, Tierschutz, 11; Gerlach, Tierwelt, 177.
244) Schlosser, Machtbereich, 59.
245) Hollands, Tierrechte, 254 f.
246) Bregenzer, Thier-Ethik, 177.
247) Bregenzer, Thier-Ethik, 174.
248) Bregenzer, Thier-Ethik, 179.
249) Von Hippel, Tierquälerei, 2 ff.
250) Von Hippel, Tierquälerei, 48 ff.; Bregenzer, Thier-Ethik, 178 f.
251) Bregenzer, Thier-Ethik, 181.
252) Ehrenstein, Tierquälerei, III.
253) Ehrenstein, Tierquälerei, 1 ff.; 5.
254) Ehrenstein, Tierquälerei, 53 ff.
255) Zwerenz, Minenpferde, 162.
256) Weiss, Glücksspiel, 47.
257) Thürkauf, Gewalt, 178.
258) Bregenzer, Thier-Ethik, 351 ff.
259) Von Hippel, Tierquälerei, 130.
260) Bregenzer, Thier-Ethik, 350 f.
261) Bregenzer, Thier-Ethik, 361.
262) Bregenzer, Thier-Ethik, 365 ff.
263) Bregenzer, Thier-Ethik, 376.
264) Bregenzer, Thier-Ethik, 381.
265) Bregenzer, Thier-Ethik, 387.
266) Bregenzer, Thier-Ethik, 391.
267) Bregenzer, Thier-Ethik, 396.
268) Schopenhauer, Parerga, 394 f.
269) Gerlach, Tierwelt, 192.
270) Gerlach, Tierwelt, 192.
271) Singer, Ethik, 15.
272) Landmann, Anthropologie, 120.
273) Bregenzer, Thier-Ethik, 304; Schröder, Tierschutzgesetz, 3.
274) Siegwalt, Verantwortung, 64.
275) Küng, Christ.
276) Landmann, Anthropologie, 127.
277) Kunkel, Schächtprobleme, 10 ff.; 88.
278) Emari, Schlachten, 28 f.
279) Kunkel, Schächtprobleme, 10 ff.; 88; Teutsch, Tierschutzethik, 180.
280) Lorz, Tierschutzgesetz, 54.
281) Ennulat/Zoebe, Recht, 23; Schröder, Tierschutzgesetz, 6.
282) Singer, Ethik, 17 ff.
283) Singer, Liberation; Regan, Rights.
284) Singer, Ethik, 24 f.
285) Blanke, Verantwortlichkeit, 193 ff.; Blanke, Schöpfung; Altner, Schöpfung 79; 164.
286) Teutsch, Tierversuche, 73.
287) Regan, Rechte, 28 ff.
288) Linzey, Theology, VI ff.; 62 ff.
289) Windeatt, Stimmen, 285.
290) Hollands, Tierrechte, 260 ff.; Windeatt, Stimmen, 270 ff.; Spira, Kämpfen, 310 ff.; Teutsch, Nachwort, 320 ff.

291) Boone, Schöpfung.
292) Drewermann, Menschlichkeit, 38.
293) Weimar, Notwehr, 14.

Literatur

Allgemeines

O. ABEL, Die vorweltlichen Tiere in Märchen, Sage und Aberglaube, Karlsruhe 1923.

W. ABEL, Geschichte der dt. Landwirtschaft, Stuttgart ³1978.

E. AGNEL, Curiosités judiciaires et historiques du Moyen Age. Procès contre les animaux, Paris 1858.

B. A. ALTEN, The Devil in Dogform, Berkeley 1959.

K. VON AMIRA, Thierstrafen und Thierprozesse, in: Mitt. des Instituts für österr. Geschichtsforschung 12 (1891), 545–601.

J. ANKER/S. DAHL, Fabeldyr og andre fabelvaesener i fortid og nutid, Kopenhagen 1938.

H. D'ARBOIS DE JUBAINVILLE, Les Excommunications d'animaux, in: Revue des questions historiques 3/5 (1868), 275–280.

R. ARNOLD, Das Tier in der Weltgeschichte, Frankfurt a.M. 1939.

F. AUDOIN-ROUZEAU, Hommes et animaux en Europe de l'époque antique aux temps modernes, Paris 1993.

F. AUDOIN-ROUZEAU/J. DESSE, Exploitation des animaux sauvage à travers le temps, o.O. 1993.

R. W. BARBER/A. RICHES, A Dictionary of Fabulous Beasts, London 1971, ND Woodbridge 1996.

J. BASKETT, Das Pferd in der Kunst, München 1980.

M. BAUM, Das Pferd als Symbol, Frankfurt a.M. 1991.

O. BAUR, Bestiarium Humanum. Mensch-Tier-Vergleich in Kunst und Karikatur, München 1974.

R. R. BEER, Einhorn, München ³1977.

N. BENECKE, Der Mensch und seine Haustiere. Die Geschichte einer jahrtausendealten Beziehung, Stuttgart 1994.

K. BERGER, Das Tier in der Kunst, Leipzig 1971.

J. BERNHART, Heilige und Tiere, München 1937.

G. BOAS, Theriophily, in: P. WIENER (Hg.), Dictionary of the History of Ideas, Bd. 4, New York 1973, 384–389.

J. BOUDET, L'homme et l'animal, cent mille ans de vie commune, Paris 1962.

A. BOUREAU, L'Aigle. Chronique politique d'un emblème, Paris 1980.

H. BRACKERT/C. VON KLEFFENS, Von Hunden und Menschen. Geschichte einer Lebensgemeinschaft, München 1989.

W. BRÜCKNER, Roß und Reiter im Leichenzeremoniell, in: Rheinisches Jb. für Volkskunde 15 (1964), 144–209.

L. CARLEN, Das Recht der Hirten, Aalen 1970.

A. CARREGA/P. NAVONE (Hg.), Le proprietà degli animali, Genf 1983.

J. CHERRY (Hg.), Fabeltiere, Stuttgart 1997.

A. CLARK, Beast and Bawdry, London 1975.

K. CLARK, Animals and Men, London 1977.
J. CLUTTON-BROCK, Domesticated Animals from Early Times, Austin 1981.
B. COPPER, The Werewolf in Legend, Fact, and Art, New York 1977.
A. CURET, Histoire animal, Toulouse 1989.
R. DELORT, Der Elefant, die Biene und der heilige Wolf, München 1987.
H. DEMISCH, Die Sphinx, Stuttgart 1977.
G. T. DENISON, Geschichte der Cavallerie, Berlin 1879.
A. DENT, Das Pferd. Fünftausend Jahre seiner Geschichte, Berlin 1975.
A. VON DEN DRIESCH, Geschichte der Tiermedizin. 5000 Jahre Tierheilkunde, München 1989.
R. DURAND (Hg.), L'homme, l'animal domestique et l'environnement du Moyen Age au XVIIIe s., Nantes 1993.
K. DUVE, Lexikon berühmter Tiere, Frankfurt a.M. 1997.
E. P. EVANS, The Criminal Prosecution and Capital Punishment of Animals, London 1906, ND 1987.
M. C. EVELINA, Il posto degli animali nel pensiero umano, Milano 1914.
Exploitation des animaux sauvages à travers les temps, Juan-les-Pins 1993.
G. FEBEL/G. MAAG (Hg.), Bestiarien im Spannungsfeld zwischen MA und Moderne, Tübingen 1997.
M. FEIGL, De homicida. Eine Unters. zur ma. und frühneuzeitlichen Rechtsmentalität anhand von Dokumenten über die strafrechtliche Verfolgung von Tieren, Mag. Arb. Wien 1994.
E. FRANKE, Gestaltungen der Tierdichtung, Diss. Bonn 1934.
A. FRANKLIN, La vie privée d'autrefois: les animaux, Paris 1899.
J. FREWEIN (Hg.), Das Tier in der menschlichen Kultur, Zürich 1983.
H. FRIEDMAN, A Bestiary for St. Jerome. Animal Symbolism in European Religious Art, Washington 1980.
R. FROEHNER, Kulturgeschichte der Tierheilkunde, Konstanz 1954.
Geschichte und Kultur der Jagd, FS K. Lindner, Berlin 1971.
M. GIJSWIJTS-HOFSTRA, Mens, dier en demon. Parallelen tussen dieren- en heksenprocessen? in: E. GROOTES/J. DEN HAAN (Hg.), Geschiedenis, godsdienst, letterkunde, Roden 1989, 55–62.
R. GRAMBO, Enhjørning, Kentaur og Verdenstre. Randbemerkninger til noen semiotiske problemer, in: Livstegn 6 (1989), 12–25.
A. DE GUBERNATIS, Zoological Mythologie, London 1872, ND Detroit 1968.
F. HAMEL, Human Animals. Werewolves and Other Transformations, New Hyde Park 1969.
F. HARRER/G. GRAF (Hg.), Tierschutz und Recht, Wien 1994.
D. HARWOOD, Love for Animals and How It Developed in Great Britain, New York 1928.
E. HENNEBERT, Histoire militaire des animaux, Paris 1893.
E. HENSCHEID, Welche Tiere und warum das Himmelreich erlangen können, Stuttgart 1995.
R. HILTBRAND/R. WILDHABER, Hirtenkulturen in Europa, Basel 1966.
H. HITZBLECK, Die Bedeutung des Fischfangs für die Ernährungswirtschaft Mitteleuropas in vorindustrieller Zeit, Diss. Göttingen 1971.
B. HOLBEK/I. PIØ, Fabeldyr og sagnfolk, Kopenhagen 1967.
L'homme et l'animal, Paris 1975.
L. HOPF, Thierorakel und Orakelthiere in alter und neuer Zeit, Stuttgart 1888.
V. HUHN, Löwe und Hund als Symbole des Rechts, in: Mainfränkisches Jb. für Geschichte und Kunst 7 (1955), 1–63.
Jagd einst und jetzt, hg. vom Amt der niederösterr. Landesregierung, Wien 1978.

M. JÄHNS, Roß und Reiter in Leben und Sprache, Glauben und Geschichte der Deutschen, Leipzig 1872.

G. KARSTÄDT, Jagdmusik, in: Die Musik in Geschichte und Gegenwart 6 (1957), 1667–1671.

E. KAUFMANN, Tierstrafe, in: Hwb. der dt. Rechtsgeschichte 33 (1991), 239–241.

H. KNITTLER, Tiere vor Pflug und Wagen, in: Beiträge zur historischen Sozialkunde 23 (1993), 9–15.

J. LEIBBRAND, Speculum bestialitatis. Die Tiergestalten der Fastnacht und des Karnevals im Kontext christlicher Allegorese, München 1989.

R. LEWISON, Eine Geschichte der Tiere, Hamburg 1954.

A. LINZEY, Animal Theology, Urbana 1995.

C. LIST, Tiere – Gestalt und Bedeutung in der Kunst, Stuttgart 1993.

G. LOISEL, Histoire des ménageries de l'Antiquité à nos jours, Paris 1912.

C. LUCKEN, Bestiaires/Bestiaries. Compar(a)ison 1, Bern 1996.

F. MEDLIN, Centuries of Owls in Art and the Written Word, Norwalk 1967.

Mensch und Tier. Beiträge zur historischen Sozialkunde 23/1, Wien 1993.

H. MEYER, Der Mensch und das Tier, München 1975.

R. MEYER, Vom Umgang mit Tieren. Geschichte einer Nachbarschaft, Jena 1990.

P. MICHEL (Hg.), Tiersymbolik, Bern 1991.

P. MIQUEL, Dictionnaire symbolique des animaux, Paris 1991.

H. MODE, Fabeltiere und Dämonen in der Kunst, Stuttgart 1973.

H. MORPHY (Hg.), Animals into Art, London 1989.

P. MÜNCH/R. WALZ (Hg.), Tiere und Menschen. Geschichte und Aktualität eines prekären Verhältnisses, Paderborn u.a. 1998.

J. R. NICOLAUS, Uomo – animale – natura nell'evolversi dei secoli, in: Atti della Accademia Pontaniana, Napoli, NS 43 (1994), 55–96.

A. NIDERST (Hg.), L'animalité. Hommes et animaux dans la littérature française, Tübingen 1994.

W. PANGRITZ, Das Tier in der Bibel, München/Basel 1963.

J. PASSMORE, The Treatment of Animals, in: Journal of the History of Ideas 36 (1975), 195–218.

G. PÉTIT/J. THÉODORIDES, Histoire de la zoologie des origines à Linné, Paris 1962.

R. PIPER, Das Tier in der Kunst, München 1910.

J. R. PORTER/W. M. RUSSEL, Animals in Folklore, Norwich 1978.

L. PORTIER, Le pélican. Histoire d'un symbol, Paris 1984.

A. VAN PRAAG, Het strafproces tegen dieren, in: Themis 93 (1932), 345–375.

M. PRANEUF, L'ours et les hommes dans les traditions européennes, Paris 1989.

S. DE RACHEWILTZ, De sirenibus, New York 1987.

J. P. REIDT, Die Heiligen und die Tierwelt, Dülmen 1902.

M. RHEINHEIMER, Die Angst vor dem Wolf. Werwolfglaube, Wolfssagen und Ausrottung der Wölfe in Schleswig-Holstein, in: Fabula 36 (1995), 25–78.

P. A. ROBIN, Animal Lore in English Literature, London 1932.

M. W. ROBINSON, Fictitious Beasts. A Bibliography, London 1961.

E. RUDOLPH, Schulderlebnis und Entschuldigung im Bereich säkularer Tiertötung, Bern 1972.

A. RUPKE (Hg.), Vivisection in historical perspective, London 1987.

P. DE SAINT-HILAIRE, Le Coq – mythes et symboles, Paris 1990.

K. SÄLZLE, Tier und Mensch – Gottheit und Dämon. Das Tier in der Geistesgeschichte der Menschheit, München 1965.

B. SCHMELZ/R. VOSSEN, Auf Drachenspuren, Bonn 1995.

H. SCHÖPF, Fabeltiere, Graz 1988.

H. SCHÜPPERT, Die Hasen fangen und braten den Jäger. Datierung und Deutung

Allgemeines 619

eines Flugblattes von Hans Sachs und Georg Pencz, in: J. HARDIN (Hg.), Der buchstab tödt – der Geist macht lebendig, Bern o.J., 575–596.

U. SCHWAB (Hg.), Das Tier in der Dichtung, Heidelberg 1970.

H. SCHWARZBAUM, The Mishle Shu'alim (Fox Fables) of Rabbi Berechiah Ha-Nakdan. A Study in Comparative Folklore and Fable Lore, Kiron 1979.

W. SELLERT, Das Tier in der abendländischen Rechtsauffassung, in: Studium Generale, Hannover 1984, 66–84.

F. SILLAR/R. MEYLER, The Symbolic Pig, Edinburgh 1961.

C. SKRIVER, Der Verrat der Kirchen an den Tieren, München 1967.

M. SOUTH (Hg.), Mythical and Fabulous Creatures. A Source Book and Research Guide, New York 1987.

W. SPEYER, Hat das Christentum das heutige Elend von Natur und Mensch mitverursacht? in: Zs. für Ganzheitsforschung 32 (1988), 3–17.

K. SPIESS, Der Vogel, Klagenfurt 1969.

H. STOLTING/G. ZOEBE, Das Tier im Recht, Frankfurt a.M. 1962.

M. SVILAR (Hg.), Mensch und Tier, Bern 1985.

W. TANNER, Mensch und Tier in christlicher Sicht, St. Gallen 1950.

J. VARTIER, Les Procès d'Animaux du Moyen Age à Nos Jours, Paris 1970.

H. WENDT, Die Entdeckung der Tiere, München 1980.

F.-E. WILMS, Das Tier. Mitgeschöpf, Gott oder Dämon, Frankfurt a.M. 1987.

U. WOLF, Das Tier in der Moral, Frankfurt a.M. 1990.

F.E. ZEUNER, Geschichte der Haustiere, München 1967.

Zeitschrift

Anthropozoologica, Paris 1984 ff.

Urgeschichte

C. AMBROS, Katalog der Tierbeigaben aus den hallstattzeitlichen, latènezeitlichen und frühma. Gräbern in der Slowakei (Acta Interdisciplinaria Archaeologica 3), Nitra 1984.

M. ANDRALOJC, The Phenomenon of Dog Burials in the Prehistoric Times on the Area of Middle Europe (Ollodagos 1), Bruxelles 1993.

G. BEHM-BLANCKE, Heiligtümer, Kultplätze und Religion, in: Archäologie in der Dt. Demokratischen Republik, Leipzig 1989.

H. BEHRENS, Ein Siedlungs- und Begräbnisplatz der Trichterbecherkultur bei Weißenfels an der Saale, in: Jahresschrift für mitteldt. Vorgeschichte 37 (1953), 67–108.

N. BENECKE, Archäozoologische Studien zur Entwicklung der Haustierhaltung in Mitteleuropa und Südskandinavien von den Anfängen bis zum ausgehenden MA (Schriften zur Ur- und Frühgeschichte 46), Berlin 1994.

N. BENECKE, Der Mensch und seine Haustiere, Stuttgart 1994.

M. BERANOVÁ, Zur Frage des Systems der Landwirtschaft im Neolithikum und Äneolithikum in Mitteleuropa, in: Archeologické rozhledy 39 (1987), 141–198.

A. BEUTLER, Die Großtierfauna Europas und ihr Einfluß auf Vegetation und Landschaft, in: B. GERKEN/C. MEYER (Hg.), Wo lebten Pflanzen und Tiere in der Naturlandschaft und der frühen Kulturlandschaft Europas? Höxter 1996, 51–106.

S. BÖKÖNYI, History of Domestic Mammals in Central and Eastern Europe, Budapest 1974.

G. BOSINSKI, Die Kunst der Eiszeit in Deutschland und in der Schweiz (Katalog vor- und frühgeschichtlicher Altertümer 20), Bonn 1982.

A. T. CLASON, Einige Bemerkungen über Viehzucht, Jagd und Knochenbearbeitung bei der mitteldt. Schnurkeramik, in: H. BEHRENS/F. SCHLETTE (Hg.), Die neolithischen Becherkulturen im Gebiet der DDR und ihre europäischen Beziehungen, Berlin 1969, 173–195.

P. J. CRABTREE/D. V. CAMPANA, A new model for the domestication of the dog, in: Masca Journal 4 (1987), 98–102.

E. CZIESLA, Jäger und Sammler. Die mittlere Steinzeit im Landkreis Pirmasens, Brühl 1992.

U. L. DIETZ, Zur Frage vorbronzezeitlicher Trensenbelege in Europa, in: Germania 70 (1992), 17–36.

H.-J. DÖHLE, Haustierhaltung und Jagd in der Linienbandkeramik – ein Überblick, in: Zs. für Archäologie 27 (1993), 105–124.

R. FEUSTEL/H. ULLRICH, Bestattungen, in: J. HERRMANN/H. ULLRICH, Menschwerdung, 442–445.

K. GROTE/H. THIEME, Eiszeitliche Jagdtiere und Jäger der mittleren Altsteinzeit am Beispiel der Freilandstation Salzgitter-Lebenstedt, in: Ausgrabungen in Niedersachsen. Archäologische Denkmalpflege 1979–1984, hg. von K. WILHELMI, Stuttgart 1985, 51–57.

B. HÄNSEL/S. ZIMMER (Hg.), Die Indogermanen und das Pferd (Archaeolingua 4), Budapest 1994.

J. HERRMANN/H. ULLRICH (Hg.), Menschwerdung, Berlin 1991.

H.-G. HÜTTEL, Bronzezeitliche Trensen in Mittel- und Osteuropa (Prähistorische Bronzefunde XVI/2), München 1981.

J.-P. JÉQUIER, Le moustérien alpin (Eburodunum 2), Yverdon 1975.

H.D. KAHLKE, Das Eiszeitalter, Leipzig 1981.

U. LEHMKUHL, Archäozoologische Unters. am Tierknochenmaterial aus mecklenburgischen Großsteingräbern, in: Jb. für Bodendenkmalpflege in Mecklenburg 1984 (1985), 21–76.

A. LEROI-GOURHAN, Die Religionen der Vorgeschichte, in: Paläolithikum, Frankfurt a.M. 1981.

D. MANIA/V. TOEPFER, Königsaue. Gliederung, Ökologie und mittelpaläolithische Funde der letzten Eiszeit, Berlin 1973.

D. MANIA, Zur Jagd des Homo erectus von Bilzingsleben, in: Ethnographisch-Archäologische Zs. 24 (1983), 326–337.

D. MANIA, Archäologische Kulturen des Mittelpaläolithikums, in: Archäologie in der Dt. Demokratischen Republik, Leipzig 1989, 34–40.

D. MANIA, Auf den Spuren des Urmenschen. Die Funde aus der Steinrinne von Bilzingsleben, Berlin 1990.

P. MELLARS (Hg.), The Early Postglacial Settlement of Northern Europe, London 1978.

G. NOBIS, Die Wildsäugetiere in der Umwelt des Menschen von Oberkassel bei Bonn und das Domestikationsproblem von Wölfen im Jungpaläolithikum, in: Bonner Jb. 186 (1986), 367–376.

E. PROBST, Deutschland in der Urzeit, München 1986.

E. PROBST, Deutschland in der Steinzeit, München 1991.

G. RABEDER/B. GRUBER, Höhlenbär und Bärenjäger. Ausgrabungen in der Rameschknochenhöhle im Toten Gebirge. Katalog zur Sonderausstellung, Linz o.J.

A. SHERRATT, The secondary exploitation of animals in the Old World, in: World Archaeology 15 (1983), 90–104.

A. SHERRATT, Wool, wheels, and ploughmarks: Local developments or outside introductions in Neolithic Europe? in: University of London Institute of Archaeology Bulletin 23 (1987), 1–15.

O. SOFFER, The Upper Paleolithic of the Central Russian Plain, San Diego 1985.
D. A. STURDY, Some reindeer economies in prehistoric Europe, in: E. S. HIGGS (Hg.), Palaeoeconomy, Cambridge 1975, 55–95.
L. TEICHERT, Ergebnisse zu Haus- und Wildtierknochen aus Siedlungen und Gräberfeldern der Schönfelder Gruppe im Raum der DDR, in: A. T. CLASON (Hg.), Archaeozoological studies, Amsterdam 1975, 206–212.
L. TEICHERT, Tierleichenbrandreste vom Lausitzer Flachgräberfeld bei Tornow, Kr. Calau, in: Veröffentlichungen des Museums für Ur- und Frühgeschichte Potsdam 17 (1983), 73–82.
M. TEICHERT, Tierreste aus dem germ. Opfermoor bei Oberdorla, Weimar 1974.
M. TEICHERT/L. TEICHERT, Tierknochenfunde aus dem spätmesolithisch/ frühneolithischen Rötelgrab bei Bad Dürrenberg, Kr. Merseburg, in: J. HERRMANN (Hg.), Archäologie als Geschichtswiss., Berlin 1977, 521–525.
H. THIEME, Alt- und Mittelsteinzeit, in: H.-J. HÄSSLER (Hg.), Ur- und Frühgeschichte in Niedersachsen, Stuttgart 1991, 77–108.
H.-P. UERPMANN, Die Anfänge von Tierhaltung und Pflanzenanbau, in: Die ersten Bauern, Bd. 2, Zürich 1990, 27–37.
H.-P. UERPMANN, Die Domestikation des Pferdes im Chalkolithikum West- und Mitteleuropas, in: Madrider Mitt. 31 (1990), 109–153.
G.-C. WENIGER, Magdalenian settlement and subsistence in south-west Germany, in: Proceedings of the Prehistoric Society 53 (1987), 293–307.

Griechische und römische Antike

M. VON ALBRECHT, Silius Italicus, Amsterdam 1964.
J. K. ANDERSON, Hunting in the Ancient World, Berkeley 1985.
J. K. ANDERSON, Ancient Greek Horsemanship, Berkeley 1961.
J.-M. ANDRÉ, Griech. Feste – röm. Spiele, Stuttgart 1994.
B. ANDREAE, Die röm. Jagdsarkophage, Berlin 1980.
B. ANDREAE, Odysseus. Archäologie des europäischen Menschenbildes, Frankfurt a.M. 1982.
R. AUGUET, Cruauté et civilisation. Les jeux Romains, Paris 1970.
J. AYMARD, Essai sur les chasses romaines, Paris 1951.
A. BAMMER, Das Tieropfer am Artemisaltar von Ephesos, in: S. SAHIN (Hg.), FS F. Dörner, Leiden 1978.
L. BODSON, Iepazquia. Contribution à l'étude de la place de l'animal dans la religion grecque ancienne, Brüssel 1978.
E. BÖHR, Vogelfang mit Leim und Kauz, in: Archäologischer Anzeiger (1992), 573–583.
R. BÖSCHENSTEIN-SCHÄFER, Idylle, Stuttgart ²1977.
G. BRETT/W. J. MACAULEY/R. STEVENSON, The Great Palace of the Byzantine Emperors, London 1947.
F. BROMMER, Satyroi, Würzburg 1937.
F. BROMMER, Der Parthenonfries, Mainz 1977.
F. BROMMER, Die Parthenonskulpturen, Mainz 1982.
F. BROMMER, Herakles, Darmstadt ⁵1986.
H.-G. BUCHHOLZ/G. JÖHRENS/I. MAULL, Jagd und Fischfang, in: Archaeologia Homerica, Bd. 1, Göttingen 1973.
V. BUCHHEIT, Tierfrieden in der Antike, in: Würzburger Jb. NF 12 (1986), 143–154.

W. BURKERT, Homo Necans. Interpretation altgriech. Opferriten und Mythen, Berlin/New York 1972.
W. BURKERT, Griech. Religion der archaischen und klassischen Epoche, Berlin 1977.
A. CAMERON, Circus Factiones – Blues and Greens at Rome and Byzantium, Oxford 1976.
J. CHARBONNEAUX, Das archaische Griechenland, München 1977.
J. CHARBONNEAUX, Das hellenistische Griechenland, München 1977.
F. COARELLI, Guida archeologica di Pompei, Verona 1981.
R. M. COOK, Dogs in Battle, in: FS Rumpf, Krefeld 1952, 38 ff.
G. DALTROP, Die Kalydonische Jagd in der Antike, Hamburg 1966.
G. DALTROP, Die Jagdmosaiken der röm. Villa bei Piazza Armerina, Hamburg 1969.
E. DELEBECQUE, Le cheval dans l'Iliade, Paris 1951.
V. DESBOROUGH, Protogeometric Pottery, Oxford 1952.
A. DIERICHS, Erotik in der Kunst Griechenlands, Mainz 1993.
P. DINZELBACHER, Über Trojaspiel und Pyrriche, in: Eranos. Acta philologica suecana 80 (1982), 151–161.
N. DOUGLAS, Birds and Beasts of the Greek Anthology, London 1928.
A. VON DEN DRIESCH, Geschichte der Tiermedizin. 5000 Jahre Tierheilkunde, München 1989.
H. P. DRÖGEMÜLLER, Die Gleichnisse im hellenistischen Epos, Diss. Hamburg 1956.
J. W. DUFF/A. M. DUFF, Minor Latin Poets, Cambridge, Mass. 1968.
J. DUMONT, Les combats de coq furent-ils un sport? in: Pallas 34 (1988), 34–44.
B. EFFE, Dichtung und Lehre (Zetemata 69), München 1977.
H. FLASHAR, Aristoteles, in: H. FLASHAR (Hg.), Die Philosophie der Antike, Bd. 3, Basel/Stuttgart 1983.
H. FRÄNKEL, Die homerischen Gleichnisse, Göttingen 1921.
H. FRÄNKEL, Dichtung und Philosophie des frühen Griechentums, München ³1976.
B. FREYER-SCHAUENBURG, Bildwerke der archaischen Zeit und des strengen Stils (Samos, Bd. XI.), Bonn 1974.
L. FRIEDLÄNDER, Darstellungen aus der Sittengeschichte Roms, Leipzig ⁹1919–1921.
P. FRIEDLÄNDER, Epigrammata, Berlin 1948.
T. FRÖHLICH, Lararien- und Fassadenbilder in den Vesuvstädten, Mainz 1991.
S. GEORGOUDI, Des chevaux et des bœufs dans le monde grec, Paris 1990.
H. R. GOETTE, Corona spicea, corona civica und Adler, in: Archäologischer Anzeiger (1984), 573 ff.
V. VON GRAEVE, Der Alexandersarkophag und seine Werkstatt, Berlin 1970.
P. A. L. GREENALGH, Early Greek Warfare, Cambridge 1973.
P. GRIMAL, Les jardins romains, Paris ²1969.
P. GUMMERT, Die Erzählstruktur in den Argonautika des Apollonios Rhodios, Frankfurt a.M. 1992.
H. G. GUNDEL, Zodiakos. Tierkreisbilder im Altertum, Mainz 1992.
C. HEUCKE, Circus und Hippodrom als politischer Raum, Hildesheim 1994.
F. HÖLSCHER, Die Bedeutung archaischer Tierkampfbilder, Würzburg 1972.
T. HÖLSCHER, Ideal und Wirklichkeit in den Bildnissen Alexanders des Großen, Heidelberg 1971.
N. HOLZBERG, Der antike Roman. Eine Einf., München 1986.
N. HOLZBERG, Die antike Fabel, Darmstadt 1993.
N. HOLZBERG, Ovid. Dichter und Werk, München 1997.
A. HÖNLE/A. HENZE, Röm. Amphitheater und Stadien. Gladiatorenkämpfe und Circusspiele, Zürich 1981.
A. HYLAND, Equus. The Horse in the Roman World, London 1990.
J. IRMSCHER (Hg.), Antike Fabeln (Bibliothek der Antike), Berlin 1987.

G. JENNISON, Animals for Show and Pleasure in Ancient Rome, Manchester 1937.
J. KEIM/H. KLUMBACH, Der röm. Schatzfund von Straubing, München 1978.
O. KELLER, Die antike Tierwelt, Hildesheim ²1963 (¹1909/13).
F. KLINGNER, Virgils Georgica, Zürich 1963.
F. KLINGNER, Über das Lob des Landlebens in Virgils Georgica, in: F. KLINGNER, Studien zur griech. und röm. Lit., Zürich 1964, 252–274.
G. KOCH-HARNACK, Knabenliebe und Tiergeschenke. Ihre Bedeutung im päderastischen Erziehungssystem Athens, Berlin 1983.
O. KÖRNER, Die homerische Tierwelt. Ein Beitrag zur Geschichte der Zoologie, München ²1930 (¹1880).
D. KORZENIEWSKI (Hg.), Hirtengedichte aus neronischer Zeit, Darmstadt 1971.
D. KORZENIEWSKI (Hg.), Hirtengedichte aus spätröm. und karolingischer Zeit, Darmstadt 1976.
T. KRAUS, Das röm. Weltreich (Propyläen Kunstgeschichte 2), Berlin 1967.
W. KULLMANN, Wiss. und Methode. Interpretationen zur aristotelischen Theorie der Naturwiss., Berlin 1974.
J. KÜPPERS, Das Proömium der Cynegetica Nemesians, in: Hermes 115 (1987), 473–498.
D. C. KURTZ/J. BOARDMAN, Thanatos. Tod und Jenseits bei den Griechen, Mainz 1985.
E. LAMOTTE, Bucephalas and his Legend, in: American Journal of Philology 51 (1930).
M. LANDFESTER, Geschichte der griech. Komödie, in: G.A. SEEK (Hg.), Das griech. Drama, Darmstadt 1979.
E. LA ROCCA, Ara Pacis Augustae, Rom 1983.
K. LATTE, Röm. Religionsgeschichte, München 1960.
D. N. J. LEE, The Similes of the Iliad and the Odyssee compared, London 1964.
A. LEZZI-HAFTER, Der Eretria-Maler, Mainz 1988.
R. LULLIES, Griech. Plastik von den Anfängen bis zum Beginn der röm. Kaiserzeit, München ⁴1979.
C. MAINOLDI-MARELLI, L'image du loup et du chien dans la Grèce ancienne, Straßburg 1982.
W. MARTINI, Die Magie des Löwen in der Antike, in: X. VON ERTZDORFF (Hg.), Die Romane von dem Ritter mit dem Löwen, Amsterdam 1994, 21 ff.
W. MARTINI (Hg.), Die Jagd der Eliten in den Erinnerungskulturen von der Antike bis zur Frühen Neuzeit, Göttingen 2000.
P. J. MEIER, Agones, in: Realencyclopädie der classischen Altertumswissenschaft, Bd. 1, Stuttgart 1894, 835–867.
K. MEULI, Griech. Opferbräuche, in: Phyllobia für P. von der Mühll, Basel 1945.
H. MIELSCH, Die röm. Villa, München 1987.
H. MIELSCH, Realität und Imagination im »Großen Jagdmosaik« von Piazza Armerina, in: FS N. Himmelmann. Beiträge zur Ikonographie und Hermeneutik, Mainz 1989.
F. NAUMANN, Die Ikonographie der Kybele in der phrygischen und griech. Kunst, Tübingen 1983.
C. NEUMEISTER, Das antike Rom, München 1991.
H.-J. NEWIGER, Drama und Theater. Das griech. Drama, Stuttgart 1996.
M. P. NILSSON, Geschichte der griech. Religion, Bd. 1, München ²1955.
D. OHLY, Griech. Goldbleche, München 1953.
A. OTTO, Die Sprichwörter und sprichwörtlichen Redensarten der Römer, Leipzig 1890, ND Hildesheim 1962.
H. W. PARKE, Athenische Feste, Mainz 1987.

J. PERFAHL, Wiedersehen mit Argos und andere Nachrichten über Hunde in der Antike (Kulturgeschichte der antiken Welt 15), Mainz 1983.

E. PFUHL/H. MÖBIUS, Die ostgriech. Grabreliefs, Mainz 1977.

G.-C. PICARD, La chasse romaine, in: Journal des savants (1951), 72–85.

A. PICKARD-CAMBRIDGE, The Dramatic Festivals of Athens, Oxford ²1968.

J. POLLARD, Birds in Greek Life and Myth, London/Southampton 1977.

G. M. A. RICHTER, Animals in Greek Sculpture, New York 1930.

G. M. A. RICHTER, Korai, Leipzig 1968.

W. RICHTER, Die Landwirtschaft im homerischen Zeitalter, in: Archaeologia Homerica H, Göttingen 1967.

R. RIEKS, Die Gleichnisse Vergils, in: Aufstieg und Niedergang der röm. Welt II, 31.2, Berlin/New York 1981, 1011–1110.

A. RINK, Mensch und Vogel bei röm. Naturschriftstellern und Dichtern, Frankfurt a.M. 1997.

W. RÖD, Geschichte der Philosophie. Die Philosophie der Antike, Bd. 1, München ²1988.

G. RODENWALDT, Köpfe von den Südmetopen des Parthenon, Berlin 1948.

T. G. ROSENMEYER, The Green Cabinet. Theocritus and the European Pastoral Lyric, Berkeley 1969.

A. SAUVAGE, Etude de thèmes animaliers dans la poésie latine (Latomus 143), Paris 1975.

K. SCHAUENBURG, Die Lupa als sepulkrales Motiv, in: Jb. des Dt. Archäologischen Instituts 81 (1966), 261 ff.

K. SCHAUENBURG, Jagddarstellungen in der griech. Vasenmalerei, Hamburg 1969.

K. SCHEFOLD, Frühgriech. Sagenbilder, München 1964.

E. A. SCHMIDT, Bukolische Leidenschaft oder Über antike Hirtenpoesie (Studien zur klass. Philol. 22), Frankfurt a.M. 1987.

A. SCHNAPP, La chasse et la mort: L'image du chasseur sur les stèles et les vases, in: Annali dell'Istituto orientale 10 (1988), 151 ff.

A. SCHNAPP-GOURBEILLON, Lions, Héros, Masques. Les représentations de l'animal chez Homère, Paris 1981.

C. SCHNEIDER, Die Welt des Hellenismus, München 1975.

A. F. SCHOLFIELD (Hg.), Ailianos. On the Characteristics of Animals, Cambridge 1957/58.

H. H. SCULLARD, The Elephant in the Greek and Roman World, Cambridge 1974.

J. SEIBERT, Unters. zur Geschichte Ptolemaios I., in: Münchner Beiträge zur Papyruskunde und antiken Rechtsgeschichte 56 (1969).

J. SEIBERT, Der Einsatz von Kriegselefanten, in: Gymnasium 80 (1973), 348 ff.

A. SIDERAS, Aeschylus Homericus (Hypomnemata 31), Göttingen 1971.

E. SIMON, Die griech. Vasen, München ²1981.

E. SIMON, Die Götter der Griechen, München 1985.

E. SIMON, Die Götter der Römer, München 1990.

F. SINN, Museo Gregoriano Profano ex Lateranense. Katalog der Skulpturen, Bd. 1, Mainz 1991.

B. SNELL, Arkadien. Die Entdeckung einer geistigen Landschaft, in: B. SNELL, Die Entdeckung des Geistes, Hamburg ³1955, 371–400.

A. M. SNODGRASS, Wehr und Waffen im antiken Griechenland, Mainz 1984.

A. STÜCKELBERGER, Einf. in die antiken Naturwiss., Darmstadt 1988.

H. VAN THIEL, Der Eselsroman, Bd. 1: Unters., Bd. 2: Synoptische Ausgabe, München 1971/72.

J. M. C. TOYNBEE (Hg.), Tierwelt der Antike, Mainz 1983, Übersetzung der engl. Ausgabe Animals in Roman Life and Art, Ithaka 1973

U. TREU/K. TREU, Ailianos. Die tanzenden Pferde von Sybaris, Tiergeschichten, Leipzig 1978.

K. TUCHELT, Tieropfer in Didyma – ein Nachtrag, in: Archäologischer Anzeiger (1992), 61–81.

D. VANHOVE (Hg.), Le sport dans la Grèce antique, Brüssel 1992.

C. VERMEULE, Greek Funerary Animals, 450–300 B.C., in: American Journal of Archaeology 76 (1972), 49 ff.

P. VEYNE, Brot und Spiele. Gesellschaftliche Macht und politische Herrschaft in der Antike, Frankfurt a.M. 1988.

P. VIGNERON, Le cheval dans l'antiquité greco-romaine, Paris 1968.

R. E. WALKER, Röm. Veterinärmedizin, in: J. M. C. TOYNBEE, Tierwelt, 297 ff.

K. WALLAT, Der Marmorfries am Eingangsportal des Gebäudes der Eumachia (VII 9,1) in Pompeji, in: Archäologischer Anzeiger (1995), 345–387.

K.-W. WEEBER, Panem et circences. Massenunterhaltung als Politik im antiken Rom, Mainz 1994.

W. WEISMANN, Kirche und Schauspiele, Würzburg 1972.

K. D. WHITE, Roman Farming, Ithaka, New York 1970.

G. WISSOWA, Religion und Kultus der Römer, München 1912.

H. WREDE, Consecratio in formam deorum, Mainz 1981.

P. ZANKER, Augustus und die Macht der Bilder, München 1987.

P. ZANKER, Pompeji. Stadtbild und Wohngeschmack, Mainz 1995.

P. ZAZOFF, Jagddarstellungen auf Gemmen, Hamburg 1970.

P. ZAZOFF, »Laufende Gorgo, stehende Artemis?«, in: Archäologischer Anzeiger 85 (1970), 154 ff.

Germanisch-keltisches Altertum

H. BECK, Das Ebersignum im Germanischen. Ein Beitrag zur germ. Tier-Symbolik, Berlin 1965.

H. BECK, Das Problem der bitheriophoren Personennamen im Germanischen, in: H. ROTH, (Hg.), Zum Problem der Deutung frühma. Bildinhalte, Sigmaringen 1986, 303–315.

J. BIEL, Der Keltenfürst von Hochdorf, Stuttgart 1985.

H. BIRKHAN, Germanen und Kelten bis zum Ausgang der Römerzeit. Der Aussagewert von Wörtern und Sachen für die frühesten kelt.-germ. Kulturbeziehungen, Wien 1970.

R. BLOCH, Le corbeau divin des Celtes dans les guerres romano-gauloises, in: H. BLOCH u.a., Recherches sur les religions de l'Italie antique, Genf 1976, 19–32.

T. CAPELLE, Eisenzeitliche Bauopfer, in: Frühma. Studien 21 (1987), 182–205.

S. DAVIES/N. A. JONES (Hg.), The Horse in Celtic Culture. Medieval Welsh Perspectives, Cardiff 1997.

G. DOBESCH, Das europäische ›Barbaricum‹ und die Zone der Mediterrankultur, Wien 1995.

A. VON DEN DRIESCH, Haustierhaltung und Jagd bei den Kelten in Süddeutschland, in: H. DANNHEIMER/R. GEBHARD (Hg.), Das kelt. Jahrtausend, Mainz 1993, 126–133.

H. J. EGGERS/E. WILL/R. JOFFROY/W. HOLMQVIST, Kelten und Germanen in heidnischer Zeit (Kunst der Welt), Baden-Baden 1964.

G. ESTERLE, Die Boviden in der Germania, Wien 1974.

M. EUSKIRCHEN, Epona, in: Bericht der Röm.-Germ. Kommission 74, 1993, 607–850.
A. FURGER-GUNTI, The Celtic Chariot, in: I Celti/The Celts, Mailand 1991, 356–359.
R. GEBHARD, Bildtraditionen kelt. Tierfiguren, in: Spurensuche. FS für H. J. Kellner zum 70. Geburtstag, Kallmünz 1991, 83–104.
M. GREEN, Animals in Celtic Life and Myth, London 1992.
I. HÄGG, Kultgebräuche im Alpenraum und in der Ägäis – Zur Frage der Funktion der Feuerböcke aus Eschenz, in: Trans Europam. FS M. Primas, Bonn 1995, 211–234.
B. HÄNSEL/S. ZIMMER (Hg.), Die Indogermanen und das Pferd. FS für B. Schlerath, Budapest 1994.
A. HAFFNER (Hg.), Heiligtümer und Opferkulte der Kelten, Stuttgart 1995.
G. HASELOFF, Die germ. Tierornamentik der Völkerwanderungszeit, 3 Bde., Berlin 1981.
W. HEIZMANN, ›Lein(en)und Lauch in der Inschrift von Fløksand und im Völsa þáttr‹, in: H. BECK u.a. (Hg.), Germ. Religionsgeschichte, Berlin 1992, 365–395.
J. HERRMANN (Hg.), Griech. und lat. Quellen zur Frühgeschichte Mitteleuropas, 4 Bde., Berlin 1988–1992.
H. JANKUHN, Archäologische Beobachtungen zu Tier- und Menschenopfern bei den Germanen in der röm. Kaiserzeit, in: Nachrichten der Akademie der Wiss. in Göttingen (1966/67), 117–147.
H. JANKUHN (Hg.), Vorgeschichtliche Heiligtümer und Opferplätze in Mittel- und Nordeuropa, Göttingen 1970.
A. KNAACK, Handwerkliche Tätigkeiten im Bereich der bäuerlichen Produktion, in: Die Germanen II, Berlin 1983, 123–154.
D. KRAUSSE-STEINBERGER, Trinkhornbeschläge, in: Hundert Meisterwerke kelt. Kunst, Trier 1992, 111–115.
P.-Y. LAMBERT, La langue gauloise, Paris 1994.
A. T. LUCAS, Cattle in Ancient Ireland, Kilkenny 1989.
A. A. LUND, Zum Germanenbild der Römer, Heidelberg 1990.
P. MAC CANA, Ir. buaball, W. bual ›Drinking Horn‹, in: Ériu 44 (1993), 81–93.
B. MAIER, Lexikon der kelt. Religion und Kultur, Stuttgart 1994.
B. MAIER, Of Celts and Cyclopes: notes on Athenaeus IV 36, in: Studia Celtica 30 (1996), 83–88.
B. MAIER, Zu den kelt. Namen von Carlisle und Colchester, in: Beiträge zur Namenforschung NF 32 (1997), 281–285.
B. MAIER, art .i. día, in: Akten des Zweiten dt. Keltologensymposiums, Tübingen 1999, 121–126.
B. MAIER, Beasts from the Deep: The Water-Bull in Celtic, Germanic and Balto-Slavonic Traditions, in: Zs. für celtische Philologie 51 (1999) 4–16.
J. P. MALLORY, The Old Irish Chariot, in: J. JASANOFF u.a. (Hg.), Mír Curad. Studies in Honour of Calvert Watkins, Innsbruck 1998, 451–464.
J. V. S. MEGAW, Art of the European Iron Age. A study of the elusive image, New York 1970.
P. MÉNIEL, Chasse et élevage chez les Gaulois (450–52 av. J.C.), Paris 1987.
P. MÉNIEL, Les sacrifices d'animaux chez les Gaulois, Paris 1992.
F. MÜLLER, Kelt. Wagen mit elastischer Aufhängung: Eine Reise von Castel di Decima nach Clonmacnoise, in: Trans Europam. FS für M. Primas, Bonn 1995, 265–275.
G. MÜLLER, Studien zu den theriophoren Personennamen der Germanen, Köln/Wien 1970.
H.-H. MÜLLER, Zur Kenntnis der Haustiere aus der Völkerwanderungszeit, in: Zs. für Archäologie 14 (1980), 99–119 und 145–172.

M. MÜLLER-WILLE, Pferdegrab und Pferdeopfer im frühen MA, in: Berichten van de Rijksdienst voor het Oudheidkundig Bodemonderzoek 20/21 (1970/71), 119–248.

J. OEXLE, Merowingerzeitliche Pferdebestattungen: Opfer oder Beigaben?, in: Frühma. Studien 18 (1984), 122–172.

B. RAFTERY, Fahren und Reiten in Irland in der Eisenzeit: Die archäologischen Belege, in: H. L. C. TRISTRAM (Hg.), Studien zur Táin Bó Cuailnge, Tübingen 1993, 173–191.

L. C. TRISTRAM, Pagan Celtic Ireland, London 1994.

H. REICHERT, Altgerm. Personennamen als Quellen der Religionsgeschichte, in: H. BECK u.a. (Hg.), Germ. Religionsgeschichte, Berlin 1992, 552–574.

F. SCHWAPPACH, Zu einigen Tierdarstellungen der Frühlatènezeit, in: Hamburger Beiträge zur Archäologie 4 (1974), 103–140.

R. SIMEK, Lexikon der germ. Mythologie, Stuttgart ²1995.

K. SPINDLER, Die frühen Kelten, Stuttgart ²1991.

M. TEICHERT/H. GRÜNERT, Viehwirtschaft, Jagd und Fischfang, in: Die Germanen I, Berlin 1976, 436–452.

M. TEICHERT/H. H. MÜLLER, Haustierhaltung, in: Die Germanen II, Berlin 1983, 107–119.

M. TEICHERT/H. H. MÜLLER, Jagd und Fischfang, in: Die Germanen II, Berlin 1983, 119–123.

J. WERNER, Childerichs Pferde, in: H. BECK u.a. (Hg.), Germ. Religionsgeschichte, Berlin 1992, 145–161.

Mittelalter

Die weitaus eingehendsten Informationen zu den einzelnen Tierarten im Mittelalter findet man unter den jeweiligen Stichworten im KLNM, wesentlich knapper und unvollständiger im LexMa.

B. VAN DEN ABEELE, La fauconnerie au Moyen Age, o.O. 1994.

B. VAN DEN ABEELE, La littérature cynégétique, Turnhout 1996.

A. ACHERMANN, Les animaux de la sculpture médiévale en France, Toulouse 1970.

B. ACKERMANN-ARLT, Das Pferd und seine epische Funktion im mittelhochdt. »Prosa-Lanzelot«, Berlin/New York 1990.

Actes des colloques de la Société internationale renardienne, Paris (im Druck).

I. ADLOFF, Die antiken Fabelwesen in der romanischen Bauornamentik des Abendlandes, Diss. Tübingen 1947.

M. D. ANDERSON, Animal Carvings in British Churches, Cambridge 1938.

B. ANDREOLLI, L'orso nella cultura nobilitare dall'Historia Augusta a Chrétien de Troyes, in: B. ANDREOLLI/M. MONTANARI (Hg.), Il bosco nel medioevo, Bologna 1988, 35–54.

E. ANNOSCIA, Gli animali e l'uomo nel Medioevo. Le conoscenze zoologiche dotte e popolari, in: Quaderni medievali 38 (1994), 86–105.

H. APPUHN, Die Jagd als Sinnbild in der norddt. Kunst des MA, Hamburg 1964.

F. AUDOIN-ROUZEAU, Bêtes médiévales et familiarité, in: Anthropozoologica 20 (1994), 11–40.

B. BACHRACH, Caballus et Caballarius in Medieval Warfare, in: H. CHICKERING/T. SEILER (Hg.), The Study of Chivalry, Kalamazoo 1988, 173–211.

H. BALTL, Zur romanischen Löwensymbolik, in: Zs. des histor. Vereins für Steiermark 54 (1963), 195–220.

M. BAMBECK, Wiesel und Werwolf. Typologische Streifzüge durch das romanische MA, Stuttgart 1990.

F. BANGERT, Die Tiere im altfrz. Epos, Marburg 1885.

J. BARAD, Aquinas on the Nature and Treatment of Animals, San Francisco 1995.

M. BARUZZI/M. MONTANARI, Porci e porcari nel Medioevo, Bologna 1981.

O. BATERAU, Die Tiere in der mittelhochdt. Lit., Diss. Leipzig 1909.

H. BECK, Das Ebersignum im Germanischen. Ein Beitrag zur germ. Tier-Symbolik, Berlin 1965.

N. BENECKE, Archäozoologische Studien zur Entwicklung der Haustierhaltung in Mitteleuropa und Südskandinavien von den Anfängen bis zum ausgehenden MA, Weimar 1994.

J. B. BENTON, The Medieval Menagerie. Animals in the Art of the Middle Ages, New York 1992.

H. BERGNER, »The Fox and the Woolf« und die Gattung des Tierepos in der mittelengl. Lit., in: Germ.-romanische Monatsschrift 54 (1973).

H. A. BERKENHOFF, Tierstrafe, Tierbannung und rechtsrituelle Tiertötung im MA, Straßburg 1937.

R. BERNHEIMER, Romanische Tierplastik, München 1931.

G. BIANCOTTO, Bestiaires du Moyen Age, Paris 1980.

G. BIANCOTTO/M. SALVAT (Hg.), Epopée animale, fable et fabliau, Paris 1984.

J. BICHON, L'animal dans la littérature française du XIIe et XIIIe s., Lille 1976.

W. VON BLANKENBURG, Heilige und dämonische Tiere, Leipzig ²1975.

G. BLASCHITZ, Die Katze, in: G. BLASCHITZ (Hg.), Symbole des Alltags, Alltag der Symbole. FS H. Kühnel, Graz 1992, 589–615.

F. DE BOARFUL Y SANS, Animals in Watermarks, Hilversum 1959.

P. BONNASSIE, Consommation d'aliments immondes et cannibalisme de survie dans l'Occident du Haut Moyen Age, in: Annales ESC 44 (1989), 1035–1056.

N. H. VAN DEN BOORGARD (Hg.), L'Epopée animal, Lüttich 1978.

F. BORCHERT, Die Jagd in der altfrz. Lit., Diss. Göttingen 1909.

E. BORMANN, Die Jagd in den altfrz. Artus- und Abenteuer-Romanen, Diss. Marburg 1887.

F. DE LA BRETÈQUE, Image d'un animal: Le lion. Sa définition et ses limites dans les textes et l'iconographie (XIe-XIVe s.), in: Travaux de l'Université de Toulouse le Mirail A 31 (1985), 143–154.

D. BUSCHINGER/W. SPIEWOK (Hg.), Tierepik im MA/La littérature animalière au Moyen Age (Wodan 44), Greifswald 1994.

A. CAZENAVE, Hommes et animal dans le Moyen Age chrétien, in: L. POLIAKOV (Hg.), Hommes et bêtes, Paris 1975.

L. CHARBONNEAU-LASSAY, The Bestiary of Christ, New York 1991.

La chasse au Moyen Age, Nizza 1980.

C. CHÈNE, Juger les vers. Exorcismes et procès d'animaux dans le diocèse de Lausanne (XVe-XVIe s.), Lausanne 1995.

G. CHERUBINI, Lupo e Mondo rurale nell'Italia del Medioevo, in: G. CHERUBINI, L'Italia rurale nel Basso Medio Evo, Rom 1985, 197–325.

Le cheval dans le monde médiéval (Senefiance 32), Aix-en-Provence 1992.

M. P. CICCARESE, Il simbolismo dell'aquila, in: Civiltà classica e cristiana 13 (1992), 295–333.

W. CIZEWSKI, Beauty and the Beasts. Allegorical zoology in twelfth-century hexaemeral literature, in: H. WESTRA (Hg.), From Athens to Chartres, Leiden 1992, 289–300.

W. B. CLARK/M. T. MUNN (Hg.), Beasts and Birds of the Middle Ages. The Bestiary and its Legacy, Philadelphia 1989.

H. CLASS, Auffassung und Darstellung der Tierwelt im frz. Roman de Renart, Diss. Tübingen 1910.

J.-P. CLÉBERT, Dictionnaire du symbolisme animal. Bestiaire fabuleux, Paris 1971.

A. H. COLLINS, Symbolism of Animals and Birds, Represented in English Church Architecture, London/New York 1913.

A. CORTONESI, Ruralia, Rom 1995.

G. CUCCINI, Il grifo e il leone bronzei di Perugia, Perugia 1994.

J. CUMMINS, The Hound and the Hawk. The Art of Medieval Hunting, London 1988.

D. DALBY, Lexicon of the Mediaeval German Hunt, Berlin 1965.

J. A. DANA, Chaucer's Eagle's Ovid's Phaeton, in: Journal of medieval and renaissance studies 11 (1981), 71–82.

R. DARNTON, Das große Katzenmassaker, München 1989.

W. DAVENPORT, Bird Poems from The Parliament of Fowls to Philip Sparrow, in: J. BOFFEY/J. COWEN (Hg.), Chaucer and Fifteenth-Century Poetry, London 1991, 66–83.

R. H. C. DAVIES, The Medieval Warhorse, London 1989.

S. DAVIES/N. A. JONES (Hg.), The Horse in Celtic Culture, Medieval Welsh Perspectives, Cardiff 1997.

M. M. DAVY, L'oiseau et sa symbolique, 1992.

V. H. DEBIDOUR, Le bestiaire sculpté du Moyen Age en France, Grenoble 1961.

J. DEFRANCE, La Figuration animale au Moyen Age, Alfort 1968.

W. DEONNA, »Salva me ex ore leonis«. A propos de quelques chapiteaux romans de la cathédrale Saint-Pierre à Genève, in: Revue Belge de Philologie et d'Histoire 28 (1950), 479–511.

G. DICKE/K. GRUBMÜLLER, Die Fabeln des MA und der frühen Neuzeit, München 1987.

P. DINZELBACHER, Die ma. Adlersymbolik und Hadewijch, in: DINZELBACHER, Ma. Frauenmystik, Paderborn 1993, 188–204.

P. DINZELBACHER, Monstren und Dämonen am Kirchenbau, in: Mittelaltermythen II, Konstanz 1998.

A. DOMINGUEZ FERRO, Los animales fantásticos en las literaturas provenzal y siziliana de la Edad Media, in: J. PAREDES (Hg.), Medievo y literatura II, Granada 1995, 181–196.

M. DONATUS, Beasts and Birds in the Lives of Early Irish Saints, Diss. Philadelphia 1934.

A. DOTZLER, Die Tiere in der christlichen Legende, Regensburg ²1901.

G. C. DRUCE, The Elephant in Medieval Legend and Art, in: Archeological Journal 76 (1919), 11–73.

G. C. DRUCE, The Medieval Bestiaries and Their Influence on Ecclesiastical Decorative Arts, in: Journal of the British Archaeological Association NS 25 (1919), 40–82; 26 (1920), 35–79.

J. DUCHAUSSOY, Le bestiaire divin ou la symbolique des animaux, Paris ²1973.

J. DUFOURNET (Hg.), Éléments pour un bestiaire du Moyen Age, in: Revue des langues romanes 98 (1994), 245–443.

K. DÜWEL/S. KRAUSE, Tierepos, in: Hwb. zur dt. Rechtsgeschichte 33, Berlin 1991, 229–231.

D. EDEL, Tierherrvorstellungen in der frühen epischen Lit. Irlands, in: Mediaevistik 2 (1989), 111–122.

J. W. EINHORN, Spiritalis Unicornis. Das Einhorn als Bedeutungsträger in Lit. und Kunst des MA, München 1976.

I. ERFEN-HÄNISCH, Von Falken und Frauen, in: U. MÜLLER (Hg.), minne ist ein swaerez spil, Göppingen 1986, 143–168.

X. VON ERTZDORFF (Hg.), Die Romane von dem Ritter mit dem Löwen, Amsterdam 1994.

E. P. EVANS, Animal Symbolism in ecclesiastical Architecture, London 1895.

H.-J. FALSETT, Irische Heilige und Tiere in ma. lat. Legenden, Diss. Bonn 1960.

A. FARKAS (Hg.), Monsters and Demons in the Ancient and Medieval Worlds, Mainz 1987.

G. FEBEL/G. MAAG (Hg.), Bestiarien im Spannungsfeld zwischen MA und Moderne, Tübingen 1997.

L. FENSKE, Jagd und Jäger im früheren MA, in: RÖSENER, Jagd, 29–93.

N. FISCHER, Handlist of Animal References in Middle English Religious Prose, in: Leeds Studies in English NS 4 (1970), 49–110.

J. FLINN, Le Roman de Renart dans la littérature française et dans les littératures etrangères au Moyen Age, Toronto 1963.

N. C. FLORES, The Mirror of Nature Distorted, in: J. SALISBURY (Hg.), The Medieval World of Nature, New York 1993, 3–46.

N. C. FLORES (Hg.), Animals in the Middle Ages, New York 1996.

I. FORSYTH, The Theme of Cockfighting in Burgundian Romanesque Sculpture, in: Speculum 53 (1978), 252–282.

G. FRANCIOSI, L'aquila nel pensiero e nell'arte cristiana dei tempi di mezzo, Siena 1887.

C. GAIGNEBET/J. D. LAJOUX, Art profane et religion populaire au moyen âge, Paris 1985.

P. GALLONI, Il cervo e il lupo. Caccia e cultura nobilitare nel Medioevo, Rom 1993.

E. GAMBINI/E. PASQUALE, Il tori. La gran pesca del medioevo al Lago Trasimeno, Perugia 1996.

F. GARNIER, L'Ane à la lyre. Sottisier d'iconographie médiévale, Paris 1988.

W. GEORGE/B. YAPP, The Naming of the Beasts. Natural History in the Medieval Bestiary, London 1991.

C. GERHARDT, Der Hund, der Eidechsen, Schlangen und Kröten verbellt. Zum Treppenaufgang der Kanzel im Wiener Stephansdom, in: Wiener Jb. für Kunstgeschichte 38 (1985), 115–132.

M. GERHARDT, Zoologie médiévale, in: Miscellanea mediaevalia 7 (1970), 231–248.

L. GNÄDINGER, Hiudan und Petitcreiu. Gestalt und Figur des Hundes in der ma. Tristandichtung, Zürich 1971.

A. GOLDSCHMIDT, Der Albanipsalter in Hildesheim und seine Beziehung zur symbolischen Kirchensculptur des XII. Jh.s, Berlin 1895.

J. GOOSSENS/T. SODMANN (Hg.), Reynaert, Reynard, Reynke, Köln 1980.

K. GRUBMÜLLER, Dt. Tierschwänke im 13. Jh., in: K. GRUBMÜLLER, Werk – Typ – Situation, Stuttgart 1969, 99–117.

K. GRUBMÜLLER, Überlegungen zum Wahrheitsanspruch des Physiologus im MA, in: Frühma. Studien 12 (1978), 160–177.

R. GRUENTER, Der vremede Hirz, in: Zs. für dt. Altertum und dt. Lit. 86 (1955/56), 231–237.

B. HAAGE, Das Ouroboros-Symbol im Parzival, in: Würzburger medizinhistorische Mitt. 1 (1983), 5–22.

B. HAAGE, Der Ouroboros, in: L. OKKEN, Kommentar zur Artusepik Hartmanns von Aue, Amsterdam 1993, 555–564.

B. HAAGE, Ouroboros – und kein Ende, in: J. DOMES (Hg.), Licht der Natur, Göppingen 1994, 149–169.

R. HAMANN, Das Tier in der romanischen Plastik Frankreichs, in: W. KÖHLER (Hg.), Medieval Studies in Memory of A. Kingsley Porter, Cambridge 1939, 413–452.

L. Harf-Lancner (Hg.), Métamorphose et bestiaire fantastique au Moyen Age, Paris 1985.

G. Haseloff, Die germ. Tierornamentik der Völkerwanderungszeit, Berlin 1981.

D. Hassig, Beauty in the Beasts. A Study of Medieval Aesthetics, in: Res. Anthropology and Aesthetics 19/20 (1990/91), 137–161.

D. Hassig, Medieval Bestiaries. Text, Image, Ideology, Cambridge 1995.

N. Henkel, Studien zum Physiologus im MA, Tübingen 1976.

C. Hicks, Animals in Early Medieval Art, Edinburgh 1993.

O. Hjort, L'oiseau dans la cage, exemples médiévaux à Rome, in: Cahiers archéologiques 18 (1968), 21–32.

C. Hoffmann, Fishers' Craft and Lettered Art. Tracts on Fishing from the End of the Middle Ages, Toronto 1997.

R. G. Hofmann, Falkenjagd und Falkenhandel in den nordischen Ländern während des MA, in: Zs. für dt. Altertum und dt. Lit. 88 (1957), 139 ff.

L. Houwen (Hg.), Animals and the Symbolic in Medieval Art and Literature, Groningen 1997.

E. Jacobs, Die Schützenkleinodien und das Papageienschießen, Werningerode 1887.

M. R. James, The Bestiary, Oxford 1928.

H. W. Janson, Apes and Ape Lore in the Middle Ages and the Renaissance, London 1952.

B. Janz, Wo dat Reynke mit Kloker lyst den kamp wan. List und Recht im Reynke de Vos von 1498, in: D. Buschinger/W. Spiewok (Hg.), Schelme und Narren in der Lit. des MA, Greifswald 1994, 73–94.

G. Jaritz, »Zwiefältiger Art ist alle Kreatur«. Ma. Tiersymbolik und ihr Weiterleben, in: Mensch und Tier, 16–21.

J. Jarnut, Die frühma. Jagd unter rechts- und sozialgeschichtlichen Aspekten, in: Settimane ... Spoleto 31 (1985), 765–798.

H. R. Jauss, Unters. zur ma. Tierdichtung, Tübingen 1959.

M. Jones, Folklore Motifs in Late Medieval Art. Erotic Animal Imagery, in: Folklore 102 (1991), 192–219.

P. Jonin, Les animaux et leur vie psychologique dans le Roman de Renart (br. I), in: Annales de la Faculté des lettres d'Aix 25 (1951), 63–82.

L. Junge, Die Tierlegenden des hl. Franz von Assisi, Leipzig 1932.

Z. Kádár, Animali, Animalistici, in: Enciclopedia dell'arte medievale, Bd. 3, Rom 1991, 1–13; 15–33.

A. Kaufmann, Ueber Thierliebhaberei im MA, in: Historisches Jb. 5 (1884), 399–423.

M. Kearney, The Role of Swine Symbolism in Medieval Culture, Lewiston 1991.

S. Keefer, Hwaer Cwom Mearh? The Horse in Anglo-Saxon England, in: Journal of Medieval History 22 (1996), 115–134.

R. Kehne, Formen und Funktionen der Anthropomorphisierung in Reineke-Fuchs-Dichtungen, Frankfurt a.M. 1992.

F. Klingender, Animals in Art and Thought to the End of the Middle Ages, Cambridge, Mass. 1971.

H.-G. Klos, Von der Menagerie zum Tierparadies, Berlin 1969.

F. P. Knapp, Das lat. Tierepos, Darmstadt 1979.

F. P. Knapp, Tierepik, in: V. Mertens/U. Müller (Hg.), Epische Stoffe des MA, Stuttgart 1984, 229–246.

H. Kolb, Der Hirsch, der Schlangen frißt. Bemerkungen zum Verhältnis von Naturkunde und Theologie in der ma. Lit., in: U. Hennig/H. Kolb (Hg.), Mediaevalia litteraria, FS de Boor, München 1971, 583–610.

U. Köpf, Bemerkungen zum Franziskanischen Schöpfungsverständnis, in: Unsere Welt – Gottes Schöpfung. FS Eberhard Wölfel, Marburg 1992, 65–76.

B. KRAUSE, Die Jagd als Lebensform und höfisches »spil«, Stuttgart 1997.
G. KREUTZER, Die bösen Ahnen der kleinen Meerjungfrau – Die Meerweiber in der altnordischen Lit., in: Fjerde tværfaglige Vikingsymposium, Odense 1985, 7–30.
H. KÜHNEL, Die Fliege – Symbol des Teufels und der Sündhaftigkeit, in: W. TAUBER (Hg.), Aspekte der Germanistik. FS H.-F. Rosenfeld, Göppingen 1989, 285–305.
D. LÄMKE, Ma. Tierfabeln und ihre Beziehung zur bildenden Kunst in Deutschland, Diss. Greifswald 1937.
J. LANGDON, Horses, Oxen, and Technical Innovation, Cambridge 1986.
A. LAUFS, Das Tier im alten dt. Recht, in: Forschungen zur Rechtsgeschichte und rechtlichen Volkskunde 7 (1985), 109–131.
C. LECOUTEUX, Der Drache, in: Zs. für dt. Altertum und dt. Lit. 108 (1979), 13–31.
C. LECOUTEUX, Les monstres dans la littérature allemande du Moyen Age, Göppingen 1982.
R. LEUBUSCHER, Über die Wehrwölfe und Thierverwandlungen im MA, Berlin 1850.
G. J. LEWIS, Das Tier und seine dichterische Funktion in Erec, Iwein, Parzival und Tristan, Bern 1974.
U. LINDGREN, Narren und Tiere. Über das Verhältnis der Menschen zur vernunftlosen Kreatur, in: Sudhoffs Archiv 60 (1976), 271–287.
K. LINDNER, Die Jagd der Vorzeit, Berlin 1937.
K. LINDNER, Die Jagd im frühen MA, Berlin 1940.
K. LINDNER, Von Falken, Hunden und Pferden, Berlin 1962.
E. LINDSEY, Medieval French Bestiaries, Diss. Hull 1976.
A. LINZEY/T. RAGAN, Animals and Christianity, New York 1988.
J. T. LIONARONS, The Medieval Dragon, Enfield Lock 1997.
H. LIXFELD, Die Guntramsage (AT 1645A). Volkserzählung vom Alter Ego in Tiergestalt und ihre schamanistische Herkunft, in: Fabula 13 (1971), 60–107.
B. LIZET (Hg.), Des bêtes et des hommes, Paris 1995.
R. LÓPEZ GUZMÁN (Hg.), Al-andalus y el caballo, Zaragoza 1995.
M. LORCIN, La rage et l'euthanasie au Moyen Age, in: Razo 4 (1984), 65–74.
M. LURKER, Löwen am Münsterportal, in: Antaios 5 (1963), 265–276.
H. LUTTERBACH, Die Speisegesetzgebung in den ma. Bußbüchern, in: AK 80 (1998), 1–38.
F. MCCULLOCH, Mediaeval latin and french bestiaries, Chapell Hill 1960.
I. MALAXECHEVERRÍA RODRIGUEZ (Hg.), El Bestiario esculpido en Navarra, Pamplona [2]1990.
J. MANN, Beast Epic and Fable, in: F. MANTELLO/A. RIGG (Hg.), Medieval Latin. An Introduction and Bibliographical Guide, Washington 1996, 556–561.
L. MARTIN PASCUAL, La tradición animalística en la literatura catalana medieval, Alicante 1996.
H. MESSELKEN, Die Signifikanz von Rabe und Taube in der ma. dt. Lit., Diss. Köln 1965.
K. MILITZER, Jagd und Dt. Orden, in: RÖSENER, Jagd, 325–363.
M. MISCH, Apis est animal – apis est ecclesia, Diss. Berlin 1974.
F. MÖBIUS/H. MÖBIUS, Bauornament im MA, Berlin 1974.
F. MÖBIUS, Himmelsideen im gotischen Kirchengewölbe, in: H.-J. BACHORSKI/W. RÖCKE (Hg.), Weltbildwandel, Trier 1995, 69–106.
Le monde animal et ses représentations au Moyen Age, Toulouse 1985.
Il mondo animal e la società degli uomini (Micrologus 8), Turnhout 2000.
M. MONTANARI, Uomini e orsi nelle fonti agiografiche dell'alto medioevo, in: G. BLASCHITZ (Hg.), Symbole des Alltags, Alltag der Symbole. FS H. Kühnel, Graz 1992, 571–587.
F. MORETTI, Specchio del mondo. I »bestiari fantastici« delle cattedrali, Fasano di Brindisi 1995.

L. MORINI (Hg.), Bestiari medievali, Turin 1996.

G. MÜLLER, Germ. Tiersymbolik und Namensgebung, in: Frühma. Studien 2 (1968), 202–217.

G. MÜLLER, Studien zu den theriphoren Personennamen der Germanen, Köln 1970.

S. MÜLLER, Tierornamentik im Norden, Hamburg 1881.

X. MURATOVA, The Medieval Bestiary, Moskau 1984.

X. MURATOVA, Bestiaries, an Aspect of Medieval Patronage, in: S. MACREADY/F. THOMPSON (Hg.), Art and Patronage in the English Romanesque, London 1986, 118–144.

X. MURATOVA/D. POIRION, Le Bestiaire, Paris 1988.

X. MURATOVA, Sources classiques et paléochrétiennes des illustrations des manuscrits des Bestiaires, in: Bulletin de la Société nationale des antiquaires de France (1991), 29–50.

X. MURATOVA, Aspects de la transmission textuelle et picturale des manuscrits des bestiaires anglais à la fin du XIIe et au debut du XIIIe s., in: Comprendre et maîtriser la nature au Moyen Age, Mélanges G. Beaujouan, Genf 1994, 579–605.

X. MURATOVA, Les chapiteaux de la cathédrale de Nantes. »Maritimi Aethiopes« et autres merveilles de la nature, in: D. DELOUCHE (Hg.), La sculpture dans l'ouest, Rennes 1994, 92–117.

A. NITSCHKE, Tiere und Heilige. Beobachtungen zum Ursprung und Wandel menschlichen Verhaltens, in: FS K. von Raumer, Münster 1965, 62–100.

R. OGGINS, Falconry and Medieval Views of Nature, in: J. SALISBURY (Hg.), The Medieval World of Nature, New York 1993, 47–60.

G. ORTALLI, Natura, storia e mitografia del lupo nel Medioevo, in: La Cultura 11 (1973), 257–311.

C. ORTNER-BUCHBERGER, Das »gespiegelte« Bestiarium, in: FEBEL/MAAG, Bestiarien, 29–39.

M. PAUL, Fuchs und Hund bei den Germanen, Wien 1981.

A. PAYNE, Medieval Beasts, London/New York 1990.

G. PENCO, Il simbolismo animalesimo nella letteratura monastica, in: Studia monastica 6 (1964), 7–38.

B. E. PERRY, Physiologus, in: Realencyclopädie der classischen Altertumswissenschaft, Bd. 39 (20.1), Stuttgart 1941, 1074–1129.

W. PFEFFER, The Change of Philomel. The Nightingale in Medieval Literature, New York 1985.

I. REISER, Falkenmotive in der dt. Lyrik und verwandten Gattungen vom 12. bis zum 16. Jh., Diss. Würzburg 1963.

C. RIVALS/J. LE GOFF (Hg.), Le Renard et L'Homme, Toulouse 1997.

K. RODIN, Räven predikar för gässen, Uppsala 1983.

J. ROMILLY ALLEN, Norman Sculpture and the Medieval Bestiaries, London 1885.

E. ROMNAUTS (Hg.), Aspects of the Medieval Animal Epic (Mediaevalia Lovaniensia 3), Löwen 1975.

A. B. ROOTH, Some Symbols in Bosch's Paintings, in: Annales Societatis Litterarum Humaniorum Regiae Upsaliensis, Årsbok 1986, 32–68.

W. RÖSENER (Hg.), Jagd und höfische Kultur im MA, Göttingen 1997.

G. ROTH-BODJADZHIEV, Studien zur Bedeutung der Vögel in der ma. Tafelmalerei, Köln 1985.

B. ROWLAND, Blind Beasts. Chaucer's Animal World, Kent 1971.

B. ROWLAND, Animals with Human Faces. A Guide to Animal Symbolism, Knoxville, Tenn. ²1975.

B. ROWLAND, Birds with Human Souls. A Guide to Bird Symbolism, Knoxville, Tenn. 1978.

U. RUBERG, Die Tierwelt auf der Ebstorfer Weltkarte im Kontext ma. Enzyklopädik, in: H. KUGLER/E. MICHAEL (Hg.), Ein Weltbild vor Columbus. Die Ebstorfer Weltkarte, Düsseldorf 1991, 319–346.

B. SALIN, Die altgerm. Thierornamentik, Stockholm 1935, ND Leipzig 1981.

J. SALISBURY, Bestiality in the Middle Ages, in: J. SALISBURY (Hg.), Sex in the Middle Ages, New York 1991, 173–186.

J. SALISBURY, The Beast Within. Animals in the Middle Ages, New York 1994.

J. SCANLAN, Zoology and Physiology, in: F. MANTELLO/A. RIGG (Hg.), Medieval Latin. An Introduction and Bibliographical Guide, Washington 1996, 395–400.

R. SCHEIBE, A Catalogue of Amphibians and Reptiles in Older Scots Literature, Frankfurt a.M. 1996.

G. SCHEIBELREITER, Tiernamen und Wappenwesen, Wien 1976.

D. SCHMIDTKE, Geistliche Tierinterpretation in der deutschsprachigen Lit. des MA, Diss. Berlin 1968.

J.-C. SCHMITT, Menschen, Tiere und Dämonen, Volkskunde und Geschichte, in: Saeculum 32 (1981), 334–348.

J.-C. SCHMITT, Der heilige Windhund, Stuttgart 1982.

W. SCHOUWINK, Der wilde Eber in Gottes Weinberg. Zur Darstellung des Schweins in der Lit. und Kunst des MA, Sigmaringen 1985.

M. SCHUMACHER, Die Sprünge der Fische. Eine Speisevorschrift in Metaphorik und Allegorese, in: Zs. für Kirchengeschichte 102 (1991), 307–312.

B. SCHWENK, Das Hundetragen. Ein Rechtsbrauch im MA, in: Historisches Jb. 110 (1990), 289–308.

C. SETTIS-FRUGONI, Historia Alexandri elevati per griphos ad aerem, Rom 1973.

O. SHEPARD, The Lore of the Unicorn, Boston 1930.

J. R. SIMPSON, Animal Body, Literary Corpus. The Old French Roman de Renart, Amsterdam 1996.

K.-H. SPIESS, Herrschaftliche Jagd und bäuerliche Bevölkerung im MA, in: RÖSENER, Jagd, 231–254.

W. VON DEN STEINEN, Altchristlich-ma. Tiersymbolik, in: Symbolum 4 (1964), 218–243.

A. STRUBEL/C. DE SAULNIER, La poétique de la chasse au Moyen Age. Les livres de chasse du XIVe s., Paris 1994.

M. SUUTALA, Tier und Mensch im Denken der dt. Renaissance, Helsinki 1990.

T. SZABÓ, Die Kritik der Jagd – Von der Antike zum MA, in: RÖSENER, Jagd, 167–229.

M. THIÉBAUX, The Stag of Love. The Chase in Medieval Literature, Ithaca 1974.

M. THOMAS/N. GOZZANO, Caccia, in: Enciclopedia dell'arte medievale, Bd. 4, Rom 1994, 23–31.

Tierfabeln des 13. bis 15. Jh.s, Bern 1973.

K. R. TRAUNER/V. BERGER, Die Bedeutung der Tiere für den Aufbau, die Organisation und die Verwaltung der ma. Herrschaftssysteme, Seminararbeit Wien 1988 (Ms. Druck: historicum/graue reihe 6).

L'Uomo di fronte al mondo animale nell'alto medio evo (Settimane 31), Spoleto 1985.

K. VARTY, Reynard the Fox. A Study of the Fox in English Medieval Art, Leicester 1967.

S. VERHEY, Ursprüngliche Unschuld. Franziskus von Assisi spricht mit den Vögeln und anderen Tieren, in: Wiss. und Weisheit 42 (1979), 97–106.

J. VOISENET, Bestiaire chrétien. L'imagerie animale des auteurs du Haut Moyen Age, Toulouse 1994.

J. M. D. DE WAARDT, Voedselvoorschriften in Boeteboeken. Motieven voor het hanteren van voedselvoorschriften in vroeg-middeleeuwse Ierse boeteboeken 500–1100, Rotterdam 1996.

G. WACHA, Tiere und Tierhaltung in der Stadt sowie im Wohnbereich des spätma. Menschen, in: SB Ak. Wien, phil.-hist. Kl. 325 (1980), 229–260.

H. WADDELL, Beasts and Saints, New York 1934, ND London 1949.

D. WALZ, Das Falkenbuch Friedrichs II., in: Micrologus 2 (1994), 151–184.

D. WALZ, Das Falkenbuch Friedrichs II., Graz 1994.

I. WEGNER, Studien zur Ikonographie des Greifen, Diss. Freiburg i.Br. 1928.

M. WEHRLI, Formen ma. Erzählung, Zürich 1969.

R. WEICK, Ornithologie und Philologie. Am Beispiel von »mûzersprinzelîn« und »galander« in Wolframs Pazival, in: Mediaevistik 2 (1989), 255–269.

R. WEICK, Der Habicht in der dt. Dichtung des 12. bis 16. Jh.s, Göppingen 1993.

L. WERHAHN-STRAUCH, Christliche Fischsymbolik von den Anfängen bis zum hohen MA, in: Zs. für Kunstgeschichte 35 (1972).

T. H. WHITE, The Bestiary, ND New York 1984.

G. L. WILSON, Epic and Symbolic Functions of the Hunt in Five Medieval German Epics, Ann Arbor 1983.

M. J. WOLFF-QUENOT, Bestiaire de pierre. Le symbolisme des animaux dans les cathédrales, Straßburg 1992.

G. WÜSTER, Die Tiere in der altfrz. Lit., Göttingen 1916.

B. YAPP, Animals in Medieval Art. The Bayeux Tapestry, in: Journal of Medieval History 13 (1987), 15–73.

B. YAPP, Birds in Medieval Manuscripts, London 1981.

G. ZARNECKI, German Animal Motifs in Romanesque Sculptur, in: artibus et historiae 22 (1990).

C. ZEMMOUR, Perception du monde par les animaux dans le Roman de Renart, Greifswald 1995.

J. ZIOLKOWSKI, Talking Animals. Medieval Latin Beast Poetry, 750–1150, Philadelphia 1993.

Zeitschriften

Bestia. Yearbook of the Beast Fable Society, Kirksville, Mo. 1989 ff.

Reinardus. Yearbook of the International Reynard Society, Grave 1988 ff.

Frühe Neuzeit und 19./20. Jahrhundert

W. ABEL, Geschichte der dt. Landwirtschaft, Stuttgart ^{3}1978 (^{1}1962).

C. ADRIAN, Das richtige Tier für unser Kind, München 1978.

K. ALAND (Hg.), Die Werke Martin Luthers in neuer Auswahl, in: Lutherlexikon, Ergänzungsbd. 3, Stuttgart 1957.

K. ALLGEIER, Tierexperimente, München 1980.

G. ALTNER, Schöpfung am Abgrund. Die Theologie vor der Umweltfrage, Neukirchen-Vluyn 1974.

G. BALLY, Vom Ursprung und von den Grenzen der Freiheit, Basel 1945.

L. BARRING, Götterspruch und Henkerhand. Die Todesstrafen in der Geschichte der Menschheit, Bergisch-Gladbach 1967.

F. C. DE BEAULIEU, Vollblut, München ^{2}1967 (^{1}1960).

H. VON BEIT, Das Märchen, Bern 1965.

J. BENTHAM, An Introduction to the Principles of Morals and Legislation, London 1970 (^{1}1780).

W. BERDROW (Hg.), Buch der Erfindungen, Düsseldorf 1901, ND 1985.

H. BERGSON, Die beiden Quellen der Moral und der Religion, in: H. BERGSON, Materie und Gedächtnis und andere Schriften, Frankfurt a.M. 1964 (^{1}1932).

J. BERNHARD, Die unbeweinte Kreatur, München 1961.

P. VON BLANCKENBURG/H.-D. CREMER (Hg.), Die Landwirtschaft in der wirtschaftlichen Entwicklung. Ernährungsverhältnisse, in: Hb. der Landwirtschaft und Ernährung in den Entwicklungsländern, Bd. 1, Stuttgart 1967.

F. BLANKE, Unsere Verantwortlichkeit gegenüber der Schöpfung, in: FS E. Brunner, Zürich 1959.

F. BLANKE, Unsere Verantwortlichkeit gegenüber der Schöpfung, in: Blätter für Naturschutz 41 (1961).

J. Y. BLOM, The influence of housing and climatisation on health and growth of young calves under farm conditions, in: Welfare and husbandry of calves, Den Haag 1982.

E. BOEHNCKE, Die Auswirkungen intensiver Tierproduktion auf das Tier, den Menschen und die Umwelt, in: SAMBRAUS/BOEHNCKE, Tierhaltung.

J. BOESSNECK, Die Domestikation der Tiere, in: FREWEIN, Kultur.

L. BOLK, Das Problem der Menschwerdung, Jena 1926.

J. A. BOONE, Die große Gemeinschaft der Schöpfung, München 1990 (^{1}1954).

P. BRANG, Mensch und Tier in der russischen Lit., in: FREWEIN, Kultur.

G. BRANSTNER, Der Esel als Amtmann, Eschborn 1987.

W. BREDNOW, Tier und Mensch in Goethes naturwiss. Sicht, in: SB Ak. der Wiss. Leipzig, math.-naturwiss. Kl., Bd. 106, Heft 6 (1965).

I. BREGENZER, Thier-Ethik. Darstellung der sittlichen und rechtlichen Beziehungen zwischen Mensch und Thier, Bamberg 1894.

B. BRENTJES/S. RICHTER/R. SONNEMANN, Geschichte der Technik, Köln ^{2}1987 (^{1}1978).

J. BURCKHARDT, Die Kultur der Renaissance in Italien, Stuttgart 1988 (Leipzig ^{2}1869).

D. BURKHARDT/W. SCHLEIDT/H. ALTNER (Hg.), Signale in der Tierwelt, München 1966.

D.-W. BÜSCHER, Das Doping – Eine Übersicht über einige Informationen mit besonderer Berücksichtigung veterinärmedizinischer Aspekte, Diss. Hannover 1973.

R. CARSON, Der stumme Frühling, München 1962.

G. CATLIN, Die Indianer Nord-Amerikas, Kassel 1973 (^{1}1841).

M. DE CERVANTES, Exemplarische Novellen, in: M. DE CERVANTES, Ausgewählte Werke, Bd. 3, München/Leipzig 1923 (^{1}1613).

M. CLAUDIUS, Sämtliche Werke, Berlin 1964.

G. COMBERG/J. K. HINRICHSEN (Hg.), Tierhaltungslehre, Stuttgart 1974.

G. COMBERG, Wild- und Haustierformen und ihre Widerstandsfähigkeit gegenüber Umweltbedingungen, in: COMBERG/HINRICHSEN, Tierhaltungslehre.

H.-D. CREMER, Ernährungsverhältnisse und Ernährungszustand. Grundzüge der Ernährung des Gesunden, in: BLANCKENBURG/CREMER, Landwirtschaft.

G. CUVIER, Le règne animal distribué d'après son organisation pour servir de base, Paris 1797/98.

C. DARWIN, Das Variiren der Thiere und Pflanzen im Zustande der Domestication, 2 Bde., Stuttgart 1868.

C. DARWIN, The expression of emotions in man and animals, London 1872.

C. DARWIN, Über die Entstehung der Arten durch natürliche Zuchtwahl, Stuttgart 1884 (^{1}1859).

F. DARWIN (Hg.), Leben und Briefe von Charles Darwin, Bd. 1, Stuttgart 1887.

C. DARWIN, Tagebuch des Lebens und Schaffens (Journal), in: DARWIN, Autobiographie, Leipzig/Jena 1959.

C. Darwin, Erinnerungen an die Entwicklung meines Geistes und Charakters, in: Darwin, Autobiographie, Leipzig/Jena 1959.
C. Darwin, Die Abstammung des Menschen, Stuttgart 1966 (^{1}1871).
M. S. Dawkins, Leiden und Wohlbefinden bei Tieren, Stuttgart 1982 (^{1}1980).
H. von der Decken/G. Lorenzl, Nahrungsbilanzen, in: Blanckenburg/Cremer, Landwirtschaft.
H. Delbrück, Geschichte der Kriegskunst im Rahmen der politischen Geschichte, Bd. IV/1: Berlin 1920, ND 1962; Bd. VI/2: fortgesetzt von E. Daniels, Berlin 1931.
R. Descartes, Von der Methode, Hamburg 1960 (^{1}1637).
J. Dewey, How we think, Dt. Übers. Zürich 1951 (^{1}1910).
D. Diderot, Philosophische Schriften, Bd. 1 und 2, Frankfurt a.M. 1967.
W. Dilthey, Philosophie des Lebens. Eine Auswahl aus seinen Schriften, Stuttgart 1961.
W. Dilthey, Ideen über eine beschreibende und zergliedernde Psychologie, in: Dilthey, Philosophie.
W. Dilthey, Die Typen der Weltanschauung und ihre Ausbildung in den metaphysischen Systemen, in: Dilthey, Philosophie.
R. Dithmar, Die Fabel. Geschichte, Struktur, Didaktik, Paderborn 1971.
K. Drawer, Anpassung und Beschirrung der Haustiere, Frankfurt a.M. 1959.
E. Drewermann, Der tödliche Fortschritt, Regensburg ^{3}1981.
E. Drewermann, Mehr Menschlichkeit mit Tieren, in: Die Zeit, Nr. 32 (2.8.1996).
U. Dunkel, Für die Wildnis geboren, Berlin 1967.
J. C. Eccles/H. Zeier, Gehirn und Geist, München 1980.
H. W. Eckardt, Herrschaftliche Jagd, bäuerliche Not und bürgerliche Kritik, Göttingen 1976.
H. W. von Ehrenstein, Schild und Waffen gegen Tierquälerei. Ein Beitrag zu allgemeiner Förderung der Menschlichkeit, Leipzig 1840.
I. Eibl-Eibesfeldt, Grundriß der vergleichenden Verhaltensforschung, München ^{2}1969 (^{1}1967).
I. Eibl-Eibesfeldt, Liebe und Haß, München 1970.
I. Eibl-Eibesfeldt, Die Biologie des menschlichen Verhaltens, München 1984.
I. Eibl-Eibesfeldt, Der Mensch – das riskierte Wesen, München 1988.
A. Elchenbroich (Hg.), Dt. Dichtung des 18. Jh.s, Darmstadt 1960.
A. Emari, Rituelles Schlachten nach islamischer Sitte, in: du und das tier 6 (1985).
F. Engels, Briefe, in: Marx/Engels, Werke, Bd. 29, Berlin 1970 (^{1}1859).
K. J. Ennulat/G. Zoebe, Das Tier im neuen Recht, Stuttgart 1972.
J. Falk, Goethe aus näherem persönlichen Umgange dargestellt, Leipzig 1832.
F. M. Feldhaus, Die Technik. Ein Lexikon der Vorzeit, der geschichtlichen Zeit und der Naturvölker, München 1970 (^{1}1914).
F. M. Feldhaus, Kulturgeschichte der Technik, 2 Bd., Hildesheim 1928, ND 1976.
J. G. Fichte, Grundlage des Naturrechts, Hamburg 1796, ND 1960.
K. Fickentscher, Grenzen der Pharma-Forschung, in: Weiss, Kritik.
Filmpferde sterben auf Befehl, in: Reiter Revue 11 (1971).
H. Findeisen, Das Tier als Gott, Dämon und Ahne, Stuttgart 1956.
D. W. Fölsch/A. Nabholz (Hg.), Intensivhaltung von Nutztieren aus ethischer, ethologischer und rechtlicher Sicht (Tierhaltung, Bd. 15), Basel u.a. 1985.
A. Forsyth, Die Sexualität in der Natur, München 1987 (^{1}1986).
E. Frauchiger, Seelische Erkrankungen bei Mensch und Tier, Bern/Stuttgart ^{2}1953 (^{1}1945).
J. Frewein (Hg.), Das Tier in der menschlichen Kultur, Zürich 1983.
H. Friedrich (Hg.), Mensch und Tier. Ausdrucksformen des Lebendigen, München 1968.

K. V. FRISCH, Tanzsprache und Orientierung der Bienen, Berlin 1965.
C. GAILLARD, Tierzucht und Genetik, in: SILVAR, Mensch.
A. GEHLEN, Theorie der Willensfreiheit und frühe philosophische Schriften, Neuwied/Berlin 1965 (^{1}1938).
A. GEHLEN, Die Resultate Schopenhauers, in: GEHLEN, Willensfreiheit.
A. GEHLEN, Der Mensch, Frankfurt a.M./Bonn ^{8}1966 (^{1}1940).
A. GEHLEN, Urmensch und Spätkultur, Frankfurt a.M./Bonn ^{2}1964 (^{1}1956).
A. GEHLEN, Anthropologische Forschung, Hamburg 1961.
A. GEHLEN, Studien zur Anthropologie und Soziologie, Neuwied/Berlin 1963.
T. GEIGER, Das Tier als geselliges Subjekt, in: T. GEIGER, Arbeiten zur biologischen Grundlegung der Soziologie, Bd. 1, Leipzig 1931 (^{1}1927).
E. GEOFFROY DE ST. HILAIRE, Principes de Philosophie zoologique, Paris 1830.
R. GERLACH, Bedrohte Tierwelt. Daseinsrecht und Ausrottung der Tiere, Darmstadt u.a. 1959.
W. GEROCK (Hg.), Ordnung und Chaos in der unbelebten und belebten Natur, Stuttgart 1989.
U. GIESE, Wiener Menagerien, Wien 1962.
A. GIEYSZTOR, Die Mythologie der Slawen, in: GRIMAL, Mythen.
K. GLESS, Das Pferd im Militärwesen, Berlin 1980.
Global 2000, hg. vom Council on Environmental Quality, US-Außenministerium, Frankfurt a.M. 1980.
J. W. VON GOETHE, Sämtliche Werke. Weimarer Ausgabe, Weimar 1887–1919.
M. GORGAS, Tiere, Kaiser, Anekdoten. Von Fuggers Menagerie zum Großstadtzoo, Gersthofen 1986.
A. GRAUVOGL, Verhaltensbedingte Anforderungen der Tiere, in: COMBERG/HINRICHSEN, Tierhaltungslehre.
P. GRIMAL, Mythen der Völker, Bd. 3, Frankfurt a.M./Hamburg 1963.
J. GRIMM/W. GRIMM, Kinder- und Hausmärchen, Leipzig 1937 (^{1}1818–1822).
H. GRUBER/P. H. BARRETT (Hg.), Darwin on Man. A psychological Study of Scientific Creativity, by H. Gruber, together with Darwin's Early and Unpublished Notebooks, transcribed and annoted by P. H. Barrett, London 1974.
B. GRZIMEK, Geleitwort, in: ENNULAT/ZOEBE, Recht.
E. HAECKEL, Über die Entwicklungstheorie Darwins, in: HAECKEL, Gemeinverständliche Werke, Bd. 5, Leipzig/Berlin 1924.
E. HAECKEL, Natürliche Schöpfungsgeschichte, 1868
E. HAECKEL, Die Welträtsel, Bonn 1899
G. HAFNER, Kreta und Hellas (Kunst im Bild), Baden-Baden 1968.
C. HAGENBECK, Von Tieren und Menschen, Leipzig 1928.
W. HAHLWEG, Klassiker der Kriegskunst, Darmstadt 1960.
U. M. HÄNDEL (Hg.), Tierschutz. Testfall unserer Menschlichkeit, Frankfurt a.M. 1984.
U. M. HÄNDEL, Grundlegendes muß geschehen, damit etwas geschieht! in: HÄNDEL, Tierschutz.
G. HANSEN, Wenn Tiere sterben, Würzburg 1981.
A. HARDY, Was Man More Aquatic In The Past, in: The New Scientist (17.3.1960).
A. HARDY, The Living Stream, London 1965.
A. HARDY, Verhalten als auslesende Kraft – ein neuer Blick auf die Evolutionstheorie, in: Die Umschau in Wiss. und Technik 1 (1968).
A. HARDY, Der Mensch – das betende Tier, Stuttgart 1979 (^{1}1975).
F. HARRER/G. GRAF (Hg.), Tierschutz und Recht, Wien 1994.
M. HARRIS, Wohlgeschmack und Widerwille, Stuttgart 1988 (^{1}1985).
R. HARRISON, Animal machines, London 1964.

H. HASSE, Schopenhauer, München 1926.

J.J. HÄSSLIN, Der zoologische Garten zu Köln, Köln 1960.

M. HAUSHOFER, Bartls Abenteuer, Düsseldorf 1988 (^{1}1964).

G. HEBERER, Was heißt heute Darwinismus, Göttingen ^{2}1960.

H. HEDIGER, Wildtiere in Gefangenschaft. Ein Grundriß der Tiergartenbiologie, Basel 1942.

H. HEDIGER, Kind und Tier, in: Basler Schulblatt 10 (1949).

H. HEDIGER, Beobachtungen zur Tierpsychologie im Zoo und Zirkus, Basel 1961 (^{1}1954).

H. HEDIGER, Mensch und Tier im Zoo, Rüschlikon/Zürich 1965.

H. HEDIGER, Zoologische Gärten, Bern/Stuttgart 1977.

G. W. F. HEGEL, Jenaer Realphilosophie, ND Hamburg 1967 (^{1}1805/06).

G. W. F. HEGEL, Phänomenologie des Geistes, Hamburg 1952 (^{1}1807).

G. W. F. HEGEL, System der Philosophie, Bd. 3, in: G. W. F. HEGEL, Sämtliche Werke, Bd. 10, Stuttgart 1942 (^{1}1830).

G. W. F. HEGEL, Die Vernunft in der Geschichte, Hamburg 1955 (^{1}1830/31).

G. W. F. HEGEL, Die absolute Religion, in: G. W. F. HEGEL, Vorlesungen über die Philosophie der Religion, Bd. 2, ND Hamburg 1967 (^{1}1832).

M. HEIDEGGER, Sein und Zeit, Tübingen ^{9}1960 (^{1}1927).

M. HEIDEGGER, Was ist Metaphysik? Frankfurt a.M. ^{7}1955 (^{1}1929).

E. HEINTEL, Tierseele und Organismusproblem im Cartesianischen System, in: Wiener Zs. für Philosophie, Psychologie, Pädagogik, Wien/Köln 1950.

C. A. HELVETIUS, Vom Menschen, seinen geistigen Fähigkeiten und seiner Erziehung, Frankfurt a.M. 1972 (^{1}1772).

J. HEMLEBEN, Ernst Haeckel, Reinbek 1964.

J. HEMLEBEN, Charles Darwin, Reinbek 1968.

A. HENKEL/A. SCHÖNE (Hg.), Emblemata. Hb. zur Sinnbildkunst des XVI. und XVII. Jh.s, Stuttgart 1967.

F.-W. HENNING, Landwirtschaft und ländliche Gesellschaft, Bd. 1: 800–1750; Bd. 2: 1750–1976, Paderborn 1978/79.

F.-W. HENNING, Dt. Wirtschafts- und Sozialgeschichte im MA und in der frühen Neuzeit, Paderborn 1991.

G. A. HENNING, Der leise Frühling, in: Die Zeit, Nr. 11 (9.3.1973).

J. G. HERDER, Abhandlungen über den Ursprung der Sprache, in: J. G. HERDER, Sprachphilosophische Schriften, Hamburg 1960 (^{1}1772).

J. G. HERDER, Ideen zur Philosophie der Geschichte der Menschheit, Frankfurt a.M. 1989 (^{1}1784–1791).

W. HERRE, Abstammung und Domestikation der Haustiere, in: HAMMOND/JOHANSSON/HARING (Hg.), Hb. der Tierzüchtung, Bd 1, Hamburg/Berlin 1958.

W. HERRE/M. RÖHRS, Haustiere – zoologisch gesehen, Stuttgart/New York 1990 (^{1}1973).

W. HERRE/M. RÖHRS, Die Umweltbedingungen der Haustiere, in: ILLIES/KLAUSEWITZ, Umwelt.

H. HEUSSER, Umwelt, Anpassung und Selektion in der Haustierhaltung. Vortrag Dt. vet.-med. Gesellschaft, Freiburg i.Br. 1972.

J. K. HINRICHSEN, Forderungen des Menschen an die tierischen Leistungen, in: COMBERG/HINRICHSEN, Tierhaltungslehre.

R. VON HIPPEL, Die Tierquälerei in der Strafgesetzgebung des In- und Auslandes, Berlin 1891.

J. HIRSCHBERGER, Geschichte der Philosophie. Neuzeit und Gegenwart, Freiburg i.Br. 1952.

T. HOBBES, Vom Menschen, vom Bürger, Hamburg 1959 (^{1}1642).

P. R. HOFSTÄTTER, Sozialpsychologie, Berlin 1956.
C. HOLLANDS, Tierrechte in der politischen Arena, in: SINGER, Tiere.
D. V. HOLST, Tierversuche im Kreuzfeuer, in: Herz und Gefäße (4/1984).
E. V. HOLST, Tierflug und menschliche Flugtechnik, in: FRIEDRICH, Mensch.
E. V. HOLST, Der Physiologe und sein Versuchstier, in: FRIEDRICH, Mensch.
E. HORNUNG, Die Bedeutung des Tieres im alten Ägypten, in: Studium Generale 20 (1967), 69–84.
E. HORNUNG, Der Eine und die Vielen. Ägyptische Gottesvorstellungen, Darmstadt 1971.
D. HUME, Eine Unters. über den menschlichen Verstand, Hamburg 1964 ([1]1748).
D. HUME, Unters. über die Prinzipien der Moral, Hamburg 1962 ([1]1751).
J. ILLIES, Tiere als Nahrung des Menschen, in: ILLIES/KLAUSEWITZ, Umwelt.
J. ILLIES, Lebensräume und Lebensgemeinschaften, in: ILLIES/KLAUSEWITZ, Umwelt.
J. ILLIES, Anthropologie des Tieres, München 1973.
J. ILLIES/W. KLAUSEWITZ (Hg.), Unsere Umwelt als Lebensraum, Grzimeks Buch der Ökologie, Zürich 1973.
Jagd einst und jetzt, hg. vom Amt der niederösterr. Landesregierung, Wien 1978.
I. JAHN/R. LOTHER/K. SENGLAUB (Hg.), Geschichte der Biologie, Jena 1982.
I. JAHN, Grundzüge der Biologiegeschichte, Jena 1990.
D. JAMIESON, Gegen zoologische Gärten, in: SINGER, Tiere.
JEAN PAUL, Levana oder Erziehlehre, ND Paderborn 1963 ([1]1806).
K. JETTMAR, Neue Beiträge zur Entwicklungsgeschichte der Viehzucht, in: Wiener Völkerkundliche Mitt. 2 (1953).
W. JOEST, Spanische Stiergefechte, Berlin 1889.
K. H. C. JORDAN, Nutztiere und tierische Rohstoffe, Leipzig 1954.
F. H. JULIUS, Das Tier zwischen Mensch und Kosmos, Stuttgart [2]1981 ([1]1970).
R. JUNGK, Die Zukunft hat schon begonnen – Amerikas Allmacht und Ohnmacht, Stuttgart/Hamburg 1953.
P. JUREVICS, Henri Bergson, Freiburg i.Br. 1949.
H. JUTZLER-KINDERMANN, Können Tiere denken? St. Goar 1996 ([1]1953).
K. KAMPF, Das Tier in der dt. Volkssage der Gegenwart, Diss. Frankfurt a.M. 1932.
I. KANT, Beantwortung der Frage: Was ist Aufklärung? in: KANT, Ausgew. kleinere Schriften, Hamburg 1965 ([1]1784).
I. KANT, Mutmaßlicher Anfang der Menschengeschichte, in: KANT, Kleinere Schriften. ([1]1786).
I. KANT, Kritik der praktischen Vernunft, Hamburg 1959 ([1]1787).
I. KANT, Kritik der Urteilskraft, Hamburg 1959 ([1]1790).
I. KANT, Die Religion innerhalb der Grenzen der bloßen Vernunft, Hamburg 1956 ([1]1793).
I. KANT, Metaphysik der Sitten, Hamburg 1966 ([1]1797).
I. KANT, Kritik der reinen Vernunft, Hamburg 1956 ([1]1781).
I. KANT, Kleinere Schriften zur Geschichtsphilosophie, Ethik und Politik, Hamburg 1959 ([1]1786).
F. KARLINGER (Hg.), Wege der Märchenforschung, Darmstadt 1973.
G. KAUL, Vergleich der Tierschutzgesetze von 1972 und 1986, Diss. Hannover 1988.
M. KILEY-WORTHINGTON, Ökologische Ethologie und Ethik der Tierhaltung, in: SAMBRAUS/BOEHNCKE, Tierhaltung.
A. C. KINSEY u.a., Das sexuelle Verhalten des Mannes, Berlin/Frankfurt a.M. 1970 ([1]1948).
A. C. KINSEY u.a., Das sexuelle Verhalten der Frau, Berlin/Frankfurt a.M. 1967 ([1]1953).
H. KIRCHHOFF, Sympathie für die Kreatur. Mensch und Tier in biblischer Sicht, München 1987.

R. KIRCHSHOFER, Tierhaltung in zoologischen Gärten, in: ILLIES/KLAUSEWITZ, Umwelt.

R. KITTEL, Der Goldhamster, Wittenberg 1964.

L. KLAGES, Der Geist als Widersacher der Seele, 3 Bde., Bonn ³1954 (¹1929–1933).

W. KLAUSEWITZ, Der Mensch als beherrschendes Tier, in: ILLIES/KLAUSEWITZ, Umwelt.

B. KLAUSNITZER, Verstädterung von Tieren, Wittenberg ²1989 (¹1988).

E. KLEE, Das Glück, in Deutschland ein Tier zu sein, in: Zeit-Magazin Nr. 35/1 (9/1972).

G. KLEEMANN, Die peinlichen Verwandten, Stuttgart 1966.

F. KLEMM, Technik. Eine Geschichte ihrer Probleme, Freiburg i.Br./München 1954.

A. KLIMA, Tier und Pflanze in der Karikatur, Hannover 1930.

H.-G. KLÖS, Von der Menagerie zum Tierparadies, Berlin 1969.

A. KNAPP, Die fernere Bildung von Vereinen zur Verhütung der Thierquälerei betreffend, in: EHRENSTEIN, Tierquälerei.

T. KNOTTNERUS-MEYER, Tiere im Zoo, Leipzig 1924.

O. KOENIG, Kultur und Verhaltensforschung. Einf. in die Kulturethologie, München 1970.

O. KOENIG, Tier und Mensch. Tiere halten, pflegen, kennenlernen, Wien/München 1980.

W. KÖHLER, Intelligenzprüfungen an Menschenaffen, Berlin u.a. ³1973. (¹1917)

W. KÖHLER, Zur Tierpsychologie der Schimpansen, in: KÖHLER, Intelligenzprüfungen.

K. KÖNIG, Bruder Tier. Mensch und Tier in Mythos und Evolution, Stuttgart ²1968 (¹1967).

L. KOTTER, Vom Recht des Tieres (Münchener Universitätsreden 39), München 1966.

K. KRALL, Denkende Tiere, Leipzig 1912.

K. H. KRAMBERG, Der Glasfratz, in: Zeit-Magazin Nr. 50/15 (12/1972).

C. GRAF VON KROCKOW, Sport und Industriegesellschaft, München 1972.

A. M. KRÜGER, Über das Verhältnis des Kindes zum Tier, in: Zs. für angewandte Psychologie 47 (1934).

W. KÜHNELT, Grundriß der Ökologie, Jena 1965.

H. KUMERLOEVE, Unterlagen zur »Schadtier«-Bekämpfung, in: S. SCHWENK (Hg.), Et multa et multum. FS K. Lindner, Berlin/New York 1971.

H. KÜNG, Christ sein, München 1974.

H. KUNKEL, Eine Analyse des Schächtproblems, Diss. Hannover 1962.

M. KYBER, Tierschutz und Kultur, Stuttgart 1925.

J. DE LA FONTAINE, Die Fabeln, Düsseldorf/Köln 1964 (¹1668).

J. LAMARCK, Zoologische Philosophie, Leipzig 1909 (¹1809).

H. LAMBERTZ, Das Zuchthaus der Tiere, Hamburg 1983.

J. O. LAMETTRIE, L'homme machine, Leipzig 1909 (¹1748).

M. LANDMANN, Philosophische Anthropologie, Berlin 1955.

J. LANGDON, Horses, Oxen, and Technological Innovation, London 1986.

U. LANHAM, Epochen der Biologie, München 1972 (¹1968).

G. DE LATTIN, Grundriß der Zoogeographie, Stuttgart 1967.

J. C. LAVATER, Physiognomische Fragmente. IV Versuche, Leipzig/Winterthur 1775–78.

E. A. LAWRENCE, Rodeo, Knoxville 1982.

G. VAN DER LEEUW, Phänomenologie der Religion, Tübingen ³1970 (¹1933).

G. W. LEIBNIZ, Monadologie, Hamburg 1956 (¹1714).

G. W. LEIBNIZ, Vernunftprinzipien der Natur und der Gnade, Hamburg 1956 (¹1714).

G. W. LEIBNIZ, Neue Abhandlungen über den menschlichen Verstand, Hamburg 1971 (^{1}1765).
Lexikon der Pädagogik, Bd. 2: hg. von H. KLEINERT u.a., Bern 1951; Bd. 4: Freiburg i.Br. ^{3}1962 (^{1}1960).
P. LEYHAUSEN, Katzen, eine Verhaltenskunde, Hamburg ^{6}1982 (^{1}1956).
J. C. LILLY, Ein Delphin lernt Englisch, Hamburg 1971 (^{1}1967).
C. VON LINNÉ, Systema naturae, o.O. 1735.
A. LINZEY, Animal Theology, London 1994.
J. LOCKE, Ein Brief über Toleranz, Hamburg 1966 (^{1}1689).
J. LOCKE, Über den menschlichen Verstand, Bd. 1, Berlin 1962 (^{1}1690).
H. LOFTING, Doktor Dolittle und seine Tiere, Berlin o.J. (^{1}1920).
F. VON LOGAU, Dt. Sinn-Getichte, Hildesheim/New York 1972 (^{1}1654).
K. LORENZ, Über die Bildung des Instinktbegriffes, in: K. LORENZ, Über tierisches und menschliches Verhalten, Gesammelte Abhandlungen, Bd. 1, München 1965 (^{1}1937).
K. LORENZ, Die angeborenen Formen möglicher Erfahrung, in: Zs. für Tierpsychologie 5 (1943), Heft 2.
K. LORENZ, Ausdrucksbewegungen höherer Tiere, in: Die Naturwiss. 38 (1951).
K. LORENZ, Moral-analoges Verhalten geselliger Tiere, in: Zs. Universitas (1956), Heft 7.
K. LORENZ, Das sogenannte Böse, Wien ^{25}1970 (^{1}1963).
K. LORENZ, Er redete mit dem Vieh, den Vögeln und den Fischen, München 1964.
K. LORENZ, Darwin hat recht gesehen, Pfullingen 1965.
K. LORENZ, Beobachtungen an Dohlen, in: FRIEDRICH, Mensch.
K. LORENZ/P. LEYHAUSEN, Antriebe tierischen und menschlichen Verhaltens, München 1969.
K. LORENZ, So kam der Mensch auf den Hund, München ^{19}1978 (^{1}1965).
K. LORENZ, Die Rückseite des Spiegels, München 1973.
K. LORENZ, Vergleichende Verhaltensforschung. Grundlagen der Ethologie, Wien 1978.
K. LORENZ, Das Wirkungsgefüge der Natur und das Schicksal des Menschen, München 1978.
K. LORENZ, Aggressivität – arterhaltende Eigenschaft oder pathologische Erscheinung?, in: LORENZ, Wirkungsgefüge.
K. LORENZ, Über das Töten von Artgenossen, in: LORENZ, Wirkungsgefüge.
K. LORENZ, Die Vorstellung einer zweckgerichteten Weltordnung, in: LORENZ, Wirkungsgefüge.
K. LORENZ, Zivilisationspathologie und Kulturfreiheit, in: LORENZ, Wirkungsgefüge.
K. LORENZ, Der Abbau des Menschlichen, München 1983.
K. LORENZ, Ein Kamingespräch zwischen K. Lorenz und K. R. Popper, in: POPPER/LORENZ, Zukunft.
K. LORENZ, Die acht Todsünden der zivilisierten Menschheit, München 1983.
A. LORZ, Tierschutzgesetz. Kommentar, München ^{4}1992 (^{1}1973).
M. LUTHER, Tischreden, Bd. 1, Graz 1967 (^{1}1531–46).
M. LÜTHI, Das europäische Volksmärchen, Bern ^{2}1960.
H. LÜTZELER, Das Tier und der Mensch, Freiburg i.Br. 1940.
N. MACHIAVELLI, Discorsi. Gedanken über Politik und Staatsführung, Stuttgart 1966 (^{1}1469–1527).
N. MACHIAVELLI, Il Principe. Der Fürst, Stuttgart 1963 (^{1}1513).
S. V. MADAY, Gibt es denkende Tiere? Leipzig/Berlin 1914.
N. MALEBRANCHE, Zur Erforschung der Wahrheit, München ^{2}1920 (^{1}1674).
B. MANDEVILLE, Die Bienenfabel, Berlin 1957 (^{1}1723).
H. MARKL, Evolution, Genetik und menschliches Verhalten, München 1985.

W. MARTIENSSEN, Gesetz und Zufall in der Natur, in: GEROCK, Chaos.
G. MARTIN, Tiergerechte Hühnerhaltung: Erkenntnisgewinnung und Beurteilung der Ergebnisse, in: FÖLSCH/NABHOLZ, Intensivhaltung.
J. B. MARTINS, Die Funktion des Mensch/Tier-Vergleichs in der philosophischen Anthropologie (Göppinger Ak. Beiträge 80), Göppingen 1973.
K. MARX, Briefe, in: MARX/ENGELS, Werke, Bd. 30, Berlin 1972 (^{1}1860).
J. MASON, Schöner neuer Bauernhof? in: SINGER, Tiere.
G. F. MEIER, Versuch eines neuen Lehrgebäudes von den Seelen der Thiere, Halle 1749.
MENQIS, Tierquälerei, in: HDA, Bd. 8, Berlin 1937
MENQIS, Tierprozeß, -strafen, in HDA, Bd. 8, Berlin 1937
G. MENSCHING, Die Religion, München o.J.
R. MERKERT, Das Fernseh-Tier, dein Freund und Helfer, in: Funk-Korrespondenz 19/10 (4.3.1972), Köln.
H. MEYER, Horsemanship mit rauhen Zügen, in: Reiter Revue 9 (1971).
H. MEYER, Mensch und Pferd, Hildesheim 1975.
H. MEYER, Der Mensch und das Tier, München 1975.
H. MEYER, Geschichte der Reiterkrieger, Stuttgart u.a. 1982.
H. MEYER, Religionskritik, Religionssoziologie und Säkularisation, Frankfurt a.M. u.a. 1988.
H. MEYER, Sexualität und Bindung, Weinheim 1994.
W. C. MILLER/W. UPPENBORN, Vollblutpferde, in: J. HAMMOND u.a., Hb. der Tierzüchtung, Bd. III/1, Hamburg/Berlin 1961.
A. MIRGELER, Geschichte Europas, Freiburg i.Br. ^{2}1954 (^{1}1953).
A. MIRGELER, Geschichte und Gegenwart, Freiburg i.Br. 1965.
A. MIRGELER, Revision der europäischen Geschichte, Freiburg i.Br. 1971.
K. MÖBIUS, Die Auster und die Austernwirtschaft, Berlin 1877.
P. MOEKEL, Mein Hund Rolf, Stuttgart 1919.
P. MOEKEL, Erinnerungen und Briefe meines Hundes Rolf, Stuttgart 1920.
M. DE MONTAIGNE, Die Essays und das Reisetagebuch, Stuttgart 1932 (^{1}1580).
M. DE MONTAIGNE, Journal de voyage en Italie par la Swisse et d'Alemagne en 1580 et 1581, Paris 1955 (^{1}1580/81).
M. DE MONTAIGNE, Versuche, Berlin 1907 (^{1}1588).
E. MORGAN, Der Mythos vom schwachen Geschlecht, Frankfurt a.M. 1975 (^{1}1972).
M. MORLOCK, Tiere über alles, in: Der Spiegel 28/20 (13.5.1974).
D. MORRIS, Der nackte Affe, München/Zürich 1968 (^{1}1967).
T. MORUS, Utopia. Der utopische Staat, Reinbek 1960 (^{1}1516).
K. E. MUELLER, Menschenbilder früher Gesellschaften, Frankfurt a.M. 1983.
E. MUYBRIDGE, Animals in Motion, Toronto/London 1957 (^{1}1887).
D. NARR/R. NARR, Menschenfreund und Tierfreund im 18. Jh., in: Studium Generale 20, Heft 5 (1967).
B. NAUCK, Kommunikationsinhalte von Jugendbüchern, Weinheim/Basel 1974.
M. NENTWICH, Die Bedeutung des EG-Rechts für den Tierschutz, in: HARRER/GRAF, Tierschutz.
W. NEUMANN, Mensch und Tier. Tierpsychologische Studien und Erörterungen, Heidelberg 1928.
F. NIETZSCHE, Also sprach Zarathustra, in: Sämtliche Werke, Bd. 6, Stuttgart 1964 (^{1}1883–86).
F. NIETZSCHE, Der Wille zur Macht, in: Nietzsches Werke, Bd. 9, Leipzig 1923 (^{1}1906).
J. NITSCHMANN, Entwicklung bei Mensch und Tier, Berlin 1976.
G. NOBIS, Der älteste Haushund lebte vor 14.000 Jahren, in: Umschau 79/610 (1979).
E. P. ODUM, Ökologie, München u.a. 1967 (^{1}1963).

J. Ortega y Gasset, Meditationen über die Jagd, in: Gesammelte Werke, Bd. 4, Stuttgart 1956 (^{1}1942).

H. Freiherr von der Osten-Sacken, Preußens Heer von seinen Anfängen bis zur Gegenwart, Bd. 1, Berlin 1911.

R. Otto, Das Heilige. Über das Irrationale in der Idee des Göttlichen und sein Verhältnis zum Rationalen, München ^{30}1936 (^{1}1917).

B. Pascal, Über die Religion und über einige andere Gegenstände, hg. von E. Wasmuth, Tübingen 1948 (verfaßt 1623–1662).

M. Perutz, Darwinismus in neuer Sicht, in: Naturwiss. Rundschau 40 (1987).

M. Pflanz, Ernährungssitten und Ernährungsberatung, in: Blanckenburg/Cremer, Landwirtschaft.

O. Pfungst, Das Pferd des Herrn von Osten, Leipzig 1907.

J. Piekalkiewicz, Pferd und Reiter im II. Weltkrieg, München 1976.

P. Pieri, Raimondo Montecuccoli, in: Hahlweg, Kriegskunst.

D. Pimentel (Hg.), The potential for gras-fed live stock: Resource constraint, in: Science 207 (1980).

H. Plessner, Die Stufen des Organischen und der Mensch, Berlin/New York ^{3}1975 (^{1}1928).

K. R. Popper/K. Lorenz, Zukunft ist offen, München/Zürich 1985.

A. Portmann, Zoologie und das neue Bild des Menschen. Biologische Fragmente zu einer Lehre vom Menschen, ND Hamburg 1956 (^{1}1944).

A. Portmann, Problem des Lebens, Basel 1949.

A. Portmann, Zoologie aus vier Jahrzehnten, München 1967.

H. Preuschoft, Über die Phänomenologie tierischen und menschlichen Handelns, in: Zapotoczky, Dimensionen.

J. Prigogine, Order through fluctuation. Self organization and social system, in: E. Jantsch/C.H. Waddington (Hg.), Evolution and consciousness. Human systems in transitions, Reading, Mass. 1976.

A. K. Puzyrevski, Unters. über den Kampf, Warschau 1893.

M. Rassem, Bemerkungen zur Entstehung der modernen Technik, in: H. Freyer u.a., Technik im technischen Zeitalter, Düsseldorf 1965.

T. Regan, The Case for Animal Rights, London u.a. 1984.

T. Regan, In Sachen Rechte der Tiere, in: Singer, Tiere.

B. Rensch, Neue Probleme der Abstammungslehre, Stuttgart 1954.

B. Rensch, Biologie, Frankfurt a.M. 1963.

P. Rietschel, Tierkundliche Beobachtungsgänge, in: Illies/Klausewitz, Umwelt.

L. Röhrich, Mensch und Tier im Märchen, in: F. Karlinger, Wege der Märchenforschung, Darmstadt 1973 (^{1}1953).

M. Röhrs, Biologische Anschauungen über Begriff und Wesen der Domestikation, in: Zs. für Tierzüchtung und Züchtungsbiologie 76 (1961/62).

K. A. Rosenbauer, Exogene Mißbildungen, in: Rosenbauer, Entwicklung.

K. A. Rosenbauer (Hg.), Entwicklung, Wachstum, Mißbildungen und Altern bei Mensch und Tier, Stuttgart 1969.

J. J. Rousseau, Über den Ursprung der Ungleichheit unter den Menschen, in: J.J. Rousseau, Schriften zur Kulturkritik, Hamburg 1955 (^{1}1755).

R. D. Ryder, Victims of Science. The Use of Animals in Research, London 1975.

R. D. Ryder, Speziezismus in Laboratorien, in: Singer, Tiere.

H. H. Sambraus, Ist Prägung des Pferdes auf den Menschen möglich? in: Reiter Revue 5 (1974).

H. H. Sambraus, Durch Intensivhaltung hervorgerufene Verhaltensstörungen, in: Sambraus/Boehncke, Tierhaltung.

H. H. Sambraus, Nutztierkunde, Stuttgart 1991.

H. H. SAMBRAUS/E. BOEHNCKE (Hg.), Ökologische Tierhaltung, Karlsruhe 1986.

J. P. SARTRE, Das Sein und das Nichts, Hamburg 1952 (^{1}1943).

M. SCHELER, Die Stellung des Menschen im Kosmos, Bern ^{6}1962 (^{1}1927).

E. K. SCHEUCH, Das Tier als Partner des Menschen, in: Studium Generale 3–4, Hannover 1986.

D. SCHILLING, Zur Entwicklung und Befriedigung der Ernährungsbedürfnisse, in: Wiss. Zs. der Karl-Marx-Universität Leipzig 32/6 (1983).

H. SCHLEITER, Bilder von Tod und Leben. Nutztiererzeugung und die vegetarische Alternative, in: SINGER, Tiere.

J. SCHLOSSER, Das Tier im Machtbereich des Menschen, München/Basel 1954.

E. SCHMALOHR, Frühe Mutterentbehrung bei Mensch und Tier, München o.J.

C. SCHMELZER, Pferdeschindereien in Filmen, in: Reiter Revue 11 (1971).

A. SCHMIDT, Die intensive Hühnerhaltung im Lichte des Tierschutzgedankens, Diss. Bonn 1968.

A. SCHOPENHAUER, Parerga und Paralipomena, Bd. 2, in: Sämtliche Werke, Bd. 6, Wiesbaden 1961 (^{1}1851).

A. SCHOPENHAUER, Die Welt als Wille und Vorstellung, Bd. 2, in: Sämtliche Werke, Bd. 2, Wiesbaden 1961 (^{1}1859).

B. SCHRÖDER, Das Tierschutzgesetz vom 24. II. 1933, Diss. Berlin 1970.

T. SCHULTZE-WESTRUM, Das Tier in der veränderten Umwelt, in: ILLIES/KLAUSEWITZ, Umwelt.

A. SCHWEITZER, Kultur und Ehtik. Kulturphilosophie, 2. Teil, München ^{4}1923.

A. SCHWEITZER, Aus meinem Leben und Denken, Leipzig 1931.

F. SCHWERDTFEGER, Autökologie, Hamburg/Berlin 1963.

G. SIEGWALT (Hg.), Bedrohte Natur und christliche Verantwortung, Frankfurt a.M. 1979.

M. SILVAR (Hg.), Mensch und Tier, Bern u.a. 1985.

P. SINGER, Befreiung der Tiere, München 1982 (^{1}1975).

P. SINGER, Ethik und die neue Bewegung zur Befreiung der Tiere, in: SINGER, Tiere.

P. SINGER, Epilog, in: SINGER, Tiere.

P. SINGER (Hg.), Verteidigt die Tiere, Wien 1986.

B. F. SKINNER, Wiss. und menschliches Verhalten, München 1973 (^{1}1953).

D. H. SMYTH, Alternativen zu Tierversuchen, Stuttgart 1982 (^{1}1978).

S. L. SOBOL, Neue Materialien zur Biographie Charles Darwins, in: DARWIN, Autobiographie, Leipzig/Jena 1959.

H. SOMMER, Sind die Bauern an allem Schuld? in: Die Zeit, Nr. 24 (1981).

H. SOMMER, Die Nutztierhaltung im Konflikt zum Tierschutzgesetz, in: HÄNDEL, Tierschutz. 1984

H. SOMMER, Die Nutztierhaltung in ihrem Konflikt zum Tierschutzgesetz, in: SAMBRAUS/BOEHNCKE, Tierhaltung. 1986

H. SPENCER, Die Prinzipien der Soziologe, Stuttgart 1877 (^{1}1876–1882).

B. DE SPINOZA, Ethik, Hamburg 1963 (^{1}1677).

H. SPIRA, Kämpfen, um zu gewinnen, in: SINGER, Tiere.

A. STAMM/H. ZEIER (Hg.), Lorenz und die Folgen (Psychologie des 20. Jh.s, Bd. 6), Zürich 1978.

G. STEINER, Die Entwicklung des Tierbildes bei den Völkern, in: Studium Generale 20/3 (1972).

A. STÖCKLEIN, Leitbilder der Technik. Biblische Tradition und technischer Fortschritt, München 1969.

I. STREICH, Global 1990. Zwischenbilanz der Umweltstudie »Global 2000«, Hamburg 1989.

W. STRICKER, Geschichte der Menagerien und der zoologischen Gärten, Berlin 1880.

Stürzende Filmpferde, in: Reiter Revue 12 (1971).
J. SWIFT, Gullivers Reisen, München 1958 ([1]1726).
L. TARR, Karren, Kutsche, Karosse, München u.a. 1970.
P. TEHERANI-KRÖNNER, Beziehung zur domestizierten Natur. Intensivtierhaltung in Norddeutschland, in: B. GLAESER/P. TEHERANI-KRÖNNER (Hg.), Humanökologie und Kulturökologie, Opladen 1992.
G. M. TEUTSCH, Soziologie und Ethik der Lebewesen, Frankfurt a.M./Bern 1975.
G. M. TEUTSCH, Tierversuche und Tierschutz, München 1983.
G. M. TEUTSCH, Nachwort zur dt. Ausgabe, in: SINGER, Tiere.
G. M. TEUTSCH, Mensch und Tier. Lexikon der Tierschutzethik, Göttingen 1987.
Tiere in der Arzneimittelforschung, hg. vom Bundesverband der Pharmazeutischen Industrie, Frankfurt a.M. 1981.
M. THÜRKAUF, Gewalt der Materie, in: WEISS, Tierversuche.
Tierexperimentelle Forschung und Tierschutz, hg. von der Dt. Forschungsgemeinschaft, Bonn 1981.
Tierversuche ... und ein Ausweg!!! in: Die Salem Zeitung 2/2 (3/1974).
N. TINBERGEN, Instinktlehre, Hamburg [4]1966 ([1]1951).
N. TINBERGEN, Tiere untereinander, Berlin 1967 ([1]1953).
W. TISCHLER, Synökologie der Landtiere, Stuttgart 1955.
F. TÖNNIES, Gemeinschaft und Gesellschaft, Leipzig [8]1935 ([1]1887).
W. TREUE (Hg.), Achse, Rad und Wagen, Göttingen 1986.
B. TSCHANZ, Haustierhaltung und Tierschutz, in: SILVAR, Mensch.
B. TSCHANZ, Ethologie und Tierschutz, in: FÖLSCH/NABHOLZ, Intensivhaltung.
J. VON UEXKÜLL, Theoretische Biologie, Berlin 1920.
J. VON UEXKÜLL, Umwelt und Innenwelt der Tiere, Berlin 1921.
J. VON UEXKÜLL/G. KRISZAT, Streifzüge durch die Umwelten von Tieren und Menschen, Hamburg 1956.
J. ULLRICH, Das Kriegswesen im Wandel der Zeiten, Leipzig 1940.
K. ULMER, Nietzsche, Bern 1962.
J. UNSHELM, Tierschutzprobleme in der modernen Nutztierhaltung, in: Tierärztliche Umschau 6 (1986).
H.-H. VOGT, Lernen bei Mensch und Tier, München/Basel 1971.
G. WACHA, Tiere und Tierhaltung in der Stadt sowie im Wohnbereich des spätma. Menschen und ihre Darstellung in der Bildenden Kunst, in: Das Leben in der Stadt des MA (Österr. Ak. der Wiss., phil.-histor. Kl., Bd. 325), [2]1980 ([1]1976).
J. B. WATSON, Psychology from the standpoint of a behaviorist, Philadelphia 1919.
R.-M. WEGNER, Mündliche Äußerungen beim Tierschutzhearing des dt. Bundestages am 2.2.1972.
W. WEIMAR, Gibt es Notwehr zugunsten von Tieren? in: Das Recht der Tiere, Heft 3/4 (1958).
I. WEISS (Hg.), Kritik der Tierversuche, Lampertheim 1980.
I. WEISS, Glücksspiel ohne Gegner, in: WEISS, Kritik.
I. WEISS, Tierversuche zum Wohle des Menschen? Bonn [2]1986 ([1]1983).
G. WICHLER, Charles Darwin, München 1963.
W. WICKLER, Sind wir Sünder? München/Zürich 1969.
W. WICKLER, Stammesgeschichte und Ritualisierung, München 1970.
W. WICKLER, Verhalten und Umwelt, Hamburg 1972.
W. WICKLER/U. SEIBT (Hg.), Vergleichende Verhaltensforschung, Hamburg 1973.
W. WICKLER/U. SEIBT, Das Prinzip Eigennutz. Ursachen und Konsequenzen sozialen Verhaltens, Hamburg 1977.
W. WICKLER/U. SEIBT, Männlich weiblich. Der große Unterschied und seine Folgen, München [2]1984 ([1]1983).

P. WINDEATT, »Sie sehen jetzt deutlich die Verbindung«: Militante Stimmen, in: SINGER, Tiere.

W. WINDELBAND, Lehrbuch der Geschichte der Philosophie, Tübingen ^{14}1948 (^{1}1891).

W. WIRTHS, Ernährungssituation, Bd. 1–2, Paderborn 1978.

H. G. ZAPOTOCZKY (Hg.), Menschliches Handeln. Biologische, psychologische und ethische Dimensionen, Wien 1989.

J. H. ZEDLER, Thier, in: Großes vollständiges Universal-Lexikon, Bd. 43, Graz 1962 (^{1}1745), 1333–1387.

H. ZEIER, Evolution von Gehirn, Verhalten und Gesellschaft, in: STAMM/ZEIER, Lorenz.

H. ZEIER, Die Evolution von Gehirn und Geist, in: ECCLES/ZEIER, Gehirn.

M. ZILLIG, Mädchen und Tier, Heidelberg 1961.

V. ZISWILER, Bedrohte und ausgerottete Tiere. Eine Biologie des Aussterbens und Überlebens, Heidelberg 1965.

L. ZUKOWSKY, Tiere um große Männer, Frankfurt a.M. 1938.

I. ZWERENZ, Minenpferde der Wiss., in: WEISS, Kritik.

Register

Das Register enthält **Tiere** und **Personen**. Neben Tierarten, -rassen und Eigennamen »berühmter« Tiere werden auch Tiere und tiergestaltige Wesen aus Sage und Mythologie aufgeführt. Im Personen-Teil sind sowohl historische Personen als auch Gestalten aus Mythologie, Sage und Dichtung aufgelistet.

Tiere

Achim 262

Adler 56, 72, 113, 114, 177, 179
als Symbol 113, 118, 144, 165, 220, 223, 224, 225, 241
Darstellung 117, 244, 249, 272, 277
Literatur 61, 63, 219, 240

Aethiopoes maritimus 250

Affe 111, 157, 197, 204, 205, 326, 330, 332, 333, 407, 456, 491
als Symbol 136, 226
Darstellung 249, 253, 361
Ham 449, 522
Wissenschaft 369, 371, 374, 501, 510, 511, 512, 513, 515, 521
Zoo 327, 455, 457

Ameise 307, 391

Antilope 35
Darstellung 70

Aspidochelon 235

Bär 2, 12, 35, 111, 128, 143, 179, 205, 215, 217, 271, 274, 276, 325, 331, 332
als Symbol 136, 226
Darstellung 6, 247, 253, 272, 361
Jagd 3, 4, 5, 91, 147, 185

Kampf 207, 330, 457
Kult/Opfer 4, 161, 211, 214
Wissenschaft 261
Zoo 455

Basilisk 250, 259, 262, 266, 365

Behemoth 266

Beste glatissant 242

Biber 2, 147, 211, 239, 306
Medizin 340, 474

Biene 128, 171, 182, 217, 302, 316, 391, 405
Darstellung 143
Literatur 61, 62, 63, 119, 124, 362
Recht 195
Wissenschaft 512

Bison 6, 438

Bremse 276, 287

Büffel 332

Chamäleon 128

Chimäre 33, 57, 123, 249, 250

Chinchilla 418

Dachs 147

Delphin 52, 128, 130, 135, 142, 262

Flipper 491
Militär 448
Wissenschaft 512

Drache 63, 214, 218, 229, 259, 262, 266, 276, 277
als Symbol 220, 224
Darstellung 243, 244, 246, 247, 248, 250, 277
Literatur 233, 364, 365

Dromedar 221, 332

Eidechse 248, 274, 277, 306, 337

Einhorn 135, 218, 250, 257, 258, 259, 264, 266, 364, 365, 366

Elch 8, 91, 330
Jagd 3, 147, 148, 185

Elefant 35, 91, 104, 111, 135, 142, 143, 144, 205, 206, 278, 325, 327, 332, 492
Darstellung 166, 244
Elfenbein 193, 326, 361, 471
Jagd 2, 3, 4, 26, 94, 148
Militär 44, 45, 82, 100, 101, 202
Wissenschaft 134, 258

Ente 148, 183, 260, 334, 406

Esel 22, 28, 36, 37, 65, 99, 215, 253, 264, 280, 284, 307, 457, 492
als Lasttier 24, 37, 96, 308, 316, 449
als Reittier 96
Darstellung 277
Literatur 66, 129, 222, 238, 283
Recht 550
Wild- 91

Eule 56, 114, 233, 449

Falke 188, 206, 209, 270, 276, 284
Jagd 158, 188
Literatur 61, 232

Fisch 29, 75, 104, 183, 217, 266, 326
Aquarium 334, 462, 464
Darstellung 6, 70, 360
-fang 2, 3, 5, 6, 8, 14, 25, 27, 89, 147, 190, 191, 209, 301
Fleisch 87, 192, 407, 418
Literatur 127, 236
Sport 437, 467
Wissenschaft 261
-zucht 88, 185, 192, 405, 418

Fischotter 147, 221, 245

Fledermaus 259, 265, 474

Fliege 62, 226, 266, 274

Floh 222, 263, 307

Flußpferd 91, 104, 111, 143

Frettchen 182, 284

Frosch 67, 128, 264, 266, 339, 362, 441, 513
-schenkel 418

Fuchs 8, 65, 418, 492
Darstellung 70, 222, 253
Jagd 5, 147, 567
Literatur 63, 66, 231, 237, 279

Gans 25, 28, 52, 73, 86, 391, 406
Haltung 23, 148, 156, 182, 299
Leber 414, 418
Literatur 486

Gazelle 457

Gemse 4, 221

Giraffe 91, 104, 111, 206, 332

Glühwürmchen 208, 259

Greif 57, 119, 166, 240, 242, 247, 250, 252, 257, 259, 266, 361

Habicht 63

Hahn 51, 139, 197, 449
als Symbol 226, 252
Kampf 85, 206, 467
Literatur 232, 237
Recht 343

Hamster 464, 513

Harpyie 57, 58

Hase 8, 49, 51, 65, 87, 103, 156, 165, 279, 302, 330
als Symbol 221, 224
Darstellung 191, 253
Jagd 5, 6, 17, 33, 88, 90, 91, 147, 567
Kult/Opfer 25, 51, 214

Hermelin 306

Heuschrecke 260, 282, 476

Hippokampos 114

Hirsch 2, 8, 30, 103, 128, 143, 179, 205, 214, 217, 275, 302, 330, 457, 472
Darstellung 6, 70, 167, 248, 368
Jagd 3, 15, 24, 26, 33, 88, 91, 147, 185, 567
Kult/Opfer 12, 26, 31, 56, 152, 160, 214
Literatur 189, 233, 402

Huhn 23, 25, 28, 492
Ei 77, 171, 415
Fleisch 406, 409, 415, 429
Haltung 23, 148, 156, 182, 299, 410, 413, 414, 419
Recht 428, 562
Zucht 415, 416

Hund 10, 24, 27, 48, 52, 65, 102, 103, 139, 142, 152, 176, 195, 196, 215, 228, 275, 281, 284, 289, 405, 409, 410, 448, 492
als Heimtier 464, 465, 545, 547
als Lasttier 314
als Symbol 220
Argos 48, 60
Darstellung 44, 48, 58, 72, 82, 132, 167, 245, 246, 247, 252, 335, 360
Dogge 334
Fleisch 22, 183, 186, 266, 406, 407
Garmr 212
Jagd 31, 33, 35, 89, 90, 152, 185, 187, 209, 216, 270, 441
Kampf 85, 207
Knochenfunde 10, 12
Krankheit 123
Kult/Opfer 21, 25, 26, 115, 162, 178, 212, 214, 279
Laika 449, 522
Lassie 491
Literatur 62, 66, 127, 235, 270, 287, 291, 363, 364, 385, 402
Militär 44, 202, 316, 448
Pudel 220
Recht 197, 252, 280, 281, 343, 398, 475, 543, 550, 564
Schoß- 103, 117, 157, 203, 334
Spitz 49
Sport 467
Wind- 334
Wissenschaft 259, 376, 501, 509, 513, 515, 517, 521
Zucht 205, 465

Hyäne 6, 91, 456, 457

Hydra 236

Igel 139, 264

Käfer 64, 67

Kamel 35, 36, 40, 98, 205, 325, 332

Känguruh, Skippy 491

Kaninchen 183, 185, 330, 405, 464, 513
Fleisch 418

Katze 49, 52, 85, 195, 203, 208, 409, 410, 441, 492, 537
als Heimtier 152, 464, 465, 545
als Hexentier 227, 228, 265, 280
Darstellung 132, 247, 360
Fell 193
Fleisch 183, 264, 337, 406
Kult/Opfer 178
Literatur 486
Recht 252, 343, 398, 399, 550
Wild- 147, 326
Wissenschaft 513, 515

Kentaur 72, 84, 123, 241, 249, 257, 258, 263
Chiron 32
See- 114

Ketos 114

Kranichschnäbler 243

Krokodil 80, 104, 111, 262, 306, 329, 332

Kröte 213, 229, 248, 252, 265, 266, 385, 441
als Symbol 226

Kuckuck 231

Kuh 17, 235, 342, 492, 518
Darstellung 72, 73
Milch 171, 182, 295, 300, 417, 429

Kynokephalen (Hundsköpfige) 243, 257

Lama 404

Lamm
als Symbol 223, 225, 266, 286

Leopard 35, 72, 91, 94, 110, 143, 206, 332, 457, 471

Leviathan 266

Lindwurm 365

Löwe 33, 35, 53, 56, 57, 66, 72, 81, 84, 86, 91, 104, 112, 143, 144, 197, 241, 276, 332, 456, 474, 492
als Symbol 113, 118, 219, 224, 240, 266, 326
Darstellung 6, 33, 44, 58, 61, 62, 70, 71, 72, 73, 74, 83, 92, 110, 116, 131, 166, 229, 244, 247, 249, 250, 251, 252, 277, 358, 361
Jagd 3, 34, 35, 46, 47, 91, 92, 94
Kult/Opfer 53
Literatur 61, 63, 66, 119, 120, 129, 233, 258, 269
Menagerie 205, 325, 331, 457
Menagerie/Zoo 455

Luchs 12, 35, 111, 255, 471

Mammut 3, 5, 6, 8, 12, 27

Manticora 250

Marder 147

Maulesel 36, 96, 99, 216, 264, 307, 308, 449

Maultier 36, 99, 283
als Lasttier 37, 96, 316, 449
als Reittier 37, 96
als Zugtier 36, 96
Medizin 137

Maus 133, 139, 195, 247, 282, 287, 289, 315, 337, 342, 362
Literatur 67, 121, 218, 236
Wissenschaft 376, 513, 517

Meerkatze 205

Meermönch 262

Meerschweinchen 464, 513, 515, 517

Minotauros 84

Moschusochse 8

Mücke, Stech- 307

Muschel 2, 8, 12, 21, 27, 88

Nachtigall 63, 103, 221, 232, 233, 325

Narwal 264

Nashorn 2, 3, 5, 8, 26, 35, 91, 104, 111, 143, 325, 332, 474
Darstellung 358

Nerz 418

Nutria 418

Ochse 38, 183, 214, 267, 268, 492
als Zugtier 96, 97, 181, 194, 307
Fleisch 295, 297, 298, 300
Recht 281

Ozelot 471

Panther 35, 70, 72, 73, 83, 143, 244, 277

Papagei 103, 205, 239, 277, 326, 333, 343, 387

Pelikan 260
als Symbol 224

Pferd 6, 36, 39, 99, 142, 179, 185, 204, 213, 215, 217, 276, 280, 284, 291, 323, 492
als Reittier 20, 24, 39, 82, 96, 97, 140, 152, 269, 315
als Zugtier 20, 24, 39, 82, 96, 150, 155, 194, 307, 311, 313, 442, 443, 444
Ausbildung 317, 322
Baiart 242
Bukephalos 82
Byerley Turk 335
Darley arabian 335
Darstellung 6, 62, 70, 72, 92, 167, 201, 244, 360
Domestikation 19, 28
Fleisch 22, 183, 212, 310, 406, 424
Godolphin Arabian 335
Haltung 157, 294, 309, 310, 410, 446
Jagd 26, 31, 89, 90
Kampf 207, 457
Krankheit 79
Kult/Opfer 25, 26, 115, 150, 158, 161, 162, 163, 164, 178, 212, 309, 339
Literatur 61, 63, 119, 127, 200, 232, 234, 240, 260, 269, 287, 363, 383
Medizin 137, 264, 265, 338
Militär 19, 40, 41, 43, 82, 99, 153, 154, 155, 156, 176, 198, 199, 200, 201, 316, 318, 321, 322, 323, 405, 449, 453, 454
Pegasus 241, 365
Recht 195, 196, 398, 401, 550, 553, 554
Sleipnir 177
Sodomie 142, 210
Sport 39, 47, 48, 107, 108, 207, 335, 446, 467, 468, 469, 470, 541
Wild- 2, 3, 5, 27, 91
Wissenschaft 509, 522
Zucht 299, 310, 312, 321, 323, 335, 405, 465, 541

Polyp 62

Pony 103

Python 57

Rabe 114, 165, 205, 229, 272, 275

Huginn und Muninn 177, 212

Ratte 152, 195, 263, 307, 342, 537
Wissenschaft 376, 513

Raupe 264, 307, 476
Seiden- 305, 391

Reh 2, 8, 12, 24, 52, 62, 70, 302, 330
Jagd 3, 147, 441
-kitz 33, 472

Rentier 3, 5, 6, 8, 12, 133, 327

Rind 28, 36, 40, 82, 98, 176, 185, 217
als Zugtier 18, 19, 24, 38, 149, 194
Bonasus 242
Darstellung 6, 19, 167
Domestikation 13, 16
Fleisch 14, 16, 21, 38, 88, 295, 406, 409, 417, 424, 427, 430
Haltung 14, 15, 87, 148, 182, 183, 184, 294, 296, 300, 410, 413
Jagd 26
Kalb 17, 193, 239, 417, 470
Krankheit 296, 423
Kult/Opfer 20, 21, 25, 26, 30, 55, 77, 115, 116, 141, 150, 151, 162, 163, 213
Literatur 125, 219, 383
Meer- 262
Milch 17, 22, 24
Recht 398, 401, 428, 553, 554
Wild- 2, 12
Wissenschaft 522

Robbe
Jagd 8, 14, 435

Schaf 28, 66, 114, 144, 193, 267, 272, 277, 284, 391, 449
Darstellung 73
Domestikation 13
Fleisch 14, 15, 16, 21, 295, 406, 409
Haltung 14, 15, 16, 87, 148, 183, 294, 299, 405, 410, 418
Kult/Opfer 20, 21, 25, 26, 30, 55, 77, 88, 115, 162, 163, 214
Lamm 17, 246, 267

Lamm als Symbol 223, 225, 266, 286
Literatur 218, 232
Milch 17, 24, 171
Wolle 18, 24, 172, 181, 300
Zucht 17

Schlege 501

Schildkröte 418

Schlange 56, 59, 63, 66, 68, 72, 73, 80, 104, 112, 124, 134, 142, 197, 214, 266, 267, 268, 271, 306, 337, 385, 391, 475
als Symbol 226, 252
Amphisbaena 250
Darstellung 246, 248, 250
Kult/Opfer 341
Medizin 264, 339, 474
Midgardschlange 212
Ouroboros 240
Wissenschaft 256, 257

Schmetterling 128, 265

Schnake 126

Schnecke 2, 87

Schwan 52, 56, 85, 113, 117, 233, 276

Schwein 28, 66, 82, 84, 185, 217, 267, 279, 286, 288, 301, 448, 492
Darstellung 131, 248, 253
Domestikation 13, 16
Eber 30, 33, 35, 61, 91, 116, 118, 143, 147, 170, 177, 179, 182, 208, 272, 276, 285
Fleisch 14, 16, 21, 170, 181, 266, 295, 406, 409, 424, 427, 430
Haltung 14, 15, 16, 60, 87, 148, 182, 294, 296, 300, 406, 410, 413, 416, 419
Jagd 3, 15, 16, 24, 26, 33, 46, 89, 91, 185
Kult/Opfer 25, 26, 55, 77, 88, 115, 162, 163, 178, 214
Literatur 119
Recht 195, 197, 281, 398, 564
Umweltschaden 433, 539

Wild- 2, 8, 12, 103, 146, 302, 331
Wissenschaft 515, 522
Zucht 417

Seehund 144, 332, 471

Seidenspinner 305

Sirene 57, 58, 258, 262

Skorpion 68

Skylla 73, 123

Sperling 103, 405

Sphinx 57, 58, 71, 72, 113, 118

Spinne 68, 128, 391

Stachelschwein 139, 291

Steinbock 4, 6, 264, 340

Steinkauz 78

Stier 38, 52, 56, 72, 85, 111, 143, 179, 470
als Symbol 224, 226
Darstellung 59, 132, 168, 169, 247, 360
-kampf 207, 234, 465, 467, 468, 469, 558
Kult/Opfer 55, 77, 88, 115, 159, 177
Literatur 119

Strauß 35, 143, 205, 306, 327, 332
Darstellung 70, 361

Taube 23, 28, 73, 103, 182, 274, 391, 537
als Symbol 221, 223, 266
Brief- 316, 447
Literatur 230, 239
Sport 465, 467, 558

Tiger 91, 104, 143, 244, 249, 331, 332, 457, 492

Uhu 78

Ur (Auerochse) 6, 8, 12, 27, 133, 168, 206
Jagd 3, 15, 16, 24, 147, 186

Vogel 29, 49, 51, 52, 67, 77, 103, 128, 183, 185, 202, 208, 266,

271, 285, 287, 330, 340, 464
Charadrius 262
Darstellung 6, 49, 59, 70, 143, 204, 229, 250, 360
Feder 307, 471
Fleisch 87, 181, 266, 331, 337, 418
Haltung 104, 206, 325, 333, 334
Jagd 5, 6, 34, 88, 147, 158, 185, 210, 303, 325, 435
Kult/Opfer 51, 88, 114, 136, 159, 165, 213
Literatur 61, 64, 120, 121, 204, 231, 232, 234
Medizin 264
Menagerie 205, 325, 326, 329
Militär 202
Phönix 128, 221, 223, 224, 230, 365
Recht 196, 341, 398
-schutz 290
Wissenschaft 260, 261, 263, 374, 375, 513

Wal 235

Wasserbüffel 183

Werwolf 271, 272, 274

Wespe 52, 67

Wiesel 337

Wisent 3, 5, 6, 12, 147, 185, 329, 330

Wolf 62, 66, 128, 179, 189, 271, 272, 274, 275, 276, 280, 285, 457, 471, 476, 492
als Symbol 114, 118
Darstellung 6, 117, 250, 253
Domestikation 8, 9, 27
Fenrir 177, 212
Geri und Freki 212
Jagd 5, 147, 189
Kult/Opfer 21, 214
Literatur 61, 66, 119, 483
Sköll 212
Wer- 271, 272, 274

Wurm 264, 286, 307, 339

Yak 404

Ziege 28, 52, 80, 114, 142, 144, 275, 492
Darstellung 73
Domestikation 13
Fleisch 14, 15, 16, 21
Haltung 14, 15, 16, 24, 60, 87, 148, 294, 410
Jagd 91
Kitz 17
Kult/Opfer 20, 21, 25, 26, 30, 55, 77, 88, 115
Literatur 125
Milch 17, 171
Wissenschaft 515

Zobel 306

Personen

Abban, hl. 217
Acheloos 53
Achikar 64
Achilleus 32, 61
Acoetes 128
Adam von Bremen 212
Aelianus, Claudius 69, 135, 142

Aemilius Paullus Macedonicus 90
Aemilius Scaurus 104, 111
Aeneas 112
Agamemnon 31
Agesilaos I., Kg. von Sparta 78
Agidius, hl. 215
Aischylos 63

Aktaion 31, 128
Alanus ab Insulis 210
Albert von Aachen 213
Albertus Magnus 260, 261
Alberus, Erasmus 362
Albrant 264
Albrecht I., dt. Kg. 210
Aldrovandi, Ulysse 375
Alexander d.Gr. 34, 35, 37, 40, 42, 44, 46, 47, 72, 82, 84, 86, 240, 242
Alfons X., der Weise, Kg. von Kastilien 184
Alkuin 231
Almodis von Pierrebuffière 287
Ambrosius, hl. 256
Ammianus Marcellinus 147
Anaximander 74
Andreas, Markgf. von Burgau 325
Androklos 112, 129
Anschütz, Ottomar 522
Anselm von Canterbury 285
Antigonos I. 45
Antiochos III. d.Gr. 45
Antiochos IV. Epiphanes 35
Antonius d.Gr., hl. 227
Antonius von Padua 215, 216
Aphrodite 30
Apollon 30, 56, 57, 73, 113, 117
Apollonios Rhodios 62
Apsyrtos aus Bithynien 137
Apuleius 97, 128, 161
Arachne 128
Archias 98
Archilochos 63, 64, 66, 120, 122

Aretaios von Kappadokien 139
Arion 130
Ariosto, Ludovico 312
Ariovist, germ. Kg. 154
Aristaeus 125
Aristophanes 52, 67, 83
Aristoteles 64, 74, 75, 76, 79, 86, 133, 258, 260, 261, 372
Arminius 169
Arntzen, Helmut 483
Arrianos, Flavius 90, 152, 158, 319
Artemidoros von Ephesos 136, 165
Artemis 30, 31, 33, 44, 53, 55, 128
Artio 161
Asklepios 56, 113
Asop 64, 121, 226, 362
Astarte 53
Asteria 44
Athanarich, Fst. der Westgoten 151
Athenaios von Naukratis 35, 145, 149, 176
Athena 30, 33, 43, 56
Attracta, hl. 217
August I., Kfst. von Sachsen 325
August II. der Starke, Kfst. von Sachsen 327
Augustinus 228, 273, 288
Augustus, röm. Ks. 29, 89, 94, 101, 104, 105, 106, 111, 113
Aurelian, röm. Ks. 151
Ausonius 231
Avianus 122
Babrius 65, 121, 122

Bacchus 128
Bach, Johann Sebastian 366
Bacon, Francis 375
Baldarius, westgot. Mönch 229
Balduin I., Kg. von Jerusalem 261
Balduin VII., Gf. von Flandern 184
Bartholomäus Anglicus 245, 260
Bartholomäus von Farne 202, 227, 260
Bartsch, Jürgen 555
Beethoven, Ludwig van 487
Bellerophon 57, 71
Bentham, Jeremy 403, 564
Benz, Carl 445
Berengar von Poitiers 253
Bergson, Henry 524, 530
Bering, Vitus Jonassen 306
Bernhard von Clairvaux 217, 218, 220, 249, 268, 285
Berthold von Regensburg 279, 291
Birgitta von Schweden 190, 227
Bisclavet 273
Bismarck, Otto von 472
Blannbekin, Agnes 225, 226
Blasius, hl. 215
Bloch, Ernst 483
Bodb (Morrigain, Macha) 177
Boeselager, Georg von 453
Boileau-Despréaux, Nicolas 329
Boner, Ulrich 236
Bonifatius, hl. 279
Borelli, Alfonso 377
Boudicca 165
Bouts, Dirk 196

Brahms, Johannes 487
Brecht, Bertolt 483
Bregenzer, Ign. 532, 555
Brehm, Alfred Edmund 508
Broome, Arthur 550
Buber, Martin 483
Budjonnyj, Semen Michajlowitsch 452
Buffon, Georges 377
Burgkmair d. Ä., Hans 358
Buschmann, Arnt 275
Caeculus 114
Caesar 94, 99, 106, 111, 113, 133, 145, 147, 154, 155, 156, 158, 168, 172
Caligula, röm. Ks. 106, 111, 115
Calpurnius Siculus 126
Cäsarius, Bf. von Arles 214
Cassius Dio 165
Cato, Marcus Porcius 95, 98, 133
Cernunnos 160
Cervantes Saavedra, Miguel de 363
Charbonel, Bertran 234
Chaucer, Geoffrey 219, 234, 237, 240
Childebert II., fränk. Kg. 186
Chrétien de Troyes 200, 233
Christian I., dän. Kg. 277
Christine von Hahne 225
Christophorus, hl. 213, 263, 336
Cicero 94, 112, 165, 240, 268
Cid (Rodrigo Diaz el Campeador) 233
Claudius Aelianus 135
Claudius, Matthias 394, 402

Register 657

Claudius, röm. Ks. 111
Clemenceau, Georges 557
Coemgen (Kevin), hl. 285
Coletta von Corbie 227
Colomannus, hl. 215
Columbus, Christoph 243
Columella, L. Junius Moderatus 87, 95, 98, 133, 137
Commodus, röm. Ks. 111
Conan I., Hz. der Bretagne 202
Cormac mac Cuilennáin 178
Cornelius Scipio Aemilianus 90, 240
Cortés, Hernán 323
Cranach d. Ä., Lucas 334, 358, 360
Crysippos von Soloi 78
Curius Dentatus 100
Curtius Rufus, Quintus 40
Cuvier, Georges de 371
Daedalus 240
Dann, Christian Adam 394, 549
Dante Alighieri 228
Darwin, Charles Robert 494, 495, 496, 497, 501
Demeter 30, 40, 113
Demetrios von Phaleron 65, 121
Demichow, Wladimir 521
Deotarus, Kg. von Galatien 165
Derby, 13th earl of 458
Descartes, René 344, 390
Dewey, John 503
Dexileos aus Thorikos 41
Diderot, Denis 352, 354
Dilthey, Wilhelm 529

Diodoros Siculus 45, 55, 149, 155, 169
Diomedes 61
Dionysios I., Kg. von Syrakus 41
Dionysos 37, 55, 56, 67, 72, 73, 86
Dioskuren 84
Dioskurides, Pharmakologe 139
Dolittle, Dr. 486
Dominikus von Caleruega 220
Domitian, röm. Ks. 91, 104, 105, 111
Drewermann, Eugen 440
Dürer, Albrecht 358, 359
Ebner, Margareta 286
Ebner-Eschenbach, Marie 487
Eckhart (Meister Eckhart) 260
Eduard I., engl. Kg. 189
Eibl-Eibesfeldt, Irenäus 506
Eike von Repgow 187
Ekkehart IV. von St. Gallen 183
Elisabeth II., brit. Königin 472
Elisabeth von Schönau 228
Empedokles 40, 75, 98, 372
Endelechius, Severus Sanctus 126
Engels, Friedrich 499
Ennius 119, 120
Epona 161
Ernst (Hz. Ernst von Schwaben) 243
Erskine, Lord Thomas 550
Eugen, Prinz von Savoyen 325
Eumaios 60
Eumelos von Korinth 137
Eumenes, von Pardia 45

Euripides 55, 63
Europa 38, 56, 85
Evermar, hl. 214
Federmann, Nikolaus 357
Ferdinand I., dt. Ks. 272
Ferdinand, Valentin 358
Fichte, Johann Gottlieb 347, 355, 390
Finnian, Abt von Clonard 216
Fortuna 159
Fragonard, Jean-Honoré 335
Franz I. Stephan, dt. Ks. 328
Franz II. (I.), dt. u. österr. Ks. 326
Franziskus von Assisi 284, 286
Freidank 218, 281
Friedrich Heinrich, Prinz von Oranien 327
Friedrich I. (III.), Kg. in Preußen, Kfst. von Brandenburg 330
Friedrich I. Barbarossa, dt. Ks. 188
Friedrich I., Kg. von Württemberg 456
Friedrich II. d.Gr., preuß. Kg. 297, 316, 321, 331, 333, 401
Friedrich II., dt. Ks. 188, 192, 205, 241, 261, 358, 368
Friedrich Karl, Prinz von Preußen 450
Friedrich Wilhelm I., preuß. Kg. 321, 323, 331
Friedrich Wilhelm II., preuß. Kg. 455
Friedrich Wilhelm III., preuß. Kg. 455
Friedrich Wilhelm IV., preuß. Kg. 331, 456
Friedrich Wilhelm, der Große Kfst. von Brandenburg 316, 321, 330

Frisch, Karl von 506, 512
Fugger, Familie 357
Fugger, Hans 326
Fugger, Jakob II., der Reiche 305, 325
Fulk III., Nerra, von Anjou 202
Fulvius Nobilior, Marcus 94, 110
Galen 135, 139, 255
Gallus, hl. 217
Gaston III. Fébus, Gf. von Foix 209, 241, 245
Gautier von Coincy 249
Gehlen, Arnold 354, 502, 504
Geiler von Kaysersberg, Johannes 221
Geiserich, Kg. der Vandalen 165
Gellée, Jacquemart 253
Gellius, Aulus 129
Gelon, Tyrann von Syrakus 41
Genelun 196
Georg, hl. 218
Gerhard von Minden 236
Gerlach von Houthem, hl. 216
Gertrud d.Gr. von Helfta, hl. 286
Gervasius von Tilbury 228, 273
Gesner, Conrad 365
Giovanni da Vigo 339
Giovanni di Plan di Carpine 243
Giovannino de Grassi 245
Giraldus Cambrensis V. Barri 210
Godric von Fincale 285
Goethe, Johann Wolfgang von 220, 238, 342, 368, 369, 370, 371, 372, 378
Gompertz, Louis 558

Gordian I., röm. Ks. 111
Gordian III., röm. Ks. 91, 104
Göring, Hermann 472, 560
Gottfried von Straßburg 241
Grass, Günter 487
Grattius 89, 127
Gregor IX., Papst 280
Grimm, Jacob 365, 479
Grimm, Wilhelm 480
Grünewald, Matthias 227
Grzimek, Bernhard 462, 491
Gúaire von Connacht 231
Guillaume de Digulleville 230
Guillotin, Joseph Ignace 449
Guntram, fränk. Kg. 274
Gustav II. Adolf, schwed. Kg. 319
Gutierre Diez de Games 242
Güttgemann, Alfred 521
Hadamar von Laber 241
Hadewijch, fläm. Mystikerin 219
Hadrian, röm. Ks. 89, 91, 111
Haeckel, Ernst 498
Hagen von Tronje 185, 187
Hagenbeck, Carl 460
Hales, Stephen 376
Hammurabi, babylon. Kg. 399
Hannibal 100
Harrison, Ruth 414, 534
Hartlieb, Johannes 228
Hartmann von Aue 233
Harun al-Raschid, Abbasidenkalif 327
Harvey, William 376
Haushofer, Marlen 486
Haydn, Joseph 366

Hediger, Heini 460, 461, 506
Hegel, Georg Wilhelm Friedrich 343, 355, 392, 530
Heidegger, Martin 371, 387, 531
Heine, Heinrich 487
Heinrich der Eber 276
Heinrich der Glichesaere 238
Heinrich der Löwe 233, 243, 244, 252, 276
Heinrich II., dt. Ks. 205
Heinrich II., engl. Kg. 208
Heinrich III., engl. Kg. 206
Heinrich IV. von Navarra, frz. Kg. 316, 319
Heinrich von Mügeln 236
Heinrich von Schuttenhofen 258
Heinrich von Veldeke 232
Heinroth, Katharina 459
Heinroth, Oskar 459
Hekate 44
Hektor 37
Helena 84
Helvétius, Claude Adrien 347
Hemingway, Ernest 469
Hengist und Horsa 276
Henri de Ferrières 190
Hephaistos 37
Hera 30, 51
Herakleides von Tarent 80
Herakles 33, 35, 57, 71, 81, 86
Herder, Johann Gottfried 352, 356, 369, 371, 372, 390, 392
Herefried, Einsiedler 279
Hermann, Friedrich 394
Hermes 30, 56, 114, 144, 159

Herodot 64, 146
Herophilos von Chalkedon 80
Herwart, Familie 325
Hesiod 36, 47, 63, 74, 78, 382
Hierokles, Tierarzt 137
Hieron I., Tyrann von Syrakus 48
Hieron II., Kg. von Syrakus 55
Hieronymus, hl. 217, 224
Hildebert von Lavardin 291
Hildegard von Bingen 227, 259
Hinkmar von Reims 214
Hippel, Robert von 555
Hippokrates 75, 79
Hirschfeld, Christian Kay Lorenz 394
Hitler, Adolf 454, 472, 560
Hobbes, Thomas 346, 352, 375, 390
Höchstätter, Familie 357
Hofmannsthal, Hugo von 508
Homer 29, 32, 46, 47, 48, 55, 60, 62, 82, 119
Horaz 88, 120
Horst, Georg Conrad 365
Hrabanus Maurus 212, 251, 255
Hubertus, hl. 216
Hugo von Fouilloy 221
Hugo von Langenstein 228
Hugo von Trimberg 220, 232, 262, 291
Humbert, Kardinalbf. von Silva Candi 217
Humboldt, Alexander von 401
Humboldt, Wilhelm von 529
Hume, David 349, 391
Huxley, Thomas Henry 499

Hygiela 113
Ibn Fadlan 213
Ida von Löwen 217
Ida von Toggenburg 217
Innozenz III., Papst 226
Iphigenie 31, 56, 85
Isidor von Sevilla 255, 256, 260
Isis 129
Iwein 233, 269
Jakob von Voragine 218
Jean Paul 525
Jesus Christus 204, 219, 221, 223, 225, 229, 250, 252, 257, 258, 267, 286, 288
Joachim I., Kfst. von Brandenburg 329
Joachim II., Kfst. von Brandenburg 329
Johann Cicero, Markgf. von Brandenburg 329
Johannes der Täufer, hl. 220
Johannes, hl., Evangelist 224
Juba I., Kg. von Numidien 101
Judas Ischariot, Jünger Jesu 229, 246
Judas, Jakobs Sohn, hl. 282
Julius II., Papst 339
Jungk, Robert 414, 534
Juno 114, 128
Jupiter 99, 113, 115, 118, 144, 159
Justinus 164
Juvenal 106, 161
Kafka, Franz XIII, 483
Kalchas 77
Kallimachos, griech. Dichter 67

Kallisto 128

Kant, Immanuel XI, 349, 351, 353, 354, 372, 387, 390, 392, 401

Karl der Kühne, Hz. von Charolais 255

Karl I. d.Gr. 189, 205, 327

Karl II. engl. Kg. 375

Karl IX. frz. Kg. 334

Karl IX., frz. Kg. 311

Karl V., dt. Ks 468

Karl V., dt. Ks. 305, 357

Kästner, Erich 487

Kirke 84

Kirsten, Rudolf 483

Klages, Ludwig 531

Klara vom Kreuz (Klara von Montefalco), hl. 226

Kleon, athen. Politiker 83

Klös, Heinz-Georg 459

Knapp, Albert 549

Knut d.Gr., dän. Kg. 186

Köhler, Wolfgang 501, 510

Konrad von Megenberg 258, 262, 263

Konrad von Mure 260

Kopernikus, Nikolaus 367

Korbinian, hl. 217

Krall, Karl 510

Kriemhild 232

Kundrie, Gralsbotin 243

Küng, Hans 558

Kunibert, langobard. Kg. 274

Kunkel, Heinrich 559

Kybele 44, 57, 113

La Fontaine, Jean de 329, 362

Lagerlöf, Selma 486

Laios, Kg. von Theben 39

Lamarck, Jean Baptiste Antoine Pierre de Monet 373, 377, 493

Lamettrie, Julien Offray de 377

Laokoon 57, 73

Latini, Brunetto 260

Latona 128

Lavater, Johann Kaspar 369

Leda 52, 56, 84, 85

Lederberg, Joshua 500

Leibniz, Gottfried Wilhelm 345, 348, 372, 392

Leo Archipresbyter aus Neapel 256

Leo X., Papst 325

León 184

Leonardo da Vinci 359

Leonhard, hl. 215

Lessing, Gotthold Ephraim 362

Lethaldus 235

Leyhausen, Paul 506

Lilly, John Cunningham 512

Linné, Carl von 368, 377

Linzey, Andrew 566

Livius 121, 156

Locke, John 346, 347, 392

Loewe, Carl 487

Lofting, Hugh 486

Logau, Friedrich von 364

López de Ayala, Adelardo 189

Lorenz, Konrad 460, 500, 502, 505, 506, 507, 512

Lucilius, Satiriker 120

Ludwig I., der Fromme, fränk. Kg., röm. Ks. 191

Ludwig IX., der Heilige, frz. Kg. 206

Ludwig VII., Hz. von Bayern-Ingolstadt 188

Ludwig XIII., frz. Kg. 329

Ludwig XIV., frz. Kg. 320, 328

Luise, Kgn. von Preußen 455

Lukan 119

Lukas, hl., Evangelist 224

Lukian 97

Lukrez 122, 128

Luna 240

Luther, Martin 192, 269, 337, 362, 385, 386

Lykaon 128

Machiavelli, Niccolò 382

Macpherson, James 179

Mago 137

Malachias, Erzbf. von Armagh 217

Mâle, Emile 249

Malebranche, Nicole 345

Malthus, Thomas Robert 430, 495

Mänaden 55

Mandeville, Bernard de 337, 362

Mandeville, Sir John 243

Mann, Thomas 487

Manuel I., portugies. Kg. 325, 358

Marbán, Eremit 231

Marcellus 264

Marcian, (ost-) röm. Ks. 165

Marco Polo 243, 260

Maria Theresia, dt. Ksn. 326, 328

Maria, hl., Mutter Jesu 250, 258

Marie de France 236, 273

Markus von Orvieto 258

Markus, hl., Evangelist 224

Mars 114, 115

Martial 108, 171

Martin, Richard 550

Marx, Karl 499

Matteuccia, Francesco di 228

Matthäus Paris 244

Maximilian I., dt. Ks. 241, 332, 357

Maximilian II., dt. Ks. 328

Maximin, Bf. von Trier 217

Medea 57, 62, 138

Medici, Lorenzo de 326

Medusa 57, 58

Meier, Georg Friedrich 393

Meleagros 33, 117

Mendel, Gregor Johann 500

Menelaos 74

Michael, Erzengel 218, 250

Michelangelo Buonarotti 360

Mirgeler, Albert 387

Mithridates VI., Kg. von Pontos 80

Mitterand, François 472

Molière, Jean Baptiste Poquelin, gen. 329

Montaigne, Michel Eyquem de 326, 350, 390

Montgolfier, Étienne Jacques de, Michel Joseph de 448

Morus, Thomas 383

Mozart, Wolfgang Amadeus 366, 487

Muybridge, Eadweard, eigtl.

Edward James Muggeridge 522
Myron von Eleutherai 72
Nausikaa 37
Nehalennia 162
Nemesianus 90, 126, 127, 152
Neptun 114
Nero, röm. Ks. 96, 105, 107, 109, 111, 126
Nerthus 151
Newton, Isaac 376
Nicolai, Friedrich 401
Nietzsche, Friedrich 372, 523, 527, 528
Nigellus de Longo Campo 238
Nikandros von Kolophon 68, 80
Nimrod 209
Nino, Pero 243
Noah 267
Notburga, hl. 217
Notker, Abt von St. Gallen 205
Odin 177, 196, 212
Ödipus 39
Odo von Cheriton 236
Odysseus 33, 48, 57, 60, 62, 73
Oken, Lorenz 372, 493
Olav der Heilige, norweg. Kg. 178
Olav II., Haraldson, norweg. Kg. 280
Oppian von Korykos 68, 90
Orpheus 125
Ortega y Gasset, José 440
Osiris 129
Osten, Wilhelm von 509
Oswald, Kg. von Northumbrien 218

Otto IV. von Braunschweig 273
Ottokar von Steiermark 260
Ovid 127, 273
Pan 30, 52, 53
Paris, Sohn des Priamos 30
Pascal, Blaise 386
Pasiphaë 52, 84
Patrick, hl. 178, 217
Paul VI., Papst 558
Paullini 339
Paulus Diaconus 274
Paulus von Theben 217
Paulus, Apostel 267, 288
Pausanias, 48, 153
Peisistratos, Sohn des Nestor 39
Pelagonius 137
Peleus 56
Penelope 63
Penthesilea 72
Pentheus 55
Perdikkas, Verweser des Alexander 44
Persephone 30
Perseus, Sohn des Zeus 57, 71
Petrarca, Francesco 205
Petrus Damiani, hl. 258
Petrus Lombardus 268
Petrus von Poitiers 268
Petrus, hl., Apostel 197, 209
Pfaffe Konrad 196
Pfungst, Oskar 510
Phaedrus 121, 122
Philinos von Kos 80
Philipp II., span. Kg. 468
Philipp III. der Gute, Hz. von

Burgund 277
Philipp III. der Kühne, frz. Kg. 241
Philipp III., span. Kg. 468
Philipp IV. der Schöne, frz. Kg. 192, 210, 222
Philipp IV., span. Kg. 468
Philipp V., span. Kg. 468
Philippos Arabs, röm. Ks. 104
Pico della Mirandola, Giovanni 381
Pierre de St. Cloud 238
Pindar 48
Pippin III., fränk. Kg. 198
Pius IX., Papst 558
Pius XII., Papst 557
Pizarro, Francisco 323
Platon 34, 64, 76, 86, 354
Plessner, Helmuth 503
Plinius d.Ä. 80, 112, 133, 137, 138, 142, 147, 152, 172, 173, 255, 258
Plinius d.J. 103, 112
Plutarch 100, 112, 134, 169
Polybios 90, 169
Polyphem 60
Pompeius Magnus, Gnaeus 94, 101, 111, 143
Pompeius Trogus 164
Pomponius Mela 145
Poppaea Sabina 96
Poros, Kg. im Pandschab 44
Poseidonios 78, 145
Potter, Paulus 360
Priamos, Kg. von Troja 36
Prokop von Caesarea 165
Ptolemaios II., Philadelphos 35, 46, 103

Ptolemaios IV. Philopator 45
Pythagoras 40, 98, 128
Racine, Jean 329
Radegund 217
Ravel, Maurice 487
Regan, Tom 566
Reimarus, Hermann Samuel 393
Reinmar von Zweter 279
Remedius, hl. 217
René I., Hz. von Anjou 206, 245
Reuter, Paul Julius 447
Riccio, Andrea 245
Richard I., Löwenherz, engl. Kg. 276
Richard von Fournival 239
Richarda, hl. 215
Ridinger, Johann Elias 358
Rilke, Rainer Maria 487
Robigius 115
Rochus, hl. 218
Roger von Helmarshausen, gen. Theophilus 284
Rollenhagen, Georg 362
Romulus und Remus 114, 136
Rothschild, Jakob 447
Rousseau, Jean-Jacques 347, 351, 352, 354
Rudolf I., dt. Kg. 206
Rudolf II., dt. Ks. 328
Ruffus, Jordanus 262, 264
Rugendas, Georg Philipp 358
Ruiz, Juan 236
Sallust 91
Salomo, Kg. von Juda und Israel 240
Salzmann, Christian Gotthilf 392, 400

Santi, Raffaelo 360
Sarpedon, Sohn des Zeus 61
Sartre, Jean-Paul 387, 531
Satyr 52, 53
Scarlatti, Alessandro 366
Scheler, Max 502
Schelling, Friedrich Wilhelm Joseph 372
Schleiermacher, Friedrich 529
Schnurre, Wolfdietrich 483
Schopenhauer, Arthur 523, 526, 556
Schubert, Franz 487
Schultze-Westrum, Thomas 538
Schumann, Robert 487
Schweitzer, Albert 477, 478
Scottus, Sedulius 232
Seleukos I. Nikator 45
Semonides 64
Seneca 98, 110, 112, 138
Seusenhofer, Hans 272
Sieberger, Wolfgang 269
Siegfried 187, 233
Sielmann, Heinz 491
Siemens, Werner von 448
Sigismund von Herberstein 357
Sigmund, dt. Ks. 277
Silen 53
Silius Italicus 120
Simon, hl. 282
Simonides 58
Skanderbeg, alban. Fürst 272
Skinner, Burrhus Frederic 507
Snorri Sturluson 177
Sokrates 64

Sol 240
Solinus, Gaius Julius 255
Solon 48
Sophie Charlotte, Kgn. in Preußen, Kfstn. von Brandenburg 330
Sophokles 63
Sosos von Pergamon 73
Sozomenos 151
Spinoza, Baruch de 346, 391
Sprenger, Balthasar 358
St. Hilaire, Geoffroy de 371
Statilius Taurus 109
Statius, P. Papinius 103, 120
Strabon 152, 155, 165, 170
Strawinsky, Igor 487
Stricker 236
Stubbs, George 359
Stumpf, Carl 510
Sulla, L. Cornelius 106
Suttungr 177
Sven II. Estrithson, dän. Kg. 276
Swift, Jonathan 337, 363
Tacitus 145, 146, 148, 151, 155, 158, 164, 166, 168, 171, 172
Tarquinius Superbus 105
Tarvos Trigaranus 159
Tauler, Johannes 220
Taxis, Franz von 315
Teiresias 77
Telemachos 39
Telephos 114, 368
Tellaus 217
Terra Mater 115, 151
Tertullian 107, 108

Theoderich, Abt von St. Trond 235, 287

Theodulf von Orléans 231

Theokrit 69, 141

Thetis 56

Thietmar von Merseburg 270

Thomas von Aquin 268, 282, 288, 390, 503

Thomas von Cantimpre 221, 258

Thomas von Chobham 211

Thukydides 41

Tinbergen, Nikolaas 506, 512

Tizian 334

Trajan, röm. Ks. 111

Trevithick, Richard 444

Triptolemos 113

Tristan 187, 233

Triton 114

Tschaikowsky, Peter 487

Turmeda, Anselm 222, 283

Uccello, Paolo 201, 206

Uexküll, Jacob von 503

Valerius Flaccus, Epiker 120

Varro, M. Terentius 87, 91, 95, 98, 133

Vaucanson, Jacques de 334

Vegetius Renatus 137

Venus 113, 123

Vergil 112, 119, 122, 123, 125, 126, 128, 133, 141

Victoria, brit. Königin 551

Villard de Honnecourt 224, 244

Vintler, Hans 228

Vinzent von Beauvais 258

Vitus, hl. 217

Wagner, Richard 472

Waldes, Burkhard 362

Wallace, Alfred Russel 494

Walter von Henley 283

Walter von Palermo 236

Walter von Rochester 209

Walthenus von Melrose 287

Watson, John 507

Watton, Edward 375

Welser, Bartholomäus 326, 358

Welser, Familie 325, 357

Wendelin, hl. 215, 217

White, Robert J. 521

Wickler, Wolfgang 506

Wilberforce, Samuel 499

Wilhelm I., der Eroberer, engl. Kg. 187

Willem, fläm. Dichter 238

Wolf, Hugo 487

Wolff, Julius 342

Wolfram von Eschenbach 232, 243, 269, 270, 277

Woroschilow, Kliment Jefremowitsch 452

Wulfila 148

Wulfric von Haselburg 287

Xenophon 33, 34, 41, 77, 78, 90

Zeus 38, 53, 55, 56, 84, 128

Die Autoren

Norbert Benecke, geb. 1954 in Osterburg/Altmark, Studium der Biologie in Halle/Saale, Dr. rer. nat. 1984, Habilitation 1992, seit 1992 wiss. Mitarbeiter am Deutschen Archäologischen Institut in Berlin. Er ist durch seine Publikation *Der Mensch und seine Haustiere* (1994) weit über die Vor- und Frühgeschichte hinaus für das Thema »Mensch und Tier« ausgewiesen.

Peter Dinzelbacher, geb. 1948 in Linz, Studium in Graz und Wien, Dr. phil. 1973 an der Universität Wien, Habilitation 1978 in Stuttgart, dort seit 1985 apl. Professor, seit 1998 Mitarbeiter an einem Forschungsprojekt an der juristischen Fakultät der Universität Salzburg zur Stellung des Tiers im europäischen Recht der Vergangenheit und Gegenwart. Verfasser und Herausgeber zahlreicher Studien zur Religiosität, Volkskultur und Mentalität des Mittelalters. Im Alfred Kröner Verlag erschienen u.a. *Sachwörterbuch der Mediävistik* (1992), *Europäische Mentalitätsgeschichte* (1993), *Kulturgeschichte der christlichen Orden* (1997), *Wörterbuch der Mystik* (^{2}1998).

Jochem Küppers, geb. 1946 in Haltern/Westf., Studium der Klassischen Philologie und Philosophie in Köln, Tübingen und Bonn, Dr. phil. 1975 an der Universität Bonn, Habilitation 1984 in Bonn, 1990–1997 o. Universitätsprofessor für Klassische Philologie in Gießen, seit 1997 in Düsseldorf. Veröffentlichungen zur lateinischen Literatur der Kaiserzeit und der Spätantike, u.a. *Die Fabeln Avians* (1977) und *Tantarum causas irarum. Untersuchungen zu den Punica des Silicus Italicus* (1986).

Manfred Landfester, geb. 1937 in Wuppertal, Studium der Klassischen Philologie, Geschichjte und Philosophie in Freiburg, Bonn und Tübingen, Dr. phil. 1964, Habilitation an der Universität Bochum 1970, seit 1980 o. Universitätsprofessor für Klassische Philologie an der Universität Gießen. Veröffentlichungen zur griechischen Sprache und Literatur und zum neuzeitlichen Humanismus, u.a.

Handlungsverlauf und Komik in den Komödien des Aristophanes (1977) und *Humanismus und Gesellschaft im 19. Jahrhundert* (1988).

Bernhard Maier, geb. 1963 in Oberkirch/Baden, Studium der Vergleichenden Religionswissenschaft, Keltologie, Indogermanistik und Semitistik in Freiburg i.Br., Aberystwyth (Wales) und Bonn, Dr. phil. 1989, Habilitation 1998, zur Zeit Privatdozent für Vergleichende Religionswissenschaft an der Universität Bonn. Zahlreiche Publikationen zur Keltischen und Germanischen Altertumskunde. Im Alfred Kröner Verlag erschien das Standardwerk *Lexikon der keltischen Religion und Kultur* (1994).

Wolfram Martini, geb. 1941 in Hamburg, Studium der Klassischen Archäologie, Kunstgeschichte und Vor- und Frühgeschichte in Heidelberg, Lawrence (Kansas), Mainz, Rom und Hamburg, Dr. phil. 1968, Habilitation 1978. Seit 1985 o. Universitätsprofessor für Klassische Archäologie an der Universität Gießen. Ordentliches Mitglied der Zentraldirektion des Deutschen Archäologischen Instituts. Veröffentlichungen zur frühen griechischen Skulptur und Architektur, zur etruskischen Kultur und zur griechisch-römischen Architektur u.a. *Die etruskische Ringsteinglyptik* (1971), *Das Gymnasium von Samos* (1984), *Die archaische Plastik der Griechen* (1990).

Heinz Meyer, geb. 1936 in Brand bei Aachen, Studium der Psychologie der Soziologie, der Vergleichenden Religionswissenschaft und der Geschichte an den universitäten Bonn, Köln und Salzburg sowie an der Technischen Hochschule in Aachen, Dr. phil. 1969, Habilitation 1974, 1975–1989 Professor für Soziologie in Aachen, seit 1989 Universitätsprofessor für Soziologie in Wuppertal. Zahlreiche Veröffentlichungen zur Psychologie, Soziologie und Geschichte des Mensch-Tier-Verhältnisses sowie zur Geschichte der Ästhetik und Erkenntnistheorie, u.a. *Der Mensch und das Tier* (1975) *Mensch und Pferd* (1975), *Geschichte der Reiterkrieger* (1982), *Welt, Gesellschaft und Individuum* (1987), *Reiten und Ausbilden* (1988), *Kunst, Wahrheit und Sittlichkeit* (1989) und *Das ästhetische Urteil* (1990).

Aus dem Verlagsprogramm

Gerhard Taddey (Hg.)
Lexikon der deutschen Geschichte
Ereignisse – Institutionen – Personen.
Von den Anfängen bis zur Kapitulation 1945

Das unübertroffen informative und zugleich handliche Standardwerk zur deutschen Geschichte wurde durchgängig überprüft und auf den neuesten Stand gebracht. Die mehr als 6000 Artikel erfassen auch selten dokumentierte Personen, Ereignisse und Institutionen, über die in keinem anderen derzeit lieferbaren Nachschlagewerk etwas zu erfahren ist.
ISBN 3 520 81303 3
3., überarbeitete Auflage 1998. XI, 1410 Seiten. Leinen

Erich Bayer, Frank Wende
Wörterbuch zur Geschichte
Begriffe und Fachausdrücke

Die Fachsprache des Historikers wird in über 4200 Stichwortartikeln erläutert. Die historischen Begriffe sowie die Fachausdrücke ihrer Nebengebiete werden nach Herkunft, Sinnwandel und Bedeutung definiert. Literaturangaben ergänzen die Artikel.
Kröners Taschenausgabe 289, ISBN 3 520 28905 9
5., neugestaltete und erweiterte Auflage 1995. XI, 596 Seiten. Leinen.

Hauptwerke der Geschichtsschreibung
Herausgegeben von Volker Reinhardt

Dieser Band beschreibt in 228 Artikeln die zentralen Werke aus rund zweieinhalb Jahrtausenden europäischer Geschichtsschreibung von Herodot über Commynes, Ranke und Treitschke bis zu den Historikern der Annales-Schule. Mit chronologischem Werkverzeichnis, Personenregister und Titelregister.
Kröners Taschenausgabe 435, ISBN 3 520 43501 2
1997. XVIII, 792 Seiten. Leinen

Aus dem Verlagsprogramm

Peter Dinzelbacher (Hg.)
Europäische Mentalitätsgeschichte
Hauptthemen in Einzeldarstellungen

Der Band orientiert in 17 Einzeldarstellungen über die wichtigsten Themenfelder der europäischen Mentalitätsgeschichte von der Antike über das Mittelalter bis zur Gegenwart: Lebensalter, Sexualität/Liebe, Ängste und Hoffnungen, Krankheit, Sterben/Tod, Fremdes und Eigenes, Arbeit und Fest, Religiosität, Umwelt/Natur, Zeit/Geschichte und andere.
Kröners Taschenausgabe 469, ISBN 3 520 46901 4
1993. XXXVII, 663 Seiten, 28 Abbildungen. Leinen

Harry Kühnel (Hg.)
Bildwörterbuch der Kleidung und Rüstung
Vom Alten Orient bis zum ausgehenden Mittelalter

Mit 1000 Stichwörtern definiert das Bildwörterbuch überlieferte Termini zu Kleidung und Rüstung und veranschaulicht diese anhand von 350 Übersichts- und Detailabbildungen nach historischen Vorlagen. Umfassende Literaturangaben erleichtern den tieferen Einstieg in die Materie.
Kröners Taschenausgabe 453, ISBN 3 520 45301 0
1992. LXXXII, 334 Seiten. Leinen

Wörterbuch der Antike
Begründet von Hans Lamer. Fortgeführt von Paul Kroh

In rund 3000 Stichwortartikeln mit sorgfältigen Literaturangaben vermittelt dieses bewährte Wörterbuch ein umfassendes Bild der antiken Kultur und ihres Fortwirkens bis zur Gegenwart. Neben den Zeugnissen des antiken Geistes, der Kunst und Geschichte ist auch der gesamte Bereich des antiken Alltagslebens einbezogen.
Kröners Taschenausgabe 96, ISBN 3 520 09610 2
10. Auflage 1995. XII, 832 Seiten. Leinen

Lexikon der christlichen Antike
Herausgegeben von Johannes B. Bauer und Manfred Hutter

Mit rund 1000 Artikeln bietet der Band einen umfassenden Überblick über die Epoche vom 1. bis 8. Jahrhundert, über ihre kultur-, philosophie- und religionsgeschichtliche Tradition.
Kröners Taschenausgabe 332, ISBN 3-520 33201 9
1999. XXXI, 387 Seiten. Leinen

Aus dem Verlagsprogramm

Peter Dinzelbacher (Hg.)
Sachwörterbuch der Mediävistik
Unter Mitarbeit von Hans-Dieter Mück, Ulrich Müller
und zahlreichen Fachwissenschaftlern

Dieses Lexikon orientiert mit etwa 3000 Stichwörtern über die Sachbegriffe und die Fachsprache der Wissenschaft vom Mittelalter. Den Schwerpunkt bildet dabei die literaturwissenschaftliche Mediävistik, die besonders detailliert erschlossen ist. In Übersichtsartikeln und mit den wichtigsten Einzelbegriffen sind darüber hinaus alle Bereiche mit einbezogen, die für Leben und Kultur des Mittelalters von prägender Bedeutung waren: u. a. Religion und Recht, Wirtschaft und Gesellschaft, Kunst, Musik und Wissenschaften.

Kröners Taschenausgabe 477, ISBN 3 520 47701 7
1992. XXII, 941 Seiten. Leinen

Erich Bayer
Griechische Geschichte
Mit Auswahlbibliographie und Forschungsüberblick von Manfred Clauss

Die bewährte Gesamtdarstellung reicht von den ersten Anfängen des Griechentums bis zur Auflösung der griechisch-hellenistischen Staatenwelt. Griechische Primärquellen werden wie die Texte antiker Historiker ausführlich zitiert.

Kröners Taschenausgabe 362, ISBN 3 520 36203 1
3. Auflage 1987. XII, 841 Seiten. Leinen.

Peter Dinzelbacher, James Lester Hogg (Hg.)
Kulturgeschichte der christlichen Orden
in Einzeldarstellungen

Der Band bietet erstmals komprimiert und allgemeinverständlich einen umfassenden Überblick über die Kulturleistungen der großen christlichen Orden. Eine ausführliche Einleitung über »Mönchtum und Kultur« benennt die Hauptlinien und Gemeinsamkeiten der historischen und kulturellen Entwicklung der christlichen Orden.

Kröners Taschenausgabe 450, ISBN 3 520 45001 1
1997. XII, 419 Seiten, 7 Abbildungen. Leinen

Aus dem Verlagsprogramm

Winfried Becker, Günter Christ, Andreas Gestrich und Lothar Kolmer
Die Kirchen in der deutschen Geschichte
Von der Christianisierung der Germanen bis zur Gegenwart

Das Buch stellt die politische, soziale und kulturelle Rolle der Kirchen im deutschen Sprachraum von der Christianisierung der Germanen bis zur Gegenwart in einem umfassenden Gesamtüberblick dar. Die klare chronologische Gliederung, eine übersichtliche Bibliographie, Glossar, Personen- und Sachregister erleichtern den punktuellen Zugriff.
Kröners Taschenausgabe 439, ISBN 3 520 43901 8
1996. XV, 692 Seiten. Leinen

Johan Huizinga
Herbst des Mittelalters
Studien über Lebens- und Geistesformen des 14. und 15. Jahrhunderts in Frankreich und in den Niederlanden.
Deutsche Fassung von T. Wolff-Mönckeberg.
Herausgeben von Kurt Köster

Die meisterhafte Schilderung spätmittelalterlicher Lebens- und Geistesformen am Beispiel des damals tonangebenden Hofs von Burgund zählt zu den bedeutendsten Leistungen der Kulturgeschichtsschreibung und gilt als Musterbeispiel moderner Mentalitätsgeschichte avant la lettre.
Kröners Taschenausgabe 204, ISBN 3 520 20411 8
11. Auflage 1975. XV, 543 Seiten, 16 Bildtafeln. Leinen

Jacob Burckhardt
Die Kultur der Renaissance in Italien
Herausgegeben von Konrad Hoffmann

Burckhardts Darstellung der italienischen Renaissance, die der Frage nach der Entstehung des modernen Menschen nachgeht, ist zum Modell der Kulturgeschichtsschreibung geworden, deren Gedankenführung und Sprache als vorbildlich gelten.
Kröners Taschenausgabe 53, ISBN 3 520 05311 X
11. Auflage 1988. Neudruck der Urausgabe. XI, 508 Seiten. Leinen